Entscheidungen

des

Reichsgerichts.

Herausgegeben

von

**den Mitgliedern des Gerichtshofes
und der Reichsanwaltschaft.**

Entscheidungen in Zivilsachen.

103. Band.

Berlin und Leipzig 1922
Vereinigung wissenschaftlicher Verleger
Walter de Gruyter & Co.
vormals G. J. Göschen'sche Verlagshandlung :: J. Guttentag, Verlagsbuchhandlung :: Georg Reimer :: Karl J. Trübner :: Veit & Comp.

Entscheidungen

des

Reichsgerichts

in

Zivilsachen.

---

103. Band

Berlin und Leipzig 1922
Vereinigung wissenschaftlicher Verleger
Walter de Gruyter & Co.
vormals G. J. Göschen'sche Verlagshandlung :: J. Guttentag, Verlags-
buchhandlung :: Georg Reimer :: Karl J. Trübner :: Veit & Comp.

Druck von Metzger & Wittig in Leipzig.

Inhalt.

I. Bürgerliches Recht.

a. Reichsrecht.

Nr. Seite

1. Wieweit kommt die Vergünstigung des Art. 307 Abs. 1 FV. den Angehörigen solcher Staaten zugute, die erst im Verlauf des Krieges in in den Kriegszustand mit dem Deutschen Reich eingetreten sind? . . 1
2. Zur clausula rebus sic stantibus. Wird das Rücktrittsrecht des Verkäufers dadurch ausgeschlossen, daß die rechtzeitige Lieferung unterblieben ist? 3
3. Inwiefern ist die Anfechtung eines Generalversammlungsbeschlusses der Aktiengesellschaft dadurch bedingt, daß der Beschluß auf dem gerügten Verstoße beruht? 6
4. Gastwirt i. S. des § 701 BGB. Rechte und Pflichten aus dem Gastaufnahmevertrag 9
5. Zustandekommen eines Vertrags unter Abwesenden durch Stillschweigen des Antragenden auf die verspätete Annahme seines Vertragsantrags 11
6. Ist beim Gattungskauf der in Annahmeverzug befindliche Käufer bei Unmöglichkeit der Lieferung der Kaufsache zur Bezahlung des Preises auch dann verpflichtet, wenn es zu einer Individualisierung des Kaufgegenstandes nicht gekommen ist? Erfüllungsbereitschaft des Verkäufers, maßgebender Zeitpunkt 13
7. Liegt immer Kettenhandel vor, wenn eine Ware zwischen zwei Großkaufleuten desselben Platzes gehandelt wird? 16
8. Inwieweit sind die den Rechtsweg begründenden Tatsachen zu beweisen? Was ist in § 2 AbgeltVO. vom 4. Dezember 1919 unter Vertragswirkungen zu verstehen, die sich über den 10. November 1918 hinaus erstrecken? 18
9. Kann eine Erbschaftsausschlagung wegen irriger Annahme der Überschuldung des Nachlasses angefochten werden? 21

Nr. Seite

10. Zum Begriff der Gesamtstreitigkeit bei tarifmäßigen Lohnforderungen der Arbeitnehmer. Kann für den Beginn der allgemeinen Verbindlichkeit eines Tarifvertrags auch ein der Verbindlichkeitserklärung vorausgehender Zeitpunkt bestimmt werden? 23

11. Darf der Schuldner einer zum Nießbrauch gegebenen Forderung mit Forderungen aufrechnen, die ihm gegen den Nießbraucher zustehen? Hat er wegen solcher Forderungen ein Zurückbehaltungsrecht oder die Einrede der Arglist? 28

12. Zum Begriff des Empfängers nach § 435 HGB. Welche Verpflichtungen entstehen für einen Spediteur, der eine mit einer Nachnahme belastete Sendung zur Aushändigung an einen Dritten empfängt und auf dessen Veranlassung es übernimmt, das Gut gegen höhere Nachnahme an eine andere Person abzuliefern? 30

13. Zur Auslegung des § 284 Abs. 2 BGB. 33

14. Zur Anwendung des § 138 Abs. 2 BGB. Verhältnis zwischen Abs. 1 und Abs. 2 35

15. Inwieweit hat ein selbstliefernder Kommunalverband nach der Reichsgetreideordnung vom 21. Juni 1917 die Geschäftsführung seiner Kommissionäre zu überwachen? 38

16. Wie ist der Schadensersatzanspruch des Verkäufers wegen Nichtrückgabe der Kaufsache nach vertraglicher Aufhebung des Kaufvertrags zu begründen? 40

17. Zur Auslegung des § 13 Abs. 2 der bei Versicherungen gegen Einbruchsdiebstahl üblichen Allgemeinen Bedingungen 43

18. Muß die durch § 16 Abs. 2 Nr. 1 ScheckG. erforderte Erklärung des Bezogenen unter allen Umständen den Tag der Vorlegung ausdrücklich angeben? 44

19. Zur Haftung für Verschulden eines Vertreters beim Vertragsschluß. Umfang der Haftung wegen Verschuldens beim Vertragsschluß . . . 47

21. Haftet das Reich den Militärpersonen wegen Dienstbeschädigung aus § 839 BGB. in Verb. mit dem RBHaftG. v. 22. Mai 1910? . . . 59

22. Unterliegt das Verhältnis der von der preuß. VO. v. 10. März 1919 nicht betroffenen preuß. Hofstaatsbeamten zu ihrem Dienstherrn jetzt den §§ 611 flg. BGB.? Ist der prinzliche Dienstherr wegen der durch die Staatsumwälzung eingetretenen Veränderung der Verhältnisse zur Entlassung lebenslänglich angestellter Hofbeamten berechtigt? . . . 61

23. Kann für den Geschäftsanteil einer Gesellschaft m. b. H., den die Gesellschaft selbst besitzt, das Stimmrecht ausgeübt werden? 64

24. Haftung des Handelsmäklers nach § 95 Abs. 3 HGB., auch wenn keine

Nr. Seite

Schlußnote ausgestellt ist. Hat er den Vorbehalt erledigt, wenn die von ihm bezeichnete Person nicht zu den Bedingungen verkaufen wollte, zu denen er abgeschlossen hat? 68

25. Ist der geschäftsführende Gesellschafter einer Gesellschaft des bürgerlichen Rechts zur Buchführung für sie verpflichtet? Muß er den Gesellschaftern Einsicht in seine privaten Geschäftsbücher gewähren, soweit sie Buchungen über die für Rechnung der Gesellschaft abgeschlossenen Geschäfte enthalten? 71

26. Zur Beurteilung eines dem Abschluß des endgültigen Gesellschaftsvertrags vorausgeschickten Vorstadiums 73

27. Liegt im Saatguthandel dem Verkäufer die Garantie für Saatguteigenschaft ob? Zur Frage des Verschuldens beim Verkauf von Saatgut 77

28. Verstößt es gegen die guten Sitten, wenn die sämtlichen Spediteure und Fuhrunternehmer eines bestimmten Bezirks ihre Haftpflicht auch bei eigenem Verschulden auf einen verhältnismäßig geringfügigen Betrag beschränken? 82

29. Unter welchen Umständen binden veröffentlichte allgemeine Geschäftsbedingungen eines Unternehmers den Vertragsgegner, auch wenn er sie nicht kennt? 84

30. Bezieht sich die Bestimmung des Art. 74 WO. nur auf abhanden gekommene Wechsel? Kann der Umtausch eines Verrechnungsschecks in einen Barscheck eine grobe Fahrlässigkeit des Umtauschenden enthalten? 87

32. Bedeutung des Stillschweigens beim Vertragsschluß im Handelsverkehr, insbesondere wenn der Antragende ausdrücklich beigefügt hatte, er sehe schriftlicher Bestätigung entgegen 95

33. Wird der Anspruch des Gläubigers auf Vertragsstrafe wegen nicht rechtzeitiger Erfüllung durch den Nachweis entkräftet, daß ihm durch die Verspätung ein Schaden nicht entstanden ist? 99

34. Übergabe beweglicher, unter Verschluß gehaltener Sachen 100

36. Kann der preußische Landrat, nachdem er die nachgesuchte Genehmigung zum Verkauf eines landwirtschaftlichen Grundstücks verweigert und dies den Beteiligten bekannt gemacht hat, die Entscheidung auf Beschwerde oder im Amtswege wieder aufheben und die Genehmigung nachträglich erteilen? 104

37. Sind Rechtsgeschäfte, die durch Höchstpreisüberschreitung gegen die Schleichhandelsverordnung v. 7. März 1918 verstoßen, nichtig? . . . 108

39. Zur Auslegung des § 11 Abs. 2 AnfG. 113

41. Zum Begriff der Abwesenheit und der mit dem Aufschube verbundenen Gefahr i. S des § 1401 BGB. 126

Nr. Seite

42. Inhalt der Versendungspflicht des Verkäufers beim Distanzkaufe. Bedeutung der Lieferung der Ware in ein anderes Verbrauchsgebiet für die Frage des Kettenhandels 129

44. Zum Begriff des Kriegsschadens i. S. des Ges. über die Kriegsleistungen v. 13. Juni 1873 136

45. Wirkt eine Mietepfändung auf Grund dinglichen Titels als Beschlagnahme i. S. der §§ 1123, 1124 BGB.? Wie ist zu entscheiden bei einer Mehrheit solcher Pfändungen? 137

46. Ist der Vermieter den Mietern gegenüber zur Überwachung des Verkehrs im Hause verpflichtet und ein Vertreter des Vermieters dabei sein Erfüllungsgehilfe? Unterliegt die Feststellung einer Verkehrsauffassung der Nachprüfung des Revisionsgerichts? 140

47. Zum Begriff des ursächlichen Zusammenhangs zwischen Betriebsunfall und Dienstunfähigkeit in den Beamten-Unfallfürsorgegesetzen 144

48. Kann sich ein wirksamer Handelsgebrauch bilden, durch den die gesetzliche Haftpflicht der Eisenbahn ausgeschlossen oder beschränkt wird? Welche Rechtsbeziehungen entstehen dadurch, daß die Eisenbahn einem Geschäftsmann, der häufig Güter empfängt, auf der Güterabfertigungsstelle ein Schließfach einräumt? Mitwirkendes Verschulden beim Eisenbahnfrachtgeschäft 146

49. Zur Frage nach dem Übergang des Eigentums an der Ware bei Lieferung durch Übergabe eines Lieferscheins 151

50. Gilt die Formvorschrift des § 313 BGB. auch für eine Schuldübernahme, wodurch die Verpflichtung des Verkäufers, das Eigentum an dem verkauften Grundstücke zu übertragen, mitübernommen wird? Umfang der Schadensersatzpflicht bei arglistiger Täuschung 154

51. Treibt der Großhändler schon dann Kettenhandel, wenn er Zwischenerzeugnisse an einen anderen Großhändler desselben Wirtschaftsgebiets verkauft und der Käufer sie nicht unmittelbar an einen Verbraucher absetzt? Preissteigerung; Vorsatz beim Kettenhandel 161

52. Tritt auch derjenige, der ein vermietetes Grundstück im Wege der Aneignung nach § 928 BGB. erwirbt, in die Rechte und Pflichten aus dem Mietverhältnis nach § 571 Abs. 1 ein? 166

54. Haftet der Reichsfiskus für Zollsicherheiten, die während des Krieges anläßlich der vorübergehenden Verbringung von Gegenständen in das besetzte polnische Gebiet bei deutschen Behörden hinterlegt werden mußten und später vom Staate Polen in Beschlag genommen worden sind? . 171

55. Darf die Klage aus §§ 1004, 909 BGB. gegen denjenigen gerichtet werden, der die Vertiefung vorgenommen hat, zur Zeit der Klagerhebung aber nicht mehr Eigentümer des Grundstücks ist? 174

Nr. Seite

56. Ist die Berufung auf veränderte Umstände immer nur dann begründet, wenn die Erfüllung des Vertrags den wirtschaftlichen Zusammenbruch des Schuldners zur Folge haben würde? 177

57. Inwiefern hat der Verkäufer eines in einer bestimmten Fabrik herzustellenden Kraftwagens dafür aufzukommen, daß die Fabrik ihm liefert? Kann er sich darauf berufen, daß es seinen Geschäftsinteressen zuwiderlaufen würde, gegen die Fabrik mit Klage vorzugehen? . . . 180

58. Ist die Eisenbahn von der Haftung für den Verlust von Kostbarkeiten, bezüglich deren die vorgeschriebenen Versendungsförmlichkeiten nicht beobachtet worden sind, auch dann befreit, wenn sie am Bestimmungsorte über das Frachtgut willkürlich verfügt hat? 184

59. Persönliche Haftung eines Polizeioffiziers, der auf Anweisung der sog. Kapp-Regierung widerrechtlich einen Kraftwagen beschlagnahmt hat . 187

60. Gibt Art. 109 Abs. 3 RV. den vor dem 14. August 1919 geborenen Kindern aus morganatischer Ehe eines dem bisherigen hohen Adel angehörigen Vaters schon für sich allein das Recht, in Zukunft dessen Namen und Adelsbezeichnung zu führen? 190

61. Auslegung der Satzung einer Gesellschaft m. b. H. Zur Anwendung des § 50 GmbHG. 195

66. Kauf schwimmender Ware mit der Bedingung „fair average quality of the season“. Zertifikat in portugiesischer Sprache 212

67. Wie ist der Schaden zu verteilen, wenn ein Zusammenstoß von Schiffen durch beiderseitiges Verschulden verursacht worden ist? . . . 214

68. Zur Auslegung der §§ 1503 Abs. 1, 1542 RVO. 216

71. Die polnischen sog. Kries-Noten. Bedeutung des Garantievermerks auf den Noten der Polnischen Landesdarlehnskasse 231

72. Kann ein Zwangsverwalter Ansprüche auf Grund des preußischen Tumultschadengesetzes v. 11. März 1850 geltend machen? 244

73. Galt die in § 19 PreistreibVO. v. 8. Mai 1918 für Lieferungen nach dem Auslande bestimmte Ausnahme aus allgemeinen Rechtsgründen auch schon vor Erlaß dieser Verordnung? 247

74. Zum Begriff der Verabredung im Sinne des § 1 Nr. 6 PreistreibVO. v. 8. Mai 1918. Liegt eine solche nur dann vor, wenn sich die Teilnehmer wechselseitig vertraglich verpflichten, eine der in Nr. 1—5 bezeichneten strafbaren Handlungen zu begehen? 249

76. Kann der Verfrachter unter Rücktritt vom Chartervertrage Fautfracht fordern, wenn der Befrachter nur einen so geringen Teil der bedungenen Ladung liefert, daß die Frachtforderung nicht dinglich gesichert ist? . 257

77. Zur Anwendung des polnischen Valutagesetzes v. 20. November 1919 . 259

Nr. Seite

78. Zur Frage der Rechtsbeziehungen zwischen Wirt und Gast nach Eintritt der Polizeistunde 263

79. Zur Haftung geselliger, mit juristischer Persönlichkeit ausgestatteter Vereine für die Rückgewähr der von ihren Mitgliedern im Garderoberaum des Vereinsgebäudes abgelegten Sachen 265

80. Zur Frage des Vertragsschlusses zugunsten Dritter 268

81. Sind die Mieterschutzverordnungen auf die Vermietung zum Zwecke des Hotelbetriebes anwendbar? Einwirkung einer unter Überschreitung der gesetzlichen Zuständigkeit erlassenen, die Zustimmung zur Kündigung versagenden Entscheidung des Einigungsamts auf das vertragsmäßige Kündigungsrecht des Vermieters 271

83. Zum Begriff des Ausrüsterverhältnisses i. S. des § 510 HGB. . . . 280

84. Zum Begriff der Ungewißheit über die Person des Gläubigers als Voraussetzung der Hinterlegung nach § 372 BGB. 285

85. Ist für das Zustandekommen des Darlehnsvertrags die Eigentumsübertragung an den hingegebenen vertretbaren Sachen erforderlich? Erwirbt der Darlehnsempfänger an unterschlagenem Gelde Eigentum, wenn er das Eigentum des Dritten kennt? 286

86. Ist § 557 BGB. anwendbar, wenn der Vermieter dem Mieter zu erkennen gab, daß er die Rückgabe der Mietsache nicht wünsche? . . . 289

88. Welcher Zeitpunkt ist für die Schadensberechnung maßgebend, wenn der Käufer von der Erfüllungsklage ohne Bestimmung einer Nachfrist zur Schadensersatzklage übergeht? 292

90. Wann besteht zwischen zwei gleichzeitig abgeschlossenen Rechtsgeschäften ein solcher Zusammenhang, daß das eine trotz Wahrung der gesetzlich vorgeschriebenen Form nichtig ist, wenn nicht auch bei dem andern, an sich nicht formbedürftigen, die Form beobachtet wird? Wird die in einem formrichtigen Grundstücksveräußerungsvertrag erteilte Vollmacht von der Nichtigkeit des Vertrags unbedingt mitergriffen? 295

93. Kommt ein Vertrag zustande, wenn der Kauflustige auf ein „freibleibendes“ Angebot unverzüglich bestellt und sofortige Lieferung wie umgehende Zusendung der Faktura verlangt, der „freibleibend“ Anbietende aber schweigt und erst nach Verlauf längerer Zeit die bestellte Ware andient? 312

94. Ist das Mieteinigungsamt befugt, auf erneuten Anruf eines Beteiligten eine seinen früheren Beschluß aufhebende oder abändernde neue Entscheidung zu treffen? 314

95. Bildnis i. S. des § 22 KunstUG. v. 9. Januar 1907. Muß ein

Nr. Seite

Schauspieler, der bei einer Filmaufnahme gegen Entlohnung als Darsteller mitgewirkt hat, es sich gefallen lassen, daß Abbildungen von Filmbildern, auf denen die von ihm dargestellte Person erscheint, zu Reklamezwecken auf Postkarten verbreitet werden? 319

96. Genügt für die Anfechtung der Ehe die bloße Möglichkeit, daß der Körperzustand des andern Ehegatten im Zeitpunkte der Eheschließung durch eine längere Zeit zurückliegende syphilitische Ansteckung noch erheblich beeinflußt wurde? Grundsätze für die Prüfung der Voraussetzungen der Anfechtung 322

97. Zum Begriff der Zerrüttung des ehelichen Verhältnisses im Sinne des § 1568 BGB. 326

98. Genügt u. U. auch eine durch Geldentwertung erfolgte erhebliche Verschiebung des Wertverhältnisses zwischen Leistung und Gegenleistung, um den Einwand der veränderten Umstände zu rechtfertigen? Verpflichtung des Schuldners, der sich wegen Fortfalls der Geschäftsgrundlage vom Vertrage lossagen will, zuvor dem Gläubiger Gelegenheit zu geben, den Vertrag mit entsprechender Erhöhung der Gegenleistung aufrechtzuerhalten 328

101. Muß der Ehegatte, dessen Herstellungsklage wegen eines von ihm gegebenen Scheidungsgrundes abgewiesen ist, zur Begründung der von ihm nach dem Erlöschen des Scheidungsrechts des andern Teils erhobenen erneuten Herstellungsklage darlegen, daß sein Verlangen nicht mißbräuchlich ist? 346

102. Gehören zu den Rechten und Pflichten, in die der Erwerber eines vermieteten Grundstücks nach § 571 BGB. eintritt, auch diejenigen, die sich aus einem dem Mieter gewährten Rechte auf Verlängerung des Mietverhältnisses (Optionsrecht) ergeben? 349

104. Gehört das durch den Voranfall erworbene Recht des Nacherben, wenn dieser vor dem Eintritte des Falles der Nacherbfolge stirbt, zu seinem Nachlaß? Kann der Nacherbe seine Erben auch in Ansehung des ihnen beim Eintritte des Nacherbfolgefalles anfallenden Vermögens durch Anordnung einer verwaltenden Testamentsvollstreckung beschränken? 354

105. Ist das ausschließliche Recht des Zeicheninhabers zur Anbringung des Warenzeichens mit der Inverkehrsetzung der gekennzeichneten Ware erschöpft, oder ist ihm auch nach diesem Zeitpunkt die Kontrolle für die richtige Verwendung des Zeichens gegeben? Wann ist der Wiederverkäufer einer in größeren Mengen bezogenen, auf den Packungen gekennzeichneten Ware berechtigt, die von ihm verwendeten kleineren Packungen (Flaschen) mit dem Zeichen zu versehen? . . . 359

Nr. Seite

106. Kann ein Rücklagekonto, das gemäß Generalversammlungsbeschluß aus dem zufolge Herabsetzung des Grundkapitals einer Aktiengesellschaft frei gewordenen Kapitalbetrage gebildet ist, zur Ausschüttung von Dividende und zur Gewährung von Gewinntantieme verwendet werden? 367

107. Ist der Vermieter, der auf einem Grundstücke selbst Räume benutzt und andere an verschiedene Personen vermietet hat, den Mietern gegenüber verpflichtet, dafür zu sorgen, daß das den gemeinsamen Zugang bildende Hoftor verschließbar ist und abends verschlossen wird? 372

108. Kann eine Wäscherin, die durch eine in der Wäsche steckengebliebene Nadel verletzt worden ist, Ersatzansprüche aus § 618 BGB. geltend machen? 374

109. Welche Verpflichtungen ergeben sich für den Käufer aus der Vertragsbestimmung „Kasse gegen Akkreditiv"? 376

110. Wird bei einem auf länger als ein Jahr geschlossenen Mietvertrage, der wesentlicher Bestandteil eines Grundstücksveräußerungsvertrags ist, der Mangel der Schriftform durch nachfolgende Auflassung und Eintragung des Eigentumswechsels im Grundbuche geheilt? Findet § 566 BGB. auf einen Vertrag Anwendung, wodurch der Vermieter für länger als ein Jahr auf die Kündigung verzichtet? 381

111. Zur Auslegung einer nach dem 31. Juli 1914 getroffenen Vereinbarung, daß alle Zahlungen „in deutscher Goldwährung" zu leisten seien. Zur Anwendung des § 245 BGB. 384

112. Zur Verwechselungsgefahr nach § 16 UWG. 388

113. Hat der Reeder, dem die freie Zurückbeförderung des vorzeitig entlassenen Schiffsmanns nach dem Hafen der Ausreise obliegt, auch die Unterhaltskosten bis zu dem Zeitpunkte zu tragen, in dem die Heimreise möglich ist? 397

114. Ist in § 105 Abs. 2 BGB. vorausgesetzt, daß durch den Zustand vorübergehender Störung der Geistestätigkeit die freie Willensbestimmung ausgeschlossen wird? 399

115. Gilt das Unterbleiben des Widerspruchs gegen ein ordnungsmäßig zugegangenes Bestätigungsschreiben auch dann als Zustimmungserklärung, wenn der Empfänger weder um die bestätigte Bestellung gewußt, noch von dem Eingang und dem Inhalte des Schreibens Kenntnis erlangt hat? Kann die Erklärung wegen Irrtums angefochten werden? 401

Nr. Seite

116. Genügt es bei Schadensersatzansprüchen zur Vorteilsausgleichung, daß Schaden und Vorteil nach dem gewöhnlichen Verlauf der Dinge aus demselben Tatsachenkomplex hervorgehen? Kann ein Urteil über den Grund eines Schadensersatzanspruchs ergehen, wenn unwiderlegt behauptet wird, daß der Schaden durch einen Vorteil voll ausgeglichen sei? 406

117. Abdeckereiprivilegien und Verordnung vom 22. Mai 1919 über Pferdefleisch und Ersatzwurst 409

118. Was gehört zur Begründung der Klage, wenn der Schuldner wegen Ungewißheit über die Person des Gläubigers hinterlegt hat und der eine Gläubiger gegen den andern auf Einwilligung in die Auszahlung des Geldes an ihn klagt? 412

119. Zur Auslegung der Klausel „Preise freibleibend" beim Lieferungskauf 414

120. Ist bei Verhinderung des einen von zwei Gesamtgeschäftsführern der Gesellschaft m. b. H. der andere kraft Gesetzes ermächtigt, die Gesellschaft allein zu vertreten? Zur Wirksamkeit eines Vertragsschlusses, der durch einen Bevollmächtigten des Vertreters namens des Vertretenen mit dem Vertreter als Eigenperson vorgenommen wird 417

121. Verleitung zum Vertragsbruch; Sittenwidrigkeit; Inhalt des Schadensersatzanspruchs. Kann das Gericht eine vom Beklagten behauptete, vom Kläger bestrittene Tatsache als zweiten Klagegrund behandeln und daraufhin den Beklagten verurteilen? 419

b. Landesrecht.

63. Kann der Besitzer eines Familienfideikommisses im Gebiete des gemeinen Rechts rechtsgültig auf einen Teil seines Fideikommißrechts zugunsten des nächsten Anwärters verzichten? 202

70. Zur Entschädigungspflicht des Bergwerksbesitzers gegenüber öffentlichen Verkehrsanstalten 221

92. Ist die preuß. Höchstmietenverordnung v. 9. Dezember 1919 gültig? Kann der Vermieter bei einem Streit darüber, ob die Voraussetzungen einer Mietzinsermäßigung nach dieser VO. vorhanden sind, ohne vorherige Anrufung eines Mieteinigungsamts den Rechtsweg beschreiten? 306

Nr.		Seite
122.	Inwiefern beschränkt das preuß. ALR. die Baufreiheit auch zugunsten der Landesverteidigung? Welche Folgen hat es, wenn ein Brückenbau nur unter Bedingungen genehmigt wird?	423

II. Öffentliches Recht.

20.	Ist der Streit um Rückzahlung eines an die Spinnpapier-Ausgleichskasse zwecks Erwirkung der Freigabe beschlagnahmten Papiergarns gezahlten Betrags eine bürgerliche Rechtsstreitigkeit im Sinne des § 13 GVG.?	52
31.	Sind die Sätze 5 und 6 in § 22 Abs. 1 des braunschweigischen Gesetzes vom 20. Juni 1919, zur Änderung der Neuen Landschaftsordnung vom 12. Oktober 1832, mit Art. 137 Abs. 3 der Verfassung des Deutschen Reiches vom 11. August 1919 vereinbar?	91
43.	Ist gegen die „endgültige Festsetzung" des Übernahmepreises durch die ZEG. nach Maßgabe der VO. v. 4. April 1916 über die Einfuhr von Salzheringen der Rechtsweg gegeben? Wann begründet die Behauptung einer unerlaubten Handlung, die bei einer öffentlichrechtlichen, dem Rechtsweg entzogenen Maßnahme begangen sein soll, eine bürgerliche Rechtsstreitigkeit?	131
62.	Ist ein dem Art. 153 RVerf. widersprechendes Landesgesetz als gültig anzuerkennen?	200
64.	Ist Tarifst. 32c preuß. StempStG. v. 30. Juni 1909 hinsichtlich der Veräußerungsverträge über bewegliche Sachen durch § 44 RUStG. v. 24. Dezember 1919 beseitigt?	206
75.	Inwieweit sind gegenüber dem Reichsgrunderwerbssteuergesetz vom 12. September 1919 die Vorschriften der Tarifst. 32 Abs. 1 preuß. StempStG. v. 30. Juni 1909 aufrechterhalten geblieben?	253
87.	Ist der Rechtsweg zulässig für einen Gehaltsanspruch, den der Beamte darauf stützt, daß er bei seiner Anstellung in eine höhere Gehaltsklasse hätte eingereiht werden sollen?	291
91.	Ist der Rechtsweg zulässig, wenn ein Kriegssteuerpflichtiger und der Fiskus darüber streiten, ob ein nicht geschuldeter, aber nach § 32 KriegsStG. v. 21. Juni 1916 durch Hergabe von Kriegsanleihe an Zahlungsstatt entrichteter Kriegssteuerbetrag in bar oder in Kriegsanleihe zu erstatten ist?	303
123.	Ist der Rechtsweg für einen Schadensersatzanspruch wegen Amtspflichtverletzung zulässig, wenn der Schaden in dem öffentlichrechlichen Rechtskreise des Verletzten entstanden ist?	429

III. Gerichtliches Verfahren.

Nr. Seite

35. Reichswirtschaftsgericht als Sondergericht für gewisse bürgerlichrechtliche Streitigkeiten. Behandlung der Einrede, daß die Sache vor das RWG. gehöre 102

38. Hat das Berufungsgericht bei Nachprüfung der Frage, ob durch die Klageänderung die Verteidigung des Beklagten wesentlich erschwert wird, die Sachlage zur Zeit seiner eigenen Entscheidung zugrunde zu legen? Kann es bei Verneinung der wesentlichen Erschwerung die Sache nach § 539 ZPO. an das Landgericht zurückverweisen? . . 111

40. Erfordernisse der Wirksamkeit der Berufungsanschließung. Fall, wenn der allein erschienene Berufungsbeklagte den Anschließungsantrag verliest, dann aber sofort Vertagung beantragt 124

53. Wann darf im Ehescheidungsprozeß ein erstinstanzlicher Urteilseid in der durch Berufung des Gegners des Schwurpflichtigen eröffneten zweiten Instanz auch ohne Anschließung beseitigt werden? 168

65. Muß die arme Partei, die rechtzeitig ein Armenrechtsgesuch eingereicht hat, für den Fall, daß ihr der Bescheid über das Gesuch verspätet zugeht, aus eigenen Mitteln einen Rechtsanwalt mit der fristgemäßen Einlegung des Rechtsmittels beauftragen? 209

69. Zu den Erfordernissen eines Zwischenurteils nach § 304 ZPO., das über den durch Klagerweiterung geltend gemachten Mehranspruch ergeht, nachdem der ursprüngliche Klaganspruch bereits dem Grunde nach rechtskräftig festgestellt worden ist 219

82. Kann gegen einen ausländischen Staat wegen privatrechtlicher Ansprüche aus einer von ihm betriebenen Schiffsreederei Klage vor inländischen Gerichten erhoben werden? 274

89. Welchen Einfluß hat die VO. der Kommission des Saargebiets betr. Abänderung der Justizgesetze usw. v. 2. August 1921 auf Rechtsmittel, die schon vor dem Inkrafttreten der VO. bei deutschen Gerichten anhängig waren? 293

99. Ist das in der Berufungsinstanz gegen eine Partei nach Wegfall ihres zweitinstanzlichen Bevollmächtigten erlassene Versäumnisurteil an die Partei selbst oder an ihren erstinstanzlichen Prozeßbevollmächzuzustellen? Zum Verlust des Rügerechts nach § 295 ZPO. Sind im Falle des § 244 Abs. 2 Satz 1 ZPO. die Vorschriften der §§ 175 Abs. 2, 175 das. anwendbar? 334

Nr. Seite
100. Armenanwalt. Auslagenerstattung aus der Staatskasse 340
103. Sind gegenüber dem Anspruche des Beklagten aus § 717 Abs. 3 ZPO. auf Erstattung des von ihm urteilsgemäß Gezahlten materiellrechtliche Einwendungen des Klägers zuzulassen? 352
124. Genügt zur Begründung des Gerichtsstandes der Niederlassung nach § 21 ZPO. eine mittelbare Beziehung des Klaganspruchs zum Geschäftsbetriebe der Niederlassung? 431

Sachregister 433
Gesetzesregister 444
Zusammenstellung nach der Zeitfolge 458
Zusammenstellung nach Oberlandesgerichtsbezirken 463
Berichtigung 464

1. Wieweit kommt die Vergünstigung des Art. 307 Abs. 1 des Versailler Vertrags (RGBl. 1919 S. 687) den Angehörigen solcher Staaten zugute, die erst im Verlauf des Krieges in den Kriegszustand mit dem Deutschen Reiche eingetreten sind?

I. Zivilsenat. Urt. v. 28. September 1921 i. S. G. u. R. V. (Kl.) w. H. (Bekl.). I 326/21.

I. Reichspatentamt.

Die Beklagte ist Inhaberin des Patentes 231232, dessen Erteilung am 23. Januar 1911 im Reichsanzeiger bekannt gemacht worden ist. Die Kläger, die italienische Staatsangehörige sind, beantragten mittels eines beim Reichspatentamt am 8. Januar 1921 eingegangenen Schriftsatzes, das Patent für nichtig zu erklären. Durch Entscheidung vom 30. März 1921 verwarf das Patentamt den Antrag als unstatthaft, weil die fünfjährige Ausschlußfrist des § 28 Abs. 3 Pat. G. nicht gewahrt sei und die Fristverlängerung des Art. 307 Abs. 1 des Versailler Vertrags vom 28. Juni 1919 auf die Nichtigkeitsklage keine Anwendung finde.

Hiergegen legten die Kläger Berufung ein. Die Entscheidung des Patentamtes wurde aber bestätigt.

Gründe:

Der Nichtigkeitsantrag ist lediglich damit begründet worden, daß der Gegenstand des Patents bereits vor dessen Anmeldung offenkundig benutzt worden und deshalb nach §§ 1, 2 Pat. G. nicht patentfähig gewesen sei. Nach §§ 28 Abs. 3, 10 Nr. 1 Pat. G. ist der Antrag unstatthaft, wenn fünf Jahre seit dem Tage abgelaufen sind, an welchem die Erteilung des Patents im Reichsanzeiger bekannt gemacht worden ist. Dies ist hinsichtlich des angegriffenen Patents am 23. Januar 1911 geschehen. Mithin war die fünfjährige Ausschlußfrist zur Zeit der Einreichung des Nichtigkeitsantrags — 8. Januar 1921 — längst verstrichen.

Das verkennen auch die Kläger nicht. Sie machen aber geltend, daß für sie als italienische Staatsangehörige durch Art. 307 Abs. 1 des Versailler Vertrags die Frist zur Erhebung der Nichtigkeitsklage bis zum Ablaufe eines Jahres seit Inkrafttreten des Vertrags verlängert worden sei. Das Patentamt hat die Anwendbarkeit des Art. 307 auf den Fall der Nichtigkeitsklage grundsätzlich verneint, und gegen die hierfür vom Patentamt gegebene Begründung wenden sich die Ausführungen, mit denen die Kläger ihre Berufung rechtfertigen.

Indes bedarf es einer Stellungnahme zu den vom Patentamt erörterten Streitfragen im vorliegenden Falle überhaupt nicht. Im Art. 307 Abs. 1, der sich im Abschnitt VII betr. „Gewerbliches Eigentum" findet, heißt es wörtlich:

„Soweit Staatsangehörige eines jeden der hohen vertragschließenden Teile bereits vor dem 1. August 1914 gewerbliche Eigentumsrechte besaßen oder solche, wenn es nicht zum Kriege gekommen wäre, auf Grund eines vor oder im Verlauf des Krieges angebrachten Gesuchs seitdem hätten erwerben können, wird ihnen zur Erhaltung oder zum Erwerb dieser Rechte eine Mindestfrist von einem Jahre nach Inkrafttreten des gegenwärtigen Vertrags gewährt, um ohne jeden Aufschlag oder irgendwelche Strafgebühr jede Handlung nachzuholen, jede Förmlichkeit zu erfüllen, jede Gebühr zu entrichten, überhaupt jeder Verpflichtung zu genügen, die die Gesetze oder Verwaltungsanordnungen des einzelnen Staates vorschreiben. Das gleiche gilt für die Geltendmachung eines Widerspruchs gegen solche Rechte."

Im vorliegenden Falle kann nur dieser zweite Satz in Betracht kommen, vorausgesetzt, daß der Begriff „Geltendmachung eines Widerspruchs" als geeignet angesehen wird, die Erhebung der Nichtigkeitsklage gegen ein bestehendes Patent zu decken. Wird der zweite Satz, um zur Bestimmung seines eigentlichen Inhalts zu gelangen, durch die entsprechenden Vorbedingungen des ersten Satzes ergänzt, so ergibt sich für ihn folgendes: Soweit Staatsangehörige einer Vertragsmacht bereits vor dem 1. August 1914 Widerspruch gegen ein gewerbliches Eigentumsrecht erhoben hatten oder in der Folgezeit einen solchen Widerspruch, wenn es nicht zum Kriege gekommen wäre, auf Grund eines vor oder im Verlaufe des Krieges angebrachten Gesuchs hätten erheben können, soll ihnen zur nachträglichen Geltendmachung des Widerspruchs die vorgenannte einjährige Frist ohne jede Beschränkung nachträglich offen stehen. Voraussetzung für die Fristgewährung ist danach, daß der Widerspruch entweder bereits vor dem 1. August 1914 erhoben worden und während des Krieges erfolglos geblieben ist, oder daß er, wenn es nicht zum Kriege gekommen wäre, durch ein vor oder im Verlauf des Krieges angebrachtes Gesuch hätte erhoben werden können. Es wird also ein gewisser Zusammenhang zwischen dem Eintritt des Kriegszustandes und dem Mißlingen oder Unterbleiben des Widerspruchs vorausgesetzt. Zwar bedarf es nicht in jedem einzelnen Falle der Untersuchung, ob der Nichterfolg oder die Nichterhebung des

Widerspruchs tatsächlich eine Folge des Krieges gewesen ist oder ob etwa ungeachtet des Kriegszustandes andere Ursachen bestimmend gewesen sind. Unter allen Umständen muß aber wenigstens die Möglichkeit gegeben sein, daß der Eintritt des Kriegszustandes zwischen dem Heimatlande des Widersprechenden und dem Deutschen Reiche von Einfluß auf die Durchführung des Widerspruchs gewesen ist, sei es, daß die zuständigen Behörden während des schwebenden Kriegszustandes dem Widerspruch keine Folge gegeben haben, sei es, daß der Widersprechende während des Krieges von der Anbringung des erforderlichen Gesuchs bei der Behörde des feindlichen Staates Abstand genommen hat. Diese Voraussetzung trifft auf den vorliegenden Fall nicht zu. Die Kriegserklärung Italiens an das Deutsche Reich ist erst am 27. August 1916 erfolgt. Damals war die mit dem 23. Januar 1911 in Lauf gesetzte fünfjährige Ausschlußfrist längst abgelaufen. Auch wenn es nicht zum Kriege zwischen Italien und dem Deutschen Reiche gekommen wäre, wären die Kläger, nachdem sie bis zum 23. Januar 1916 die ihnen unbeschränkt offenstehende Nichtigkeitsklage verabsäumt hatten, am 27. August nicht mehr in der Lage gewesen, die Nichtigkeitsklage anzustrengen. Auf die Versäumung der rechtzeitigen Klagerhebung ihrerseits ist also der Ausbruch des Krieges ohne jeden Einfluß gewesen, und sie sind daher nicht befugt, sich auf die Vergünstigung des Art. 307 zu berufen. Diese Annahme wird auch noch unterstützt durch Art. 303, wonach im Sinne der Abschnitte III, IV, V und des hier einschlägigen Abschnitts VII der Ausdruck „während des Krieges" für jede alliierte oder assoziierte Macht den Zeitraum vom Eintritt des Kriegszustandes zwischen dieser Macht und Deutschland bis zum Inkrafttreten des Vertrags bedeutet. Für jede einzelne Vertragsmacht soll es also hinsichtlich der Bestimmungen über das gewerbliche Eigentum nicht auf den Ausbruch des Weltkrieges überhaupt, sondern auf den jeweiligen Eintritt des Kriegszustandes zwischen der betreffenden Vertragsmacht und Deutschland ankommen.

---

2. Zur Frage der sog. clausula rebus sic stantibus. Wird das Rücktrittsrecht des Verkäufers dadurch ausgeschlossen, daß die rechtzeitige Lieferung unterblieben ist?

II. Zivilsenat. Urt. v. 30. September 1921 i. S. D. & Co. (Bekl.) w. K. (Kl.). II 573/20.

I. Landgericht Hamburg. — II. Oberlandesgericht daselbst.

Der Beklagten ist als sogenannter Generalvertreterin von der Firma Adam Opel das Alleinverkaufsrecht für einen gewissen Bezirk übertragen.

Durch schriftliche Verträge vom 25. Januar 1919 und 11. März 1919 verkaufte sie dem Kläger je einen Opel-Motorwagen (Droschke) zum Preise von 14500 *M*. Als „voraussichtliche Lieferzeit" ist in dem ersten Vertrage „April/Mai 1919", in dem zweiten „Mai/Juni 1919" angegeben. Am 23. Oktober 1919 schrieb die Beklagte dem Kläger: Seit Ausbruch der Revolution habe die Firma Adam Opel unter fortgesetzten Arbeiterunruhen, Streiks usw. zu leiden, so daß nur wenige Wagen hätten fertiggestellt werden können. Seit etwa drei Wochen liege die Fabrik wegen Streiks der Arbeiter vollständig still, ob und wann die Arbeit wieder aufgenommen werden könne, lasse sich heute nicht übersehen. Unter diesen Umständen teile die Fabrik ihr, der Beklagten, mit, daß sie nicht in der Lage sei, die bis jetzt bestellten Wagen zu den seinerzeit vereinbarten Preisen zu liefern; die Fabrik trete von dem Verkaufe zurück, sie betrachte den Streik als höhere Gewalt, die sie zum Rücktritt berechtige. Sie, die Beklagte, sei daher ebenfalls zu der Mitteilung gezwungen, daß sie die bisher in Auftrag genommenen Wagen nicht zu den seinerzeit vereinbarten Preisen abliefern könne und daher auch ihrerseits vom Verkaufe zurücktreten müsse.

Mit der am 1. November 1919 eingereichten Klage verlangte der Kläger die Lieferung der beiden Wagen. Das Landgericht wies die Klage ab, das Oberlandesgericht gab ihr statt. Die Revision der Beklagten hatte keinen Erfolg.

Aus den Gründen:

Das Berufungsgericht ist zutreffend der Ansicht, daß der erste Richter fehl geht, indem er den vorliegenden Fall als einen solchen der sog. echten Unmöglichkeit (§ 275 BGB.) beurteilt. Es handelt sich nach dem von der Beklagten zu ihrer Verteidigung Vorgebrachten um einen der zur Zeit viel erörterten Fälle, in welchen ein Verkäufer aus der durch den Krieg oder die Revolution herbeigeführten Umgestaltung der wirtschaftlichen Verhältnisse das Recht herleitet, die — an sich mögliche — Vertragserfüllung zu verweigern. Damit stimmt es auch überein, daß die Beklagte in dem Briefe vom 23. Oktober 1919 den Rücktritt nicht wegen Unmöglichkeit, sondern deshalb erklärt hat, weil sie zu dem vereinbarten Preise nicht mehr liefern könne, und daß sie auch im Prozesse vorgetragen hat, sie habe sich dem Kläger gegenüber jederzeit bereit erklärt, gegen einen erhöhten Preis die Wagen zu beschaffen. Sodann ist das Berufungsgericht der Meinung, es sei für die Frage, ob der Beklagten das Recht zugestanden habe, die Vertragserfüllung zu verweigern, bedeutungslos, daß die Beklagte nicht selbst die Herstellerin der verkauften Wagen ist, sondern als sog. Generalvertreterin des Fabrikanten abgeschlossen hat; wenn die Opelwerke der Beklagten gegenüber befugt gewesen seien, sich von dem Vertrage loszusagen, habe die Beklagte das gleiche Recht dem Kläger gegenüber gehabt. Durch diese von der Revision nicht beanstandete Auffassung ist die Beklagte, die sich dem Kläger selbständig als Verkäuferin verpflichtet hat, jedenfalls nicht beschwert.

In seinen weiteren Ausführungen legt das Berufungsgericht dar, daß nach den eigenen tatsächlichen Behauptungen der Beklagten die Änderung der gesamten Verhältnisse, aus der die Befreiung von der Lieferpflicht abgeleitet werde, nicht vor Ende September 1919 eingetreten sei. Ferner ist erwogen, daß die Beklagte, ohne sich dem Einwande der Arglist auszusetzen, diesen wirtschaftlichen Umschwung nicht für sich geltend machen könne, wenn die Lieferung vorher hätte erfolgen sollen und schuldhaft verzögert worden sei. Eine solche schuldhafte Verzögerung ist dann daraus entnommen, daß die Wagen nach dem über die Erfüllungszeit Vereinbarten spätestens Ende Sommer 1919 — und damit vor der Umgestaltung der Verhältnisse — zu liefern gewesen wären, daß es der Beklagten nach dem Vertrag obgelegen hätte, zur gegebenen Zeit lieferungsbereit zu sein, und daß Umstände, die sie dieser Verpflichtung enthoben hätten, nicht vorlägen.

Diese Beurteilung ist insoweit bedenkenfrei, als das Berufungsgericht Gewicht darauf legt, ob die in Betracht kommende Umgestaltung der Verhältnisse vor oder erst nach Fälligkeit der Leistung der Beklagten eingetreten ist und ob das Fehlen der — nach der eigenen Erklärung der Beklagten nicht vorhanden gewesenen — rechtzeitigen Erfüllungsbereitschaft entschuldigt ist. Wie das Berufungsgericht zutreffend annimmt, wäre das von der Beklagten beanspruchte Rücktrittsrecht damit zu begründen, daß wegen der geänderten Verhältnisse die Erfüllung unter Umständen stattzufinden hätte, die im Hinblick auf § 242 BGB. und die dort gebotene Rücksichtnahme auf Treu und Glauben und die Verkehrssitte die Aufrechterhaltung der Leistungspflicht nicht mehr als angängig erscheinen lassen. Regelmäßig versagt dieser Gesichtspunkt, wenn der Leistungspflichtige die Erfüllung ohne gerechtfertigten Grund verzögert und es so selbst bewirkt, daß er nur noch unter den zu seinen Ungunsten veränderten Verhältnissen erfüllen kann. Dabei ist es nicht, jedenfalls nicht allgemein erforderlich, daß bei Eintritt des an sich zur Herbeiführung der Befreiung geeigneten Umschwungs förmlicher Verzug des Schuldners im Sinne des § 284 BGB. vorliegt. Darauf kommt es nach § 287 BGB. nur an, wenn es sich um den Ausschluß des an sich gegebenen Befreiungsgrundes der sog. echten Unmöglichkeit handelt. Daher ist es bedeutungslos, wenn die Revision hervorhebt, daß das Berufungsgericht Verzug der Beklagten nicht annehme und daß ja auch eine — zur Herbeiführung des Verzugs erforderliche — Mahnung vor dem Eintritte des Befreiungsgrundes nicht erfolgt sei. Letzteres trifft übrigens nach dem Vorbringen der Parteien nicht zu. Der Kläger hat ausdrücklich behauptet, daß er im Juli, August und September wiederholt auf Lieferung der Wagen gemahnt habe, und die Beklagte hat, soweit ersichtlich, diese Behauptung nicht bestritten. Nach dem in der Revisionsinstanz zu unterstellenden Sachverhalt fehlt es deshalb auch nicht — die Verzögerung der Lieferung als eine unentschuldigte vorausgesetzt — an dem vor der maßgebenden Umgestaltung der Verhältnisse eingetretenen Verzuge der Beklagten.

Mit der dargelegten Auffassung stimmt es überein, wenn der erste Zivilsenat des Reichsgerichts in dem Urteile RGZ. Bd. 101 S. 74 angenommen hat, daß die den Verkäufer befreiende grundlegende Veränderung der Verhältnisse zwischen Vertragsabschluß und Liefertermin eingetreten sein müsse. Ebenso hat der dritte Zivilsenat in dem schon von dem Berufungsgericht angeführten Urteile vom 1. Juni 1920 III 1/20 die Berufung einer Kraftwagenfabrik auf den in Rede stehenden Befreiungsgrund nur für den Fall zugelassen, daß die Lieferungspflichtige sich nicht nach Eintritt der Fälligkeit der rechtzeitigen Erfüllung schuldhaft entzogen hat.

---

3. Inwiefern ist die Anfechtung eines Beschlusses einer Generalversammlung der Aktionäre dadurch bedingt, daß der Beschluß auf dem gerügten Verstoß beruht? Beweislast und Behauptungspflicht.

II. Zivilsenat. Urt. v. 4. Oktober 1921 i. S. C. (Kl.) w. Br. Tauwerkfabrik A.-G. (Bekl.). II 161/21.

I. Landgericht Verden. — II. Oberlandesgericht Celle.

Der Kläger ficht als Aktionär der verklagten Aktiengesellschaft auf Grund des § 271 HGB. eine Reihe von Beschlüssen an, welche in der Generalversammlung der Gesellschaft am 27. März 1920 gefaßt worden sind. In der ordnungsgemäß erfolgten Berufung zu dieser war als Zweck der Versammlung u. a. angegeben:

... „4. Erhöhung des Grundkapitals durch Ausgabe von 250 Vorzugsaktien mit bevorzugtem Dividendenbezug und erhöhtem Stimmrecht usw. 5. Übernahme der auf die Bezüge des Aufsichtsrats fallenden Sonderabgaben durch die Gesellschaft. 6. Berechtigung des Aufsichtsrats, aus seiner Mitte Ausschüsse zur selbständigen Erledigung einzelner Geschäftskreise zu bilden. 7. Die Bestimmung, daß die Aufsichtsratsmitglieder deutsche Reichsangehörigkeit besitzen müssen. 8. Die durch vorstehende Vorschläge bedingte Änderung der Statuten." ...

Am 22. März 1920 hatte der Kläger die Beklagte ersucht, ihm die gestellten Anträge mitzuteilen, und darauf unter Beifügung des

Statuts wiederum nur die veröffentlichte Tagesordnung erhalten. In der Generalversammlung machte er, als es zur Beschlußfassung zu Punkt 4 bis 8 kommen sollte, den Verstoß gegen § 256 Abs. 1 Satz 2 HGB. geltend und beantragte, die Verhandlung zu diesen Punkten zu vertagen, was abgelehnt wurde. Punkt 4 erhielt nicht die erforderliche Dreiviertelmehrheit. Der Kläger, der sich unter Wahrung seines Standpunkts an der Abstimmung beteiligte, stimmte gegen den Antrag. Die Punkte 5 bis 7 wurden gegen die Stimme des Klägers angenommen, ebenso die dadurch bedingten Abänderungen des Statuts.

Die Anfechtung der letzteren Beschlüsse ist in beiden Instanzen zurückgewiesen worden. Die Revision des Klägers hatte keinen Erfolg.

Gründe:

Der Vorderrichter führt aus, daß die Zusendung der Tagesordnung an den Kläger die im § 256 HGB. vorgeschriebene Mitteilung der Anträge nicht habe ersetzen können, und fährt fort, es frage sich indessen, ob ein Verstoß dieser Art unter allen Umständen die Anfechtung begründe, was verneint werden müsse. Die Formvorschriften seien nicht um ihrer selbst willen gegeben. Die Mitteilung der Anträge sei vorgeschrieben, damit der Aktionär seine Entschließung vorbereiten könne und in der Versammlung nicht überrascht werde; habe der Verstoß eine solche Folge nicht gehabt, so sei der Aktionär in seinem materiellen Rechte nicht beeinträchtigt worden und es fehle an jedem Grunde zur Anfechtung. So liege es hier jedenfalls bei den Punkten 5 bis 7, die fast wörtlich mit den Anträgen selbst übereingestimmt hätten, während allerdings zu Punkt 4 die Anträge viel ausführlicher gewesen seien, als in der Tagesordnung angegeben. Aber auch hier seien die Interessen des Klägers nicht verletzt worden, weil er gegen den Antrag gestimmt habe, der dann auch nicht angenommen worden sei; er könne gegen die von ihm selbst gebilligte Ablehnung des Antrages keine Anfechtungsklage aus einem Verstoße herleiten, der seine Aktionärrechte nicht beeinträchtigt habe, wie er denn auch den Beschluß zu 4 gar nicht anfechte. Erst recht könne er nicht aus Gründen, die in Punkt 4 unter Umständen hätten in Betracht kommen können, Beschlüsse anfechten, die mit Punkt 4 nichts zu tun hätten.

Die Revision beanstandet das ohne Grund. Es ist feststehende Rechtsprechung des Reichsgerichts, daß Verstöße gegen wesentliche Formvorschriften das weitere Verfahren und dessen Gültigkeit nicht unter allen Umständen in Frage stellen, daß es vielmehr auch darauf ankommt, ob der Verstoß in irgendeiner Weise auf die Beschlußfassung Einfluß geübt hat (vgl. Bolze Bd. 17 Nr. 531, Bd. 23 Nr. 583; RGZ. Bd. 90 S. 206, Bd. 65 S. 242.) Das ist nicht unwidersprochen geblieben. Aber die gegnerische Auffassung führt zu einem für das heutige Rechtsbewußtsein unerträglichen Formalismus. Es würde damit der Zweck der Formvorschrift, welche den einzelnen in der Wahrnehmung seiner Interessen schützen soll, verfehlt, indem sie zu einer Handhabe würde, ihm einen sachlichen Einfluß auf die Entscheidungen der Generalversammlung zu gewähren, den er nach Absicht eben desselben Gesetzes nicht haben soll. Allen Bedenken gegen eine zu lässige Auffassung erscheint dadurch ausreichend begegnet, daß man es mit dem dem Gegner obliegenden Beweis der Einflußlosigkeit streng nimmt. Ist also an dieser Rechtsprechung festzuhalten, so ergibt sich, daß hinsichtlich jedes einzelnen Beschlusses die Bedeutung der Formverletzung selbständig geprüft werden muß und zu den einzelnen Beschlüssen verschieden beurteilt werden kann.

Der Punkt 4 der Tagesordnung und der hierzu gefaßte Beschluß ist nicht angefochten und kommt daher nicht weiter in Frage. Angefochten sind nur die Beschlüsse zu Punkt 5 bis 7. Hier hätte die Zusendung der Anträge dem Kläger nichts gesagt, was er nicht in derselben Vollständigkeit der Tagesordnung entnehmen konnte. Er würde nur erfahren haben, daß mehr und Eingehenderes, als er schon wußte, mit den Anträgen nicht angeregt würde. Unter diesen Umständen konnte der Vorderrichter ohne Bedenken annehmen, daß auch bei Übermittelung der Anträge an den Kläger die Dinge gar nicht anders gelaufen wären, als es geschehen ist. Wenn Kläger ausführt, er hätte, wäre ihm die Mitteilung geworden, seinen Widerspruch vorbereiten, sich mit anderen Aktionären in Verbindung setzen und sie für seine Auffassung interessieren und gewinnen können, so ist das nur ganz allgemein gesprochen. Blickt man auf den konkreten Fall, so lag für den Kläger in der Erkenntnis, daß in den Anträgen nicht mehr stand als die Tagesordnung besagte, nichts, was ihn in seinen eigenen Überlegungen und in seiner werbenden Tätigkeit im geringsten hätte anregen oder fördern können.

Freilich ist, wie schon hervorgehoben, der Gegner der beweispflichtige Teil. Aber diese Verteilung der Beweislast und daß man es mit diesem Beweis streng nehmen soll, bedeutet nicht, daß der Kläger jeder Darlegungspflicht enthoben wäre. Er soll nicht schweigen, wo er reden kann, wenn er mit seinem Schweigen dem Gegner jede Möglichkeit nimmt, mit Behauptungen und mit Beweisen oder Widerlegungen einzusetzen. Die hier angefochtenen Änderungen der Satzung klingen, an sich betrachtet, ganz verständig, jedenfalls durchaus verständlich, und schon dazu, was sachlich gegen sie einzuwenden wäre, hat Kläger nichts beigebracht. Vollends aber ist gar nichts darüber gesagt — und hierauf würde es ankommen —, inwiefern er seinen Widerspruch hätte wirkungsvoller machen können, wenn er gewußt hätte, daß die Anträge nicht mehr besagen, als die Tagesordnung. Das alles liegt so sehr auf der Hand, daß beim Schweigen des Klägers nicht einzusehen war, was hier die Beklagte noch hätte behaupten, beweisen oder widerlegen sollen. Es muß aber auch anerkannt werden, daß bei diesem Zusammenhang für den Kläger die Aufforderung, seinen Widerspruch und seinen Kampf gegen die angefochtene Bestimmung zu motivieren, sein Interesse an dem, was er durch Mitteilung der Anträge erfahren hätte, darzulegen, so sehr in der ganzen Prozeßlage begründet war, daß den Richter kein Vorwurf trifft, wenn er seinerseits hierzu nicht aufgefordert hat.

Der Beschluß, durch welchen die Generalversammlung den Vertagungsantrag abgelehnt hat, ist vom Kläger gar nicht angefochten worden, konnte übrigens selbständig auch garnicht angefochten werden; die Versammlung hatte es in der Hand, ob sie des Verstoßes ungeachtet und auf die Gefahr hin, ungültige Beschlüsse zu fassen, verhandeln und die Tagesordnung erledigen wollte. Damit verstieß sie weder gegen ein Gesetz noch gegen das Statut (§ 271 Abs. 1 HGB.).

4. Zum Begriffe des Gastwirts im Sinne des § 701 BGB. Rechte und Pflichten aus dem Gastaufnahmevertrag.

VII. Zivilsenat. Urt. v. 7. Oktober 1921 i. S. R. (Bekl.) w. Sp. (Kl.). VII 106/21.

I. Landgericht München. — II. Oberlandesgericht daselbst.

Der Kläger hat längere Zeit in der Pension der Beklagten gewohnt. Am 23. April 1919 verließ er vorübergehend und unter Mitnahme eines Teiles seiner Sachen die Pension. Ein von der Beklagten am 27. April 1919 neu aufgenommener Gast stahl in der darauf folgenden Nacht aus dem unverschlossen gebliebenen Zimmer des Klägers eine Anzahl von Kleidungsstücken und andern Sachen. Der Kläger verlangt von der Beklagten Ersatz des ihm entstandenen Schadens in Höhe von 6650 *M*. Die Beklagte hat ihre Haftung bestritten und eigenes Verschulden des Klägers eingewendet. Das Landgericht hat die Klage abgewiesen, das Berufungsgericht den Klaganspruch dem Grunde nach für gerechtfertigt erklärt. Die Revision der Beklagten blieb ohne Erfolg.

Gründe:

Das Urteil des Oberlandesgerichts beruht auf der Annahme, daß die Beklagte und ihre Erfüllungsgehilfin, das Dienstmädchen St., die der Beklagten obliegende Fürsorgepflicht für die Sachen des Klägers verletzt haben. Diese Fürsorgepflicht wird in erster Linie aus § 701 BGB. abgeleitet, weil der grundlegende Vertrag der Parteien ein Gastaufnahmevertrag gewesen sei, kein bloßer Mietvertrag. Nur hilfsweise stellt sich das Oberlandesgericht auf den Standpunkt, daß die Beklagte schon gegen die Pflichten einer bloßen Vermieterin verstoßen habe und deshalb hafte. Diese Ausführung ist nicht unbedenklich. Es ist nicht gesagt und auch sonst nicht ersichtlich, warum sich aus dem bloßen Vermieten von Räumen eine Fürsorgepflicht des Vermieters für die vom Mieter eingebrachten Sachen ergeben soll. Einen neben dem Mietvertrag herlaufenden Vertrag besonderer Art, aus welchem jene Pflicht etwa hergeleitet werden könnte, hat das Oberlandesgericht nicht in Rechnung gezogen. Indessen kann die Richtigkeit dieses Teiles der Urteilsgründe dahingestellt bleiben. Der Hauptgrund des Berufungsrichters hält jedenfalls den Angriffen der Revision stand.

Die Revision leugnet nicht, daß die Beklagte als Inhaberin einer Fremdenpension gewerbsmäßig Fremde aufnimmt; sie bestreitet jedoch, daß die Beklagte als Gastwirt anzusprechen sei. Der Berufungsrichter hat aber festgestellt, daß die Beklagte ihre Zimmer nicht nur an sogenannte Dauermieter abgibt, daß sie vielmehr Gäste auch für kürzere Zeiten aufnimmt. Mit Recht hat er danach die Beklagte als Gastwirt und als der strengen Haftung des § 701 BGB. unterworfen angesehen. Der innere Grund für diese Haftung ist gerade darin zu erblicken, daß die Gäste gegen die aus dem häufigen Wechsel ihrer Mitgäste sich ergebenden Gefahren geschützt werden sollen. Ob im einzelnen Falle der Gastwirt den Beherbergungsvertrag für längere oder kürzere Dauer abschließt, ob er dabei besondere längere Kündigungsfristen vereinbart, alles das kann einen Unterschied zuungunsten des Dauergastes nicht begründen. Eher ließe sich sagen, daß gerade ein solcher Dauergast einen besonderen Anspruch auf den Schutz des § 701 BGB. hat. Es hat denn auch der erkennende Senat bereits in seinem Urteil vom 24. September 1920 VII 108/20 diesen Schutz einem Hotelgast zugebilligt, der häufig wiederkehrte, regelmäßig dasselbe Zimmer bekam und einen geringeren Preis als den Tagespreis wochenweise zahlte.

Auch darauf will die Revision Wert legen, daß der Kläger wie alle übrigen Pensionäre die Mahlzeiten außerhalb des Hauses eingenommen habe. Dieser Umstand ist bedeutungslos. Zum Begriff der Beherbergung gehört nicht die Verpflegung. Ein Beherbergen ist immer schon dann anzunehmen, wenn jemand einem andern den Ersatz für ein eigenes Heim und alle die Bequemlichkeit gewährt, die man in der eigenen Häuslichkeit genießt. Dazu gehört namentlich das Erhalten von Ordnung und Sauberkeit in den gemieteten Räumen und das Bereitstellen einer Bedienung überhaupt.

Richtig ist, daß der Kläger zur Zeit des Diebstahls nicht in der Pension weilte, sondern auf einige Tage verreist war. Unrichtig ist aber der von der Revision daraus gezogene Schluß, daß die rechtlichen Beziehungen der Parteien sich dadurch in einen reinen, noch dazu unentgeltlichen, Verwahrungsvertrag verwandelt hätten. Es ist nicht festgestellt, daß der Kläger für die Reisetage etwas von seiner monatlich zu zahlenden Vergütung abgezogen hat. Deshalb muß von der vollen Zahlung der Monatsrate ausgegangen werden. Die Revision will den Betrag für die Reisetage als reine Miete ansehen. Dafür fehlt es aber an jeder Unterlage. In dem Beherbergungsvertrage des Klägers hatte sich nichts geändert. Wenn auch der Kläger für seine Person und einen Teil seiner Sachen nicht die ihm von der Beklagten zur Verfügung gestellte Wohnung und Bedienung benutzte, so blieben doch seine in der Wohnung zurückgelassenen Sachen eingebrachte Sachen eines zur Beherbergung aufgenommenen Gastes.

Endlich rügt die Revision eine Verletzung des § 254 BGB. Immer, meint sie, sei es in erster Linie Aufgabe des Klägers geblieben, für die Sicherheit seiner Sachen zu sorgen; ihm, der sich mit den ihm bekannten und auch sonst in Pensionen üblichen Verhältnissen abgefunden hätte, habe es obgelegen, selbst dem Dienstmädchen die nötigen besonderen Anweisungen zu geben. Es geht indessen nicht an, für die in den Pensionen üblichen Verhältnisse, mögen sie auch als Mißstände zu bezeichnen sein, den Gast verantwortlich zu machen. Er muß die Mängel des Betriebes, die er überall vorfindet, einfach hinnehmen und darf sich auf die Fürsorge seines Wirts und schlimmstenfalls auf den Schutz des § 701 BGB verlassen.

Unanfechtbar ist auch die von dem Berufungsrichter gegebene weitere Begründung. Er findet ein Verschulden der Beklagten und ihrer Erfüllungsgehilfin auch darin, daß sie nicht sofort bei der Abreise des Klägers mit seiner längeren Abwesenheit rechneten und auch bis zum 27. April 1919 das längere Fernbleiben des Klägers noch nicht erkannt hatten, daß sie es unterlassen haben, aus der sich ihnen aufdrängenden Erkenntnis die erforderlichen Schlüsse zu ziehen, daß sie trotz der damals in München herrschenden Unsicherheit keine Vorsichtsmaßregeln zum Schutz der Sachen des Klägers getroffen haben, und das auch dann nicht, als am 27. April 1919 ein neuer Gast unter keineswegs vertrauenerweckenden Umständen aufgenommen und in der Nähe des unbewohnten und unversperrten Zimmers des Klägers untergebracht war. Gegenüber dieser allein für den Schaden maßgebenden und ganz erheblichen Fahrlässigkeit vermag das Berufungsgericht ein Verschulden des Klägers, und noch dazu ein überwiegendes, nicht festzustellen. Ein Rechtsirrtum ist in diesen Ausführungen des Berufungsrichters nicht ersichtlich. Weder der Begriff des Verschuldens noch der des vorwiegenden ursächlichen Zusammenhangs ist verkannt.

---

5. Zustandekommen eines Vertrags unter Abwesenden durch Stillschweigen des Antragenden auf die verspätete Annahme seines Vertragsantrags.

II. Zivilsenat. Urt. v. 7. Oktober 1921 i. S. M. (Bekl.) w. A. (Kl.). II 560/20.

I. Landgericht II Berlin, Kammer f. Handelssachen. — II. Kammergericht daselbst.

Durch Schreiben vom 30. September 1919 bot die Beklagte dem Kläger einen Drehstrom-Öltransformator für 8500 *M* zum Kauf an. Der Kläger antwortete unter dem 2. Oktober, er nehme den Vertragsantrag an und bitte um Empfangsanzeige. Die Beklagte erhielt das Antwortschreiben am 3. Oktober und zeigte durch Brief vom 6. Oktober 1919 dem Kläger an, daß sie den Transformator inzwischen anderweitig verkauft habe. Daraufhin klagte der Kläger, indem er sich zur Zahlung des Kaufpreises von 8500 *M* erbot, auf Lieferung des Transformators. Die Beklagte bestritt das Zustandekommen eines Kaufvertrags, weil der Kläger das Antragsschreiben vom 30. September spätestens am 1. Oktober früh erhalten, seine Annahmeerklärung also zu spät abgegeben habe. Der Kläger behauptete demgegenüber, daß ihm das Schreiben vom 30. September erst am 2. Oktober zugegangen sei, und machte geltend, daß die Beklagte zu seiner Annahmeerklärung vom 2. Oktober 1919 geschwiegen habe, so daß der Vertrag auf alle Fälle zustande gekommen sei.

Das Landgericht verurteilte die Beklagte, den Transformator Zug um Zug gegen Zahlung von 8500 *M* dem Kläger zu liefern. Das Kammergericht machte dagegen die Entscheidung von folgendem, dem Kläger zugeschobenen Eide abhängig: „Es ist nicht wahr, daß die schriftliche Offerte vom 30. September 1919 bereits am 1. Oktober 1919 vormittags in meinen Geschäftsräumen oder in meiner Wohnung eingegangen ist, vielmehr habe ich diese Offerte erst am 2. Oktober 1919 erhalten." Die Revision der Beklagten wurde zurückgewiesen.

Aus den Gründen:

.... Soweit der Kläger den Abschluß des Lieferungsvertrags, auf den er den Klaganspruch stützt, in der rechtzeitigen Annahme des ihm durch das Schreiben der Beklagten vom 30. September 1919 gemachten Vertragsantrags gefunden wissen will, trifft allerdings ihn die Beweislast dafür, daß die Beklagte den Eingang seiner Antwort auf ihr Antragsschreiben unter regelmäßigen Umständen nicht vor dem 3. Oktober 1919 erwarten durfte. Wenn daher das Kammergericht mit Rücksicht auf Treu und Glauben und die Gepflogenheiten des kaufmännischen Verkehrs zu der — rechtlich nicht zu beanstandenden — Auffassung gelangt war, daß im gewöhnlichen Laufe der Dinge der Kläger schon am Vormittage des 1. Oktober 1919 das Antragsschreiben der Beklagten vom 30. September 1919 habe erhalten, daß er seine Antwort noch an demselben Tage habe absenden und daß diese jedenfalls am 2. Oktober 1919 in den Händen der Beklagten habe sein können und müssen, so durfte es seine Entscheidung keinesfalls davon abhängig machen, daß der Kläger den ihm von der nicht beweispflichtigen Beklagten über den Empfang ihres Antragsschreibens am 1. Oktober 1919 zugeschobenen Eid leisten werde (§ 447 ZPO.). Vielmehr mußte es von dem Kläger den Nachweis fordern, daß die Beklagte das vom 30. September 1919 datierte Antragsschreiben so spät abgesandt habe, daß sie unter gewöhnlichen Umständen das Eintreffen seiner Antwort erst am 3. Oktober 1919 habe erwarten können.

Allein der Kläger hat schon in erster Instanz ferner geltend gemacht, daß der Vertrag, wenn nicht durch die rechtzeitige Annahme des vom 30. September 1919 datierten Antrags der Beklagten, so doch jedenfalls dadurch zustande gekommen sei, daß die Beklagte auf die ihr am 3. Oktober 1919 zugegangene verspätete Annahmeerklärung tagelang geschwiegen habe. Diese Auffassung hat das Landgericht in der Erwägung gebilligt, daß es die Pflicht der Beklagten gewesen wäre, sogleich nach Empfang der Annahmeerklärung der Meinung des Klägers entgegenzutreten, daß er sich rechtzeitig erklärt habe. Es hat dabei zwar auf § 149 BGB. hingewiesen, und dieser Hinweis war verfehlt, weil die Regelmäßigkeit der Beförderung der Annahmeerklärung außer Frage steht. In der Sache selbst muß jedoch dem Landgerichte beigetreten werden. War die Annahmeerklärung des Klägers verspätet, so galt sie doch nach § 150 Abs. 1 BGB. als neuer Antrag, und der Kläger durfte nach Treu und Glauben und nach der Verkehrssitte voraussetzen, daß die Beklagte trotz der etwaigen Verspätung die Annahmeerklärung gutheißen oder ihn vom Gegenteil alsbald in Kenntnis setzen werde. Die Beklagte hat aber noch über den Zeitpunkt hinaus geschwiegen, in dem der Kläger den Eingang ihrer ablehnenden Antwort auf den in seiner verspäteten Annahmeerklärung liegenden neuen Antrag unter regelmäßigen Umständen zu erwarten berechtigt war. Spätestens in diesem Zeitpunkte war daher der Vertrag als geschlossen anzusehen (Staub-Könige, Anh. zu § 361 HGB. Anm. 21, 58; Urt. d. RG. vom 3. Januar 1911 II 123/10, bei Gruchot Bd. 55 S. 888 flg., bes. S. 892 und Warneyer 1911 Nr. 112).

---

6. 1. Ist beim Gattungskauf der in Annahmeverzug befindliche Käufer bei Unmöglichkeit der Lieferung der Kaufsache zur Bezahlung des Preises auch dann verpflichtet, wenn es zu einer Individualisierung des Kaufgegenstandes nicht gekommen ist?

2. Genügt es, daß die Erfüllungsbereitschaft des Schuldners als Voraussetzung des Gläubigerverzugs in dem Zeitpunkte besteht, wo er das Leistungsangebot erklärt?

II. Zivilsenat. Urt. v. 14. Oktober 1921 i. S. B. & Co. (Kl.) w. P. & Co. (Bekl.). II 173/21.

I. Landgericht Hamburg, Kammer f. Handelssachen. — II. Oberlandesgericht daselbst.

Laut Abschluß vom 25. November 1914 verkaufte die Klägerin der Beklagten a) 1000 Ztr. Kakaoschalenpulver, sukzessive Ende November/Dezember-Lieferung, b) 500 Ztr. desgl., sukzessive Januar-Lieferung, netto Kasse gegen Lieferscheine ab Lager. Wiederholt forderte sie die Beklagte zur Abnahme der Ware auf, am 4. Januar 1915 zur Abnahme der ersten Partie bis spätestens 6. Januar, am 20. Januar zur Abnahme dieser Partie bis 23. Januar unter Androhung von Klage und gleichzeitiger Aufforderung, wegen der zweiten Partie Abrufordcr zu erteilen. Mit Schreiben vom 21. Januar lehnte die Beklagte die Abnahme ab, weil der Vertrag nichtig sei. Am 12. August 1915 setzte ihr die Klägerin wegen der 500 Ztr. unter Androhung der Klage Frist bis 14. August, die sie am 14. bis zum 18. August verlängerte. Am 17. August lehnte die Beklagte wiederum die Abnahme ab. Seit dem 19. August 1915 ist es untersagt, Kakaoschalenpulver zu verkaufen, feilzuhalten oder in Verkehr zu bringen.

Gegenüber der Klage auf Zahlung des Kaufpreises wandte die Beklagte ein, daß die Klägerin gar nicht imstande gewesen sei, zu liefern.

Das Landgericht hat die Klage zu einem Teil, das Oberlandesgericht hat sie ganz abgewiesen. Die hiergegen eingelegte Revision hatte Erfolg aus folgenden

Gründen:

Die Klägerin ist nicht imstande, die verkaufte Ware zu liefern, weil sie einem allgemeinen Handelsverbote unterliegt. Sie fordert gleichwohl den vereinbarten Preis, weil, als das Handelsverbot erging, die Beklagte in Annahme-(Gläubiger-)Verzug gewesen sei. Verkauft waren im November 1914 1000 Ztr. sukzessive Ende November/Dezember-Lieferung und 500 Ztr. sukzessive Januar-Lieferung, netto Kasse gegen Lieferschein ab Lager. Geliefert waren 200 Ztr., als die Klägerin am 31. Dezember die Beklagte ersuchte, wegen der 800 Ztr. der ersten Partie umgehend zu disponieren, und am 4. Januar 1915 wiederum ersuchte, mitzuteilen, in welcher Weise die Beklagte den Lieferschein zwecks Zahlung vorgelegt haben wolle, und die Ware bis spätestens 6. Januar abzunehmen. Die Beklagte erwiderte, daß sie bis 6. nicht abnehmen könne, falls ihr nicht mit der Zahlung Aufschub gewährt werden könne. Im Schreiben vom 11. Januar bat sie um zwei Monate Ziel. Darauf ließ die Klägerin durch ihren Rechtsanwalt die Beklagte unter Drohung mit Klage zur Abnahme der 800 Ztr. auffordern und gleichzeitig zum Abruf der im Januar fälligen 500 Ztr., worauf der Anwalt der Beklagten erwiderte, die Abnahme werde abgelehnt, weil der Handel gegen das Nahrungsmittelgesetz verstoße und der Vertrag daher nichtig sei. Danach ist die Beklagte spätestens durch das Schreiben des Rechtsanwalts der Klägerin in Annahme-(Gläubiger-)Verzug, übrigens aber auch in Abnahme- und Schuldnerverzug versetzt worden. Wurde die Ware auch nur wörtlich angeboten, so genügte das doch, weil die Beklagte die Annahme der Lieferung abgelehnt hatte (§ 295 BGB.).

Das nimmt auch der Vorderrichter an. Aber er meint, daß deshalb noch nicht nach § 300 Abs. 2 BGB. die Gefahr der Sache auf die Beklagte übergegangen sei; es habe sich um eine Gattungsschuld gehandelt und zu der nach § 300 erforderlichen Konkretisierung zur Speziesschuld sei es nicht gekommen. Indessen kommt dieser § 300 gar nicht in Frage. Die Klägerin hat sich nicht auf diese Bestimmung, sondern ausdrücklich auf § 324 Abs. 2 BGB. berufen, und hierauf ist der Vorderrichter gar nicht eingegangen, obwohl dessen Tatbestand klar zutage liegt. Das Handelsverbot ist ein Umstand, den weder der Käufer noch der Verkäufer zu vertreten haben. Aber es ist zu einer Zeit erfolgt und hat die Leistung des Verkäufers unmöglich gemacht, als der Käufer im Verzuge der Annahme war. Demgegenüber hat sich die Beklagte und kann sich die Beklagte nur darauf berufen, daß Gläubigerverzug in Wahrheit nicht vorgelegen habe, weil die Klägerin gar nicht imstande gewesen sei zu liefern (§ 297 BGB.). Sie behauptet, die Klägerin sei mit der Beschaffung der Ware auf die Mengen angewiesen gewesen, welche sie zur Eindeckung bei H. & Co. gekauft habe. Diese Ware sei aber zunächst — näheres über die Zeit und Veranlassung ist nicht vorgebracht worden — mit Beschlagnahme belegt gewesen, sodann seien H. & Co. im Juni 1915 zum Selbsthilfeverkauf geschritten, weil die Klägerin nicht habe zahlen können. Die Klägerin hat die Beschlagnahme bestritten und im übrigen unter Berufung auf Zeugen behauptet, daß sie auf die Ware bei H. & Co. nicht angewiesen gewesen sei, daß vielmehr das erforderliche Quantum immer reichlich am Markte und sofort erhältlich gewesen sei.

Auf diese Dinge muß eingegangen und der Sachverhalt aufgeklärt werden. Dabei ist zu beachten, daß es nach § 297 BGB. darauf ankommt, ob die Erfüllungsbereitschaft und Leistungsfähigkeit des Schuldners in dem Zeitpunkte vorgelegen hat, als er das Angebot der Leistung erklärte. Anderseits wäre denkbar, daß, als das Handelsverbot erging, der Klägerin aus einem anderen Grunde die Leistung bereits unmöglich geworden war, was indessen doch nur dann ihrem Anspruch entgegenstehen würde, wenn sie diese Unmöglichkeit zu vertreten hätte, da andernfalls wiederum sei es der erste oder der zweite Absatz des § 324 zur Geltung käme.

7. Liegt immer Kettenhandel vor, wenn eine Ware zwischen zwei Großkaufleuten desselben Platzes gehandelt wird?

II. Zivilsenat. Urt. v. 14. Oktober 1921 i. S. F. (Bekl.) w. Sch. (Kl.). II 109/21.

I. Landgericht Hamburg, Kammer f. Handelssachen. — II. Oberlandesgericht daselbst.

Die Parteien sind Hamburger Großkaufleute. Im Oktober 1919 kaufte die Klägerin vom Beklagten 10000 kg weißes Tafel-Paraffin, Lieferung prompt ab Frankfurt a./M. Trotz Nachfristsetzung wurde nichts geliefert. Die Klägerin, die die Hälfte der Partie an die Firma K. & Sohn in Hamburg, die andere Hälfte an eine Stuttgarter Firma verkauft hatte, verlangte Ersatz des ihr entstandenen Schadens und entgangenen Gewinns. Der Beklagte wandte u. a. ein, daß der ganze Handel als Kettenhandel nichtig gewesen sei.

Auf Grund dieses Einwandes wies der erste Richter durch Teilurteil den Anspruch auf Ersatz des durch den Verkauf an die Firma K. & Sohn entstandenen Schadens ab. Das Oberlandesgericht erkannte dagegen dem Anspruch gemäß. Die Revision wurde zurückgewiesen.

Gründe:

In Frage steht nur der Einwand des Kettenhandels, den der Vorderrichter mit Feststellungen und Erwägungen verworfen hat, welche die Entscheidung tragen. Insbesondere wird gesagt, daß die klagende Firma ein großes Geschäft in Drogen betreibe und im letzten Geschäftsjahr einen Umsatz von etwa 100 Millionen Mark gehabt habe. Zu ihrer Aufgabe gehöre es, die in kleinen Posten angebotene Ware aufzukaufen und ihrer in ganz Deutschland verteilten Kundschaft zuzuführen (ein Satz, der freilich, wie die Revision hervorhebt, auf das vorliegende Geschäft nicht paßt, der offenbar aber auch nur im allgemeinen den Geschäftsbetrieb der Klägerin kennzeichnen soll). Der binnenländische Großhandel kaufe fast ausschließlich bei ihr. In Verfolg dieser langen und bewährten Praxis sei auch das gegenwärtige Geschäft geschlossen worden, sei gekauft worden prompt ab Frankfurt a./M. zur Weitergabe an inländische Abnehmer. Offenbar habe Klägerin als Ersatzgrossistin die Ware aus dem Westen hereinbringen und sich mit ihr versehen wollen, um dem Bedarf ihrer inländischen Kunden entsprechen zu können und so die Ware in der handelsüblichen Weise dem Verbraucher näher zu bringen. Daß sie von einem ebenfalls in Hamburg ansässigen Großhändler gekauft habe, mache das Geschäft noch nicht zu einem Kettenhandel auf Einkaufseite, da auch der Handel zwischen Großhändlern einem volkswirtschaftlich durchaus berechtigten Bedürfnis entspreche, wenn der Käufer vermöge seiner Geschäftsbeziehungen zu den Großhändlern im Land über zahlreichere und besser verwertbare Geschäftsmöglichkeiten verfüge, als ein die Ware an der Börse anstellender Verkäufer.

Der erkennende Senat hat wiederholt ausgesprochen, daß darin, daß der Kaufhandel zwischen Großkaufleuten derselben Plätze abgeschlossen wird, ein starkes Anzeichen für das Zwischenschieben eines unnützen Gliedes in die Kette des Absatzes liegt. Aber mehr als eine Vermutung ist das nicht. Immer kommt es auf die besondere Lage des Falles an, und es ist der zutreffende Standpunkt des Vorderrichters, daß er — im übrigen in tatsächlicher Würdigung der Verhältnisse — aus der ganzen Stellung des Geschäfts der Klägerin, seiner Art und seinem Umfang den Schluß zieht, daß diese sehr wohl in der Lage gewesen und darauf ausgegangen sein kann, mit dem Ankauf, obwohl er am Platze erfolgte, die Ware in wirtschaftlich nicht zu beanstandender Weise dem Konsum näher zu bringen. Damit versagt die dem Beklagten obliegende Beweisführung und es erweist sich der Einwand, daß dieser Ankauf nichtig gewesen sei, als hinfällig.

Die gleiche Bewandtnis hat es mit dem Weiterverkauf der Ware an die Hamburger Firma. Der Beklagte hat sich darauf berufen, daß auch dieser Verkauf ein Akt von Kettenhandel und er deshalb berechtigt gewesen sei, ihm die Mitwirkung zu versagen, die in der Lieferung der Ware bestanden hätte. Hierauf ist der Vorderrichter überhaupt nicht eingegangen. Das wird von der Revision mit Recht gerügt, kann ihr aber nicht zu einem Erfolg verhelfen. Es ergibt sich ohne weiteres, daß die Feststellungen und Erwägungen des Vorderrichters zu der von ihm erwogenen Frage auf diesen Weiterverkauf entsprechend zutreffen. Auch hier liegt ein Handel zwischen Großkaufleuten desselben Platzes vor. Aber auch hier verbietet die vom Vorderrichter festgestellte bedeutende und überragende Stellung des Geschäfts der Klägerin den Schluß auf unlautere Machenschaft und Kettenhandel. War die Klägerin durch ihre ausgebreiteten Geschäftsbeziehungen einerseits, durch ihr eigenes Interesse anderseits wie berufen so auch veranlaßt, den Absatz und die Verteilung der in ihr Fach einschlagenden Waren über das gesamte Reichsgebiet rationell und zwar in der Weise zu betreiben, daß sie nur bei Großhändlern Absatz suchte, und fand sie nun hierbei für den hier in Rede stehenden, an sich bedeutenden, im Verhältnis zum Gesamtumsatz der Klägerin aber nicht gewichtigen Posten in der Firma K. einen Abnehmer, so hatte sie keinen Anlaß, von dieser Gelegenheit deshalb abzusehen, weil der Käufer seine Niederlassung am gleichen Platz hatte, zumal es sich um einen so bedeutenden Handelsplatz handelt und sicherlich gerade auch in Hamburg viele Kaufleute ihr Geschäft darin suchen, daß sie im großen einkaufen, um an Kleinhändler, Krämer oder unmittelbar an Konsumenten zu verkaufen. Darin liegt noch kein unnützes und unwirtschaftliches Einschieben in den Warenumlauf, zumal die Ware in Frankfurt a. M. lag und der Firma K. & Sohn als von der Klägerin und von dort zu liefernde angeboten und verkauft worden ist.

---

8. 1. Inwieweit sind die den Rechtsweg begründenden Tatsachen zu beweisen?
2. Was ist in § 2 der Abgeltungsverordnung vom 4. Dezember 1919 unter Vertragswirkungen, die sich über den 10. November 1918 hinaus erstrecken, zu verstehen?

II. Zivilsenat. Urt. v. 20. September 1921 i. S. N. (Bekl.) w. Gebr. K. & Co. (Kl.). II 197/21.

I. Landgericht I Berlin. — II. Kammergericht daselbst.

Ende 1914 kaufte der Beklagte von der Klägerin 75000 kg Tiegelgußstahl zur Anfertigung von Seitengewehrklingen. Die Klägerin lieferte gemäß den mit der Klageschrift beigebrachten Rechnungen vom 29. Dezember 1914, 11. Januar, 5., 9. und 19. Februar 1915 im ganzen 31162 kg. Den hierfür geschuldeten Kaufpreis in Höhe von 16204,25 M weigerte sich der Beklagte zu zahlen. Er bildet — um einen Betrag von 41,10 M gekürzt — den Gegenstand der Klage. Der Beklagte wandte ein, daß er die in den Rechnungen vom 5. und 19. Februar 1915 aufgeführten Mengen — also 10980 kg — wegen verspäteter Lieferung habe zurückgehen lassen und von der in der Rechnung vom 9. Februar 1915 verzeichneten Menge 2489 kg wegen mangelhafter Beschaffenheit zur Verfügung gestellt habe. Wegen der im ganzen vertragswidrigen Lieferung erhebe er Minderungs- und Schadensersatzansprüche, mit denen er gegenüber der Klageforderung aufrechne. Nachträglich — am 22. Oktober 1919 — zahlte er für die bisher nicht abgenommenen Stahlrohre von 11070 kg den Betrag von 5756,40 M nebst Zinsen, worauf die Klägerin ihren Klaganspruch entsprechend ermäßigte.

Die Vorinstanzen gaben der Klage statt. Die Revision des Beklagten blieb erfolglos.

Gründe:

Die Revision ist der Auffassung, daß das Berufungsgericht durch sachliche Entscheidung des Streitfalls gegen § 2 der Verordnung über die Abgeltung von Ansprüchen gegen das Reich vom 4. Dezember 1919 (RGBl. S. 2146) verstoßen habe. Dem kann nicht beigetreten werden.

Für die Frage, ob nach gesetzlicher Bestimmung für die Austragung der Streitsache der Rechtsweg vor den ordentlichen Gerichten zugelassen ist, kann allein der Inhalt des Klagevorbringens maßgebend sein. Sind die den Rechtsweg begründenden tatsächlichen Behauptungen der Klage streitig und ist ihre Nachprüfung nicht ohne gleichzeitige Aufrollung des materiellen Inhalts des geltend gemachten Anspruchs möglich, so muß es bei der bloßen Behauptung sein Bewenden haben. Dieser für eine verständige Anwendung des § 275 ZPO. notwendige Grundsatz ist seit der RGZ. Bd. 29 S. 371 abgedruckten Entscheidung in ständiger Praxis für die Prüfung der Zuständigkeit des Gerichts befolgt worden, und dasselbe muß für die Behandlung der Einrede der Unzulässigkeit des Rechtswegs gelten (s. auch RG. II 399/20 vom 1. Februar 1921, JW. S. 743 Nr. 5).

Im vorliegenden Rechtsstreit hat die Klägerin behauptet, daß sie dem Beklagten vor dem 10. November 1918 die ihm verkaufte Ware angeboten und geliefert habe. Dieser hat Mängeleinreden erhoben, die Ware teilweise zur Verfügung gestellt und Minderungs- sowie Schadensersatzansprüche geltend gemacht. Die Klägerin vertritt sonach in der Klage den Standpunkt, daß sie vor dem 10. November 1918 den Kaufvertrag erfüllt habe, und es würde damit ohne weiteres der Rechtsweg zuzulassen sein, wenn die Abgeltungsverordnung den Rechtsweg für Ansprüche aus Kaufgeschäften zuließe, welche der klagende Teil vor dem 10. November 1918 erfüllt hat. Nun spricht aber die angezogene Verordnung nicht von Verträgen, die am 10. November 1918 noch nicht erfüllt sind, sondern von solchen, „deren Wirkungen sich über den 10. November 1918 hinaus erstrecken". Es wird daher zu prüfen sein, ob beides im Sinne der Verordnung identisch ist.

Die Verordnung hat gleich der ihr am 21. November 1918 vorangegangenen Verordnung über die Festsetzung neuer Preise für die Weiterarbeit in Kriegsmaterial (RGBl. S. 1323) den Zweck, laufenden, für Kriegszwecke geschlossenen Verträgen, deren Erfüllung nach Beendigung des Krieges sinnlos geworden war, ein Ende zu machen und das Reich von der ungeheuren Last seiner unter anderen Verhältnissen eingegangenen Verpflichtungen möglichst zu befreien. Diesem Zwecke entsprechend behandelte die Verordnung vom 21. November 1918 die Fortsetzung von Kriegsarbeiten nach dem 10. November 1918, und die von der Revision angezogene Verordnung, welche sich jener anschließt, sie erläutert und sachgemäß erweitert, beschränkt ihre Wirksamkeit auf solche Verträge, deren Wirkungen sich über den 10. November 1918 hinaus erstrecken.

Legt man die so gekennzeichnete Zuständigkeitsumgrenzung buchstäblich aus, so ist mit der Revision anzuerkennen, daß der hier behandelte Streitfall unter die Verordnung fällt. Der Vertrag, welcher unzweifelhaft für Kriegszwecke geschlossen worden war, ist auf Seite der Beklagten noch heute unerfüllt. Der Beklagte hat die Zahlung für die ihm gelieferten Waren verweigert, und es wird darüber gestritten, ob er zur Zahlung verpflichtet ist. Die Auslegung der Revision kann aber nach Sinn und Inhalt der Verordnung, wie sie oben dargelegt worden ist, nicht als zutreffend erachtet werden. Unter den „Wirkungen" der zu Kriegszwecken geschlossenen Verträge sind nicht schlechthin alle erdenklichen Wirkungen zu verstehen. Eine dahingehende Auffassung würde zu unerwünschten und tatsächlich ungewollten Folgen führen. Auch längst vor dem 10. November 1918 beiderseits endgültig abgewickelte Verträge können noch Wirkungen haben, welche sich über den genannten Zeitpunkt hinaus erstrecken. Man denke z. B. an Rückforderungsansprüche, Anfechtungen und ähnliches. Derartige Rechtsbeziehungen durch ein Sondergesetz zu regeln oder einer Sonderbehörde zur Regelung zu unterstellen, bestand keinerlei Bedürfnis. Nur da wurde eine solche Sonderbehandlung notwendig oder doch erwünscht, wo es sich um die Frage handelte, was mit solchen Lieferungen geschehen sollte, welche, obgleich aus älteren Verträgen herrührend, am 10. November noch nicht zur Ausführung gelangt waren. Verständigerweise können daher nur solche Streitigkeiten unter die Verordnung fallen, welche die Frage behandeln, ob die Beschaffungsstelle oder deren Lieferant die vor dem 10. November 1918 für Kriegszwecke bestellten Leistungen auch später noch abzunehmen haben, und gegebenenfalls, zu welchen Bedingungen dies zu geschehen hat.

Geht man von dieser Auslegung der §§ 1 und 2 der Verordnung aus, so müssen zunächst diejenigen Beträge völlig ausscheiden, welche der Beklagte unter Ablehnung der Annahme wegen verspäteter Lieferung zu zahlen verweigert hat. Diese Beträge sind vor Inkrafttreten der Verordnung nachträglich von ihm bezahlt worden. Am 30. Dezember 1919 bestand somit kein Streit mehr darüber, ob der Beklagte zur Annahme der in den Rechnungen vom 5. und 19. Februar 1915 aufgeführten Warenmengen verpflichtet war. Es blieben nur die Ansprüche der Klägerin auf Bezahlung tatsächlich abgelieferter Mengen, welche der Beklagte wegen angeblich mangelhafter Beschaffenheit des Stahles verweigerte. Allein diese Nichtbezahlung und ihre Folgen können nicht als „Wirkungen" im Sinne der Verordnung vom 4. Dezember 1919 angesehen werden. Die zu Kriegszwecken bestellten Sachen waren bereits vor dem 10. November 1918 zur Ablieferung gelangt. Sie mußten also, wenn sie vertragsmäßig beschaffen waren, restlos bezahlt werden. Für irgendeine nachträgliche Preisfestsetzung, welche von der vertraglichen abwich, war kein Raum, wie denn auch in diesem Falle der ordentliche Rechtsweg durch die insofern viel weitergehende Verordnung vom 21. November 1918 nicht abgeschnitten war. Hier konnte weder von unproduktiven Leistungen, noch von einer Überleitung der Kriegsindustrie in die private, noch endlich von der Entlastung des Reichs von Verpflichtungen, welche es früher unter anderen

Verhältnissen eingegangen war, die Rede sein. Die Verordnung trifft offenbar auf solche Fälle nicht zu (vgl. Begründung S. 8; Brion in JW. 1920 S. 278; Reimer das. S. 321; besonders Freudenstein das. S. 323 und Kammergericht das. S. 445; RGZ. Bd. 101 S. 328, 370, 425, JW. 1921 S. 1078 Nr. 2) ...

---

9. Kann eine Erbschaftsausschlagung wegen irriger Annahme der Überschuldung des Nachlasses angefochten werden?

IV. Zivilsenat. Urt. v. 26. September 1921 i. S. R. (Kl.) w. H. u. Gen. (Bekl.). IV 3/21.

I. Landgericht Altona. — II. Oberlandesgericht Kiel.

Der 1917 im Kriege gefallene H. hat in zwei eigenhändigen Testamenten seinen Freund, den Kläger, als Erben eingesetzt. Nach der Testamentseröffnung machte ein zum Nachlaßpfleger ernannter Rechtsanwalt dem Kläger, der sich damals im Felde befand, eine Mitteilung, durch die der Kläger, wie er behauptet, in den Glauben versetzt wurde, daß der Nachlaß mit einer Darlehnsschuld von 45000 *M* belastet sei. Der Kläger schlug darauf durch eine von dem zuständigen Kriegsgerichtsrat beglaubigte Erklärung gegenüber dem Nachlaßgerichte die Erbschaft aus. Nach seiner Rückkehr aus dem Felde focht er die Ausschlagung durch Erklärung gegenüber dem Nachlaßgerichte wegen Irrtums an. Er will dadurch wieder Erbe geworden sein und verlangt mit der Klage von den Beklagten, die als gesetzliche Erben den Nachlaß in Besitz genommen haben, Auskunftserteilung über die in Besitz genommenen Gegenstände und Herausgabe dieser Gegenstände. Das Landgericht und das Oberlandesgericht haben die Klage abgewiesen. Die Revision blieb ohne Erfolg.

Aus den Gründen:

Soweit der Kläger die Beklagten als Erbschaftsbesitzer aus den §§ 2027, 2018 BGB. auf Auskunftserteilung und Herausgabe des von ihnen aus der Erbschaft Erlangten in Anspruch nimmt, hängt seine Sachbefugnis von seiner Erbeneigenschaft und diese wiederum davon ab, daß die Anfechtung seiner Erbschaftsausschlagung begründet ist. Das Landgericht verneint einen nach § 119 (§§ 1954 flg.) BGB. zur Anfechtung berechtigenden Irrtum deshalb, weil der Nachlaß in der Tat mit einer Schuld von 45000 *M* zwar nicht aus Darlehen, wohl aber aus ungerechtfertigter Bereicherung belastet sei. Das Oberlandesgericht läßt die Frage des Bestehens einer solchen Nachlaßschuld und den Glauben des Klägers an die Schuld dahingestellt, führt dagegen aus, es handle sich gegebenenfalls um einen Irrtum über den Wert des Nachlasses. Der Kläger sei davon ausgegangen, daß, wenn eine Forderung von 45000 M gegen den Nachlaß bestände, die Erbschaft nichts mehr für ihn wert sei, was auch tatsächlich der Fall sein würde. Ein derartiger Irrtum betreffe aber bloß den Beweggrund der Ausschlagung und sei deshalb unbeachtlich.

Die Revision vertritt demgegenüber die Meinung, daß die irrige Vorstellung von der Überschuldung des Nachlasses einen Irrtum über eine verkehrswesentliche Eigenschaft im Sinne des § 119 Abs. 2 BGB. darstelle. Die Beklagten halten dieser Ansicht die vom V. und VI. Zivilsenat des Reichsgerichts bei Warneyer 1909 Nr. 528 und in RGZ. Bd. 73 S. 136 im Anschluß an frühere Entscheidungen entwickelte, auch in wiederholten späteren Entscheidungen (Warneyer 1912 Nr. 287, 1914 Nr. 271; Urt. vom 21. Juni 1919 V 157/19) festgehaltene Auffassung entgegen, daß § 119 Abs. 2, indem er als Irrtum über den Inhalt der Erklärung auch den Irrtum über solche Eigenschaften der „Sache" gelten lasse, die im Verkehr als wesentlich angesehen werden, sich gemäß § 90 BGB. nur auf körperliche Gegenstände beziehe und wegen seiner besonderen Natur auf andere Erklärungsgegenstände auch nicht entsprechend anzuwenden sei. Diese Auffassung hat im Schrifttum fast einmütigen Widerspruch gefunden. Der I. Zivilsenat des Reichsgerichts ist von ihr in einer beiläufigen Bemerkung (JW. 1914 S. 674 Nr. 2) bereits abgewichen. Auch der erkennende Senat trägt Bedenken, sich ihr anzuschließen, kann die Streitfrage aber hier auf sich beruhen lassen. Denn selbst wenn der Nachlaß, trotzdem er als ein Vermögensinbegriff (§ 1922 Abs. 1 BGB.) kein körperlicher Gegenstand ist, im Sinne des § 119 Abs. 2 BGB. als eine Sache oder als ein einer solchen gleich zu behandelnder Gegenstand aufgefaßt werden könnte, würde die Anwendbarkeit jener Vorschrift auf den vorliegenden Fall mit dem Berufungsgerichte zu verneinen sein. Ob ein Nachlaß überschuldet ist, ergibt sich regelmäßig erst aus einer Schätzung des Wertes seiner einzelnen Bestandteile und aus einem Urteile darüber, ob und inwieweit die gegen den Nachlaß geltend gemachten Forderungen ihrem Grunde und ihrer Höhe nach berechtigt sind. Das Ergebnis einer derartigen tatsächlichen und rechtlichen Abwägung, mag es nun ein die Passivbestandteile übersteigender Wert der Aktivbestandteile oder umgekehrt eine Überschuldung des Nachlasses sein, ist keine dem Nachlaß innewohnende Eigenschaft, wie auch sonst Werturteile über eine Sache anerkanntermaßen keine Sacheigenschaft begründen können (RGZ. Bd. 64 S. 269; Warneyer 1909 Nr. 502). An der von der Revision angezogenen Schriftstelle (Komm. v. RGR. 3. Aufl. § 1954 Anm. 1) wird im Anschluß an den — mit der gemeinen Meinung im Schrifttum übereinstimmenden — Satz, daß eine irrige Vorstellung über den Bestand (also auch über die Schulden) oder den Wert des Nachlasses nur ein Irrtum im Beweggrunde zur Annahme oder Ausschlagung sei, allerdings bemerkt, bei einem überschuldeten Nachlasse könne unter Umständen ein Irrtum über verkehrswesentliche Eigenschaften angenommen werden. Ob eine solche Annahme etwa unter besonderen Umständen möglich ist, kann dahingestellt bleiben. In der vorliegenden Sache sind jedenfalls keine Umstände vorgebracht, die eine Abweichung von der für die Regel gebotenen gegenteiligen Auffassung rechtfertigen könnten. Die Überschuldung oder die Aktivbilanz des Nachlasses hängt hier wesentlich von der Beurteilung der zweifelhaften und unter den Parteien streitigen Rechtsnatur der Zahlungen ab, die aus dem Gesamtgut einer fortgesetzten Gütergemeinschaft an den Erblasser als damaligen Teilhaber dieser Gemeinschaft geleistet worden sind. Hat der Kläger sich durch die Annahme einer aus diesem Rechtsverhältnis entspringenden Nachlaßschuld und darauf beruhender Überschuldung des Nachlasses zur Ausschlagung der Erbschaft bestimmen lassen und sollte die angenommene Nachlaßschuld in Wahrheit nicht bestehen, so handelt es sich um einen bloßen Irrtum im Beweggrunde, den das Berufungsgericht nach dem allein in Betracht kommenden § 119 BGB. mit Recht für unbeachtlich erklärt hat....

---

10. 1. Zum Begriff der Gesamtstreitigkeit bei tarifmäßigen Lohnforderungen der Arbeitnehmer.
2. Kann für den Beginn der allgemeinen Verbindlichkeit eines Tarifvertrags auch ein der Verbindlichkeitserklärung vorausgehender Zeitpunkt bestimmt werden?

III. Zivilsenat. Urt. v. 30. September 1921 i. S. B. (Bekl.) w. W. u. Gen. (Kl.). III 28/21.

I. Landgericht Karlsruhe. — II. Oberlandesgericht daselbst.

Der Verband der Metallindustriellen Mittelbadens schloß am 1. Juni 1919 mit dem Deutschen Metallarbeiterverband Stuttgart 9. Bezirk einen Tarifvertrag, der vom Reichsarbeitsminister am 29. November 1919 mit Wirkung vom 1. August 1919 für den Bezirk der Handelskammer für die Kreise Karlsruhe und Baden für allgemein verbindlich erklärt wurde. Diese Erklärung wurde in das Tarifregister eingetragen und in Nr. 279 des Reichsanzeigers vom 5. Dezember 1919 veröffentlicht. Die Beklagte war an jenem Vertrage nicht beteiligt, schloß vielmehr selbst am 2. Juni 1919 mit dem Deutschen Metallarbeiterverband Ortsverwaltung Karlsruhe einen Tarifvertrag, auf Grund dessen sie dann ihre Arbeiter entlohnte. Die Kläger, Arbeiter der Beklagten, verlangten mit der Klage Nachzahlung der ihnen nach dem für allgemein verbindlich erklärten Vertrage vom 1. Juni 1919 gegenüber den Sätzen des Vertrags vom 2. Juni 1919 zustehenden Mehrbeträge an Lohn für die Zeit vom 1. August 1919 an. Die Beklagte erklärte diese Ansprüche für unbegründet, machte aber in erster Linie die prozeßhindernden Einreden der Unzuständigkeit des Gerichts, der Unzulässigkeit des Rechtswegs und der Vereinbarung schiedsrichterlicher Entscheidung geltend, wobei sie die Einlassung zur Hauptsache verweigerte. Die erste Instanz verwarf diese Einreden durch Zwischenurteil und erklärte im Endurteil die erhobenen Ansprüche für die Zeit vom 5. Dezember 1919 an für berechtigt, im übrigen für unberechtigt. Das Berufungsgericht wies die Berufung der Beklagten gegen das Zwischenurteil zurück und erklärte in der Sache selbst auf die Berufung der Kläger unter Zurückweisung der Anschlußberufung der Beklagten die Ansprüche der Kläger, die sich jetzt nur noch auf die Zeit vom 1. August bis zum 19. Dezember 1919 einschließlich erstrecken, dem Grunde nach für berechtigt. Die Revisionen der Beklagten gegen die beiden hierüber erlassenen Urteile wurden zurückgewiesen.

Gründe:

Zur Begründung ihrer prozeßhindernden Einreden beruft sich die Beklagte auf § 21 des Tarifvertrags vom 1. Juni 1919, worin für Streitigkeiten aus der Durchführung dieses Abkommens zunächst eine Verhandlung zwischen der Betriebsleitung und dem Arbeiterausschuß, dann eine Heranziehung der beiderseitigen Organisationsleitungen und schließlich eine Entscheidung des Schlichtungsausschusses vorgesehen ist. Die Folgerungen, die die Beklagte daraus zieht, sind aber unbegründet. Die Verordnung über Tarifverträge usw. vom 23. Dezember 1918 versteht unter Tarifvertrag einen Vertrag, der die Bedingungen für den Abschluß von Arbeitsverträgen regelt (§ 1). Wird ein solcher Vertrag für allgemein verbindlich erklärt (§ 2), so bekommt er Geltung für die nicht am Vertrage beteiligten Personen nur, soweit er Tarifvertrag ist, d. h. arbeitsvertragliche Bestimmungen enthält. Danach ist schon zweifelhaft, ob die allgemeine Verbindlichkeit auch auf Bestimmungen sich erstreckt, die sich nur mit der Austragung von Streitigkeiten befassen. In jedem Falle aber kann ihre Anwendung auf Streitigkeiten aus den einzelnen Arbeitsverträgen nur dann in Frage kommen, wenn sie sich auf solche Streitigkeiten überhaupt beziehen. Dies verneint aber das Berufungsgericht für den vorliegenden Fall in einwandfreier Auslegung des § 21 des Tarifvertrags. Die Revision wendet sich nicht gegen die Auslegung des Berufungsgerichts, sucht aber der daraus sich ergebenden Folge dadurch zu entgehen, daß sie ausführt, es handle sich um einen Streit, der über die Bedeutung von Einzelstreitigkeiten hinausgehe, wenn sämtliche Arbeitnehmer eines Betriebs gegen den Arbeitgeber Klage erheben, um auf diese Weise entscheiden zu lassen, welcher Tarifvertrag für das Arbeitsverhältnis gelte. Allein abgesehen davon, daß es an der Feststellung fehlt, daß die Kläger die Gesamtarbeiterschaft der Beklagten bilden, würde selbst die Tatsache, daß es sich um sämtliche Arbeiter der Beklagten handelt, in Verbindung mit dem Umstande, daß die Begründung der Ansprüche im wesentlichen die gleiche und von allgemeiner Bedeutung ist, doch nichts daran ändern, daß nur die aus den einzelnen Arbeitsverträgen abgeleiteten einzelnen Lohnforderungen ihren Gegenstand bilden. Würden die Ansprüche gleichzeitig oder nacheinander in getrennten Rechtsstreiten verfolgt, so könnte dies nicht zweifelhaft sein. Ihre Verbindung in einer Klage kann aber ihre rechtliche Bedeutung nicht ändern und folgeweise auch eine andere prozeßrechtliche Behandlung nicht rechtfertigen. Eine Gesamtstreitigkeit, die sich zur Entscheidung durch den Schlichtungsausschuß eignen würde, liegt nicht vor. Die Kläger brauchten also nicht vor Erhebung der Klage den Weg des § 21 a. O. einzuschlagen, und die Revision der Beklagten zu diesem Punkte erweist sich als unbegründet, ohne daß es noch der Erörterung bedürfte, ob, selbst vom Standpunkte der Beklagten aus, von einer der von ihr erhobenen prozeßhindernden Einreden überhaupt die Rede sein könnte.

Unbegründet ist auch die Revision, die sich gegen das in der Sache entscheidende Urteil des Berufungsgerichts richtet. Mit Unrecht bezweifelt zunächst die Beklagte, daß der für allgemein verbindlich erklärte Tarifvertrag vom 1. Juni 1919 dem für die Streitteile zunächst maßgebend gewesenen Vertrag vom 2. Juni 1919 vorgehe. Die Bedeutung der Verbindlichkeitserklärung besteht gerade darin, daß der für allgemein verbindlich erklärte Vertrag alle Arbeitsverträge erfaßt, die nach der Art der Arbeit unter ihn fallen, und daß er in diesem Umfange allen anderen Tarifverträgen, die sich auf das gleiche Gebiet beziehen, vorgeht, soweit letztere nicht etwa den Arbeitnehmern günstigere Bedingungen enthalten (vgl. § 1 VO.). Nur wenn mehrere für allgemein verbindlich erklärte Tarifverträge nebeneinander in Frage kommen, können im einzelnen Falle Zweifel darüber entstehen, welcher von ihnen maßgebend ist (§ 2 Abs. 2 VO.). Um eine Beseitigung des Vertrags vom 2. Juni 1919 durch Verfügung des Reichsarbeitsministers handelt es sich dabei nicht. Der Vertrag konnte, soweit er günstigere Bedingungen für die Arbeitnehmer enthielt, auch ferner unbedenklich angewendet werden. Daß er im übrigen dem Vertrage vom 1. Juni 1919 weichen muß, ist die gesetzliche Folge der Verbindlichkeitserklärung des letzteren. Mit Unrecht bestreitet aber die Beklagte auch die Wirksamkeit der Bestimmung, daß die allgemeine Verbindlichkeit des Tarifvertrags vom 1. Juni 1919 mit dem 1. August 1919 beginnen solle. Die Entscheidung des Ministers erfolgte am 29. November 1919, ihre Eintragung in das Tarifregister am gleichen Tage, die Bekanntmachung im Reichsanzeiger am 5. Dezember 1919. Die Frage, ob als Zeitpunkt des Beginns der allgemeinen Verbindlichkeit ein der Verbindlichkeitserklärung vorausgehender Zeitpunkt bestimmt werden kann, ist bestritten.

Vgl. einerseits bejahend: Kaskel, Das neue Arbeitsrecht 1920 S. 24 Anm. 2; Giesberts-Sitzler, VO. über Tarifverträge 5. Aufl. § 4 Anm. 4 S. 25; Baum, Arbeitsrecht des neuen Deutschland Anm. 6 zu § 4 der VO. über Tarifverträge; Goldschmidt im Gew.- und Kfm.-Gericht 25. Jahrg. S. 230; Grote, JW. 1921 S. 331; GewG. Altona in Gew.- u. Kfm.-Gericht 25. Jahrg. S. 181; auch Günther, Arbeiterschutz und Arbeitsrecht 1920, zu § 4 der VO. über Tarifverträge usw. Anm. 5 S. 216; anderseits verneinend GewG. Hamburg in Gew.- u. Kfm.-Gericht 25. Jahrg. S. 179; Järisch, JW. 1920 S. 892; Hueck in Gew.- u. Kfm.-Gericht 25. Jahrg. S. 209 (213, 214).

Das Berufungsgericht vermeidet eine allgemeine Entscheidung der Frage, indem es jeweils die Interessenlage der Beteiligten maßgebend sein lassen will und demgemäß im vorliegenden Falle, da es sich um einen nach der schon im Juli 1919 erfolgten Veröffentlichung des Antrags auf Verbindlichkeitserklärung liegenden Zeitpunkt handelt, die Bestimmung des 1. August 1919 als Zeitpunkt der allgemeinen Verbindlichkeit für wirksam erklärt, während es sich für andere Fälle die Entscheidung vorbehalten will. Dieser Standpunkt kann nicht gebilligt werden. Die Interessen der Beteiligten zu berücksichtigen, ist ausschließlich Sache des Ministers, wenn er nach pflichtmäßigem Ermessen sich darüber schlüssig macht, welchen Zeitpunkt er für den Beginn der allgemeinen Verbindlichkeit eines Tarifvertrags bestimmen will. Das Gericht hat nicht nachzuprüfen, ob er von seinem Ermessen den richtigen Gebrauch gemacht hat. Gegenstand der richterlichen Prüfung kann vielmehr nur sein, ob die Bestimmung eines der Entscheidung des Ministers vorausgehenden Zeitpunktes überhaupt zulässig ist. Die Verordnung über Tarifverträge gibt darüber keine Auskunft. Insbesondere läßt sich, wie auch das Berufungsgericht annimmt, aus dem Wortlaut des § 4 Abs. 2 Satz 3, wonach zu bestimmen ist mit welchem Zeitpunkt die allgemeine Verbindlichkeit des Tarifvertrags beginnt, etwas Sicheres nicht entnehmen. Es muß daher auf die rechtliche Bedeutung der Erklärung der allgemeinen Verbindlichkeit zurückgegangen werden. Nach § 2 der Verordnung bewirkt diese Erklärung, daß der für allgemein verbindlich erklärte Tarifvertrag für Arbeitsverträge, die nach der Art der Arbeit unter ihn fallen, auch dann im Sinne des § 1 verbindlich ist, wenn Arbeitgeber oder Arbeitnehmer oder beide an dem Tarifvertrage nicht beteiligt sind. Solche Arbeitgeber und Arbeitnehmer werden dadurch nicht Vertragsteile des Tarifvertrags, und die Wirksamkeit seiner Bestimmungen für Außenstehende tritt nicht kraft des Vertrags, sondern kraft einer Rechtsnorm ein, die in der Verordnung begründet ist, aber um wirksam zu werden noch der Erklärung des Ministers bedarf. Die Verordnung hätte selbst bestimmen können, welcher Zeitpunkt jeweils den Beginn der allgemeinen Wirksamkeit bedeuten solle. Sie hätte auch bestimmen können, daß ein früherer Zeitpunkt als der der Entscheidung des Ministers maßgebend sein solle oder könne. Daraus, daß die Verordnung eine Bestimmung dieser Art nicht getroffen, vielmehr die Bestimmung allgemein und ohne jede Einschränkung einer Behörde überlassen hat, muß im Zweifel gefolgert werden, daß die Behörde an der Bestimmung eines früheren Zeitpunktes in keiner Weise gehindert sein sollte. Danach muß die Bestimmung eines solchen früheren Zeitpunktes ganz allgemein für zulässig erachtet werden. Eine natürliche zeitliche Begrenzung solcher Bestimmung ergibt sich freilich insofern, als ein früherer Zeitpunkt nicht wirksam bestimmt werden kann, als derjenige, in dem der Tarifvertrag abgeschlossen worden ist. Das hat aber mit dem Wesen der nach § 4 Abs. 2 Satz 3 der Verordnung zu treffenden Bestimmung nichts zu tun, beruht vielmehr auf dem aus der Verordnung sich ergebenden Grundsatze, daß der Minister nicht von sich aus Tarifbestimmungen treffen und daß er auch die bestehenden Tarifverträge nicht ändern, sondern nur so, wie sie bestehen, und folglich auch nur von der Zeit an, zu der sie entstanden sind, für allgemein verbindlich erklären kann. In dieser natürlichen Begrenzung kann man die Möglichkeit der Bestimmung eines der Entscheidung des Ministers vorausgehenden Zeitpunktes für den Beginn der allgemeinen Verbindlichkeit auch nicht als sachliches Unrecht gegenüber den Arbeitgebern betrachten. Tarifverträge pflegen alsbald nach ihrem Abschlusse auch in denjenigen Interessentenkreisen bekannt zu werden, die nicht unmittelbar am Abschlusse beteiligt waren. Die nicht unmittelbar beteiligten Arbeitgeber müssen daher von Anfang an, nicht nur von der Veröffentlichung des Antrags auf die Erklärung zu allgemeiner Verbindlichkeit an, mit einer solchen Erklärung rechnen und können, namentlich in der heutigen Zeit, in der Verbindlichkeitserklärungen zahlreich stattfinden, eine solche Möglichkeit auch bei der Berechnung ihrer Preise berücksichtigen. Danach ist die Entscheidung des Berufungsgerichts, wenn auch nicht aus den gleichen Gründen, zutreffend, die Revision der Beklagten unbegründet.

11. Darf der Schuldner einer zum Nießbrauch gegebenen Forderung mit Forderungen aufrechnen, die ihm gegen den Nießbraucher zustehen? Hat er wegen solcher Forderungen ein Zurückbehaltungsrecht oder die Einrede der Arglist?

VII. Zivilsenat. Urt. v. 4. Oktober 1921 i. S. J. M. (Bekl.) w. E. M. (Kl.). VII 16/21.

I. Landgericht Mannheim. — II. Oberlandesgericht Karlsruhe.

Der inzwischen verstorbene Ehemann der Klägerin und sein Bruder, der Beklagte, waren Inhaber einer offenen Handelsgesellschaft in Sch., die wegen eingetretener Zahlungsschwierigkeiten auf Grund eines mit den Gläubigern getroffenen Liquidationsabkommens vom 22. April 1907 in Liquidation trat. Nach § 11 dieses Abkommens verzichteten die Gläubiger auf den 35 % ihrer Forderungen übersteigenden Betrag, für diese 35 % aber garantierten die Firma und deren Teilhaber und versprachen, einen etwaigen Mindererlös sofort nach Beendigung der Liquidation nachzuzahlen. Die Liquidation ergab statt der erhofften 35 % nur $11^1/_4$ %, so daß $23^3/_4$ % nachzuzahlen gewesen wären.

Zu den Gläubigern gehörte mit 41372,98 *M* auch der Schwiegersohn der Klägerin, prakt. Arzt Dr. T. Er räumte in einer Urkunde vom 25. Mai 1916 an der Forderung von $23^3/_4$ % aus dem Liquidationsabkommen, also an 9826,08 *M*, der Klägerin das jederzeit widerrufliche Nießbrauchsrecht ein, um ihr, wie in der Urkunde angegeben war, die Mittel zur Bestreitung ihres Unterhalts zu verschaffen. Die Nießbrauchseinräumung war an Stelle der Abtretung gewählt, um den Zugriff der Gläubiger der Klägerin zu verhindern.

Auf Grund dieser Urkunde und des § 1074 BGB. klagte die Klägerin gegen den Beklagten auf Zahlung von 9826,08 *M*. Der Beklagte machte unter anderem geltend, die Klägerin hafte als Erbin ihres Ehemanns selbst für die Hälfte des Ausfalls, aus demselben Grunde stehe dem Beklagten ein Ausgleichungsanspruch von 65734,13 *M* zu, mit dem er aufrechne und wegen dessen er das Zurückbehaltungsrecht und die Einrede der arglistigen Geltendmachung der Klageforderung erhebe.

Das Landgericht verurteilte zur Zahlung eines Teilbetrags von 9479,03 *M*, das Oberlandesgericht wies die Berufung zurück. Die hiergegen eingelegte Revision hatte keineu Erfolg.

Aus den Gründen:

... Die aus dem Gesellschaftsverhältnis mit dem verstorbenen Ehemann und Erblasser der Klägerin hergeleiteten Ansprüche und Einwendungen des Beklagten (Aufrechnung, Zurückbehaltung und Arglisteinrede) scheitern daran, daß die Klägerin im Rechtsstreit nur als Nießbraucherin von Forderungen T.s auftritt und daß T., dem Forderungsberechtigten, gegenüber alle diese Ansprüche und Einwendungen nicht in Betracht kommen können. Zwar bestimmt die von dem Beklagten herangezogene Vorschrift des § 1075 Abs. 2 BGB., daß an verbrauchbaren Sachen, also namentlich an eingezogenem Gelde, der Nießbraucher mit der Einziehung Eigentum erwerben soll, und im § 1070 Abs. 1 ist bestimmt, daß auf das Rechtsverhältnis zwischen dem Nießbraucher und dem Schuldner die Vorschriften entsprechende Anwendung finden sollen, die im Falle der Übertragung des Rechts für das Rechtsverhältnis zwischen dem Erwerber und dem Schuldner gelten. Im Hinblick auf diese Vorschriften hat sich im Schrifttum (vgl. die Zusammenstellung in Biermanns Sachenrecht, 9. Aufl. Anm. 1e zu § 1074) ein lebhafter Streit darüber erhoben, ob dem Schuldner einer zum Nießbrauch gegebenen Forderung nicht auch ein Aufrechnungsrecht mit Forderungen zuzugestehen sei, die dem Schuldner gegenüber dem Nießbraucher zustehen. Diese Frage ist jedoch trotz der vielfachen Befürwortung ihrer Bejahung mit den Motiven Bd. 3 S. 545 zu verneinen. Die für die Rechtsübertragung in Beziehung auf das Verhältnis zum Schuldner geltenden Vorschriften (vgl. insbesondere §§ 404 flg.) sollen nur „entsprechende" Anwendung finden, deren Anwendung ist also ausgeschlossen, wenn sie, wie die Aufrechnung, die volle Verfügungsbefugnis auf seiten des neuen Gläubigers zur Voraussetzung haben. Denn die Bestellung des Nießbrauchs gibt dem Nießbraucher, wie im § 1074 Satz 3 noch ausdrücklich hervorgehoben ist, nicht die volle Verfügungsbefugnis über die zum Nießbrauch bestellte Forderung (vgl. insbesondere auch Planck Anm. 2 zu § 1070, Anm. 3 zu § 1074). Der Nießbraucher ist nicht berechtigt, die ihm zum Nießbrauch gegebene Forderung durch Aufrechnung zu vernichten, und ebensowenig darf dies der Schuldner durch Aufrechnung mit Forderungen, die ihm lediglich gegen den Nießbraucher zustehen. Auch der Umstand, daß § 1075 Abs. 2 nach der Leistung verbrauchbarer Sachen diese in das Eigentum des Nießbrauchers übergehen läßt, kann an den Rechtsverhältnissen vor der Leistung, insbesondere an dem Mangel der Aufrechnungsbefugnis, nichts ändern. Überdies hat dieser Eigentumsübergang nur formelle (fiduziarische), nicht materielle Bedeutung. Der Nießbraucher bleibt dem Forderungsberechtigten, dem er nach § 1067 Abs. 2 zur Sicherheitsleistung gegen unrechtmäßige Verwendung verpflichtet ist, für den Verbleib der Sachen verhaftet. Fehlt es hiernach an einer Befugnis des Schuldners, seine Forderungen gegen den Nießbraucher zur Aufrechnung zu verwenden, so muß aus gleichen Gründen auch seine Befugnis zur Zurückbehaltung und sein Recht, dem Nießbraucher wegen der Geltendmachung der ihm zum Nießbrauch gegebenen Forderungen Arglist zum Vorwurf zu machen, verneint werden.

---

12. 1. Zum Begriff des Empfängers nach § 435 HGB.
2. Welche Verpflichtungen entstehen für einen Spediteur, der eine mit einer Nachnahme belastete Sendung zur Aushändigung an einen Dritten empfängt und auf dessen Veranlassung es übernimmt, das Gut gegen höhere Nachnahme an eine andere Person abzuliefern?

I. Zivilsenat. Urt v. 8. Oktober 1921 i. S. K. (Kl.) w. H. Akt.-Ges. (Bekl.). I 141/21.

I. Landgericht Leipzig. — II. Oberlandesgericht Dresden.

Im Herbst 1919 wurden von einer Lagerhausgesellschaft in Basel sieben Kisten Tabakspfeifen, welche die Klägerin in der Schweiz gekauft hatte, mit der Eisenbahn an die Beklagte geschickt, mit dem Auftrage, die Kisten gegen Nachnahme von 67943 *M* an die Klägerin abzuliefern. Die Klägerin wies die Beklagte an, die Kisten gegen eine höhere Nachnahme der Firma B. in F. auszuhändigen. Die Beklagte versuchte dies zu tun; die Firma B. verweigerte aber die Zahlung. Infolgedessen unterblieb die Ablieferung der Kisten. Inzwischen hatte die Lagerhausgesellschaft der Beklagten mitgeteilt, daß das Gut der Klägerin wegen des Valutarückganges nur gegen Zahlung eines höheren Betrags auszuhändigen wäre. Da die Klägerin diesen Betrag nicht zahlte, verweigerte die Beklagte die Herausgabe der Kisten. Daraufhin erhob die Klägerin Klage auf Herausgabe. Das Landgericht wies jedoch die Klage ab. Hiergegen legte die Klägerin Berufung ein und richtete nunmehr ihre Klage auf Schadensersatz. Die Berufung wurde zurückgewiesen. Auch die Revision der Klägerin blieb erfolglos.

Gründe:

Die Entscheidung des Oberlandesgerichts ist in folgender Weise begründet:

Die Kisten mit Tabakspfeifen seien mit der Bahn an die Beklagte geschickt. Diese sei daher mit der Versendung des Guts an die Klägerin nicht befaßt gewesen und als sog. Adreßspediteur tätig geworden. Mithin sei sie nur zum Absender in ein Vertragsverhältnis getreten und nicht als Frachtführer tätig gewesen, so daß die Klägerin Rechte aus § 435 HGB. oder § 328 BGB. gegen sie nicht erlangt habe. Zwischen den Parteien sei dann allerdings ein Speditionsvertrag dadurch zustande gekommen, daß die Beklagte den Auftrag angenommen habe, das Gut der Firma B. gegen eine höhere Nachnahme auszuhändigen. Dieser Vertrag sei aber so aufzufassen, daß er lediglich neben den zwischen dem Absender und der Beklagten geltenden Vertrag habe treten, wobei dieser aber habe vorgehen sollen, so daß die Beklagte jederzeit an die Anweisungen des ersten Auftraggebers gebunden gewesen sei. Einen Anspruch auf Auslieferung des Guts habe die Beklagte also nicht erlangt.

Mit Unrecht werden diese Ausführungen von der Revision bekämpft.

Zunächst kann es keinem Zweifel unterliegen, daß der über die Versendung der sieben Kisten geschlossene Frachtvertrag der Klägerin keine Rechte gab. Nicht diese, sondern die Beklagte war die „Empfängerin" des Guts. Mit seiner Aushändigung an die Beklagte war das ganze Transportgeschäft erledigt. Da die Klägerin nicht die Empfängerin war, so hatte sie nicht die Rechte, die nach § 435 HGB. dem Empfänger nach der Ankunft des Guts am Orte der Ablieferung zustehen, und da sie, wie unstreitig ist, auch nicht Absenderin des Guts war, so kann sie ihren Anspruch auch nicht auf die dem Absender zustehenden Rechte stützen.

Die Revision sucht nun aber auszuführen, daß der Klägerin ein Anspruch auf Herausgabe der Sendung durch das Abkommen über ihre Aushändigung an die Firma B. erwachsen sei und sie durch die getroffenen Vereinbarungen auch den mittelbaren Besitz und das Eigentum erlangt habe.

Daß die Klägerin Eigentümerin der Sendung geworden sei, kann jedoch zweifellos nicht angenommen werden. Soweit ersichtlich ist, stand zur Zeit der Verhandlung zwischen den Parteien das Eigentum dem Verkäufer der Tabakspfeifen zu. Jedenfalls war, worauf es hier allein ankommt, nicht die Beklagte Eigentümerin. Zur Übertragung des Eigentums auf die Klägerin war aber nach den §§ 929 flg. BGB. — das deutsche Recht kommt zur Anwendung, denn zu der Zeit, die für den Eigentumsübergang in Betracht kommt, befand sich die Sendung in Deutschland, und nach dem Rechte der belegenen Sache bestimmen sich die Voraussetzungen für die Erlangung des Eigentums (vgl. Wolff, Sachenrecht, 9. Aufl., S. 289) — neben der Übergabe oder einer sie ersetzenden Vereinbarung die Einigung des bisherigen Eigentümers mit der Klägerin über die Übertragung des Eigentums nötig. Nun mag allerdings mit Rücksicht darauf, daß die Sachen der Klägerin ausgehändigt werden sollten, tatsächlich anzunehmen sein, daß der Veräußerer der Klägerin das Eigentum zuwenden wollte. Aber sie sollte doch offenbar das Eigentum erst erlangen, nachdem sie den von ihr geforderten Betrag gezahlt hatte. Es ist von der Klägerin selbst nicht geltend gemacht worden, daß eine andere Einigung zustande gekommen sei. Auf Abmachungen zwischen den Parteien, selbst wenn solche getroffen wären, würde es insofern nicht ankommen. Sie wären nur von Bedeutung, wenn die Beklagte eine Vollmacht zur selbständigen Übereignung der Sache gehabt hätte. Das ist aber nicht einmal behauptet. Damit ergibt sich ohne weiteres, daß die Klägerin nicht Eigentümerin des Guts geworden ist.

Bei dieser Sachlage kann es sich lediglich darum handeln, ob zwischen den Parteien ein Vertrag zustande gekommen ist, der die Klage rechtfertigt. Denn selbst wenn man annehmen will, es sei zwischen den Parteien ein Rechtsverhältnis begründet, wonach die Beklagte der Klägerin gegenüber zum Besitze berechtigt oder verpflichtet gewesen und die Klägerin also mittelbare Besitzerin geworden sei, so würde es doch eben immer auf dieses Vertragsverhältnis ankommen, um zu bestimmen, welche Pflichten die Beklagte hatte, ob und unter welchen Voraussetzungen sie das Gut an die Klägerin herausgeben mußte.

Nun ist es an sich zweifellos, daß das Vertragsverhältnis zwischen der Beklagten und der Lagerhausgesellschaft oder sonstigen Beteiligten es nicht ausschloß, daß die Beklagte damit nicht in Einklang stehende Verpflichtungen der Klägerin gegenüber übernahm. Handelt jemand in dieser Weise, so macht er sich unter allen Umständen schadensersatzpflichtig. Auf die Gültigkeit seiner Vereinbarungen dagegen hat seine Handlungsweise regelmäßig keinen Einfluß. Aber es liegt auf der Hand, daß jeder verständige Geschäftsmann es vermeidet, sich in eine solche Lage zu bringen. Er wird es höchstens dann tun, jedenfalls nur dann bewußt tun, wenn ganz besondere Umstände ihn dazu veranlassen, etwa das spätere Abkommen ihm ungewöhnliche Vorteile bietet. Hier lag die Sache nun so, daß die Beklagte keinerlei Anlaß hatte, sich mehr mit der ganzen Angelegenheit zu befassen, als nötig war, um zur Auslieferung des Guts zu gelangen. Wenn sie also die Weiterbeförderung des Guts an die Firma B. übernahm, so konnte es nicht ihre Absicht sein, darüber hinaus eine Verbindlichkeit gegenüber der Klägerin einzugehen. Insbesondere konnte sie nicht beabsichtigen, sich zu etwas zu verpflichten, was nicht mit den Rechten der Absenderin des Guts zu vereinbaren war. Darüber mußte sich auch die Klägerin klar sein. Das Abkommen der Parteien kann daher bei einer den Anforderungen von Treu und Glauben gerecht werdenden Auslegung nur dahin verstanden werden, daß die Verpflichtung der Beklagten sich darauf beschränkte, die Aushändigung des Guts an die Firma B. gegen Zahlung des von der Klägerin angegebenen Nachnahmebetrags zu versuchen. Nachdem der Versuch gemacht, aber gescheitert war, war wieder die Lage hergestellt, die vorher bestanden hatte. Ein weiteres Vertragsverhältnis war zwischen den Parteien nicht gegeben. Eine Verpflichtung, die Ware für die Klägerin zu besitzen oder ihr die Verfügung darüber einzuräumen, hatte die Beklagte nicht übernommen, und es ist auch nicht ersichtlich, was die Auffassung rechtfertigen könnte, daß im Verhältnis zwischen den Parteien die Nachnahme als gezahlt oder doch als erledigt habe gelten sollen. Es konnte unmöglich die Absicht der Beklagten sein, sich selbst festzulegen, so daß, wenn schließlich die Klägerin nicht zahlte, sie selbst der Absenderin für den Betrag aufkommen mußte und darauf angewiesen war, sich an die Klägerin zu halten. Daran ändert auch der Umstand nichts, daß die Beklagte das Gut noch im Besitz hatte. Sie wird kaum in der Lage gewesen sein, dessen Wert zu beurteilen. Jedenfalls war die Verwertung immer mit Schwierigkeiten verbunden und sie hatte keinen Anlaß, diese auf sich zu nehmen. Die Klägerin konnte bei der gegebenen Sachlage unmöglich annehmen, daß die Beklagte für sie den Nachnahmebetrag hätte auslegen und ihr so Kredit hätte geben wollen.

Da hiernach die Klägerin, nachdem das Abkommen über die Aushändigung des Guts an die Firma B. erledigt war, keine Rechte mehr gegenüber der Beklagten hatte, so kommt es auch nicht darauf an, ob und wann die Klägerin den ursprünglichen Nachnahmebetrag der Beklagten angeboten hat.

---

13. Zur Auslegung des § 284 Abs. 2 BGB.

VII. Zivilsenat. Urt. v. 11. Oktober 1921 i. S. M. (Kl.) w. L.- u. M.-Fabrik (Bekl.). VII 63/21.

I. Landgericht Bielefeld. — II. Oberlandesgericht Hamm.

Durch Vertrag vom 9. Oktober 1908 verkaufte die Beklagte dem Kläger 10000 Stück Türdichter. Abruf-Aufträge bis zu 1000 Stück sollten innerhalb 14 Tagen ausgeführt werden. Nach Ablauf von 14 Arbeitstagen war auf Tag und Stück für verspätete Ablieferung eine Verzugsstrafe von 10 ₰ zu zahlen. Die letzten 6860 Stück rief der Kläger mit Schreiben vom 28. Dezember 1908 und 2. Januar 1909 ab, erst 2000 und dann 4860 Stück. Mit der Lieferung von 5954 Stück ist die Beklagte rückständig geblieben. Mit seiner Klage forderte der Kläger für diese 5954 Stück die vertragliche Verzugsstrafe. Er klagte einen Teilbetrag von 20000 ℳ nebst Zinsen ein. Das Landgericht wies die Klage ab wegen Verjährung und auch, weil die Beklagte mit ihrer Leistung hätte zurückhalten dürfen. Der Kläger legte Berufung ein. Als die Frage des Verzuges streitig wurde, überreichte er die Abschrift eines Schreibens, das sein Anwalt am 31. März 1909 an die Beklagte gerichtet habe. Die Zahl der damals rückständigen Türdichter wird darin auf 8095 Stück berechnet. Es heißt dann weiter: „Namens des Herrn M. fordere ich Sie auf, binnen drei Tagen jene 8095 Stück Türdichter zu liefern. Erfolgt in dieser Frist die Lieferung nicht, so . . . .“ Die Beklagte bestritt den Empfang dieses Schreibens. Das Oberlandesgericht hat die Vertragsstrafe dem Kläger bis auf einen Betrag von 150 *M* unbedingt abgesprochen. Die Entscheidung über diese 150 *M* und Zinsen ist von einem Eide abhängig gemacht, welchen die Geschäftsführer der Beklagten über den Eingang des Briefes vom 31. März 1909 leisten sollen. Die Revision blieb erfolglos.

Aus den Gründen:

. . . Den Anfangszeitpunkt, von welchem ab die Vertragsstrafen fällig geworden sind, sieht das Berufungsgericht in dem Empfang des Schreibens vom 31. März 1909 durch die Beklagte. Auch das bemängelt die Revision. Sie meint, daß die Leistungstermine nach dem Kalender „bestimmt“ waren, daß der Verzug der Beklagten also mit der Fälligkeit der einzelnen Leistungen ohne besondere Mahnung begann. Einen Beweis für die Richtigkeit ihrer Meinung findet die Revision darin, daß der Berufungsrichter die Fälligkeitstage überhaupt hat „berechnen“ können. Die Revision unterscheidet hier nicht scharf genug zwischen den Begriffen „nach dem Kalender bestimmt“ und „nach dem Kalender zu berechnen“. Von ersterem handelt § 284 Abs. 2 Satz 1 BGB., von letzterem Satz 2 daselbst. Nach dem Kalender bestimmt ist der Fälligkeitstag, wenn ein Kalendertag unmittelbar oder wenigstens mittelbar bezeichnet ist, also etwa gesagt ist „am 20. Oktober 1921“ oder „am neunten Tage von heute ab“. Nach dem Kalender zu berechnen im Sinne von Satz 2 a. a. O. ist der Fälligkeitstag, wenn er auf ein ungewisses noch in der Zukunft liegendes Ereignis abgestellt wird und auf eine gewisse, von diesem Ereignis ab laufende Frist. Bei so bezeichnetem Fälligkeitstag soll der Verzug in der Regel nicht ohne Mahnung eintreten. Eine Ausnahme wird nur für den Fall der Kündigung gemacht, wenn sich die Zeit der Leistung von der Kündigung ab nach dem Kalender — und nur nach dem Kalender — berechnen läßt. Eine Ausdehnung dieser Ausnahmevorschrift hat das Reichsgericht stets abgelehnt, namentlich hat es Verzug nicht als ohne Mahnung eingetreten angesehen, wenn der Zahltag in bestimmter Weise von der künftigen Lieferung der Ware abhängig gemacht war, vgl. RGZ. Bd. 60 S. 84 (Zahlung am Ende jeder Empfangswoche), Bd. 68 S. 22 (am 20. des der Lieferung folgenden Monats), Warneyer 1909 Nr. 555 (Mitte des auf die Lieferung folgenden Monats). Ein

Abruf steht einer Kündigung gewiß besonders nahe, aber auch hier hat das Reichsgericht an seinem ablehnenden Standpunkt festgehalten. In dem Seuff. Arch. Bd. 61 Nr. 76 entschiedenen Falle war bei einer Warenbestellung vereinbart worden, daß alle Nachbestellungen innerhalb 30 Tagen vom Tage der Bestellung auszuführen waren. Als der Besteller bei der neunten Nachbestellung 1000 Stück abrief, wurde nicht rechtzeitig geliefert. Das Reichsgericht verneinte die Anwendbarkeit von § 284 Abs. 2 BGB., weil der Tag, von dem die Lieferungsfrist zu berechnen war, nicht festgestanden habe und die für die Kündigung gegebene Ausnahmevorschrift nicht ausdehnend ausgelegt werden dürfe.

Im gegenwärtigen Falle ist aber noch weiter zu erwägen, daß die Kenntnis der Abrufstage allein nicht genügte, um die Fälligkeit der jeweils abgerufenen Leistungen nach dem Kalender zu berechnen. Der Berufungsrichter hat ohne erkennbaren Rechtsirrtum und, ohne daß die Revision ihm entgegengetreten wäre, den Vertrag der Parteien dahin ausgelegt, daß nur jedesmal nach Ablauf von 14 Arbeitstagen 1000 Stück Türdichter zu liefern waren. Um die Fälligkeit der abgerufenen Leistungen zu berechnen, mußte also erst noch festgestellt werden, wann die letzten der früher abgerufenen Tausende von Türdichtern fällig geworden waren. Bei der ganzen Rechnung mußten auch etwaige besondere Feiertage am Sitz der Beklagten berücksichtigt werden.

Mit Recht hat hiernach der Berufungsrichter den Beginn des Verzuges auf die Ankunft des Briefes vom 31. März 1909 bei der Beklagten abgestellt. . . .

---

14. 1. Zur Anwendung des § 138 Abs. 2 BGB.
2. Zum Verhältnisse zwischen Abs. 1 und Abs. 2 des § 138 BGB.

III. Zivilsenat. Urt. v. 14. Oktober 1921 i. S. H. (Bekl.) w. B. Eheleute (Kl.). III 150/21.

I. Landgericht III Berlin. — II. Kammergericht daselbst.

Die Beklagte pachtete durch schriftlichen Vertrag vom 15. März 1918 von den Klägern ein von diesen zu erwerbendes Grundstück in St. gegen eine Anzahlung von 8000 ℳ und weitere jährliche Pachtzinszahlungen von je 650 ℳ für 10 Jahre. Die Beklagte erklärte aber schon im April 1918, vom Vertrage zurückzutreten, focht dann den Vertrag wegen Irrtums und wegen arglistiger Täuschung an und bezeichnete ihn schließlich als nach § 138 BGB. nichtig. Die erste Instanz stellte auf die Klage fest, daß der Pachtvertrag rechtsbeständig sei, und wies die auf Rückzahlung der 8000 *M* nebst Zinsen gerichtete Widerklage ab. Die Berufung der Beklagten wurde zurückgewiesen. Ihre Revision hatte den Erfolg, daß die Klage abgewiesen wurde und die Kläger als Gesamtschuldner zur Rückzahlung der 8000 *M* nebst Zinsen verurteilt wurden.

Gründe:

Das Berufungsgericht erklärt mit einwandfreier Begründung die Anfechtung wegen Irrtums und wegen arglistiger Täuschung nach §§ 119, 123 BGB. für unbegründet, verneint aber mit Unrecht die Anwendbarkeit des § 138 BGB. Es befaßt sich dabei nur mit dem Einwand des Wuchers nach § 138 Abs. 2 BGB. Seine dazu gegebenen Ausführungen sind gegenüber dem festgestellten Sachverhalt und den mit Beweis vertretenen Behauptungen der Beklagten rechtlich bedenklich. Der Pachtvertrag, der auch sonst (vgl. §§ 1, 4, 6) die Lasten vorwiegend der Pächterin auferlegt, trifft für sie namentlich in den §§ 5, 7 und 8 drückende Bestimmungen. Nach § 5 sollten die Verpächter das Recht haben, die Pächterin auf die Hälfte des Pachtgegenstandes zu beschränken, wobei eine Ermäßigung, und zwar von 650 auf 350 *M* jährlich, nur für den laufenden Pachtzins eintreten, die Anzahlung von 8000 *M* aber völlig unberührt bleiben sollte, ohne Unterschied, in welchem Pachtjahre der gedachte Fall eintreten würde. Das Berufungsgericht verkennt nicht, daß es sich hier um eine für die Beklagte besonders drückende Bestimmung handelt, meint aber, ein auffälliges Mißverhältnis zum Pachtzins und den der Beklagten obliegenden Nebenleistungen selbst für den hier vorgesehenen Fall verneinen zu sollen. Es beruft sich dabei auf eigene Schätzung, sagt aber nicht einmal, wie hoch es etwa den regelmäßigen Pachtzins ansetze, während die Beklagte unter Berufung auf Sachverständige behauptet hatte, der regelmäßige Pachtzins betrage 500 *M*, also, auch abgesehen vom Falle des § 5, nur ein Drittel des vom Berufungsgericht selbst auf 1594 *M* jährlich berechneten Vertragspachtzinses. Wenn es auch dem Berufungsgericht frei stand, Sachverständige zu vernehmen oder aus eigener Sachkunde zu entscheiden, so mußte es sich doch über diesen Punkt aussprechen. Nach § 7 sollten ferner bei nicht rechtzeitiger Zinszahlung oder nicht ordnungsmäßiger Erfüllung anderer Pflichten, gleichviel welcher Art, die Verpächter berechtigt sein, die sofortige Räumung zu verlangen, die Pächterin aber sollte für den Pachtzins weiter haften und die Anzahlung sollte verfallen sein, auch hier ohne Unterschied, wann der fragliche Fall eintreten würde. Nach § 8 endlich sollten beim Tode der Pächterin deren Erben kündigungsberechtigt sein, im Falle der Kündigung aber der angezahlte Betrag von 8000 *M* in den ersten drei Jahren zur Hälfte, später ganz verfallen. Das aus der Gesamtheit dieser Bestimmungen hervorgehende Mißverhältnis läßt sich durch das vom Berufungsgericht hervorgehobene einseitige Interesse der Verpächter nicht rechtfertigen. Ferner liegt zwar für eine Notlage der Beklagten beim Abschlusse des Pachtvertrages nichts vor, wohl aber spricht der Umstand, daß die Beklagte auf einen sie so außerordentlich belastenden Vertrag ohne weiteres eingegangen ist, für ihren Leichtsinn, d. h. dafür, daß sie den Folgen ihres Tuns aus Sorglosigkeit oder aus Mangel an genügender Überlegung die ihnen zukommende Bedeutung nicht beilegte. Für ihre allgemeine Unerfahrenheit in geschäftlichen Dingen aber und dafür, daß diese den Klägern bekannt war, hatte die Beklagte ausdrücklich Beweis angetreten. Es bedarf indessen weder einer Ergänzung der tatsächlichen Feststellungen, noch einer erneuten Würdigung des Sachverhalts nach § 138 Abs. 2 BGB., da nach dem, was bisher festgestellt ist, sich die Nichtigkeit des Pachtvertrages schon aus dem Gesichtspunkt des § 138 Abs. 1 BGB. ergibt, unter dem das Berufungsgericht den Sachverhalt überhaupt nicht geprüft hat. In der Rechtsprechung wird allerdings aus dem besonderen Inhalt des § 138 Abs. 2 BGB. regelmäßig gefolgert, daß ein Mißverhältnis zwischen Leistung und Gegenleistung, auch wenn es sehr groß sei, für sich allein die Anwendung des allgemeinen Grundsatzes des § 138 Abs. 1 BGB. nicht rechtfertigen könne. Das schließt aber nicht aus, daß andere Umstände, sei es an sich oder in Verbindung mit einem solchen Mißverhältnis, ein Rechtsgeschäft als unsittlich und deshalb nach § 138 Abs. 1 BGB. als nichtig erscheinen lassen. Hierher gehört die Bestimmung im § 7 des Vertrages, insofern danach nicht ordnungsmäßige Erfüllung jeder Art nicht nur die Räumung des Pachtgrundstückes unter Forthaftung für den laufenden Pachtzins, sondern auch den Verfall der ganzen Anzahlung von 8000 ℳ zur Folge haben sollte, und vor allem die sowohl hier als in den anderen Bestimmungen hervortretende Grundabsicht des Vertrages, daß die 8000 ℳ, wenn irgend möglich in jedem Falle, auch ohne Gegenleistung den Klägern verbleiben sollten. Wie sich aus den Feststellungen des Berufungsgerichts ergibt, hatte die Beklagte von ihrem Schwager 18000 ℳ zur Verwendung für ihre unehelichen Kinder geschenkt bekommen, und die Kläger, die das Grundstück in St. zu erwerben wünschten, aber infolge ihrer Vermögenslosigkeit die als Anzahlung auf den Kaufpreis verlangten 8000 ℳ aus eigenen Mitteln nicht beschaffen konnten, wandten sich deshalb an die Beklagte, deren Vermögensverhältnisse sie kannten, um von ihr das Geld zur Anzahlung zu erlangen. Die Beklagte hätte mit den jenen 18000 ℳ entnommenen 8000 ℳ selbst das Grundstück erwerben, benutzen und durch Verpachtung gewinnbringend verwerten können. Wenn statt dessen die Kläger das Grundstück mit dem Gelde der Beklagten erwarben und unter so drückenden, auf ein endgültiges Behalten jener 8000 ℳ hinauslaufenden Bedingungen an die Beklagte verpachteten, so liegt darin eine in keiner Weise zu rechtfertigende, so außerordentliche Belastung der offenbar in einfachen Verhältnissen lebenden Beklagten, daß der ganze Pachtvertrag nach Inhalt und Umständen dem Anstandsgefühl aller billig und gerecht Denkenden widerspricht, demnach gegen die guten Sitten verstößt. Der Vertrag ist daher nach § 138 Abs. 1 BGB. nichtig. Daraus ergibt sich die Abweisung der Klage und die Verurteilung der Kläger zur Rückzahlung der 8000 ℳ nebst den gesetzlichen Zinsen vom 8. Mai 1918, als dem Tage des Verzuges, an.

---

15. Inwieweit hat ein selbstliefernder Kommunalverband nach der Reichsgetreideordnung vom 21. Juni 1917 (RGBl. S. 507) die Geschäftsführung seiner Kommissionäre zu beaufsichtigen?

I. Zivilsenat. Urt. v. 15. Oktober 1921 i. S. H. u. Gen. (Kl.) w. Kreiskommunalverband H. (Bekl.). I 153/21.

I. Landgericht Braunsberg. — II. Oberlandesgericht Königsberg.

Bei der Bewirtschaftung der Getreideernte des Jahres 1917 war der beklagte Kommunalverband als sogenannter Selbstlieferer aufgetreten, d. h. er hatte es übernommen, die in seinem Bezirke gewachsenen Teile der Ernte, die abzuliefern waren, für eigene Rechnung zu kaufen und der Reichsgetreidestelle zu liefern. Zu dem Zwecke hatte er die Firma Z. in H. als Kommissionärin bestellt. Die Kläger haben dieser Firma gewisse Getreidemengen geliefert, die unbezahlt geblieben sind. Die Firma ist demnächst in Konkurs geraten.

Die Kläger nehmen den Kommunalverband auf Zahlung der offenen Beträge in Anspruch.

Das Landgericht wies die Klage ab. Die Berufung der Kläger wurde zurückgewiesen. Ihre Revision hatte Erfolg.

Gründe:

Nach der Reichsgetreideordnung vom 21. Juni 1917 war das Getreide der Ernte 1917, ebenso wie es in den vorangegangenen Jahren geschehen war, beschlagnahmt, und zwar für denjenigen Kommunalverband, in dessen Bezirke es gewachsen war (§ 1). Die Beschlagnahme hatte die Wirkung, daß die Eigentümer das Getreide nicht ohne Zustimmung des Kommunalverbandes veräußern durften (§ 4), es vielmehr, soweit es nicht zur menschlichen Ernährung, zur Verfütterung und zur Aussaat nötig war (§ 7), abzuliefern hatten. Den selbstwirtschaftenden Kommunalverbänden war freigestellt, das Getreide für eigene Rechnung zu erwerben und es als Verkäufer der Reichsgetreidestelle zu liefern (§ 32). Machte ein Kommunalverband von dieser Befugnis keinen Gebrauch, so wurde das Getreide unmittelbar von der Reichsgetreidestelle durch Kommissionäre, die diese Stelle einsetzte, erfaßt (§ 28). Im umgekehrten Falle hatte der Verband seinerseits für den Erwerb der Früchte zu sorgen und dazu mindestens zwei Kommissionäre zu bestellen (§ 32). Die Eigentümer waren verpflichtet, ihr Getreide, soweit sie es nicht selbst behalten durften, nur an diese Kommissionäre zu verkaufen. Als Korrelat dieser Verpflichtung mußte, wie es die Billigkeit erforderte, Vorsorge dafür getroffen werden, daß sie ihr Geld von den Kommissionären erhalten konnten. Zu dem Zwecke ist erstens im § 26 angeordnet, daß die Kommunalverbände die Tätigkeit der Kommissionäre überwachen sollten (vgl. Oppenheimer, Reichsgetreidegesetzgebung für 1917, § 26, Anm. 2 S. 63). Weiter ist durch die von der Reichsgetreidestelle aufgestellten Geschäftsbedingungen für Kommissionäre selbstliefernder Kommunalverbände für 1917 folgendes bestimmt: Der Kommissionär kauft von den Eigentümern für Rechnung des Kommunalverbandes, aber in eigenem Namen (§ 1). Der Einkauf erfolgt in der Weise, daß der Kommissionär entweder die Früchte endgültig beim Eigentümer abnimmt und sofort bezahlt, oder daß er nach den Einkaufsbedingungen des Kommunalverbandes kauft (§ 5). Solchenfalls erfolgt Zahlung durch die Reichsgetreidestelle an den Verband, und zwar in Höhe von 80% des Wertes nach Eingang der Absendungsanzeige und in Höhe des Restes nach Annahme der Ware durch den Empfänger, oder nach Erledigung etwaiger Beanstandungen (§ 21). Wann in solchem Falle der Kommunalverband die Zahlung an den Kommissionär und dieser an den Erzeuger weiterzugeben hat, ist nicht ausdrücklich bestimmt.

Vorliegenden Falles ist der beklagte Kommunalverband als Selbstlieferer aufgetreten. Er hatte also seine Kommissionäre zu überwachen. Diese Überwachung hatte sich vor allem auch auf die Weitergabe der Zahlungen an die Erzeuger zu erstrecken; das erforderte die Billigkeit, da die Erzeuger verpflichtet waren, nur an die Kommissionäre zu verkaufen, da sie Vertragsrechte nur gegen die Kommissionäre erwarben und da sie, wie § 5b der Allgemeinen Geschäftsbedingungen zu ergeben scheint, Barzahlung nicht fordern konnten. Das Berufungsgericht hat nun angenommen, eine Verletzung der dem beklagten Verbande obliegenden Überwachungspflicht sei nicht erwiesen, denn es sei nichts dafür beigebracht, daß bis zum 23. Februar 1918 — dem Tage der letzten Lieferung der Kläger — die Stellung der Firma Z., der Kommissionärin, irgendwie unsicher gewesen sei. Diese Ausführung wird der Sachlage nicht gerecht. Grundlegend ist, daß das Getreide für den Verband beschlagnahmt war, daß er sich entschlossen hatte, es für eigene Rechnung zu erwerben, was ihm nach § 32 freistand, aber nicht geboten war, und daß Z. vom Kreise nach eingeholter Genehmigung der Reichsgetreidestelle zum Kommissionär bestellt war. Dieser Sachlage entsprach es, daß der Kreis von den ihm zu Gebote stehenden Mitteln Gebrauch machte, um dafür zu sorgen, daß den Landwirten die ihnen zukommende Zahlung wurde. Diese Verpflichtung bestand schon an und für sich, um so mehr aber, wenn bekannt geworden sein sollte, daß der Kommissionär mit der Weitergabe der Zahlung an die Landwirte säumig war. Letzteres würde den Kreisverband zu einer besonders scharfen Aufsicht verpflichtet haben. Die Beweiserhebungen haben Anhaltspunkte dafür ergeben, daß die Zahlungsweise der Firma Z. manchen Landwirten als nicht einwandfrei erschienen ist. Angesichts dieser Bekundungen war es Pflicht des beklagten Verbandes, im Rechtsstreit anzugeben und nachzuweisen, wie er seiner Überwachungspflicht nachgekommen ist und ob er von den ihm nach § 4 der Allgemeinen Bedingungen zustehenden Mitteln zur Prüfung des Geschäftsbetriebes der Kommissionäre Gebrauch gemacht hat. Dabei kommt es nicht allein darauf an, ob die Stellung der Firma Z. noch sicher war, sondern auch darauf, ob die Weitergabe der Zahlungen an die Erzeuger und der gesamte Geschäftsbetrieb ordnungsmäßig erfolgte. Erst wenn der beklagte Verband angegeben hat, was er zur Überwachung der genannten Firma getan hat, wird sich überblicken lassen, ob er seiner Überwachungspflicht genügt hat und worauf der Verlust der Kläger zurückzuführen ist, und ob etwa den Klägern ein Mitverschulden zur Last fällt.

---

16. Wie ist der Schadensersatzanspruch des Verkäufers wegen Nichtrückgabe der Kaufsache nach vertraglicher Aufhebung des Kaufvertrags zu begründen?

III. Zivilsenat. Urt. v. 18. Oktober 1921 i. S. T. (Kl.) w. P. (Bekl.). III 91/21.

I. Landgericht Altenburg. — II. Oberlandesgericht Jena.

Der Beklagte kaufte im Mai 1918 vom Kläger 50 Kisten rheinisches Fensterglas und erhielt diese Ware im August 1918. Er beanstandete die Höhe des ihm berechneten Preises von 10711,35 *M* und schrieb am 9. September 1918 dem Kläger, daß er die Rechnung nur in Höhe von 10278,50 *M* anerkennen könne und fügte hinzu: „Andernfalls wollen Sie sofort anderweitig verfügen." Dieser Brief kreuzte sich mit einem Schreiben des Klägers von demselben Tage, in dem dieser an der Richtigkeit seiner Preisberechnung festhielt und den Beklagten aufforderte, die Ware an seinen Leipziger Spediteur zu senden. Nach weiterem Schriftwechsel zwischen den Parteien, der in der Hauptsache die Frachtkosten betraf, schrieb der Beklagte dem Kläger am 16. September, er solle, wenn er das Glas zurückhaben wolle, jemand mit der Abholung beauftragen. Der Kläger bezeichnete darauf im Schreiben vom 18. September den Spediteur W. als zur Abholung der Ware von ihm beauftragt. Am 24. September aber erklärte der Beklagte, daß er das Glas behalten wolle. Er gab die Ware trotz wiederholter Aufforderung seitens des Klägers nicht heraus und veräußerte sie anderweit.

Der Kläger fordert deshalb Schadensersatz. Sein Anspruch wurde vom Landgericht dem Grunde nach für gerechtfertigt erklärt, vom Berufungsgericht aber abgewiesen. Das Reichsgericht hat das erstinstanzliche Urteil wiederhergestellt.

Gründe:

Das Berufungsgericht nimmt an, daß die Parteien den zwischen ihnen geschlossenen Kaufvertrag dadurch aufgehoben hätten, daß der Beklagte im Briefe vom 16. September 1918 in die vom Kläger verlangte Rückgängigmachung des Kaufs gewilligt habe. Diese Annahme unterliegt keinem rechtlichen Bedenken.... Das Berufungsgericht erachtet hiernach den Beklagten, der widerrechtlich über das Glas verfügt habe, für verpflichtet, dem Kläger den entstandenen Schaden zu ersetzen. Es geht davon aus, daß der Kläger für eine bereits am 21. September 1917 von ihm bestellte, aber erst am 11. Oktober 1919 von der Glashütte ausgeführte Lieferung gleichen Glases einen um 135 v. H. höheren Preis habe zahlen müssen und daß er bei dem Weiterverkaufe dieses Glases mindestens ebensoviel wieder erlöst haben würde, als er dafür gezahlt hat. Es meint aber, daß der Kläger diesen Preisunterschied nur dann als Schadensersatz fordern könnte, wenn er tatsächlich, wie er behauptet, nach Wiederaufhebung des Kaufvertrags mit dem Beklagten das von diesem zurückzugebende Glas anderweit verkauft und, da er das Glas vom Beklagten nicht zurückerhielt, zur Befriedigung dieses neuen Käufers die im September 1917 bestellte Lieferung verwendet hätte. Da der Kläger sich nun zwar bereit erklärt habe, zu beeiden, daß er das Glas, das der Beklagte hätte zurückgeben sollen, gleich an einen andern verkauft habe, er sich aber weigere, den Käufer zu nennen und sich sonst näher über diesen Verkauf auszusprechen, sei der zur Begründung seiner Schadensersatzforderung, wie er sie in konkreter Form erhoben, erforderliche Beweis nicht erbracht. Deshalb und weil der Kläger trotz Vertagung der Verhandlung es unterlassen habe, den Schaden anderweit zu berechnen, weist das Berufungsgericht den Schadensersatzanspruch des Klägers ab.

Mit Recht führt die Revision aus, daß der Nachweis des anderweiten Verkaufs zur Begründung des erhobenen Anspruchs auf Ersatz des dem Kläger erwachsenen konkreten Schadens gar nicht erforderlich ist. Nach dem den §§ 249 flg. BGB. zugrunde liegenden Gedanken war der Beklagte, nachdem er sich außer Stand gesetzt hatte, das erhaltene Glas dem Kläger zurückzugeben, verpflichtet, ihn in die gleiche wirtschaftliche Lage zu versetzen, in der dieser sich befunden hätte, wenn er das Glas zurückerhalten hätte. Dies konnte, da eine Lieferung gleichartiger Ware seitens des Beklagten nicht in Frage kam, nur durch Zahlung des Betrags geschehen, für den der Kläger sich selbst solche Ware beschaffen konnte (vgl. RGZ. Bd. 101 S. 420). Nach dem Gesamtinhalt des angefochtenen Urteils muß nun angenommen werden, daß der Kläger nicht in der Lage war, sich die Ware billiger zu beschaffen, als er es seiner Angabe nach getan hat, nämlich durch Eindeckung mit anderer, ihm mit einem Preisaufschlag von 135 v. H. gelieferter Ware. Dies genügt vollkommen, um den Anspruch des Klägers auf Vergütung dieses Preisunterschieds neben dem vom Beklagten ihm gezahlten Preise zu begründen. Was der Kläger mit der neubeschafften Ware machte, ob er sie insbesondere brauchte, um sie anstatt der Ware, die ihm vom Beklagten hätte zurückgeliefert werden sollen, einem neuen Käufer zu liefern, ging den Beklagten gar nichts an. Seine Schadensersatzpflicht wird hierdurch in keiner Weise berührt. Es ist daher auch unerheblich, ob der Kläger überhaupt die Ware, die er vom Beklagten zurückerhalten sollte, einem andern verkauft hat. Die konkrete Schadensersatzforderung des Klägers erforderte nur den Nachweis der anderweiten Beschaffung und des dabei aufgewendeten Preises — und dieser Nachweis ist als erbracht anzusehen —, nicht den Nachweis eines anderweiten Verkaufs. Es gelten im vorliegenden Falle keine anderen Rechtsgrundsätze als für den Deckungskauf des Käufers, der Schadensersatz wegen Nichterfüllung des Kaufvertrags zu fordern hat (vgl. hierzu RGZ. Bd. 54 S. 154, Bd. 90 S. 161, Bd. 93 S. 134, Bd. 102 S. 349). Zur Begründung des Schadensersatzanspruchs überhaupt — wenn auch nicht auf konkreter Berechnung — würde schon die Tatsache genügen, daß der Kläger den angegebenen Betrag jedenfalls hätte aufwenden müssen, wenn er sich gleichartige Ware wieder anschaffen wollte; es wäre also nicht einmal der Nachweis der anderweiten Anschaffung erforderlich.

Der Schadensersatzanspruch ist demnach, wie das Landgericht angenommen hat, dem Grunde nach gerechtfertigt. Die Berufung des Beklagten gegen das Urteil des Landgerichts war daher zurückzuweisen.

17. Zur Auslegung des § 13 Abs. 2 der bei Versicherungen gegen Einbruchsdiebstahl üblichen Allgemeinen Bedingungen.

VII. Zivilsenat. Urt. v. 18. Oktober 1921 i. S. v. d. B. (Kl.) w. A. (Bekl.). VII 87/21.

I. Landgericht I Berlin. — II. Kammergericht daselbst.

In der Nacht zum 1. Juni 1919 sind dem bei der Beklagten gegen Einbruchsdiebstahl versicherten Kläger verschiedene Gegenstände entwendet worden. Mit der Klage fordert der Kläger Entschädigung. Die Beklagte hat bestritten, daß ein unter die Versicherung fallender Diebstahl vorliege, und insbesondere geltend gemacht, daß sie von der Verpflichtung, Schadensersatz zu leisten, nach § 13 Abs. 2 der Allg. Vers.-Bedingungen freigeworden sei, weil der Diebstahl von einer in häuslicher Gemeinschaft mit dem Kläger lebenden, bei ihm wohnenden Person vorsätzlich herbeigeführt sei. Das Landgericht hat klaggemäß verurteilt. Auf die Berufung der Beklagten wurde die Klage abgewiesen. Die Revision des Klägers wurde zurückgewiesen.

Aus den Gründen:

In Übereinstimmung mit dem Landgericht hat der Berufungsrichter angenommen, daß der der Klage zugrunde liegende Diebstahl zur Nachtzeit in dem dem Kläger gehörigen Gebäude, in das sich zwei Männer in diebischer Absicht eingeschlichen hatten, von diesen und der bei dem Kläger als Dienstmädchen eingetretenen Person gemeinschaftlich ausgeführt worden ist, und daß die Beklagte für den durch den Diebstahl entstandenen Schaden dem Kläger nach § 1 und § 2 Abs. 2 der Allg. Vers.-Bed. aufzukommen hat, sofern sie nicht, wie sie geltend macht, gemäß § 13 Abs. 2 daselbst von der Verpflichtung zum Schadensersatz frei ist. Abweichend von dem Landgericht hat aber der Berufungsrichter den im § 13 Abs. 2 Satz 2 aufgeführten Befreiungsgrund, daß „der Versicherungsfall von einer in häuslicher Gemeinschaft mit dem Versicherungsnehmer lebenden oder bei ihm wohnenden Person herbeigeführt ist", als gegeben angesehen. Hiergegen wendet sich die Revision ohne Erfolg.

Fehl gehen die Ausführungen der Revision, daß der § 13 Abs. 2 offenbar den Fall betreffe, daß eine Hausangestellte oder Mitbewohnerin erst nach ihrer Aufnahme in das Haus den Entschluß zur Ausführung des Diebstahls faßt, nicht aber einen Fall, wie den vorliegenden, in dem die Person sich durch den Abschluß eines von ihr ernstlich gar nicht gewollten Dienstvertrages die Aufnahme in das Haus gerade zu dem Zwecke erwirkt, um einen bereits geplanten Diebstahl in Gemeinschaft mit anderen ausführen zu können. Weder der Wortlaut, noch der mit der Befreiungsvorschrift offensichtlich verfolgte Zweck bieten einen Anhalt dafür, daß eine solche Unterscheidung als Vertragsinhalt gewollt ist. Zutreffend weist der Berufungsrichter darauf hin, daß die Versicherungsgesellschaft erkennbar eine Haftung nicht übernehmen will im Fall eines Diebstahles, an dessen Ausführung eine Person beteiligt ist, die die Hindernisse, die ein geschlossenes Haus oder eine geschlossene Wohnung regelmäßig der Ausführung eines Diebstahls entgegenstellt, um deswillen nicht zu überwinden braucht, weil ihr von einem Bewohner selbst durch vertrauensvolle Aufnahme in die häusliche Gemeinschaft oder durch Gewährung von Wohnung der Verkehr im Hause oder in der Wohnung freigegeben worden ist. Schließlich gibt aber auch die von der Revision erbetene Nachprüfung, ob der Berufungsrichter ohne Rechtsirrtum angenommen hat, daß die an dem Diebstahl beteiligte weibliche Person zur Zeit des Diebstahls im Sinne des § 13 Abs. 2 von dem Kläger „in die häusliche Gemeinschaft aufgenommen" war oder doch „bei ihm gewohnt" hat, zu einer Beanstandung keinen Anlaß. Dem Berufungsrichter ist darin beizutreten, daß entscheidend nur sein kann, daß der Wohnungsinhaber, hier der Kläger, seinerseits die betreffende Person tatsächlich in die häusliche Gemeinschaft aufgenommen hat und zwar zu einem nicht nur vorübergehenden kurzen Aufenthalt, daß es dagegen nach dem mit der Befreiungsvorschrift ersichtlich verfolgten Zweck nicht darauf ankommen kann, ob die in die häusliche Gemeinschaft tatsächlich aufgenommene Person ihrerseits gar nicht die ernstliche Absicht gehabt hat, in das von dem Wohnungsinhaber ins Auge gefaßte Dienstverhältnis zu treten. In der tatsächlich erfolgten Aufnahme in die häusliche Gemeinschaft liegt die Erleichterung der Ausführung des Diebstahls, die den Ausschluß der Haftung berechtigt erscheinen läßt. . . .

---

18. Muß die durch § 16 Abs. 2 Nr. 1 ScheckG. erforderte Erklärung des Bezogenen unter allen Umständen den Tag der Vorlegung ausdrücklich angeben?

V. Zivilsenat. Urt. v. 19. Oktober 1921 i. S. C. u. Pn.-Bank (Kl.) w. W. (Bekl.). V 355/21.

I. Landgericht Frankfurt a. M. — II. Oberlandesgericht daselbst.

Die Klägerin ist durch Indossament legitimierte Inhaberin eines von dem Beklagten auf die Firma H. & Co. in Frankfurt a. M. am 28. Dezember 1920 gezogenen und nicht eingelösten Schecks auf 20000 *M*.

Auf dem Schecke befindet sich die von der Bezogenen herrührende Erklärung: „Auf Veranlassung des Ausstellers nicht bezahlt.

Frankfurt a. M., den 4. Januar 1921.

p. pa. H. & Co.

Otto H."

Die Klägerin erhob im Scheckprozeß Klage auf Zahlung der Schecksumme nebst Zinsen und Unkosten gegen die erste Empfängerin und Indossantin des Schecks sowie den Aussteller als Gesamtschuldner und erzielte obsiegende Urteile. Auf die Berufung des Beklagten, in deren Verlaufe die Klägerin ihren Antrag auf Zahlung von 16849,55 *M* nebst 6 v. H. Zinsen seit 1. April 1921 sowie $^1/_3$ v. H. Provision ermäßigte, wies das Oberlandesgericht die Klage ab. Auf die Revision der Klägerin wurde das erste Urteil unter Berücksichtigung der Ermäßigung des Klagantrags wiederhergestellt.

Aus den Gründen:

Die einzige Einwendung des Beklagten, der auch das Berufungsgericht, abweichend vom Landgericht, stattgegeben hat, richtet sich dagegen, daß die im Tatbestand wiedergegebene, auf dem Schecke befindliche Erklärung des Bezogenen vom 4. Januar 1921 als das Erfordernis des § 16 Abs. 2 Nr. 1 ScheckG. erfüllend angesehen werde. Das Berufungsgericht entnimmt aus der Fassung des Gesetzes, die eine „den Tag der Vorlegung enthaltende Erklärung" verlangt, daß es nicht genügen soll, wenn aus der Erklärung die rechtzeitige Vorlegung und die Nichtzahlung hervorgehe, vielmehr der Tag der Vorlegung aus der Erklärung ersichtlich sein müsse. Dies sei mit gutem Grunde angeordnet, da andernfalls die Erklärung der rechtzeitigen Vorlegung und Nichtbezahlung genügen, damit aber dem Gerichte die Möglichkeit selbständiger unmittelbarer Prüfung der Wahrung der Vorlegungsfrist entzogen sein würde. Die Anwendung dieser, aus dem Wortlaute des Gesetzes selbst entwickelten Grundsätze auf den vorliegenden Fall führe zu folgendem Ergebnis. Aus der Erklärung der Bezogenen seien nur die Tatsachen der Nichtzahlung und die der Datierung dieser Erklärung innerhalb der Vorlegungsfrist ersichtlich, nicht aber, ob der Scheck überhaupt und innerhalb der Frist vorgelegt ist. Die Erklärung der Nichtzahlung könne aber der Bezogene gutgläubig auch dann abgeben, wenn ihm der Scheck zur Zahlung innerhalb der Frist des § 11 ScheckG. überhaupt nicht vorgelegen hat. Dieser eine Überspannung des Formerfordernisses enthaltenden Auffassung kann nicht beigetreten werden. Wenn das Gesetz eine „den Tag der Vorlegung enthaltende Erklärung" verlangt, so ist damit allerdings eine lediglich ein Urteil enthaltende Erklärung, daß die Vorlegung rechtzeitig erfolgt ist, ausgeschlossen. Andrerseits aber ist das Gesetz nicht dahin zu verstehen, daß der Tag der Vorlegung auch dann ausdrücklich angegeben sein muß, wenn sich aus dem Inhalte der Erklärung vom Gerichte mit Sicherheit feststellen läßt, daß die Vorlegung rechtzeitig erfolgt ist. Da im vorliegenden Falle die Erklärung das Datum des 4. Januar 1921 und der Scheck das des 28. Dezember 1920 trägt, so ergibt sich hieraus mit Sicherheit, daß die Vorlegung nicht nach dem 4. Januar 1921 erfolgt sein kann, also die Frist des § 11 ScheckG. gewahrt ist; denn die Erklärung kann ja selbstverständlich nur bei der Vorlegung des Schecks auf ihn gesetzt sein. Danach steht für die Vorlegung und die Erklärung der Nichtzahlung sowie für die Vorlegungsbescheinigung das Datum des 4. Januar 1921 und damit die Erfüllung des in § 16 Abs. 2 Nr. 1 ScheckG. aufgestellten Erfordernisses urkundlich fest. Daß übrigens die Rechtzeitigkeit der Vorlegungsbescheinigung nicht zu verlangen ist, hat der erkennende Senat in seinem Urteile vom 16. Oktober 1920 RGZ. Bd. 100 S. 138 ausgeführt, was auch die Zustimmung von Bernstein und Breit gefunden hat (JW. 1921 S. 29 und 518). Die gleiche Auffassung ist von dem Schrifttum fast einstimmig bereits vor dem Erlasse des erwähnten Urteils vertreten worden.

Wie Lessing (§ 16 II 1 S. 128) zutreffend ausführt, ist für die Erklärung eine bestimmte Form nicht vorgeschrieben, es genügt vielmehr jeder deutliche Vermerk, der einwandfrei die vor Ablauf der Vorlegungsfrist erfolgte Vorlegung und Nichthonorierung des Schecks darlegt. Auch darin ist ihm beizutreten, daß ein den Tag der Vorlegung ersichtlich machender Vermerk „Zahlung verweigert" genügt, da dieser Vermerk auch die Tatsache der Vorlegung erweist und die Erklärung der Nichtzahlung in sich begreift. Dem entspricht aber unbedenklich die auf dem Klagescheck befindliche Erklärung. Der von dem Berufungsgericht geltend gemachte Gegengrund, die Erklärung der Nichtzahlung auf Veranlassung des Ausstellers könne der Bezogene auch dann gutgläubig abgeben, wenn ihm der Scheck innerhalb der Frist des § 11 überhaupt nicht vorgelegt ist, da es zur Abgabe dieser Erklärung genügen würde, daß der Bezogene innerhalb der Frist dem Indossanten (?) erklärt hat, der Scheck werde auf Veranlassung des Ausstellers nicht bezahlt, versagt durchaus im vorliegenden Falle. An sich genügt allerdings die — übrigens nicht erforderliche — Datierung der Erklärung nicht, sondern die Vorlegung muß aus der Erklärung als rechtzeitig erfolgt ersichtlich sein. Diese Rechtzeitigkeit ergibt sich aus der Datierung der Erklärung allein zwar keineswegs stets, wohl aber dann, wenn, wie hier, die Erklärung ein innerhalb der Vorlegungsfrist fallendes Datum trägt, die Vorlegung also vor Ablauf der Frist erfolgt sein, der Scheck am 4. Januar 1921 jedenfalls vorgelegen haben muß.

Wenn der Revisionsbeklagte darauf hinwies, daß es an einem Beweise darüber fehle, daß die das Datum des 4. Januar 1921 tragende Erklärung der Bezogenen auch wirklich an diesem Tage auf den Scheck gesetzt worden sei, so ist demgegenüber zu bemerken, daß der Beklagte, soweit aus den Akten ersichtlich, dies nie bestritten, sondern stets nur die Nichtbeachtung der für die Erklärung der Bezogenen vorgeschriebenen Form eingewendet hat, und es daher, abgesehen von der Frage, ob den Kläger an sich die Beweislast für die Richtigkeit des Datums treffen würde, eines besonderen Nachweises der Richtigkeit des Datums nicht bedarf....

---

19. 1. Zur Haftung für Verschulden eines Vertreters beim Vertragsschluß.
2. Über den Umfang der Haftung wegen Verschuldens beim Vertragsschluß.

V. Zivilsenat. Urt. v. 19. Oktober 1921 i. S. B. (Bekl.) w. off. H.-Ges. W. & Co. (Kl.). V 89/21.

I. Landgericht III Berlin. — II. Kammergericht daselbst.

Der Beklagte hat am 10. Mai 1918 der Klägerin zwei im Grundbuch von Charlottenburg Bd. 157 Bl. 5536 eingetragene Hypotheken von 260000 *M* und 40000 *M* nebst den rückständigen Zinsen sowie den Anspruch auf Erstattung der ihm durch die Zwangsvollstreckung in das Grundstück entstandenen und noch entstehenden Kosten abgetreten. Der Beklagte hatte nämlich wegen eines Teilbetrages dieser Hypothekenforderungen die Zwangsvollstreckung des Grundstücks einleiten lassen. Das Grundstück gelangte zur Zwangsversteigerung, in der es der Klägerin am 30. Mai 1919 für ein Bargebot von 58000 *M* zugeschlagen wurde, während die Hypothek von 260000 *M* zu übernehmen war. In dem Kaufgelderbelegungstermin vom 16. Juni 1919 fiel die der Klägerin abgetretene Hypothek von 40000 *M* in Höhe von 23180,85 *M* aus. Die Klägerin behauptet, sie habe bei den Verhandlungen mit dem Bevollmächtigten des Beklagten Dr. B. wiederholt betont, daß sie die Hypotheken nur erwerbe, um das Grundstück in der Zwangsversteigerung zu erstehen, und daß sie auf keinen Fall mehr zahle als den Nennbetrag der Hypotheken zuzüglich der Zinsen und Kosten. Dr. B. habe erklärt, die rückständigen Zinsen beliefen sich auf etwa 18000 *M*, der für die Zwangsverwaltung geleistete Vorschuß betrüge 2500 *M*, dazu könnten noch kleinere Beträge treten, die er nicht kenne, sowie die Gerichts- und Anwaltskosten der Zwangsvollstreckung. Dabei habe er aber wissentlich und arglistig verschwiegen, daß die Zentralheizungsanlage des Grundstücks gänzlich unbrauchbar gewesen sei und daß der Zwangsverwalter bereits die Einforderung eines Auslagenvorschusses für ihre Erneuerung beim Vollstreckungsgericht angeregt hatte. Infolgedessen habe sie, die Klägerin, die Kosten zur Herstellung der neuen Zentralheizung vorschießen müssen. Zum Ersatz dieses Betrages sei der Beklagte verpflichtet; er habe sich Ende Mai 1918 hierzu auch ausdrücklich bereit erklärt. Die Klägerin hat deshalb auf Zahlung der 13500 ℳ nebst Zinsen geklagt.

Das Landgericht wies die Klage ab. Dagegen erklärte das Kammergericht den Anspruch auf Schadensersatz wegen Verschweigens der Erneuerungsbedürftigkeit der Zentralheizungsanlage dem Grunde nach für gerechtfertigt. Der Revision des Beklagten wurde stattgegeben aus folgenden

Gründen:

Das Berufungsgericht gründet die Haftbarkeit des Beklagten auf ein Verschulden seines Vertreters beim Vertragsabschluß. Nach Treu und Glauben, so führt es aus, könne ein Vertragsteil von dem andern die Bekanntgabe der für ihn beim Vertragsschluß bedeutsamen Umstände erwarten und darauf vertrauen, daß ihm keine Tatsachen vorenthalten würden, die erkennbar auf seinen Willensentschluß,. den Vertrag einzugehen, von wesentlichem Einfluß sein könnten. Vorsätzliches oder fahrlässiges Unterlassen begründe eine Ersatzpflicht nach § 276 BGB. Gemäß §§ 164, 166, 278 BGB. hafte die Partei hierbei für ein Verschulden ihres Vertreters. Das Berufungsgericht legt sodann dar, daß nach den Umständen des Falles hier für Dr. B. eine Rechtspflicht bestand, die Klägerin über den Zustand der Heizungsanlage aufzuklären. Durch die Abtretung der Hypotheken habe die Klägerin zugleich in die Stelle des Beklagten als betreibenden Gläubigers im Zwangsverwaltungsverfahren einrücken sollen. Bereits am 27. Februar 1918 habe aber der Verwalter V. dem Vollstreckungsgericht wegen der Notwendigkeit, die Heizungsanlage des Grundstücks zu erneuern, berichtet. Abschrift dieses Berichts habe das Gericht dem Beklagten zur Äußerung mitgeteilt, der am 7. März 1918 dem Gericht wahrheitswidrig mitgeteilt habe, die neue Heizungsanlage sei schon bestellt und werde so bald als möglich eingebaut werden. Der Beklagte habe hierdurch beabsichtigt, das Gericht hinzuhalten, da er die Aufwendungen hierfür nicht selbst tragen, sondern die Hypotheken lieber abstoßen wollte. Alles dies habe Dr. B. gewußt. Ihm sei auch klar gewesen, daß der Erwerber der Hypotheken an dieser Ausgabe ebenso Anstand nehmen werde wie der Beklagte. Die Unterlassung der erforderlichen Kundgabe sei dem Dr. B. zum Verschulden anzurechnen, da er nicht hätte erwarten können, daß die Auslagen aus den Einkünften gedeckt würden. Auf den Ausschluß der Gewährleistung könne sich der Beklagte nicht berufen, da Gewährleistungsansprüche nicht erhoben würden. Ein mitwirkendes Verschulden der Klägerin komme nicht in Frage.

Durch das Verhalten des Dr. B. sei der Klägerin ein Schaden entstanden. Sie könne nicht nur das negative Vertragsinteresse fordern, sondern das volle Erfüllungsinteresse beanspruchen, da das Verschulden beim Vertragsschluß eine Vertragsverletzung enthalte, also kein außervertraglicher Schadensersatzanspruch in Frage komme. Eine Vorteilsausgleichung greife nicht Platz.

Die Revision rügt Verletzung der §§ 278, 826, 123, 249, 254 BGB. und des § 286 ZPO. Sie wendet sich zunächst dagegen, daß der Klägerin das Erfüllungsinteresse zugesprochen sei. Es sei nicht festgestellt, daß der Beklagte den Vertrag auch zu dem um die Reparaturkosten der Heizungsanlage ermäßigten Preise geschlossen haben würde. Die Klägerin behaupte selbst, sie hätte den Vertrag überhaupt nicht geschlossen, wenn sie die Vorgänge bezüglich der Heizungsanlage gekannt hätte. § 278 BGB. sei nicht anwendbar, wenn es sich um Verschulden des Vertreters beim Vertragsschluß handele. Die Revision stellt aber ferner auch ein schuldhaftes Verhalten des Dr. B. in Abrede. Bei den Verhandlungen wäre nur von den bereits geleisteten Vorschüssen die Rede gewesen. Der Mitinhaber W. habe das Haus vorher besichtigt. Mit dem Vermittler Sch. habe Dr. B. über die Heizungsanlage offen gesprochen. Er habe dem Justizrat B. Vollmacht zur Einsicht der Zwangsverwaltungsakten gegeben, aus denen die Verhandlungen über die Heizungsanlage hervorgingen. Seien die Akten von letzterem nicht eingesehen worden, so sei § 254 BGB. zur Anwendung zu bringen. . . .

Der Revision war stattzugeben. Eine arglistige Täuschung, auf welche die Klage gestützt war, ist nicht festgestellt. Auch bei Annahme einer solchen hätte übrigens die Klägerin, wenn sie beim Vertrage stehen bleiben wollte und Ersatz dessen verlangte, was sie infolge der Täuschung zu viel gewährt hätte, beweisen müssen, daß der Beklagte ihr die Hypotheken auch für eine um 13500 ℳ geringere Gegenleistung abgetreten haben würde (vgl. RGZ. Bd. 83 S. 246, Leipz. Zeitschr. 1921 S. 373). Hierfür fehlte es aber in dem Vorbringen der Klägerin an jedem Anhalt. Ebensowenig kann die Klägerin, wie das Berufungsgericht bereits zutreffend dargelegt hat, das Erfüllungsinteresse als vertraglichen Anspruch auf Grund des § 463 BGB. geltend machen, weil es sich im vorliegenden Fall um die Abtretung von Hypotheken, also von Rechten handelt, arglistiges Verschweigen von Fehlern einer Sache demnach nicht in Frage kommt. Das Berufungsgericht glaubt aber der Klägerin den Anspruch auf das Erfüllungsinteresse auf dem Wege zubilligen zu können, daß es ein Verschulden beim Vertragsschluß auf seiten des Beklagten feststellt. Auch diese Rechtfertigung des erhobenen Schadensersatzanspruchs begegnet indessen rechtlichen Bedenken.

Es ist allerdings richtig, daß in der Rechtsprechung des Reichsgerichts auch eine vertragliche Haftung für Verschulden beim Vertragsschluß als gegeben erachtet worden ist, wenn ein Vertrag gültig geschlossen wurde und eine Partei Umstände, von denen sie wußte oder sich sagen mußte, daß sie für den Willensentschluß des andern Teiles von wesentlicher Bedeutung seien, fahrlässigerweise verschwiegen oder darüber unrichtige Angaben gemacht hat (vgl. JW. 1912 S. 743 Nr. 5, RGZ. Bd. 95 S. 58, Bd. 97 S. 325 und 336, Warneyer 1920 Nr. 149). Auch der von der Revision hervorgehobene Umstand, daß die Vertragsverhandlungen hier nicht von dem Beklagten persönlich, sondern von dessen Bevollmächtigtem, Dr. B., geführt worden sind, steht der Annahme einer solchen Haftung nicht entgegen. Mit Unrecht beruft sich die Revision für die von ihr vertretene Ansicht auf die Rechtsprechung des Reichsgerichts. In der Entscheidung Bd. 61 S. 213 hat das Reichsgericht zwar eine allgemeine Haftung des Vertretenen für Verschulden seines Stellvertreters bei Eingehung von Rechtsgeschäften verneint; allein in späteren Entscheidungen hat das Reichsgericht ausgeführt, daß, wenn schon bei den Vorverhandlungen für die Parteien gewisse Verpflichtungen bestehen, deren fahrlässige Nichterfüllung die Partei haftbar macht, es dem Sinn und Zweck des § 278 BGB. entspricht, daß die Partei nicht nur für eigene Fahrlässigkeit zu haften, sondern auch das Verschulden einer andern Person zu vertreten hat, durch welche sie die Verhandlungen führt (JW. 1915 S. 240 Nr. 3 und S. 577 Nr. 10). Nach dieser Richtung werden die Ausführungen des angefochtenen Urteils von der Revision also ohne Grund beanstandet. Ebensowenig dringen die Angriffe der Revision durch, die sich gegen die Annahme eines schuldhaften Handelns des Dr. B. wenden. Ob ein Verschulden beim Vertragsschluß vorliegt, ist im wesentlichen Tatfrage und nach den Anforderungen von Treu und Glauben im redlichen Verkehr zu beurteilen. Daß das Berufungsgericht diese Anforderungen überspannt und sich bei seiner Beurteilung der Sachlage rechtlich geirrt habe, ist nicht ersichtlich. . . .

Dagegen mußte der Revision darin beigepflichtet werden, daß der Anspruch der Klägerin auf Ersatz des Erfüllungsinteresses wegen Verschweigens der Erneuerungsbedürftigkeit der Zentralheizungsanlage zu Unrecht dem Grunde nach für gerechtfertigt erklärt sei. War der Beklagte grundsätzlich für das Verschulden seines Vertreters bei den Vertragsverhandlungen haftbar, so richtete sich die Art und der Umfang seiner Haftbarkeit nach dem allgemeinen Grundsatze des § 249 BGB. (Komm. von RGR. § 276 Anm. 1 und § 166 Anm. 3b β). Der Beklagte war also verpflichtet, den Zustand herzustellen, der bestehen würde, wenn der Klägerin die Notwendigkeit der Erneuerung der Heizungsanlage und das Bevorstehen der Einforderung eines Kostenvorschusses für diesen Zweck nicht verschwiegen worden wäre. Das Verschulden beim Vertragsschluß, insbesondere die Verletzung der Offenbarungspflicht hinsichtlich bestimmter, für die Entschließung des Vertragsgegners bedeutsamer Tatumstände, wird daher bei der Regelung der Schadensersatzfrage regelmäßig dazu führen, daß der Zustand wieder hergestellt wird, als wenn der Vertrag nicht geschlossen wäre, d. h. daß dem Ersatzberechtigten das sogenannte negative Vertragsinteresse zugebilligt wird. Nur unter ganz besonderen Umständen, wenn der Geschädigte nachweist, daß es ihm bei Mitteilung der wirklichen Sachlage gelungen wäre, den Vertrag unter entsprechend günstigeren Bedingungen zu schließen, mag auch das positive Erfüllungsinteresse beansprucht werden können. Der Berufungsrichter stützt sich bei seiner Entscheidung auf mehrere Urteile des Reichsgerichts, in denen in der Tat wegen fahrlässiger Verletzung der Offenbarungspflicht bei den Vertragsvorverhandlungen dem Geschädigten das Erfüllungsinteresse zuerkannt worden ist. Allein bei näherer Betrachtung ergeben alle diese Entscheidungen, wie in ihnen auch besonders hervorgehoben ist, daß sie nur mit Rücksicht auf die Gestaltung der besonderen Sachlage im gegebenen Falle dem Geschädigten das positive Erfüllungsinteresse zubilligen. So ist in dem Urteil JW. 1912 S. 743 Nr. 5 betont, daß die rechtliche Pflicht zur Kundgebung der fraglichen Tatsachen in gleicher Weise vor und nach dem Vertragsschluß bestanden habe, daß die zum Vertrage führenden Verhandlungen und der Abschluß des Vertrages ein einheitliches Ganzes gebildet hätten. Deshalb erklärt es das Reichsgericht dort für gerechtfertigt, die für die Verhandlungen maßgebenden Pflichten zu den Vertragspflichten zu rechnen; es bestehe kein zureichender innerer Grund, beide hinsichtlich ihrer Wirkungen verschieden zu gestalten. In der Entscheidung Bd. 95 S. 59 ist das Reichsgericht aber offenbar davon ausgegangen, daß, wenn der Irrtum des Unternehmers durch die fahrlässig unrichtige Angabe der Straßenhöhe seitens der Stadtgemeinde nicht hervorgerufen worden wäre, jener auch die höheren Einheitspreise, die er alsdann veranschlagt hätte, von der Stadt bewilligt erhalten haben würde, der Vertrag also auch in diesem Falle zu ihm günstigeren Bedingungen zustande gekommen wäre (vgl. Oertmann in JW. 1919 S. 35). In dem Urteil RGZ. Bd. 97 S. 325 handelt es sich um die Auslegung einer Befreiungsklausel; das Reichsgericht weist hier schon selbst darauf hin, daß in der Übernahme der Verpflichtung zur Lieferung stillschweigend auch eine gewisse Garantie für die Erfüllung geleistet sei. Endlich wird in der Entscheidung Bd. 97 S 336, in welcher sogar trotz Nichtzustandekommens des Vertrags das positive Erfüllungsinteresse zugesprochen ist, die Sache so angesehen als ob der Vertrag zustande gekommen wäre, weil der Verkäufer es durch sein Verschulden vereitelt habe, daß ihm die Annahmeerklärung des Käufers rechtzeitig zuging. Von diesem Gesichtspunkt aus war es in jenem Falle folgerichtig, das Erfüllungsinteresse zuzubilligen. Alle diese Fälle lagen also so, daß dem Berechtigten ohne das schuldhafte Verhalten des andern ein Anspruch auf Erfüllung zugestanden hätte. In dem gegenwärtigen Rechtsstreit ist die Rechtslage aber eine andere. Hier ist die Abtretung der Hypotheken ohne Gewährleistung gegen die vereinbarte Gegenleistung erfolgt; das Geschäft ist durchgeführt; seine Zwecke sind im wesentlichen erreicht. Den Beklagten trifft höchstens der Vorwurf, daß er einen Umstand, der für die Sicherheit der Hypotheken von Bedeutung sein konnte, der Klägerin fahrlässig oder wissentlich verschwiegen habe. Die Klägerin selbst hat aber in dem der Klage abschriftlich beigefügten Brief vom 27. Mai 1918 dem Beklagten sofort nach erlangter Kenntnis von den Mängeln der Heizungsanlage geschrieben, daß sie das Geschäft unter keiner Bedingung abgeschlossen haben würde, wenn ihr dieser Umstand bei den Verhandlungen mitgeteilt worden wäre. In dem Urteil ist ferner festgestellt, daß der Beklagte den Vorschuß von 13500 *M* für die Erneuerung der Heizungsanlage nicht bezahlen wollte und daß dies der Grund war, weshalb er die Hypotheken abtrat. Es erscheint hiernach ausgeschlossen, daß er diesen Verlust, den er durch die Abtretung gerade vermeiden wollte, doch auf sich genommen und die Hypotheken um diesen Betrag billiger abgegeben hätte. Bei der hier gegebenen Sachlage hat daher das Berufungsgericht der Klägerin das Erfüllungsinteresse zu Unrecht grundsätzlich zuerkannt.... (Es wird des weiteren ausgeführt, daß die Zurückverweisung der Sache deswegen geboten war, weil die Klägerin möglicherweise ein negatives Interesse darlegen und ersetzt verlangen könnte.)

---

20. Ist der Streit um Rückzahlung eines Betrags, der an die Spinnpapier-Ausgleichskasse zwecks Erwirkung der Freigabe beschlagnahmter Papiergarne gezahlt wurde, eine bürgerliche Rechtsstreitigkeit im Sinne des § 13 GVG.?

IV. Zivilsenat. Urt. v. 20. Oktober 1921 i. S. Leinengarn-Abrechnungsstelle Aktienges. (Bekl.) w. Firma J. B. Söhne (Kl.). IV 207/21.

I. Landgericht I Berlin. — II. Kammergericht daselbst.

Die Klägerin wollte im Jahre 1918 Spinnpapiergarn zur Verarbeitung an ihre Weberei in Böhmen senden und bedurfte hierzu, da das Garn beschlagnahmt war, eines Freigabescheins. Bevor ihr dieser erteilt werden konnte, hatte sie nach den dafür geltenden Bestimmungen einen gewissen Betrag an die bei der Beklagten eingerichtete Spinnpapier-Ausgleichskasse zu entrichten. Demgemäß zahlte die Klägerin für den Freigabeschein Nr. 8338 über 20000 kg Garn an die Spinnpapier-Ausgleichskasse 15400 *M*. Sie behauptet, daß die Versendung des Garns nach Böhmen infolge Wagenmangels und Bahnsperre unmöglich geworden sei, und verlangt, nachdem ihr Antrag auf Rückzahlung am 12. März 1919 von der Kriegs-Rohstoff-Abteilung und am 18. Juni 1919 von dem Reichsschatzminister abgelehnt worden ist, im Wege der Klage von der Beklagten Zahlung von 15400 *M* nebst Zinsen. Die Beklagte hat Abweisung beantragt und unter Verweigerung der Einlassung zur Hauptsache die Einrede des Schiedsvertrags erhoben, die durch Zwischenurteil des Landgerichts verworfen worden ist. Im zweiten Rechtszuge hat die Beklagte auch die Einrede der Unzulässigkeit des Rechtswegs vorgeschützt. Das Kammergericht hat unter Verwerfung dieser Einrede ihre Berufung gegen das landgerichtliche Zwischenurteil zurückgewiesen. Dem Revisionsantrage der Beklagten auf Abweisung der Klage ist stattgegeben worden.

Gründe.

1. Über Einrichtung und Zweck der Spinnpapier-Ausgleichskasse verhält sich die Verfügung des Kriegsausschusses für Textil-Ersatzstoffe vom 12. Januar 1918 Nr. Pa. 111/1. 18 K. R. A. Zu deren Erläuterung ist die Verfügung des Kriegsausschusses für Textil-Ersatzstoffe und der Spinnpapier-Ausgleichskasse vom 28. März 1918 erlassen worden. Unter II der letzteren sind Bedingungen für die Rückzahlung der auf Freigabeschein geleisteten Abgabe festgesetzt. Danach soll in Streitfällen die Kriegs-Rohstoff-Abteilung endgültig entscheiden. Die Beklagte stützt hierauf die Einrede der Unzulässigkeit des Rechtswegs. Dazu führt das Kammergericht aus: Weder der Kriegsausschuß für Textil-Ersatzstoffe noch die Spinnpapier-Ausgleichskasse seien Behörden; sie hätten also auch nicht die Befugnis, Verordnungen mit Gesetzeskraft zu erlassen. Daran ändere es auch nichts, wenn die Erläuterungen zu der Verfügung vom 12. Januar 1918 im Einvernehmen mit der Kriegs-Rohstoff-Abteilung erlassen worden seien. Denn diese habe eine etwaige Befugnis zum Erlaß derartiger Verordnungen nicht auf ein Gebilde des bürgerlichen und des Handelsrechts, wie es der Ausschuß und die Kasse gewesen seien, wirksam übertragen können. Im übrigen habe auch der Kriegs-Rohstoff-Abteilung nicht das Recht zugestanden, eine Bestimmung über Ausschließung des Rechtswegs zu treffen. Ein solches sei ihr durch die Bekanntmachung des Bundes-

rats über die Sicherstellung von Kriegsbedarf vom 24. Juni 1915 nicht verliehen worden. Demgemäß seien auch die Verfügung vom 12. Januar 1918 und die Erläuterungen dazu vom 28. März 1918 nicht öffentlich bekannt gemacht worden. Es stelle daher die Bestimmung zu II der Erläuterungen, daß in Streitfällen die Kriegs-Rohstoff-Abteilung endgültig über die Rückzahlung der auf Freigabeschein geleisteten Abgabe entscheide, keine wirksame Ausschließung des Rechtswegs dar.

Diesen Ausführungen ist im Ergebnis beizupflichten. Es bedarf dazu keines Eingehens auf die rechtliche Natur der Beklagten, der Spinnpapier-Ausgleichskasse und des Kriegsausschusses für Textil-Ersatzstoffe. Denn das Kriegsministerium selbst war zur Ausschließung des Rechtswegs nicht befugt und konnte daher eine solche Befugnis auch nicht auf andere übertragen. Es ist selbstverständlich, daß eine Verwaltungsbehörde ohne gesetzliche Ermächtigung die Zuständigkeit der ordentlichen Gerichte gegenüber der Verwaltung nicht einzuschränken vermag. Eine solche Ermächtigung ist dem Kriegsministerium aber nicht verliehen worden; insbesondere nicht durch die Verordnung über die Sicherstellung von Kriegsbedarf vom 24. Juni 1915/4. April 1917 in der Fassung der Bekanntmachung vom 26. April 1917 (RGBl. S. 376). Nach § 4 daselbst sind die Kriegsministerien und das Reichs-Marineamt oder die von ihnen zu bezeichnenden Behörden zwar befugt, Gegenstände, die auf Grund des § 1 der Verordnung der Inanspruchnahme unterliegen können, zu beschlagnahmen und ihre Zustimmung zu Veränderungen beschlagnahmter Gegenstände und zu Verfügungen darüber zu erteilen, und daraus folgt an sich auch ihre Ermächtigung, diese Zustimmung von Bedingungen abhängig zu machen; aber es kann sich dabei nur um solche Bedingungen handeln, zu deren Setzung die genannten Behörden nach dem geltenden Recht befugt waren. Dazu gehört die Ausschließung des Rechtswegs nicht. Eine weitergehende Absicht hätte in der Verordnung unzweideutig zum Ausdruck gebracht werden müssen. Das ist nicht geschehen. Im Gegenteil schließt die Verordnung an anderen Stellen (§ 2 Abs. 1 Satz 1, § 4 Abs. 3 letzter Satz) selbst den Rechtsweg aus und zeigt dadurch deutlich, daß sie Verwaltungsbehörden nicht dazu ermächtigen will. — Eine gesetzliche Bestimmung, die den Rechtsweg im vorliegenden Falle ausschlösse, besteht nicht. Sie findet sich insbesondere nicht in der Verordnung vom 24. Juni 1915/4. April 1917. Der letzte Satz des § 4 Abs. 3 daselbst regelt nur das Verfahren bei der Festsetzung einer Entschädigung für die Verwahrung und pflegliche Behandlung der von der Beschlagnahme betroffenen Gegenstände und für die durch die Beschlagnahme bewirkte Verfügungsbeschränkung; § 2 Abs. 1 Satz 1 beschränkt sich auf die Bemessung des Übernahmepreises für Gegenstände, die auf Grund der

Verordnung durch Anordnung der zuständigen Behörden einer anderen Person übereignet werden. Auch die Verordnung über die Abgeltung von Ansprüchen gegen das Reich vom 4. Dezember 1919 (RGBl. S. 2146) in Verbindung mit Nr. 6 der Verordnung über die Festsetzung neuer Preise für die Weiterarbeit in Kriegsmaterial vom 21. November 1918 (RGBl. S. 1323) ist nicht anwendbar. Es handelt sich nicht um einen Anspruch, der unmittelbar oder mittelbar auf Grund eines für Zwecke des Krieges oder der Wehrmacht des Deutschen Reichs abgeschlossenen Vertrages erhoben wird. Nach allen diesen Richtungen hin hat die Revision auch besondere Angriffe nicht erhoben, sondern nur um Nachprüfung gebeten.

2. Dagegen sucht sie mit eingehender Begründung nachzuweisen, daß sich die Unzulässigkeit des Rechtswegs aus der obrigkeitlichen Natur der unter II der Verfügung vom 12. Januar 1918 vorgeschriebenen Verpflichtung des Garnverarbeiters ergebe, vor Aushändigung eines Freigabescheines für Papiergarne einen gewissen Betrag an die Spinnpapier-Ausgleichskasse abzuführen. Hierzu führt das Kammergericht aus: Der von dem Garnverarbeiter an die Kasse zu zahlende Betrag stelle keine dem Staate zufließende „Abgabe" dar. Die Spinnpapier-Ausgleichskasse habe sie von den Webern vereinnahmt und nach bestimmten Grundsätzen den drei anderen am Herstellungsprozeß Beteiligten (Zellstoff-Fabrikant, Papiermacher, Spinner) zugeführt. Das ganze Ausgleichungsverfahren habe sich lediglich zwischen den Interessenten abgespielt unter Vermittelung der Kasse und des Ausschusses. Das komme auch in der Verfügung vom 12. Januar 1918 insofern zum Ausdruck, als danach etwaige Überschüsse, die sich bei der Auflösung der Kasse ergeben würden, zur Verfügung des Reichschatzamts in die Reichskasse fließen sollten. Dieser Bestimmung habe es nicht bedurft, wenn die Freigabegebühr von vornherein für das Reich erhoben worden wäre, um für die genannten Interessenten Verwendung zu finden. Möchten also auch die Kriegs-Rohstoff-Abteilung und das Reichsschatzamt der Spinnpapier-Ausgleichskasse den Auftrag zu ihrer Tätigkeit gegeben und sich ein Aufsichtsrecht vorbehalten haben, so stelle sich doch nach dem Wesen und Zweck der Einrichtung die Erhebung der Freigabegebühr nicht als Betätigung eines staatlichen Hoheitsrechts dar.

Diese Ausführungen sind, wie der Revision zuzugeben ist, nicht frei von Rechtsirrtum. Auszugehen ist von § 13 GVG. Danach gehören vor die ordentlichen Gerichte alle bürgerlichen Rechtsstreitigkeiten, für welche nicht entweder die Zuständigkeit von Verwaltungsbehörden oder Verwaltungsgerichten begründet ist oder reichsgesetzlich besondere Gerichte bestellt oder zugelassen sind. Was unter einer bürgerlichen Rechtsstreitigkeit zu verstehen ist, ist weder dem Gesetze selbst noch seiner Begründung zu entnehmen. Nach feststehender Rechtsprechung des Reichsgerichts ist dafür die Natur des Rechtsverhältnisses maßgebend, aus dem der Anspruch hergeleitet wird. Ist das Rechtsverhältnis ein bürgerlichrechtliches, so ist der Rechtsweg zulässig, ist es ein öffentlichrechtliches, so ist der Rechtsweg verschlossen, vorausgesetzt, daß nicht besondere gesetzliche Bestimmungen diese Regel durchbrechen (RGZ. Bd. 89 S. 209, Bd. 93 S. 258, Bd. 96 S. 75, Bd. 99 S. 44; Warneyer 1918 Nr. 21 = Gruchots Beitr. Bd. 62 S. 643). Daß mit der Klage ein vermögensrechtlicher Anspruch verfolgt wird, ist danach nicht entscheidend. Auch daß sich in dem vorliegenden Rechtsstreit zwei Handelsgesellschaften als Parteien gegenüberstehen, ist nicht ausschlaggebend. Andrerseits folgt der Ausschluß des Rechtswegs nicht schon daraus, daß die Beklagte eine Kriegsgesellschaft ist, wie sie nach der Denkschrift über wirtschaftliche Maßnahmen aus Anlaß des Krieges 2. Nachtrag (Drucks. 44 des Reichstages 13. Legisl.-Periode II. Session 1914/15) S. 38 auf Anregung der zuständigen Zentralbehörden mit Hilfe der beteiligten Industrieen zahlreich ins Leben gerufen worden sind, um überall da, wo infolge des erschwerten Bezuges von Rohstoffen aus dem Ausland die Knappheit von Beständen an Rohstoffen oder Erzeugnissen im Interesse der Landesversorgung eine vorsichtig geordnete Bewirtschaftung erwünscht erscheinen ließ, in gemeinnütziger Weise jene Erzeugnisse und Rohstoffe gemeinschaftlich zu beziehen, zu verteilen und zu verwerten. Diesen Gesellschaften sind danach zwar im öffentlichen Interesse wichtige staatliche Aufgaben übertragen worden; ihre Verrichtungen und rechtlichen Beziehungen sind unter Umständen öffentlichrechtlicher Art; ihre Angestellten können nach der Verordnung vom 3. Mai 1917 (RGBl. S. 393) ähnlich wie Beamte für die Verletzung der ihnen übertragenen Pflichten strafrechtlich verantwortlich gemacht werden. Gleichwohl ist nach der Rechtsprechung des Reichsgerichts daraus nicht zu folgern, daß die Tätigkeit dieser Gesellschaften der privatrechtlichen Beurteilung oder der Zuständigkeit der ordentlichen Gerichte im Zweifel entzogen sein soll (RGZ. Bd. 91 S. 388, Bd. 101 S. 21). Im vorliegenden Fall führt aber die nähere Betrachtung des von der Klägerin selbst vorgetragenen Sachverhalts dahin, daß der Klaganspruch lediglich aus einem öffentlichrechtlichen Rechtsverhältnis hergeleitet wird und der Rechtsweg daher nicht gegeben ist.

Auf Grund § 4 der Verordnung über die Sicherstellung von Kriegsbedarf vom 24. Juni 1915/26. April 1917 hatte das preußische Kriegsministerium, von gewissen Ausnahmen abgesehen, alles Spinnpapier, Papiergarn, Zellstoffgarn und Papierbindfaden beschlagnahmt. Die Klägerin bedurfte daher, wenn sie Papiergarn verarbeiten wollte, behördlicher Erlaubnis, eines von der Kriegs-Rohstoff-Abteilung des

Kriegsministeriums ausgestellten Freigabescheins, der ihr nur erteilt wurde, wenn sie die in der Verfügung vom 12. Januar 1918 vorgesehene sog. Freigabegebühr an die Spinnpapier-Ausgleichskasse entrichtete. Die Freigabe wurde sonach durch den Staat von der Bedingung der Zahlung der Freigabegebühr abhängig gemacht. Wie die Freigabe selbst, so stellt sich auch die dabei gesetzte Bedingung der Zahlung der Freigabegebühr als ein staatlicher Hoheitsakt dar. Daran vermag auch der Umstand nichts zu ändern, daß die Verfügung vom 12. Januar 1918 von dem Kriegsausschuß für Textil-Ersatzstoffe erlassen worden ist. Der Kriegsausschuß hat dabei, wie die Verfügung zeigt, auf Veranlassung der Kriegs-Rohstoff-Abteilung gehandelt, der die Aufgabe zugewiesen war, die Bewirtschaftung der Rohstoffe im Interesse der Heeresverwaltung zu übernehmen, zu sichern und zu regeln (Denkschrift über wirtschaftliche Maßnahmen aus Anlaß des Krieges, Drucksache 26 des Reichstags 13. Legisl.-Periode II. Session 1914/15 S. 82). Der Kriegsausschuß selbst hatte nach der vorgelegten Satzung den Zweck, bei der Durchführung der von der Kriegs-Rohstoff-Abteilung auf dem Gebiet der Textilersatzstoff-Wirtschaft beschlossenen Maßnahmen mitzuwirken. Die Klägerin hat die Freigabegebühr entrichtet, um die von der Behörde gestellte Bedingung für die Freigabe zu erfüllen. Einen anderen Grund dafür hat sie nicht angegeben. Ein bürgerliches Rechtsgeschäft kommt dabei nicht in Frage.

Die Freigabegebühr diente, soviel ersichtlich ist, in keiner Weise der Förderung des privaten Wirtschaftsbetriebes der Beklagten. Die Zahlung erfolgte zwar an die Spinnpapier-Ausgleichskasse, die bei ihr eingerichtet war und rechtlich mit ihr eine Einheit bildete. Die gezahlten Beträge mögen auch in das Eigentum der Beklagten übergegangen sein; aber sie sollten ihr nicht verbleiben, sondern nur von ihr verwaltet und vollständig öffentlichen Zwecken zugeführt werden. Für Spinnpapier aller Art, für Papiergarne und Bindfäden waren durch Bekanntmachung vom 10. Juli 1917 Höchstpreise festgesetzt worden. Diese Verfügung sollte, wie die Klägerin vorträgt, in Kraft bleiben; gleichwohl sollten die an der Anfertigung der Papierstoffe Beteiligten höhere Preise erhalten. Dazu wurde folgender Weg eingeschlagen: Der Garnverarbeiter (Weber), der die höheren Unkosten auf die Verbraucher abwälzen konnte, da die Höchstpreise nicht für Papiergewebe galten, sollte vor Aushändigung eines Freigabescheins für Papiergarne einen bestimmten Betrag an die Spinnpapier-Ausgleichskasse abführen, und die Kasse sollte ihrerseits daraus an den Papiermacher, den Eigentümer des Natronzellstoffs und den Spinner gewisse Zuschläge auf die Höchstpreise zahlen. Die Kasse sollte nach Weisung des Kriegsausschusses für Textil-Ersatzstoffe im Auftrage und unter der Kontrolle der Kriegs-Rohstoff-Abteilung und des Reichsschatzamts arbeiten und insbesondere die Zahlungen nach näherer Anweisung der Kriegs-Rohstoff-Abteilung leisten. Das Kriegsministerium behielt sich vor, im Einvernehmen mit dem Reichsschatzamt die Leistungen der Kasse zu vergrößern oder zu vermindern sowie die der Kasse zukommenden Beträge zu erhöhen oder zu vermindern. Etwaige Überschüsse, die sich bei der Auflösung der Kasse ergeben würden, sollten zur Verfügung des Reichsschatzamts in die Reichskasse fließen. Die Kasse diente daher ausschließlich öffentlichen Zwecken, und alle Zahlungen an sie erfolgten auf Grund öffentlichen Rechts, weil sie von den zuständigen Behörden für Zwecke des Staates und des Reichs im Interesse der Kriegführung angeordnet waren.

Das Kammergericht meint, es handle sich dabei nicht um dem Staate zufließende Abgaben. Das ist insofern richtig, als nicht Leistungen in Frage stehen, wie sie die Bürger eines Staates zu allgemeinen staatlichen Zwecken an die Staatskasse zu entrichten haben. Aber für die Entscheidung des Rechtsstreits ist damit nichts gewonnen, und der Schluß, den das Kammergericht daraus zieht, daß die Erhebung der Freigabegebühr nicht eine Betätigung des staatlichen Hoheitsrechts darstelle, ist unzutreffend. Unbedenklich kann der Staat kraft seines Hoheitsrechts von seinen Bürgern oder von einzelnen von ihnen, bei denen bestimmte Voraussetzungen zutreffen, Leistungen fordern, die nicht ihm selbst als Fiskus oder der Allgemeinheit der Bürger, sondern unmittelbar nur gewissen Teilen der Bevölkerung zugute kommen. So liegt die Sache hier. Um das beabsichtigte Ziel zu erreichen, konnten verschiedene Wege eingeschlagen werden. Man hätte z. B. von den Garnverarbeitern eine in die Reichskasse fließende Abgabe erheben und den anderen an der Herstellung der Papierstoffe Beteiligten aus der Reichskasse gewisse Entschädigungen zahlen lassen können. Dieser Weg mag aus irgendwelchen Gründen nicht gangbar gewesen sein. Es wurde deshalb zum Zwecke der Preisausgleichung unter den Verfertigern von Papierstoffen eine besondere Kasse bei einer Gesellschaft des bürgerlichen Rechts gegründet und dieser die Verwaltung unter Leitung staatlicher Behörden übertragen. Deshalb bleibt aber die Erhebung der Beiträge für diese Kasse ein für die Zwecke des Reichs getätigter Hoheitsakt. In gleicher Weise erfolgten die Zahlungen aus der Kasse auf Grund eines solchen Hoheitsakts. In dieser Hinsicht hat das Kammergericht das Vorbringen der Klägerin nicht ausreichend gewürdigt, wenn es sagt, das ganze Ausgleichungsverfahren habe sich lediglich zwischen den Interessenten unter Vermittelung der Kasse und des Ausschusses abgespielt, und im übrigen nur in Betracht zieht, daß die Kriegs-Rohstoff-Abteilung und das Reichsschatzamt der Kasse den Auftrag zu ihrer Tätigkeit gegeben und sich ein Aufsichtsrecht vorbehalten haben möchten. Dabei ist übersehen, daß es sich nicht nur um einen allgemeinen Auftrag staatlicher Behörden an die Kasse handelt, sondern daß alle Zahlungen daraus nur nach näherer Anweisung der Kriegs-Rohstoff-Abteilung erfolgten. Letzten Endes bestimmte also das Kriegsministerium, ob, an wen und welche Beträge aus der Kasse gezahlt werden sollten, wenn auch die allgemeinen Grundsätze darüber festgelegt und den Beteiligten bekannt gegeben worden waren. Diese waren nicht in der Lage, im Wege der Vereinbarung untereinander über den Bestand der Kasse zu verfügen.

Hiernach ist das Rechtsverhältnis, aus dem der Klaganspruch hergeleitet wird, öffentlichrechtlicher Art. Hieran vermag auch die von der Klägerin unter Zeugenbeweis gestellte Behauptung nichts zu ändern, daß die Bestimmungen über die Freigabegebühren und über die Verteilung der Kassenbestände, ferner auch die Gründung der Spinnpapier-Ausgleichskasse und der Beklagten selbst auf rechtsgeschäftlichen Vereinbarungen der zusammengerufenen Papiermacher und Garnindustriellen beruhten und keine Hoheitsakte hätten sein sollen. Denn bestehen bleibt, daß die Freigabe der beschlagnahmten Garne unter der Bedingung der Zahlung der Freigabegebühr ein staatlicher Hoheitsakt war, und daß nach den für die Kasse getroffenen Bestimmungen Zahlungen daraus ebenfalls nur auf Grund staatlicher Hoheitsakte erfolgen konnten. Nur formell steht der Klägerin die Beklagte als Gegnerin gegenüber. Im Grunde geht der Streit darum, ob Vermögen, das auf Grund staatlicher Hoheitsakte für öffentliche Zwecke gesammelt ist, diesen wieder entzogen werden darf. Dafür ist der Rechtsweg ausgeschlossen. Ein dem Rechtsweg entzogener Anspruch kann aber, wie in der Rechtsprechung des Reiches feststeht, nicht dadurch vor die ordentlichen Gerichte gebracht werden, daß er in der Form einer Forderung auf Schadensersatz oder aus ungerechtfertigter Bereicherung erhoben wird (vgl. z. B. RGZ. Bd. 32 S. 345, Bd. 76 S. 123, Bd. 78 S. 418, Bd. 83 S. 307, Bd. 87 S. 119, Bd. 94 S. 160, Bd. 97 S. 180).

Das angefochtene Urteil unterliegt daher der Aufhebung. Die Klage ist wegen Unzulässigkeit des Rechtswegs abzuweisen.

---

21. Haftet das Reich den Militärpersonen wegen Dienstbeschädigung aus § 839 BGB. in Verbindung mit dem Reichshaftungsgesetz vom 22. Mai 1910?

III. Zivilsenat. Urt. v. 21. Oktober 1921 i. S. B. (Kl.) w. Deutsches Reich (Bekl.). III 291/21.

I. Landgericht I Berlin. — II. Kammergericht daselbst.

Der als Landsturmmann gestellungspflichtige Kläger wurde im Juli 1915 zum Militärdienst eingestellt und im Dezember 1915 entlassen. Er fordert mit der Klage eine jährliche Rente, weil er durch Verschulden der Ärzte, die ihn bei seiner Einstellung untersuchten, trotz eines Leidens, das ihn zum Militärdienst untauglich gemacht habe, eingestellt und sein Leiden durch die Anstrengungen des Dienstes und die dabei von ihm erlittene Behandlung wesentlich verschlimmert worden sei. Die Instanzen haben abgewiesen. Die Revision des Klägers blieb erfolglos.

Gründe:

Die Klage stützt sich ausschließlich auf § 839 BGB. und das Reichshaftungsgesetz; der Kläger trägt selbst vor, daß er Ansprüche aus dem Mannschaftsversorgungsgesetz nicht geltend machen könne, da nach der Entscheidung des nach § 43 dieses Gesetzes gebildeten Kollegiums sein Leiden nicht als Dienstbeschädigung, nämlich nicht als durch den Dienst entstanden oder verschlimmert anzusehen sei, und da er die Frist des § 42 Abs. 2 nicht gewahrt habe.

Der Gesundheitsschaden, dessen Ersatz der Kläger verlangt, ist nach seinem Vorbringen im Dienst und durch den Dienst, durch seine Einstellung und durch seine nachfolgende Behandlung von seiten der Militärärzte und Militärvorgesetzten entstanden oder verschlimmert. Der Kläger war bereits im Dienst, als er sich stellte und sich militärärztlich untersuchen lassen mußte, und die Militärärzte übten, wie später bei der ärztlichen Behandlung des eingezogenen Klägers, so schon bei seiner Untersuchung behufs Prüfung seiner Tauglichkeit zur Einstellung die ihnen anvertraute öffentliche militärische Gewalt aus; und eben diese Gewalt übten die rein militärischen Vorgesetzten bei und nach der Einstellung des Klägers aus, als sie ihn so, wie es der Kläger schildert, behandelten. Der Kläger behauptet also, daß die Störung seiner Gesundheit infolge von Dienstverrichtungen eingetreten oder durch die dem Militärdienst eigentümlichen Verhältnisse verursacht oder verschlimmert sei; er macht demnach trotz der Entscheidung der obersten Militärverwaltungsbehörde als tatsächliche Unterlage seines auf Amtspflichtverletzung und dafür eintretende Reichshaftung gestützten Anspruchs eine Dienstbeschädigung geltend. Aus dem Grunde einer Dienstbeschädigung aber haftet das Reich nach § 6 des Reichshaftungsgesetzes vom 22. Mai 1910 nur nach dem Mannschaftsversorgungsgesetz (§ 41 Abs. 1) und nur in dessen Umfang (vgl. die Begründung zu § 6 des Reichshaftungsgesetzes und § 6 des Preußischen Staatshaftungsgesetzes vom 1. August 1909, RGZ. Bd. 98 S. 208, JW. 1921 S. 272 Nr. 5).

Gegenüber diesen klaren Gesetzesbestimmungen erweist sich das Urteil des Oberlandesgerichts Dresden vom 9. Januar 1919, JW.

1919 S. 197 Nr. 5, ohne weiteres als unhaltbar, so daß es auf die Gegenerwägung, durch solche Anwendung des Reichshaftungsgesetzes würde die beschränkende Vorschrift des § 41 Abs. 1 MBG. praktisch bedeutungslos, nicht mehr ankommen kann. Es bleibt nur zu betonen, daß § 6 des Reichshaftungsgesetzes nur die Haftung des Reichs, nicht etwaige anderweite Haftungen betrifft.

---

22. Unterliegt das Verhältnis der von der preuß. Verordnung über die Versorgung der Hofbeamten und ihrer Hinterbliebenen vom 10. März 1919 nicht betroffenen preuß. Hofstaatsbeamten zu ihrem Dienstherrn jetzt den Vorschriften der §§ 611 flg. BGB.? Ist der prinzliche Dienstherr wegen der durch die Staatsumwälzung eingetretenen Veränderung seiner Verhältnisse zur Entlassung lebenslänglich angestellter Hofbeamten berechtigt?

III. Zivilsenat. Urt. v. 21. Oktober 1921 i. S. Prinz Fr. L. v. Preußen (Bekl.) w. M. (Kl.). III 73/21.

I. Landgericht Potsdam. — II. Kammergericht Berlin.

Der Kläger trat auf Grund Vertrags vom 3. September 1883 im Alter von etwa 14 Jahren zunächst als Stallgehilfe in den Dienst des Beklagten, wurde später Leibreitknecht und laut Urkunde vom 24. Dezember 1906 Königl. prinzlicher Lakai. Inhalts einer Bescheinigung des Hofmarschallamts des Beklagten vom 27. Juli 1918 ist er in dessen Hofhaltung lebenslänglich angestellt. Am 7. Dezember 1918 wurde er von dem Beklagten ohne Disziplinarverfahren und ohne vorgängige Kündigung entlassen.

Er hält diese Entlassung für unwirksam und beansprucht mit der Klage seine Dienstbezüge für die Zeit bis einschließlich Mai 1919. Der Beklagte begehrt widerklagend die Feststellung, daß dem Kläger keine Ansprüche gegen ihn zustehen.

Das Landgericht und das Kammergericht haben den Beklagten zur Zahlung der vertragsmäßigen Bezüge des Klägers verurteilt und die Widerklage abgewiesen. Das Revisionsgericht erkannte auf Aufhebung und Zurückverweisung.

Gründe:

Der Kläger gehörte als prinzlicher Hoflakai zu den Hofstaatsbeamten und hätte infolgedessen vor der Staatsumwälzung gemäß der Ausführungen des Urteils vom 28. November 1913 III 185/13 (RGZ. Bd. 84 S. 168) nur auf Grund des in der Kabinettsorder vom 20. Mai 1832 geregelten förmlichen Disziplinarverfahrens entlassen werden können. Mit dem Vorderrichter ist aber anzunehmen, daß dieses Verfahren, in dem der König die Entscheidung zu fällen hatte, infolge des Wegfalls der monarchischen Staatsform jedenfalls für diejenigen Hofbeamten, welche — wie der Kläger — im Dienste der im Besitze des Königl. prinzlichen Familienfideikommisses befindlichen Nebenlinien stehen, unmöglich geworden und deshalb beseitigt ist, daß insbesondere die Befugnisse des Königs, dessen Disziplinargewalt über die Hofbeamten selbstverständlich mit seiner Thronentsetzung erlosch, hinsichtlich jener Hofbeamten nicht auf das Staatsministerium übergegangen sind. Letzteres erhellt aus § 1 Abs. 2 Nr. 1 der VO. vom 10. März 1919, wonach die Beamten im Dienste der genannten Nebenlinien nicht unter diese Verordnung fallen und folglich hinsichtlich ihrer dem Finanzminister die ihm gegenüber den anderen Hofstaatsbeamten in dieser Verordnung eingeräumten Befugnisse nicht zustehen, und aus Nr. 4 der Ausführungsbestimmungen vom 18. Juni 1919 (zur Bekanntmachung der preuß. Regierung vom 30. November 1918, betr. Beschlagnahme des Vermögens des preuß. Königshauses), nach der die Regelung der Vertragsverhältnisse der nicht unter jene Verordnung vom 10. März 1919 fallenden prinzlichen Hofbeamten der selbständigen Bestimmung des Mitglieds des vormaligen Königlichen Hauses, in dessen Dienste der Hofbeamte sich befindet, oder seiner Verwaltung unterliegt. Allerdings sind diese Bestimmungen erst nach der Entlassung des Klägers ergangen. Sie gestatten aber den Rückschluß, daß die republikanische Regierung in die Rechte und Pflichten des Königs bezüglich jener Beamten nicht eintreten wollte und nicht eingetreten ist.

Der Berufungsrichter hat auch mit Recht den § 626 BGB. angewendet. Allerdings war das Rechtsverhältnis der zu den Staatsbeamten im weiteren Sinne gehörenden Hofbeamten im Dienste der im Besitze des Königlich prinzlichen Familienfideikommisses befindlichen Nebenlinien bis zur Staatsumwälzung öffentlichrechtlicher Natur. Dies beruhte aber, wie RGZ. Bd. 84 S. 171—174 näher dargelegt ist, auf dem Verhältnis ihrer Dienstherren, der Prinzen des Königshauses, zu dem Monarchen. Mit der Beseitigung der monarchischen Staatsform ist auch der Grund für diese Sonderstellung der Hofbediensteten weggefallen und damit auch die öffentlichrechtliche Natur des Rechtsverhältnisses jener, von der oben erwähnten Verordnung vom 10. März 1919 nicht betroffenen, Hofbeamten beseitigt worden. Ihr Verhältnis zu ihrem Dienstherrn ist jetzt nur privatrechtlicher Natur und unterliegt den Vorschriften der §§ 611 flg. BGB. Diese Auffassung hat auch in der erwähnten Bestimmung der Nr. 4 der Ausführungsbestimmungen vom 18. Juni 1919 eine Anerkennung gefunden. Wenn hier gesagt ist, daß die Regelung der Vertragsverhältnisse dieser Hofbeamten der selbständigen Bestimmung ihres Dienstherrn unterliegt, so ist damit nicht etwa, wie der Beklagte meint, dem dienstberechtigten Prinzen das Recht gegeben, das Dienstverhältnis einseitig, ohne Zustimmung des Dienstverpflichteten, neu zu regeln, insbesondere wegen der veränderten Verhältnisse aufzulösen; sondern das Wort „selbständig" besagt nur, daß der Dienstherr zu der Regelung nicht der Mitwirkung der Regierung bedarf, wie schon das Landgericht zutreffend ausgesprochen hat. Daraus ist aber auch zu entnehmen, daß die preußische Staatsregierung, die die Ausführungsbestimmungen erlassen hat, das Verhältnis zwischen diesen Hofbeamten und ihrem Dienstherrn als ein dem öffentlichen Interesse und Rechte entrücktes, rein bürgerlichrechtliches Vertragsverhältnis ansieht.

Die Entscheidung des Rechtsstreits hängt demnach davon ab, ob ein wichtiger Grund zur Entlassung des Klägers vorliegt. In dieser Hinsicht stellt das Berufungsgericht zunächst fest, daß das Verhalten des Klägers am 7. Dezember 1918, das den Beklagten zu der sofortigen Entlassung veranlaßt hat — die Führung der Gardeküraſſiere, die wider Willen des Beklagten an dem oberen Balkon seines Jagdschlosses Kl.-Gl. eine schwarz-weiß-rote Fahne anbrachten — nach den Umständen des Falles nicht als wichtiger Kündigungsgrund angesehen werden kann. Dies liegt nach der Rechtsprechung des erkennenden Senats auf tatsächlichem Gebiet und läßt keinen Rechtsirrtum erkennen. . . .

Die Revision wendet sich vor allem aber gegen die Entscheidung des Vorderrichters, daß nach dem Vorbringen des Beklagten auch die Umwälzung der politischen und wirtschaftlichen Verhältnisse und die Änderung in seiner Rechtslage keinen ausreichenden Grund zur Entlassung des Klägers abgäben. Sie führt aus, die Hofhaltung des Beklagten habe eine monarchische Verfassung vorausgesetzt, sie sei Ausfluß seiner vermögensrechtlichen und ehrenrechtlichen Privilegien gewesen; mit der Abschaffung aller Vorrechte sei der Beklagte ein gewöhnlicher Privatmann geworden, dem die Lasten seiner prinzlichen Stellung nicht mehr zuzumuten seien. Daß diese Veränderung der Verhältnisse des Beklagten einen wichtigen Kündigungsgrund im Sinne des § 626 BGB. bilden kann, erkennt der Berufungsrichter an. Ihm ist auch darin beizupflichten, wenn er die Darlegung besonderer Umstände von dem Beklagten fordert, um die Entlassung aus diesem Grunde zu rechtfertigen. Bei der Lebenslänglichkeit der Anstellung des Klägers, die auch trotz der Umänderung des Staatsbeamtenverhältnisses in ein bürgerlichrechtliches Dienstverhältnis — unbeschadet der Vorschrift des § 624 BGB. — bestehen geblieben ist, ist die Frage, ob ein wichtiger Grund vorliegt, besonders ernst zu nehmen. Deshalb ist auch die Berücksichtigung der Interessen des Klägers, der für ihn in der plötzlichen Entlassung liegenden Härte, zu billigen. Auch auf die Art der dem Kläger als Lakaien obliegenden Dienstverrichtungen legt der Berufungsrichter zutreffend Gewicht. Mit Recht rügt aber die Revision, daß der Berufungsrichter nicht durch Ausübung des Fragerechts darauf hingewirkt hat, daß der Beklagte die vom Gericht für erforderlich erachteten bestimmteren Anführungen über die Zahl seiner Dienerschaft, über den Umfang seines Bedarfs und über die tatsächlich eingetretene Verminderung seiner Hofhaltung mache. Daß solche näheren Angaben erforderlich seien, konnte bei der Eigenart und Neuheit des Rechtsfalls nicht ohne weiteres als bekannt unterstellt werden, und dafür, daß es den Parteien unmöglich sei, nähere Darlegungen zu machen, fehlt es an einem genügenden Anhalt.

---

23. Kann für den Geschäftsanteil einer Gesellschaft m. b. H., den die Gesellschaft selbst besitzt, das Stimmrecht ausgeübt werden?

II. Zivilsenat. Urt. v. 21. Oktober 1921 i. S. Portland-Cementfabrik G. u. Gen. (Kl.) w. Rh.-W.-Cementverband G. m. b. H. (Bekl.). II 113/21.

I. Landgericht Bochum, Kammer f. Handelssachen. — II. Oberlandesgericht Hamm.

Der Beklagte ist eine zu Kartellzwecken gegründete Gesellschaft m. b. H. In § 14 Abs. 4 ihres Statuts war bestimmt:

„Den Gesellschaftern ist es untersagt, die gesamten Fabrikationsanlagen, welche die Grundlagen ihrer Einschätzung abgegeben haben, zu irgend etwas anderem als zur Herstellung der syndizierten Produkte zu benutzen. Den Gesellschaftern ist während der Dauer des Krieges, mindestens bis 31. Dezember 1918, gestattet, ihre Fabrikräume zur Lagerung bzw. Aufbereitung und Verarbeitung landwirtschaftlicher Produkte, soweit solches im öffentlichen Interesse liegt, zu benutzen."

Am 19. September 1919 fand eine Gesellschafterversammlung statt, welcher u. a. der Antrag vorlag, die erwähnte Bestimmung dahin zu ändern:

„Mit Rücksicht auf die durch den Krieg hervorgerufene Wirtschaftslage ist allen Gesellschaftern für die Zeit vom 1. Januar bis 31. Dezember 1920 gestattet, ihre gesamten Fabrikanlagen . . . auch zu etwas anderem als zur Herstellung der syndizierten Produkte zu benutzen oder dritten Personen zur Verfügung zu stellen" usw.

Die Abstimmung ergab 9238 Stimmen für, 2684 Stimmen gegen den Antrag, der danach mit der erforderlichen $^3/_4$ Mehrheit angenommen war.

Die Kläger fechten den Beschluß als ungesetzlich an. Sie behaupten, daß für eine Anzahl von Geschäftsanteilen Stimmen — und zwar für den Antrag — abgegeben worden seien, die nicht hätten mitgerechnet werden dürfen, weil sie im eigenen Besitz der Gesellschaft sich befinden. Es seien das die Geschäftsanteile der Werke Colonia mit 352, Monopol-Meteor mit 350, Bestwig mit 126, Auguste-Victoria mit 225, Monopol-Rote Erde mit 187, Tecklenburg mit 50 Stimmen. Schalte man diese 1290 Stimmen aus, so ergebe sich, daß die 3/4 Mehrheit nicht erreicht sei. Es habe aber auch einstimmiger Annahme bedurft. Der Beschluß begünstige dauernd die größeren Werke und erhalte ihnen eine wirtschaftlich überragende Stellung; die Durchbrechung des in § 14 festgelegten Prinzips verletze Sonderrechte der Gesellschafter.

Beide Instanzen wiesen die Klage ab. Das Oberlandesgericht nahm an, daß jedenfalls für Colonia habe gestimmt werden dürfen, so daß mit deren 352 Stimmen unter allen Umständen die erforderliche Mehrheit erreicht worden sei. Der Revision der Kläger wurde stattgegeben.

Aus den Gründen:

... Die Behauptung der Kläger, daß durch den angefochtenen Beschluß Sonderrechte der weniger umfangreichen Werke verletzt würden, ist von den Vorinstanzen einwandfrei zurückgewiesen worden. Es war ohne nähere Begründung gesagt worden, daß die größeren Werke in der Lage seien, die größere Bewegungsfreiheit besser auszunutzen. Das ist ein Übelstand, wie er oft mit einem Kartell verbunden ist und den bis zu einem gewissen Grade der einzelne dadurch auf sich nimmt, daß er dem Kartell beitritt. Zur Begründung, daß es sich bis zum Unerträglichen gestaltet habe, hätte es ganz anderer Darlegungen bedurft. Die Revision ist hierauf denn auch nicht näher eingegangen....

Die Behauptung der Kläger, daß der Geschäftsführer des Beklagten schon durch das unbefugte Mitstimmen für die Werke des Verbandes die Gesellschafter in unzulässiger Weise beeinflußt und veranlaßt habe, ihren Widerstand gegen den Antrag als aussichtslos aufzugeben, weist der Vorderrichter mit der Erwägung zurück, mit dergleichen Ausführungen lasse sich die Ungültigkeit der Stimmenabgabe nicht begründen; die Gesellschafter seien abzustimmen befugt gewesen und hätten sich für den Antrag entschlossen; auf ihre Beweggründe könne es nicht ankommen. Auch das kann im Ergebnis nur gebilligt werden, wird auch von der Revision nicht angefochten. Ist es auch bei vorgefallenen Ungesetzlichkeiten Sache der Verteidigung des angefochtenen Beschlusses, die Einflußlosigkeit des Ordnungswidrigen darzutun, so liegt diese hier doch zu sehr auf der Hand, als daß mit leeren Behauptungen, wie sie hier aufgestellt worden sind, dagegen etwas auszurichten wäre.

Was nun aber die Beteiligung des Geschäftsanteiles der Colonia angeht, so hat auf die Behauptung allerdings mit Recht der Vorderrichter nichts gegeben, daß er nicht so sehr dem Verbande als vielmehr einer im Verbande und neben dem Verbande gesondert dastehenden Interessentengruppe, dem sogenannten Interessen-Fonds II, angehöre. Was für eine Bewandtnis es mit diesem Fonds hat, ist nicht weiter aufgeklärt worden. Aber auch wenn es richtig wäre, daß nach dem inneren Rechtsverhältnis der Geschäftsanteil mit den besonders zur Verrechnung kommenden Mitteln einer Sondergruppe von Mitgliedern, vielleicht zugleich auch von Nicht-Mitgliedern des Verbandes angeschafft worden ist und auf deren Rechnung geht, so kann das daran nichts ändern, daß der Geschäftsanteil rechtlich niemandem anders zusteht als dem Verbande selbst, der ihn formgerecht für sich erworben hat; formgerecht und — wie der Vorderrichter tatsächlich festgestellt hat — in zulässiger, dem § 33 GmbHG. entsprechender Weise.

Die Frage ist aber, ob für einen Geschäftsanteil, der im eigenen Besitz der Gesellschaft ist, überhaupt Stimmrecht ausgeübt werden kann. Der Vorderrichter gibt zu, daß die Frage zweifelhaft sei, aber er meint, die verneinende Ansicht finde im Gesetz keine Stütze und es fehle ihr an inneren Gründen. Darin erschöpft sich die Begründung. Der anschließende Satz, auch der Gesellschaftsvertrag, wonach je 100 *M* Stammeinlage eine Stimme gewähren, spräche höchstens gegen die Versagung des Stimmrechts, scheint verstümmelt zu sein, ist aber jedenfalls sachlich unverständlich.

Allerdings hat die Gesellschaft m. b. H. selbständige Persönlichkeit und kann als solche eigene Geschäftsanteile erwerben, besitzen, veräußern. Es ist das eine Rechtsfigur, die das Gesetz selbst voraussetzt und bestimmt. Das ist anzuerkennen und die Folgerungen, die sich daraus ergeben, müssen gezogen werden. Aber das hat Grenzen. Es gibt einen Punkt, wo die Konsequenz zur Unmöglichkeit wird. So wenn es gilt, nach Auflösung der Gesellschaft das Vermögen zu verteilen. Aber es gibt auch eine engere Grenze, wo man mit der Konsequenz anfängt, sich an der Natur der Sache zu versündigen, und das Rechtsverhältnis geradezu verfälscht. Die Versammlung der Gesellschafter besteht aus den Persönlichkeiten, welche die Gesellschaft bilden. In ihr kann nicht wiederum die Gesellschaft selbst als eine dieser Persönlichkeiten auftreten. Der Wille der Gesellschaft als solcher kann unmöglich mitbestimmend sein bei Beschlüssen, die gerade erst ergeben sollen, was die Gesellschaft will. Der Gedanke wäre sachlich auch gar nicht durchzuführen. Soll der Geschäftsführer in der Abstimmung unabhängig sein, dann schiebt man eine Persönlichkeit ein, die nicht zur Gesellschaft gehört, und muß das auch in Fällen gelten lassen, wo diese Persönlichkeit am wenigsten mitsprechen dürfte und vielleicht doch gerade allein entscheidenden Einfluß besitzt. Soll er aber an die Zustimmung der Gesellschafter gebunden sein, so müßte einfache Stimmenmehrheit entscheiden, was dann in den Fällen das Ergebnis gegen die Absicht des Gesetzes verfälscht, wo qualifizierte Mehrheit erforderlich ist.

Man hat hiergegen gesagt (vgl. Hachenburg, Komm. z. GmbHG. § 33 Anm. 16), der Satz, daß eine juristische Person nicht ihr eigenes Mitglied sein könne, beweise zu viel, denn dann müßte der Geschäftsanteil untergehen. Das ist nicht richtig. Er müßte nicht untergehen, sondern den übrigen Geschäftsanteilen nach Verhältnis anwachsen. Daß er das nicht tut, beruht auf der vom Gesetz streng festgehaltenen Sprödigkeit der Geschäftsanteile gegeneinander. Der Satz, daß die Gesellschaft so in die Lage kommen könne, von der Minderheit geleitet zu werden, setzt das zu Beweisende als bewiesen voraus. In Wahrheit ist gerade das Gegenteil der Fall. Soweit überhaupt die Gesellschafter als solche zur Leitung berufen sind, werden nach der richtigen Auffassung alle Gesellschafter, aber allerdings auch nur die Gesellschafter hinzugezogen. Es gibt doch nur zwei Möglichkeiten. Entweder hat der Geschäftsführer bei der Abstimmung sich nach den Weisungen der Gesellschafter zu richten. Dann ist seine Stimme ein überflüssiges Einschiebsel, das nur da, wo mit einfacher Mehrheit zu beschließen ist, wenigstens nicht geradezu schädlich ist. Oder der Geschäftsführer hat nach freier pflichtgemäßer Entschließung abzustimmen. Dann macht man den Geschäftsführer der Gesellschaft zu ihrem Vogt. Eins ist so unannehmbar wie das andere. Ohne jeden Beweiswert ist schließlich der Hinweis darauf, daß die Gesellschaft m. b. H. durch Rechtsgeschäft, nämlich durch fiduziarische Übereigung des Geschäftsanteils an einen Dritten erreichen könne, was nach dem Gesetz nicht gilt.

Die gleiche Bewandtnis wie mit Colonia hat es mit den Geschäftsanteilen von Bestwig und Auguste-Victoria. Anders dagegen liegt es bei den übrigen Werken. Die 350 und 187 Stimmen der Geschäftsanteile von Meteor und Rote Erde sind mit diesen Werken auf die Aktiengesellschaft Monopol übergegangen, die heute noch besteht, jedenfalls zur Zeit der Abstimmung bestand, wie denn auch die Stimmen von dem Vorstand der Aktiengesellschaft abgegeben worden sind. Ganz ebenso liegt es bei den 50 Stimmen von Tecklenburg, nur daß es sich hier nicht um eine Aktiengesellschaft, sondern um eine Gesellschaft m. b. H. handelt, deren Geschäfsführer abgestimmt haben. Allerdings sollen dort sämtliche Aktien, hier sämtliche Geschäftsanteile im Besitz des Verbandes sein. Aber hier kommt zur Geltung, daß die Gesellschaft eigene, ihren Mitgliedern gegenüber selbständige Rechtspersönlichkeit besitzt. Nicht um Fragen der inneren Willensbildung dieser Gesellschaften handelt es sich hier, sondern um eine in der Abstimmung sich vollziehende nach außen gerichtete Willensbetätigung. Es ist die Ausübung des Rechts aus der Mitgliedschaft, die ganz unabhängig davon ist, wer zur Zeit Inhaber der Aktien oder Gesellschaftsanteile der abstimmenden Gesellschaft ist. . . .

---

24. 1. Kann die Partei den Handelsmäkler, der sich die Bezeichnung der anderen Partei vorbehalten, diese danach aber nicht bezeichnet hat, auf Erfüllung auch dann in Anspruch nehmen, wenn keine Schlußnote ausgestellt und angenommen worden ist?

2. Hat der Handelsmäkler, der dem Käufer nach dem Abschluß des Geschäfts den vorbehaltenen Namen des Verkäufers nennt, damit die andere Partei bezeichnet, wenn diese nicht Verkäufer zu den Bedingungen war, zu denen der Mäkler abgeschlossen hat?

VI. Zivilsenat. Urt. v. 24. Oktober 1921 i. S. F. & Co. (Kl.) w. J. u. Gen. (Bekl.). VI 155/21.

I. Landgericht Hamburg, Kammer f. Handelssachen. — II. Oberlandesgericht daselbst.

Die Klägerin behauptet, sie habe am 31. März 1916 durch Vermittlung der drei Beklagten von der Firma B. & Co. einen Waggon Oranienburger Seife, von Würzburg auf Hamburg rollend, gekauft und sofort weiterverkauft, sich aber von diesem Verkauf, weil ihr die Ware nicht geliefert worden sei, mit einer Abfindung von 5000 *M* lösen müssen. In einem Vorprozeß gegen B. & Co. ist sie mit ihrem Schadensersatzanspruch abgewiesen worden, da diese die Ware endgültig nicht auf Hamburg rollend, sondern mit dem Vorbehalt abgegeben hatte, daß ihr selbst geliefert werde. Die Klägerin verlangt nunmehr von den Beklagten Zahlung der 5000 *M* und der Kosten des Vorprozesses, weil sie ihr durch die unrichtige und schuldhafte Übermittlung des Verkaufsauftrags den Schaden verursacht hätten.

Das Landgericht hat gegen alle drei Beklagten, das Oberlandesgericht nur gegen die Beklagte J. die Klage dem Grunde nach für gerechtfertigt erklärt.

Auf die Revision beider Parteien wurde das landgerichtliche Urteil wieder hergestellt.

Aus den Gründen:

Das Reichsgericht hat folgenden Sachverhalt als feststehend erachtet: Die Firma B. & Co. hatte den Waggon Seife als von Würzburg nach Hamburg abgegangen gekauft. Mit dieser Angabe stellte sie die Seife dem Beklagten J. zum Weiterverkauf an. Dieser wandte sich an den Beklagten W., der mit dem Beklagten R. arbeitete. R. machte die Klägerin als Abnehmerin ausfindig. Nun stellte sich heraus, daß die Seife noch nicht von Würzburg abgerollt war, weshalb der Prokurist der Verkäuferin, S., am Vormittag des 31. März 1916 dem J. erklärte, daß die Seife nicht auf Hamburg rollend, sondern nur mit dem Vorbehalt verkauft werden könne, daß an B. & Co. selbst geliefert werde. J. setzte hiervon den W. in Kenntnis, der den Vorbehalt als unkaufmännisch scharf zurückwies. Am Nachmittag desselben Tages gab S., ohne den Vorbehalt nochmals zu erwähnen, die Seife dem J. fest an die Hand, und R. verkaufte sie nun auf Weisung des W., der von J. verständigt worden war, ohne die Verkäuferin zu nennen, an die Klägerin, die die Seife sofort weiter veräußerte. Nach Abschluß des Geschäfts wurde der Klägerin die Firma B. & Co. als Verkäuferin aufgegeben.

Das Landgericht nimmt an, daß J. und W. gegen die Pflichten eines Maklers verstoßen hätten. J. habe, nachdem er durch S. von dem Vorbehalt der Verkäuferin erfahren hatte, dafür Sorge tragen müssen, daß dem andern Teil diese Änderung in den Bedingungen mitgeteilt wurde. Ebenso liege die Sache bei W. Den R., der von dem Vorbehalt nichts gewußt habe, treffe kein Verschulden; er hafte aber nach § 95 HGB., da er mit der Klägerin abgeschlossen habe, ohne zunächst den Verkäufer zu bezeichnen, und die von ihm nachher benannte Firma B. & Co. zu den von ihm mitgeteilten Bedingungen gar nicht Verkäuferin war, so daß er sie ohne Berechtigung als Gegenpartei angegeben habe.

Das Berufungsgericht verneint ein Verschulden des W. und die Anwendbarkeit des § 95 HGB. ... (Nach Zurückweisung einer Anzahl hier nicht in Betracht kommender Rügen wird fortgefahren:) Der Senat pflichtet der von Staub Anm. 6 und Düringer-Hachenburg Anm. 15 zu § 95 HGB. vertretenen Ansicht mindestens insoweit bei, daß die Partei den Handelsmäkler, der die andere Partei nicht bezeichnet hat, im Fall des Abs. 3 auf Erfüllung in Anspruch nehmen kann, auch wenn keine Schlußnote ausgestellt und angenommen worden ist.

Der Grundsatz, der den § 95 beherrscht, daß der Handelsmäkler, der mit einer Partei abschließt, ohne die Gegenpartei zu nennen, für die Wirksamkeit des Abschlusses einstehen muß, trifft gleichermaßen zu, ob eine Schlußnote ausgestellt worden ist oder nicht. Die Partei darf nicht darunter leiden, daß sie sich mit der Gegenpartei nicht ins Benehmen setzen kann, ob der von dem Mäkler vermittelte Abschluß in Ordnung gehe. Trifft selbst den Mäkler keine Schuld an der unrichtigen Vermittlung, so ist es nur billig, daß er, der einem Irrtum unterlegen ist oder sich an seinen Hintermann halten kann, die Haftung trägt, und nicht die Partei, die sich darauf verläßt, daß in jedem Fall der Mäkler ihr hafte. Würde der Vertrag zwischen dem Mäkler und der Partei nur nach allgemeinen Grundsätzen zu beurteilen sein, der

Mäkler also nur im Falle des Verschuldens haften, so wäre die Partei schutzlos, wenn ihm kein Verschulden nachzuweisen wäre. Das Gesetz geht von der Regel aus, daß der Handelsmäkler, der sich die Bezeichnung der andern Partei vorbehält, eine Schlußnote ausstellt. Es will aber diese Förmlichkeit nicht als unabweisliches Erfordernis für die Haftung des Mäklers vorschreiben; es hätte solchenfalls wohl auch eine strengere Fassung gewählt (vgl. hierzu RGZ. Bd. 90 S. 168, Bd. 97 S. 262). Der § 95 ist ein Niederschlag der durch die reichsgerichtlichen Urteile Bd. 20 S. 37, Bd. 24 S. 64 begründeten Rechtsprechung. In den Fällen, die diesen Urteilen zugrunde lagen, waren allerdings Schlußnoten ausgestellt. Das Reichsgericht hat aber hierauf kein für die rechtliche Beurteilung irgendwie maßgebendes Gewicht gelegt.

Hiernach kommt es auf ein Verschulden des R. nicht an. Sodann fragt es sich, ob R., indem er der Klägerin die Firma B. & Co. aufgab, die andere Partei wirksam bezeichnet hat. Auch in diesem Punkt geht das Berufungsgericht fehl. Gewiß hatte die Klägerin gegen diese Firma oder gegen ihre Verlässigkeit nichts einzuwenden. Aber B. & Co. war dann nicht Verkäuferin, wenn sie die Seife zu andern Bedingungen verkaufen wollte, als zu welchen R. abgeschlossen hat. Sie wollte nur mit dem Vorbehalt verkaufen, daß ihr selbst geliefert werde. R. schloß aber ohne den Vorbehalt ab. Hierzu war er nicht ermächtigt. Benannte er nachträglich B. & Co. als Verkäuferin, so war diese Bezeichnung unwirksam, weil B. & Co. nicht Verkäuferin ohne den Vorbehalt war. Die Bezeichnung der andern Partei ist somit unterblieben; R. haftet der Klägerin gemäß § 95 Abs. 3 auf Erfüllung, und da diese, worüber kein Streit herrscht, unmöglich geworden ist, auf Schadensersatz.

Das gleiche gilt für den Beklagten W. Er hat als Handelsmäkler durch R. die Klägerin aufsuchen und mit ihr ohne Aufgabe der Verkäuferin abschließen lassen. In der Berufungsbegründung wird für ihn vorgetragen, daß R. den Namen der Verkäuferin zunächst nicht genannt habe, weil er ihn selbst noch nicht kannte. Daraus ergibt sich, daß W., gleichviel ob er die Verkäuferin damals gekannt hat oder nicht, dem R. die Weisung gegeben hat oder damit einverstanden war, daß er unter Vorbehalt der Aufgabe abschließe. W. hat mit R. „gearbeitet". Mag es sich um eine Gesellschaft gehandelt haben oder R. Beauftragter oder Geschäftsbesorger des W. im Sinne von § 675 BGB. gewesen sein, so hat W. es zu vertreten, daß die Verkäuferin beim Abschluß nicht aufgegeben und nachmals nicht wirksam bezeichnet wurde. Er haftet also mit R. aus § 95. Hingegen hat das Berufungsgericht ohne Rechtsirrtum aus wesentlich tatsächlichen Gründen verneint, daß dem W. ein Verschulden zur Last falle. Auch kann er nicht als Vertreter ohne Vertretungsmacht in Anspruch genommen werden. Denn es ist nicht festgestellt, daß er vor dem Abschluß mit der Klägerin als Vertreter von B. & Co. und nicht nur von J. tätig geworden ist. Nach seiner Angabe im Vorprozeß scheint er erst nach dem Abschluß durch J. erfahren zu haben, daß B. & Co. Verkäuferin der Seife sei. Insoweit versagt die Revision. . . .

---

25. 1. Ist der geschäftsführende Gesellschafter einer Gesellschaft des bürgerlichen Rechts zur Buchführung für sie verpflichtet?

2. Muß er den Gesellschaftern Einsicht in seine privaten Geschäftsbücher gewähren, wenn und soweit diese Buchungen über die für Rechnung der Gesellschaft abgeschlossenen Geschäfte enthalten?

II. Zivilsenat. Urt. v. 25. Oktober 1921 i. S. Firma H. u. Gen. (Bekl.) w. K. (Kl.). II 139/21.

I. Landgericht I Berlin. — II. Kammergericht daselbst.

Die Parteien haben am 14. November 1914 vereinbart, für gemeinsame Rechnung dem IX. Armeekorps in Altona Leder zu verkaufen. Die unter 1 verklagte Kommanditgesellschaft sollte den Einkauf der geeigneten Leder besorgen und die hierfür erforderlichen Beträge verauslagen, der Kläger dagegen die Kaufverhandlungen mit der Heeresbehörde führen. Am Gewinn und Verlust dieser Geschäfte sollten beide Parteien zu gleichen Teilen beteiligt sein. Das gleiche hatte dann zu gelten, wenn der Kläger selbst passende Leder einkaufte.

In dieser Weise haben die Parteien bis Ende März 1916 miteinander gearbeitet. Die Geschäfte haben einen großen Umfang angenommen. Die Beklagte zu 1 hat dem Kläger zahlreiche Einzelabrechnungen übersandt und die hiernach ihm zustehenden Guthaben ausgezahlt. Der Kläger ist der Meinung, daß diese Abrechnungen nicht vollständig waren und daß ihm ein höherer Gewinnanteil zukomme als der bisher ausgekehrte. Er hat daher von der Beklagten zu 1 und ihren persönlich haftenden Gesellschaftern Einsicht der die gemeinsamen Geschäfte behandelnden Buchungen und Papiere verlangt, und zwar mit Rücksicht auf den großen Umfang der Geschäfte unter Zuziehung eines Sachverständigen. Die Beklagten haben dieses Ansinnen mit der Begründung abgelehnt, daß sie über die gemeinsamen Geschäfte keine gesonderten Bücher geführt hätten, der Kläger aber nicht berechtigt sei, Einsicht in ihre eigenen Geschäftsbücher zu begehren, welche außer den gemeinsamen auch die gesamten übrigen Geschäfte der Beklagten enthielten.

Der Kläger hat daher beantragt, die Beklagten als Gesamtschuldner zu verurteilen, ihre Handelsbücher, soweit sie sich auf ihre Geschäfte mit dem Kriegsbekleidungsamt IX in Altona, betreffend die Lieferung von Leder beziehen, sowie die dazu gehörigen Belege einem geeigneten, vom Kläger zu bestimmenden Sachverständigen oder dem Kläger unter Zuziehung eines Sachverständigen zur Einsicht vorzulegen und dem Kläger den sich nach dieser Prüfung noch weiter für ihn ergebenden Gewinnanteil nebst Zinsen zu bezahlen, hilfsweise aber die Beklagten zu verurteilen, die Geschäftsbücher einem von dem Gericht oder der zuständigen Handelskammer zu bezeichnenden Sachverständigen vorzulegen. Er hat dazu erklärt, daß er damit einverstanden sei, daß nur ein vereidigter Bücherrevisor die Bücher einsehe.

Das Landgericht hat die Klage abgewiesen. Dagegen hat das Kammergericht die Beklagten als Gesamtschuldner verurteilt, ihre Handelsbücher, soweit sie sich auf ihre Geschäfte mit dem Kriegsbekleidungsamt IX in Altona, betreffend die Lieferung von Leder, beziehen, einem von der Handelskammer in Berlin zu bezeichnenden Sachverständigen für den Kläger zur Einsicht vorzulegen. Ihre Revision hatte keinen Erfolg.

Gründe:

§ 716 BGB. gewährt dem einer Gesellschaft des bürgerlichen Rechts angehörenden Gesellschafter das Recht, die Geschäftsbücher und die Papiere der Gesellschaft einzusehen und sich aus ihnen eine Übersicht über den Stand des Gesellschaftsvermögens anzufertigen. Diese Bestimmung ist — wie die Motive zum BGB. anführen — im Anschluß an die entsprechende Vorschrift des die offene Handelsgesellschaft betreffenden Art. 105 des Allgemeinen Deutschen Handelsgesetzbuchs aufgenommen worden. Es wird also in § 716 BGB. das Vorhandensein von Geschäftsbüchern und Papieren der Gesellschaft vorausgesetzt, ohne daß im übrigen eine solche Buchführung ausdrücklich vorgeschrieben worden ist.

Die Revision nimmt an, daß der geschäftsführende Gesellschafter mangels besonderer Vereinbarung zur Führung von Geschäftsbüchern nicht verpflichtet sei. Dem kann in dieser Allgemeinheit nicht zugestimmt werden. Zwar wird man eine solche Verpflichtung nicht wohl feststellen können, wenn es sich um Geschäfte handelt, die weder kaufmännischen Charakter noch erheblichen Umfang haben. Anders dagegen bei gemeinsamen Unternehmungen von Kaufleuten, welche sich als Handelsgeschäfte kennzeichnen, sich über einen längeren Zeitraum erstrecken und große Umsätze aufweisen.

Welches die rechtlichen Folgen sind, wenn ein geschäftsführender Gesellschafter in solchem Falle die ihm obliegende Pflicht zur Buchführung für die Gesellschaft nicht erfüllt, bedarf im vorliegenden Falle um deswillen keiner Entscheidung, weil die Beklagte zu 1 unstreitig Buchungen über die für gemeinsame Rechnung abgeschlossenen Geschäfte vorgenommen hat. Allerdings befinden sich diese Buchungen nicht abgesondert zusammengestellt, sondern in den Geschäftsbüchern der beklagten Firma. Aber die Tatsache, daß die Beklagte solche Absonderung nicht vorgenommen hat, kann das Recht des Klägers, in diese Buchungen Einsicht zu nehmen, nicht beseitigen; vgl. auch ROHG. Bd. 6 S. 297....

Die Frage, ob nicht mit Rücksicht auf die angebliche Eigenschaft des Klägers als Konkurrenten der Beklagten die Gestattung der Büchereinsicht der letzteren mit §§ 157, 242 BGB. nicht zu vereinigende Nachteile zufügen würde, hat gänzlich auszuscheiden, da das Berufungsgericht nur zur Vorlegung der Bücher an einen Sachverständigen der Handelskammer (Bücherrevisor) verurteilt hat, der Kläger oder andere Konkurrenten also gar nicht in die Lage kommen, Einsicht in den sonstigen Inhalt der Bücher zu nehmen.

---

26. Zur Beurteilung eines dem Abschluß des endgültigen Gesellschaftsvertrags vorausgeschickten Vorstadiums.

II. Zivilsenat. Urt. v. 25. Oktober 1921 i. S. M. (Bekl.) w. Gummiwerke Max B. G. m. b. H. (Kl.). II 142/21.

I. Landgericht Köln, Kammer für Handelssachen. — II. Oberlandesgericht daselbst.

Die Klägerin, Gesellschaft m. b. H. Gummiwerke Max B., trat im Oktober 1916 mit dem in Bergisch Gladbach ansässigen Beklagten in Verhandlung wegen gemeinschaftlicher Fabrikation und Absetzung der vom Beklagten hergestellten und mit dem Namen Ceromit bezeichneten Hochdruck-Dichtungsplatten. Nachdem er den Betrieb eine kurze Zeit lang in ihren Räumen in Köln geleitet hatte, errichtete sie bei ihm in Gladbach eine Zweigstelle und erteilte ihm Postvollmacht, worauf er die Geschäfte während einiger Monate an seinem Wohnsitz unter ihrer Firma führte. Im März oder April 1917 gründete er mit seiner Ehefrau eine „Ceromit-Gesellschaft m. b. H.“, in deren Namen er seitdem den Artikel vertreibt.

Die Klägerin erblickt hierin eine Rechtswidrigkeit. Nach ihrer Behauptung wäre im Oktober 1916 ein Gesellschaftsvertrag auf die Dauer von 3 Jahren mit Gewinnbeteiligung für sie zu $^1/_3$ zustandegekommen. Dagegen behauptet der Beklagte, es habe sich nur um Vorbesprechungen und um Versuche gehandelt; als der Geschäftsführer H. zum Heere eingezogen worden sei und die Klägerin sich nicht habe entschließen können, das Unternehmen zu finanzieren, habe er das Projekt fallen lassen.

Die Klage geht auf Rechnungslegung und Herausgabe des Gewinnes. Beide Vorinstanzen stellten sich auf den Standpunkt der Klägerin. Das Oberlandesgericht erließ ein Teilurteil nach § 254 ZPO., wodurch es den Beklagten verurteilte, 1. ihr Abrechnung zu erteilen über alle Geschäfte, die er vom Oktober 1916 bis zum 1. Oktober 1919 sowohl unter der Firma Gummiwerke Max B. G. m. b. H. als auch unter der Firma Ceromit G. m. b. H. und unter seiner eigenen Firma in Ceromit abgeschlossen oder ausgeführt habe, 2. ihr die Bücher und Belege sowie den Schriftwechsel über diese Geschäfte vorzulegen.

Auf die Revision wurde die Sache an das Oberlandesgericht zurückverwiesen.

Gründe.

Das Berufungsgericht hat ausgeführt, bis in den März 1917 hinein habe der Beklagte den Ceromit-Betrieb unter der Firma der Klägerin geleitet. Unter dieser Firma habe er die Ankündigungen in den Fachzeitschriften veröffentlicht, die Offerten hinausgeschickt und die Rechnungen ausgestellt. Noch im April 1917 habe er Geldsendungen, die unter der Firma der Klägerin eingingen, auf Grund der in seinem Besitz befindlichen Postvollmacht vereinnahmt. Etwa ebensolange habe er sie über den Gang der Geschäfte auf dem Laufenden gehalten, um Übersendung von Materialien ersucht usw. Alle diese Tatsachen ließen sich nur verstehen, wenn man eine feste Vereinbarung zwischen den Parteien annehme; auf Grund bloßer Vorbesprechungen und lediglich in der Hoffnung auf künftigen Abschluß einer Vereinbarung würden Kaufleute schwerlich einen gemeinschaftlichen Betrieb eröffnen und über ein halbes Jahr lang führen. Auch der Briefwechsel der Parteien bestätige, daß Ende 1916 und anfangs 1917 beide Teile der Überzeugung gewesen seien, ein fester Vertrag liege vor. Mit Bezug auf den Beklagten sei ausschlaggebend ein Brief vom 27. Dezember 1916, worin er von „unserem Büro" spreche, an Erteilung der Postvollmacht erinnere, die Muster erwähne, die ein von der Klägerin angebrachter Kunde W. erhalten habe, schließlich auch Unterlagen für Aufstellung der ersten Bilanz erbitte. Ebenso zeigten verschiedene Briefe der Klägerin, wie sie sich ständig für das Gedeihen des Unternehmens interessiert, ihm alle bei ihr eingehenden Anfragen überwiesen und Geldbeträge ausgehändigt habe. Die Aussage des Zeugen H. tue auch den Inhalt des Abkommens zur Genüge dar: die Herstellung und der Vertrieb des Ceromit hätten unter der Firma der Klägerin auf gemeinschaftliche Kosten erfolgen sollen, der Anteil der Klägerin am Gewinn und Verlust sei auf $^1/_3$, der des Beklagten auf $^2/_3$ bestimmt gewesen, die Gesellschaft sei eingegangen zunächst auf 3 Jahre bis zum 1. Oktober 1919. Es sei ja selten, daß Kaufleute ein derartiges Abkommen mündlich träfen, aber rechtlich stehe dem mündlichen

Vertragsschluß nichts im Wege. Wie aus den beiderseitigen Vertragsentwürfen hervorgehe, sei auch im vorliegenden Fall eine schriftliche Niederlegung der Vereinbarung geplant gewesen. Entgegen der Auslegungsregel des § 154 Abs. 2 BGB. müsse das Abkommen aber unabhängig von der Beurkundung für gültig erachtet werden. Obgleich jeder Teil seinen Entwurf spätestens Mitte Oktober 1916 dem Gegner übergeben und, weil nicht der mündlichen Vereinbarung entsprechend, zurückerhalten habe, sei doch der gemeinsame Betrieb aufgenommen und über ein halbes Jahr fortgeführt worden, ohne daß von einer Seite nochmals die schriftliche Niederlegung verlangt worden sei. Dazu komme, daß der Beklagte oder die von ihm gegründete Ceromit-Gesellschaft m. b. H. in der Steuererklärung die Klägerin als gewinnanteilsberechtigt bezeichnet habe. Offenbar habe der Beklagte also damals an der Gültigkeit des Abkommens nicht gezweifelt.

Diese Ausführungen beruhen auf Verletzung des § 346 HGB. und des § 154 BGB. Nachdem die Verhandlungen der Parteien über Abschluß eines Gesellschaftsvertrags begonnen hatten, hat der Beklagte einige Monate hindurch teils in den Geschäftsräumen der Klägerin in Köln, teils in Bergisch Gladbach unter Benutzung ihrer Firma und ihrer Postvollmacht Ceromit verkauft und die eingehenden Zahlungen in Empfang genommen. Darin, daß dies nicht ohne vertragsmäßige Grundlage geschah, muß dem Berufungsgericht zugestimmt werden. Wollte man die Vermögensvorteile, die ihm auf solche Weise auf Kosten der Klägerin zuflossen, nur nach den Regeln der ungerechtfertigten Bereicherung für ausgleichspflichtig erklären, so würde man dem Wesen der Sache nicht gerecht. Insofern ist es ganz richtig, wenn das Berufungsgericht eine „feste Vereinbarung" der Parteien als geschlossen ansieht. Es irrt nur darin, daß es diese „feste Vereinbarung" ohne weiteres dem auf 3 Jahre geplanten Gesellschaftsvertrag gleichsetzt, um dessen Inhalt die Verhandlungen sich drehten. Einen langfristigen Vertrag anders als in Schriftform abzuschließen, würde allen kaufmännischen Gepflogenheiten zuwiderlaufen, und weder die vom Berufungsgericht betonten Umstände noch die bisherigen Behauptungen der Klägerin zwingen zu der Annahme, daß die Parteien im vorliegenden Fall dergleichen im Sinne gehabt hätten. Vielmehr spricht die Tatsache, daß jede Partei einen Entwurf aufgestellt und der andern zur Unterzeichnung zugesandt hat, aufs Deutlichste für den Willen, auch hier den endgültigen Vertrag schriftlich zu schließen. Bis ein solcher Vertrag zustande kommen würde, sollte das Ceromit nur versuchsweise auf gemeinschaftliche Rechnung hergestellt und vertrieben werden. Wenn der Beklagte nach Ablehnung seines Entwurfs durch die Klägerin noch eine Zeit lang mit dem Vertrieb des Ceromits unter ihrer Firma fortfuhr, so erklärt sich das hinreichend aus der Erwartung, daß trotz der Meinungsverschiedenheiten der Parteien doch noch eine Einigung über den endgültigen Vertrag zustande kommen werde. Anlangend das Vorkommnis bei der Steuererklärung, so ist nicht ersichtlich, ob die in dem Briefe des Steueramts vom 16. Februar 1920 erwähnte Entscheidung der Berufungskommission sich nicht auf die Steuererklärung für 1917 bezog, wo die Klägerin während der ersten Monate in der Tat an dem Betriebe beteiligt war. Auch die Aussage des Zeugen H. bietet der Ansicht des Berufungsgerichts keine Stütze. Wenn sich danach die Parteien in den von dem Zeugen hervorgehobenen Punkten — insbesondere über eine Gewinnbeteiligung der Klägerin zu $^{1}/_{3}$ und über eine dreijährige Dauer der Gesellschaft — verständigt haben, so schließt das nicht im geringsten aus, daß über eine Reihe anderer Punkte, wie namentlich über die Einlagen und die sonstigen Pflichten der Parteien, eine Einigung erzielt werden mußte (vgl. § 154 Abs. 1 BGB.). Daß bei der bezeugten Unterredung von schriftlicher Fixierung des Vertrags nicht gesprochen wurde, ist unerheblich, da, wie erwähnt, die Beurkundung geschäftsüblich ist und die Aufstellung und Auswechslung von Entwürfen den Willen, von der Regel nicht abzuweichen, ergab (vgl. § 154 Abs. 2).

Hiernach muß das angefochtene Urteil aufgehoben werden, damit das Berufungsgericht den Sachverhalt unter Beachtung der erörterten Gesichtspunkte nochmals einer Prüfung unterzieht. Werden nicht neue Momente beigebracht, so ist der Abschluß eines Vertrags festzustellen, dessen Inhalt auf einen nur vorläufigen Betrieb auf gemeinsame Rechnung gerichtet war. Während dieses Betriebs haben die Parteien dann den Versuch gemacht, über einen endgültigen, mehrjährigen Vertrag zu einer Einigung zu gelangen. Es wäre das eine Gesellschaft auf unbestimmte Zeit gewesen, die von jedem Teil jederzeit gekündigt werden konnte (§ 723 BGB.). Hier würde eine Kündigung durch den Beklagten schon darin liegen, daß er die Ceromit-Gesellschaft m. b. H. gründete und der Klägerin davon Anzeige machte. Unbedenklich wäre der Gewinnanteil der Klägerin an der vorläufigen Gesellschaft auf das Drittel zu bemessen, das für die endgültige Gesellschaft in Aussicht genommen war.

Es muß mit der Möglichkeit gerechnet werden, daß das Berufungsgericht auf Grund neuer Tatsachen wiederum den Abschluß des Vertrags auf 3 Jahre feststellt. Möglich ist auch, daß der Beklagte, wie es schon in der Klagschrift behauptet wird, die Klägerin nicht sofort von der Gründung der Ceromit-Gesellschaft in Kenntnis gesetzt, sondern ihr erst später den Abbruch der Verhandlungen erklärt hat. Alsdann würde er ihr durch den Betrieb jener Gesellschaft, sei es während des Restes der bedungenen 3 Jahre oder bis zur Abgabe der Kündigungserklärung, schadensersatzpflichtig geworden sein. Der Anspruch auf Rechnungslegung über diejenigen Geschäfte, die er unter der Firma und für Rechnung der Ceromit-Gesellschaft geführt hat, könnte in diesen Fällen mit Hilfe des Gesichtspunkts der Naturalrestitution (§ 249 Satz 1 BGB.) begründet werden; vgl. das Urteil des erkennenden Senats RGZ. Bd. 89 S. 99.

---

27. 1. Liegt im Saatguthandel dem Verkäufer die Garantie für Saatguteigenschaft ob?
2. Zur Frage des Verschuldens beim Verkauf von Saatgut.

III. Zivilsenat. Urt. v. 25. Oktober 1921 i. S. S. (Kl.) w. T. (Bekl.) und X. (Nebeninterv.). III 378/21.

I. Landgericht Rudolstadt. — II. Oberlandesgericht Jena.

Die Klägerin hatte am 8. Januar 1915 bei der Beklagten 200 Zentner Saatweizen, und zwar „Sommer-Bordeaux-Weizen zur Saat" bestellt und auf diese Bestellung von der Beklagten Ende Januar 1915 100 Sack unter der Inhaltsangabe „Sommer-Bordeaux-Weizen zur Saat" zugesandt erhalten. Sie verkaufte den größten Teil dieses Weizens alsbald an Landwirte und schrieb der Beklagten am 2. Juli 1915, sie habe bis heute von ca. 6 Abnehmern die Mitteilung erhalten, daß der als Sommer-Bordeaux-Weizen bezogene Weizen kein Sommer- sondern Winterweizen sei.

Die Klägerin fordert Schadensersatz wegen Nichterfüllung, und zwar neben der Zahlung zweier bezifferter Beträge die Feststellung, daß die Beklagte verpflichtet ist, ihr den Schaden zu ersetzen, der ihr durch die Nichterfüllung des Vertrages vom 8. Januar 1915 entstanden ist.

Das Landgericht hat durch Teilurteil diesem Feststellungsantrag entsprochen; der Berufungsrichter hat ihn abgewiesen. Die Revision der Klägerin hatte Erfolg.

Gründe:

Der Berufungsrichter stellt fest, daß die Beklagte nicht eine bloß mangelhafte, sondern eine ganz andere Ware als die bestellte — Ausnahmefall des § 378 HGB. — geliefert hat, und diese Feststellung beruht nicht auf Verkennung, sondern auf richtiger Auffassung des Wortes „offensichtlich" in § 378; vgl. RGZ. Bd. 98 S. 159.

Die Klage stützt sich in erster Linie auf die als selbstverständlich anzunehmende Garantie der Beklagten dafür, daß Sommer-Bordeaux-Saatweizen geliefert werde. Ein solches stillschweigendes Garantieversprechen verneint der Berufungsrichter mangels genügender Anhaltspunkte; es folge ein solches Versprechen nicht aus der bloßen Bezeichnung des Kaufgegenstandes mit der Angabe seines Verwendungszwecks „Sommerweizen als Saatgut"; daß der Käufer den gekauften und nicht einen anderen Gegenstand geliefert haben wolle, treffe bei jedem Kaufe zu.

Die Revision wendet ein: Die Garantie müsse angenommen werden, wenn ein vernünftiges Ergebnis und die Sicherheit des Verkehrs gewollt werde. Die Eigenschaft als Saatgut sei erst durch die Aussaat selbst, behufs deren das Saatgut an die Bauern verkauft werde, feststellbar, so daß nur der aussäende Landwirt richtig zu rügen vermöge. Bei Verneinung der Garantie sei der Käufer dem Verkäufer auf Gnade und Ungnade preisgegeben; nur der Verkäufer, der seinerseits von dem Erzeuger aufgekauft habe, sei in der Lage, sich Sicherheit durch ein zweifelsfreies Ursprungsattest zu verschaffen; habe er dies unterlassen, so müsse er seinem Käufer haften.

Dieser Ausführung der Revision muß beigetreten und die Rechtsauffassung des Berufungsrichters als rechtsirrig abgelehnt werden.

Nach der Feststellung des Berufungsrichters war das von der Klägerin am 8. Januar 1915 bestellte Saatgut nach beiderseitigem Willen sofort zu liefern und für Aussaat im Frühjahr 1915 bestimmt und es war Gewißheit über die Sommersaatgut-Eigenschaft nur durch Anbauversuche zu erlangen. Die Schwierigkeit, diese Gewißheit zu erhalten, wird besonders ins Licht gestellt durch das erste, vom Reichsgericht aufgehobene Urteil des Berufungsgerichts, welches trotz des auf Anbauversuche gestützten ersten Gutachtens des Sachverständigen den Beweis für die Klagebehauptung nicht für geführt erachtet hatte; erst auf Grund des weiteren ausführlichen Gutachtens des Sachverständigen hat nunmehr der Berufungsrichter festgestellt, daß der gelieferte Weizen zu 48 v. H. aus Winterweizen bestand, der zur Aussaat im Frühjahr gänzlich unbrauchbar war. Es handelte sich also um eine Ware, deren zweckentsprechende, nur durch Anbau ausführbare Untersuchung nach dem Sinne des Vertrags dem Käufer, der Klägerin, unmöglich war, deren wirkliche Beschaffenheit der Klägerin vielmehr unerkennbar bleiben mußte. Denn die Klägerin war, wie die Beklagte wußte, nur Zwischenhändlerin, die den Weizen nicht ihrerseits aussäen, sondern alsbald an die Landwirte behufs Aussaat durch diese spätestens im April 1915 weiterveräußern wollte und sollte. Auch die Beklagte war, wie die Klägerin wußte, nur Zwischenhändlerin, auch sie brauchte den Weizen nicht durch eigenen Anbau auf Sommersaat-Fähigkeit zu untersuchen, bevor sie ihn an die Klägerin verkaufte. Nur der Züchter des Saat-Sommerweizens kann und muß Gewißheit über diese Eigenschaft haben; er muß, wenn er Sommerweizen als Saatgut verkauft, seinem Käufer ohne weiteres und unbedingt dafür einstehen; der erste Käufer kann diese Zusage des Erzeugers nicht als eine bloße Warenbezeichnung, sondern nur als eine Garantieübernahme **auffassen. Diese Garantie** des Züchters kommt vorliegend nicht in Frage; denn der Nebenintervenient X. — von dem die Beklagte den streitigen Weizen gekauft hatte — hatte den Weizen, wie der Berufungsrichter feststellt, vom Erzeuger gar nicht als Saatgut, sondern als Mahlgut gekauft. Dieselbe Garantiehaftung, die dem Züchter obliegt, muß aber auch den Saatgut-Zwischenhändler treffen, gleichviel ob er an einen weiteren Zwischenhändler oder an einen das Saatgut zum Anbau verwendenden Landwirt weiterveräußert. Der Anbau ist eben das einzige Mittel, die Sommersaatgut-Eigenschaft zu erproben und zu erkennen, und zu dem Anbau, dem vertragsmäßigen Zweck des Kaufgeschäfts, wird regelmäßig die ganze Saatgutmenge verwendet und aufgebraucht. Eine Vorprobe durch einen der Hauptaussaat vorausgehenden Teilanbau ist regelmäßig, insbesondere bei Kauf im Januar zur Aussaat im Frühjahr desselben Jahres, ausgeschlossen, da der rechtzeitige Anbau an eine kurze Aussaatzeit gebunden ist und erst nach längerer Zeit, also nach Ablauf der Aussaatzeit, ein die Beurteilung ermöglichendes Ergebnis liefert. Nicht nur der erste Verkäufer solcher Ware, nämlich der mit Herkunft, Art und Beschaffenheit notwendig bekannte Erzeuger, sondern auch jeder spätere Verkäufer darf eine derartige Ware nach Treu und Glauben nur mit dem Willen weiterveräußern, daß er die so von ihm bezeichnete Eigenschaft der Kaufsache schlechthin garantiert. Andernfalls wäre, von etwaigem nachweisbaren Verschulden des einen oder andern Verkäufers abgesehen, immer der letzte Käufer, der aussäende Landwirt, der endgültig Geschädigte, und wäre immer der wirklich Schuldige, nämlich der Mahlgut als Saatgut oder Wintersaat statt Sommersaat verkaufende Erzeuger, mangels eines bis auf ihn zurückgehenden Rückgriffs der endgültig frei Ausgehende. Ein solches Ergebnis ist unannehmbar. Die Garantiehaftung, wie sie dem Erzeuger obliegt, muß sich in den Zwischenhändlern fortsetzen. Das ist ein aus der Natur der Sache fließendes, zur Sicherung des Verkehrs notwendiges Gebot. Getreidesaatgut-Käufe sind notwendig völlige Vertrauensgeschäfte, die redlicherweise nur auf dem Boden der Garantiehaftung gewollt sein können und gewollt sein dürfen.

Damit stimmt die Rechtsprechung überein, schon in Zeiten, als die Landwirtschaft und der Getreidesaatguthandel noch nicht entfernt den jetzigen Umfang und die jetzige Bedeutung erlangt hatten. Das Urteil des Reichsoberhandelsgerichts vom 2. November 1872 (Bd. 7 S. 409) folgert für einen dem vorliegenden völlig gleichen Fall — Kauf von Sommersaat, Sommerrübsen und Sommerraps zu dem ausgesprochenen Zwecke sofortiger Aussaat in demselben Jahre, nämlich zur Nachsaat an Stelle ausgegangener Winterfrüchte — aus Art. 282 ADHGB. (= § 347 Abs. 1 HGB.) den Garantiewillen des Verkäufers und findet ein Verschulden schon in der Abschließung des Vertrags, falls der Verkäufer dabei beabsichtigt haben sollte, dem Käufer nicht — wie dieser es erwarten konnte und mußte — unter allen Umständen für die Lieferung derjenigen Ware, deren er bedurfte und die er von ihm kaufte, einzustehen (vgl. RGZ. Bd. 20 S. 91). Die Entscheidung des II. Zivilsenats des Reichsgerichts vom 22. Mai 1913 II 63/13 (kurz abgedruckt in Leipz. Zeitschr. 1913 Sp. 756) billigt die auf den Grundsatz von Treu und Glauben gestütze Annahme einer Garantie beim Verkauf von Petersilienwurzelsamen, der von dem minderwertigen Schnittpetersiliensamen äußerlich nicht zu unterscheiden ist. Nicht entgegen steht die von der Beklagten angezogene, eine Garantie ablehnende Entscheidung des I. Zivilsenats des Reichsgerichts vom 29. Mai 1920 I 24/20, J. W. 1920 S. 831 Nr. 1; dort waren Rotkohlpflanzen „ohne weitere Bestimmung" verkauft, hier aber hat die Beklagte im Januar 1915 Sommer-Bordeaux-Saatweizen zu sofortiger Aussaat im Frühjahr 1915 verkauft. Ähnlich wie in I 24/20 lag die Sache in der vom Berufungsrichter angezogenen Entscheidung vom 14. März 1913 II 569/13, Warneyer 1913 Nr. 279; dort war nur „Futterrübensamen" verkauft und waren nach der tatsächlichen Auffassung des damals erkennenden Senats weitere, einen Garantiewillen ergebende Umstände nicht behauptet.

Der Beklagten liegt hiernach grundsätzlich die unbedingte Garantiepflicht ob. Die Beklagte scheint sogar selbst nach Ausweis ihrer Briefe an die Klägerin an ihrer Garantiepflicht nicht gezweifelt zu haben. Sie schreibt im Briefe vom 3. Juli 1915: „Es ist ganz selbstverständlich, daß der Ablader (der Nebenintervenient X.) für allen Schaden aufzukommen hat, wenn .... statt Sommerweizen Winterweizen geliefert ist", und im Briefe vom 12. Juli 1915 sagt sie, wenn positiv sicher festgestellt werde, daß es Winterweizen war, habe sie ihren Regreßanspruch an ihren Ablader und würden alle Abnehmer der Klägerin zu ihrem Rechte kommen.

Die weitere eventuelle Frage, ob ohne eine Garantie eine anderweite Verantwortlichkeit der Beklagten bestehe, verneint der Berufungsrichter. Eine Nichterfüllung liege hier gar nicht vor, sondern die Beklagte habe nur andere Ware als die bestellte geliefert. Die Beklagte sei auch nicht in Verzug gekommen, denn die Klägerin habe die Beklagte nicht gemahnt, die richtige Ware, nämlich den Sommerweizen, zu liefern; schon darum entfalle § 326 Abs. 2 BGB. Eben deshalb liege auch auf seiten der Beklagten, an die das Ansinnen, den Sommerweizen noch zu liefern, überhaupt nicht gestellt worden sei, keine positive Vertragsverletzung vor; an der Lieferung einer völlig anderen Ware treffe die Beklagte kein Verschulden, weder Vorsatz noch Fahrlässigkeit.

Es ist jedoch nicht verständlich, wie die Klägerin zu einer Mahnung hätte schreiten können, da, wie der Berufungsrichter selbst vorher feststellt, Gewißheit, ob es Sommer- oder Winterweizen war, nur durch der Klägerin ebensowenig wie der Beklagten mögliche Anbauversuche zu erlangen und eine Nachlieferung von Sommersaatweizen zur Aussaat für Frühjahr (April) 1915 im Juli 1915 (nach Einlauf der Mitteilungen der aussäenden Landwirte an die Klägerin) unmöglich war. Eben darum hat die Beklagte endgültig überhaupt nicht erfüllt (Entsch. ROHG. Bd. 7 S. 410, Staub-Könige § 378 Anm. 14) und konnte nachträglich nicht mehr erfüllen. Die Klägerin ihrerseits hatte nichts weiter zu tun und konnte nichts weiter tun, als ihren Schadensersatzanspruch geltend machen, und dies hat sie sofort nach Empfang der Mitteilungen der Landwirte durch den Brief vom 2. Juli 1915 getan.

Anlangend die Frage eines Verschuldens der Beklagten braucht die Beweislast, weil vom Berufungsrichter nicht behandelt, nicht erörtert zu werden. Sachlich aber schlägt der Satz ein, daß der Verkäufer schuldhaft handelt, der eine Ware, insbesondere Saatgetreide liefert, von der er selbst nicht weiß, von welcher Beschaffenheit sie ist (RGZ. Bd. 20 S. 92 Abs. 2 und JW. 1920 S. 832 Nr. 1). Die Beklagte hatte gekauft von dem Ablader X., der, wie sie wußte, den angeblichen Sommersaatweizen von dem Erzeuger hereingeholt hatte. Sie mußte, zumal nach dem vom Berufungsrichter selbst betonten strengen Maßstab der Sorgfaltspflicht im Samenhandel, von X. verlangen, daß er ihr die Eigenschaft als Saat-Sommer-Bordeaux-Weizen (der Bordeaux-Weizen war eine neue, besonders gezüchtete, besonders anspruchsvolle, behufs Hebung des Nahrungsstandes in der Kriegszeit den Landwirten empfohlene Getreideart) durch ein Attest des Erzeugers nachweise, vgl. „Vorlegung eines amtlichen Keimattestes" in II 569/12 bei Warneyer 1913 Nr. 279 und „Herstellung zuverlässiger Kontrollen" bei Bezug vom Produzenten in RGZ. Bd. 20 S. 92. Bei Durchführung solchen Verlangens hätte sich sofort herausgestellt, daß X. den Weizen gar nicht als Saatgut, sondern als Mahlgut vom Erzeuger gekauft hatte. Die Beklagte darf der Klägerin gegenüber nicht einwenden, diese habe ebenso unsorgfältig gehandelt, nämlich von ihr, der Beklagten, ebenfalls ohne ein Attest des Erzeugers gekauft. Damit würde die Beklagte das ihr selbst geschenkte Vertrauen der vertrauenden Klägerin zum Vorwurf machen (RGZ. Bd. 20 S. 93), während doch nur sie selbst, die Beklagte, die Ware aus der Hand des ersten Käufers (X.) nahm und die Klägerin bei dem mit der Beklagten geschlossenen Kaufgeschäft der Zuverlässigkeit der Beklagten vertrauen, nämlich annehmen durfte, daß diese die im Saatgutzwischenhandel durch die Natur der Sache und durch die Verkehrssitte in besonders hohem Grade gebotene und bei der Entnahme aus der Hand des ersten Käufers durch Forderung der Vorlage eines Attestes des Erzeugers leicht durchführbare Sorgfalt eines ordentlichen Kaufmanns auch wirklich geübt habe.

---

28. Verstößt es gegen die guten Sitten, wenn die sämtlichen Spediteure und Fuhrunternehmer eines bestimmten Bezirks ihre Haftpflicht auch bei eigenem Verschulden auf einen verhältnismäßig geringfügigen Betrag beschränken?

I. Zivilsenat. Urt. v. 26. Oktober 1921 i. S. G. (Bekl.) w. St. (Kl.). I 123/21.

I. Landgericht Mannheim, Kammer f. Handelss. — II. Oberlandesgericht Karlsruhe.

Der Kaufmann R. in Mannheim übergab als Vertreter der Klägerin der Beklagten 17 Kisten, enthaltend Zigarren, mit dem Auftrage, sie als Eilgut an die Klägerin zu senden. Am 16. Oktober 1919 wurden die Kisten durch einen Fuhrmann der Beklagten zur Bahn gefahren. Bei der Auflieferung stellte sich später heraus, daß eine fehlte. Auf Ersatz des Werts dieser Kiste nahm die Klägerin die Beklagte zum Betrage von 5166 *M* nebst Zinsen in Anspruch. Die Beklagte bat um Klagabweisung und machte geltend, daß sie an dem Verlust keine Schuld trage, schlimmstenfalls aber nur in Höhe von 60 *M* zu haften habe, da die Mannheimer Spediteure durch öffentliche Bekanntmachungen vom 25. August 1917 und 27. März 1919 allgemein ihre Haftung auf den Höchstbetrag von 60 *M* für den einzelnen Auftrag beschränkt hätten.

Das Landgericht erkannte nach dem Klagantrage. Die Berufung der Beklagten wurde zurückgewiesen. Auch ihre Revision hatte keinen Erfolg.

Gründe:

Das Berufungsgericht ist der Ansicht, daß die allgemeine Bekanntmachung der Mannheimer Spediteure an sich Vertragsbestandteil geworden sei, da es sich bei dem Vertreter der Klägerin um einen in Mannheim selbst wohnhaften Kaufmann handle, von dem vorauszusetzen sei, daß er die Ankündigungen in den Tageszeitungen zur Kenntnis nehme. Es führt ferner aus, daß die Vereinbarung einer Freizeichnung des in Rede stehenden Inhalts den guten Sitten an sich nicht widerspreche, auch wenn unter die Freizeichnung fahrlässiges Handeln der Angestellten inbegriffen werde. Dagegen sei es nicht zulässig und verstoße gegen die guten Sitten, wenn die sämtlichen Mannheimer Spediteure unter Ausbeutung ihrer Monopolstellung sich auch von der Haftung für eigene Fahrlässigkeit freigezeichnet hätten. Eigenes Verschulden der Beklagten findet der Vorderrichter darin, daß sie ihrem Fuhrmann am 16. Oktober 1919, an dem die Entwendung der Kiste stattgefunden haben müsse, nicht einen Begleiter zur Mitbeaufsichtigung des Fuhrwerks mitgegeben habe.

Hiergegen macht die Revision zunächst geltend, daß nach § 276 Abs. 2 BGB. nur die Haftung für vorsätzliches Handeln nicht im voraus erlassen werden könne und deshalb die Freizeichnung des Spediteurs von der Haftung für eigene Fahrlässigkeit durchaus statthaft sei; von sittenwidriger Ausbeutung könne dabei keine Rede sein, da ja der Absender Transportversicherung nehmen könne.

Diese Ansicht der Revision kann nicht gebilligt werden. Zunächst ergeben die beiden Rundschreiben der Mannheimer Spediteure keineswegs mit genügender Deutlichkeit, daß die Haftung auch bei eigener Fahrlässigkeit des Spediteurs hat beschränkt werden sollen. (Wird näher ausgeführt.)

Dem Berufungsgericht ist aber auch darin beizupflichten, daß in dem Zusammenschluß aller in Mannheim ansässigen Fuhrunternehmer und Güterbestätter eine sittenwidrige Ausbeutung ihrer tatsächlichen Monopolstellung zu finden ist, wenn sie ihre Haftungsbeschränkung auch auf den Fall eigener Fahrlässigkeit erstreckt haben. Bereits in der Entscheidung RGZ. Bd. 99 S. 107, die sich gleichfalls auf die Beschränkung der Haftpflicht seitens vereinigter Speditions- und Fuhrunternehmer bezog, hat der erkennende Senat es als der Rechtsordnung widersprechend erachtet, wenn Gewerbeunternehmer, die ein für den Verkehr unentbehrliches Gewerbe betreiben und gewissermaßen eine Monopolstellung einnehmen, die Zwangslage der Allgemeinheit dazu benutzen, um für sich besondere, mit der Rechtsauffassung nicht vereinbare Vorteile auszubedingen und so dem Verkehr besondere Fesseln aufzuzwingen (vgl. auch Bd. 20 S. 116, Bd. 62 S. 264). Im damaligen Falle, der zugunsten der Spediteure entschieden wurde, handelte es sich aber nicht um die Frage, ob die Haftpflichtbeschränkung auch gegenüber eigenem Verschulden des Unternehmers zulässig ist. Diese Frage steht jetzt zur Entscheidung. Die vertragsmäßige Ausschließung oder Beschränkung der Haftpflicht für jede Art von Fahrlässigkeit ist zwar nach § 276 Abs. 2 BGB. nicht untersagt. Immerhin ist eine solche Vereinbarung im geschäftlichen Verkehr eine seltene Ausnahme, besonders wenn sie so umfassend wirken soll, daß eine Vertragspartei auch von der Haftung für eigene Fahrlässigkeit befreit wird. Hinsichtlich der rechtlichen Stellung des Kommissionärs, Spediteurs, Lagerhalters oder Frachtführers steht das Gesetz auf dem Standpunkte, daß der Unternehmer grundsätzlich für den Verlust oder die Beschädigung des ihm anvertrauten Guts zu haften hat und sich seiner Haftpflicht nur durch den Gegenbeweis entziehen kann, daß er den Schaden auch durch Beobachtung der ihm obliegenden Sorgfalt nicht habe abwenden können (§§ 390, 407, 417, 429 HGB.). Demgegenüber bedeutet es eine gänzliche Umkehrung der vom Gesetzgeber gewollten und vom Verkehr als billig empfundenen Rechtslage, wenn der Spediteur oder Frachtführer sich sogar von der Haftung für eigenes Verschulden freizeichnet. Geschieht eine solche Freizeichnung nicht im Wege völlig freier Vereinbarung, sondern wird sie von einer ganzen Unternehmergruppe eines bestimmten Bezirks durch Ausnutzung einer tatsächlichen Monopolstellung den beteiligten Kreisen, die auf die Mitwirkung des Spediteurs oder Fuhrunternehmers angewiesen sind, gewissermaßen aufgezwungen, so verstößt ein solches Vorgehen gröblich gegen das sittliche Empfinden des billig und gerecht denkenden Teils des Volks und somit im Sinne des § 138 BGB. gegen die guten Sitten. Die gleiche Auffassung ist vom erkennenden Senate in dem Urteile Bd. 102 S. 396 vertreten worden, in welchem ausgeführt worden ist, daß es sittenwidrig ist, wenn eine Aktiengesellschaft, die ein verkehrswichtiges Transportgewerbe betreibt, sich von der Haftung für persönliches Verschulden ihrer leitenden Angestellten freizeichnet. Zu ihren Gunsten können die Unternehmer auch nicht anführen, daß die Auftraggeber es in ihrer Hand hätten, sich durch Abschluß von Versicherungsverträgen gegen Schaden zu schützen. Denn es ist anzunehmen, daß eine Versicherung, die die Gefahr des eigenen Verschuldens des Transportunternehmers mit umfaßt und im Schadensfalle dem Versicherer den Rückgriff gegen den an der Schadensentstehung schuldigen Unternehmer versagt, besonders hohe Prämiensätze bedingen würde. Unter diesen Umständen hat das Berufungsgericht die Vereinbarung, der zufolge die Mannheimer Spediteure und Fuhrunternehmer auch bei eigenem Verschulden nur zu einem verhältnismäßig geringfügigen Betrag haften wollen, mit Recht für sittenwidrig und nichtig erklärt. . . .

---

29. Unter welchen Umständen binden veröffentlichte allgemeine Geschäftsbedingungen eines Unternehmers den Vertragsgegner, auch wenn er sie nicht kennt?

I. Zivilsenat. Urt. v. 26. Oktober 1921 i. S. W. (Kl.) w. J. (Bekl.). I 132/21.

I. Landgericht Leipzig. — II. Oberlandesgericht Dresden.

Die Beklagte betreibt ein Speditionsgeschäft in Leipzig. Der dort wohnhafte Kläger beauftragte sie am 18. Dezember 1918, sein

Gepäck von seiner Wohnung nach dem Hauptbahnhof zu befördern. Unterwegs ist es in Verlust geraten. Der Kläger fordert Ersatz des ihm entstandenen Schadens. Die Beklagte erwidert, der Vertrag sei mit der allgemeinen Bedingung geschlossen worden, daß für jeden durch Schuld des Unternehmers auf dem Transport in Verlust geratenen Gegenstand bei Stücken nach Tarif A nur bis zur Höhe von 50 *M*, nach Tarif B nur bis zur Höhe von 200 *M* Ersatz geleistet werde. Diese Bedingung sei in ihrer Geschäftsstelle, in der der Kläger den Auftrag erteilt habe, auf einem gelben Plakat für jedermann sichtbar angeschlagen.

Das Landgericht erkannte auf einen Eid des Klägers, daß er das Plakat mit der Haftungsbeschränkung nicht gelesen habe. Auf die Berufung der Beklagten wies das Oberlandesgericht die Klage bis auf einen kleinen Betrag ab. Die Revision des Klägers hatte Erfolg.

Gründe:

Das Berufungsgericht hat ausgeführt, die Gepflogenheit der dem öffentlichen Verkehr dienenden Anstalten, für die mit ihnen abzuschließenden Geschäfte besondere Bedingungen aufzustellen, sei allgemein bekannt; jeder, der mit einer solchen Anstalt abschließe, unterwerfe sich ihren Bedingungen stillschweigend, vorausgesetzt nur, daß sie gehörig veröffentlicht worden seien. Eine solche gehörige Veröffentlichung liege in dem Aushange eines die Bedingungen enthaltenden Plakats in dem Geschäftsraum der Beklagten an einer ins Auge fallenden Stelle. Die Haftungsbeschränkung sei deshalb Teil des Vertrags geworden. Ein Verstoß gegen die guten Sitten könne in der Beschränkung nicht erblickt werden.

Die Revision erhebt folgende Rügen: Ob die Haftungsbeschränkung an sich zulässig sei, möge nachgeprüft werden. Der Standpunkt des Berufungsgerichts hinsichtlich der stillschweigenden Unterwerfung unter die Bedingungen sei nicht zu billigen. Es komme allein darauf an, ob der Kläger die Bedingungen gelesen habe. Der Spediteur müsse derartige Einschränkungen dem Auftraggeber beim Abschluß bekanntgeben.

Der Revision ist der Erfolg nicht zu versagen. Zwar unterliegt die Annahme des Berufungsgerichts, daß die Haftungsbeschränkung, welche die Beklagte für sich in Anspruch nimmt, an sich zulässig ist und nicht gegen die guten Sitten verstößt, keinem Bedenken. Aber es ist dem Berufungsgerichte nicht darin zuzustimmen, daß jene Haftungsbeschränkung ohne weiteres Teil des zwischen den Parteien geschlossenen Vertrags geworden ist. Allgemein bekannt ist, daß die Eisenbahnen und ähnliche größere Verkehrsanstalten, ebenso wie Banken usw., Bedingungen herauszugeben pflegen und diese ihren Abschlüssen zugrunde legen. Die Rechtsprechung hat anerkannt, daß solche allgemeinen Bedingungen in der Tat für die einzelnen Abschlüsse, selbst wenn sie dem Kunden der Anstalt nicht bekannt sind, maßgebend werden können, vorausgesetzt, daß sie ordnungsmäßig veröffentlicht worden sind, und wohl auch, daß sie nicht solche Bestimmungen enthalten, die eine freiwillige Unterwerfung der Kunden unter sie von vornherein ausgeschlossen erscheinen lassen und deshalb nicht üblich sind. Es fragt sich zunächst, auf welche Anstalten und Geschäftsbetriebe jener in der Praxis entwickelte Grundsatz Anwendung finden kann. Offenbar geht es nicht an, daß unterschiedslos jeder einzelne Geschäftsmann ohne Rücksicht auf Art und Umfang seines Betriebs sich auf Bedingungen beruft, die er in geeigneter Weise veröffentlicht hat. Das würde eine Verwirrung des Geschäftslebens bedeuten. Die Art und der Umfang des Betriebs muß also so sein, daß das Publikum nach dem, was zurzeit üblich ist, mit dem Bestehen solcher Geschäftsbedingungen zu rechnen hat. Das ist zweifellos der Fall bei Privateisenbahnen, bei größeren Banken, bei Verbänden von Betrieben, die dem Verkehr dienen, u. dgl. Wie weit darüber hinaus der Kreis zu erweitern ist, ist nach der Verkehrsübung zu bemessen, wobei auch örtliche Gewohnheiten in Frage kommen können. Die Grundlage hierfür zu schaffen, ist Sache der tatsächlichen Feststellung. Nicht ohne weiteres kann angenommen werden, daß ein einzelner Spediteur rechtlich in der Lage ist, so zu verfahren. Das würde jedenfalls eine genaue Erörterung der Verhältnisse des Betriebs, insbesondere seiner Stellung im Verkehrsleben, erfordern.

Außerdem kann im vorliegenden Falle nach den Feststellungen des Berufungsgerichts nicht angenommen werden, daß die Veröffentlichung ordnungsmäßig erfolgt ist. Wenn solche Bedingungen ohne weiteres jedem aus dem Publikum gegenüber, der mit der Anstalt einen Vertrag schließt, maßgebend sein sollen, so ist zu verlangen, daß sie der Allgemeinheit zur Kenntnis gebracht werden. Das hat durch Anzeigen in Zeitungen, die von dem in Betracht kommenden Kreise des Publikums gelesen werden, unter Umständen durch öffentlichen Anschlag an geeigneten Stellen o. dgl., zu geschehen. Die Allgemeinheit des Publikums oder des in Betracht kommenden Kundenkreises muß in der Lage sein, von den Bedingungen Kenntnis zu nehmen. Deshalb muß die Veröffentlichung je nach Lage des Falles wiederholt werden, so daß die Kenntnis der Bedingungen Allgemeingut werden kann. Diesen Erfordernissen genügt ein Anschlag im Geschäftsraum der Anstalt, wie er hier vorliegt, der Regel nach nicht, jedenfalls dann nicht, wenn es sich um einen wechselnden Kundenkreis handelt.

Ein solcher Anschlag im Geschäftsraum kann vielmehr nur in der Richtung in Betracht kommen, ob dem einzelnen Kunden beim Abschluß dadurch Kenntnis von den Bedingungen gegeben ist. Das wird dann anzunehmen sein, wenn der Kunde die Kenntnis erlangen mußte, wofern er sich ihr nicht entziehen wollte. So aber war die Sachlage hier nicht. Das Plakat hing im Kontorraum an der Wand unter einem anderen Plakat und in der Nähe von Landkarten. Es enthält einen längeren Text; der Satz über die Haftungsbeschränkung ist nicht besonders groß gedruckt. Mit Recht hat deshalb das Landgericht angenommen, daß keineswegs ein Besteller mit Notwendigkeit auf diesen Satz aufmerksam werden mußte.

---

30. 1. Bezieht sich die Bestimmung des Art. 74 WO. nur auf abhanden gekommene Wechsel?

2. Kann der Umtausch eines Verrechnungsschecks in einen Barscheck eine grobe Fahrlässigkeit des Umtauschenden enthalten?

3. Ist § 254 BGB. im Falle des Art. 74 WO. anwendbar?

V. Zivilsenat. Urt. v. 26. Oktober 1921 i. S. R. K. Komm.-Ges. (Kl.) w. L. u. R. (Bekl.). V 241/21.

I. Landgericht Hamburg, Kammer f. Handelssachen. — II. Oberlandesgericht daselbst.

Die Klägerin ist legitimierte Inhaberin eines von der Beklagten auf die Firma Lantz Frères, Mulhouse, oder deren Order ausgestellten Schecks über 550000 *M*. Der Scheck war auf die Vereinsbank in Hamburg gezogen und trug auf der Vorderseite den Vermerk „nur zur Verrechnung". Die Beklagte hatte den Scheck am Tage der Ausstellung, Sonnabend den 27. März 1920, dem angeblichen Vertreter der Firma Lantz Frères, der sich Léon L. nannte, ausgehändigt. Dieser sollte ihr Schweizer Francs dafür beschaffen und bei einer Basler Bank zur Verfügung stellen. Erst dann sollte der Scheck freigegeben werden. Bis dahin war der Scheck gesperrt; die Beklagte benachrichtigte nämlich die Vereinsbank noch an demselben Tage, daß der Scheck nur mit ihrer Einwilligung eingelöst werden dürfe. Am Nachmittag des 27. März 1920 bat L. die Klägerin, da er über den Betrag am Montag in Berlin nach einer erhaltenen Order verfügen müsse, ihr den Scheck in bar einzulösen. Die Klägerin hat darauf dem L. einen auf den Inhaber lautenden Barscheck über 550000 *M* gegeben, wogegen ihr L. den Verrechnungsscheck über 550000 *M*, der auf der Rückseite das Indossament ppa. Lantz Frères Léon L. trug, aushändigte. Die Vereinsbank hat die Einlösung des Verrechnungsschecks abgelehnt. L. war, wie sich später herausstellte, ein Betrüger; er hat den Barscheck der Klägerin zu Gelde gemacht. Die Klägerin nimmt die Beklagte als Ausstellerin in Anspruch und hat auf Zahlung von 550000 *M* geklagt. Die Klage ist in beiden Instanzen abgewiesen. Die Revision blieb ohne Erfolg.

Gründe:

Das Berufungsgericht führt aus, daß zwar gegen die formelle Legitimation der Klägerin aus dem Scheck Bedenken nicht beständen, daß aber gemäß § 8 ScheckG. und Art. 74 WO. der Einwand der Beklagten, der Klägerin falle beim Erwerb des Schecks eine grobe Fahrlässigkeit zur Last, zuzulassen sei; bei Prüfung dieses Einwandes gelangt es dazu, ihn für begründet zu erklären. Allerdings gehe die Annahme des Landgerichts zu weit, daß ein Verrechnungsscheck überhaupt nicht zum Umlauf bestimmt sei; es sei nichts Ungewöhnliches, daß ein solcher Scheck von dem Empfänger oder Inhaber weitergegeben werde, zwar nicht zum Inkasso, wohl aber als Valuta für ein mit dem Dritten abgeschlossenes Geschäft. Aber es sei etwas ganz Ungewöhnliches und ein sehr verdächtiger Umstand gewesen, daß L. der Klägerin einen Verrechnungsscheck über einen so hohen Betrag gegen Bargeld anbot, zumal da er den Scheck erst an demselben Tage von dem an demselben Ort wohnenden Aussteller erworben hatte. Es habe der Klägerin unverständlich sein müssen, warum L., wenn er Bargeld brauchte, sich nicht einige Stunden früher einen Barscheck von der Beklagten geben ließ. In dieser Richtung sei für die Klägerin eine Frage nach den Gründen dieses auffälligen Vorgehens geboten gewesen. Auch wenn L. dann behauptete, die Weisung von seinem Hause erst nach Empfang des Verrechnungsschecks erhalten zu haben, hätte es die Klägerin doch stutzig machen müssen, daß er sich nicht an die Beklagte mit der Bitte um Austausch des Verrechnungsschecks wandte. Die Behauptung L.s, er brauche am Montag in Berlin Bargeld in so hohem Betrage, ohne daß dafür Dispositionen getroffen waren, sei keineswegs plausibel gewesen und hätte Anlaß zu Rückfragen gegeben, was für dringende Geschäfte vorlägen, die den mit der Einlösung eines Verrechnungsschecks verbundenen Zeitverlust nicht vertrugen. Unter den besonderen Umständen, die hier vorlagen, hätte die Klägerin sich die Berechtigung L.s zur Indossierung des Schecks in einer Weise nachweisen lassen müssen, die einem argwöhnisch gewordenen Kaufmann genügen durfte.

Die Revision rügt Verletzung der Art. 36 und 74 WO. und des § 8 ScheckG. Sie macht zunächst geltend, daß böser Glaube auf seiten der Klägerin nicht vorgelegen habe, daß grobe Fahrlässigkeit aber nicht genüge, weil es sich nicht um einen „abhanden gekommenen" Scheck im Sinne von Art. 73, 74 WO. gehandelt habe. Die Klägerin habe den Scheck von demjenigen erworben, dem er von der Beklagten zum Zweck der Verwertung ausgehändigt war. Dieser Angriff konnte keinen Erfolg haben. Der Art. 74 WO. ist der Gruppe XI des zweiten Abschnittes eingereiht, welche die Überschrift „Abhandengekommene Wechsel" trägt. Unter Abhandenkommen wird ein Besitzverlust verstanden, der nicht auf eigener Entschließung des Besitzers beruht (vgl. Staub HGB. § 366 Anm. 46). Der Art. 74 enthält aber von dem Erfordernis des Abhandenkommens im Gegensatz zu Art. 73 nichts. Er stellt vielmehr ganz allgemein den Grundsatz auf, daß der nach Art. 36 formell legitimierte Wechselinhaber den Wechsel herausgeben muß, wenn er beim Erwerb in bösem Glauben war oder grob fahrlässig handelte. Hiermit ist zugleich zum Ausdruck gebracht, daß der Besitz des Wechsels in Verbindung mit der formellen Legitimation des Wechselinhabers das Wechseleigentum verschafft, sofern nicht böser Glaube oder grobe Fahrlässigkeit beim Erwerb des Wechsels entgegensteht. Dieser Rechtsgrundsatz hat im Wechselrecht unbeschränkte Geltung; seine Anwendung kann von der Klägerin nicht damit abgelehnt werden, daß es sich hier nicht um einen abhanden gekommenen, sondern zufolge eines Willensmangels freiwillig begebenen Wechsel handele (vgl. auch § 365 HGB. und RGZ. Bd. 53 S. 210, Bd. 55 S. 49, Bd. 57 S. 391, Bd. 74 S. 185; Leipz. Zeitschr. 1917 Sp. 206; RG. v. 10. Oktober 1916 II 285/16). Steht dem Aussteller aber ein Anspruch auf Herausgabe des Wechsels zu, so hat das Berufungsgericht ihm mit Recht auch eine Einrede gegenüber dem auf die Formallegitimation gegründeten Regreßanspruch des Wechselinhabers zugebilligt (Urt. des RG. vom 29. November 1911 I 244/11 im Recht 1912 Nr. 513).

Aber auch die weiteren Revisionsangriffe, welche sich gegen die Annahme einer groben Fahrlässigkeit auf seiten der Klägerin richten, können nicht für durchgreifend erachtet werden. Die Revision stellt zunächst in Abrede, daß es auffällig gewesen sei, wenn L. sich an die Klägerin und nicht an die Beklagte mit der Bitte um Austausch des Verrechnungsschecks in einen Barscheck wandte. Denn aus dem Verrechnungsscheck habe die Klägerin ja ersehen, daß die Beklagte eine Bareinlösung des Schecks nicht vornehmen lassen wollte. Dies brauchte aber nicht auf Mißtrauen gegen L. oder die von ihm angeblich vertretene Firma zu beruhen, sondern konnte auch andere Gründe haben. Das Berufungsgericht nimmt aber gerade an, daß die Klägerin es hätte aufklären müssen, weshalb L., wenn er dringend Geld in solcher Höhe nötig hatte, nicht entweder von vornherein einen Barscheck von der Beklagten verlangt oder wenigstens nachträglich letztere um Umtausch des Verrechnungsschecks gebeten hatte. Daß L. dies unterließ, mußte die Klägerin auf den Gedanken bringen, daß die Beklagte aus irgendwelchen Gründen nur einen Verrechnungsscheck habe geben wollen und daß sie dem Verlangen L.s nach Umtausch in einen Barscheck vermutlich nicht ohne weiteres nachgekommen sein würde. Wenn der Klägerin die Gründe der Beklagten auch nicht erkennbar waren, so ließ doch das Verhalten L.s nach der Annahme des Berufungsgerichts darauf schließen, daß ihm bei dem Versuch, von der Beklagten einen Barscheck zu erlangen, von dieser Schwierigkeiten gemacht worden wären. Es handelt sich hier im wesentlichen um tatsächliche Erwägungen des Berufungsgerichts, die der Nachprüfung des Revisionsgerichts entzogen sind. Ebenso liegt es auf tatsächlichem Gebiet, wenn der Berufungsrichter ausführt, daß es der Klägerin verdächtig vorkommen mußte, wenn L. plötzlich derartiger Barbeträge bedurfte, ohne daß sein Haus hierzu die nötigen Verfügungen getroffen hatte. Wenn das Berufungsgericht hieraus eine Verpflichtung der Klägerin entnimmt, Rückfragen zu halten und Aufklärung zu verlangen, ehe sie den Barscheck gab, so ist dies nicht zu beanstanden. Die Ausführung der Revision, daß es für Lantz Frères Schwierigkeiten machen mochte, in Deutschland Kredit zu erhalten, und daß deshalb eine derartige Transaktion erklärlich war, berührt nicht den Kernpunkt der Ausführungen des Berufungsgerichts, wonach das Auffällige für die Klägerin gerade darin lag, daß L. am nächsten Montage unbedingt in Berlin über einen Barbetrag von mehr als $1/2$ Million Mark verfügen mußte, ohne daß sein Geschäftshaus bis zum Sonnabend nachmittag irgendwelche Vorkehrungen getroffen hatte, um ihn hierzu instand zu setzen.

Das Berufungsgericht hat auch nicht verkannt, daß es darauf ankommt, ob die Klägerin bei der Prüfung der Berechtigung des L., über den Verrechnungsscheck zu verfügen, sich einer groben Fahrlässigkeit schuldig gemacht habe. Denn in der Begründung des angefochtenen Urteils ist ausdrücklich hervorgehoben, daß das ungewöhnliche Verlangen nach Umtausch des Verrechnungsschecks in einen Barscheck der Klägerin Anlaß zu eingehender Legitimationsprüfung gegeben habe und daß die Klägerin zum mindesten die Berechtigung L.s zur Indossierung für die Remittentin sich in einer Weise hätte nachweisen lassen müssen, die einem argwöhnisch gewordenen Kaufmann genügen durfte. Die von der Revision nach dieser Richtung angeführten Umstände, welche für die Berechtigung des L. zur Verfügung über den Scheck sprachen, hat das Berufungsgericht sämtlich gewürdigt. Es geht auch selbst davon aus, daß bei einem im normalen Rahmen liegenden Geschäft eine eingehendere Legitimationsprüfung vielleicht nicht nötig gewesen sei. Aber gerade das Ungewöhnliche des ihr angetragenen Geschäfts hätte der Klägerin nach Auffassung des Berufungsgerichts Anlaß zu besonderer Prüfung der Berechtigung L.s geben müssen.

Auch darin endlich kann der Revision nicht beigepflichtet werden, daß eine Nachforschung seitens der Klägerin hier nur im Wege einer telegraphischen Anfrage bei der Firma Lantz Frères möglich gewesen wäre, ein derartiges Prüfungsverfahren aber zeitraubend und unter

Großkaufleuten nicht üblich sei. Es lag vielmehr für die Klägerin, wie auch das Landgericht angenommen hat, sehr nahe, sich zunächst mit einer Anfrage an die Beklagte oder die Vereinsbank zu wenden; alsdann hätte die Klägerin Kenntnis davon erhalten, daß der Scheck vorläufig gesperrt sei. Die Ermittelung dieser Tatsache würde voraussichtlich genügt haben, sie vom Erwerb des Verrechnungsschecks abzuhalten.

Daß auch die Beklagte ein gewisses Verschulden trifft, hat das Berufungsgericht nicht verkannt. Es bewertet aber die Unvorsichtigkeit der Beklagten gegenüber der Leichtfertigkeit der Klägerin als sehr gering. Auch diese Beurteilung ist wesentlich tatsächlicher Natur. Eine Anwendung des § 254 BGB. kam hier nicht in Frage. Denn fiel der Klägerin, wie das Berufungsgericht frei von Rechtsirrtum ausgeführt hat, beim Erwerb des Schecks eine grobe Fahrlässigkeit zur Last, so konnte sie zur Herausgabe angehalten werden und war bei der Geltendmachung von Ansprüchen aus dem Scheck trotz ihrer formellen Legitimation der Einrede ausgesetzt, daß ihr aus dem Scheck infolge dieses fehlerhaften Erwerbs keinerlei Rechte zustanden. Konnte sie aber mit Erfolg keinerlei Ansprüche aus dem Scheck geltend machen, so war auch für eine Verteilung des Schadens unter den Parteien schon aus diesem Grunde kein Raum, ganz abgesehen davon, ob die Anwendung des § 254 BGB. gegenüber dem geltend gemachten Regreßanspruch sonst rechtlich überhaupt möglich war.

---

31. Sind die Sätze 5 und 6 in § 22 Abs. 1 des braunschweigischen Gesetzes vom 20. Juni 1919, zur Änderung der Neuen Landschaftsordnung vom 12. Oktober 1832, mit Art. 137 Abs. 3 der Verfassung des Deutschen Reiches vom 11. August 1919 vereinbar?

VII. Zivilsenat. Beschl. v. 26. Oktober 1921. VII B 1/21.

Das Reichsgericht hat die obige Frage verneint aus folgenden, den Sachverhalt ergebenden

Gründen:

Die Neue Landschaftsordnung vom 12. Oktober 1832 war die Verfassungsurkunde des Herzogtums Braunschweig. Nach § 213 Abs. 1 das. stand die Kirchengewalt in der evangelisch-lutherischen Kirche dem Landesfürsten zu, welcher sie unter Mitwirkung und Beirat des mit evangelischen Laien und Geistlichen besetzten Konsistoriums auszuüben hatte. Eine Landessynode und ein Synodalausschuß für die evangelisch-lutherische Kirche Braunschweigs wurden durch das Gesetz vom

31. Mai 1871 (Ges. u. VOBl. S. 145) geschaffen. Nach der Staatsumwälzung vom November 1918 wurde in Braunschweig unter dem 20. Juni 1919 das Gesetz zur Änderung der Landschaftsordnung vom 12. Oktober 1832 (Ges. u. VOBl. S. 199) erlassen. Es heißt hier in § 21:

„Die vorläufige Kirchengewalt in der evangelisch-lutherischen Landeskirche steht bis zum Zusammentritt der verfassunggebenden Synode dem verstärkten Synodalausschuß (Landeskirchenrat) zu. Er besteht aus den gegenwärtigen Mitgliedern des Ausschusses der Landessynode (bzw. ihren Vertretern) und vier von der Landesversammlung aus ihrer Mitte zu erwählenden evangelisch-lutherischen Mitgliedern."

und in § 22:

„(1.) Die bestehende Landessynode wird hiermit aufgelöst. (2.) Der Landeskirchenrat hat die Neuwahl der Synode unter Festsetzung der Zahl ihrer Mitglieder anzuordnen. (3.) Die verfassunggebende Synode hat die Aufgabe, der evangelisch-lutherischen Kirche des Freistaates Braunschweig eine neue Verfassung zu geben. (4.) Die Einberufung der verfassunggebenden Synode geschieht durch den Kirchenrat. (5.) Zur Teilnahme an der Wahl der Mitglieder der verfassunggebenden Synode, die nur aus gewählten Vertretern bestehen darf, sind alle männlichen und weiblichen Mitglieder der evangelisch-lutherischen Kirchgemeinden, die das 20. Lebensjahr vollendet haben und sich im Besitze der bürgerlichen Ehrenrechte befinden, mit gleichem Stimmrecht berufen. (6.) Die Wahl ist geheim und unmittelbar, sie erfolgt nach den Grundsätzen der Verhältniswahl." . . .

Nach § 24 sind Kirchengesetze dem Rate der Volksbeauftragten vorzulegen. Sie dürfen erst verkündet und ausgeführt werden, wenn von diesem nicht innerhalb zwei Wochen nach erfolgter Vorlegung Einspruch erhoben ist. Nach § 26 sind alle diesen Vorschriften entgegenstehenden gesetzlichen und kirchengesetzlichen Bestimmungen aufgehoben, insbesondere Art. 213 der Neuen Landschaftsordnung und das Gesetz über die Errichtung einer Landessynode vom 31. Mai 1871 nebst den dieses abändernden späteren Gesetzen.

In Braunschweig ist eine verfassunggebende Synode zusammengetreten. Die Mitglieder sind in allgemeiner, gleicher, unmittelbarer und geheimer Wahl nach der Grundsätzen der Verhältniswahl gewählt. Wahlberechtigt waren alle männlichen und weiblichen Mitglieder der evangelisch-lutherischen Landeskirche, die am Wahltage das 25. Lebensjahr vollendet hatten. Ausgeschlossen waren Personen, die sich nicht im Besitz der bürgerlichen Ehrenrechte befanden, unter Vormundschaft oder Pflegschaft standen, nicht konfirmiert oder ihres Wahlrechts nach landeskirchlicher Bestimmung für verlustig erklärt waren, durch unehrenhaften Lebenswandel oder durch tatsächliche Verachtung der Religion oder der Kirche öffentliches Ärgernis gegeben hatten. Die Landesregierung, mit deren Zustimmung die Synode auf der angegebenen Grundlage gewählt war, hat sie zunächst als rechtsbeständig anerkannt, indem sie ihren Mitgliedern Tagegelder und Reisekosten bewilligte. Später hat die Landesregierung ihren Standpunkt geändert und einem von der Synode beschlossenen Kirchengesetz über die Einsetzung einer einstweiligen Kirchenregierung die Zustimmung versagt. Die Landesversammlung billigte den späteren Standpunkt der Regierung und lehnte einen Antrag, die Synode als rechtsgültig gewählt und als rechtmäßige Vertretung der Landeskirche anzuerkennen, ausdrücklich ab. Landesregierung und Landesversammlung berufen sich darauf, daß bei den Wahlen zur Synode die Vorschriften des § 22 des Gesetzes vom 20. Juni 1919 nicht innegehalten sind.

Nach vergeblichen Bemühungen, zwischen Landesregierung und Landesversammlung einerseits und Landessynode und Landeskonsistorium anderseits eine gütliche Einigung herbeizuführen, hat der Reichsminister des Innern unter dem 29. April 1921 gemäß Art. 13 Abs. 2 der Reichsverfassung und §§ 1, 2 des Gesetzes vom 8. April 1920 (RGBl. S. 510) die Entscheidung des Reichsgerichts angerufen und beantragt,

> Entscheidung dahin zu treffen, daß § 22 Abs. 1 Satz 5 und 6 des braunschweigischen Gesetzes vom 20. Juni 1919, zur Änderung der Neuen Landschaftsordnung vom 12. Oktober 1832, mit Art. 137 Abs. 3 der Reichsverfassung in Widerspruch steht.

Der Präsident des Reichsgerichts hat die Entscheidung dem VII. Zivilsenat übertragen. Die beteiligten Zentralbehörden, der Reichsminister des Innern und das Staatsministerium, Abteilung für Volksbildung, in Braunschweig haben sich schriftlich geäußert, ihre Erklärungen sind zur Kenntnis der Gegenpartei gebracht. Eine mündliche Verhandlung ist von keiner Seite beantragt worden.

Dem Antrage des Reichsministers ist zu entsprechen.

1. Wenn ein Landesgesetz mit einem Reichsgesetz nicht vereinbar sein soll, so muß das Landesgesetz als solches gültig sein. Ein von vornherein ungültiges Landesgesetz kann keine Wirkungen äußern, auch nicht die Wirkung eines Widerspruchs gegen das Reichsgesetz. Die — vom Reichsgericht in dem gegenwärtigen Verfahren übrigens auch nicht nachzuprüfende — landesrechtliche Gültigkeit der beanstandeten Sätze des braunschweigischen Gesetzes vom 20. Juni 1919 muß hier deshalb unterstellt werden.

2. Ein Landesgesetz ist mit einem Reichsgesetz nicht vereinbar im Sinne von Art. 13 Abs. 2 RV. jedenfalls dann, wenn es durch das Reichsgesetz „gebrochen“ ist im Sinne von Art. 13 Abs. 1 RV., d. h. wenn es durch das Reichsgesetz beseitigt ist.

3. Das Reichsgesetz, auf welches der **Reichsminister des Innern** sich gegenüber den beanstandeten Sätzen des **braunschweigischen Landesrechts** beruft, ist der Art. 137 Abs. 3 RV. Diese Vorschrift lautet in ihrem hier allein in Frage kommenden Satz 1:

„Jede Religionsgesellschaft ordnet und verwaltet ihre Angelegenheiten selbständig innerhalb der Schranken des für alle geltenden Gesetzes."

Der Satz steht in dem zweiten Hauptteil der Reichsverfassung, welcher die Überschrift trägt: „Grundrechte und Grundpflichten der Deutschen". Darin sind enthalten allgemeine Grundsätze ohne jede rechtliche Wirkung, ferner Rechtsgrundsätze, welche durch die Reichs- oder die Landesgesetzgebung erst noch auszugestalten sind, aber auch Rechtssätze, welche unmittelbar und sofort anzuwenden sind. Zu diesen Rechtssätzen gehört mindestens in gewisser Beziehung Art. 137 Abs. 3 Satz 1. Indem diese Vorschrift den Religionsgesellschaften das Recht verleiht, ihre Angelegenheiten selbständig zu ordnen und zu verwalten, nimmt sie dem Staat zwar nicht die aus der Kirchenhoheit fließenden Aufsichtsrechte, verbietet ihm aber jeden Eingriff in die eigentliche Kirchenverwaltung. Die Durchführung dieses Verbots bedarf keiner weiteren Regelung, das Verbot fällt deshalb nicht unter die Bestimmung des Art. 137 Abs. 8 RV., ist vielmehr unmittelbar geltendes Recht. Wenn also das Land Braunschweig unter der Herrschaft der Reichsverfassung daran gegangen wäre, das Synodalwahlrecht der evangelisch-lutherischen Landeskirche von sich aus zu regeln, so würde dieses Landesgesetz dem Verbot des Art. 137 Abs. 3 Satz 1 RV. widersprochen haben. Es würde von dem entgegenstehenden Reichsrecht „gebrochen", d. h. beseitigt sein.

4. Aber die Kraft des Art. 137 Abs. 3 Satz 1 RV. reicht noch weiter. Ihm widerspricht auch ein Landesgesetz, welches vor dem Inkrafttreten der Reichsverfassung geschaffen ist, wenn dieses Landesgesetz einen staatlichen Eingriff in die Verwaltung einer Religionsgesellschaft enthält und wenn es erst unter der Herrschaft der Reichsverfassung ausgeführt werden soll. Es ist dann durch die vor der Reichsverfassung liegende Landesgesetzgebung ein Zustand geschaffen worden, der unter der Herrschaft der Reichsverfassung nicht hätte geschaffen werden dürfen und der deshalb unter ihrer Herrschaft auch nicht fortdauern darf. So lagen die Verhältnisse in Braunschweig. Als die Reichsverfassung in Kraft trat, hatte der Staat Vorschriften über das Synodalrecht der evangelisch-lutherischen Landeskirche erlassen, die er unter Herrschaft der Reichsverfassung nicht mehr erlassen konnte. Nach diesem Wahlrecht darf deshalb unter der Herrschaft der Reichsverfassung auch nicht mehr gewählt werden. Eine Vorschrift, welche diese Wahl trotzdem anordnet, steht mit der Reichsverfassung in einem unvereinbaren Gegensatz und muß ihr weichen.

32. 1. Zur Anwendung des Verhandlungsgrundsatzes.
2. Bedeutung des Stillschweigens beim Vertragsschluß im Handelsverkehr, insbesondere wenn der Antragende ausdrücklich beigefügt hatte, er sehe schriftlicher Bestätigung entgegen.

VI. Zivilsenat. Urt. v. 27. Oktober 1921 i. S. der Gewerkschaft Pf. in K. (Kl.) w. B. (Bekl.). VI 273/21.

I. Landgericht Düsseldorf. — II. Oberlandesgericht daselbst.

Die Klägerin verlangt Schadensersatz wegen nicht erfüllter Lieferpflicht. Die Klage ist in den Vorinstanzen abgewiesen worden; die Revision wurde zurückgewiesen.

Aus den Gründen:

Die Beklagte hatte gegen den von der Klägerin behaupteten Kaufabschluß drei Einwendungen erhoben: sie hatte bestritten, daß es zum Vertragsschluß gekommen sei, hatte fürsorglich wegen Irrtums und arglistiger Täuschung anzufechten erklärt und endlich behauptet, die Klägerin habe mit der bestellten Ware lediglich Kettenhandel betreiben wollen. Der erste Richter hat die letztangeführte dieser Einwendungen für begründet erachtet und dieserhalb die Klage abgewiesen. Das Berufungsgericht befaßt sich nur mit der Frage, ob der Vertragsschluß zustande gekommen sei, aber in anderem Sinne, als die Beklagte dies bestritten hatte. Die Beklagte bezeichnet nämlich ihr „Angebot" vom 18. November 1919 nur als Einladung zur Stellung eines Kaufantrages und macht geltend, sie habe den von der Klägerin darauf gestellten Antrag nicht angenommen. Das Berufungsgericht dagegen findet in dem Schreiben der Beklagten vom 18. November 1919 einen Antrag im Sinne des § 145 BGB., führt aber aus, die Klägerin haben diesen Antrag verspätet angenommen (§ 147 Abs. 2) und der in dieser ihrer Annahmeerklärung nach § 150 Abs. 1 enthaltene neue Antrag der Klägerin sei von der Beklagten überhaupt nicht angenommen worden.

1. Gegen diese Beurteilung erhebt die Revision zunächst prozessuale Bedenken. An sich zutreffend wendet sie ein, daß die Beklagte eine solche Verspätung der Antragsannahme im Rechtsstreit überhaupt nicht eingewendet habe, — wie übrigens auch das Berufungsgericht nicht übersehen hat. Die Revision beschwert sich darüber, daß das Berufungsgericht die Parteien nicht auf die Möglichkeit dieser Beurteilung hingewiesen und mit ihnen die Frage der Verspätung erörtert habe. Dann würde das Berufungsgericht darauf hingewiesen worden sein, daß der 19. November allgemeiner Bußtag, der 23. Sonntag gewesen sei, daß nicht ohne weiteres die Absendung der Briefe auf den Tag

ihres Datums verlegt werden dürfe und daß die Prüfung des vorliegenden Briefwechsels im einzelnen zwischen dem Briefdatum und dem Eingangsvermerk Zwischenräume von einem bis zu drei Tagen ergebe, wie näher aufgeführt wurde. Durch die vorliegende, auf Verspätung der klägerischen Bestellung vom 24. November 1919 abgestellte Beurteilung seien die Parteien, insbesondere die Klagseite, schlechthin überrascht worden.

Richtig ist, daß, wenn hier davon auszugehen wäre, das Berufungsgericht habe bei seiner Beurteilung Tatsachen zugrunde gelegt, die nicht Gegenstand der mündlichen Verhandlung gewesen seien, dies rechtlichen Bedenken begegnen müßte, da nach dem das Verfahren beherrschenden Verhandlungsgrundsatz nur der von den Parteien in dem betreffenden Rechtszug vorgebrachte Streitstoff die Grundlage der Entscheidung bilden kann. Daß eine Überraschung der Parteien mit entscheidenden Erwägungen auch praktisch zu unzweckmäßigen Ergebnissen führen kann, liegt nahe, berührt sich mit den in § 139 ZPO. gegebenen Richtlinien für die sachliche Verhandlungsleitung und bedarf hier keiner weiteren Ausführung.

Nach der im gegenwärtigen Rechtsstreit gegebenen Sachlage besteht indessen kein ausreichender Anhalt dafür, daß das Gericht die ihm durch den Verhandlungsgrundsatz auferlegte Pflicht verletzt habe. Diese findet ihre Schranke da, wo die Beweiswürdigung beginnt, denn in der rechtlichen und tatsächlichen Würdigung des von den Parteien Vorgebrachten ist das Gericht gemäß § 286 ZPO. frei. Es darf daher auch aus dem vorgebrachten Tatsachenstoff Schlüsse ziehen, die keine der Parteien gezogen hat (RGZ. Bd. 80 S. 363). Nach dem gegebenen Sach- und Streitstand hat sich das Berufungsgericht in diesen Grenzen gehalten. Die Beklagte hatte bestritten, daß ein Vertragsschluß zustande gekommen sei, der für sie eine Lieferpflicht begründet hätte, für die Klägerin einen Schadensersatzanspruch wegen versagter Lieferung begründe. Mit dem Schriftwechsel und dem sonstigen auf die telegraphischen und telephonischen Erklärungen vom 24. November 1919 bezüglichen Vorbringen waren auch diejenigen Einzelheiten zum Vortrag und zur Kenntnis des Prozeßgerichts gebracht worden, aus denen dieses den Entscheidungsgrund der verspäteten Antragsannahme entnommen hat. Das Berufungsgericht hat sich damit im Rahmen der Streitfrage, ob der Vertrag zustande gekommen sei, gehalten und hat sie nur aus anderen Gründen, unter einem anderen rechtlichen Gesichtspunkt verneint, als die Beklagte sie ihrer Verteidigung zugrunde gelegt hatte. Dies war ihm nach Lage der Sache nicht verwehrt.

Die Revision hat auch nicht darzutun vermocht, daß das Berufungsgericht bei dieser Beurteilung entgegen der Vorschrift des § 286 ZPO. wesentliche Umstände, die dem Parteivorbringen zu entnehmen waren, übersehen oder sonstwie unbeachtet gelassen hätte. Insbesondere besteht kein Anhalt dafür, daß übersehen wäre, daß am 19. November 1919 allgemeiner Bußtag, am 23. gleichen Monats Sonntag war. Auch wenn dem so war, konnte das Berufungsgericht befinden, daß die Beklagte spätestens zum 23. November den Eingang der klägerischen Antwort auf das „Angebot“ vom 18. gleichen Monats erwarten durfte. Daß pünktliche Postbeförderung damals nicht völlig gewiß war, hat es selbst in Rechnung gestellt. Im übrigen ist die Entscheidung, wann der Antragende den Eingang der Antwort unter regelmäßigen Umständen erwarten durfte, tatsächlicher Natur und auf die Richtigkeit ihres Ergebnisses in dieser Instanz nicht nachzuprüfen.

2. War hiernach der 24. November zu spät, so sind die telegraphische und telephonische Bestellung der Klägerin, die an diesem Tage erfolgten und am gleichen Tage bei der Beklagten eingingen, mit Recht für verspätet erachtet worden, nicht minder als ihr Brief vom 24., der am 25. gleichen Monats bei der Beklagten einging. Diese verspäteten Erklärungen, die also als Vertragsantrag der Klägerin zu beurteilen sind (§ 150 Abs. 1 BGB.), hat die Beklagte mit Schreiben vom 1. Dezember 1919 ausdrücklich abgelehnt. Daß sie nach den Umständen des Falls auch nicht als durch Stillschweigen angenommen gelten können, hat das Berufungsgericht — mit einer wesentlich tatsächlichen Beurteilung — ohne Rechtsirrtum angenommen. Im besonderen ist es nach Lage der Sache zu billigen, wenn das Berufungsgericht keinen Anhalt für die Anwendung der §§ 151 und 149 BGB. gefunden hat.

Die Klägerin hatte sich besonders darauf berufen, daß die Telephonangestellte der Beklagten bei Entgegennahme der telephonischen Bestellung am 24. November 1919 auf die ausdrückliche Frage, ob diese Bestellungen in Ordnung seien, mit Ja geantwortet habe. Hiermit steht es im Zusammenhang, wenn die Klägerin in dem Briefe vom 25. November schreibt. . . . „Wir sehen der schriftlichen Auftragsbestätigung Ihrerseits entgegen und werden wir Ihnen die Versandadresse alsdann noch aufgeben. Wir gaben Ihnen diese Bestellung bereits heute Vormittag telephonisch und ferner mit unserem Telegramm. . . . Sie nahmen diese Bestellung bereits am Telephon an und sehen wir der uns zugesagten schriftlichen Betätigung entgegen.“ Das Berufungsgericht hat mit bezug auf dieses Telephongespräch ausgesprochen, daß auch auf diesem Wege ein Vertragsschluß nicht herbeigeführt worden sei. Es sei allgemein bekannt, daß ein zur Bedienung des Fernsprechers angestelltes Fräulein nur dazu befugt sei, durch Fernsprecher übermittelte Willenserklärungen mit der aus § 130 BGB. sich ergebenden Wirkung für ihren Geschäftsherrn entgegenzunehmen, nicht aber dazu, ihn verpflichtende Erklärungen selbständig abzugeben; letzteres habe auch die Klägerin selbst nicht behauptet noch behaupten wollen. Die Revision hält dafür, der Inhalt des Briefes habe zu erkennen gegeben, daß die Klägerin das Geschäft als auf Grund einer Erklärung der Telephonangestellten der Beklagten abgeschlossen ansehe. Angesichts des dauernden Vertrauensverhältnisses zwischen Prinzipal und Angestellten habe die Beklagte danach sofort widersprechen müssen, wofür auch auf die rechtsähnliche Vorschrift des § 85 HGB. hingewiesen werde. Abgesehen davon stelle sich der Brief vom 24. November 1919 als ein sogenanntes konstitutives Bestätigungsschreiben dar, dem der Empfänger sogleich widersprechen müsse, wenn er nicht das Bestätigungsschreiben als einen erneuten Vertragsantrag gelten lassen wolle. Der Brief der Beklagten vom 1. Dezember 1919 sei demgegenüber verspätet.

Der Sinn, in welchem insbesondere das letztangeführte Vorbringen der Revision gemeint ist, erhellt aus ihrer Berufung auf Staub, HGB. Anhang zu § 372 Anm. 38a, wo die Rede von demjenigen Bestätigenden ist, der des guten Glaubens ist, den Vertrag abgeschlossen zu haben. In der Tat wird ein Kaufmann, sobald er Kenntnis davon erlangt, daß von seiner Firma wider seinen Willen durch einen unbefugten Angestellten ein Antrag angenommen worden ist, dem gutgläubigen Empfänger gegenüber unverzüglich widersprechen und Stillschweigen solchenfalls nach den Grundsätzen von Treu und Glauben mit Rücksicht auf die Verkehrssitte als Genehmigung (§§ 177, 182 BGB.) gelten müssen. Diese Gutgläubigkeit aber — das Vertrauen des Bestellers auf die Vertretungsmacht der Telephonangestellten — ist es gerade, was das Berufungsgericht in seiner angeführten tatsächlichen Feststellung einwandfrei verneint hat. Ohne Rechtsirrtum nimmt es an, daß diese Angestellte Abschlußvollmacht nicht gehabt habe; daß dies regelmäßig auf die zur Bedienung des Fernsprechers angestellten weiblichen Personen zutreffe, sei allgemein bekannt, und Abweichendes habe auch die Klägerin nicht geltend gemacht. Hat hiernach diese selbst nicht angenommen, mit einem abschlußbevollmächtigten Angestellten der Beklagten zu sprechen, so greift der Gesichtspunkt von Treu und Glauben nicht ohne weiteres ein. Und dies jedenfalls hier nicht, wo die Klägerin in ihrem Schreiben vom 24. November 1919 ausdrücklich beigefügt hat, sie sehe schriftlicher Bestätigung entgegen. Wer eine schriftliche Bestätigung zu erwarten erklärt, bringt damit regelmäßig zum Ausdruck, daß er bloßes Stillschweigen nicht als Annahme oder Bestätigung ansieht, vielmehr im Schweigen eine Ablehnung findet. Bei der hier gegebenen Sachlage kann also die Klägerin nicht geltend machen, ihr Vertragsantrag sei stillschweigend angenommen worden oder habe zufolge gegnerischen Stillschweigens als angenommen zu gelten.

33. Wird der Anspruch des Gläubigers auf Vertragsstrafe wegen nicht rechtzeitiger Erfüllung des Schuldners durch den Nachweis entkräftet, daß dem Gläubiger durch die verspätete Erfüllung ein Schaden nicht entstanden ist?

III. Zivilsenat. Urt. v. 28. Oktober 1921 i. S. Gr. u. B. (Bekl) w. H. u. Gen. (Kl.). III 107/21.

I. Landgericht Köln. — II. Oberlandesgericht daselbst.

Die Frage ist verneint worden aus folgenden

Gründen:

. . . Die Ausbedingung einer Vertragsstrafe soll dem Gläubiger die Verfolgung des ihm durch die Vertragsverletzung des Schuldners entstehenden Schadens erleichtern und zugleich auf den Schuldner einen mittelbaren Zwang zur ordnungsmäßigen Erfüllung der ihm obliegenden Vertragspflichten ausüben (JW. 1913 S. 319 Nr. 5, bes. S. 321). Hiervon ist namentlich auch dann auszugehen, wenn der Gläubiger sich die Strafe für den Fall versprechen läßt, daß der Schuldner seine Verbindlichkeiten zwar nicht völlig unerfüllt läßt, ihnen aber nicht in der gehörigen Weise, insbesondere nicht innerhalb der verabredeten Zeit, nachkommt. Aus dem Zwecke, dem Gläubiger die Geltendmachung seiner Ersatzansprüche zu erleichtern, folgt, daß dieser bei der Einklagung des Schadens, der ihm aus dem Verzug des Schuldners erwächst (§ 286 Abs. 1 BGB.), in Höhe der Vertragsstrafe vom Schadennachweis befreit ist, wie dies auch aus § 341 Abs. 2 verb. mit § 340 Abs. 2 BGB. hervorgeht (RGZ. Bd. 77 S. 292). Aus der Natur der Vertragsstrafe als mittelbaren Zwangsmittels muß aber die weitere Folgerung abgeleitet werden, daß der Schuldner den Strafanspruch des Gläubigers durch den Nachweis der Nichtentstehung eines Schadens nicht zu entkräften vermag. Durch die Zulassung dieses Gegenbeweises würde die Sicherung, welche dem Gläubiger daraus erwächst, daß sich der Schuldner durch die ihm aus der Strafabrede drohenden Nachteile zur Erfüllung seiner Vertragspflichten veranlaßt sieht, in Frage gestellt werden. Aus derselben Erwägung heraus hat der erkennende Senat die bloße Behauptung des Schuldners, daß der dem Gläubiger durch seine Vertragsverletzung verursachte Schaden die Höhe der Vertragsstrafe nicht erreiche, als Unterlage für einen Herabsetzungsantrag aus § 343 BGB. nicht für geeignet erachtet (vgl. die Urteile vom 17. September 1907 III 72/07 in Seuff. Arch. Bd. 63 Nr. 38 und vom 17. November 1914 III 268/14 im Recht 1915 Nr. 175).

---

34. Genügt zur körperlichen Übergabe von beweglichen, in einem verschlossenen Raum aufbewahrten Sachen zwecks Übereignung die Aushändigung eines zu dem Schlosse des Raumes gehörigen und bestimmten Schlüssels auch dann, wenn der Übereigner ohne Wissen und Willen des Erwerbers noch weitere zu dem Schlosse passende Schlüssel besitzt und zurückbehält?

VII. Zivilsenat. Urt. v. 28. Oktober 1921 i. S. Sch. (Bekl.) w. W. u. Gen. (Kl.). VII 74/21.

I. Landgericht Köln. — II. Oberlandesgericht daselbst.

Laut Vertrag vom 15. Juli 1915 hat sich der Kläger an einem dem Ingenieur N. in Köln vom Artilleriedepot daselbst erteilten Auftrage zur Herstellung von 600000 Paar Hufeisen in der Weise beteiligt, daß er dem N. 40000 ℳ zur Verfügung stellte, als Sicherheit dafür von N. ein Eisenlager übertragen erhielt und als Entgelt für seine Beteiligung sich 10 ₰ Gewinnanteil für das Hufeisen ausbedang. N. kam seinen vertraglichen Verpflichtungen nicht nach, übereignete auch nach Abschluß des Vertrags dasselbe Eisenlager noch hintereinander an den Beklagten, an das Bankhaus Sch. & Co. und an eine Frau Th. Wie der Kläger, so erhoben auch alle diese Personen Anspruch auf das Eisen. Dieses wurde verkauft und der Erlös von 22025,37 ℳ im Einverständnis der Beteiligten hinterlegt. Die Firma Sch. & Co. hat gegen die Parteien des vorliegenden Rechtsstreites und Frau Th. auf Einwilligung in die Auszahlung des hinterlegten Betrages geklagt, ist aber mit ihrer Klage abgewiesen worden. Mit der Klage des vorliegenden Rechtsstreits verlangten W. und die durch diesen als ihren Geschäftsführer vertretene Gesellschaft m. b. H. M. W. & Co. Verurteilung des Beklagten, in die Auszahlung der hinterlegten 22025,17 ℳ an sie einzuwilligen. Das Landgericht entsprach dem Klagebegehren des W., während es die Klage der Gesellschaft abwies. Die Berufung des Beklagten wurde zurückgewiesen. Auch seine Revision blieb erfolglos.

Gründe:

In dieser Instanz streiten die Parteien nur noch über die beiden Punkte, ob überhaupt eine Übergabe des N.schen Eisenlagers gemäß § 929 BGB., sei es an den Kläger, sei es an die Gesellschaft m. b. H. M. W. & Co. stattgefunden hat, und ob, wenn diese Frage zu bejahen sein sollte, der Kläger persönlich oder nicht vielmehr die genannte Gesellschaft das Eigentum an dem Eisenlager erworben hat.

Die Revision will schon die erste Frage verneint wissen und macht hierfür wesentlich geltend, N. habe bei Übersendung des Schlüssels zum

Lagerschuppen des Eisens, wovon in seinem an die Gesellschaft m. b. H. M. W. & Co. gerichteten Schreiben, datiert vom 9. Juli 1915, die Rede ist, gleiche zum Schloß des Schuppens passende Schlüssel für sich zurückbehalten; damit habe er sich die Möglichkeit zur tatsächlichen Beherrschung des Eisenlagers bewahrt. Unter solchen Umständen habe weder der Kläger noch auch die Gesellschaft vermöge des mit dem bezeichneten Schreiben überreichten Schlüssels die ausschließliche tatsächliche Herrschaft über das Eisen erlangt und sonach eine Übergabe des Eisens im Sinne des § 929 BGB. an eine dieser beiden als Erwerber in Frage kommenden Persönlichkeiten überhaupt nicht stattgefunden. Dem Bedenken kann nicht beigetreten werden. In tatsächlicher Hinsicht ist davon auszugehen, daß N. mit dem schon erwähnten Schreiben den mit dem Kläger abgeschlossenen, gestempelten Vertrag vom 15. Juli 1915, „den Schlüssel zum Lager" und eine Erklärung des Vermieters überreichte, um der vertraglich eingegangenen Verpflichtung zur Übereignung des Eisenlagers an den Kläger zu genügen, daß er aber zugleich heimlich, ohne Wissen des Klägers und der Gesellschaft m. b. H. M. W. & Co., mehrere zum Schloß des Schuppens, in welchem das Eisenlager aufbewahrt war, auch passende Schlüssel zurückbehielt. Ob in einem Tatvorgange solcher oder wesentlich ähnlicher Art eine zureichende körperliche Übergabe von Waren, die übereignet oder verpfändet werden sollten, gefunden werden darf, ist nicht ganz einhellig beantwortet worden. Aus der Zeit vor Geltung des BGB. mag einerseits auf das einen gemeinrechtlichen Fall betreffende reichsgerichtliche Urteil Seuff. Arch. Bd. 50 S. 13, andrerseits auf das einen preußischrechtlichen Fall betreffende Urteil RGZ. Bd. 37 S. 31 hingewiesen werden. In der Zeit seit dem Inkrafttreten des BGB. ist im Schrifttum die Ansicht, der nur vereinzelte abweichende Meinungsäußerungen gegenüberstehen, zur Herrschaft gelangt, daß zur Übertragung des körperlichen Besitzes an Sachen, die in einem verschlossenen Gelasse aufbewahrt werden, zwecks Verpfändung oder Übereignung die Übergabe eines zu dem Schlosse des Raumes gehörigen und bestimmten Schlüssels auch dann genügt, wenn der Übertragende ohne Wissen und Willen des Pfandgläubigers oder Erwerbers noch weitere zu dem Schlosse passende Schlüssel besitzt und zurückbehält (vgl. namentlich Planck, BGB. § 1206 Anm. 2, Biermann, Sachenrecht des BGB., 3. Aufl., § 1206 Bem. 1a, v. Staudinger, BGB. § 1206 Anm. 1a, Staub-Koenige, HGB. § 366 Anm. 12, § 368 Anm. 9, Düringer-Hachenburg, HGB. Vorbem. § 368 Anm. 48, Enneccerus-Wolff, Lehrb. II, 1 § 163 Anm. 11). Dieser Ansicht ist beizustimmen. Behält insbesondere im Falle einer Warenübereignung mittels Übergabe des Schlüssels zum Aufbewahrungsraum der Veräußerer heimlich andere, auch passende Schlüssel zurück, so hindert dies nicht, daß der

Erwerber durch Empfang des Schlüssels die Möglichkeit beliebiger Einwirkung auf die Waren erlangt hat. Der Veräußerer kann zwar dadurch, daß er von der ihm gebliebenen Zutrittsmöglichkeit Gebrauch macht, den Besitz des Erwerbers wieder zur Aufhebung bringen; er zerstört hiermit aber nicht das vom Erwerber erlangte Eigentum (vgl. auch RGZ. Bd. 66 S. 259 sowie Gruchot Bd. 48 S. 955). ... (Es folgen Erörterungen zum zweiten Streitpunkt.)...

---

35. 1. Ist das Reichswirtschaftsgericht ein Verwaltungsgericht oder ein Sondergericht für gewisse bürgerlichrechtliche Streitigkeiten?

2. Ist die Frage, ob die ordentlichen Gerichte oder ein Sondergericht zur Entscheidung über bestimmte bürgerlichrechtliche Streitigkeiten berufen sind, eine solche der Zulässigkeit des Rechtswegs oder der sachlichen Zuständigkeit?

3. Welche Wirkung übt es auf einen anhängigen Rechtsstreit aus, wenn durch ein Gesetz die sachliche Zuständigkeit des Prozeßgerichts für Streitigkeiten der betreffenden Art aufgehoben und ein Sondergericht für ausschließlich zuständig erklärt wird?

VII. Zivilsenat. Urt. v. 28. Oktober 1921 i. S. Deutsches Reich (Bekl.) w. St. (Kl.). VII 584/20.

I. Landgericht Hamburg. — II. Oberlandesgericht daselbst.

Zwischen den Parteien war am 22. Februar 1918 ein Vertrag geschlossen worden, wonach der Beklagte den Schlepper „Hugo Stinnes IV" gemietet hatte. Gemäß § 6 des Vertrags war dem Beklagten das Recht vorbehalten, nach oder vor Feststellung der Ersatzansprüche des Vermieters wegen entstandener Mängel und Schäden das Schiff mit Inventar zu kaufen. In der Rückgabeverhandlung vom 19. Dezember 1918 wurde der Ersatzanspruch auf 10716 *M* festgestellt und beiderseits anerkannt, die Miete mit dem 14. Dezember 1918 für beendet erklärt und das Schiff am 19. Dezember 1918 der Klägerin zurückgegeben. Ein Vorbehalt des Übernahmerechts wurde nicht gemacht, sondern eine dahingehende, im Formular vorgedruckte Klausel gestrichen. Mit Schreiben vom 16. Januar 1919 erklärte der Beklagte aber, auf Grund des Waffenstillstandsvertrags genötigt zu sein, von der vertraglich ausbedungenen Ausübung des Übernahmerechts Gebrauch zu machen und das Schiff nebst Inventar zum festgesetzten Ersatzwert käuflich zu erwerben. Am 22. Januar 1919 hat er dann den Schlepper wieder in Besitz genommen und der Klägerin 31417,50 *M* gezahlt, die diese unter Vorbehalt ihrer Rechte angenommen hat.

Die Klägerin verlangt mit der Klage einen Schadensersatz von weiteren 113582,50 *M* nebst Zinsen mit der Begründung, der Mietvertrag sei durch die Rückgabe des Schiffes beendet gewesen, ein Übernahmerecht auf Grund des Vertrags habe nicht mehr bestanden; die Handlungsweise des Beklagten stelle zum mindesten eine Enteignung, wenn nicht eine unerlaubte Handlung dar; das der Entente ausgelieferte Schiff habe einen Wert von 145000 *M* gehabt, den der Beklagte ihr ersetzen müsse. Der Beklagte hat u. a. die Einrede der Unzulässigkeit des Rechtswegs erhoben.

Das Landgericht hat die Klage wegen Unzulässigkeit des Rechtswegs abgewiesen. Das Oberlandesgericht hat aufgehoben, die Einrede verworfen und die Sache zur weiteren Verhandlung an das Landgericht zurückverwiesen. Die Revision wurde zurückgewiesen.

Aus den Gründen:

Die Revision zieht das Reichsgesetz vom 31. August 1919 heran und meint, daß dieses Gesetz den Ausschluß des Rechtswegs im vorliegenden Falle begründe. Durch § 1 des Gesetzes wird die Reichsregierung ermächtigt, Gegenstände, welche auf Grund des Friedensvertrags oder ergänzender Abkommen — als ein solches mag auch das Waffenstillstandsabkommen anzusehen sein — den alliierten und assoziierten Regierungen zu übertragen sind, für das Reich zu enteignen. . . . Gemäß § 7 des Gesetzes wird die Entschädigung durch eine Verwaltungsbehörde festgesetzt. Gegen die Festsetzung ist binnen sechs Monaten seit Zustellung des Feststellungsbeschlusses die Nachsuchung der Entscheidung des Reichswirtschaftsgerichtes zulässig. . . .

Der § 7 schließt aber den Rechtsweg in bezug auf die gemäß § 1 vorgenommenen Enteignungen nicht aus, sondern läßt ihn, nach einem Vorbescheide einer Verwaltungsbehörde, vor einem Sondergerichte, dem Reichswirtschaftsgerichte, zu. Das Reichswirtschaftsgericht ist nicht etwa ein Verwaltungsgericht, sondern es ist berufen, gewisse privatrechtliche Streitigkeiten zu entscheiden. Es ist in gleicher Weise ein Sondergericht wie die Kaufmanns- und Gewerbegerichte, denen ein bestimmter Kreis bürgerlichrechtlicher Streitigkeiten ausschließlich zugewiesen ist. Die Frage aber, ob die ordentlichen Gerichte oder ein Sondergericht zur Entscheidung bestimmter Rechtsstreitigkeiten bürgerlichrechtlicher Natur berufen sind, ist nicht eine Frage der Zulässigkeit des Rechtswegs, sondern der sachlichen Zuständigkeit (RGZ. Bd. 76 S. 176, vgl. auch Bd. 72 S. 296). Nun hat aber nach § 263 Nr. 2 ZPO. die Rechtshängigkeit einer Streitsache die Wirkung, daß die Zuständigkeit des Prozeßgerichts durch eine Veränderung der sie begründenden Umstände nicht berührt wird. Wenn also, nachdem eine Sache rechtshängig geworden ist, durch ein Gesetz die sachliche Zuständigkeit des Prozeßgerichts für Streitigkeiten der betreffenden Art aufgehoben und ein Sondergericht für ausschließlich zuständig erklärt wird, so hat das auf den anhängigen Rechtsstreit keine Wirkung. Das einmal angerufene Prozeßgericht bleibt mit der Sache befaßt. So liegt aber hier der Fall. Die Klage war, als das Gesetz vom 31. August 1919 in Kraft trat, längst beim ordentlichen Gerichte anhängig. Diesem steht daher auch die Sachentscheidung zu.

---

36. Ist in Preußen der Landrat, nachdem er die nachgesuchte Genehmigung zum Verkauf eines landwirtschaftlichen Grundstücks verweigert und diese Entscheidung den Beteiligten bekannt gemacht hat, berechtigt, auf Beschwerde oder von Amts wegen die Entscheidung wieder aufzuheben und die Genehmigung nachträglich zu erteilen?

V. Zivilsenat. Urt. v. 29. Oktober 1921 i. S. O. F. (Kl.) w. Th. Eheleute (Bekl.). V 227/21.

I. Landgericht Insterburg. — II. Oberlandesgericht Königsberg.

Durch notariellen Vertrag vom 14. Oktober 1919 verkauften die Beklagten ihr Grundstück an den Kläger für 245000 *M*. Durch Verfügung des Landrats in P. vom 5. Januar 1920 wurde die Genehmigung des Verkaufs versagt. Der Kläger legte am 17. Januar 1920 gegen diese Entscheidung Beschwerde ein. Am 12. März 1920 genehmigte der Landrat nach Anstellung neuer Ermittelungen den Verkauf, erklärte dies aber am 11. Juni 1920 wieder für ungültig, da er die Genehmigung einmal versagt habe und deshalb auf die Beschwerde nur der Regierungspräsident über die Genehmigung zu befinden hätte. Am 15. Juli 1920 genehmigte der Regierungspräsident das Veräußerungsgeschäft unter einer Auflage. In dem zur Auflassung anberaumten Termin vom 21. April 1920 erschienen die Beklagten nicht. Der Kläger erhob deshalb Anfang Mai 1920 Klage auf Erteilung der Auflassung gegen Empfangnahme der bei der Auflassung fälligen Kaufpreisrate von 40000 *M*. Die Beklagten, die anfänglich Abweisung der Klage beantragt hatten, erkannten sie nach Erteilung der Genehmigung zu dem Verkauf seitens des Regierungspräsidenten den Klaganspruch in der Hauptsache sofort an, beantragten jedoch die Kosten des Rechtsstreits dem Kläger aufzuerlegen. Das Landgericht verurteilte die Beklagten ihrem Anerkenntnis gemäß, legte ihnen aber auch die Kosten des Rechtsstreits auf. Die Beklagten griffen die Kostenentscheidung mit der Berufung an. Das Oberlandesgericht änderte die Kostenentscheidung dahin ab, daß der Kläger die Kosten des Rechtsstreits zu tragen habe. Die Revision hatte keinen Erfolg.

Gründe:

Das Berufungsgericht führt aus, daß nach der Versagung der Genehmigung seitens des Landrats im Januar 1920 infolge der Beschwerde des Klägers das Recht der Genehmigung auf den Regierungspräsidenten übergegangen sei. Die nachträglich am 12. März 1920 vom Landrat erteilte Genehmigung sei daher rechtsunwirksam gewesen. Der Kläger sei nicht berechtigt gewesen, auf Grund dieser Genehmigung die Auflassung zu verlangen. Die Klage sei daher im Mai 1920 zu Unrecht erhoben. Nach der Genehmigung des Kaufvertrags durch den Regierungspräsidenten hätten die Beklagten den Klaganspruch auf Auflassung sofort anerkannt. Gemäß § 93 ZPO. müsse der Kläger die Kosten des gegenwärtigen Prozesses tragen.

Die Revision rügt Verletzung der BRVO. über den Verkehr mit landwirtschaftlichen Grundstücken vom 15. März 1918 und des § 93 ZPO. Sie macht geltend, dem Landrat müsse die Nachprüfung seiner die Genehmigung versagenden Entscheidung auf rechtzeitig eingelegte Beschwerde gestattet sein. Rechtsirrtümlich sei es, wenn das Berufungsgericht diese Frage nach preußischen Landesverwaltungsgesetzen entscheide, während das Beschwerderecht doch reichsrechtlich durch die BRVO. geordnet sei und nicht in den einzelnen Ländern verschiedene Grundsätze gelten könnten. Grundsätzlich müsse mangels einer ausdrücklichen gegenteiligen Bestimmung im Verwaltungsverfahren die Behörde, deren versagende Entscheidung mit der Beschwerde angefochten werde, für berechtigt erachtet werden, von sich aus Abhilfe zu schaffen. Zum mindesten habe der Berufungsrichter prüfen müssen, ob nicht, wenn der Landrat — selbst unter Überschreitung seiner Befugnisse — die ursprüngliche Versagung zurücknahm und die Genehmigung erteilte, dies für die Parteien maßgebend war und damit das Recht der Beklagten, die Auflassung zu verweigern, entfiel. Die Beklagten hätten daher im ersten Termin, am 4. Juni 1920, den Klaganspruch anerkennen müssen und könnten sich nicht darauf berufen, daß der Landrat nach diesem Termin die Genehmigung wieder zurückgenommen habe.

Die Zulässigkeit der Revision unterliegt keinem Bedenken. Da die Hauptsache durch Anerkenntnisurteil in erster Instanz erledigt wurde, konnte die Kostenentscheidung selbständig angefochten werden (§ 99 Abs. 2 ZPO.). Gegen das lediglich den Kostenpunkt betreffende Berufungsurteil ist die Revision zulässig, da die Kosten der Vorinstanzen mehr als 4000 ℳ betragen.

In der Sache selbst war der Revision der Erfolg zu versagen. Die Entscheidung hängt davon ab, ob der Landrat befugt war, seine am 5. Januar getroffene, den Parteien bekannt gegebene Verfügung, durch welche er die Genehmigung des Verkaufs verweigert hatte, auf die Beschwerde des Klägers zu ändern und die Genehmigung nachträglich zu erteilen.

Diese Frage ist im Gegensatz zu der von der Revision vertretenen Auffassung zu verneinen.

Es ist zunächst nicht zutreffend, wenn die Revision ausführt, daß diese Frage lediglich nach Reichsrecht zu entscheiden sei. Die BRVO. vom 15. März 1918 hat in § 8 die Ausführungsbestimmungen den Landeszentralbehörden überlassen; insbesondere haben die letzteren zu bestimmen, welche Behörde für die Genehmigung zuständig ist. Es ist also auch Sache der Landesverwaltungen, die für die Entscheidung über die Beschwerde zuständige Behörde zu bestimmen und den Instanzenzug zu regeln. Nach den am 27. März 1918 aufgestellten Grundsätzen der preußischen Landeszentralbehörde für die Ausführung der Bekanntmachung vom 15. März 1918 zu § 5 (Schlegelberger Kriegsbuch Bd. 8 S. 134) steht gegen die Versagung der Genehmigung oder gegen die Genehmigung unter Auflagen die befristete Beschwerde an den Regierungspräsidenten offen. Es kann hier dahingestellt bleiben, inwieweit in Preußen die Verwaltungsbehörden im allgemeinen zur selbständigen Abänderung der von ihnen erlassenen Verfügungen befugt sind und in welchem Umfange ihnen diese Befugnisse durch Einführung besonderer Rechtsbehelfe und des Verwaltungsstreitverfahrens entzogen ist. Im Gebiete der BRVO. vom 15. März 1918 handelt es sich um schuldrechtliche Verpflichtungen und dingliche Einigungen, deren Wirksamkeit von der Genehmigung der zuständigen Verwaltungsbehörde abhängt. Durch die Eingehung der Verpflichtung zur Übereignung eines Grundstücks wird, sofern das Rechtsgeschäft nach der BRVO. vom 15. März 1918 überhaupt der Genehmigung unterliegt, ein Schwebezustand geschaffen; die Vertragsteile sind einstweilen, bis die Entscheidung der Verwaltungsbehörden über die Genehmigung des Geschäfts ergeht, an den Vertrag gebunden und können sich bis dahin nicht einseitig davon frei machen. Die endgültige Bindung der Beteiligten und die Wirksamkeit ihrer Rechtsgeschäfte hängt von der Entschließung der Verwaltungsbehörde darüber ab, ob sie die Vereinbarungen gut heißen will oder nicht. Schon daraus ergibt sich, daß die Erteilung und die Versagung der Genehmigung durch die zuständige Verwaltungsbehörde rechtsbegründende oder rechtsvernichtende Wirkungen hat und deshalb nicht willkürlich von derselben Behörde abgeändert werden kann, da sonst der Zustand der schwebenden Ungewißheit, dem gerade durch die Entscheidung der Verwaltungsbehörde ein Ende gemacht werden soll, auch nach dieser noch weiter bestehen würde. Erteilt daher der Landrat die Genehmigung zu einem Kaufvertrag über ein Grundstück, so wird der Vertrag mit dieser Genehmigung nach § 1 der BRVO. wirksam, und zwar endgültig, da eine Beschwerde gegen die Genehmigung, wenn sie nicht mit Auflagen verbunden ist, nicht gegeben ist (§ 5 der BRVO.). Da den Beteiligten mit der Bekanntmachung der Genehmigung endgültig Rechte und Pflichten aus dem Vertrage erwachsen sind, so erscheint es ausgeschlossen, daß der Landrat nachträglich in diese Rechte wieder eingreifen könnte, indem er infolge einer Sinnesänderung seine Verfügung wieder zurücknimmt und die Genehmigung nunmehr versagt. Es würde sonst eine unerträgliche Rechtsunsicherheit Platz greifen. Diese Auffassung liegt auch den Grundsätzen der preußischen Landeszentralbehörde für die Ausführung der BRVO. zugrunde, da in diesen zu § 8 bestimmt ist, daß die einmal erteilte Genehmigung rechtsgültig sei, auch wenn sie von einem Landrat (Bürgermeister) ausgehe, in dessen Kreis nur der kleinere Teil des Grundstücks liege. Aber auch im Falle der Versagung der Genehmigung ist die Rechtslage nicht anders zu beurteilen. Hier wird der Verpflichtete von seinen Verbindlichkeiten befreit, sofern die Entscheidung der Verwaltungsbehörde, welche mit der Beschwerde anfechtbar ist, in Rechtskraft übergeht. Ob die Beteiligten von dem Recht der Beschwerde Gebrauch machen wollen, hängt von ihrem Belieben ab. Aus dieser Rechtsstellung können die Beteiligten nicht durch einen willkürlichen Akt derselben Verwaltungsbehörde wieder verdrängt werden; der Landrat ist nicht berechtigt, von Amts wegen die Versagung der Genehmigung zurück zu nehmen und die Genehmigung nachträglich zu erteilen. Aber auch auf Beschwerde eines der Beteiligten ist er hierzu nicht befugt; nur im geordneten Instanzenzuge kann die Entscheidung der Verwaltungsbehörde geändert werden. Die in § 5 der BRVO. zugelassene Beschwerde geht nach den preußischen Ausführungsbestimmungen an den Regierungspräsidenten. Dieser allein ist für befugt zu erachten, über die Beschwerde zu entscheiden, da der unteren Verwaltungsbehörde, deren Entscheidung angefochten wird, ein Recht, der Beschwerde abzuhelfen, nirgends beigelegt ist. Auch im preußischen Gesetz über die allgemeine Landesverwaltung vom 30. Juli 1883 ist das Verfahren so geregelt, daß die Beschwerde im Beschlußverfahren (§ 122 Abs. 4) und die Beschwerde gegen polizeiliche Verfügungen (§ 129 Abs. 2) an diejenige Behörde abzugeben sind, welche darüber zu beschließen oder zu entscheiden hat. Der Landrat war daher nicht berechtigt, am 12. März 1920 die Genehmigung zu dem Kaufvertrage, die er am 5. Januar bereits versagt hatte, nachträglich zu erteilen, wie er dies später auch selbst in seiner Verfügung vom 11. Juni 1920 anerkannt hat.

Hiernach lag weder im Auflassungstermin vom 21. April 1920 noch bei Klagerhebung eine wirksame Genehmigung des Kaufvertrags vor. Der Berufungsrichter hatte auch keine Veranlassung, der Frage näher zu treten, ob die Genehmigung des Landrats trotz etwaiger

Überschreitung seiner Befugnisse wenigstens für die Parteien bindend war, da die Genehmigung, die von einer unzuständigen Behörde erteilt war, selbstverständlich der Wirksamkeit entbehrte. Hiernach war die Klage zu Unrecht erhoben. Der Kläger hatte Anfang Mai 1920 mangels der Genehmigung des Kaufvertrags noch keinen Anspruch auf Auflassung. Die Beklagten hatten ihm daher keine Veranlassung zur Klage gegeben. Da die Beklagten nach Erteilung der Genehmigung durch den Regierungspräsidenten den Anspruch des Klägers auf Auflassung in der nächsten mündlichen Verhandlung sofort anerkannt haben, hat das Berufungsgericht die Voraussetzungen des § 93 ZPO. mit Recht für gegeben erachtet. . . .

---

37. Sind Rechtsgeschäfte, welche durch Höchstpreisüberschreitung gegen die Schleichhandelsverordnung vom 7. März 1918 (RGBl. S. 112) verstoßen, nichtig?

I. Zivilsenat. Urt. v. 29. Oktober 1921 i. S. St. u. Gen. (Kl.) w. B. (Bekl.). I 101/21.

I. Landgericht Freiburg. — II. Oberlandesgericht Karlsruhe.

Die Kläger, welche in B. Weinwirtschaften betreiben, waren am 19. und 20. November 1919 in Ihringen am Kaiserstuhl, um dort persönlich Wein einzukaufen. Sie verhandelten hierüber mit dem Beklagten und behaupten, sie hätten sich mit ihm am 20. November 1919 dahin geeinigt, daß er ihnen sein Herbsterträgnis, bestehend in 12 Ohm rotem und 16 Ohm weißem Wein, zum Preise von 1100 M für ein Ohm verkaufe. Der Beklagte hat den Wein nicht geliefert. Die Kläger klagen auf Schadensersatz wegen Nichterfüllung.

Die Klage wurde in allen drei Instanzen abgewiesen.

Gründe:

1. Das Gesetz betr. Höchstpreise vom 4. August 1914 in den Fassungen vom 17. Dezember 1914, 23. März 1916 und 22. März 1917 (RGBl. 1914 S. 339, 516; 1916 S. 183; 1917 S. 253) gestattet die Festsetzung von Höchstpreisen für „Gegenstände des täglichen Bedarfs", insbesondere für „Nahrungsmittel" usw. Das Berufungsgericht hat in hier nicht nachzuprüfender Weise festgestellt, daß der Ihringer Wein aus guter Lage zwar zu den hervorragendsten Weinen des Kaiserstuhler Weinbaugebiets und damit zu den besten badischen Weinen gehöre, aber doch keineswegs ein Luxuswein sei, wie solcher auch in begüterten Kreisen nur ausnahmsweise bei besonderen Anlässen als Leckerbissen genossen werde. Danach gehört der streitige Wein,

mag er als Nahrungsmittel anzusehen sein oder nicht, jedenfalls zu den „Gegenständen des täglichen Bedarfs“ im Sinne des Höchstpreisgesetzes. Denn die Feststellungen des Tatrichters ergeben, daß für den Wein bei einem größeren, wenn auch vorwiegend den begüterten Kreisen angehörenden Teile der Bevölkerung ein sich täglich erneuernder Bedarf besteht und zu der maßgeblichen Zeit bestand, so daß er zur gewohnten Lebensweise solcher Kreise gehörte (RGZ. Bd. 98 S. 294; RGSt. Bd. 53 S. 117, 118). Mit Recht hat daher das Berufungsgericht angenommen, daß mangels einer Höchstpreisfestsetzung für Weine seitens des Bundesrats, des Reichskanzlers oder der von diesen bestimmten Behörden die badische Landeszentralbehörde, vertreten durch das badische Ministerium des Innern und das von ihm ermächtigte badische Landespreisamt, gemäß § 5 des Höchstpreisgesetzes die hier in Betracht kommenden Höchstpreise festsetzen konnte.

2. Der Wein ist aber auch ein „Lebensmittel“ im Sinne der Verordnung gegen den Schleichhandel vom 7. März 1918, da hierzu durch Essen und Trinken einzuverleibende Genußmittel jeder Art gehören, auch wenn sie nicht eigentlich als „Nahrungsmittel“ angesehen werden können (RGSt. Bd. 53 S. 117, 118).

Hiervon ausgehend hat das Berufungsgericht ausgeführt: Bei dem Kaufabschluß — wenn dieser überall den klägerischen Angaben entsprechend erfolgt sei — seien sich beide Teile, der Beklagte als Winzer und die Kläger als Weinwirte, die ihre Weine wenigstens zum Teil unmittelbar von Weinbauern an Ort und Stelle aufzukaufen pflegten, bewußt gewesen, daß der vereinbarte Preis von 1100 ℳ für das Ohm den maßgeblichen Höchstpreis von bestenfalls 775,50 ℳ beträchtlich überstieg. Die Kläger hätten von dem Beklagten den Wein zum Zwecke gewinnbringender Weiterveräußerung in ihrer Wirtschaft gekauft, und auch dies sei dem Beklagten jederzeit bekannt gewesen. Demgemäß hätten die Kläger den Wein, d. h. ein Lebensmittel, für das ein Höchstpreis festgesetzt war, gewerbsmäßig, nämlich in der Absicht sich durch wiederholte Geschäfte dieser Art eine Verdienstquelle (Vermögensvorteile) zu verschaffen, unter vorsätzlicher (bewußter) Verletzung der zur Verkehrsregelung durch Höchstpreisfestsetzung ergangenen Vorschriften und unter Verleitung des Beklagten zur Verletzung dieser Vorschriften zwecks Weiterveräußerung erworben.

Diese Begründung genügt, um die Feststellung des Berufungsgerichts zu tragen, daß die Kläger einen Schleichhandel im Sinne von § 1 der damals geltenden Verordnung gegen den Schleichhandel vom 7. März 1918 betrieben haben (Alsberg, Preistreibereistrafrecht, 6. Aufl., S. 200, 201). Sie rechtfertigt aber auch die weiteren Ausführungen des Berufungsgerichts, daß — immer den Abschluß des Kaufvertrags vorausgesetzt — beide Teile, also auch der Beklagte,

„schuldig" seien, da alle Beteiligten in voller Kenntnis der maßgeblichen Tatsachen den Kaufvertrag vereinbart hätten. Demgegenüber ist der Einwand der Revision unbeachtlich, daß den Klägern das Bewußtsein, daß sie sich eines Schleichhandels schuldig machten, gefehlt habe. Denn es kommt hier nur auf die Kenntnis der einschlägigen Tatumstände, nicht aber auch ihrer rechtlichen Charakterisierung an.

3. Aus den so getroffenen Feststellungen zieht das Berufungsgericht den Schluß, daß das nach Angabe der Kläger zustande gekommene Kaufgeschäft nichtig und die aus diesem Kaufvertrag hergeleiteten Klagansprüche unbegründet seien. Auch diese Ausführungen werden zu Unrecht von der Revision bekämpft.

Gegenüber den in der Verordnung gegen Preistreiberei vom 8. Mai 1918 (RGBl. S. 395) behandelten Vergehen, insbesondere der Höchstpreisüberschreitung, haben die Verstöße gegen die Schleichhandelsverordnung vom 7. März 1918 einen eigentümlichen und selbständigen Charakter. Während die Preistreibereiverordnung vornehmlich die Ausbeutung der einzelnen Käufer bekämpft, wollte die Schleichhandelsverordnung dem Schutze der Allgemeinheit vor einer umfangreichen Abwanderung rationierter Waren an den Meistbietenden dienen (Alsberg S. 189), dessen Preiswucher letzten Endes eine breite Schicht des verbrauchenden Publikums zu tragen hat. Demgemäß kann ein mittels Höchstpreisüberschreitung begangener Verstoß gegen die Schleichhandelsverordnung nicht, wie das bei der bloßen Überschreitung der Höchstpreise nach der Preistreibereiverordnung angenommen ist (RGZ. Bd. 88 S. 251, Bd. 89 S. 197, Bd. 98 S. 294, vgl. auch Bd. 97 S. 82), durch eine Herabsetzung der vereinbarten Preise auf das erlaubte Maß unter Aufrechterhaltung des übrigen Vertrags erledigt werden. Vielmehr richtet sich die Schleichhandelsverordnung vom 7. März 1918 gegen eine besonders geartete, die Gefahr der Wiederholung und einer größeren Ausdehnung in hohem Maße in sich tragende Durchkreuzung der im Interesse der Allgemeinheit zur Kriegszeit getroffenen wirtschaftlichen Maßnahmen und will diese Durchkreuzung als solche, d. h. die Schleichhandelsgeschäfte möglichst verhindern (Alsberg S. 192). Denn eine Aufrechterhaltung der Schleichhandelsgeschäfte unter entsprechender Herabsetzung der Vertragspreise würde den Schleichhändler in seinem gemeingefährlichen Treiben bestärken, indem er dadurch insofern begünstigt würde, als er die in strafbarer Weise erlangte Ware für einen auf den Höchstpreis herabgesetzten Kaufpreis behalten dürfte. Somit sind nach Sinn und Zweck der Schleichhandelsverordnung die gegen diese verstoßenden Rechtsgeschäfte gemäß § 134 BGB. jedenfalls dann nichtig, wenn, wie hier, auf beiden Seiten bewußt durch Ausübung des Schleichhandels und durch Beihilfe dazu gegen die einschlägigen Gesetze verstoßen wird (vgl. auch

RGZ. Bd. 98 S. 1, 293). Die Frage, ob diese Nichtigkeit auch auf § 138 gestützt werden kann, bedarf hier keiner Entscheidung.

---

38. 1. Hat das Berufungsgericht bei Nachprüfung der Frage, ob durch die vorgenommene Klagänderung die Verteidigung des Beklagten wesentlich erschwert wird, die Sachlage zur Zeit seiner eigenen Entscheidung zugrunde zu legen?

2. Kann das Berufungsgericht, welches die Entscheidung des ersten Richters, daß die Klagänderung wegen wesentlicher Erschwerung der Verteidigung des Beklagten nicht zuzulassen sei, mißbilligt, von der in § 539 ZPO. gewährten Befugnis Gebrauch machen?

II. Zivilsenat. Urt. v. 1. November 1921 i. S. S. (Kl.) w. W. (Bekl.). II 243/21.

I. Landgericht Köln, Kammer für Handelssachen. — II. Oberlandesgericht daselbst.

Der Kläger behauptet, der Beklagten größere Posten englischer Reinwollstoffe verkauft zu haben. Da sie die Annahme und Bezahlung der ihr angedienten Waren verweigerte, ließ er die Stoffe öffentlich versteigern. Den angeblichen Ausfall hat er eingeklagt.

Die Beklagte bestreitet, vom Kläger gekauft zu haben. Dieser habe lediglich im Auftrage und Namen der englischen Firma S. M. & Co. gehandelt.

Nach der vom Landgericht vorgenommenen Beweisaufnahme gründete der Kläger seinen Anspruch hilfsweise auf die inzwischen erfolgte Abtretung der geltend gemachten Forderung durch S. M. & Co. Die Beklagte widersprach der Klagänderung als unzulässig.

Das Landgericht wies die Klage ab. Es führte aus, daß der Kläger im Auftrage und Namen der Firma S. M. & Co. aufgetreten und daher nicht berechtigt sei, Ansprüche aus den Abschlüssen persönlich geltend zu machen. Soweit er sich aber auf die inzwischen erfolgte Abtretung des Anspruchs berufen habe, liege eine unzulässige Klageänderung vor, durch welche die Verteidigung der Beklagten wesentlich erschwert werden würde.

Das Oberlandesgericht wies die Berufung des Klägers zurück. Es nahm ebenso wie das Landgericht an, daß der Kläger die Wollstoffe nur namens und im Auftrage der englischen Firma verkauft habe. Dagegen mißbilligte es die Auffassung des Vorderrichters, daß die Klagänderung nicht zuzulassen gewesen sei. Trotzdem gelangt es zur Zurückweisung der Berufung, da eine Zurückverweisung der Sache gemäß § 539 ZPO. nicht statthaft sei, eine Verhandlung vor dem Berufungsgericht aber den Verlust einer Instanz bedeuten und somit die Verteidigung der Beklagten wesentlich erschweren würde.

Auf die Revision des Klägers wurde das Berufungsurteil aufgehoben und die Sache an das Landgericht zurückverwiesen.

Gründe:

Das Verfahren des Berufungsgerichts ist prozeßordnungswidrig. Wenn es nach seinem Dafürhalten zu der Überzeugung gelangte, daß das Landgericht zu Unrecht eine wesentliche Erschwerung der Verteidigung der Beklagten infolge der Klagänderung angenommen habe und ihre Zulassung nicht habe ablehnen dürfen, so mußte es entweder die Sache gemäß § 539 ZPO. an die erste Instanz zurückverweisen oder, wenn die Voraussetzungen für eine solche Zurückverweisung nicht vorlagen, in der Sache selbst erkennen. Die Erwägung, daß jetzt mangels der prozessualen Möglichkeit der Zurückverweisung den Parteien eine Instanz verloren gehen und dadurch die Verteidigung der Beklagten erschwert werden würde, ist rechtsirrtümlich. Nicht darauf kam es an, wie sich die Sach- und Rechtslage infolge der Zurückweisung der Klagänderung durch das Landgericht gestaltet hatte, sondern dem Berufungsgericht lag lediglich die Nachprüfung der landgerichtlichen Entscheidung ob. Mißbilligte es diese, so hatte es abzuhelfen, ohne die Folgen der nach seiner Auffassung unrichtigen Beurteilung zu berücksichtigen.

Es kann aber auch nicht einmal anerkannt werden, daß die Erwägung, durch welche das Berufungsgericht zu seiner Entscheidung bewogen worden ist, zutrifft. Es war durch § 539 ZPO. in die Lage versetzt, wegen eines wesentlichen Mangels des landgerichtlichen Verfahrens eine Zurückverweisung der Sache vorzunehmen. Unter einem solchen Mangel ist jeder Verstoß gegen das Prozeßgesetz zu verstehen. Wenn § 264 ZPO. dem Landgericht die Befugnis gibt, nach seinem Ermessen in Fällen, wo durch Änderung der Klage die Verteidigung des Beklagten nicht wesentlich erschwert wird, die Änderung zuzulassen, so ist damit dem Gericht durch das Prozeßgesetz die Pflicht auferlegt, von seinem Ermessen einen sachgemäßen Gebrauch zu machen. Kommt es dieser Pflicht nicht nach, so verletzt es das Verfahren, nicht etwa das materielle Recht. Der Mangel ist aber auch wesentlich, denn die Ablehnung der Verhandlung und Entscheidung über die geänderte Klage hat zur Folge gehabt, daß es an einer ordnungsmäßigen Grundlage für die Urteilsfällung fehlt.

Daß in Fällen, wo die erste Instanz zu Unrecht die Zulassung der geänderten Klage abgelehnt hat, die Möglichkeit einer Zurückverweisung gemäß § 539 ZPO. nicht grundsätzlich ausgeschlossen ist, wird vom Reichsgericht schon in der JW. 1908 S. 153 Nr. 26 abgedruckten Entscheidung angedeutet. Die Ansicht Stein's zu § 539 Anm. 19, daß

§ 539 keine Anwendung finde, wenn das Gericht von dem freien Ermessen einen unrechten Gebrauch mache, kann in dieser Allgemeinheit nicht gebilligt werden. So hat denn auch das Reichsgericht in seiner RGZ. Bd. 81 S. 325 abgedruckten Entscheidung die Befugnis zur Zurückverweisung in einem Falle anerkannt, wo das Landgericht Vertagungsanträge einer Partei abgelehnt und dadurch den Grundsatz verletzt hatte, daß der Partei erschöpfendes rechtliches Gehör gewährt werden muß. Eine entsprechende Erwägung durfte das Berufungsgericht im vorliegenden Falle anstellen. Dem Kläger war durch Nichtzulassung der geänderten Klage die Möglichkeit abgeschnitten worden, seinen Anspruch gegen die Beklagte geltend zu machen.

---

39. Anfechtung einer Rechtshandlung des Schuldners gegen den Rechtsnachfolger des Ersterwerbers nach § 11 Abs. 2 AnfG.

1. **Kommt es für die Anwendbarkeit des § 11 Abs. 2 Nr. 2 auf das Verwandtschafts- oder Schwägerschaftsverhältnis zwischen dem Anfechtungsgegner und dessen Rechtsvorgänger an oder auf das Verhältnis zwischen dem Anfechtungsgegner und dem Schuldner?**
2. **Muß die Anfechtung gegen den Rechtsnachfolger nach § 11 Abs. 2 Nr. 1 auf denselben Grund gestützt werden, auf dem die Anfechtung gegen den Ersterwerber beruhte, oder umfaßt Nr. 1 alle Anfechtungsgründe nach § 3, sowohl den nach § 3 Nr. 1 wie auch die nach § 3 Nr. 2 bis 4?**
3. **Was muß der anfechtende Gläubiger gemäß § 11 Abs. 2 im Falle der Nr. 1 beweisen, a) wenn die Anfechtung auf § 3 Nr. 1, b) wenn sie auf § 3 Nr. 2 gestützt wird?**
4. **Muß der den Rechtsnachfolger gemäß § 11 in Anspruch nehmende Kläger, dessen Anfechtungsrecht dem Ersterwerber gegenüber bereits rechtskräftig festgestellt ist, gleichwohl noch nachweisen, daß dieses Anfechtungsrecht gegeben war, oder kann er sich jetzt auf die Rechtskraft des Vorprozeßurteils berufen?**
5. **Will der § 11 Abs. 2 für seine Fälle eine eigene Fristbestimmung geben?**
6. **Genügt im Falle des § 11 zur Wahrung der im § 12 und in § 3 Nr. 2 bis 4 vorgesehenen Fristen, daß die Klage gegen den Ersterwerber fristgemäß erhoben ist oder muß auch die Klage gegen den Rechtsnachfolger innerhalb der dem Rechtsvorgänger gegenüber geltenden Fristen erhoben werden?**

V. Zivilsenat. Urt. v. 24. September 1921 i. S. preuß. Fiskus (Bekl.) w. E. (Kl.). V 504/20.

I. Landgericht Düsseldorf. — II. Oberlandesgericht daselbst.

Am 27. Juni 1908 wurde auf die im Grundbuch von H. Bl. 742 in Abt. I unter Nr. 6, 8 und 10 verzeichneten Grundstücke auf Bewilligung des Eigentümers Karl S. für dessen Schwester, Frau H. geb. S., eine Darlehnshypothek von 25000 *M* eingetragen. Dem Kläger standen gegen Karl S. auf Grund vollstreckbarer Urkunden Forderungen in Höhe von 15000 *M* zu. Er erwirkte am 30. Juni 1908 durch Rechtsanwalt K. eine einstweilige Verfügung gegen S. und Frau H. dahin, daß den Antragsgegnern untersagt wurde, über die Darlehnshypothek von 25000 *M* irgendeine Verfügung zu treffen, insbesondere sich den darüber zu bildenden Hypothekenbrief vom Grundbuchamte aushändigen zu lassen. Diese einstweilige Verfügung wurde am 1. Juli 1908 dem Grundbuchamte zugestellt. Der Grundbuchrichter verfügte am 3. Juli 1908: „Hypothekenbrief nicht aushändigen, sondern in Verwahrung nehmen (einschließen)." Am 29. Juli wurde das Konkursverfahren über das Vermögen des Karl S. eröffnet; am 6. November 1908 wurde es aus Mangel an Masse wieder eingestellt. Im Juni 1909 ließ der Kläger wegen seiner vollstreckbaren Forderungen von 15000 *M* Zwangshypotheken im Range nach der Hypothek der Frau H. eintragen von 8000 und 3000 *M* auf das Grundstück N. 6 und von je zweimal 1000 *M* auf die Grundstücke Nr. 8 und 10 des S. Am 22. März 1910 erstritt er auf eine von ihm gegen Frau H. erhobene Anfechtungsklage ein Urteil, wodurch sie für verpflichtet erklärt wurde, die Vollstreckung wegen seiner Forderungen in sämtliche Grundstücke des S. so zu dulden, daß ihre Hypothek von 25000 *M* nicht im Wege stehe. Hiergegen legte Frau H. Berufung ein.

Am 1. Oktober 1912 wurde das Grundstück Nr. 6 des S. zwangsversteigert und der Frau H. auf ihr Meistgebot zugeschlagen. Auf die Hypothek der Frau H. entfielen von dem bar zu entrichtenden Gebot 7479,81 *M*. In dieser Höhe wurde eine Sicherungshypothek für Frau H. auf das Grundstück Nr. 6 auf Ersuchen des Vollstreckungsrichters vom 4. November 1912 eingetragen. Zugleich ersuchte der Vollstreckungsrichter, die Hypothek der Frau H. auf dem Grundstück Nr. 6 zu löschen mit dem Hinweise, daß der Brief über die Hypothek sich bei den Grundbuchakten befinde. Der Gerichtsschreiber fügte den Hypothekenbrief über 25000 *M* mit dem Bleifedervermerk „Brief (Abt.) III (Nr.) 4 beigefügt" bei. Darauf verfügte am 19. November 1912 Assessor Sch., der damals zum ersten Mal in der den Hypothekenbrief betreffenden Angelegenheit tätig war, „Vermerk auf Brief III 4 (Brief an Frau H., Einschr.)". Demnächst wurde der Brief, nachdem auf ihn der Vermerk gesetzt worden war, daß die Post auf dem Grundstück Nr. 6 infolge Zwangsversteigerung gelöscht worden sei, der Frau H. am 20. Dezember 1912 zugesandt.

Am 22. Januar 1913 trat Frau H. von der Hypothek den Teilbetrag von 10000 *M* mit Vorrang vor den verbleibenden 15000 *M* an die Ehefrau des Bruders ihres Vaters, Margarete S. geb. B., ab. Am 24. Juni 1913 wurde auf Antrag des instrumentierenden Notars die Eintragung der Teilabtretung im Grundbuch unter Bildung eines Teilhypothekenbriefes sowie die Zusendung des Stammbriefs an Frau H. und des Teilhypothekenbriefs an Frau S. durch den Grundbuchrichter angeordnet.

In dem Anfechtungsprozeß wurde demnächst durch Urteil des Berufungsgerichts vom 5. November 1913 Frau H. gemäß den Anträgen, die der Kläger mit Rücksicht auf die Änderung der Sachlage durch die Zwangsversteigerung des Grundstücks Nr. 6 gestellt hatte, verurteilt.

Nach eingetretener Rechtskraft dieses Urteils fragte Rechtsanwalt K. am 4. Mai 1914 unter Bezugnahme auf die einstweilige Verfügung vom 30. Juni 1908 bei dem Grundbuchamt an, ob sich der Hypothekenbrief über 25000 *M* noch in amtlicher Verwahrung befinde. Ihm wurde am 5. Mai 1914 der Bescheid erteilt, daß der Brief zufolge Verfügung vom 19. November 1912 der Gläubigerin ausgehändigt worden sei. Am 30. April 1915 trat dann Frau H. den ihr verbliebenen Hypothekenteil von 15000 *M* an die M. Bank ab.

Darauf erhob der Kläger gegen den beklagten Fiskus Klage auf Zahlung von 10000 *M*. Er berechnete seine Forderung gegen Karl S. auf insgesamt 19600 *M*, brachte davon die bei der Versteigerung des Grundstücks Nr. 6 von der Frau H. erzielten, ihm durch das Urteil vom 5. November 1913 zugesprochenen 7479,81 *M* in Abzug und verlangte vom Beklagten als Schadensersatz Zahlung des Teiles des Restbetrags der Forderung von 10000 *M* mit der Begründung, durch Fahrlässigkeit der Grundbuchbeamten, die der einstweiligen Verfügung zuwider den Hypothekenbrief über 25000 *M* an Frau H. hätten gelangen lassen, sei seine Befriedigung aus den Grundstücken Nr. 8 und 10 des Karl S. vereitelt worden, anderweitig könne er nicht Ersatz seines Schadens erlangen.

Der erste Richter wies die Klage ab, weil keine fahrlässige Verletzung der Amtspflicht eines Grundbuchbeamten dem Kläger gegenüber vorliege, der Kläger auch auf andere Weise Ersatz für seinen Schaden erlangen könne, da ihm ein Schadensersatzanspruch gegen Rechtsanwalt K. zustehe. In der vom Kläger beschrittenen Berufungsinstanz trat Rechtsanwalt K. dem Kläger als Streitgehilfe bei. Der Berufungsrichter erklärte unter Abänderung des erstinstanzlichen Urteils den Klaganspruch dem Grunde nach für gerechtfertigt und verwies die

Sache zur Verhandlung und Entscheidung über den Betrag des Anspruchs an die erste Instanz zurück.

Auf die Revision des Beklagten wurde das Berufungsurteil aufgehoben und die Sache an das Berufungsgericht zurückverwiesen.

Aus den Gründen:

Mit Recht nimmt der Berufungsrichter an, daß das Grundbuchamt, nachdem ihm die einstweilige Verfügung vom 30. Juni 1908 durch die Zustellung vom 1. Juli 1908 bekannt gegeben worden war, den über die Hypothek der Frau H. von 25000 *M* gebildeten Hypothekenbrief nicht an die Frau H. herausgeben durfte. (Dies wird näher dargelegt. Sodann wird ausgeführt, zwar nicht, wie der Berufungsrichter angenommen habe, den Grundbuchbeamten zur Zeit des Eingangs der einstweiligen Verfügung, wohl aber dem Assessor Sch. falle eine fahrlässige Verletzung der Amtspflicht zur Last, weil er am 19. November 1912 die Zusendung des Hypothekenbriefes an Frau H. angeordnet habe; der beklagte Fiskus sei daher zum Ersatze des dem Kläger dadurch entstandenen Schadens verpflichtet. Demnächst werden die Angriffe der Revision gegen die Darlegung des Berufungsrichters zurückgewiesen, daß der Kläger von der Frau H. und von Rechtsanwalt K. Ersatz seines Schadens zu erlangen nicht vermöge noch vermocht habt. Darauf wird fortgefahren:)

Schließlich verneint der Berufungsrichter auch die Möglichkeit der Erlangung eines Ersatzes von der Frau Margarete S. In dieser Hinsicht erwägt er zunächst, eine auf § 892 Abs. 1 Satz 2 BGB. gestützte Klage gegen Frau S. auf Duldung der Befriedigung des Klägers aus den beiden Grundstücken Abt. I Nr. 8 und 10 mit Vorrecht vor der zu ihren Gunsten eingetragenen Hypothek von 10000 *M* würde erfolglos sein und wäre es stets gewesen, denn die Frau S. habe als Zeugin bekundet, daß ihr beim Erwerb der Teilhypothek das gerichtliche Veräußerungsverbot gemäß der einstweiligen Verfügung vom 30. Juni 1908 nicht bekannt gewesen sei. Hiergegen ist von der Revision ein Angriff nicht erhoben worden und bestehen auch keine rechtlichen Bedenken.

Sodann nimmt der Berufungsrichter an, daß der Kläger gegen Frau S. auch nicht auf Grund des § 11 Abs. 2 AnfG. vorgehen könne und habe vorgehen können. Hierbei geht er zutreffend davon aus, daß auf Abs. 2 Nr. 2 des § 11 eine Klage nicht gestützt werden könne. Freilich ist es irrtümlich, wenn er dies damit begründet, Frau S. stehe zu Frau H. nicht selbst in dem nahen Verwandtschafts- oder Schwägerschaftsverhältnis des § 3 Nr. 2 AnfG. Denn für die Anwendbarkeit des § 11 Abs. 2 Nr. 2 kommt es nicht auf das Verhältnis zwischen dem Anfechtungsgegner und dessen Rechtsvorgänger, sondern auf das Verhältnis zwischen dem Anfechtungsgegner und dem Schuldner an, der eine Rechtshandlung zugunsten des ersten Erwerbers vorgenommen hat (RG. in JW. 1888 S. 18 Nr. 28). Indessen steht Frau S. auch zu Karl S., der für seine Schwester, Frau H. geb. S., die Hypothek von 25000 ℳ an seinen Grundstücken Abt. I Nr. 6, 8 und 10 am 26. Juni 1908 bestellt hat, nicht in dem Verwandschafts- oder Schwägerschaftsverhältnis des § 3 Nr. 2, da sie die Ehefrau des Bruders des Vaters des Karl S. ist.

Was nun die Anwendbarkeit des Abs. 2 Nr. 1 und Nr. 3 des § 11 betrifft, so erklärt der Berufungsrichter zunächst, der ersten Voraussetzung hierfür, daß die Anfechtung gegen die Rechtsvorgängerin der Frau S., die Frau H., begründet war, sei genügt; in dem Vorprozeß des Klägers gegen Frau H. sei rechtskräftig entschieden, daß die Anfechtung der von dem Schuldner des Klägers Karl S. zugunsten der Frau H. bestellten Hypothek von 25000 ℳ nach § 3 Nr. 2 AnfG. begründet war. Sodann nimmt der Berufungsrichter zutreffend an, daß die Anfechtung gegen den Rechtsnachfolger nach Abs. 2 Nr. 1 des § 11 nicht auf denselben Grund gestützt zu werden braucht, auf dem die Anfechtung gegen den Rechtsvorgänger beruhte. Früher lautete die Nr. 1: „wenn ihm zur Zeit seines Erwerbes bekannt war, daß der Schuldner die Rechtshandlung in der Absicht vorgenommen hatte, seine Gläubiger zu benachteiligen." Die der Nr. 1 durch die Novelle vom 17. Mai 1898 gegebene jetzige Fassung: „wenn ihm zur Zeit seines Erwerbes die Umstände, welche die Anfechtbarkeit des Erwerbes seines Rechtsvorgängers begründen, bekannt waren" umfaßt alle Anfechtungsgründe nach § 3, also nicht nur den Anfechtungsgrund nach § 3 Nr. 1, sondern auch, was hier in Betracht kommt, den des § 3 Nr. 2 (vgl. RGZ. Bd. 74 S. 183). Handelt es sich um einen Anfechtungsgrund nach § 3 Nr. 1, so muß der Anfechtungskläger gegenüber dem Rechtsnachfolger des ersten Erwerbers den Beweis führen, daß diesem zur Zeit seines Erwerbes die Absicht des veräußernden Schuldners, seine Gläubiger zu benachteiligen, sowie die Kenntnis des ersten Erwerbers von dieser Absicht bekannt war (RGZ. Bd. 74 S. 181). Im Falle des Anfechtungsgrundes nach § 3 Nr. 2 dagegen, also wenn der erste Erwerber zu den in § 3 Nr. 2 aufgezählten Verwandten oder Verschwägerten des veräußernden Schuldners gehört, ist zur Rechtfertigung des Anfechtungsanspruchs gegen den Rechtsnachfolger nur erforderlich der Nachweis der benachteiligenden Eigenschaft der Rechtshandlung, der Nachweis des fraglichen Verwandtschafts- oder Schwägerschaftsverhältnisses des ersten Erwerbers zum Schuldner und der Nachweis, daß dieses beides dem Rechtsnachfolger zur Zeit seines Erwerbes bekannt war, während der Rechtsnachfolger zur Ausschließung der Anfechtbarkeit die Nichtkenntnis des ersten Erwerbers von der benachteiligenden Absicht des Schuldners beweisen muß (RGZ. Bd. 71 S. 354).

Der Berufungsrichter erklärt bei der Anwendung des § 3 Nr. 1 auf den vorliegenden Fall, es müsse der Rechtsnachfolgerin Frau S. nachgewiesen werden, daß sie zur Zeit des Erwerbes ihrer Rechtsvorgängerin Frau H. die Absicht des Schuldners Karl S., seine Gläubiger zu benachteiligen, selbst gekannt habe; er erklärt weiter, den Beweis dieser Kenntnis vermöge der Kläger naturgemäß nicht zu erbringen, und es dürfte ihm daher bei der Sachlage nicht angesonnen werden, noch einen besonderen Rechtsstreit mit dieser Begründung gegen Frau H. durchzuführen. Hiergegen wendet sich die Revision mit Recht. Zunächst kommt es nach dem Vorbemerkten nicht auf die Kenntnis der Rechtsnachfolgerin Frau S. zur Zeit des Erwerbes ihrer Rechtsvorgängerin Frau H. an, sondern auf die Kenntnis der Frau S. zur Zeit ihres eigenen Erwerbes, der sich (§ 1154 Abs. 1 BGB.) durch die Abtretungserklärung vom 22. Januar 1913 und die Übergabe des Teilhypothekenbriefs über die abgetretene Teilhypothek von 10000 *M* anscheinend Ende Juni 1913 vollzog. Daß ferner der Kläger den Beweis dieser Kenntnis nicht sollte erbringen können, ist nicht ersichtlich; jedenfalls fehlt es an einer Begründung dafür, weshalb ihm ein solcher Beweis nicht möglich sein sollte. Die Revision weist in dieser Beziehung darauf hin, daß Frau S. die Ehefrau des Oheims des ursprünglichen Schuldners sei, daß sie von der anfechtbaren Hypothekbestellung des Schuldners durch ihre Vernehmung im Anfechtungsprozeß des Klägers gegen Frau H. eingehende Kenntnis erlangt habe und daß sie sogar in einem Beweistermin als Vertreterin des Schuldners aufgetreten sei.

Auch bezüglich der vom Berufungsrichter ausgesprochenen Ablehnung der Anwendung des § 3 Nr. 2 auf den vorliegenden Fall ist die Revision gerechtfertigt. Der Berufungsrichter führt in dieser Hinsicht zwar nach dem Vorerörterten zutreffend aus, es würde genügen, wenn der Kläger den Nachweis führte, der Frau S. seien bei ihrem Erwerbe die Benachteiligung der Gläubiger des Karl S. durch dessen Hypothekbestellung zugunsten der Frau H. und das nahe Verwandtschaftsverhältnis zwischen Karl S. und Frau H. bekannt gewesen, und er erklärt weiter, es könne hier beides, zumal Frau S. in dem Anfechtungsprozesse gegen Frau H. am 8. Juli 1912, also vor Abtretung des Hypothekenteils von 10000 *M* an sie, als Zeugin vernommen gewesen sei, unbedenklich als erwiesen unterstellt werden. Er meint aber, die Anfechtung gegen Frau S. habe, und zwar auch schon bei einem etwaigen Vorgehen gegen sie im Mai 1914, daran scheitern müssen, daß zur Zeit ihres Erwerbs der Hypothek von 10000 *M* im Januar 1913 die nach § 3 Nr. 2 von der Vornahme der anfechtbaren

Handlung des Karl S., also vom 27. Juni 1908 ab zu berechnende einjährige Frist für die Klagerhebung längst abgelaufen gewesen sei. Dies ist rechtsirrig. Nicht zutreffend ist freilich die Meinung der Revision, daß die einjährige Frist für die Anfechtung gegenüber dem Rechtsnachfolger des Ersterwerbers, auch wenn der Ersterwerb gemäß § 3 Nr. 2 anfechtbar war, überhaupt nicht in Betracht komme, weil Abs. 2 Nr. 1 des § 11 von einer Zeitschranke nichts enthalte. Nach § 11 Abs. 2 findet gegen den Rechtsnachfolger des Ersterwerbers die gegen den letzteren begründete Anfechtung statt, wenn eine der in Nr. 1 bis 3 bezeichneten besonderen Voraussetzungen hinsichtlich des Rechtsnachfolgers gegeben ist. Eine Zeitschranke für die Geltendmachung der Anfechtung auf Grund Vorliegens dieser besonderen Voraussetzungen ist allerdings nicht bestimmt, weder im § 11 Abs. 2 noch sonst im Gesetz, und weder hinsichtlich der Voraussetzungen der Nr. 2 und 3 noch hinsichtlich der Voraussetzung Nr. 1, und das Gesetz bietet auch keinen Anhalt dafür, daß die im § 3 Nr. 2 bis 4 für die Geltendmachung der Anfechtung gegenüber dem Ersterwerber auf Grund des Vorliegens der dortigen Voraussetzungen gesetzten Zeitschranken auf die Geltendmachung des Vorliegens der besonderen Voraussetzungen für die Anfechtung gegenüber dem Rechtsnachfolger, sei es auch nur, soweit die Tatbestände gleiche oder ähnliche seien, zu übertragen wären (RGZ. Bd. 45 S. 45). Da jedoch § 11 Abs. 2 auch beim Vorliegen jener Voraussetzungen nur „die gegen den Ersterwerber begründete" Anfechtung gegen den Rechtsnachfolger stattfinden läßt, mithin der gegenüber dem Rechtsnachfolger anfechtende Gläubiger zur Begründung seines Anfechtungsrechts außer dem Vorliegen einer der genannten besonderen Voraussetzungen dartun muß, daß die Anfechtung gegen den Ersterwerber begründet sei, so kann sich der Gläubiger für den letzteren Nachweis, sofern die Anfechtung einen entgeltlichen Vertrag des Schuldners mit einem Ersterwerber betrifft, der zu den in § 3 Nr. 2 bezeichneten, dem Schuldner nahestehenden Personen gehört, auf die Vorschrift des § 3 Nr. 2, insbesondere auf die darin bestimmte Vermutung für die Kenntnis des Ersterwerbers von der Absicht des Schuldners, die Gläubiger zu benachteiligen, nur dann berufen, wenn der Vertrag „in dem letzten Jahr vor der Anfechtung geschlossen" worden ist. Ist seit dem Abschluß des Vertrags ein Jahr verflossen, ohne daß der Gläubiger sein Anfechtungsrecht im Wege der Klage oder der Einrede (§§ 9, 5) überhaupt geltend gemacht hat, so findet, wenn der Gläubiger nunmehr den Anfechtungsanspruch gegen den Rechtsnachfolger des Ersterwerbers erhebt, hinsichtlich des zur Rechtfertigung dieses Anspruchs erforderlichen Nachweises, daß die Anfechtung gegen den Ersterwerber begründet sei, nicht § 3 Nr. 2 zugunsten des Gläubigers Anwendung (vgl. RG. in Annalen Bd. 6 S. 121), vielmehr muß dann gemäß § 3 Nr. 1 der Gläubiger den Nachweis führen, daß der Schuldner die Rechtshandlung (den Vertrag) in der dem Ersterwerber bekannten Absicht, seine Gläubiger zu benachteiligen, vorgenommen habe.

Danach könnte vorliegend, wenn seit der fraglichen Hypothekbestellung für die Ersterwerberin Frau H. ein Jahr abgelaufen gewesen wäre, ohne daß der Kläger den Anfechtungsanspruch überhaupt erhoben hätte, allerdings der Kläger in einem Anfechtungsprozesse gegen die Rechtsnachfolgerin Frau Margarete S. sich für den erforderlichen Nachweis, daß die Anfechtung gegen die Ersterwerberin Frau H. begründet sei, nicht auf § 3 Nr. 2 stützen, also zu diesem Nachweise nicht für sich in Anspruch nehmen, daß die Anfechtung gegen Frau H. schon deswegen, weil diese die Schwester des Schuldners Karl S. und die Gläubiger des letzteren durch die Hypothekbestellung benachteiligt worden seien, vorbehaltlich des Gegenbeweises durchgreife, daß der Frau H. zur Zeit der Hypothekbestellung eine Absicht des Karl S., die Gläubiger zu benachteiligen, nicht bekannt gewesen sei. Tatsächlich hat indessen der Kläger den Anfechtungsanspruch innerhalb der Jahresfrist gerichtlich geltend gemacht. In seinem Rechtsstreit gegen Frau H. ist auf Grund des § 3 Nr. 2 die Anfechtung der Hypothekbestellung gegen die Ersterwerberin Frau H. für begründet erklärt und ist als unstreitig festgestellt worden, daß der Kläger die Anfechtungsklage innerhalb eines Jahres seit der Hypothekbestellung erhoben hat. Allerdings hat es sich danach nicht um eine Anfechtungsklage gegen die Rechtsnachfolgerin Frau S. gehandelt, die von Frau H. die Teilhypothek von 10000 ℳ im Laufe der Berufungsinstanz des genannten Prozesses auch erst erworben hat, als das Jahr seit der Hypothekbestellung bereits lange abgelaufen war. Aber doch würde in einem Anfechtungsprozesse des Klägers gegen Frau S. die Jahresfrist, soweit das Vorliegen der Voraussetzung für die Anfechtung gegen Frau S., daß die Anfechtung gegen die Ersterwerberin Frau H. begründet sei, in Frage käme, durch Erhebung jener Anfechtungsklage gegen Frau H. als gewahrt zu gelten haben.

Freilich würde durch das rechtskräftige Urteil in dem Vorprozeß noch nicht die Frage der Anfechtbarkeit gegenüber Frau H. als auch für den Anfechtungsprozeß gegen Frau S. entschieden anzusehen sein. Wenn der Anfechtungsanspruch sowohl gegen den Ersterwerber als auch gegen den Rechtsnachfolger im Sinne des § 11 Abs. 2 (Sondernachfolger), sei es gleichzeitig oder nacheinander, gerichtlich geltend gemacht wird, sind die Ergebnisse in den beiden Prozessen unabhängig voneinander und ist in jedem Prozeß gesondert von dem anfechtenden Gläubiger das Bestehen des Anfechtungsanspruchs nachzuweisen und vom Prozeßgericht über die Frage der Anfechtbarkeit zu entscheiden. Dies folgt daraus, daß die beklagte Partei in dem einen Prozeß verschieden ist von der in dem anderen Prozeß. Insbesondere wird daher durch eine rechtskräftige Verurteilung des Ersterwerbers in dem Prozeß gegen diesen nicht auch dem Rechtsnachfolger gegenüber die Anfechtbarkeit des Ersterwerbes rechtskräftig festgestellt, vielmehr kann in dem Anfechtungsprozeß gegen den Rechtsnachfolger, entgegen jener Verurteilung, entschieden werden, daß die Voraussetzungen für die Anfechtung gegen den Ersterwerber nicht gegeben seien. Auch dann wirkt die rechtskräftige Bejahung der Anfechtbarkeit gegenüber dem Ersterwerber nicht gegen den Rechtsnachfolger, wenn, wie vorliegend, der Erwerb des Rechtsnachfolgers erst stattgefunden hat, nachdem der Anfechtungsanspruch gegen den Ersterwerber rechtshängig gemacht worden war. Denn nach §§ 1, 7 begründet die Anfechtung für den anfechtenden Gläubiger nur ein obligatorisches Recht darauf, daß das durch die anfechtbare Handlung Weggegebene zum Zwecke der Ermöglichung der Befriedigung daraus so behandelt werde, als bilde es noch einen Bestandteil des Vermögens des Schuldners, nicht aber einen Anspruch des Gläubigers auf das Weggegebene in dem Sinne, daß es ihm geleistet werde und in sein Vermögen übergehe (RGZ. Bd. 47 S. 221, Bd. 56 S. 195, Bd. 71 S. 176). Deshalb begründet die Erhebung der Anfechtungsklage keine Streitbefangenheit des Rückgewährgegenstandes im Sinne des § 265 ZPO. und demzufolge ist derjenige, der nach dem Eintritte der Rechtshängigkeit des Anfechtungsanspruchs den Rückgewährgegenstand vom Beklagten erwirbt, nicht Erwerber einer in Streit befangenen Sache, gegen den ein gegen den Beklagten rechtskräftig erlassenes Urteil gemäß § 325 ZPO. wirken würde. Daher ist, wie im Anschluß hieran zu bemerken ist, die vorerwähnte Erklärung des Berufungsrichters nicht zutreffend, daß für die Anfechtung gegen die Rechtsnachfolgerin Frau S. die Voraussetzung, daß die Anfechtung gegen die Ersterwerberin Frau H. begründet sei, ohne weiteres deshalb gegeben wäre, weil in dem Vorprozeß rechtskräftig entschieden sei, daß die Anfechtung der Hypothekbestellung gegen die Ersterwerberin der Hypothek, Frau H., begründet gewesen sei.

Jedoch steht jene Selbständigkeit des Anfechtungsprozesses gegen den Rechtsnachfolger und der Umstand, daß das im Anfechtungsprozeß gegen den Ersterwerber rechtskräftig erlassene Urteil auf Bejahung der Anfechtbarkeit des Ersterwerbes nicht gegen den Rechtsnachfolger wirkt, dem nicht entgegen, daß die Jahresfrist des § 3 Nr. 2 AnfG. durch rechtzeitige Erhebung der Anfechtungsklage gegen den Ersterwerber auch für die Anfechtung gegen den Rechtsnachfolger gewahrt wird, soweit es sich für diese Anfechtung nach § 11 Abs. 2 um das Vorliegen der Voraussetzung handelt, daß die Anfechtung gegen den Ersterwerber gemäß § 3 Nr. 2 begründet sei. Wenn auch das Vorliegen dieser Voraussetzung von dem anfechtenden Gläubiger in dem Anfechtungsprozeß gegen den Rechtsnachfolger dargetan werden muß, und zwar selbst in dem Falle, daß im Anfechtungsprozeß gegen den Ersterwerber dieser bereits rechtskräftig verurteilt worden ist, so ist doch, soweit die Begründetheit der Anfechtung gegen den Ersterwerber von der Wahrung der Frist abhängt, diesem Erfordernis dadurch genügt, daß der Ersterwerb innerhalb der Frist durch Erhebung der Klage gegen den Ersterwerber selbst angefochten worden ist. Es kann nicht als im Sinne des Gesetzes liegend erachtet werden, daß trotz der rechtzeitigen Anfechtung des Ersterwerbes die Voraussetzung des § 11 Abs. 2, daß die Anfechtung gegen den Ersterwerber begründet ist, für den Fall der behaupteten Anfechtbarkeit des Ersterwerbes nach § 3 Nr. 2 nicht gegeben sei, wenn die Anfechtungsklage gegen den Rechtsnachfolger erst nach Ablauf der Frist erhoben wurde. Der Gläubiger würde dann, wenn, wie vorliegend, der Ersterwerber das vom Schuldner Erlangte erst nach Ablauf der Frist weiter veräußert hätte, die Anfechtung gegen den nunmehr im Besitze des Rückgewährgegenstandes oder eines Teiles davon befindlichen Rechtsnachfolger überhaupt nicht betreffs der Voraussetzung der Anfechtbarkeit des Ersterwerbs auf die ihm, insbesondere hinsichtlich der Vermutung für die Fraudulosität des Ersterwerbers, günstige Vorschrift der Nr. 2 des § 3 stützen können. Für die Richtigkeit dieser Gesetzesauslegung ist eine Bestätigung aus Abs. 4 des § 11 zu entnehmen. Aus dieser Vorschrift, wonach zur Erstreckung der Fristen in Gemäßheit des § 4 die Zustellung des Schriftsatzes an den Rechtsnachfolger, gegen welchen die Anfechtung erfolgen soll, genügt, ergibt sich beim Zusammenhalt mit der Vorschrift des § 4, daß, wenn der Gläubiger, bevor er einen vollstreckbaren Schuldtitel erlangt hatte oder seine Forderung fällig war, eine Anfechtungsankündigung (nicht dem Rechtsnachfolger, sondern) dem Ersterwerber, demgegenüber eine im § 3 Nr. 2 bis 4 bezeichnete Rechtshandlung vorgenommen ist, zugestellt hat, die Fristen des § 3 Nr. 2 bis 4 (nicht nur für die Anfechtungsklage gegen den Ersterwerber, sondern auch) für die Anfechtungsklage gegen den Rechtsnachfolger hinsichtlich der Voraussetzung, daß die Anfechtung gegen den Ersterwerber begründet ist, unter den in § 4 bestimmten Voraussetzungen weiter erstreckt werden. Ist aber danach hinsichtlich Wahrung der genannten Fristen für die Anfechtungsklage gegen den Rechtsnachfolger eine Anfechtungsankündigung gegenüber dem Ersterwerber gleichgestellt einer Anfechtungsankündigung gegenüber dem Rechtsnachfolger, so ist um so mehr als vom Gesetz gewollt anzusehen, daß die Fristen des § 3 Nr. 2 bis 4 für die Anfechtung gegen den Rechtsnachfolger bezüglich der Voraussetzung, daß die Anfechtung gegen den Ersterwerber begründet ist, nicht nur durch rechtzeitige Erhebung der Anfechtungsklage gegen den Rechtsnachfolger, sondern auch durch eine innerhalb der Fristen erhobene Anfechtungsklage gegen den Ersterwerber gewahrt werden. Danach ergibt sich für den vorliegenden Fall, daß für die Anfechtung gegen die Rechtsnachfolgerin Frau S. bezüglich der Voraussetzung, daß die Anfechtung gegen die Ersterwerberin Frau H. begründet ist, die Frist des § 3 Nr. 2 durch die innerhalb dieser Frist erhobene Anfechtungsklage gegen Frau H. gewahrt wäre und daß daher der Berufungsrichter die Möglichkeit der Erhebung einer Anfechtungsklage gegen Frau S. auf Grund von § 3 Nr. 2, § 11 Abs. 2 Nr. 1 zu Unrecht verneint hat.

Im Anschluß hieran ist zu bemerken, daß für die zuerst erörterte Möglichkeit der Anfechtung gegen Frau S. auf Grund von § 3 Nr. 1, § 11 Abs. 2 Nr. 1 die im § 12 für die Anfechtung einer nach § 3 Nr. 1 anfechtbaren Handlung bestimmte Ausschlußfrist von 10 Jahren in Betracht kommt, weil seit der Hypothekbestellung vom 27. Juni 1908, gegen welche die Anfechtung sich zu richten haben würde, mehr als 10 Jahre verflossen sind. Allerdings muß der Kläger dartun nicht nur, daß er durch Erhebung der Anfechtungsklage gegen Frau S. Ersatz des Schadens, den er vom Beklagten erstattet verlangt, jetzt nicht zu erlangen vermöge, sondern auch, daß er früher, als die zehnjährige Frist noch nicht abgelaufen war, durch die genannte Klagerhebung ohne Verschulden ebenfalls nicht Ersatz des Schadens hätte erlangen können (RGZ. Bd. 86 S. 287). Nach der gegebenen Sachlage ist aber dadurch, daß seit der Hypothekbestellung mehr als 10 Jahre vergangen sind, überhaupt noch nicht die genannte Anfechtungsklage ausgeschlossen. Denn durch die Erhebung der Anfechtungsklage gegen Frau H., die Ersterwerberin und Rechtsvorgängerin der Frau S., ist auch die Ausschlußfrist des § 12 gewahrt. Die dargelegten Gründe für Wahrung der Frist des § 3 Nr. 2 (§ 11 Abs. 1 Nr. 1) durch die Klage gegen Frau H. treffen in gleicher Weise auch auf die Wahrung der Ausschlußfrist zu.

Weiter erklärt der Berufungsrichter, dieselben Gründe, die der Erhebung eines Anfechtungsanspruchs gegen Frau S. nach § 11 Abs. 2 Nr. 1 wegen Fristablaufs entgegenständen, hinderten auch die Geltendmachung des Anspruchs gegen sie nach § 11 Abs. 2 Nr. 3; es brauche daher der Frage nicht näher getreten zu werden, ob wirklich Frau S. die Teilhypothek von 10000 *M* unentgeltlich erhalten habe. Auch dies beruht auf Rechtsirrtum. Nach obigen Ausführungen bestimmt § 11 Abs. 2 überhaupt nicht eine Frist für die Geltendmachung des Anfechtungsanspruchs gegen den Rechtsnachfolger, also auch nicht für die Anfechtung unter der Voraussetzung der Nr. 3, daß dem Rechtsnachfolger das Erlangte unentgeltlich zugewendet worden ist; Zeitschranken für die Anfechtung ergeben sich nur daraus, daß erste Voraussetzung hierfür die Begründetheit der Anfechtung gegen den Ersterwerber ist. In dieser Hinsicht kommt vorliegend die Anfechtbarkeit des Ersterwerbs der Frau H. auf Grund des § 3 Nr. 1 und des § 3 Nr. 2 in Betracht. Die betreffenden Fristen sind aber nach dem Vorerörterten gewahrt. . . .

Das Berufungsurteil ist daher, soweit der Berufungsrichter die Möglichkeit, daß der Kläger durch Anfechtung der fraglichen Hypothekbestellung gegen Frau S. Ersatz für den Schaden erlange, verneint hat, wegen Verletzung des § 11 Abs. 2 Nr. 1 verb. mit § 3 Nr. 1, des § 11 Abs. 2 Nr. 1 verb. mit § 3 Nr. 2, des § 11 Abs. 2 Nr. 3 verb. mit § 3 Nr. 1 und des § 11 Abs. 2 Nr. 3 verb. mit § 3 Nr. 2 aufzuheben. Zu einer anderweiten Endentscheidung ist die Sache nicht reif. . . .

---

40. Liegt eine wirksame Anschließung an die Berufung und ein Beginn der mündlichen Verhandlung des Berufungsbeklagten im Sinne des § 515 Abs. 1 ZPO. vor, wenn in dem zur mündlichen Verhandlung über die Berufung bestimmten Termine der allein erschienene Berufungsbeklagte aus einem von ihm überreichten Schriftsatze neben dem Antrag auf Zurückweisung der Berufung einen Anschließungsantrag verliest, dann aber sofort Vertagung beantragt?

IV. Zivilsenat. Urt. v. 10. Oktober 1921 i. S. L. (Kl. u. Widerbekl.) w. L. (Bekl. u. Widerkl.). IV 116/21.

I. Landgericht Breslau. — II. Oberlandesgericht daselbst.

Das Landgericht hat die Ehe der Parteien auf die Klage der Frau und die Widerklage des Mannes aus beiderseitigem Verschulden geschieden. Die Klägerin legte Berufung ein. In dem nach Ablauf der Berufungsfrist anstehenden ersten Verhandlungstermin erklärte der allein erschienene Beklagte, daß er Anschlußberufung einlege; er verlas aus einer Protokollanlage die Anträge, die gegnerische Berufung zurückzuweisen und auf seine Anschlußberufung das erste Urteil dahin abzuändern, daß die Klage abgewiesen und die Ehe lediglich auf die Widerklage aus alleinigem Verschulden der Klägerin geschieden werde. In unmittelbarem Anschlusse hieran beantragte er Vertagung. Diesem Antrage gemäß wurde ein neuer Verhandlungstermin anberaumt. Bei Beginn dieses Termins erklärte die Klägerin, daß sie die Berufung zurücknehme. Der Beklagte widersprach der Zurücknahme und wiederholte die im ersten Termine gestellten Sachanträge. Die Klägerin beantragte, die Anschlußberufung als unzulässig zu verwerfen. Durch Zwischenurteil erklärte das Oberlandesgericht die Zurücknahme der Berufung durch die Klägerin für unzulässig und die Anschlußberufung des Beklagten für wirksam. In der Sache selbst erließ es ein bedingtes Endurteil. Auf die Revision der Klägerin wurde unter Aufhebung beider Urteile ausgesprochen, daß die Berufung der Klägerin durch Zurücknahme erledigt sei, und die Anschließung des Beklagten an die Berufung als unzulässig verworfen.

Gründe:

Die Revision richtet sich gegen die in dem Zwischenurteile des Berufungsgerichts ausgesprochene Annahme der Unzulässigkeit der von der Klägerin erklärten Berufungszurücknahme und die darauf beruhende Annahme der Wirksamkeit der Anschlußberufung des Beklagten.

Da die Klägerin die Berufung erst bei Beginn des zweiten Verhandlungstermins vor dem Berufungsgerichte zurückgenommen und der Beklagte der Zurücknahme sofort widersprochen hat, so hängt die Zulässigkeit der Zurücknahme nach § 515 Abs. 1 ZPO. davon ab, ob in den Erklärungen des Beklagten und Berufungsbeklagten im ersten Verhandlungstermin ein „Beginn der mündlichen Verhandlung des Berufungsbeklagten" zu finden ist. Das Oberlandesgericht bejaht dies unter Berufung auf RGZ. Bd. 85 S. 83. Dort ist dargelegt, daß die in § 515 Abs. 1 enthaltene Beschränkung der Berufungszurücknahme mit dem in den §§ 521, 522 geregelten Rechte des Berufungsbeklagten zur Anschließung in Wechselbeziehung stehe. Nachdem der Berufungsbeklagte sich der Berufung wirksam angeschlossen und dadurch prozessuale Rechte erlangt habe, solle dem Berufungskläger nicht mehr gestattet sein, dem Berufungsbeklagten diese Rechte ohne dessen Einwilligung durch Zurücknahme der Berufung zu entziehen. In der Anschließung, die durch die Stellung des Anschließungsantrags in der mündlichen Verhandlung erklärt werde, liege ein Angriff gegen das erstinstanzliche Urteil und somit ein Verhandeln des Berufungsbeklagten über dieses Urteil. Wenn daher der Berufungsbeklagte im Verhandlungstermine, nachdem der Berufungskläger seinen Berufungsantrag verlesen habe, nicht nur die Zurückweisung der Berufung beantrage, sondern sogleich auch seine Anschließung an die Berufung erkläre, so sei einesteils die Anschließung wirksam erfolgt und habe anderenteils die mündliche Verhandlung des Berufungsbeklagten im Sinne des § 515 Abs. 1 begonnen.

Die Richtigkeit dieser Sätze soll nicht bezweifelt werden. Es ist in der Rechtsprechung des Reichsgerichts (RGZ. Bd. 8 S. 380, Bd. 12 S. 434, Bd. 63 S. 366, 367; JW. 1892 S. 478 Nr. 7) auch anerkannt, daß die Anschließung des Berufungsbeklagten an die Berufung zulässig ist, wenn der Berufungskläger im Verhandlungstermine nicht erscheint und — unter den Voraussetzungen der §§ 330 flg., 542 ZPO. — Versäumnisurteil wider ihn beantragt wird. Sowohl von diesem Falle als auch von dem in RGZ. Bd. 85 S. 83 behandelten unterscheidet sich aber der vorliegende dadurch, daß einerseits die Klägerin und Berufungsklägerin im ersten Verhandlungstermin ausgeblieben war, anderseits der Beklagte gegen sie ein seinem Anschließungsantrag entsprechendes Versäumnisurteil weder beantragt hat noch nach § 335 Nr. 3 hat beantragen können, weil er ihr den Anschließungsantrag nicht mittels vorbereitenden Schriftsatzes angekündigt hatte. Der Beklagte war wegen dieser Unterlassung außerstande, gegen die nicht erschienene Klägerin als Anschließungsgegnerin ordnungsmäßig zu verhandeln. Er hat in Wahrheit auch gar nicht verhandelt, vielmehr dadurch, daß er gleich nach der Verlesung der Sachanträge selbst Vertagung beantragte, kundgegeben, daß er die eben verlesenen Anträge in dem anstehenden Termine nicht verfolgen wolle. Die Antragsverlesung ist dadurch bedeutungslos geworden. Unter diesen Umständen enthalten die Erklärungen des Beklagten und Berufungsbeklagten im ersten Verhandlungstermine weder eine wirksame Anschließung an die Berufung noch einen Beginn der mündlichen Verhandlung des Berufungsbeklagten im Sinne des § 515 Abs. 1. Die bei Beginn des zweiten Verhandlungstermins von der Klägerin erklärte Berufungszurücknahme war danach zuzulassen und die nach dieser Zurücknahme von neuem erklärte Anschließung des Beklagten an die Berufung aus den §§ 522 Abs. 1, 535 ZPO. als unzulässig zu verwerfen.

---

41. Zu den Begriffen der Abwesenheit und der mit dem Aufschube verbundenen Gefahr im Sinne des § 1401 BGB.

VII. Zivilsenat. Urt. v. 1. November 1921 i. S. Fr. (Bekl.) w. H. u. Gen. (Kl.). VII 107/21.

I. Landgericht Hamburg. — II. Oberlandesgericht daselbst.

Der Beklagte ließ am 13. August 1919 bei seinem Schuldner, dem Ehemann H., Zwangsvollstreckung vornehmen. Mit der Behauptung, daß ein Teil der gepfändeten Gegenstände früher Eigentum der Ehefrau H. gewesen sei, und daß die letztere ihnen diese Gegenstände durch Vertrag vom 11. August 1919 übereignet habe, widersprachen die Kläger der Zwangsvollstreckung in diese Gegenstände und verlangten insoweit die Feststellung der Unzulässigkeit. Der Beklagte bestritt u. a. die Wirksamkeit des Übereignungsvertrags mangels der Zustimmung des Ehemanns H. In letzterer Hinsicht behaupteten die Kläger das Vorliegen der Voraussetzungen des § 1401 BGB. Im Gegensatz zum Landgericht, das die Klage abwies, gab das Oberlandesgericht dem Klagantrage statt. Die Revision des Beklagten blieb erfolglos.

Gründe.

Das Berufungsgericht stellt fest, daß die streitigen Gegenstände eingebrachtes Gut der Ehefrau H. waren und von ihr an die Kläger durch Vertrag vom 11. August 1919 zur Sicherheit für gegebene Darlehen im Betrage von zusammen 12000 M übereignet worden sind. Hiergegen wird von der Revision ein Angriff nicht erhoben; sie wendet sich nur dagegen, daß das Berufungsgericht das Vorliegen der Voraussetzungen des § 1401 BGB. angenommen und danach die Zustimmung des Ehemanns H. zur Veräußerung der streitigen Sachen für entbehrlich erklärt hat. Damit kann sie keinen Erfolg haben. Nach § 1401 BGB. ist die Zustimmung des Mannes in den Fällen der §§ 1395 bis 1398 nicht erforderlich, wenn der Mann durch Abwesenheit an der Abgabe einer Erklärung verhindert und mit dem Aufschube Gefahr verbunden ist. Das erste Erfordernis — Abwesenheit des Ehemanns H. — ist vom Berufungsgericht bedenkenfrei angenommen; denn es stellt fest, daß zur Zeit des Darlehns- und Sicherungsübereignungsvertrags vom 11. August 1919 die Eheleute H. getrennt voneinander und in Feindschaft und Scheidung lebten, und daß die Wohnung des Ehemanns H. nicht auffindbar war. Damit sind alle Erfordernisse für die Annahme einer Abwesenheit im Sinne des § 1401 BGB. festgestellt. Der Ehemann H. war tatsächlich durch Abwesenheit verhindert, am 11. August 1919 eine Erklärung abzugeben. Es genügte eine vorübergehende Verhinderung, die Verhinderung brauchte nicht, wie im Falle des § 1305 BGB., eine dauernde zu sein. Es lag auch eine Abwesenheit auf unbestimmte Dauer, nicht bloß ein vorübergehendes Verreistsein vor; der Ehemann war, wie die Sache lag, überhaupt oder doch innerhalb entsprechender Zeit nicht erreichbar. Darauf, daß das Hindernis später wegfiel, indem am 13. August 1919 der Ehemann H. in der von der Ehefrau weiter benutzten Ehewohnung unvermutet erschien, kommt es nicht an. Maßgebend für die Feststellung der Voraussetzungen des § 1401 BGB. ist allein der Zeitpunkt des von der Ehefrau vorzunehmenden Rechtsgeschäfts oder der von ihr vorzunehmenden Verfügung, also hier der 11. August 1919. Die etwa am 13. August 1919 gegebene Möglichkeit, die Einwilligung des Mannes einzuholen, muß daher — vorausgesetzt, daß das weitere Erfordernis einer mit dem Aufschube verbundenen Gefahr gegeben war — ganz außer Betracht bleiben. Obgleich somit das Berufungsgericht die Abwesenheit des Mannes im Sinne des § 1401 BGB. einwandfrei festgestellt hat, fügt es seiner Begründung noch die Bemerkung hinzu, daß unter den gegebenen Verhältnissen, und da der Ehemann die gemäß § 1395 BGB. erforderliche Einwilligung offenbar nicht abgeben wollte, der Fall den im Gesetze ausdrücklich erwähnten Verhinderungsfällen von Krankheit und Abwesenheit gleichzustellen sei. Mit Recht weist demgegenüber die Revision darauf hin, daß es für den Begriff der Abwesenheit im Sinne des § 1401 BGB. nur darauf ankommt, daß der Mann die Erklärung nicht abgeben kann, nicht, daß er sie nicht abgeben will. Die zusätzliche Bemerkung des Berufungsgerichts, die übrigens als bloße Erwägung, nicht als tatsächliche Feststellung aufzufassen ist, . . . ist aber unschädlich, weil überflüssig, nachdem die Voraussetzungen der Abwesenheit anderweit einwandfrei festgestellt sind. Das Berufungsgericht hat unnötigerweise eine Erwägung herangezogen, die mit der Feststellung der Abwesenheit im Sinne des § 1401 BGB. nichts zu tun hat.

Es kommt sonach nur noch darauf an, ob mit dem Aufschube Gefahr verbunden war. Das Berufungsgericht bejaht das, da die Ehefrau nach ihrer glaubhaften Bekundung ihren Hausstand an die Kläger habe verkaufen müssen, um sich Kredit zu verschaffen und ihre Existenz zu sichern. Diese wenn auch nur kurze Begründung muß als ausreichend angesehen werden. Es handelt sich dabei im wesentlichen um eine Tatfrage; ein Rechtsirrtum ist nicht erkennbar. Die Motive zum Entwurf des BGB. Bd. 4 S. 240 bemerken allerdings, daß die Voraussetzung der Gefahr im Verzuge im Sinne des § 1401 wenigstens in der Regel nur dann vorliegt, wenn der Ehemann, falls er nicht behindert gewesen wäre, die Einwilligung hätte erteilen müssen, und sie wollen deshalb die Anwendbarkeit der Vorschrift auf Fälle beschränken, wo das Rechtsgeschäft zur ordnungsmäßigen Verwaltung des Eheguts erforderlich ist. Das mag, wie die Motive bemerken, für den Regelfall zutreffen. Damit ist aber die Anwendbarkeit des § 1401 auf anders gelagerte Ausnahmefälle nicht ausgeschlossen. Wenn, wie im vorliegenden Falle, der Ehemann in Feindschaft mit seiner Ehefrau, mit der er in Scheidung lebt, die Ehewohnung verlassen, seinen neuen Aufenthaltsort gar nicht bekannt gegeben, für die Ehefrau aber keine Vorsorge getroffen, sondern es ihr selbst überlassen hat, für ihr weiteres Fortkommen und ihren Unterhalt zu sorgen, und wenn die Ehefrau dann zu diesem Zwecke genötigt ist, durch Veräußerung ihrer Habe sich Mittel für ihr Fortkommen zu verschaffen, so kann hierin ohne Rechtsirrtum ein Fall der Gefahr im Verzuge erblickt werden, der die Anwendung des § 1401 rechtfertigt. Vgl. dazu die Bestimmung in § 326 II 1 preuß. ALR., die in solchem Falle der Frau das noch weitergehende Recht gab, den Mann in seinen eigenen Vermögensangelegenheiten zu vertreten. . . .

42. 1. Inhalt der Versendungspflicht des Verkäufers beim Distanzkaufe.
2. Bedeutung der Lieferung der Ware in ein anderes Verbrauchsgebiet für die Frage des Kettenhandels.

II. Zivilsenat. Urt. v. 1. November 1921 i. S. W. (Bekl.) w. B. & Co. (Kl.). II 246/21.

I. Landgericht Hamburg, Kammer f. Handelssachen. — II. Oberlandesgericht daselbst.

Zwischen der in Hamburg ansässigen Klägerin als Verkäuferin und dem in Leipzig wohnhaften Beklagten als Käufer kam Ende September 1918 ein Abschluß über ca. 7000 Stück Demijons (mit Weiden umflochtene Glasflaschen) zum Preise von 2,70 *M* für das Stück zustande. Im übrigen lauteten die Vertragsbedingungen: franko Waggon Hamburg, Akkreditiv bei der N. Bank gegen abgestempelten Duplikatfrachtbrief. Zur Lieferung kam es nicht, da nach längerem Briefwechsel über die Art der durch die Klägerin zu bewirkenden Versendung der Ware der Beklagte schließlich den Rücktritt vom Vertrag erklärte. Die Klägerin erhob sodann Klage auf Zahlung des Kaufpreises von 18900 *M* mit dem Vorbringen, die gekauften Demijons ständen dem Beklagten jederzeit zur Verfügung. Der Beklagte hat, abgesehen von anderen hier nicht interessierenden Einwendungen, geltend gemacht: Zahlung oder Akkreditivstellung habe erst gegen abgestempelten Duplikatfrachtbrief, jedenfalls nicht vor Beginn der durch die Klägerin zu bewirkenden Verladung erfolgen müssen, die Klägerin habe mit der Verladung nicht einmal begonnen, sei also nicht erfüllungsbereit gewesen. Endlich hat der Beklagte noch den Einwand des Kettenhandels erhoben. Während des Rechtsstreits ließ die Klägerin die Ware gemäß § 373 Abs. 2 HGB. öffentlich versteigern und beschränkte nunmehr den Klaganspruch auf den nach Abzug des Erlöses vom Kaufpreise verbleibenden Betrag von 12550,39 *M*.

Beide Vorinstanzen haben der Klägerin diesen Betrag zuerkannt. Die Revision des Beklagten hatte keinen Erfolg.

Gründe:

Nach der Auffassung des Berufungsgerichts begründete die Vertragsklausel „franko Waggon Hamburg, Akkreditiv bei . . . gegen abgestempelten Duplikatfrachtbrief" für die Klägerin die Verpflichtung, die Ware an den Waggon zu schaffen. Der Umstand, daß sie einen Waggon nicht stellen konnte, habe — so wird ausgeführt — dem Beklagten nicht das Recht gegeben, vom Vertrag zurückzutreten. Denn wenn beim Distanzkaufe der Verkäufer sich um Stellung eines Waggons bemühe, so geschehe das im Interesse des Käufers, eine Verpflichtung dazu bestehe nicht. Der Beklagte habe daher, weil die Klägerin keinen

Waggon stellen konnte, nicht vom Vertrage zurücktreten können. Die Revision meint, die Klägerin, die zur Vorlegung des Duplikatfrachtbriefs verpflichtet gewesen sei, habe naturgemäß auch für den Waggon oder die Waggons sorgen müssen; solange sie diese Verpflichtung nicht erfüllt, habe sie auch die Gegenleistung nicht verlangen können.

Aus dem Handelsbrauche, wonach bei Distanzkäufen der Verkäufer die Ware dem Käufer an dessen Wohnort oder gewerbliche Niederlassung zu übersenden hat, ergab sich für die Klägerin die Verpflichtung, sich um einen Wagen zu bemühen, mittels dessen die Ware von Hamburg nach Leipzig befördert werden konnte. Durch die Vereinbarung „franko Waggon Hamburg, Akkreditiv . . . gegen abgestempelten Duplikatfrachtbrief" wurde an dieser Verpflichtung nichts geändert. Inhaltlich ging die Verpflichtung dahin, jedenfalls die gemeinhin üblichen Schritte zwecks Erlangung eines Waggons zu tun; außergewöhnliche Anstrengungen brauchte die Klägerin jedoch in dieser Richtung nicht zu machen, und insbesondere kann davon, daß sie für die Stellung eines Waggons durch die Eisenbahnbehörde Gewähr zu leisten gehabt habe, nicht die Rede sein. Der Verkäufer handelt bei der Versendung der Ware regelmäßig im Interesse und nach Art eines Beauftragten des Käufers. Entstehen besondere Schwierigkeiten, so ist es Sache des Käufers, dafür zu sorgen, daß die Versendung ausgeführt werden kann. Daraus folgt, daß auch bei ungewöhnlichem Waggonmangel, wie er im Spätherbst 1918 in Deutschland herrschte, der Käufer die der Waggonstellung entgegenstehenden Hindernisse aus dem Wege zu räumen, zum mindesten aber bei deren Beseitigung entsprechend mitzuwirken hat. Aus dem Briefwechsel der Parteien ergibt sich nun ohne weiteres, daß die Klägerin zur Ermöglichung der Versendung der Ware, namentlich auch zwecks Erlangung eines Waggons, alles, was nach den Umständen von ihr verlangt werden konnte, getan hat und daß es lediglich am Beklagten selbst lag, wenn sie die zur Bereitstellung der Versendung weiter erforderlichen Schritte unterließ. Am 30. September 1918 ersuchte sie den Beklagten um eine polizeilich beglaubigte Dringlichkeitserklärung, die nach Angabe ihres Spediteurs zur Erwirkung eines Waggons nötig sei. Auf die Antwort des Beklagten, er habe eine solche Erklärung bis jetzt nicht bekommen können, die Klägerin möge mitteilen, wie sonst der Versand nach Leipzig erfolgen könne, schlug sie ihm am 7. Oktober 1918 den Wasserweg bis Halle vor, worauf er erklärte, er werde sich mit einem Spediteur daselbst in Verbindung setzen und sodann weitere Mitteilung machen. Mitteilung hierüber kam aber nicht, obwohl die Klägerin den Beklagten am 15. Oktober 1918 an die Einsendung seiner Versandvorschriften erinnerte. Auf ihre Aufforderung vom 9. November 1918, nunmehr ein Akkreditiv zu stellen, da ihr für die nächsten Tage ein Waggon zugesagt sei, antwortete er zunächst überhaupt nicht, und auf die Erinnerung vom 29. November erklärte er den Rücktritt vom Vertrage, da er die zur sofortigen Lieferung gekaufte Ware jetzt, nach einem Vierteljahr, nicht mehr gebrauchen könne und sein Auftraggeber seinen Auftrag annulliert habe. Der Standpunkt des Beklagten, daß er das Akkreditiv vor erfolgter Verladung der Ware und Ausstellung des Duplikatfrachtbriefes nicht habe zu stellen brauchen, ist schon mit Rücksicht darauf, daß er die von ihm verlangte Dringlichkeitserklärung nicht beigebracht und damit die Beschaffung eines Waggons von vornherein vereitelt hat, nicht haltbar. Bei dieser Sachlage ist kein Zweifel, daß er zum Rücktritt vom Vertrage nicht berechtigt war. Wohl aber war die Klägerin wegen des Annahmeverzuges, in dem der Beklagte sich befand, zum Selbsthilfeverkaufe nach § 373 HGB. befugt. Die Rechtsfolgen, die das Landgericht und ihm folgend auch der Berufungsrichter hieraus gezogen haben, werden von der Revision nicht beanstandet.

Auch die Zurückweisung des Einwandes des Kettenhandels wird von der Revision vergeblich angegriffen. Zwar ist die Annahme des Berufungsrichters, daß Demijons (gläserne Behältnisse zur Aufnahme beliebiger Flüssigkeiten) nicht Gegenstände des täglichen Bedarfs seien, nicht unbedenklich. Entscheidend ist aber, daß die Ware — wenn auch beide Parteien Großhändler sind — von Hamburg nach Leipzig verkauft war, also in ein ganz anderes Verbrauchsgebiet geliefert werden sollte. Dieser Entscheidungsgrund trägt die Verneinung des Vorliegens eines Kettenhandelsgeschäfts.

---

43. 1. Ist gegen die „endgültige Festsetzung" des Übernahmepreises durch die Zentraleinkaufsgesellschaft oder die Reichsfischversorgung G. m. b. H. nach Maßgabe der Verordnung vom 4. April 1916 über die Einfuhr von Salzheringen und der Ausführungsbestimmungen hierzu vom 5. April 1916 (RGBl. S. 234, 238) der Rechtsweg gegeben?

2. Unter welchen Umständen begründet die Behauptung einer unerlaubten Handlung (§ 826 BGB.), die bei einer öffentlichrechtlichen und dem Rechtswege entzogenen Maßnahme begangen sein soll, eine bürgerliche Rechtsstreitigkeit?

VI. Zivilsenat. Urt. v. 3. November 1921 i. S. Reichsfischversorgung G. m. b. H. (Bekl.) w. de J. (Kl.). VI 153/21.

I. Landgericht Oldenburg. — II. Oberlandesgericht daselbst.

Der Kläger hat vorgetragen: Er sei Eigentümer von 1076 Faß Heringen gewesen, die auf den Schiffen Engeline und Elisabeth nach Deutschland eingeführt werden sollten. Die Fische seien bei der Beklagten angemeldet worden, die durch einen Vertrauensmann festgestellt habe, daß die Heringe von besonders guter Qualität seien, und die sie dann nach der Verordnung vom 5. April 1916 zu Eigentum übernommen habe. Die Beklagte habe sie für 484200 *M* an die Nahrungsmittelzentrale in O. verkauft, den Preis für den Kläger aber nach langen Verhandlungen Anfang März 1920 auf nur 242100 *M* festgesetzt, wovon sie noch 36742,50 *M* an Spesen gekürzt habe; durch Hinterlegung der Summe sei ein weiterer Abzug von 2124,90 *M* entstanden. Der Kläger verlangt, gestützt auf § 826 BGB., die Zahlung von 275967,40 *M*, indem er behauptet, daß das ganze Gebahren der Beklagten gegen die guten Sitten verstoße; es stelle einen Mißbrauch des durch die genannte Verordnung der Beklagten eingeräumten Rechtes der Festsetzung des Übernahmepreises dar; die Beklagte habe, anstatt einen angemessenen Preis festzusetzen, eine Raubpolitik getrieben.

Die Beklagte hat die prozeßhindernde Einrede der Unzulässigkeit des Rechtswegs vorgebracht. Diese wurde vom Landgericht verworfen und die gegen dessen Entscheidung von der Beklagten eingelegte Berufung vom Oberlandesgericht zurückgewiesen.

Auf die Revision der Beklagten wurde das Urteil des Oberlandesgerichts aufgehoben aus folgenden

Gründen:

Durch eine Kriegsverordnung vom 17. Januar 1916 (RGBl. S. 45) war bestimmt worden, daß Salzheringe, die aus dem Ausland eingeführt werden, an die Zentraleinkaufsgesellschaft G. m. b. H. in Berlin (ZEG.) zu liefern seien. In den Ausführungsbestimmungen zu dieser Verordnung vom 22. Januar 1916 (RGBl. S. 59) war den Einführenden die Anzeige vom Eingange der Ware an die ZEG. zur Pflicht gemacht, die sich unverzüglich zu erklären habe, ob sie die Salzheringe übernehmen wolle. In diesem Falle hatte sie einen angemessenen Übernahmepreis zu zahlen, den sie selbst vorläufig festsetzte. War der Einführende mit diesem Preise nicht zufrieden, so hatte diesen ein vom Reichskanzler ernannter Ausschuß endgültig festzusetzen. Streitigkeiten über Lieferung, Aufbewahrung, Versicherung und den Eigentumsübergang sollte dagegen (§ 7 der AusfBest.) endgültig die höhere Verwaltungsbehörde entscheiden.

Die Bestimmungen der Verordnung vom 17. Januar 1916 nebst den Ausführungsbestimmungen vom 22. Januar 1916 wurden abgeändert durch eine neue Verordnung vom 4. April 1916 (RGBl. S. 234), zu der wiederum Ausführungsbestimmungen vom 5. April 1916

(RGBl. S. 238) erlassen wurden. § 1 der letzteren, die für den vorliegenden Rechtsfall zur Anwendung kommen, schreibt vor, daß Salzheringe, die aus dem Ausland eingeführt werden, nur durch die ZEG. oder mit deren Genehmigung im Deutschen Reich in den Verkehr gebracht werden dürfen; die Einführenden haben die Ware an die ZEG. zu verkaufen und zu liefern. § 2 enthält wiederum die unverzügliche Anzeigepflicht des Einführenden; nach § 4 hat sich die ZEG. unverzüglich zu erklären, ob sie die Ware übernehmen will. Den Übernahmepreis setzt jetzt (§ 5) die ZEG. selbst endgültig fest; eine vorläufige Festsetzung, wie in der Verordnung vom 22. Januar 1916, ist nicht mehr vorgesehen. Auch der Ausschuß, den letztere für die endgültige Preisfestsetzung angeordnet hatte, ist weggefallen; desgleichen verlautet in der neuen Verordnung nichts mehr von einem angemessenen Preise. § 7 der neuen Verordnung entspricht im wesentlichen dem § 7 der alten Verordnung.

An die Stelle der ZEG. ist nach einer weiteren Verordnung vom 24. Januar 1919, über die Einfuhr von Lebens- und Futtermitteln, für die Einfuhr von Fischen die Reichsfischversorgung G. m. b. H. in Berlin, die jetzige Beklagte, getreten (RGBl. S. 131).

Die rechtliche Stellung der ZEG. und der anderen Kriegsversorgungsgesellschaften ist, wie in den Entscheidungen des Reichsgerichts RGZ. Bd. 96 S. 107, Bd. 99 S. 44, Bd. 100 S. 144 klargelegt worden ist, eine doppelte. Sie sind an sich bürgerlichrechtliche Gesellschaften; sie sind aber im öffentlichen gemeinnützigen Interesse der Heeres- und Volksversorgung von der Reichsregierung errichtet und mit Monopolrechten für die Einfuhr und Inverkehrbringung gewisser Waren ausgestattet, und sie üben, insofern sie Beschlagnahmen ausgesprochen haben, insofern sie Waren an sich ziehen und je nach den maßgebenden Verordnungen die Übernahmepreise einseitig festsetzen, staatliche Hoheitsrechte aus. Die Übernahme durch die ZEG. oder die Reichsfischversorgung stellt daher eine Art Enteignung dar.

Nach den angezogenen Bestimmungen der Verordnungen vom 22. Januar 1916 und vom 5. April 1916 sind die Streitigkeiten, die zwischen dem Einführenden und der ZEG. oder der Reichsfischversorgung hinsichtlich des Übernahmepreises sowohl wie hinsichtlich der Abnahme, Lieferung, Aufbewahrung und Versicherung der Ware entstehen, dem ordentlichen Rechtsweg entzogen. Es handelt sich um ausschließlich im öffentlichen Interesse erlassene öffentlichrechtliche Vorschriften für die Nahrungsmittelversorgung des Volkes während der Kriegs- und der Blockadezeit, wie auch in der wirtschaftlichen Übergangszeit nach Beendigung des Krieges, die eine Zentralisierung des Warenverteilungsprozesses und im Zusammenhange damit auch eine Ausschaltung des freien Handelsverkehrs erforderten (vgl. RGZ. Bd. 92 S. 375, Bd. 96

S. 107, Bd. 99 S. 44, Bd. 100 S. 144). Die „endgültige" Festsetzung oder Entscheidung der §§ 5 und 7 der Verordnungen schließt die Verfolgung etwaiger Streitigkeiten bei den ordentlichen Gerichten aus. Zweifelhaft kann nach Maßgabe der Verordnung vom 5. April 1916 nur sein, ob im Falle des Streites über den Übernahmepreis zwischen dem Einführenden und der ZEG. oder der Reichsfischversorgung, da der Ausschuß der früheren Verordnung vom 22. Januar 1916 nicht mehr besteht, auch hierüber die höhere Verwaltungsbehörde des § 7 zu befinden hat, oder ob gegen die „endgültige" Festsetzung der genannten Gesellschaften nur die Beschwerde an die Dienstaufsichtsinstanz (das Reichswirtschaftsministerium) gegeben ist. Diese Frage bedarf im Rahmen des vorliegenden Rechtsstreits nicht der Entscheidung.

Der Kläger will für seinen Anspruch den Rechtsweg damit herstellen, daß er eine unerlaubte Handlung der Beklagten nach §§ 30, 31, 826 BGB. behauptet. Für einen privatrechtlichen Anspruch auf Schadensersatz aus § 826 BGB. muß allerdings der Rechtsweg notwendig offen stehen. Das Reichsgericht hat aber in feststehender Rechtsprechung angenommen, daß es nicht angängig ist, den öffentlichrechtlichen, dem Rechtsweg entzogenen Tatbestand zum Zwecke der gerichtlichen Verfolgung des geltend gemachten Anspruchs lediglich durch Unterstellung des Tatbestandes unter die privatrechtlichen Gesichtspunkte der Bereicherung oder der unerlaubten Handlung zu einem privatrechtlichen zu stempeln, ihn in ein privatrechtliches Gewand zu kleiden, wenn es sich in Wahrheit um nichts anderes als um den öffentlichrechtlichen Tatbestand selbst handelt (RGZ. Bd. 62 S. 196, Bd. 70 S. 398, Bd. 87 S. 120, Bd. 97 S. 180, Bd. 99 S. 45; JW. 1919 S. 930 Nr. 1). Soll der Rechtsweg zulässig sein, so müssen bestimmte greifbare Tatsachen vorgetragen werden, die den Tatbestand der behaupteten unerlaubten Handlung erfüllen; es darf nicht lediglich die öffentlichrechtliche Handlung der Behörde sein, die angefochten und als unerlaubt bezeichnet wird. Der Tatbestand der unerlaubten Handlung nach § 826 BGB. kann sich als gegeben darstellen, wenn entweder die staatliche Behörde, hier die mit behördlicher Gewalt ausgestattete Reichsfischversorgungsgesellschaft, nach der Klagebegründung gar nicht in der ihr übertragenen öffentlichrechtlichen Funktion gehandelt, diese vielmehr selbst nur als Deckmantel für die Verfolgung anderer widerrechtlicher Interessen gebraucht hat (vgl. RGZ. Bd. 97 S. 180, Bd. 99 S. 45), oder wenn die behauptete unerlaubte Handlung überhaupt ohne inneren Zusammenhang mit der öffentlichrechtlichen Ausübung der staatlichen Gewalt nur bei Gelegenheit der Ausübung dieser Gewalt vorgenommen ist (vgl. JW. 1919 S. 930 Nr. 1).

Dieser Anforderung genügt die vorliegende Klage nicht. Sie geht davon aus, daß der von der Reichsfischversorgungsgesellschaft festzusetzende Übernahmepreis, wenn dies auch in der maßgebenden Verordnung nicht ausdrücklich gesagt sei, ein angemessener sein müsse. Die Beklagte habe sich aber „von anderen Gesichtspunkten leiten lassen", sie habe das Recht der endgültigen Preisfestsetzung „in einer der guten Sitte hohnsprechenden Weise ausgenützt" und „gegen den Kläger zu eigenen Gunsten eine kaum glaubliche Raubpolitik getrieben". Diese Anführungen enthalten lediglich absprechende Urteile über das Verfahren der Beklagten bei Wahrnehmung der ihr übertragenen öffentlichrechtlichen Funktionen. An Tatsachen zur Begründung des Klaganspruchs ist lediglich angeführt, daß die Beklagte selbst aus dem Verkauf der Heringe 484200 *M* erlöst, aber nur die Hälfte davon dem Kläger als Übernahmepreis festgesetzt und von diesem auch noch 36742,50 *M* als Fracht und Spesen abgezogen habe. Ein mehreres zur Begründung des Tatbestandes des § 826 BGB. enthalten auch die Urteilstatbestände der Vorinstanzen nicht. Sie reichen wohl aus, darzutun, daß die Erwartungen des Klägers, die er hinsichtlich des Übernahmepreises glaubte hegen zu dürfen, sich nicht erfüllt haben. Sie ergeben aber weder gegenständlich eine wider die guten Sitten verstoßende Handlung der Beklagten, noch nach der inneren Seite eine vorsätzliche Schädigung des Klägers; einen Schadensersatzanspruch aus § 826 BGB. vermögen sie nicht zu begründen. Es ist in Wahrheit die Festsetzung des Übernahmepreises selbst, die dem Rechtsweg entzogene öffentlichrechtliche Handlung der Beklagten, die als der Preisangemessenheit der Ware nicht entsprechend angefochten und als Raubpolitik charakterisiert wird. Die Klage trägt vor, die Beklagte habe sich „von anderen Gesichtspunkten" als der Preisangemessenheit bei der Preisfestsetzung leiten lassen, ohne indessen diese Gesichtspunkte näher zu bezeichnen. Daß die Preisangemessenheit der einzige oder der vorwiegend von der Beklagten bei der Festsetzung des Übernahmepreises zu beachtende Gesichtspunkt sein müsse, wird dabei ohne weitere Begründung vorausgesetzt. Nach der unwidersprochen gebliebenen eigenen Darstellung der Beklagten ist die Sachlage die, daß die Festsetzung des Übernahmepreises auf die Hälfte des erzielten Verkaufserlöses abzüglich der Auslagen für Fracht und Spesen einer allgemeinen Weisung des Reichswirtschaftsministeriums entsprochen habe, das damit im Wirtschaftsinteresse des Deutschen Reichs in dessen finanziellen Nöten auf die Beschränkung der Einfuhr hinwirken wollte. Ob eine solche Maßnahme sachlich gerechtfertigt war, ist hier nicht zu erörtern. Sie bleibt jedenfalls im Rahmen der Verordnungen vom 4. und 5. April 1916, die die Regelung der Einfuhr von Salzheringen zum Gegenstande haben; ihre Befolgung kann als eine wider die guten Sitten verstoßende Handlung nicht angesehen werden.

Der Rechtsweg ist somit unzulässig.

44. Zum Begriff des Kriegsschadens im Sinne des Gesetzes über die Kriegsleistungen vom 13. Juni 1873 (RGBl. S. 129).

I. Zivilsenat. Urt. v. 3. November 1921 i. S. Reichsmilitärfiskus (Bekl.) w. Oz.-Dampfer-A.-G. (Kl.). I 231/21.

I. Landgericht Hamburg. — II. Oberlandesgericht daselbst.

Am 11. August 1918 fand bei Cuxhaven Reede zwischen dem der Klägerin gehörenden, vor Anker liegenden Dampfer Regina und dem Minenleger C 9, als dieser längsseits an der Regina anlegen wollte, um den für die Durchfahrt durch die Minensperre erforderlichen Sperrlotsen zu überbringen, ein Zusammenstoß statt, durch welchen der Dampfer Regina beschädigt sein soll. Die Klägerin behauptet, daß der Zusammenstoß durch Fahrlässigkeit der Besatzung des C 9 herbeigeführt sei. Sie beantragte Verurteilung des Beklagten zum Schadensersatz. Der Beklagte beantragte Abweisung der Klage. Er erhob in erster Linie die Einrede der Unzulässigkeit des Rechtswegs. Die Einrede wurde vom Landgericht und Oberlandesgericht verworfen. Die Revision des Beklagten hatte keinen Erfolg.

Gründe:

Es handelt sich um einen Schiffszusammenstoßschaden (§ 734 HGB.), verursacht durch ein in Ausübung der öffentlichen Gewalt fahrendes Kriegsschiff. Im Hinblick auf Art. 7 EG. z. HGB. begründet der Umstand, daß ein in der Ausübung öffentlicher Gewalt befindliches, den Zusammenstoß herbeiführende Kriegsschiff in Frage steht, nicht die Unzulässigkeit des Rechtswegs (RGZ. Bd. 79 S. 179). Das Reichsgesetz vom 3. Juli 1916 (RGBl. S. 675) betrifft die Feststellung der im Reichsgebiet verursachten Kriegsschäden, scheidet aber (§§ 1, 20) für Schäden der Seeschiffahrt, also für den vorliegenden Fall, aus. Nach dem Gesetz über die Kriegsleistungen vom 13. Juni 1873 würde, wenn es sich im vorliegenden Fall um Kriegsschäden handelte, der Rechtsweg allerdings ausgeschlossen sein. Das Oberlandesgericht hat aber, ebenso wie das Landgericht, verneint, daß es sich bei dem Zusammenstoß um einen Kriegsschaden handelte, und diese Verneinung ist nicht rechtsirrtümlich. Kriegsschäden im Sinne des § 35 des Gesetzes vom 13. Juni 1873 sind Vermögenseinbußen an beweglichem und unbeweglichem Eigentum, die durch den Krieg verursacht sind. Für den vom Gesetz erforderten ursächlichen Zusammenhang mit dem Kriege genügt es nicht, daß der Schaden ohne den Krieg nicht entstanden wäre, es muß vielmehr der Schaden eine adäquate Folge, sei es unmittelbar, sei es mittelbar, der feindlichen Unternehmungen oder ihrer Abwehr oder der Gegenunternehmungen seitens des inländischen Heeres und der Flotte sein. Nur wenn und soweit derartige Maßnahmen auf die Entstehung des Schadens eingewirkt haben, wenn auch nur in der Weise, daß die Möglichkeit seiner Entstehung durch sie erhöht und begünstigt wurde, kann im Sinne des Gesetzes vom 13. Juni 1873 Kriegsschaden vorliegen. Im vorliegenden Fall hat das Oberlandesgericht festgestellt, daß die gelegten Minen auf die Entstehung des Schadens nicht eingewirkt haben, daß insbesondere auch der zum Heranbringen des Sperrlotsen verwendete Minenleger C 9 in seinen Manövern in keiner Weise durch die gelegten Minen oder andere kriegerische Maßnahmen behindert war, daß weiter der Minenleger C 9 an Stelle der in Friedenszeiten zum Heranbringen von Lotsen üblichen, aber im Kriege anderweit notwendigen Schlepper sehr wohl geeignet war, längsseit an den Dampfer Regina heranzufahren, ohne daß der Zusammenstoß deshalb begünstigt wurde. Bei solchen tatsächlichen Verhältnissen kann es nicht rechtsirrtümlich sein, wenn das Oberlandesgericht verneint, daß der beim Heranfahren des C 9 an den Dampfer Regina, das für sich keine kriegerische Maßnahme im Sinne des Gesetzes vom 13. Juni 1873 darstellt, sich ereignende Zusammenstoß, wenn er auch bei einer durch den Krieg veranlaßten Maßnahme erfolgte, doch nicht mehr als eine adäquate Folge des Kriegs im Sinne des Gesetzes vom 13. Juni 1873 angesehen werden könne. Es kann auch nicht als rechtsirrtümlich erachtet werden, wenn das Oberlandesgericht dieses Ergebnis nicht durch das Vorbringen des Beklagten als beeinflußbar erklärt hat, welches dahin ging, daß tatsächlich der Minenleger C 9 doch weniger geeignet gewesen sei zum Heranbringen des Lotsen als der hierzu im Frieden verwendete Schlepper, und daß ferner auch die Besatzung des C 9 weniger ausgebildet gewesen sei als die Friedensbesatzung, daß diese Umstände aber durch Kriegsnotwendigkeiten veranlaßt seien. Dadurch wurde, wie das Oberlandesgericht mit Recht annimmt, der Zusammenstoß, da er im übrigen keinen Kriegsschaden darstellte, auch nicht zu einem solchen im Sinne des Gesetzes. Ob diese Umstände geeignet sein können, auf die Frage nach dem Grad des Verschuldens (§ 735 HGB.) einzuwirken, ist hier, wo es sich nur um die Zulässigkeit des Rechtswegs handelt, nicht weiter zu erörtern.

---

45. 1. Wirkt eine Mietepfändung auf Grund dinglichen Titels als Beschlagnahme im Sinne der §§ 1123, 1124 BGB.?
2. Wie ist zu entscheiden bei einer Mehrheit solcher Pfändungen?

VII. Zivilsenat. Urt. v. 4. November 1921 i. S. W. u. Gen. (Bekl.) w. R. (Kl.). VII 134/21.

I. Landgericht I Berlin. — II. Kammergericht daselbst.

Th. Sch. war Eigentümer mehrerer Grundstücke in Ch. Seine Mietzinsansprüche wurden von den Beklagten, aber auch von seiner Schwester, Frau R., der Rechtsvorgängerin des Klägers, gepfändet. Die Mieten wurden nach Vereinbarung eingezogen und hinterlegt. Der gesamte Betrag belief sich auf 12309,40 M. Mit Klage und Widerklage verlangten beide Parteien, daß der Gegner in die Auszahlung des Geldes an die andere Partei willige. Der Kläger stützte sich dabei auf die älteren Pfändungen, die Beklagten beriefen sich auf die Vorschriften des Anfechtungsgesetzes. Das Landgericht hat der Klage stattgegeben, die Widerklage abgewiesen. In der Berufungsinstanz machten die Beklagten auch noch geltend, daß ihnen in Ansehung der Mieteinnahmen aus dem Grundstück Schl.-Straße 45, die mit 4060,92 M hinterlegt sind, das bessere dingliche Recht zur Seite stehe. Die Berufung wurde zurückgewiesen. Die nur in Höhe von 4060,92 M eingelegte Revision hatte Erfolg.

Gründe:

Es handelt sich nur noch um Beträge, die als Miete für das Haus Schl.-Straße 45 vereinnahmt und dann hinterlegt sind. Für welche Zeitabschnitte das Geld gezahlt ist, hat das Kammergericht noch nicht festgestellt. Rechtlich wird nur noch darum gestritten, ob die Beklagten auf Grund ihres besseren dinglichen Rechts Ansprüche erheben können und gegebenenfalls welche. Für sie war im Grundbuche des Hauses Schl.-Straße 45 eine Hypothek von 45000 M eingetragen. Nacheingetragen standen 30000 M für die Rechtsvorgängerin des Klägers. Wegen beider Hypotheken ist auf Grund dinglichen Schuldtitels gepfändet worden, für den Kläger am 4. April 1914, für die Beklagten am 15. April 1914. Der spätere Beschluß ist auch später zugestellt worden. Ein weiterer Pfändungsbeschluß ist zugunsten des Klägers am 8. April 1914 erlassen worden, und zwar auf Grund eines Schuldtitels über die persönliche Forderung von 30000 M, welche durch die oben erwähnte Hypothek gesichert war.

Die Beklagten berufen sich gegenüber den für den Kläger ausgebrachten Pfändungen auf die §§ 1123, 1124 BGB. Sie erblicken dabei in einer Pfändung auf Grund dinglichen Titels eine Beschlagnahme im Sinne jener Vorschriften. Diesen Gesichtspunkt hat das Kammergericht als verfehlt abgelehnt. Dadurch hat es sich, wie die Revision mit Recht hervorhebt, zu der seit lange feststehenden Rechtsprechung des Reichsgerichts in Widerspruch gesetzt. An neueren Entscheidungen seien genannt RGZ. Bd. 81 S. 146, Bd. 86 S. 135, Bd. 88 S. 99, Bd. 101 S. 5. Das Schrifttum hat diese Rechtsprechung überwiegend gebilligt. An ihr ist auch im gegenwärtigen Falle festzuhalten. Der Kommentar von Staudinger, auf welchen sich der Berufungsrichter für seine abweichende Ansicht bezieht, ist dem Reichsgericht ebenfalls beigetreten (vgl. Anm. I 1a zu § 1121, Anm. I 4b zu § 1123). An der vom Kammergericht bezogenen Stelle wird nur ausgeführt, daß bei mehreren Pfändungen auf Grund dinglichen Titels das Alter der Pfändung über den Rang entscheidet. Wenn Staudinger sich dabei auf die Entscheidung des Kammergerichts KGBl. Bd. 20 S. 44 beruft, so setzt er sich allerdings mit seiner eigenen Ansicht in Widerspruch, wie sie an den oben angeführten beiden Stellen ausgesprochen ist. Das Kammergericht hält a. a. O. nämlich eine Verwirklichung des dinglichen Rechts im Wege der Zwangsvollstreckung in das bewegliche Vermögen für begrifflich unmöglich, eine Pfändung könne immer nur auf den schuldrechtlichen Anspruch gestützt werden. Von diesem Standpunkt aus versagt es einer Pfändung auf Grund dinglichen Titels jede Wirkung, also auch die einer Beschlagnahme im Sinne der §§ 1123, 1124 BGB. Dieser Standpunkt ist aber unhaltbar. Die Vorschrift des § 1147 BGB. gewährleistet dem Hypothekengläubiger das Recht, seine Befriedigung aus dem Grundstück und aus den Gegenständen, auf die sich die Hypothek erstreckt, im Wege der Zwangsvollstreckung zu suchen. Ein Unterschied zwischen den verschiedenen Arten der Zwangsvollstreckung ist dabei nicht gemacht. Daß überhaupt auf Grund eines dinglichen Titels gepfändet werden darf, folgt schon aus § 794 Nr. 5 ZPO. und aus Nr. 4 das. in Verb. mit § 688 Abs. 1 Satz 2 ZPO. Es soll nach diesen Bestimmungen in Ansehung der Zwangsvollstreckung, ebenso wie nach § 592 ZPO. in Ansehung des Urkundenprozesses, der Anspruch aus einer Hypothek, einer Grundschuld und einer Rentenschuld als Anspruch gelten, welcher die Zahlung einer Geldsumme zum Gegenstande hat. Die Zwangsvollstreckung wegen Geldforderungen findet aber in bewegliches Vermögen durch Pfändung statt (§ 803 ZPO.). Ebenso zeigt § 1277 BGB., daß auf Grund eines dinglichen Titels eine Pfändung vorgenommen werden kann. Diese Vorschrift lehrt auch, daß bei solcher Zwangsvollstreckung derjenige Gegenstand gepfändet werden kann, auf welchen sich das dingliche Recht erstreckt. Nach § 1277 BGB. muß nämlich der Pfandgläubiger seine Befriedigung aus einem ihm verpfändeten Rechte, soweit nicht ein anderes bestimmt ist, auf Grund eines vollstreckbaren Titels im Wege der Zwangsvollstreckung suchen. Es ist also Verurteilung zur Duldung der Zwangsvollstreckung in das Recht und Pfändung des — ohnehin haftenden — Rechts erforderlich (vgl. Komm. v. RGR. Anm. 1 zu § 1277 BGB. und Stein Anm. II 1 zu § 804 ZPO.).

Der Entscheidungsgrund des Kammergerichts versagt also. In einer Mietepfändung auf Grund dinglichen Titels ist eine Beschlagnahme im Sinne der §§ 1123, 1124 enthalten. Das Berufungsurteil kann auch nicht mit der Erwägung aufrechterhalten werden, daß bei dem Zusammentreffen mehrerer solcher Mietepfändungen nur der älteren Pfändung eine Beschlagnahmewirkung beizulegen ist, daß alle späteren Pfändungen bloße „Verfügungen" sind, die nach der einmal erfolgten Beschlagnahme gemäß §§ 1123, 1124 unwirksam bleiben müssen. Diese Ansicht wird vom RGR.-Komm. Anm. 7 zu § 1124 vertreten. Ein Grund, warum der jüngeren Pfändung die Beschlagnahmewirkung versagt bleiben sollte, ist dort nicht angegeben und ist auch nicht ersichtlich. Wenn jede Pfändung von Mietzinsen auf Grund dinglichen Titels eine Beschlagnahme im Sinne der §§ 1123, 1124 enthält, so stehen mehrere Pfändungen auch als mehrere Beschlagnahmen nebeneinander. Ihr Wettbewerb wird, wie regelmäßig bei dinglichen Rechten, durch das Rangverhältnis entschieden (§§ 879 flg. BGB.). Das hat der Senat grundsätzlich bereits angenommen, als es sich um den Streit zwischen Hypothekengläubiger und Nießbraucher handelte (Gruchot Bd. 58 S. 1032). Wie bei einem Streit zweier Hypothekengläubiger zu entscheiden sein würde, ist damals noch offen geblieben; auch diese Frage hat der Senat aber bereits (Warneyer 1915 Nr. 117) in dem hier entwickelten Sinne entschieden. Auch das Schrifttum steht überwiegend auf diesem Standpunkte, ebenso das Kammergericht in ROLG. Bd. 26 S. 143.

Im gegenwärtigen Falle enthält also die Pfändung vom 15. April 1914 die maßgebende Beschlagnahme, „die" Beschlagnahme im Sinne der §§ 1123, 1124. Ihr gegenüber kann die auf Grund dinglichen Titels vorgenommene Pfändung vom 4. April 1914 ebenso wie die auf Grund persönlichen Titels vorgenommene Pfändung vom 8. April 1914 nur als „Verfügung" in Betracht kommen. Als Verfügungen kommen diese Pfändungen aber auch in Betracht, denn jede Pfändung birgt außer dem staatlichen Akt der Beschlagnahme noch eine — allerdings erzwungene — Verfügung des Vollstreckungsschuldners in sich (vgl. RGZ. Bd. 93 S. 121, Bd. 76 S. 116, Warneyer 1916 Nr. 171).

Auf diesem Boden ist der Streit der Parteien zu entscheiden. Inwieweit die Beklagten die Pfändungen vom 4. und 8. April 1914 anerkennen müssen, hängt noch von weiteren tatsächlichen Feststellungen ab. Erst wenn ermittelt ist, für welche Zeitabschnitte die hinterlegten Mietbeträge eingezogen sind, wird darüber nach den Vorschriften der §§ 1123, 1124 BGB. abgeurteilt werden können.

---

46. 1. Ist der Vermieter den Mietern gegenüber zur Überwachung des Verkehrs im Hause verpflichtet und ein Vertreter des Vermieters dabei sein Erfüllungsgehilfe?

2. Unterliegt die Feststellung einer Verkehrsauffassung der Nachprüfung des Revisionsgerichts?

3. Zur Frage der Behandlung des mitwirkenden Verschuldens im Zwischenurteil über den Grund des Anspruchs.

III. Zivilsenat. Urt. v. 4. November 1921 i. S. B. (Bekl.) w. Graf K. (Kl.). III 140/21.

I. Landgericht III Berlin. — II. Kammergericht daselbst.

Der Kläger bewohnte als Mieter im Hause des Beklagten in Charlottenburg eine Wohnung von fünf Zimmern im Vorderhaus und von zwei Zimmern im Gartenhause. Im März 1915 gab er, weil er sich im Felde befand und seine Frau aufs Land ging, die Wohnung im Vorderhaus auf und stellte seine gesamte Einrichtung für sieben Zimmer in den beiden Zimmern des Gartenhauses zusammen. Die Schlüssel zu diesen nahm seine Frau mit. Am 12. August 1919 erschienen mehrere Männer mit zwei Möbelwagen, öffneten im Beisein des Hauswarts G. die Wohnung und luden sämtliche Sachen auf. Diese sind seitdem spurlos verschwunden. Am 11. August 1919 war ein an Frau G. gerichteter, angeblich von dem Kläger herrührender, in Wahrheit gefälschter, eingeschriebener Eilbrief eingetroffen, der die Mitteilung enthielt, die Wohnung könne vermietet werden, der Kläger werde seinem Spediteur den Auftrag erteilen, seine Sachen zu erledigen; sein „Frl. Tochter" würde mit seinem Schlüssel bei Frau G. vorsprechen; sollte jedoch der Spediteur früher als sein „Frl. Tochter" eintreffen, so bitte er, die Wohnung durch einen Schlosser öffnen zu lassen. Nach G.'s Behauptung hat ihm außerdem einer jener Männer, angeblich ein Angestellter des Spediteurs, einen von derselben Handschrift wie jener Brief geschriebenen schriftlichen Auftrag des Klägers an die Speditionsfirma, die Sachen abzuholen, vorgelegt und ein anderer sich als Inspektor des Gutes des Klägers ausgegeben und die Wohnung geöffnet.

Der Kläger beansprucht nun von dem Beklagten Ersatz seines Schadens, den er auf 180000 *M* bemißt, zum Teilbetrage von 4300 *M* mit der Begründung, der Beklagte habe für das Verschulden des G. als seines Gehilfen bei Erfüllung der Überwachungspflicht einzustehen, die zu den vertraglichen Pflichten des Vermieters eines solchen Hauses, wie das des Beklagten sei, gehöre.

Das Landgericht hat die Klage abgewiesen, das Kammergericht den Beklagten nach dem Klagantrag verurteilt. Dessen Revision hatte keinen Erfolg.

Gründe:

Die Entscheidung des Rechtsstreits hängt in erster Linie davon ab, ob der Beklagte für ein etwaiges Verschulden seines Hauswarts bei der Überwachung des Verkehrs im Hause gemäß § 278 BGB. einzustehen hat. Das Landgericht hat dies verneint; es meint, der

Vermieter eines herrschaftlichen Hauses sei nur verpflichtet, eine Person zur Verrichtung der üblichen Pförtnerdienste zu stellen, und hafte für deren widerrechtliche Handlung nur dann, wenn er schuldhafterweise eine ungeeignete Person als Pförtner angenommen oder in der Stellung behalten habe. Der Berufungsrichter hat dagegen eine Pflicht des Beklagten zur Entfernung verdächtiger Personen aus dem Hause, bei deren Erfüllung er sich des Hauswarts als seines Erfüllungsgehilfen bediene, angenommen. Er führt aus, die Verkehrsauffassung entscheide darüber, ob im einzelnen Falle eine Verpflichtung des Vermieters gegenüber dem Mieter zu einer Überwachung des Verkehrs im Hause und zum Einschreiten gegen Unbefugte anzunehmen sei, und welchen Inhalt sie habe. Nach der herrschenden Verkehrsauffassung habe der Vermieter eines herrschaftlichen Hauses dafür einzustehen, daß dem Mieter derjenige Schutz gewährt werde, den das Vorhandensein eines für ein herrschaftliches Haus nötigen Hauswarts regelmäßig verbürge. Dazu gehöre aber jedenfalls die Entfernung verdächtiger Personen aus dem Hause, sobald der Hauswart solche bemerke. Handle es sich, wie hier bei dem Gartenhause des Beklagten, um ein unverschlossenes herrschaftliches Haus, so sei zwar, anders als bei einem verschlossenen, eine unausgesetzte Überwachungspflicht nicht anzuerkennen; nach der Verkehrsauffassung werde aber doch erwartet, daß der Hauswart einzuschreiten habe, sobald den Mietern nach seiner Wahrnehmung durch Verdächtige Gefahr drohe, und daß er das tue, was im einzelnen Falle von ihm verlangt werden könne, um die Gefahr von den Mietern abzuwenden. Der Vermieter von Wohnungen eines herrschaftlichen Hauses habe deshalb dem Mieter nicht nur einen Hauswart zu stellen, sondern auch dafür einzustehen, wenn diese Pflicht zum Einschreiten vom Hauswarte verletzt werde, dessen er sich zur Erfüllung der ihm nach der Verkehrsauffassung obliegenden Pflicht zur Entfernung Verdächtiger bediene, und der daher insoweit sein Erfüllungsgehilfe sei.

In dieser Auffassung des Berufungsgerichts, die auch von dem V. Zivilsenate des Kammergerichts in dessen Urteile vom 3. Juli 1920 (Bl. f. Rechtspfl. im Bezirke des Kammergerichts 1920 S. 89) geteilt wird, ist kein Verstoß gegen eine revisibele Rechtsnorm zu finden. Unter der Verkehrsauffassung, auf die die Entscheidung gestützt wird, kann nicht eine allgemeine verstanden werden, die der Nachprüfung des Revisionsgerichts unterliegen würde (RGZ. Bd. 99 S. 70), sondern nur eine in Groß-Berlin bestehende örtliche. Denn die in Betracht kommenden Verhältnisse liegen in den verschiedenen Großstädten durchaus nicht gleich, und die Berliner Richter können ihre Entscheidung nur auf die ihnen bekannten Verhältnisse Groß-Berlins gestützt haben. Die Feststellung des Berufungsgerichts über das Bestehen und den Inhalt einer solchen örtlichen Verkehrsauffassung entzieht sich aber der

Nachprüfung des Revisionsgerichts, und zwar auch dann, wenn man in ihr nicht lediglich (wie RG. bei Warneyer Bd. 7 Nr. 324) etwas Tatsächliches findet, da auch die Entscheidung des Berufungsrichters über das Bestehen und den Inhalt einer derart örtlich begrenzten Rechtsnorm gemäß §§ 549, 562 ZPO. für die Revisionsinstanz bindend ist. Die festgestellte Verkehrsanschauung rechtfertigt auch die Auffassung des Vorderrichters von der Haftung des Vermieters für das Verschulden des Hauswarts als seines Erfüllungsgehilfen.

Die von der Revision weiter angegriffene Feststellung, daß das Gartenhaus ein herrschaftliches Haus sei, liegt völlig auf tatsächlichem Gebiet und ist ohne Rechtsirrtum getroffen. . . .

Die Parteien streiten weiter darüber, ob G. oder dessen Frau zu der hier fraglichen Zeit Hauswart des Beklagten gewesen sei. Der Vorderrichter läßt dies dahingestellt; für die Haftung des Beklagten für G.'s Verschulden genüge es, wenn der Beklagte damit einverstanden gewesen sei, daß G. in Behinderungsfällen seine Frau in deren Hauswartsgeschäften vertrete. Dieses Einverständnis des Beklagten, die mehrtägige Abwesenheit der Frau G. und ihre Vertretung in ihren Hauswartsgeschäften durch ihren Mann zu der in Betracht kommenden Zeit stellt der Vorderrichter fest, ohne daß die Revision hiergegen einen besonderen Angriff gerichtet hat. Das rechtfertigt die von ihr zur Nachprüfung verstellte Annahme, daß G. Erfüllungsgehilfe des Beklagten war.

Ein Verschulden des G. ferner wird von dem Berufungsgerichte mit ausführlicher Begründung zutreffend bejaht. Eine Beteiligung des G. an dem Diebstahle stellt es nicht fest, sondern nur eine fahrlässige Verletzung der Überwachungspflicht. Diese findet es darin, daß G. sich mit dem Ausweise durch die (gefälschten) Briefe begnügt und weder dem Beklagten noch der nächsten Polizeistelle Nachricht gegeben habe trotz der vielen damals vorgekommenen Wohnungseinbrüche und Ausräumungen unbewachter Wohnungen und trotz der verschiedenen auffälligen Umstände, namentlich des Fehlens des Namens des Spediteurs in dem Briefe an Frau G., der Mitteilung in diesem, daß die Wohnung vor dem Eintreffen der Tochter des Klägers geöffnet werden sollte, des Erscheinens des angeblichen Inspektors an Stelle der Tochter, ohne daß dieser deren Ausbleiben erklärte und die Schlüssel zur Wohnung mitbrachte und dem G. aushändigte, und des Verladens der Sachen ohne die Anwesenheit eines Familienmitglieds. Ob, wie das Berufungsgericht annimmt, die Sachen unverpackt verladen worden sind, kann völlig dahingestellt bleiben, so daß es einer Prüfung des dagegen gerichteten Revisionsangriffs nicht bedarf; die übrigen Umstände reichen aus, um ein Verschulden des G. zu bejahen. Der von der Revision ferner hervorgehobene Bildungsgrad und Scharfsinn des G. ist nicht übersehen worden, und der Berufungsrichter stellt keineswegs zu hohe Anforderungen an den Scharfsinn eines Hauswarts. Auch die Behauptung des Beklagten, daß der Kläger früher schon einige Sachen, auch Möbel, durch Spediteure habe abholen lassen, wird in dem angefochtenen Urteil einwandfrei gewürdigt; das Fortschaffen der gesamten Einrichtung ist mit dem Abholen einzelner Stücke nicht auf die gleiche Stufe zu stellen.

Daß durch eine Benachrichtigung des Beklagten oder der Polizei das Wegschaffen verhindert worden wäre, wird ohne Rechtsirrtum festgestellt und von der Revision nicht besonders angegriffen.

Diese wendet sich schließlich noch gegen die Behandlung des Einwandes eines mitwirkenden Verschuldens des Klägers. Der Berufungsrichter läßt die Frage, ob ein solches vorliege, dahingestellt, weil der Kläger nur 4300 *M* fordere, sein Schaden aber mindestens 20000 *M* betrage und ihm nicht mehr als höchstens $^3/_4$ des Schadens zur Last zu legen sei. Diese Feststellung läßt die Abstandnahme von der Klarstellung eines etwaigen Mitverschuldens des Klägers gerechtfertigt erscheinen.

---

47. Zum Begriff des ursächlichen Zusammenhangs zwischen Betriebsunfall und Dienstunfähigkeit in den Beamten-Unfallfürsorgegesetzen.

III. Zivilsenat. Urt. v. 4. November 1921 i. S. Sch. (Kl.) w. preußischen Staat (Bekl.). III 321/21.

I. Landgericht Elberfeld. — II. Oberlandesgericht Düsseldorf.

Der mit dem 1. August mit der gewöhnlichen Pension in den Ruhestand versetzte Kläger fordert statt des ihm gewährten regelmäßigen Ruhegehalts das nach Maßgabe des Beamten-Unfallfürsorgegesetzes, weil seine Dienstunfähigkeit auf einen Betriebsunfall vom 29. September 1914 zurückzuführen sei, bei dem er den linken Oberarm gebrochen hatte. Beide Vorinstanzen haben die Klage abgewiesen, weil ein ursächlicher Zusammenhang zwischen jenem Betriebsunfall und der bei der Pensionierung des Klägers angenommenen Dienstunfähigkeit nicht bestehe. Die Revision des Klägers wurde zurückgewiesen.

Gründe:

Die Revision rügt, daß der ursächliche Zusammenhang zwischen dem Betriebsunfall des Klägers und seiner Dienstunfähigkeit zu Unrecht verneint worden sei. Andere Ursachen der Dienstunfähigkeit, welche durch die Entscheidung der Verwaltungsbehörde auch für das Gericht bindend festgestellt sei, kämen nicht in Frage, als die Versteifung des linken Arms, die als Folge des Armbruchs zurückgeblieben sei, und nervöse Störungen, die gleichfalls auf den Unfall zurückzuführen seien.

Die Rüge ist nicht begründet. Hinsichtlich der Versteifung des Arms stellen die Vorentscheidungen auf Grund ärztlicher Gutachten fest, daß sie so unerheblich ist, daß sie als Ursache der Dienstunfähigkeit nicht in Betracht kommt. Auch das Vorhandensein erheblicher nervöser Beschwerden verneinen die Vorentscheidungen. Das Landgericht stellt vielmehr fest — und auf dieser Feststellung beruht auch das Berufungsurteil —, daß zwischen dem Unfall und der Dienstunfähigkeit des Klägers nur insofern ein Zusammenhang bestehe, als der Unfall den Kläger veranlaßt habe, auf seine Versetzung in den Ruhestand hinzuwirken, indem er sich Aussicht machte, die Unfallrente zu erlangen, und daß er es daher an gutem Willen zur Arbeit habe fehlen lassen. Dies habe schließlich seine Pensionierung herbeigeführt. Die infolge seines schlechten Willens zur Arbeit eingetretenen Reibungen mit seiner vorgesetzten Behörde möchten vielleicht auch nervöse Beschwerden psychischer Art — objektiv nachweisbare Anzeichen eines Nervenleidens waren nicht vorhanden — herbeigeführt haben; auch diese aber könnten nicht als Folgen des Unfalls im Rechtssinne angesehen werden.

Diese Begründung rechtfertigt die angegriffene Entscheidung. Allerdings war nach den Feststellungen des Landgerichts der vom Kläger erlittene Betriebsunfall eine Bedingung für die bei seiner Pensionierung angenommene Dienstunfähigkeit. Denn ohne den Unfall wäre der Kläger voraussichtlich nicht auf den Gedanken gekommen, seine Pensionierung anzustreben; er hätte sich alsdann auch nicht, wie er es jetzt getan hat, der verhältnismäßig unbedeutenden Unfallfolgen als eines Mittels zur Erreichung dieses Ziels bedienen können. Aber hiermit ist ein ursächlicher Zusammenhang zwischen Unfall und Dienstunfähigkeit nur im Sinne des natürlichen, erkenntnis-theoretischen Kausalbegriffs, nicht auch im Rechtssinne gegeben.

Die Pflicht des Beamten fordert, daß er die Folgen eines Unfalls nach Kräften zu überwinden bemüht ist. Er muß, wenn er infolge des Unfalls nicht mehr in der Lage ist, seine bisherige dienstliche Tätigkeit weiter auszuüben, auch eine andere, seinen Fähigkeiten und seiner nunmehrigen Arbeitsfähigkeit entsprechende dienstliche Stellung gleichen Ranges übernehmen und an die neue Aufgabe mit der Willigkeit und dem Eifer herantreten, die ihm sein Amt zur Pflicht macht. Das Unfallfürsorgegesetz geht hiervon und weiter davon aus, daß die von einem Unfall betroffenen Beamten regelmäßig dieser Pflicht gemäß handeln. Das Gesetz ist nicht geschaffen, um Beamten, welche im Betriebe einen verhältnismäßig geringfügigen Unfall erlitten haben, die Gelegenheit zu geben, die Dienstentlassung unter Bewilligung der Unfallrente durchzusetzen, um dann je nach Neigung als Rentner zu leben oder anderweitem Erwerbe nachzugehen. Der Beamte, der so verfährt, der trotz tatsächlich ihm verbliebener Dienstfähigkeit es darauf anlegt, vorsätzlich durch pflichtwidriges Verhalten, insbesondere durch das Fehlenlassen des von ihm geschuldeten guten Willens zur Arbeit, seine Pensionierung herbeizuführen, schafft damit die entscheidende wesentliche Ursache der bei seiner Pensionierung angenommenen Dienstunfähigkeit. Nur durch das Hinzutreten dieser, nach dem regelmäßigen Lauf der Dinge nicht in Betracht zu ziehenden Tatsache führt so der Unfall zur Dienstunfähigkeit. Damit scheidet der Unfall als Ursache der Dienstunfähigkeit im Rechtssinne aus. Die in dem Urteile des VI. Zivilsenats vom 14. Oktober 1918 (RGZ. Bd. 94 S. 32) offengelassene Frage, ob ein bewußt unberechtigtes Herbeiführen der Zuruhesetzung seitens des von dem Unfall betroffenen Beamten als inadäquate Ursache anzusehen ist, ist also zu bejahen.

Dies gilt auch dann, wenn im Verlaufe und infolge eines solchen pflichtwidrigen Verhaltens des Beamten sich — wie dies die Vorentscheidungen hier als möglich unterstellen — nervöse Beschwerden bei ihm herausstellen. Als Ursache der Dienstunfähigkeit im Rechtssinne, als adäquate Ursache, kommt auch in solchem Falle nur das eigene schuldhafte Verhalten des Beamten, nicht der Betriebsunfall in Betracht.

---

48. 1. Kann sich ein wirksamer Handelsgebrauch bilden, durch den die gesetzliche Haftpflicht der Eisenbahn ausgeschlossen oder beschränkt wird?

2. Welche Rechtsbeziehungen entstehen dadurch, daß die Eisenbahn einem Geschäftsmanne, der häufig Güter empfängt, auf der Güterabfertigungsstelle ein Schließfach einräumt?

3. Zur rechtlichen Bedeutung des mitwirkenden Verschuldens beim Eisenbahnfrachtgeschäft.

I. Zivilsenat. Urt. v. 5. November 1921 i. S. Eisenbahnfiskus (Bekl.) w. G. (Kl.). I 169/21.

I. Landgericht Kassel. — II. Oberlandesgericht daselbst.

Für die Klägerin ging Anfang November 1919 auf dem Güterbahnhof zu K. ein Faß Wein als Frachtgut ein. Als sie es durch ihren Kutscher Gr. abholen lassen wollte, ergab sich, daß es bereits an einen Unbekannten, der sich mit dem richtigen Frachtbrief bei der Güterabfertigung gemeldet hatte, herausgegeben war. Für den hierdurch ihr entstandenen Schaden machte die Klägerin den Beklagten verantwortlich und erhob gegen ihn Klage auf Zahlung von 7992 *M* nebst Zinsen. Der Beklagte bat um Klagabweisung. Er machte geltend, daß die Bahn durch die Herausgabe des Guts an die im Besitze des Frachtbriefs befindliche Person ihre Pflicht zur Ablieferung des Guts ordnungsmäßig erfüllt habe.

Das Landgericht erklärte den Klaganspruch zu $^2/_3$ für gerechtfertigt. Die Berufung des Beklagten wurde vom Oberlandesgericht zurückgewiesen. Auch die Revision blieb erfolglos.

Gründe:

Unstreitig ist das Faß Wein, das die Bahn zur Beförderung an die Klägerin angenommen hatte, an eine nicht empfangsberechtigte unbekannte Person ausgehändigt worden. Dadurch wird an sich die Entschädigungspflicht des Beklagten begründet, da die Bahn nach § 456 HGB., § 84 EVO. für den Schaden haftet, der durch Verlust, Minderung oder Beschädigung des Guts in der Zeit von der Annahme zur Beförderung bis zur Ablieferung entsteht, es sei denn, daß der Schaden durch ein Verschulden oder eine nicht von der Bahn verschuldete Anweisung des Verfügungsberechtigten, durch höhere Gewalt, durch äußerlich nicht erkennbare Mängel der Verpackung oder durch die natürliche Beschaffenheit des Guts verursacht worden ist. Die Herausgabe des Guts an eine andere Person als den bestimmungsmäßigen Empfänger begründet im Sinne der vorgedachten Bestimmungen keine Ablieferung, sondern stellt sich als ein Verlust dar, der die Haftung der Bahn für das Abhandenkommen des Guts zur Folge hat (ROHG. Bd. 4 S. 14, Bd. 14 S. 1; RGZ. Bd. 94 S. 99; Urt. des RG. vom 28. September 1921 I 130/21).

Gegen die Haftung der Bahn sucht die Revision auszuführen, daß das jahrelang betätigte Verhalten der Klägerin so ausgelegt werden müsse, als habe sie darauf verzichtet, daß die Empfangsberechtigung desjenigen nachgeprüft werde, der sich zur Abholung der für die Klägerin eingetroffenen Frachtgüter mit einem von der Klägerin eingelösten Frachtbriefe melde. Das Berufungsgericht hat aber ohne Rechtsirrtum ausgeführt, daß aus den vom Beklagten angeführten Tatsachen keineswegs ein stillschweigendes Einverständnis der Klägerin mit einer derartigen, von jedem weiteren Berechtigungsnachweise absehenden Güteraushändigung gefolgert werden könne. Ebenso hat das Berufungsgericht in bedenkenfreier Weise die Wirksamkeit eines Handelsgebrauchs verneint, dem zufolge die Eisenbahn berechtigt sei, Güter, deren Empfänger ein Schließfach hat, dem Überbringer des Frachtbriefs ohne weitere Prüfung der Empfangsberechtigung auszuhändigen. In dieser Beziehung heißt es im Berufungsurteil, daß ein solcher Handelsgebrauch ein Mißbrauch sein und gegen das Gesetz verstoßen würde. Dies ist unzweifelhaft richtig. Nach § 471 HGB. kann die durch § 456 begründete Verpflichtung der Bahn weder durch die Eisenbahnverkehrsordnung noch durch Verträge ausgeschlossen oder beschränkt werden; Bestimmungen, welche dieser Vorschritt zuwiderlaufen, sind nichtig. Lediglich eine Umgehung dieser die Haftung der Bahn regelnden strengen Gesetzesbestimmungen würde es bedeuten, wollte man einem vermeintlichen Handelsgebrauche, der die Eisenbahn von der ihr obliegenden Pflicht zur Prüfung der Empfangsberechtigung und damit von einem wesentlichen Teile ihrer gesetzlichen Haftpflicht befreien soll, rechtliche Wirksamkeit zuerkennen. Im übrigen ist es auch unerfindlich, wie die Bahn durch die Vernachlässigung der ihr obliegenden Prüfungspflicht irgend welche Rechte für die Zukunft erlangt und sich zu ihren Gunsten ein Handelsgebrauch gebildet haben sollte. Die Vernachlässigung der Prüfungspflicht hätte nach den Grundsätzen von Treu und Glauben höchstens — worauf es hier aber nicht ankommt — die Grundlage für einen Handelsgebrauch zugunsten der Empfänger auf Entbehrlichkeit der Führung von Nachweisen bilden können. Die Bahn kann sich aber keinesfalls gegen die Entschädigungsansprüche in der Weise verteidigen, daß sie ausführt, sie sei zu der ihr obliegenden Prüfung deshalb nicht mehr verpflichtet, weil sie diese Pflicht jahrelang, ohne dadurch Schaden zu erleiden, verabsäumt habe. Eine derartige Verteidigung findet im Gesetz keine Stütze. Wenn die Revision zur Unterstützung ihrer Rüge geltend macht, die Klägerin habe ihren Empfangsbeauftragten außer den Frachturkunden niemals weitere Ausweise mitgegeben, so ist nicht einzusehen, wie dieser Umstand sich zugunsten des Beklagten sollte verwerten lassen. Wenn die Güterbodenangestellten sorgloserweise die Vorlegung von Ausweisen nicht verlangten, so hatte die Klägerin auch keinen Anlaß, solche Ausweise ihren Beauftragten mitzugeben. ...

Hiernach unterliegt die Entschädigungspflicht des Beklagten aus § 456 HGB., § 84 EVO. keinem Bedenken, sofern nicht einer der dort erwähnten Haftausschließungsgründe dem Beklagten zur Seite steht. Als ein solcher Grund kann nach Lage des Falls hier nur eigenes Verschulden des Verfügungsberechtigten in Betracht kommen, und das Berufungsgericht hat in der Tat ein Verschulden auf seiten des Kutschers Gr., des Erfüllungsgehilfen der Klägerin, angenommen. Es hat das Verschulden darin gefunden, daß Gr., der das Schließfach regelmäßig entleert habe, dessen mangelhafte Beschaffenheit seit längerer Zeit gekannt, trotzdem aber hiervon den Beklagten nicht in Kenntnis gesetzt und nicht auf Abhilfe hingewirkt habe. Der Mangel bestand nach der Feststellung des Berufungsgerichts darin, daß sich die Außentür des Schließfachs, auch in verschlossenem Zustande, nach innen zurückdrücken ließ und so die Herausnahme der im Fache befindlichen Papiere gestattete; die zurückgedrückte Tür konnte dann wieder ohne Schwierigkeit in ihre frühere Lage gebracht werden. Das Berufungsgericht nimmt an, daß der Frachtbrief vom Zeugen H. in das Schließfach gelegt und hieraus von einer unbefugten Person entnommen worden sei, die die mangelnde Beschaffenheit des Fachs sich zunutze gemacht und die Tür alsdann wieder in den gewöhnlichen Zustand versetzt habe. Gr. habe die Pflicht gehabt, den Fehler dem Beklagten zu melden. Sein Verschulden müsse die Klägerin als eigenes vertreten, auch wenn sie selbst den fehlerhaften Zustand des Fachs nicht gekannt habe.

Rechtliche Bedenken sind gegen diese Ausführungen nicht zu erheben. Über die Beziehungen, die zwischen den Parteien durch die Überlassung des Schließfachs begründet werden sollten, verhält sich die Erklärung der Klägerin vom 21. Februar 1907, worin sie den Empfang des Schlüssels zu dem Fache bestätigt und darin willigt, daß die Frachtbriefe zu den für sie ankommenden Gütern von der Güterabfertigungsstelle in das Fach eingelegt werden sollen, mit der Wirkung, daß das Verbringen der Frachtbriefe in das Behältnis einer Aushändigung an sie im Sinne der Eisenbahnverkehrsordnung gleich zu erachten ist. Es handelt sich hiernach nicht, wie die Revision annimmt, um einen bloßen Leihvertrag im Sinne des § 598 BGB., da er sich nicht auf die Verpflichtung des Beklagten beschränkt, der Klägerin den Gebrauch des Fachs unentgeltlich einzuräumen. Vielmehr sind in eigenartiger Weise — und anders, als es bei der Überlassung eines Bankschrankfachs (RGZ. Bd. 94 S. 74) oder eines Postschließfachs (RGZ. Bd. 63 S. 337) zu geschehen pflegt — besondere Rechte und Pflichten zwischen den Parteien begründet worden. Der Beklagte bediente sich des Schließfachs, um durch die Verbringung der Frachtbriefe in dieses die mit der Übergabe der Frachtbriefe (§ 76 Abs. 2 EVO.) und der Benachrichtigung des Empfängers (§§ 79 flg. EVO.) verbundenen Weiterungen zu vermeiden. Für die Klägerin ergab sich daraus der Vorteil schnellerer Benachrichtigung und der Ersparung von Portokosten. Sie verzichtete darum auf jedesmalige besondere Nachricht durch die Post, durch Fernsprecher oder durch besonderen Boten (§ 79 EVO.). Die Benutzung des Schließfachs als solche bildete daher nicht den eigentlichen Kernpunkt der Vertragsbeziehungen, sondern sie stellt sich nur als ein Mittel zu dem Zwecke dar, Erleichterungen und Verbesserungen für die Auslieferung der mit der Bahn für die Klägerin eintreffenden Güter zu schaffen. Hieraus folgt, daß der Vertrag ein solcher eigener Art ist, der weder nach den Vorschriften der Leihe noch der Miete noch eines anderen im BGB. besonders geregelten Vertragsverhältnisses zu beurteilen ist. Da der Beklagte im Eigentum und Besitze des Schließfachs geblieben ist und der Klägerin lediglich die Mitbenutzung zu einem bestimmten Zweck eingeräumt hat, so muß es als der selbstverständliche Wille der Vertragschließenden aufgefaßt werden, daß der Beklagte allein verpflichtet war, das Schließfach in gebrauchsfähigem Zustande zu erhalten, es auf das Vorhandensein dieses Zustandes sorgfältig zu beobachten und etwa notwendig werdende Instandsetzungsarbeiten auf eigene Kosten ausführen zu lassen. Anderseits ergibt sich aus der Natur des Vertragsverhältnisses, daß auch die Klägerin, für die die ordnungsmäßige Beschaffenheit des Fachs von Wichtigkeit war, auf dessen Zustand zu achten hatte. Sie war deshalb, wie sie selbst nicht verkennt, nach Treu und Glauben verpflichtet, dem Beklagten von Schäden, die sie an dem Fache bemerkte, Mitteilung zu machen. Bediente sie sich zur Leerung des Fachs eines Angestellten, so fiel diesem selbstverständlich die Pflicht zu, als ihr Vertreter den Zustand des Fachs zu beobachten. Insoweit bediente sie sich des Angestellten zur Erfüllung ihrer Verbindlichkeit gegenüber dem Beklagten, und es kann deshalb nicht als rechtsirrig bezeichnet werden, wenn das Berufungsgericht den Kutscher Gr., der seit längerer Zeit von der Klägerin mit der Leerung des Fachs beauftragt war, als Erfüllungsgehilfen angesehen und auf Grund des § 278 BGB. angenommen hat, daß die Klägerin sein Verschulden in gleichem Umfange wie eigenes zu vertreten habe. Gr. aber hat, wie der Vorderrichter zutreffend ausgeführt hat, die im Verkehr erforderliche Sorgfalt außer acht gelassen, also gemäß § 276 BGB. fahrlässig gehandelt, als er die ihm seit längerer Zeit genau bekannte mangelhafte Beschaffenheit des Fachs nicht zur Kenntnis des Beklagten brachte. Da es nach den Feststellungen des Berufungsurteils durch die Mängel des Fachs dem unbekannten Abholer des Guts ermöglicht worden ist, sich in den Besitz des Frachtbriefs zu setzen, und die Herausgabe des Guts an ihn gerade wegen des Besitzes des Frachtbriefs erfolgt ist, so ist die Fahrlässigkeit des Gr. eine der Ursachen gewesen, die zum Verlust des Frachtstücks geführt haben.

Hierdurch wird der Beklagte aber von der Haftung für den Verlust nicht gänzlich befreit, da das Berufungsgericht auch bei dem Beklagten ein für die Entstehung des Verlustes mitursächliches Verschulden festgestellt hat, und zwar in doppelter Hinsicht. Einmal hat es angenommen, daß der Güterbodenarbeiter M. fahrlässig gehandelt habe, indem er das Gut an den ihm unbekannten Abholer allein gegen Vorzeigung des Frachtbriefs ausgehändigt habe, ohne sich über dessen Empfangsberechtigung zu vergewissern. Zum andern sieht es ein Verschulden von Leuten des Beklagten, übereinstimmend mit dem Landgericht, darin, daß sie das Fach in einem Zustande gehalten hätten, der einem Fremden die Leerung des Fachs ohne den Besitz des Schlüssels ermöglicht habe. Nach beiden Richtungen bieten die Ausführungen des Vorderurteils keinen Anlaß zu Bedenken. Aus § 5 EVO., § 458 HGB. ergibt sich, daß die Eisenbahn für ihre Leute und für die anderen Personen, deren sie sich bei der Ausführung der Beförderung bedient, zu haften hat. Zu Unrecht führt die Revision aus, daß eine Verpflichtung des Beklagten zur Instandhaltung des Fachs nur insoweit bestanden habe, als die Bahn von der Klägerin auf das Vorhandensein von Mängeln hingewiesen worden sei. Denn, wie bereits oben ausgeführt, war sie als Eigentümerin und Besitzerin desjenigen Schranks, in dem sich das Schließfach befand, in erster Reihe verpflichtet, auf die Erhaltung der Fächer in gebrauchsfähigem Zustand dauernd Acht zu geben.

Mithin haben bei der Entstehung des Verlustes sowohl Fahrlässigkeiten von Bahnangestellten, für die der Beklagte haftet, als auch ein Verschulden des Kutschers Gr., das von der Klägerin zu vertreten ist, mitgewirkt. Es liegen also die Voraussetzungen des § 254 BGB. vor, wonach bei mitwirkendem Verschulden des Beschädigten die Verpflichtung zum Ersatze sowie der Umfang des zu leistenden Ersatzes von den Umständen des Falls, insbesondere davon abhängt, inwieweit der Schaden vorwiegend von dem einen oder dem anderen Teile verursacht worden ist (Urt. des RG. vom 28. September 1921 I 130/21). ...

---

49. Zur Frage nach dem Übergang des Eigentums an der Ware bei Lieferung durch Übergabe eines Lieferscheins.

II. Zivilsenat. Urt. v. 7. November 1921 i. S. J. (Bekl.) w. L. & R. (Kl.). II 198/21.

I. Landgericht Hamburg, Kammer f. Handelssachen. — II. Oberlandesgericht daselbst.

Laut Schlußschein vom 25. August 1919 verkaufte die Beklagte der Klägerin 50 Kisten zu je 100 Dosen Sardinen, netto Kasse gegen Lieferschein ab Lager Hamburg. Ein größeres Quantum, aus welchem die verkauften 50 Kisten geliefert werden sollten, lagerte zunächst für den Lieferanten der Beklagten, H., sodann für diese selbst bei der Speditionsfirma M., als die Beklagte der Klägerin am Donnerstag dem 28. August mit Anschreiben vom 27. August den Lieferschein und Faktura vom gleichen Tage zusandte, wogegen die Klägerin der Beklagten 17000 ℳ zahlte, sodaß am Kaufpreis 250 ℳ fehlten. Der Lieferschein, an M. gerichtet, lautete:

„Sie wollen gefl. hiergegen ausliefern, Absatzkosten zu Empfängers Lasten: 50 Kisten“ usw.

Mit eingeschriebenem Brief, datiert vom 28., abgeschickt am 29. August, schrieb die Klägerin an M. unter Beifügung des Lieferscheins:

„In der Anlage behändigen wir Ihnen einen Lieferschein über von Herrn J. gekaufte und bei Ihnen lagernde 50 Kisten Sardinen in Öl. Sie wollen dieselben, wie heute verabredet, auf Bombagen, fehlende, vernagelte und leere Dosen nachsehen ... und alsdann die ordnungsmäßigen Dosen für uns einlagern. Die Versicherung wollen Sie mit 20000 *M* decken. Über die Einlagerung erbitten wir alsdann eine Einlagerungsbescheinigung."

Den Brief soll M. erst am Nachmittag des 30. August (Sonnabend) erhalten haben. Die Klägerin ließ sich einige Musterdosen geben, sie soll auch von M. in das Lagerbuch als Eigentümerin eingetragen worden sein, als am 1. September die Sardinen beschlagnahmt wurden, weil sie ohne Erlaubnis der Sardinen-Einfuhr-Gesellschaft m. b. H. eingeführt und in den Handel gebracht worden waren.

Mit der Klage forderte die Klägerin die Rückzahlung der gezahlten 17000 *M*, während die Beklagte auf den Rest des Kaufpreises von 250 *M* Widerklage erhob.

Beide Vorinstanzen wiesen die Widerklage ab und erkannten nach dem Klagantrage. Die Revision der Beklagten wurde zurückgewiesen.

Gründe:

Der Einwand der Beklagten, daß der Vertrag vom 25. August 1919 nichtig gewesen sei und die Klägerin nach § 817 Abs. 2 BGB. den gezahlten Preis nicht zurückfordern könne, weil sie durch dessen Zahlung gegen ein gesetzliches Verbot verstoßen habe, ist von den Vorinstanzen mit zutreffender Begründung zurückgewiesen worden. Wie der Vorderrichter ausführt, hat die Annahme des Kaufpreises so wenig gegen ein gesetzliches Verbot verstoßen, wie dessen Zahlung. Der Handel mit Sardinen war nicht verboten, vielmehr war nur bei der Einführung der Ware in das Inland dem Einführenden bei Strafandrohung zur Pflicht gemacht, der Sardinen-Einfuhr-Gesellschaft m. b. H. von der Einfuhr Mitteilung zu machen, damit diese sich darüber erklären konnte, ob sie die Ware übernehmen wollte. Keine der Parteien hat die Ware nach Deutschland eingeführt; ihnen fällt der Verstoß, der beim Import vorgefallen war, nicht zur Last. ...

Die Entscheidung hängt lediglich von der Frage ab, ob die Ware dem Käufer bereits übergeben und damit übereignet war, als sie beschlagnahmt wurde. Das haben beide Vorinstanzen in Würdigung der tatsächlichen Vorgänge verneint und darin kann ihnen nur beigetreten werden. Ist, wie im vorliegenden Falle, mit der Bedingung „Kasse gegen Lieferschein" verkauft worden, so kann darin, daß der Verkäufer dem Käufer den Lieferschein übergibt, sehr wohl zugleich die Absicht der beiden Parteien zum Ausdruck und zur Ausführung kommen, damit auch den Anspruch des Verkäufers gegen den Lagerhalter auf Herausgabe der Ware auf den Käufer zu übertragen, womit sich dann der Übergang von Besitz und Eigentum auf den Käufer nach § 931 BGB. vollenden würde. Aber das muß nicht so sein und immer müssen in den tatsächlichen Umständen und Vorkommnissen Anhaltspunkte dafür gegeben sein, wenn eine solche Absicht der Parteien unterstellt werden soll. Von diesem zutreffenden Standpunkt aus hat der erste Richter in seiner von dem Vorderrichter gebilligten und übernommenen Begründung die Sachlage geprüft. Er führt aus, eine derartige Abtretung des Herausgabeanspruchs stelle der Auslieferungsschein nicht dar, er enthalte vielmehr nur eine Anweisung an den Lagerhalter, gegen Aushändigung des Scheines die Ware auszuliefern. Der Erwerber sei in dem Scheine nicht genannt; die Abtretung an den jeweiligen Inhaber des Scheins genüge nicht den Anforderungen des § 931 BGB. Auf das Urteil des Senats RGZ. Bd. 49 S. 97 könne die Beklagte sich nicht berufen. Danach sei es Tatfrage, ob ein derartiger Auslieferungsschein eine Übertragung des Herausgabeanspruchs bedeute. Dort sei die Frage bejaht worden, weil der Verkäufer zugleich den Spediteur angewiesen hatte, die Ware zur Verfügung des namhaft gemachten Käufers zu halten und der Lieferschein diesen Namen aufwies; daran fehle es hier. — Ob allem, was damit gesagt ist, zuzustimmen wäre, kann dahingestellt bleiben. Jedenfalls ist die Entscheidung gerechtfertigt, weil, wie das Oberlandesgericht das Gesagte richtig zusammenfaßt, in der Aushändigung eines solchen Lieferscheins beim Mangel sonstiger Umstände, die auf einen dahingehenden Willen der Parteien hindeuteten, eine Abtretung des Herausgabeanspruchs nicht erblickt werden kann.

Lag somit in der Übergabe des Lieferscheins an die Klägerin nichts anderes als die an den Lagerhalter gerichtete Anweisung, die Ware hinfort zur Verfügung des Käufers zu halten, so kann nur in Frage kommen, ob sich in der Zeit bis zur Beschlagnahme der Sardinen ein Moment feststellen läßt, wo der Lagerhalter aufgehört hat, die bezeichnete Menge für die Beklagte, und angefangen hat, sie für die Klägerin zu besitzen, in welchem Moment dann der mittelbare Besitz vom Verkäufer auf den Käufer übergegangen und das Eigentum an der Ware nach § 929 BGB. übertragen worden wäre. Die Beklagte hat Verschiedenes behauptet, was an und für sich hierfür in Frage kommen könnte, und die Revision rügt, daß der Vorderrichter hierauf nicht eingegangen ist. Spätestens zwei Tage vor der Beschlagnahme hat der Lagerhalter den Brief erhalten, in welchem die Klägerin ihn unter Beifügung des Lieferscheins ersucht, die Kisten zu prüfen, die geeigneten auszusuchen und für sie auf Lager zu nehmen; er bat die Klägerin, Musterdosen entnehmen zu lassen, und soll im Lagerbuche die Ware auf den Namen der Klägerin umgeschrieben haben. Indessen, wie hier die Dinge liegen, konnte alles das schon deshalb zu nichts führen, weil es zu der unerläßlichen Individualisierung verkaufter 50 Kisten nicht gekommen ist. Der ganze Vorrat lag ungeschieden für die Beklagte beim Lagerhalter, der ihr den Besitz an ihm vermittelte. Um an einem Teil der Kisten Besitz zu übertragen, hätte es vor allem auch der Bestimmung bedurft, welche Kisten das sein sollten. Besitz ist seinem Wesen nach nicht an der Gattung möglich, sondern nur an dem individuellen körperlichen Gegenstand. Das gilt vom mittelbaren Besitz nicht minder wie vom unmittelbaren. Daß bei jenem ein Besitzwechsel unter Umständen schon dadurch eintreten kann, daß der unmittelbare Besitzer seinen Willen auf das neue Verhältnis umstellt, ändert daran nichts, daß, wie für das ganze Besitzverhältnis, so für einen solchen Besitzwechsel die unerläßliche Grundlage der entsprechende unmittelbare Besitz des Mittlers bildet, der nur am individuellen Gegenstande denkbar ist. Hier konnte der Wille des Lagerhalters, 50 Kisten des Gesamtvorrats für die Klägerin zu besitzen, selbst wenn er bestanden haben sollte, solange nichts bedeuten, als der Lagerhalter nicht bestimmt hatte und daher selbst nicht wußte, welche der mehreren Kisten das sein sollten.

Somit war es zur Übereignung der verkauften Ware noch nicht gekommen, als sie mit dem ganzen Vorrat in Beschlag genommen wurde.

---

50. 1. Gilt die Formvorschrift des § 313 BGB. auch für eine Schuldübernahme, wodurch die Verpflichtung des Verkäufers, das Eigentum an dem verkauften Grundstücke zu übertragen, mitübernommen wird?

2. Über den Umfang der Schadensersatzpflicht bei arglistiger Täuschung.

3. In welchem Umfang haftet bei arglistiger Täuschung des Käufers über Eigenschaften der Kaufsache ein Dritter, der daran neben dem Verkäufer als Mittäter oder Gehilfe teilgenommen hat?

VI. Zivilsenat. Urt. v. 10. November 1921 i. S. H. (Kl.) w. A. u. Z. (Bekl.). VI 195/21.

I. Landgericht Breslau. — II. Oberlandesgericht daselbst.

Durch notariellen Kaufvertrag vom 3. Januar 1913 verkaufte der Bauunternehmer Hermann L. in B. der Klägerin das Grundstück B., Augustastraße 207/209. Der Kaufpreis wurde auf 177500 *M* festgesetzt. „In Aufrechnung mit dem Kaufpreis" übernahm die Klägerin zwei auf dem Anwesen eingetragene Hypotheken (140000 *M* und 27500 *M*) und die zugrunde liegenden Forderungen als Selbstschuldnerin. Für den Restbetrag von 10000 *M* wurde festgesetzt, daß sie diesen Betrag an den Verkäufer zu Händen der jetzigen beiden Beklagten A. und Z. innerhalb 24 Stunden bar zu bezahlen habe. Im übrigen verpflichtete sich der Verkäufer, alle von der Käuferin nicht übernommenen Belastungen innerhalb vier Wochen auf seine Kosten zur Löschung zu bringen, binnen gleicher Frist auch der Käuferin den Nachweis zu führen, daß die Zinsen der übernommenen Hypotheken, die Steuern und sonstigen Gefälle bis 31. Dezember 1913 bezahlt seien. Für diese Verpflichtungen übernahmen die Beklagten A. und Z. nach demselben notariellen Vertrag der Käuferin gegenüber die selbstschuldnerische Bürgschaft derart, daß sie für berechtigt erklärt wurde, die Erfüllung der Verpflichtungen von den beiden Beklagten A. und Z. zu verlangen.

Inhaltlich der Vertragsurkunde ist „die Übergabe erfolgt“. Es ist festgesetzt, daß die Rechte und Pflichten, Lasten und Nutzungen vom 1. Januar 1913 an gerechnet auf die Käuferin übergehen und daß die gerichtliche Auflassung auf jeweiliges Verlangen der Käuferin stattfindet. Ob in der Folge die Auflassung und die Eintragung in das Grundbuch erfolgt sind, steht für den gegenwärtigen Rechtsstreit dahin.

Das verkaufte Haus hat sich als mit Schwamm- und Trockenfäule behaftet erwiesen. Die Klägerin hat hierwegen 10000 M Schadensersatz verlangt mit der Behauptung, man habe ihr den schon zur Zeit des Vertragsschlusses vorhandenen Mangel arglistig verschwiegen. Sie erhebt diesen Vorwurf sowohl gegen den Verkäufer wie gegen die beiden Beklagten A. und Z., die wie jener bereits beim Vertragsschlusse um den Mangel gewußt und trotzdem auf die Frage des Notars, ob auch bei dem Hause alles in Ordnung sei, geschwiegen hätten. Aus dem Vertragsinhalt ist hierzu im besonderen hervorzuheben, daß der Verkäufer sich verpflichtete, Fehler und Mängel des Grundstücks, wenn sich solche bis Ende Dezember 1913 finden sollten, in dauerhafter Weise zu beseitigen. Im übrigen wurde die gesetzliche Gewährleistung des Verkäufers wegen Mängel der Sache und damit auch das Recht der Käuferin auf Wandelung oder Minderung ausgeschlossen.

Gegen den Verkäufer ist im gegenwärtigen Rechtsstreit ein Versäumnisurteil nach dem Klagantrag ergangen und rechtskräftig geworden. Die beiden Beklagten A. und Z. sind vom ersten Richter auf Grund eines Gutachtens, wonach der zur Zeit der Begutachtung (17. Oktober 1914) vorhandene fehlerhafte Zustand durch einen Kostenaufwand von 7500 M beseitigt und das Haus wieder in tadellosen Zustand versetzt werden könne, unter Abweisung des klägerischen Mehrbegehrens zur Zahlung von 7500 M nebst Zins — als Gesamtschuldner — verurteilt worden. Auf ihre Berufung ist die Klage, soweit gegen sie gerichtet, durch das Urteil des Berufungsgerichts abgewiesen worden. Hiergegen hat die Klägerin die Revision eingelegt, die Erfolg hatte.

Aus den Gründen:

Den für die Revisionsinstanz allein in Betracht kommenden beiden Beklagten A. und Z. gegenüber hat die Klägerin ihren Anspruch auf Bürgschaft, Schuldübernahme und unerlaubte Handlung gestützt. Die Klagbegründung aus Bürgschaft, übernommen in dem notariellen Vertrag vom 3. Januar 1913, ist vom Berufungsgericht verworfen, von der Klagseite aufgegeben worden und kommt für die gegenwärtige Beurteilung nicht mehr in Frage.

1. Zu dem Klagegrund der Schuldübernahme hat die Klägerin behauptet, die Beklagten A. und Z. hätten vor und bei Abschluß des Vertrags wiederholt erklärt, sie kämen für alles auf. Hierin liege angesichts des eigenen Interesses, das die Beklagten A. und Z. an dem Zustandekommen des Vertrags mit dem vermögenslosen L. gehabt hätten, — Erlangung der an sie zu leistenden Barzahlung von 10000 *M* —, eine der Schriftform nicht bedürfende kumulative Schuldübernahme, bei dem Beklagten A., der Kaufmann sei, auch eine nach § 350 HGB. formlos gültige Bürgschaftsübernahme. Das Berufungsgericht hat dieses Vorbringen unter beiden geltend gemachten rechtlichen Gesichtspunkten abgelehnt. Ein Vertrag, der nach vorangegangenen mündlichen Verhandlungen schriftlich abgeschlossen sei, habe die Vermutung der Richtigkeit und Vollständigkeit für sich. Behaupte ein Teil, daß neben dem Inhalt des schriftlichen Vertrags auch mündliche Nebenabreden, die vor und bei Abschluß des schriftlichen Vertrags getroffen seien, Geltung haben sollen, so könne er mit dieser Behauptung solange nicht gehört werden, als er nicht weiter nachweise, daß diese mündlichen Abreden trotz der Nichtaufnahme in den schriftlichen Vertrag doch gültig sein sollten. In dieser Hinsicht habe die Klägerin einen ausreichenden Beweis nicht angetreten.

(Nach Erörterung der hierauf bezüglichen Prozeßrüge, der stattgegeben wurde, wird fortgefahren:)

Die Beklagten A. und Z. sollen nach dem in Rede stehenden Klagvorbringen die gesamten Verpflichtungen des Verkäufers aus dem Kaufvertrag vom 3. Januar 1913 zu übernehmen erklärt haben, mithin auch dessen an erster Stelle stehende Verpflichtung, das Eigentum an dem Grundstück zu übertragen. Diese Schuldübernahme stellt sich daher jedenfalls dar als Vertrag, wodurch sich der eine Teil verpflichtet, das Eigentum an einem Grundstücke zu übertragen, und bedarf daher der gerichtlichen und notariellen Beurkundung nach Maßgabe des § 313 BGB. Nach dessen Satz 2 wird es daher darauf ankommen, ob, was zur Zeit noch nicht feststeht, die Auflassung und die Eintragung in das Grundbuch erfolgt sind, wodurch eine auf dem Mangel der Form des Satzes 1 des § 313 beruhende Nichtigkeit für den ganzen Inhalt des Vertrags geheilt sein würde. Ob der Formzwang des § 313 auch für den Fall der Verbürgung (§ 765 BGB.) der Eigentumsübertragungspflicht anzuerkennen sein würde, kann hier unerörtert bleiben, da das in Rede stehende Vorbringen schlüssig für den Tatbestand einer Schuldmitübernahme (kumulativen Schuldübernahme) ist und auch vom Berufungsgericht im übrigen rechtlich zutreffend unter diesem Gesichtspunkt gewürdigt worden ist. Bei der Klarstellung des Sachverhalts wird darauf abzustellen sein, daß das zu beurteilende Abkommen, — formlos geschlossen, wie es ist, — noch zur Zeit der Auflassung dem Einverständnis der Parteien entspricht (vgl. Komm. v. RGR., 3. Aufl., § 313 Anm. 4 Abs. 2, dazu Warneyer 1912 Nr. 4, 1913 Nr. 87). Darüber, wie es kommt, daß das mündliche Abkommen nicht in die Urkunde aufgenommen ist, braucht regelmäßig keine besondere Darlegung zu erfolgen (RGZ. Bd. 52 S. 25, Bd. 65 S. 49, Bd. 88 S. 370, auch VI 343/21 Urt. vom 3. Oktober 1921).

Der erneuten Berufungsverhandlung mag endlich auch vorbehalten bleiben, ob nicht zur Beurteilung des Klagvorbringens die Rechtsform der Garantie — Garantie eines Dritten für Mängelfreiheit — heranzuziehen sein möchte. Nach dem damaligen Sach- und Streitstand kann von einer Erörterung hierüber im gegenwärtigen Zusammenhang abgesehen werden.

2. In der gegenwärtigen Lage des Rechtsstreits soll weiter auch unerörtert bleiben, ob sich für die Beurteilung des den Beklagten A. und Z. zur Last gelegten Verhaltens nicht auch der rechtliche Gesichtspunkt des Verschuldens beim Vertragsschlusse (culpa in contrahendo; RGZ. Bd. 95 S. 58, Bd. 97 S. 327, JW. 1912 S. 743) wenigstens dann darbieten würde, wenn diese Beklagten, die in der Kaufvertragsurkunde selbst nur als Bürgen für gewisse besondere Verpflichtungen des Verkäufers auftreten, im Wege einer gültigen Schuldübernahme in das Vertragsverhältnis insgesamt neben den Verkäufer eingetreten sein sollten.

Dagegen bedarf es hier noch des Eingehens auf diejenigen Ausführungen, womit das Berufungsgericht die Haftung der Beklagten A. und Z. aus unerlaubter Handlung (§§ 823, 826 BGB.) verneint hat.

Das Berufungsgericht hat die Klägerin befragt, ob sie behaupten wolle, daß der Kaufvertrag, wenn ihr der Mangel nicht verschwiegen worden wäre, zu einem entsprechend geringeren Kaufpreis zustande gekommen wäre. Die Klägerin hat erklärt, daß sie eine solche Behauptung nicht aufstellen könne. Das Berufungsgericht hat daraufhin ausgeführt: Die Klägerin habe auf Grund der §§ 823, 826, 249 BGB. von den Beklagten Wiederherstellung desjenigen Zustandes zu verlangen, der bestehen würde, wenn der zum Schadensersatz verpflichtende Umstand — die Täuschung über das Nichtvorhandensein des Mangels — nicht eingetreten wäre. Die Klägerin könne also verlangen, so gestellt zu werden, wie sie stehen würde, wenn die Täuschung nicht verübt worden wäre, d. h. wie sie stehen würde, wenn ihr die Beklagten vor dem Kaufabschluß das Vorhandensein von Schwamm- und Trockenfäule mitgeteilt hätten. Danach aber sei der auf Erstattung der Kosten für die Beseitigung des Mangels gerichtete Anspruch unbegründet. Die Klägerin könne als Ersatz die Preisdifferenz verlangen, sofern sie nachweisen könne, daß der Kaufvertrag, wenn sie Kenntnis von dem Mangel gehabt hätte, auch zu einem niedrigeren Preise zustande gekommen, also nicht nur sie, sondern auch der Verkäufer bereit gewesen wäre, den Kaufvertrag zu einem entsprechend niedrigeren Kaufpreis abzuschließen. Eine solche Behauptung sei nicht aufgestellt; mit hoher Wahrscheinlichkeit sei anzunehmen, daß die Klägerin in dem vorausgesetzten Falle überhaupt nicht gekauft hätte. Sei dem aber so, dann könnte die Klägerin ihren Schadensersatzanspruch gegen die Beklagten nur auf der Grundlage berechnen, daß sie nachweise, um welchen Betrag ihr Vermögensbestand im ganzen unter Berücksichtigung einerseits der Vorteile, anderseits der Nachteile aus dem Vertrag sich durch den Kaufvertrag vermindert habe, wobei die durch die ungewöhnliche Teuerung hervorgerufenen Wertänderungen außer Betracht bleiben könnten. Aber unter diesem Gesichtspunkt sei der jetzt geltend gemachte Schadensersatzanspruch nicht berechnet und deshalb unbegründet.

Die Revision wendet hiergegen ein, die den Beklagten zur Last fallende Täuschung sei nicht der zum Schadensersatz verpflichtende Umstand — sie für sich allein habe noch keinen Schaden gebracht —, erst der durch die Täuschung bewirkte Kaufabschluß bilde den zum Schadensersatz verpflichtenden Umstand. Deshalb hätten die Beklagten A. und Z. nach § 249 BGB. für den Schaden aufzukommen, der der Klägerin aus dem Kaufabschluß erwachsen sei. Dieser Einwand vermag indessen nicht durchzugreifen. Wie auch das Berufungsgericht nicht übersehen hat, könnte die Klägerin ihre Gesamtvermögenslage als durch den Kaufabschluß im allgemeinen verschlechtert dahin bezeichnen, daß das erworbene Haus mit Herstellungskosten von 7500 *M* belastet ist; aber dazu wäre weiter darzutun, ob nicht gegenüber dem objektiven Wert des Grundstücks der bewilligte Kaufpreis so billig ist, daß trotz der 7500 *M* Herstellungskosten keine Vermögenseinbuße bleibt (RGZ. Bd. 83 S. 246). Die Beklagten A. und Z. haben dies in der Tat behauptet, eine Feststellung ist darüber nicht getroffen. Das Berufungsgericht nimmt mit Recht an, daß die Klage unter diesem Gesichtspunkt einer Vergleichung des objektiven Wertes des erlangten

Vermögensgegenstandes mit der hingegebenen Gegenleistung bisher überhaupt nicht begründet worden ist.

Im übrigen ist entgegen den Anzweiflungen der Revision zuzugeben, daß die hier angegriffenen Ausführungen des Berufungsgerichts, im allgemeinen genommen, mit der Rechtsprechung des Reichsgerichts im Einklang stehen. Ohne Rechtsirrtum geht das Berufungsgericht davon aus, daß das von der Klage den gegenwärtigen Beklagten zur Last gelegte Verhalten den Tatbestand einer arglistigen Täuschung und einer vorsätzlichen sittenwidrigen Schädigung (§§ 123, 826 BGB.) darstellt, daß das Unterlassen der Anfechtung (§ 142 BGB.) dem auf unerlaubte Handlung gestützten Schadensersatzbegehren nicht entgegensteht (Komm. v. RGR. Vorbem. 4 e vor § 823) und daß der Umfang des Schadensersatzes nach § 249 BGB. zu bestimmen ist. Der daselbst aufgestellte Grundsatz der Naturalrestitution führt regelmäßig nur zur Beseitigung des Vertrags überhaupt — wie auch im Falle der Vertragsanfechtung nach §§ 119, 120 BGB. regelmäßig nur der Anspruch auf das sog. (negative) Vertrauensinteresse (§ 122 BGB.) gegeben ist, weil dieses ausreicht, den Berechtigten so zu stellen, wie er gestanden hätte, wenn er den Vertrag überhaupt nicht abgeschlossen haben würde. Der nach § 249 Schadensersatzberechtigte kann nur verlangen, so behandelt zu werden, wie wenn auf seine Willensfreiheit nicht eingewirkt worden wäre; nicht dagegen kann er fordern, daß der andere den Zustand herstelle, wie er sich aus dem geschlossenen Vertrag ergeben würde, wenn ihn der andere nicht durch sein widerrechtliches Verhalten (Täuschung) herbeigeführt hätte. Der geschlossene Vertrag mit seinen Rechten und Pflichten ist bei einer als unerlaubte Handlung im Sinne des §§ 823 ff. BGB. anzusehenden Täuschung die im Wege des Schadensersatzes wieder zu beseitigende Folge der unerlaubten Handlung; er kann deshalb nicht die Grundlage für den Schadensersatz aus der letzteren bilden, dieser Schadensersatz kann vielmehr nur in der Herstellung des früheren Vermögenszustandes des Beschädigten im ganzen — unter Ausgleichung aller beiderseitigen Vorteile und Nachteile aus der Vertragsausführung — bestehen. Dagegen kann der Schaden im allgemeinen nicht in der Weise ermittelt werden, daß an die Stelle des geschlossenen Vertrags ein anderer gedacht wird, der nicht geschlossen ist, den der Geschädigte aber bei Kenntnis des wahren Sachverhalts geschlossen hätte. Nur wenn dargetan wird, daß auch der andere Teil auf diesen Vertrag mit der geminderten Vertragsleistung eingegangen wäre, kann der Schadensersatz auf jene Minderung der Vertragsleistung bemessen werden. Im wesentlichen mit diesen Gedankengängen ist die Rechtsprechung des Reichsgerichts dazu gelangt, unter Aufgabe einer älteren Betrachtungsweise (vgl. RGZ. Bd. 59 S. 155, Bd. 62 S. 384, Bd. 63 S. 110) auch den deliktischen Schadensersatzanspruch des Getäuschten (oder widerrechtlich durch Drohung Bestimmten, § 123 BGB.) auf das negative Vertragsinteresse (Vertrauensinteresse) zu beschränken (vgl. bes. RGZ. Bd. 66 S. 335; Warneyer 1909 Nr. 179, 1912 Nr. 333, 1917 Nr. 100, auch VI 544/20).

Eine Ausnahme von diesen Grundsätzen wird in der Rechtsprechung des Reichsgerichts für den Fall gemacht, daß die arglistige Täuschung bei einem Kauf von dem Verkäufer selbst verübt ist und die Eigenschaften einer körperlichen Kaufsache betraf. Aus der Vorschrift des § 463 BGB. wird wegen Gleichheit des Rechtsgrundes gefolgert, daß derselbe Schadensersatzanspruch, der dem Käufer wegen Fehlens einer zugesicherten Eigenschaft (Satz 1) und wegen arglistigen Verschweigens eines Fehlers (Satz 2) zusteht, ihm auch wegen Fehlens solcher Eigenschaften zu gewähren ist, deren Vorhandensein der Verkäufer beim Vertragsschluß betrüglich vorgespiegelt hat. Danach kann der Käufer in diesen Fällen das (positive) Erfüllungsinteresse geltend machen, d. h. verlangen, daß er so gestellt werde, wie er gestellt sein würde, wenn der Mangel nicht bestünde oder die Eigenschaften wirklich vorhanden wären. Dies alles auch dann, wenn der Anspruch zwar gegen den Verkäufer gerichtet, aber nicht auf den Vertrag, sondern auf unerlaubte Handlung gestützt wird. Diese Rechtsprechung, die im Schrifttum nicht unangefochten geblieben, aber festgehalten ist, in Zweifel zu ziehen, gibt der vorliegende Fall keinen Anlaß.

Das Berufungsgericht hat auch dieser letztangeführten besonderen Rechtsprechung (gegenüber dem Verkäufer) an sich zutreffend gedacht. Es hält indessen die Frage der Haftung der Beklagten A. und Z. auf das (positive) Erfüllungsinteresse schlechthin damit für erledigt, daß diese nicht Verkäufer, sondern nur Dritte seien, für deren Haftung der eingangs angeführte allgemeine Grundsatz der Beschränkung auf das (negative) Vertrauensinteresse gelte. Dies muß nach der besonderen Lage des hier gegebenen Falles rechtlichen Bedenken begegnen.

Auszugehen ist hierbei von der tatsächlichen Darstellung der Klage, die nach dem dermaligen Sach- und Streitstand für die Revisionsinstanz als zutreffend unterstellt werden muß. Danach sollen die beiden Beklagten A. und Z. in gleicher Weise wie der Verkäufer um das Vorhandensein des Hausschwamms und der Trockenfäule gewußt, trotzdem aber nicht nur den Mangel verschwiegen, sondern der Klägerin sogar ausdrücklich versichert haben, das Haus sei mit jenen Mängeln nicht behaftet. Wirtschaftlich sei der Verkauf des Hauses die eigene Sache der Beklagten A. und Z. gewesen, weil sie die Barzahlung der Käuferin von 10000 ℳ zur Befriedigung ihrer, der Beklagten, eigenen Ansprüche an den Verkäufer L. zu erlangen trachteten und weiter A. als Vertreter der Ersthypothekarin (Vereinsbank N.) ein Interesse daran, daß das Grundstück nicht in Zwangsversteigerung komme, zu vertreten gehabt habe. Als die Klägerin sich darüber, daß der Verkäufer L. bei den Verhandlungen nicht zugegen war und nicht zahlungsfähig sei, beunruhigt gezeigt, deshalb auch auf weitere Verhandlungen sich nicht mehr habe einlassen wollen, sollen die Beklagten A. und Z. zur Klägerin gesagt haben, sie (Klägerin) könne beruhigt sein, sie (A. und Z.) kämen für alles auf.

Diese gesamte Darstellung legt die Annahme nahe, daß die Beklagten A. und Z., wenn auch nicht selbst Verkäufer, doch an der in Rede stehenden arglistigen Täuschung als Mittäter oder Gehilfen des Verkäufers (vgl. §§ 47, 49 StGB.) teilgenommen haben und damit zu diesem in ein besonders nahes Verhältnis getreten sind, dessen rechtliche Bedeutung auch für den Umfang der Schadensersatzpflicht nicht unbeachtet bleiben kann. Die im Vorstehenden dargelegten Erwägungen über den Umfang der Schadensersatzpflicht eines der arglistigen Täuschung bezüglich des Vertragsschlusses schuldigen Dritten gelten grundsätzlich nur für den Fall, daß der Dritte allein den Geschädigten durch arglistige Täuschung zum Vertragsschlusse bestimmt hat. Sie greifen nicht Platz, wenn, wie hier behauptet ist, durch bewußtes und gewolltes Zusammenwirken des Dritten und eines Vertragsteils der andere getäuscht und zum Vertragsschluß bestimmt worden ist. Wie schon der II. Zivilsenat in einem Urteil vom 22. März 1907 II 466/06 ausgesprochen hat, hat sich in solchem Falle der Dritte die Handlungen des Vertragsteils, mit dem er zusammengewirkt hat, angeeignet und muß sie sich zurechnen lassen. Haftet der Verkäufer gegebenenfalls auf das volle (positive) Erfüllungsinteresse, so erstreckt sich auch die Mithaftung des Dritten hierauf. Dies steht im Einklang mit dem Rechtsgedanken der §§ 830, 840 BGB. wie auch mit der Billigkeit. Der Umstand, daß zwischen dem Geschädigten und dem Dritten kein Vertragsband wie zwischen jenem und dem Verkäufer besteht, verliert seine Bedeutung gegenüber der Tatsache, daß hier der Dritte in Kenntnis des gesamten Sachverhalts — also insbesondere auch der vertraglichen Stellung des Verkäufers zum Käufer und der daraus entfließenden Vollhaftung jenes — zur Schädigung des Käufers durch den Vertragsschluß verantwortlich mitgewirkt hat.

---

51. 1. Treibt der Großhändler schon dann Kettenhandel, wenn er Zwischenerzeugnisse an einen anderen Großhändler desselben Wirtschaftsgebiets verkauft und der Käufer sie nicht unmittelbar an einen Verbraucher absetzt?

2. Zum Begriff der Preissteigerung und des Vorsatzes beim Kettenhandel.

VI. Zivilsenat. Urt. v. 10. November 1921 i. S. K. B. & Co. (Kl.) w. Rheinisch-Westfälische Rohrhandelsgesellschaft (Bekl.). VI 337/21.

I. Landgericht Düsseldorf. — II. Oberlandesgericht daselbst.

Die in Duisburg ansässige Klägerin hat der Beklagten, die ihren Sitz in Düsseldorf hat, am 5. März 1920 ca. 80000 kg Platinen verkauft und am 22. und 24. März 1920 nach Weisung der Beklagten an einen Spediteur in Duisburg geliefert. Letzterer sandte die Ware im Auftrage der Beklagten an die Firma Sch. & M. in Duisburg. Diese rügte sie am 14. April 1920 als nicht von Handelsbeschaffenheit und stellte sie der Beklagten zur Verfügung. Die Beklagte gab die Rüge am 15. April an die Klägerin weiter. Mit der Klage wird der Kaufpreis mit 429935 ℳ beansprucht. Das Landgericht, das die Mängelanzeige als verspätet erachtete, gab der Klage statt.

In der zweiten Instanz hat die Beklagte den Kaufvertrag als nichtig wegen Kettenhandels und Preistreiberei angegriffen. Das Berufungsgericht hat die Klage wegen Kettenhandels abgewiesen.

Auf die Revision der Klägerin ist das Urteil aufgehoben und die Sache an das Berufungsgericht zurückverwiesen worden.

Gründe.

Ohne Rechtsirrtum und im Einklang mit der Rechtsprechung des Reichsgerichts erklärt das Berufungsgericht Platinen (d. h. Flacheisenstäbe, die im Platinenwalzwerk zu Blechen gewalzt werden), wenn sie auch Zwischenerzeugnisse seien, für Gegenstände des täglichen Bedarfs, weil sie zur Herstellung im täglichen Leben benötigter Gegenstände verwendet würden.

Das Berufungsgericht führt sodann aus:

Die Klägerin habe die Platinen im Großhandel gekauft und an die Beklagte, ebenfalls eine Großhändlerin, im Zwischenhandel weiter verkauft. Ob die Klägerin die Ware ebenfalls von einem Großhändler gekauft habe, könne dahinstehen. Die Beklagte habe sie wiederum im Großhandel an Sch. & M. weiter veräußert, und erst diese Firma habe sie einem Verbraucher zugeführt. Von drei in dieser Kette bei der Weiterleitung der Ware beteiligten Gliedern hätten die Klägerin und Sch. & M. ihren Sitz in Duisburg, die Beklagte in Düsseldorf. Der Fall sei also ein Gegenstück zu dem in RGZ. Bd. 98 S. 1 behandelten. Erschwerend wirke hier, daß Duisburg und Düsseldorf demselben Wirtschaftsgebiet angehören. Die Ware sei innerhalb desselben Wirtschaftsgebiets aus der Hand des einen Großhändlers in die eines andern übergegangen; beide Parteien hätten im Großhandel die gleiche wirtschaftliche Funktion ausgeübt, und für die Allgemeinheit sei kein wirtschaftlicher Vorteil mit dem Geschäft verbunden gewesen. Die Klägerin habe nichts beigebracht, was den Einwand des Kettenhandels widerlege. Auch die Beklagte habe die Ware keinem Verbraucher zugeführt, sondern sie erst an einen im selben Wirtschaftsgebiet ansässigen Großhändler weiter veräußert. Unterstelle man zugunsten der Klägerin, daß ihr eine unmittelbare Abgabe an den Abnehmer von Sch. & M. mangels Beziehungen oder aus sonstigen Gründen nicht möglich gewesen wäre, so erweise sich doch immer die Einschaltung der Beklagten als wirtschaftlich unnütz, den Weg der Ware verlängernd und den Preis steigernd. Daß die Beklagte bei ihrem Weiterverkauf an Sch. & M. einen Nutzen für sich erzielt und damit den Preis für den Verbrauch gesteigert habe, sei selbstverständlich. Die Vorsätzlichkeit liege ebenfalls vor. Sie habe die Ware erworben, um sie im Großhandel weiter zu veräußern. Aber auch die Klägerin habe gewußt, daß sie es bei der Beklagten mit einer Großhändlerin in ihrem eigenen Wirtschaftsgebiet zu tun habe. Die Weisung, die Ware an einen Duisburger Spediteur zu senden, habe deutlich die Absicht der Beklagten erkennen lassen, die Ware im ganzen oder in großen Teilposten baldig weiter zu veräußern. Die Klägerin behaupte selbst nicht, geglaubt zu haben, daß die Beklagte die Ware an Abnehmer weiterleiten wolle, die für ihren eigenen Absatz nicht in Frage kämen. Wenn sie vortrage, es sei ihr nicht bekannt gewesen, was die Beklagte mit dem Material habe anfangen wollen, vielleicht habe sie es absetzen wollen in eine Gegend, in der es nicht erhältlich war, so gehe daraus hervor, daß sie mit dem Absatz der Beklagten innerhalb desselben Wirtschaftsgebiets mindestens als mit einer Möglichkeit gerechnet habe.

Diese Feststellungen reichen nicht aus, um den Tatbestand des Kettenhandels zu erfüllen.

1. Die Klägerin hat behauptet, und dies ist für die Revisionsinstanz zu unterstellen, daß sie die Platinen schon längere Zeit auf Lager hatte, um sie gelegentlich an Firmen zu veräußern, die für die Verarbeitung in Frage kämen. Der Prokurist der Beklagten habe bei Gelegenheit eines andern Geschäfts für die Platinen Interesse gezeigt und sie gekauft. Der Klägerin sei nicht bekannt gewesen, was die Beklagte damit anfangen wolle; sie mochte die Platinen selbst verarbeiten wollen oder sie in eine Gegend absetzen, wo sie nicht erhältlich waren.

Nun wird der Großhändler Zwischenerzeugnisse, die er nicht selbst zu Fertigwaren verarbeiten lassen will, weil er vielleicht in seiner Sparte keine Verwendung dafür hat, kaum anders absetzen können — da das verarbeitende Werk ihm vermutlich einen viel geringeren Preis bieten würde — als an einen andern Großhändler, der selbst oder auf einem Umweg die Fertigware herstellen läßt. Die Beklagte nennt sich Rohrhandelsgesellschaft. Der Name schließt nicht aus, daß sie Zwischenerzeugnisse verarbeiten läßt und mit der Fertigware Handel treibt. Das Berufungsgericht scheint der Meinung zu sein, daß die Klägerin die Beklagte nicht gebraucht habe und unmittelbar an Sch. & M. hätte verkaufen können. Hiergegen spricht, daß die Beklagte die Ware an einen Spediteur hat leiten lassen, offenbar um ihre Abnehmerin vor der Klägerin geheim zu halten. Dies deutet daraufhin, daß letztere die Firma Sch. & M. als Kaufliebhaberin nicht gekannt hat, ihr daher auch die Platinen nicht anbieten konnte. Sch. & M. hätten sich daher erst melden können, wenn die Klägerin die Ware etwa durch die Zeitung feilgeboten hätte, was aber auch seine Bedenken haben mochte und ihr nicht ohne weiteres zuzumuten war.

Alle diese Verhältnisse sind völlig ungeklärt, und die Revision beschwert sich mit Recht, daß das Berufungsgericht die besondere Art der Kaufsache und des Handels damit unberücksichtigt gelassen hat.

2. Das Berufungsgericht hat ferner mit keinem Wort festgestellt oder erörtert, inwiefern das Verhalten der Klägerin das Kennzeichen einer unlauteren Machenschaft trägt (JW. 1920 S. 93; RGZ. Bd. 102 S. 297), inwiefern sie also in eigensüchtiger Weise die etwa auch in der Nachkriegszeit gebliebene Not der Kriegswirtschaftsverhältnisse ausgenutzt hat.

3. Des weiteren fehlt eine schlüssige Begründung dafür, daß der Verkauf an die Beklagte gemeinwirtschaftlich unnütz war und den Preis, den der Verbraucher zu zahlen hatte, gesteigert hat. Die Annahme des Berufungsgerichts, daß beides aus der Einschaltung der Beklagten ohne weiteres folge, trifft nicht notwendig zu und läßt die Voraussetzung des Kettenhandelsverbots aus den Augen.

Der Kettenhandel, d. i. das unnötige Einschieben einer Mehrzahl von Zwischenhändlern in den Verteilungsweg der Ware vom Erzeuger zum Verbraucher, bestand schon in der Friedenszeit und mag damals eine nicht seltene Erscheinung gewesen sein. Er hat jedoch in der Regel nicht preissteigernd gewirkt, weil der Wettbewerb durch billigeres Angebot dafür sorgte, daß die Gewinne der mehreren Zwischenhändler insgesamt den Nutzen nicht überstiegen, mit dem der einzige oder eine geringere Zahl von nötigen Zwischenhändlern sich begnügten. Der Nachfrage des Verbrauchers stand ein reichliches Angebot gegenüber, und die mehreren (unnötigen) Zwischenhändler mußten sich in den Aufschlag des nötigen Zwischenhandels teilen, wenn sie nicht hinter seiner niedrigeren Preisbewilligung zurück und auf ihrer Ware sitzen bleiben wollten.

Der Krieg hat diese Verhältnisse völlig verändert. Seine lange Dauer und die Absperrung Deutschlands vom Bezug von Fertigwaren und Rohstoffen aus dem Ausland erzeugten eine außerordentliche Warenknappheit, die anderseits auf eine drängende Versorgungsbedürftigkeit und den Warenhunger der Verbraucher stieß. Diese überboten sich gegenseitig und bezahlten, froh, überhaupt nur Ware zu bekommen, jeden Preis. Da kein ausgleichendes Angebot vorhanden war, mußte jedes Einschieben eines Zwischenhändlers ihn ungemessen weiter erhöhen. Diese Not der Verbraucher und das Fehlen eines die Preisbildung regelnden Marktes haben zu dem Verbot des Kettenhandels geführt, der in normalen Zeiten vielleicht unnütz, jedenfalls im allgemeinen unschädlich war (vgl. Begründ. z. PTV., Schäfer S. 421, 426; RGSt. Bd. 50 S. 270).

Mit dem unglücklichen Kriegsende sind die wirtschaftlichen Zustände, aus denen das Verbot geboren ist, freilich nicht verschwunden. Die Zwangswirtschaft konnte nur allmählich abgebaut werden; die Verschlechterung der deutschen Währung hält vielfach den Wettbewerb des Auslandes fern, und auch der Zusammenschluß großer Gewerbezweige zur Hochhaltung der Preise setzt der Bildung einer gesunden Marktlage Hindernisse entgegen. Immerhin mag in Waren, die im Inland erzeugt werden und aus der gebundenen Wirtschaft befreit sind, das Angebot sich so gesteigert haben, daß ein regelrechter Preis sich bilden konnte. So wird gerade für den Metallhandel, wenigstens für den Sommer 1921, bezeugt, daß das Angebot die Nachfrage erheblich übersteige (Hirsch in JW. 1921 S. 809). Wo die Nachfrage einem reichlichen Angebot begegnet, wird sich der Preis hiernach regeln ohne Rücksicht darauf, ob die Ware durch ein unnötiges Zwischenglied gelaufen ist. Wenn aber der Verbraucher, worunter hier der Verarbeiter zu verstehen sein wird, keinen höheren Preis zahlen muß, als es bei normaler Marktlage ohne die Einschiebung des Zwischenglieds der Fall gewesen wäre, war diese Einschiebung gemeinwirtschaftlich gleichgültig und hat zu keiner Preissteigerung geführt.

Das Berufungsgericht hätte daher untersuchen müssen, wie im Frühjahr 1920 die Verhältnisse im Eisenhandel, namentlich im Handel mit Zwischenerzeugnissen, wie Platinen, lagen; ob damals noch eine sog. Notmarktlage bestand oder sich ein unbeschränkter Markt mit normalem Angebot ohne eine dieses überschreitende Nachfrage in den bezeichneten Waren gebildet hatte, und ob der Verarbeiter infolge der Einschaltung der Beklagten einen höheren Preis bezahlt hat, als er ihn ohnedies hätte anlegen müssen. Das Berufungsgericht beruft sich mit Unrecht auf RGZ. Bd. 98 S. 1. Das Urteil weist gerade wiederholt auf die Anforderungen der besonders gearteten Gemeinwirtschaft im Kriege hin, gegen welche der unnötige Zwischenhandel verstoße.

Endlich hat das Berufungsgericht den Begriff der Vorsätzlichkeit des Kettenhandels zu weit gefaßt. Es begründet sie allein damit, daß die Klägerin die Beklagte als eine im selben Wirtschaftsgebiet ansässige Großhändlerin erkannt und mindestens mit der Möglichkeit gerechnet habe, daß die Beklagte die Ware im Wirtschaftsgebiet der Klägerin absetze. Der innere Tatbestand des Vergehens gegen das Kettenhandelsverbot erfordert aber, daß der Täter sich der Unwirtschaftlichkeit seines Eintritts oder diejenigen seines Nachmanns in die Kette sowie der Möglichkeit bewußt ist, es werde durch sein Verhalten der Preis der Ware unnötig gesteigert werden. Zum bedingten Vorsatz gehört, daß er bei der Vornahme des Geschäfts mit der gemeinwirtschaftlichen Wertlosigkeit seiner Beteiligung oder der Beteiligung seines Nachmanns an dem Verteilungsvorgang und mit ihrer preissteigernden Wirkung gerechnet hat (vgl. RGSt. Bd. 53 S. 56, Bd. 51 S. 61, Bd. 55 S. 145 u. Zit). Was das Berufungsgericht feststellt, genügt nicht zur Erfüllung des inneren Tatbestandes oder auch nur des bedingten Vorsatzes.

Die Auffassung des Berufungsgerichts, daß schlechthin jeder Verkauf eines Großhändlers an einen andern im selben, wenn auch noch so umfänglichen Wirtschaftsbezirk als Kettenhandel zu betrachten sei, sobald der Käufer die Ware nicht an einen Verbraucher absetze, hat auch das wirtschaftliche Bedenken gegen sich, daß in ausgedehnten Wirtschaftsgebieten jeder Verkäufer im Großhandel genötigt würde, die Risikoprämie gegen die Gefahr, daß das Geschäft wegen Kettenhandels vernichtet würde, auf seine Preise zu schlagen, so daß das Gegenteil des Zwecks der Preistreibereiverordnung, den Verbraucher vor Verteuerung zu schützen, sich einstellen könnte. . . .

---

52. Tritt auch derjenige, der ein vermietetes Grundstück im Wege der Aneignung nach § 928 BGB. erwirbt, in die Rechte und Pflichten aus dem Mietverhältnis nach § 571 Abs. 1 BGB. ein?

III. Zivilsenat. Urt. v. 11. November 1921 i. S. Gemeinde N. (Kl.) w. G. (Bekl.). III 145/21.

I. Landgericht Paderborn. — II. Oberlandesgericht Hamm.

Durch schriftlichen Vertrag vom 6. Januar 1913 verpachteten die Brüder J. und F. Sch. ein ihnen gehöriges Gut an den Beklagten auf die Dauer von 12 Jahren. Später verzichteten sie in einer öffentlich beglaubigten Urkunde auf das Eigentum an dem Grundstück und ließen den Verzicht im Grundbuch eintragen. Der preußische Staat trat sein Aneignungsrecht an die Klägerin ab, und diese wurde im Januar 1920 als neue Eigentümerin im Grundbuch eingetragen. Sie erachtete den Pachtvertrag für erloschen und verlangt klagend Räumung des Gutes. Das Landgericht entsprach der Klage, das Oberlandesgericht wies sie ab. Die Revision der Klägerin hatte keinen Erfolg.

Gründe:

Die Revision ist unbegründet, wenn der Ansicht des Oberlandesgerichts beizutreten ist, daß § 571 BGB. auch auf die Rechtsbeziehungen der Parteien sinngemäße Anwendung zu finden habe, und das ist zu bejahen.

Nach § 571 BGB. tritt der rechtsgeschäftliche Erwerber eines vermieteten Grundstücks an Stelle des Vermieters in die sich während der Dauer seines Eigentums aus dem Mietverhältnis ergebenden Rechte und Pflichten ein. Diese gehen indessen nicht etwa auf Grund einer aktiven und passiven Rechtsnachfolge im gewöhnlichem Sinne auf ihn über, sondern werden ohne Veränderung ihres Inhalts kraft Gesetzes durch den Übergang des Grundeigentums als Ausfluß eben dieses Eigentums in seiner Person neu und selbständig begründet (vgl. RGZ. Bd. 102 S. 177). Also nicht das Veräußerungsgeschäft als solches, sondern der daran sich anschließende Erwerb des Grundeigentums ist das rechtserhebliche Ereignis, an welches das Gesetz den Gläubiger- und Schuldnerwechsel auf der Vermieterseite und die Verpflichtung des neuen Eigentümers zur Fortsetzung und Weitererfüllung des von seinem Vorgänger im Eigentum abgeschlossenen Mietvertrags knüpft. Ist dem aber so, dann ist schon deshalb allein nicht einzusehen, weshalb der originäre Eigentumserwerb nach dieser Richtung hin andere Rechtswirkungen äußern sollte als der rechtsgeschäftliche. Zwar gründet er sich nicht wie dieser auf einen unmittelbaren Veräußerungs- und Übertragungsakt des bisherigen Eigentümers und Vermieters, aber er wird doch auch durch einen Rechtsakt von dessen Seite, die einseitige Grundstücksentäußerung, wenigstens mittelbar erst ermöglicht. Daß übrigens die Begriffe der „Veräußerung" und der mit einer solchen verbundenen „Rechtsnachfolge" von dem Gesetzgeber je nach dem Sinne und Zwecke der in Betracht kommenden Vorschrift auch in einem weiteren als dem gewöhnlichen Sinne gebraucht werden und auch einen von dem Rechte des Vorgängers unabhängigen Eigentumserwerb mitumfassen können, hat das Reichsgericht bereits bei Auslegung der §§ 265, 266 ZPO. ausgeführt (vgl. RGZ. Bd. 40 S. 333, Bd. 102 S. 177). Freilich enthält § 571 Abs. 1 BGB. eine Sonderbestimmung, aber eine Sonderbestimmung, die nur ein Ausfluß des allgemeinen Rechtsgedankens ist, daß ein Grundstücksmieter durch einen Eigentumswechsel in seinen Mietrechten nicht beeinträchtigt werden dürfe. Dieser Rechtsgedanke, der auch in dem Rechtssprichwort „Kauf bricht nicht Miete" verkörpert und im Gegensatz zu dem ersten Entwurf eines bürgerlichen Gesetzbuchs schließlich zum Siege gelangt ist, sollte, wie schon angedeutet, in dem § 571 Abs. 1 seinen Niederschlag finden. Mag der Gesetzgeber dabei in Anlehnung an das genannte Rechtssprichwort zunächst auch nur den Hauptfall eines Eigentumswechsels, d. h. einen Eigentumswechsel auf Grund eines Veräußerungsgeschäfts, im Auge gehabt haben, so hat doch durch die Fassung des § 571 nicht etwa zum Ausdrucke gebracht werden sollen, daß der ihm innewohnende Rechtsgedanke auf Fälle originären Eigentumserwerbs grundsätzlich unanwendbar sei. Das erhellt zweifelsfrei aus § 57 des Immobiliarzwangsversteigerungsgesetzes vom 24. März 1897, der die entsprechende Anwendung des § 571 BGB. mit einer hier nicht interessierenden Maßgabe auf den Grundstücksversteigerer ausdrücklich vorschreibt.

Aber auch dem allgemeinen Rechts- und Billigkeitsgefühle würde es widersprechen, wenn die Aneignung, obschon sie unentgeltlich erfolgt, den neuen Eigentümer dem Mieter gegenüber besser stellen würde als die wenigstens in der Regel entgeltliche Übereignung, und es wäre ein wirtschaftlich und sozialpolitisch unbefriedigendes, kaum zu rechtfertigendes Ergebnis, wenn der Mieter, dessen Vertragsrechte von einem Käufer geachtet werden müssen, der Willkür des Aneignungsberechtigten schutzlos preisgegeben und auf dessen Verlangen gezwungen wäre, das Grundstück fristlos zu räumen. Das hat der Gesetzgeber sicher nicht gewollt. Entscheidend ist vielmehr allein, daß eine Nachfolge im Eigentum stattfindet, nicht wie sie zustande kommt. Aneignungsakt und Eigentumserwerb durch Auflassung müssen daher hinsichtlich ihres Einflusses auf bestehende Miet- oder Pachtverhältnisse einander gleichgestellt werden, so daß aus rechtlichen und wirtschaftlichen Gründen die sinngemäße Anwendung des § 571 BGB. auf Fälle des § 928 das. geboten erscheint — eine Auffassung, die auch im Schrifttum überwiegt.

Vgl. Örtmann, Vorbem. 3 zu §§ 571—579 BGB. S. 606; Kohler, Lehrb. des bürgerl. R. Bd. 2 T. 1 S. 331; Dernburg, Bürgerl. R. (4. Aufl.), Bd. 2 Abt. 2 Anm. 1 zu § 223; Biermann, Sachenrecht 3. Aufl. Anm. 3e zu § 928 BGB.; Bendix, ABR. Bd. 32 S. 254; Neumann, Anm. 4 zu § 571 BGB.; Cosack, Bürgerl. R. Bd. 2 S. 291; Hellwig, Vertr. z. G. Dritter S. 485 und Lehrb. d. Ziv. Proz. Bd. 2 S. 378 Anm. 11.

---

53. Unter welchen Voraussetzungen darf in einem Ehescheidungsprozesse ein erstinstanzlicher Urteilseid in der durch Berufung des Gegners des Schwurpflichtigen eröffneten zweiten Instanz ohne ausdrückliche Anschließung des Schwurpflichtigen an die Berufung beseitigt werden?

VII. Zivilsenat. Urt. v. 11. November 1921 i. S. A. W. (Bekl.) w. E. W. (Kl.). VII 199/21.

I. Landgericht Altona. — II. Oberlandesgericht Kiel.

Die Parteien sind seit 7. November 1908 miteinander verheiratet. Im Herbst 1918 begehrte der Kläger mit der auf Ehebruch der Beklagten gestützten Klage Ehescheidung. Die Beklagte wendete Einverständnis des Klägers mit dem von ihr begangenen Ehebruch ein und erhob wegen angeblichen Ehebruchs ihres Ehemanns Widerklage auf Scheidung der Ehe. Das Landgericht legte dem Kläger einen Eid des Inhalts auf, der Kläger habe 1914/16 nicht gewußt, daß die Beklagte mit Sch. Geschlechtsverkehr unterhielt, und habe einen solchen Geschlechtsverkehr auch nicht geduldet und begünstigt, und erkannte für den Fall der Leistung des Eides auf Ehescheidung und Schuldigerklärung der Beklagten sowie auf Abweisung der Widerklage, für den Fall der Nichtleistung des Eides auf Abweisung der Klage und Widerklage. Gegen das Urteil erhob nur die Beklagte Berufung mit dem Antrage, die Klage unbedingt abzuweisen. Der Kläger beantragte Zurückweisung der Berufung, erklärte indes mit näherer Begründung, daß er „nötigenfalls" die Klage gemäß § 1568 BGB. auf ehewidriges Verhalten der Beklagten stütze. Das Berufungsgericht erkannte bedingungslos auf Ehescheidung, Schuldigerklärung der Beklagten und Abweisung der Widerklage. Die Revision der Beklagten wurde zurückgewiesen.

Aus den Gründen:

Die schon vom Landgericht abgewiesene Widerklage, für welche der im Juli 1914 erfolgte nächtliche Überfall der Zeugin P. durch den Kläger in Betracht kam, ist in der Berufungsinstanz überhaupt nicht mehr verfolgt worden. Der bedingungslos auf Ehescheidung und Schuldigerklärung der Beklagten lautende Spruch des Berufungsurteils stützt sich nicht auf den in erster Instanz vom Kläger geltend gemachten und von der Beklagten zugegebenen Ehebruch der letztern mit Sch., worauf sich der im landgerichtlichen Urteil dem Kläger auferlegte Eid bezog, sondern auf das im Laufe des Rechtsstreits von der Beklagten mit Sch. unterhaltene vertraute und ehewidrige Verhältnis, woraus der Kläger erst im Berufungsverfahren, indes gemäß § 614 ZPO. zulässigerweise, einen Hilfsgrund für seine Scheidungsklage entnahm. . . .

(Nach Erörterung und Zurückweisung mehrerer Revisionsrügen wird fortgefahren:)

Endlich wird von der Revision als Verstoß gegen § 536 ZPO. beanstandet, daß, obwohl nur die Beklagte Berufung eingelegt hat, das Berufungsurteil der Scheidungsklage des Ehemanns unter Streichung des Eides, auf den das Landgericht erkannt hatte, bedingungslos stattgibt. Das Berufungsurteil nimmt unter Hinweis auf die Heiligkeit und sittliche Bedeutung des Eides an, die Aufhebung eines in erster Instanz erkannten Eides sei in der Berufungsinstanz auch ohne eine Anschlußberufung des Berufungsbeklagten zulässig, wenn die unter den Eid gestellten Tatsachen unerheblich seien, und zwar auch dann, wenn hierdurch die Lage des Berufungsbeklagten sich günstiger gestalte. Diese Erwägung läßt sich, wie der Revision einzuräumen ist, nicht aufrecht erhalten. Die einschlägige Rechtsprechung des Reichsgerichts hat sich dahin entwickelt und gefestigt, daß eine von einem Eide abhängig gemachte erstinstanzliche Entscheidung nicht auf alleinige Berufung des Gegners des Schwurpflichtigen ohne einen darauf gerichteten Rechtsmittelantrag zugunsten des Schwurpflichtigen in eine unbedingte Entscheidung abgeändert werden darf, es sei denn, daß sich die Sachlage in zweiter Instanz so wesentlich verändert hat, daß die Beseitigung des Eides geboten ist und eine wirkliche Beschwerung des Berufungsklägers nicht enthält (vgl. RGZ. Bd. 15 S. 211, Bd. 25 S. 428, Bd. 29 S. 426, Bd. 44 S. 366, Bd. 49 S. 381, Bd. 93 S. 237; Gruchot Bd. 39 S. 446, Bd. 45 S. 1133, Bd. 52 S. 1137; Urteil des RG. vom 26. Januar 1921, V 387/20). Hiermit steht die angeführte Erwägung des Berufungsurteils nicht im Einklang. Gleichwohl ist aber im Ergebnis der Streichung des landgerichtlichen Urteilseides beizustimmen. Bedenken wären nur von dem Ausgangspunkte aus möglich, daß eine Anschließung des Klägers an die von der Beklagten eingelegte Berufung nicht vorliege. Man darf jedoch annehmen, daß sich der Kläger der Berufung angeschlossen hat. Hierzu genügte jede Erklärung des Klägers, die sinngemäß, wenn auch nur für einen gewissen Fall, auf unbedingte Ehescheidung und Schuldigerklärung der Beklagten gerichtet war. Eine solche Erklärung liegt in der erst in zweiter Instanz und nur „nötigenfalls" erfolgten Gründung der Klage „auf ehewidriges Verhalten der Beklagten gegenüber Sch. gemäß § 1568 BGB". Dies Vorgehen des Klägers bedeutet, daß, falls das Berufungsgericht Bedenken hegen sollte, sich einfach dem Landgericht anzuschließen, er dann bedingungslos Scheidung der Ehe wegen schwerer Verfehlung der Beklagten im Sinne des § 1568 begehre. Der Fall ist eingetreten, da der Berufungsrichter es für angezeigt gehalten hat, zu unterstellen, daß sich der Kläger früher, vor der Klage, dem ehebrecherischen Verhältnisse seiner Frau und des Sch. gegenüber nachsichtig gezeigt hat. Damit war für den Berufungsrichter freie Bahn geschaffen, nach Feststellung des Scheidungsgrundes aus § 1568 unter Beseitigung des Urteilseides die Ehescheidung auszusprechen. Im übrigen würde dieses Verfahren des Berufungsrichters, selbst wenn man hier eine Anschlußberufung des Klägers nicht annehmen wollte, mit der Rechtsprechung des Reichsgerichts nicht im Widerspruch stehen. Nachdem sich aus der prozeßrechtlich zulässigen und sachlich begründet befundenen Geltendmachung eines Scheidungsgrundes aus § 1568 ergeben hatte, daß sich das Klagebegehren rechtfertigte, war es logisch unmöglich, für den Fall der Nichtleistung des landgerichtlichen Urteilseids zur Klagabweisung zu gelangen. Bei

Aufrechterhaltung des Eides wäre also nur übrig geblieben, für den Fall sowohl der Leistung als auch der Nichtleistung des Eides nach dem Klagantrage zu erkennen. Unter solchen Umständen wäre der Eid als Entscheidungsbedingung sinnwidrig. Daher war die Beseitigung des völlig überflüssigen Eides geboten, und sie gereichte auch der Beklagten nicht zur wirklichen Beschwerde, da es ihr an jedem berechtigten und beachtlichen Interesse daran fehlte, daß der Eid bestehen blieb.

54. Haftet der Reichsfiskus für Zollsicherheiten, die während des Krieges anläßlich der vorübergehenden Verbringung von Gegenständen in das besetzte polnische Gebiet bei deutschen Behörden hinterlegt werden mußten und später vom Staate Polen in Beschlag genommen worden sind?

I. Zivilsenat. Urt. v. 12. November 1921 i. S. Reichsfiskus (Bekl.) w. R. A. (Kl.). I 150/21.

I. Landgericht I Berlin. — II. Kammergericht daselbst.

Die Klägerin hinterlegte im Juni 1917 auf Verlangen des Verwaltungschefs des Generalgouvernements Warschau beim damaligen preußischen Zollamt I in Thorn 10000 *M* in deutscher Reichsanleihe als Sicherheit für die Einfuhrzölle auf Gegenstände, die zum vorübergehenden Gebrauch in das von Deutschland besetzte polnische Gebiet eingeführt wurden. Die Wertpapiere wurden später nach Wloclawek in das besetzte polnische Gebiet übergeführt und dort von deutschen Behörden in Verwahrung genommen. Als das besetzte Gebiet im November 1918 von den deutschen Truppen geräumt wurde, wurden sie nach Angabe des Beklagten vom Staate Polen beschlagnahmt.

Die Klägerin verlangt von dem Beklagten die Rückgabe der Papiere oder die Lieferung anderer gleichwertiger Papiere. Der Beklagte entgegnet, daß ihm die Herausgabe infolge eines von ihm nicht zu vertretenden Umstands unmöglich geworden und er daher auch von einer Pflicht zur Ersatzlieferung befreit sei.

Die Vorinstanzen gaben der Klage statt. Die Revision des Beklagten führte zur Zurückverweisung der Sache an das Berufungsgericht.

Gründe:

Nach den Feststellungen des Berufungsgerichts hat die Klägerin die Zwischenscheine der Wertpapiere und später die Wertpapiere selbst bei dem preußischen Zollamt I in Thorn eingereicht zur Sicherheit für die Stundung von Zöllen auf Waren, die nach dem damals von deutschen Truppen besetzten Gebiete Polens eingeführt wurden. Die Wertpapiere sind darauf vom Zollamt I in Thorn an die Gerichtskasse beim damaligen deutschen Bezirksgericht Wloclawek in Polen übersandt und dort in Verwahrung genommen. Als dann im Herbst 1917 die Justizverwaltung in dem besetzten Gebiet an den inzwischen errichteten Staat Polen übergeben wurde, sind die Wertpapiere an die Kreiskasse des damaligen deutschen Kreisamts in Wloclawek übergeführt worden. Alles dies ist in Gemäßheit einer vom damaligen deutschen Generalgouvernement in Warschau für derartige Fälle erlassenen allgemeinen Anordnung vom 14. Dezember 1915 geschehen.

Im Hinblick auf diese tatsächlichen Feststellungen hat das Berufungsgericht weiter ausgeführt, es sei durch das Schreiben der Klägerin vom 27. März 1917 und die Empfangsbestätigung der Zollkasse Thorn zwischen den Parteien ein Pfandvertrag zustande gekommen, auf Grund dessen die Klägerin dem Beklagten die erwähnte Sicherheit für die Zahlung der etwa zu entrichtenden Zölle bestellt habe. Für diesen Vertragsschluß komme nicht der damals noch gar nicht vorhandene polnische Staat, sondern nur der Beklagte in Betracht, der zu jener Zeit hinsichtlich der Angelegenheiten des Gouvernements Warschau von dem deutschen Generalgouverneur vertreten worden sei.

Diese Darlegungen lassen einen Rechtsirrtum nicht erkennen. Dabei ist zu beachten, daß, wie unbestritten ist, in Gemäßheit der Zollverordnung für das Generalgouvernement Warschau vom 2. Januar 1917 die preußischen Grenzzollämter in solchen Fällen für das Generalgouvernement Warschau als Annahmestellen tätig waren. Das Generalgouvernement handelte aber nach den zutreffenden Ausführungen des Berufungsgerichts in Fällen der hier fraglichen Art und zu der hier maßgeblichen Zeit ausschließlich für den Beklagten, wie denn auch nach dem Tatbestand des Berufungsurteils damals der Verwaltungschef des Generalgouvernements den beklagten Reichsfiskus vertrat. Dementsprechend sind gerade anläßlich der Übertragung der Justizverwaltung im besetzten polnischen Gebiet von dem Deutschen Reich auf Polen die hier streitigen Wertpapiere von der Justizkasse in Wloclawek an die dortige, in der Reichsverwaltung verbliebene Kreiskasse übergeführt worden. Demgegenüber ist die Behauptung der Revision, daß die Zölle, um deren Sicherstellung es sich handelt, nicht für das Deutsche Reich sondern für den „in der Entstehung begriffenen polnischen Staat bestimmt" gewesen seien, von keiner entscheidenden Bedeutung. Ob und wie sich das Deutsche Reich mit dem erst zu bildenden polnischen Staat wegen der Zölle verrechnen würde, berührt das streitige Rechtsverhältnis der Parteien nicht. Zu der hier maßgeblichen Zeit wurden die Zölle weder für Rußland, dessen Staatshoheit über das besetzte Gebiet endgültig beseitigt werden sollte, noch für den noch nicht vorhandenen Staat

Polen, sondern für das Deutsche Reich eingezogen, und dementsprechend wurden von diesem und für dieses durch die zuständigen deutschen Behörden auch die fraglichen Zollsicherheiten eingefordert und verwahrt.

Zutreffend führt das Berufungsgericht aus, daß auf Grund des zwischen den Parteien abgeschlossenen Vertrags der Beklagte als Pfandgläubiger gegenüber der Klägerin zur Verwahrung der Wertpapiere gemäß § 1215 BGB. verpflichtet gewesen sei und von der nach der Sachlage an sich begründeten Verpflichtung zur Herausgabe der Papiere sich nur durch den Nachweis befreien könne, daß diese Herausgabe durch einen von ihm nicht zu vertretenden Umstand unmöglich geworden sei. Zu Unrecht aber nimmt das Berufungsgericht an, daß der Beklagte seine Verwahrungspflicht schon durch die Verbringung der Wertpapiere von Thorn nach Wloclawek verletzt habe. Der vom Berufungsgericht angerufene § 691 BGB. besagt nur, daß der Verwahrer im Zweifel nicht berechtigt sei, die hinterlegte Sache bei einem Dritten zu hinterlegen. Durch diese Vorschrift wird aber die hier fragliche Überführung der Wertpapiere nach Wloclawek nicht berührt. Denn die Papiere wurden sowohl beim Zollamt I in Thorn als auch bei der Gerichtskasse und späterhin bei der Kreiskasse in Wloclawek für das Generalgouvernement Warschau aufbewahrt derart, daß die genannten Behörden von vornherein als Organe des Beklagten tätig waren und als Dritte im Sinne von § 691 BGB. nicht bezeichnet werden können. Die Klägerin mußte auch nach den rechtlich nicht zu beanstandenden Feststellungen des Berufungsgerichts schon bei Abschluß des Pfandvertrags damit rechnen, daß die Papiere nicht dauernd beim Zollamt I in Thorn verbleiben, sondern alsbald in das besetzte polnische Gebiet überführt werden würden, wie dies der Verordnung des Generalgouvernements Warschau vom 14. Dezember 1915 entsprach. Auf diese Verordnung ist in dem Schreiben des Verwaltungschefs des Generalgouvernements Warschau vom 15. Februar 1917 an die Firma J. u. Co. in Danzig, als deren Spediteur die Klägerin Güter in das besetzte Gebiet verschickte, ausdrücklich Bezug genommen. Die Klägerin ist aber auf das Schreiben des Verwaltungschefs vom 15. Februar 1917 durch das Schreiben des Zollamts I in Thorn vom 12. Juli 1917 besonders hingewiesen worden. In diesem Schreiben ist der Klägerin von der Überführung der Papiere an die Gerichtskasse in Wloclawek Mitteilung gemacht, und späterhin ist ihr auf Ersuchen des Verwaltungschefs in Warschau durch das Zollamt I in Thorn der von der Gerichtskasse in Wloclawek ausgestellte Hinterlegungsschein vom 8. Juli 1917 übergeben worden. Gegen die Verbringung der Wertpapiere in das besetzte polnische Gebiet hat die Klägerin während der Dauer dieser Besetzung keinerlei Einspruch erhoben.

Danach entsprach die Hinterlegung der Wertpapiere bei einer im besetzten Gebiet gelegenen, zum Generalgouvernement Warschau gehörenden Hinterlegungsstelle des Deutschen Reichs nicht nur dem Inhalt, Sinn und Zweck des zwischen den Parteien abgeschlossenen Vertrags, sondern sie ist auch von der Klägerin durch ihre stillschweigende, sich über mehr als ein Jahr erstreckende Duldung genehmigt worden. Wenn das Berufungsgericht meint, durch die Persönlichkeit des Beklagten, des Deutschen Reichsfiskus, habe der zwischen den Parteien abgeschlossene Pfand- und Verwahrungsvertrag zugleich die Bedeutung eines stillschweigenden Garantievertrags erhalten, durch welchen die Klägerin wegen ihres Rückforderungsanspruchs, gleichviel wo die Papiere aufbewahrt würden, unbedingt gesichert gewesen sei, so ist dies jedenfalls insoweit unzutreffend, als damit eine über die gewöhnliche Sorgfaltspflicht des entgeltlichen Verwahrers hinausgehende Haftpflicht des Beklagten gemeint sein sollte. Danach kommt es allein darauf an, ob der Beklagte nach Überführung der Wertpapiere in das besetzte Gebiet bei ihrer Aufbewahrung die erforderliche Sorgfalt beobachtet hat und ob eine etwaige Verletzung dieser Sorgfalt für den Verlust der Papiere ursächlich gewesen, oder ob die Rückgabe der Papiere infolge eines vom Beklagten nicht zu vertretenden Umstands unmöglich geworden ist. In dieser Beziehung fehlt es aber an den erforderlichen Feststellungen durch den Tatrichter.

---

55. Darf die Klage aus §§ 1004, 909 BGB. gegen denjenigen gerichtet werden, der die Vertiefung vorgenommen hat, zur Zeit der Klagerhebung aber nicht mehr Eigentümer des Grundstücks ist?

V. Zivilsenat. Urt. v. 12. November 1921 i. S. W. u. Gen. (Bekl.) w. N. (Kl.). V 151/21.

I. Landgericht Nordhausen. — II. Oberlandesgericht Naumburg a. S.

Der Klägerin steht an den Plänen Nr. 288 und 289 „auf dem Holungsbügel" das lebenslängliche uneingeschränkte Nießbrauchsrecht zu. Das diesen Plänen benachbarte Grundstück, auf dem früher eine Ziegelei betrieben wurde, hat ehemals den Beklagten zu 1, 2, 4, 6, 8 als Erben ihres Ehemanns oder Vaters gehört, ist von ihnen aber bereits vor Erhebung der Klage verkauft und aufgelassen worden. Auf diesem Grundstücke sind im Betriebe der Ziegelei, wie die Klägerin behauptet, von den eben genannten Beklagten, wie diese behaupten, von ihrem Erblasser Lehm- und Tongruben angelegt worden, und zwar nach Behauptung der Klägerin so nahe an ihrer Grenze und mit solcher Vertiefung, daß Teile des Nießbrauchsgrundstücks ihre Stütze verloren hätten und nachgerutscht seien. Mit der auf §§ 909 und 1004 BGB. gestützten Klage verlangt die Klägerin daher die Verurteilung der Beklagten zu 1, 2, 4, 6, 8 zur Beseitigung der Nachrutsche und Vertiefungen sowie zur Vornahme von Vorkehrungen zur Beseitigung der Gefahr weiterer Nachrutsche, während die Ehemänner zu 3, 5, 7 die Zwangsvollstreckung in das Vermögen ihrer Ehefrauen dulden sollen.

Das Landgericht wies die Klage ab, das Oberlandesgericht gab ihr statt. Die Revision führte zur Herstellung des ersten Urteils.

Gründe:

Die Klägerin behauptet, daß das Nachbargrundstück in der Weise vertieft worden sei, daß der Boden des Nießbrauchsgrundstücks die erforderliche Stütze verloren habe, ohne daß für eine genügende anderweitige Befestigung gesorgt sei. Aus diesem Grunde klagt sie gegen die Beklagten zu 1, 2, 4, 6, 8, die den Zustand durch Anlegung von Lehm- und Tongruben im Betriebe einer Ziegelei auf dem Nachbargrundstücke herbeigeführt hätten.

Während das Landgericht die Klage als hinfällig erachtete, weil die genannten Beklagten zur Zeit der Klagerhebung nicht mehr Eigentümer des Nachbargrundstücks waren, hat das Berufungsgericht diesen Standpunkt nicht geteilt.

Insoweit als das Berufungsgericht den ursächlichen Zusammenhang zwischen der Vertiefung auf dem einen Grundstück und dem Verlust der erforderlichen Stütze für den Boden des anderen Grundstücks festgestellt hat, erhebt die Revision keine Angriffe. . . .

Des weiteren ist davon auszugehen, daß nicht ein Anspruch auf Schadensersatz, sondern allein der negatorische Anspruch aus § 1004 BGB. in Frage steht, wobei die die Voraussetzung dafür bildende Beeinträchtigung aus § 909 BGB. hergeleitet worden ist. Im vorliegenden Falle ist es zudem von wesentlicher Bedeutung, daß es sich um einen nachbarlichen Eingriff, nicht um eine von einem beliebigen Dritten vorgenommene Beeinträchtigung handelt, so daß die folgenden Ausführungen auf eine anders geartete Sach- und Rechtslage nicht ohne weiteres anwendbar erscheinen. Der Anspruch aus § 1004 geht nach dem Gesetze zwar gegen den Störer, er ist aber gerichtet auf Beseitigung der Beeinträchtigung, oder wie die Motive (Bd. 3 S. 424) besagen, auf Wiederaufhebung einer fortbestehenden Beeinträchtigung des Eigentums. Durchaus folgerichtig wird dort daher weiter erklärt, der Anspruch habe, sinngemäß wie bei der Vindikation, seine Richtung gegen denjenigen, durch dessen Willen der mit dem Inhalte des fremden Eigentums in Widerspruch stehende Zustand aufrecht erhalten wird. Und ebenso schlüssig wird dort weiter daraus gefolgert, daß die Haftung sich nicht aus einer der Vergangenheit angehörenden einzelnen Handlung des Beklagten ergebe. Diese Ausführungen der Motive werden dem Sinne und Zwecke des Gesetzes durchaus gerecht, das, jedenfalls soweit § 909 BGB. in Frage kommt, im wesentlichen ohne Rücksicht auf etwaiges Verschulden, nachbarliche Verhältnisse regeln will. Während der Hinzutritt eines Verschuldens einen Schadensersatzanspruch gibt, der sich allemal gegen den schuldigen Störer als den Täter richtet, kann der negatorische Anspruch sich gegen den, der die Störung herbeigeführt oder aufrecht erhalten hat, doch nur dann richten, wenn dieser dem aus der Störung erwachsenen negatorischen Anspruche auch genügen kann. Als Störer kann daher derjenige, der die beeinträchtigende Handlung vorgenommen hat, gemäß § 1004 BGB. nur dann in Anspruch genommen werden, wenn die Fortdauer der Störung von seinem maßgebenden Willen abhängig ist (RGZ. Bd. 92 S. 26). Nur der ist als Störer der richtige Beklagte aus §§ 1004, 909 BGB., durch den die Beeinträchtigung zur Zeit der Klagerhebung noch aufrecht erhalten wird, so daß gegen den, der die Beeinträchtigung vorgenommen hat, oder auch gegen seinen Erben die Klage dann nicht gerichtet werden kann, wenn er zur Zeit der Klagerhebung nicht mehr Eigentümer ist, die Störung daher nicht mehr fortsetzt. Ob sie etwa auch gegen den gerichtet werden könnte, der zur Zeit der Klagerhebung zwar nicht oder nicht mehr Eigentümer, aber Nießbraucher, Besitzer oder Inhaber des ganzen Grundstücks ist, auf dem die Vertiefung vorgenommen worden ist, bedarf hier keiner Erörterung, da ein derartiger Fall nicht in Frage steht. Die Eigentumsfreiheitsklage setzt eine gegenwärtige Beeinträchtigung voraus. Hat ein früherer Eigentümer des Nachbargrundstücks die Beeinträchtigung vorgenommen, so ist ihm gegenüber jedenfalls dann, wenn er auch sonst keine Verfügungsmacht über das Grundstück hat, die Eigentumsfreiheitsklage nicht gegeben; er könnte nur im Falle des Verschuldens auf Schadensersatz in Anspruch genommen werden.

Während das Reichsgericht, soweit ermittelt, diese Frage noch nicht zu entscheiden Gelegenheit gehabt hat (abgesehen von einem Urteile des erkennenden Senats vom 15. Mai 1909; Warneyer 1909 Nr. 455, in dem ohne weitere Begründung der entgegengesetzte Standpunkt vertreten worden ist) haben die Oberlandesgerichte Marienwerder (Urteil vom 10. Oktober 1901) und Colmar (Urteil vom 4. Juni 1908) sich aus den eben erwähnten Gründen ausdrücklich dahin ausgesprochen, daß gegen den, der nicht mehr Eigentümer ist und daher jeden Einfluß auf das Fortbestehen der Beeinträchtigung verloren hat, die Klage aus § 1004 nicht gerichtet werden kann (Rspr. OLG. Bd. 4 S. 65, Bd. 18 S. 129), und auch das Oberlandesgericht Braunschweig scheint auf demselben Standpunkt zu stehen (Seufferts Arch. Bd. 56 Nr. 20). Zutreffend sagt daher Meisner (Nachbarrecht § 18 S. 132): „Der Eigentümer ist regelmäßig der richtige Beklagte", wozu man noch den Besitzer und Inhaber hinzufügen könnte (s. Motive a. a. O.). Die in diesen Urteilen ausgesprochene Auffassung darf auch als die im Schrifttum herrschende bezeichnet werden (s. Biermann § 1004 BGB. Nr. 2b; Komm. v. RGR. § 909 BGB. Anm. 1; Planck § 909 BGB. Anm. 3b; Endemann, Bürgerl. R. Bd. 2 § 73 Z. 3; Enneccerus-Wolff, Bd. 2 Abt. 1 § 19 II 1; Windscheid-Kipp, Bd. 1 § 198 S. 900). Wenn im Komm. v. RGR. zu § 1004 Anm. 3 zwar die gleiche Auffassung vertreten und gesagt wird: ob der Erwerber nach § 1004 beseitigungspflichtig sei, bestimme sich danach, ob er die Anlage „hält", d. h. aufrecht erhält, erkläre er aber sofort dem Nachbar, mit ihrer Beseitigung einverstanden zu sein, so halte er sie nicht, brauche sie daher auch nicht (auf seine Kosten) zu beseitigen, sondern nur die Beseitigung auf Kosten des Nachbars zu dulden — so fehlt es für diese letztere, übrigens von Windscheid-Kipp Bd. 1 § 198 Nr. 2a ausdrücklich abgelehnte Auffassung an jeglicher Begründung. Auch aus dem Umstande, daß sich in den Motiven zu § 1004 an einer anderen Stelle mit der Randschrift „Kosten der Naturalrestitution" der Satz findet „ob die bloße Handlung der Errichtung im einzelnen Falle dem Beseitigungsanspruch gegenüber verpflichten kann, bleibt besser dahingestellt," kann nichts Gegenteiliges gegen die hier vertretene Auffassung entnommen werden.

Ist aber diese Auffassung richtig, dann könnte die Klage selbst dann nicht als zutreffend gegen die Beklagten gerichtet anerkannt werden, wenn ihnen der gegenwärtige Eigentümer, wie die Klägerin behauptet, die Vornahme der Arbeiten auf seinem Grund und Boden erlaubt hätte, da es eben nicht auf die etwaige tatsächliche Beseitigungsmöglichkeit, sondern nur darauf ankommt, ob die Beklagten noch die Verfügungsmacht über das Grundstück besitzen, auf dem die Vertiefungen vorgenommen worden sind.

---

56. Ist die Berufung auf veränderte Umstände immer nur dann begründet, wenn die Erfüllung des Vertrags den wirtschaftlichen Zusammenbruch des Schuldners zur Folge haben würde?

II. Zivilsenat. Urt. v. 29. November 1921 i. S. Marseiwerke G. m. b. H. (Bekl.) w. H. (Kl.). II 247/21.

I. Landgericht Prenzlau. — II. Kammergericht Berlin.

Die Klägerin kaufte im Oktober 1918 von der Beklagten auf sofortige Lieferung 10 Tonnen geglühten Eisendraht. Da Lieferung nicht erfolgte, nahm sie die Beklagte nach vergeblicher Fristsetzung auf Schadensersatz wegen Nichterfüllung in Anspruch. Die Beklagte berief sich auf veränderte Umstände. Im Gegensatz zum ersten Richter, der die Klage abwies, erklärte das Kammergericht den Anspruch dem Grunde nach für berechtigt. Auf die Revision wurde das Urteil aufgehoben.

Gründe:

... Die Beklagte meint, daß ihr wegen des inzwischen eingetretenen Umschwunges der Verhältnisse die Lieferung der Ware nicht mehr habe zugemutet werden können. Dazu hat der Vorderrichter gesagt: Die Ansicht der Beklagten, daß der Vertrag durch nachfolgende Unmöglichkeit aufgelöst worden sei, treffe nicht zu. Es könne das nur angenommen werden, wenn durch den Umsturz eine völlige Umgestaltung der Verhältnisse und eine so wesentliche Erhöhung der Preise herbeigeführt worden sei, daß die Erfüllung des Vertrags für die Beklagte ihren wirtschaftlichen Zusammenbruch zur Folge haben würde; das sei nicht behauptet worden. Mit Recht beanstandet das die Revision. Es kommt darin eine Auffassung zur Geltung, die nach jeder Richtung zu eng erscheint. Der Vorderrichter hätte die Sachlage nicht nur aus dem Gesichtspunkte der Unmöglichkeit, sondern vor allem auch daraufhin seiner Beurteilung unterziehen sollen, ob der Beklagten nach Treu und Glauben mit Rücksicht auf die Verkehrssitte Erfüllung noch zuzumuten war. Und nach anderer Richtung ist es zu eng, wenn die Entscheidung nur darauf abgestellt ist, ob die Erfüllung zum wirtschaftlichen Zusammenbruch des Schuldners geführt hätte. Gewiß war das nicht behauptet und konnte hier offenbar nicht behauptet werden. Aber so durchschlagend auch da, wo es gegeben ist, dieses Moment immer sein wird, so ist es doch nicht unerläßlich. Denn offenbar wird mit ihm der Grundgedanke der **clausula rebus sic stantibus**, der Gedanke, der sie und ihre Wirkung zugleich rechtfertigt, nicht getroffen. Schon deshalb nicht, weil es zu einer Differenzierung führen muß, je nachdem ob man einen vermögenden Schuldner vor sich hat oder einen Mann, der nichts besitzt. Vor allem aber ist gerade umgekehrt im allgemeinen davon auszugehen, daß der Schuldner daraus, daß ihn die Leistung ruinieren müßte, ein Recht, sie zu weigern, nicht herleiten kann. Selbst wenn es zum Konkurse kommt und der Schuldner sein Alles hergibt, bleibt er nichtsdestoweniger schuldig. Und das gilt auch von dem, der bei Eingehung der Schuld in entsprechender Vermögenslage war und erst durch Umschwung der Verhältnisse in die Lage versetzt worden ist, **rebus sic stantibus** nicht leisten zu können, ohne sich vollends zu ruinieren. Eher rechtfertigt sich die Geltung der Klausel aus dem Wesen des Synallagma, dem Wesen des gegenseitigen Austauschvertrags, wie ja auch in unzähligen Fällen über den Einwand aus der Klausel entschieden werden kann und entschieden worden ist, ohne ein anderes Schuldverhältnis des in Anspruch Genommenen als eben nur das zur Entscheidung stehende ins Auge zu fassen. Beim synallagmatischen Vertrag ist davon auszugehen, daß die Parteien, die einen solchen eingehen, damit einen redlichen Umsatzvertrag schließen wollen, in dem jeder Teil bereit ist, dem anderen eine Leistung zu gewähren, in welcher dieser den vollen Gegenwert für seine Leistung erblickt. Richtig ist, daß im allgemeinen hierbei ein jeder für sich sorgen muß und dem anderen seine Sorge überlassen darf, und daß der Vertrag einzuhalten ist, auch wenn der eine oder der andere, vielleicht auch beide, sich in den Ereignissen, vergangenen oder zukünftigen, verrechnet haben. Anders aber ist es, wenn die Ereignisse zugleich die Wertverhältnisse, insbesondere den Wert des Geldes, dermaßen umgestalten und damit die Werte der im gegebenen Fall zugesagten Leistungen im Verhältnis zueinander so verschieben, daß der Schuldner für seine Leistung eine Gegenleistung erhalten würde, in der ein Äquivalent, das doch nach Absicht des Vertrags darin liegen soll, auch annähernd nicht mehr erblickt werden könnte. Der Gläubiger verstößt gegen Treu und Glauben, wenn er unter solchen Umständen auf der Leistung besteht.

Wenn in einzelnen Urteilen des Reichsgerichts entscheidende Bedeutung darauf gelegt worden ist, ob den Schuldner die Leistung wirtschaftlich ruinieren würde, so steht das dem Gesagten insofern nicht entgegen, als in den dortigen Fällen der Beklagte sich tatsächlich darauf berufen hatte, und es ist verständlich, daß gegenüber der Schwierigkeit, hier die Grenze richtig zu ziehen, diesem Umstand leicht das entscheidende Gewicht zufällt. So lag es in dem Fall, den der III. Senat in RGZ. Bd. 100 S. 135 entschieden hat. In dem Urteil desselben Senats Bd. 102 S. 273 wird allerdings ganz allgemein ausgesprochen, daß erst dann, wenn die Vertragserfüllung sich wirtschaftlich als unmöglich erweist — erst dann, wenn sie, sei es allein, sei es im Verein mit anderen gleichartigen Verbindlichkeiten, den Lieferanten geschäftlich vernichten oder doch an den Rand des geschäftlichen Ruins bringen würde — die Klausel durchschlagen könne. In unmittelbarem Anschluß daran wird der allgemeine und treffende Gedanke, daß es von ehrbaren Volkskreisen nicht verstanden werden und mit ihrem Gerechtigkeitsgefühl in Widerspruch treten würde, wenn alle Vorteile der neuen, bei dem Vertragsschlusse nicht vorhersehbaren wirtschaftlichen Verhältnisse dem einen Teil allein zukommen sollten, auf den Fall beschränkt, daß dabei der andere Teil wirtschaftlich zugrunde gehen würde. Aber auch hier geht im Fortgang der Begründung das Gericht auf die weiteren Momente des Tatbestandes ein und erwägt, daß die Preissteigerung und der mit der Erfüllung verbundene Verlust, wie sie hier vorliegen, allein nicht genügen würden, den Einwand zu rechtfertigen. Daß der Senat ganz allgemein den — um es kurz auszudrücken — wirtschaftlichen Ruin schlechthin zur Voraussetzung der clausula hat erheben wollen, muß um so mehr bezweifelt werden, als er sich dadurch mit voraufgegangenen Entscheidungen des Reichsgerichts in offenen Widerspruch gesetzt und nicht ohne Anrufung der vereinigten Senate hätte entscheiden können (RGZ. Bd. 93 S. 341, Bd. 94 S. 68, Bd. 100 S. 264; vgl. auch das Urteil des III. Senats Bd. 99 S. 258). . . .

---

57. Inwiefern hat der Verkäufer eines in einer bestimmten Fabrik herzustellenden Kraftwagens dafür einzustehen, daß die Fabrik ihm liefert? Kann er sich darauf berufen, daß es seinen Geschäftsinteressen zuwiderlaufen würde, gegen die Fabrik mit Klage vorzugehen?

II. Zivilsenat. Urt. v. 9. Dezember 1921 i. S. D. (Kl.) w. Dixi-Automobilgesellschaft m. b. H. (Bekl.). II 287/21.

I. Landgericht Hamburg, Kammer f. Handelssachen. — II. Oberlandesgericht daselbst.

Die Beklagte ist Generalvertreterin der Fahrzeugfabrik Eisenach A. G., deren Fabrikate unter der Bezeichnung Dixi-Automobile gehen. Im April 1919 bestellte der Kläger bei der Beklagten auf käufliche Lieferung einen Dixi-Wagen nach näherer Beschreibung für den schließlich auf 18500 *M* festgesetzten Preis. Der Preis wurde im voraus bezahlt, die letzten 12000 *M* am 27. November 1919. Der Wagen wurde nicht geliefert. Am 3. Januar 1920 schrieb die Beklagte dem Kläger, die Lieferung zu dem vereinbarten Preis sei ihr nicht möglich, da sie von der Eisenacher Fabrik nicht beliefert werde; das Werk lehne die Lieferung ab, sofern nicht der zurzeit gültige Mindestpreis bezahlt würde, der für den vom Kläger bestellten Wagen 52500 *M* betrage. Dabei war auf ein Rundschreiben des Verbandes Deutscher Motorfahrzeugindustrieller vom 20. November 1919 hingewiesen, nach welchem die Fabrikanten ganz allgemein die Lieferung auf Grund laufender Verträge aus früherer Zeit zu den darin vereinbarten Preisen ablehnten. Der Kläger bestand demgegenüber auf Lieferung zum Vertragspreise und klagte zunächst auf Erfüllung, um in zweiter Instanz zum Anspruch auf Schadensersatz wegen Nichterfüllung überzugehen.

In der Berufungsinstanz wurde die Klage abgewiesen. Die Revision führte zur Aufhebung des Urteils und zur Zurückverweisung der Sache.

Gründe:

Gegenstand des zwischen den Parteien geschlossenen Vertrags ist ein Fahrzeug, das in der Eisenacher Fahrzeugfabrik herzustellen war und das die Beklagte, die sich als die Hamburger Vertreterin der Eisenacher Gesellschaft bezeichnet, von dort beziehen sollte. In den allgemeinen Verkaufsbedingungen, welche im Verhältnis der Beklagten zur Eisenacher Fabrik maßgeblich sind, lautet es u. a.: „In allen Fällen, wo die Firma aus irgendwelchen Gründen nicht in der Lage ist, die Lieferung zu bewirken, ist sie nur zur einfachen Rückzahlung der geleisteten Anzahlung ohne Zinsen verpflichtet unter Ausschluß eines jeglichen weiteren Anspruchs." Der Vorderrichter hat angenommen, daß auch im Verhältnis der Beklagten zum Kläger, wie überhaupt die allgemeinen Verkaufsbedingungen, so diese Klausel zum Vertragsinhalt gemacht worden ist. Das ist rechtlich nicht zu beanstanden und wird von der Revision auch nicht bekämpft. Ebensowenig wird beanstandet und ist zu beanstanden, wenn der Vorderrichter dieser Klausel die Tragweite zuspricht, daß sie nicht nur auf vollständige Lieferungsunmöglichkeit zutrifft, sondern auch dann, wenn die Erfüllung für die Beklagte derart erschwert war, daß sie ihr nach der Anschauung billig und gerecht denkender Menschen nicht mehr zugemutet werden konnte.

Hierzu und insbesondere zu der Frage, inwiefern die Beklagte sich darauf berufen kann, daß die Fabrik sich ihr gegenüber geweigert hat, den Wagen zu den vereinbarten Bedingungen zu liefern, wird anschließend ausgeführt, es sei anzunehmen, daß die Beklagte an der Aufrechterhaltung des Vertreterverhältnisses (zur Fabrik) finanziell auf das erheblichste interessiert sei. Bei der ganzen Sachlage könne es der Beklagten nicht zum Vorwurfe gereichen, daß sie, als ihr gegenüber die Fabrik unter Bezugnahme auf den bekannten Beschluß der Vereine der Motorfahrzeugindustriellen vom 20. November 1919 die Erfüllung der laufenden Verträge ablehnte, daraus ihrerseits das Recht hergeleitet habe, nun auch ihren Abnehmern gegenüber auf Grund jener Klausel sich loszusagen. Es könne zweifelhaft sein, ob der Standpunkt der Fabrik objektiv berechtigt sei. Darüber würde sich ein zuverlässiges Bild nur gewinnen lassen, wenn das ganze hierfür in Betracht kommende Material vorläge. Es komme darauf aber nicht an. Entscheidend sei, daß die Beklagte nicht in der Lage gewesen sei, ihre etwaige abweichende Auffassung bei der Fabrik durchzudrücken und die Lieferung zu erzwingen. Zwar hätte sie auf Lieferung klagen können; aber das sei ihr — wie in weiteren Erörterungen begründet wird, auf die noch zurückzukommen ist — nicht zuzumuten gewesen.

Fehlsam und rechtsirrig ist es, wenn hier ausgesprochen wird, daß die Klausel die Beklagte auch dann schütze, wenn die Fabrik nicht berechtigt gewesen sein sollte, die Leistung zu verweigern. Das ist nicht der Rechtszustand, weder nach dem allgemeinen Recht des Kaufes noch unter Berücksichtigung der hier vereinbarten Klausel. Die Beklagte beruft sich darauf, daß ihr bei dem Umschwung aller Verhältnisse die Lieferung nicht zugemutet werden könne, und wenn auch, wie die Dinge liegen, diese Frage aus der Persönlichkeit und den Verhältnissen des Fabrikanten zu beurteilen ist, so handelt es sich doch um einen Einwand der Beklagten aus eigenem Recht, auf den hin die Klage nicht abgewiesen werden kann, solange seine objektive Berechtigung nicht erwiesen ist. Und anders liegt es auch nicht, wenn man die Lage unter dem Gesichtspunkt ins Auge faßt, daß die Beklagte zur Leistung unvermögend ist, wenn der Fabrikant ihr den Wagen nicht liefert. Denn auch dann ist sie nur frei, wenn das Unvermögen auf einem Umstand beruht, den sie nicht zu vertreten hat, und das kann wiederum nur anerkannt werden, wenn die Leistungsweigerung der Fabrik berechtigt war. Daran ändert auch die Klausel nichts. Der Verkehr pflegt in zahllosen Befreiungsklauseln festzulegen, daß der Lieferant die Verantwortung ablehnen kann nicht nur für unvorhergesehene Ereignisse, die seinen Betrieb betreffen, sondern auch für solche, die den Betrieb des Unterlieferanten betreffen. Darin drückt sich die Rechtsanschauung aus, daß der Verkäufer, wenigstens in gewissen Grenzen, auch unabhängig von Verschulden für letzteren mitverantwortlich ist. Darüber hinaus hat sich die Klausel eingebürgert „ich bin nicht verpflichtet zu liefern, wenn mir nicht geliefert wird", die aber durchaus als Ausnahme auftritt und als solche empfunden wird. Alle diese Klauseln wären überflüssig, wenn sich der Verkäufer einfach darauf berufen könnte, daß er an der Nichtlieferung unschuldig ist, weil sie lediglich in den Verhältnissen seines Unterlieferanten begründet ist. Es liegt also den Klauseln die Überzeugung zugrunde, daß an sich eine gewisse Verantwortlichkeit auch für Nichterfüllung seitens des Unterlieferanten besteht, und diese Überzeugung findet ihre Begründung und zugleich ihre richtige Begrenzung darin, daß, soweit der Unterlieferant haftbar gemacht werden kann, einerseits die Haftbarkeit des Verkäufers für ihn erträglich ist, anderseits er aber auch derjenige ist, dem zweckmäßigerweise die Geltendmachung zu überlassen ist. Daher sind Lieferungsverträge wie der vorliegende, bei dem sich der Verkäufer der Hilfe eines Unterlieferanten bedient, gemäß § 157 BGB. dahin auszulegen, daß der Verkäufer für die Vertragstreue seines Unterlieferanten einzustehen hat, sofern er eine solche Haftung im besonderen Falle nicht ausgeschlossen hat.

Somit durfte sich der Vorderrichter der Entscheidung der Frage, ob die Weigerung der Fabrik objektiv berechtigt war, nicht entziehen. Übrigens scheint er sich auch der Tragweite seiner Auffassung nicht bewußt gewesen zu sein. Denn von seinem Standpunkt aus waren die anschließenden Erörterungen darüber, ob nicht die Beklagte gegen die Fabrik mit Klage hätte vorgehen müssen, gegenstandslos. Daß die Fabrik sich entschieden und endgültig geweigert hatte, zu erfüllen, war unter den Parteien gar nicht streitig. Also eine Weigerung, zu liefern, wenn es nicht darauf ankommen soll, ob sie vertragsmäßig oder vertragswidrig ist, lag unter allen Umständen vor. Die Beklagte selbst ist denn auch weit entfernt, ihrem Einwand diese Tragweite beizumessen. Sie hat behauptet, daß, wenn nicht schon nach allgemeinen Rechtsgrundsätzen (**clausula rebus sic stantibus**), so doch auf Grund der genannten Klausel die Fabrik das Recht gehabt habe, die Lieferung des Wagens zu verweigern. Zur Begründung dessen hatte sie dem Gericht umfangreiches Material unterbreitet und Beweise angetreten. Hierauf mußte der Richter eingehen. Statt dessen tritt er, indem er diese entscheidende Frage ausdrücklich offen läßt, in eine Überlegung darüber ein, ob der Beklagten hätte zugemutet werden können, mit einer Klage gegen die Fabrik vorzugehen. Das sei, sagt er, zu verneinen, weil abgesehen davon, daß der Prozeß mindestens gegen zwei Jahre gedauert haben würde, durch ihn aller Voraussicht nach das ganze Vertrauens- und Vertragsverhältnis in die Brüche gegangen sein würde. Das zu riskieren, habe der Beklagten bei der gar nicht zu leugnenden Zweifelhaftigkeit der Rechtslage billigerweise nicht angesonnen werden können. Sie habe aus kaufmännisch zutreffenden und vernünftigen Gründen von der Klausel Gebrauch gemacht und daher berechtigterweise die Lieferung des Wagens abgelehnt, nachdem ihr die Fabrik erklärt habe, daß sie in Zukunft nur zu erheblich höheren Preisen liefern werde. Im Interesse des Klägers, der seinerseits den Zuschlag abgelehnt habe, an die Fabrik den Preisaufschlag zu zahlen, sei sie nach der Klausel nicht verpflichtet gewesen.

Hiergegen schlägt einmal schon der von der Revision erhobene Angriff durch. Es wird richtig sein, daß die Beklagte ein erhebliches finanzielles Interesse am Fortbestand ihres Verhältnisses zur Eisenacher Fabrik hat. Es wäre auch nicht undenkbar, daß durch eine Klage gegen die Fabrik dieses Verhältnis gefährdet wird. Und so mag es denn auch kaufmännisch richtig gewesen sein, unter allen Umständen von einer solchen Klage abzusehen und das Opfer zu bringen, das möglicherweise darin lag, daß auf dem Anspruch auf Lieferung nicht bestanden wurde. Aber wenn sich die Beklagte zu diesem Opfer entschloß, dann mußte sie es sein, die das Opfer brachte. Sie kann nicht unternehmen, es dadurch auf ihren Abnehmer abzuwälzen, daß sie nun auch ihrerseits die Lieferung verweigerte, sofern sie nicht aus einem anderen Grunde zu dieser Weigerung berechtigt war. Auf diese Weise läßt sich die Verweigerung der Leistung nicht rechtfertigen.

Überhaupt aber liegen diese Erwägungen neben der Sache, wie

ja auch die Beklagte selbst sich so gar nicht verteidigt hat. Sie behauptet und stellt unter Beweis, daß die Fabrik berechtigt gewesen sei, nicht zu liefern. Soweit ersichtlich, hat sie von vornherein diesen Standpunkt eingenommen und danach gar keine Veranlassung gehabt, gegen die Fabrik mit Klage vorzugehen. Denn wie auch immer in einem solchen Prozeß die Entscheidung ausgefallen wäre, für den gegenwärtigen Prozeß wäre sie nicht nur nicht erforderlich gewesen, sondern auch nicht einmal ohne weiteres maßgeblich. Vielmehr ist gerade jetzt und hier der Moment gekommen, wo diese entscheidende Frage zur richterlichen Erkenntnis gestellt wird, um unter den Parteien zum Austrag gebracht zu werden, die es angeht. Dem hat sich der Vorderrichter nur entziehen können, weil er rechtlich die Lage unrichtig beurteilte.

---

58. Ist die Eisenbahn von der Haftung für den Verlust von Kostbarkeiten, bezüglich deren die vorgeschriebenen Versendungsförmlichkeiten nicht beobachtet worden sind, auch dann befreit, wenn sie am Bestimmungsorte über das Frachtgut willkürlich verfügt hat?

I. Zivilsenat. Urt. v. 9. November 1921 i. S. R. (Kl.) w. die L.-B. Eisenbahnges. (Bekl.). I 157/21.

I. Landgericht Lübeck. — II. Oberlandesgericht Hamburg.

Die Klägerin sandte Ende November 1917 durch die Beklagte einen Ballen Seide von Teterow nach Hamburg. Die Ware war für die Firma B. & R. in Hamburg bestimmt. Der Ballen kam bei der Güterabfertigungsstelle in Hamburg an; es fand sich aber der Frachtbrief nicht vor. Der Ballen trug auf seiner Außenseite keine Angabe des Namens der Empfängerin; er war vielmehr nur mit der Marke G. R. 725 bezeichnet. Nach seiner Öffnung wurde festgestellt, daß auf der Umhüllung der Ware sowohl der Name der Klägerin als auch der einer Firma C. R. in Köln verzeichnet stand. Bei beiden wurde angefragt, was mit der Sendung geschehen sollte. Die Firma C. R. ersuchte um Zusendung des Ballens. Dagegen überwies die Klägerin die an sie gerichtete Anfrage der Empfängerin B. & R. zur Erledigung, und diese schickte einen Angestellten mit einem schriftlichen Auslieferungsersuchen zur Bahn. Die Auslieferung erfolgte jedoch nicht, trotzdem der Ballen damals noch zur Stelle war; vielmehr wurde der Ballen an die Firma C. R. nach Köln gesandt. Dort ist er vor seiner Ablieferung verloren gegangen. Wegen des ihr hierdurch entstandenen Schadens nimmt die Klägerin die Beklagte in Anspruch.

Das Landgericht gab der Klage statt, das Oberlandesgericht wies sie ab. Der Revision wurde stattgegeben.

Aus den Gründen:

... Das Berufungsgericht geht davon aus, daß eine Haftung aus dem Frachtvertrage nicht in Frage komme, weil die Sendung eine Kostbarkeit im Sinne des Frachtrechts gewesen sei und die Klägerin die für die Versendung von Kostbarkeiten gegebenen Vorschriften nicht beobachtet habe. Die Annahme, daß es sich um eine Kostbarkeit im frachtrechtlichen Sinne handelte, ist nicht zu beanstanden; denn die Ware überschritt das bei Warensendungen der Regel nach vorkommende Verhältnis von Gewicht und Umfang zum Wert in erheblicher Weise, wie das Berufungsgericht mit Recht festgestellt hat.

Für solchen Fall bestimmt § 467 HGB., daß die Haftpflicht der Eisenbahn auf Grund des Frachtvertrags ausgeschlossen ist. Diese Vorschrift will nicht etwa sagen, daß der Frachtvertrag nichtig sei. Der Vertrag ist vielmehr voll gültig und wirksam, so daß z. B. die Ablieferungspflicht der Eisenbahn bestehen bleibt; nur die Haftpflicht ist ausgeschlossen. Einige wenige Ausnahmen von der Regel des Ausschlusses der Haftpflicht werden im Schrifttum gemacht. Staub (HGB. § 467 Anm. 1) läßt die Haftung eintreten, wenn die Eisenbahn die unrichtige Bezeichnung selbst verschuldet hat, weil sonst der ohnehin schon sehr schweren Vorschrift ein allzu formeller Charakter beigelegt würde. Aus der gleichen Erwägung heraus wird angenommen, daß die Befreiung auch dann nicht eintritt, wenn die Eisenbahn die unrichtigen Angaben gekannt hat (Eger, EVO. § 96 Anm. 504 Abs. 1 a. E.), wogegen das Reichsgericht allerdings auf dem Standpunkte steht, daß jedenfalls die Kenntnis untergeordneter Organe der Eisenbahn ohne Bedeutung ist.

Vorliegendenfalls handelt es sich darum, wie die Befreiung von der Haftpflicht mit der Verpflichtung zur Ablieferung in Einklang zu bringen ist. Daß eine solche Verpflichtung besteht, wird allgemein mit Recht angenommen (Staub, § 467 Anm. 4; Eger, Anm. 504 Abs. 2). Die Sachlage war so, daß, nachdem die Eisenbahn dem Absender schriftlich mitgeteilt hatte, daß „ein Packen überzählig lagere", und um Verfügung ersucht hatte, die Firma V. & N. sich unter Vorzeigung jener schriftlichen Mitteilung, die ihr von der Absenderin (der Klägerin) eingeschickt war, als Empfängerin meldete und um Aushändigung bat. Trotzdem hat die Eisenbahn den Packen nicht ausgehändigt, sondern nach Köln an eine Firma weitergesandt, die zu ihrer Legitimation nichts beigebracht hatte. Der aufgetragene Transport war also beendigt; das Transportgut war vorhanden. Die Eisenbahn hatte sich dem Verfügungsberechtigten gegenüber erboten, mit dem Gut nach seiner Verfügung zu verfahren; sie hat das trotzdem nicht getan, sondern eigenmächtig anderweitig verfügt. Es fragt sich, ob auch für solchen Fall der Ausschluß der Haftpflicht gilt. Das mußte nach dem Sinne der gesetzlichen Bestimmung verneint werden. Das Gesetz will verhindern, daß die Eisenbahn infolge der bei Ausführung des aufgetragenen Transports vorkommenden und nicht zu vermeidenden Zufälligkeiten, zu denen auch Verschulden der Bahnbeamten gehört, für Schadensforderungen in ungemessener Höhe aufkommen muß. Allerdings ist dabei nicht nur an Zufälligkeiten zu denken, die mit der Ausführung des Transports regelmäßig oder häufig verknüpft sind; in Frage kommen vielmehr grundsätzlich auch Vorkommnisse seltener und nicht vorauszusehender Art. Aber es muß doch verlangt werden, daß das Vorkommnis mit dem aufgetragenen Transport und dessen Risiken in Verbindung steht. An einer solchen Verbindung fehlt es hier in zureichender Weise. Statt zur Ablieferung zu schreiten, hat die Eisenbahn das Frachtgut ohne Grund eine neue Transportreise mit neuen Gefahren unternehmen lassen. Das war eine neue selbständige Handlung, die mit dem aufgetragenen Transport nichts mehr zu tun hatte. Es ist nicht angängig, die gesetzliche Befreiung von der Haftpflicht, trotzdem der Empfänger die Ware abforderte, auch auf solche Maßnahmen der Eisenbahn auszudehnen, die derart willkürlicher Art sind, daß sie mit den Gefahren, die der aufgetragene Transport mit sich bringt, nicht mehr im Zusammenhange stehen.

An diesem Ergebnis wird nichts geändert, wenn etwa die Legitimation des Boten der Firma B. & R., der die Ware abholen sollte, als noch nicht voll genügend anzusehen sein sollte. Denn das Fehlende hätte auf Verlangen der Bahn leicht nachgeholt werden können; und jedenfalls war die Firma C. R. in Köln in gar keiner Weise als verfügungsberechtigt anzusehen.

Ein Mitverschulden der Klägerin ist nicht darin zu erblicken, daß sie den Packen nicht mit der Adresse der Empfängerin, sondern mit der Marke G. R. 725 bezeichnet hat. Diese Bezeichnung war zulässig. Ebensowenig liegt ein ursächliches Verschulden der Klägerin darin, daß sie auf die Anfrage der Eisenbahn nicht sofort geantwortet hat; denn die Empfängerin hat sich, wie erwähnt, gemeldet, als der Packen noch vorhanden war. Danach ergeben die erwähnten Tatsachen, aus denen die Beklagte ein Mitverschulden der Klägerin herleitet, den Beweis eines solchen nicht.

Die Beklagte hat ein weiteres Mitverschulden der Klägerin darin erblickt, daß sie die Ware nicht in der für Kostbarkeiten vorgeschriebenen Weise behandelt hat. Insoweit ist die Sache noch nicht entscheidungsreif. Es ist nicht ausgeschlossen, daß ein Mitverschulden gemäß § 254 BGB. in dieser Unterlassung zu finden ist. Dafür wird insbesondere in Betracht kommen, ob die Versendung nach Köln unterblieben wäre, wenn die Klägerin die gebotenen Förmlichkeiten beobachtet hätte. . . .

59. Persönliche Haftung eines Polizeioffiziers, der auf Anweisung der sog. Kapp-Regierung widerrechtlich einen Kraftwagen beschlagnahmt hat.

VI. Zivilsenat. Urt. v. 14. November 1921 i. S. Fr. (Kl.) w. J. (Bekl.). VI 198/21.

I. Landgericht III Berlin. — II. Kammergericht daselbst.

Während des Kapp-Putsches fuhr der Kläger am 15. März 1920 mit seinem Kraftwagen, der von seinem Fahrer gelenkt wurde, in Berlin die Linden entlang. Der Wagen wurde durch zwei blaue Schutzleute angehalten und nach dem Reichskanzlerpalais geleitet, wo eine Wache untergebracht war. Dort stellte der Beklagte „als Polizeioffizier der Reichskanzlei" eine Bescheinigung aus, daß der Wagen für die Zwecke der Reichskanzlei vom 15. März 1920 bis . . . beschlagnahmt worden sei. Er bestimmte dabei, daß und welche Strecken der Wagen sofort noch am 15. März zu fahren habe, daß er aber für die Nacht immer nach Hause zurückkehren könne, morgens jedoch bei der Reichskanzlei wieder vorzufahren habe, um Näheres über seine Verwendung zu erfahren. Der Wagen machte die für den 15. März vorgeschriebenen Fahrten, kehrte für die Nacht heim und fuhr am nächsten Morgen wieder bei der Reichskanzlei vor. Der Kläger behauptet, daß der Wagen auch am 16. und 17. März Fahrten für die Reichskanzlei im Auftrage des Beklagten gemacht habe. Er verlangt für die Abnutzung und Beschädigung des Wagens Ersatz in Höhe von 27220 *M*.

Das Landgericht hat die Klage abgewiesen. Auf die Berufung des Klägers hat das Kammergericht den Klaganspruch dem Grunde nach für gerechtigt erklärt, soweit der Kraftwagen am 15. März 1920 für Zwecke der Reichskanzlei benutzt worden ist.

Gegen dieses Urteil haben beide Teile Revision eingelegt. Der Beklagte beantragt, das klagabweisende Urteil des Landgerichts wieder herzustellen, der Kläger beantragt dagegen, im vollen Umfange seinem Klagantrage stattzugeben.

Das Reichsgericht wies die Revision des Beklagten zurück und gab der Revision des Klägers statt, aus folgenden

Gründen:

1. Das Berufungsgericht geht davon aus, daß die Rechte der Reichs-

regierung sich am 15. März 1920 verfassungswidrig in den Händen der sogenannten Kapp-Regierung befunden haben; aber die Kapp-Regierung könne als rechtmäßige Regierung nicht angesehen werden, ihre Gewalt sei bei der Dauer von nur wenigen Tagen zeitlich viel zu beschränkt, auch örtlich längst nicht genug ausgedehnt gewesen.

Diese rechtliche Beurteilung ist bedenkenfrei. Die Kapp-Regierung hat sich nicht bis zur verfassungsmäßigen Macht und Anerkennung durchsetzen können. Die Revision sagt selbst, sie habe die Leitung der Staatsgeschäfte erst „in die Hand nehmen wollen". Dies ist ihr nicht gelungen. Die örtlich beschränkt gebliebene Umsturzbewegung ist, ehe diese Absicht erreicht wurde, schon nach einigen Tagen zusammengebrochen. Die tatsächliche Gewalt, die die Leiter der Bewegung unter dem Titel einer Regierung ausübten, reichte über den Versuch, sich der Amtsgeschäfte der maßgeblichen Ministerien zu bemächtigen, nicht hinaus, auch wenn sie nach außen hin und unter sich die Stellen der Reichskanzlei und der Ministerien zu besetzen unternommen haben. Der Revision ist entgegenzuhalten, daß die Beamtenschaft, auch wenn die bisherigen Regierungsmitglieder geflohen waren, den Leitern des Umsturzes keine Gefolgschaft geleistet hat. Wenn auch die Leiter des Kapp-Unternehmens in dem Bezirke von Berlin die bestehende Reichsregierung an der Ausübung der Staatsgeschäfte für einige Zeit verhindert haben, so können doch die dazu getroffenen Gewaltmaßnahmen in keiner Weise als eine „Reichsregierung" bezeichnet werden, die in der Beamtenschaft und in weiteren Volkskreisen Anerkennung und Stütze gefunden hat. Daher konnte das Berufungsgericht mit Recht in der auf den Umsturz der wirklichen Reichsregierung gerichteten Gewalt nur eine verfassungswidrige Anmaßung der Rechte dieser Reichsregierung erblicken und dem ganzen Umsturzunternehmen durchweg die Bedeutung einer rechtmäßigen Regierung absprechen. Gegenüber diesen Ausführungen versagen sämtliche Revisionsrügen des Beklagten, die dahin gehen, daß er befugt und verpflichtet gewesen sei, den Weisungen der von den Anhängern Kapps in Form tatsächlicher Gewalt im Bereiche von Berlin ausgeübten „Regierung" nachzukommen, und daß der Kraftwagen des Klägers auf Weisung des „Polizeipräsidiums" zu militärischen Zwecken angefordert worden und dies durch die „staatliche Polizei" auszuführen gewesen sei. Denn auch alle von der sogenannten Kapp-Regierung zum gewaltsamen Umsturze der verfassungsmäßigen Regierung veranlaßten Maßnahmen können in keiner Weise als Akte und Ausfluß einer auf Grund und im Rahmen gesetzmäßig ausgeübten Polizeigewalt anerkannt werden.

Aber der Beklagte kann sich auch nicht auf seinen guten Glauben und seine Gehorsamspflicht berufen. Denn das Berufungsgericht hält ihm in rechtlich unanfechtbarer Weise vor, daß er seinen militärischen

Vorgesetzten keinen Gehorsam habe leisten dürfen. Ihm sei bei der ganzen Art des Kapp-Unternehmens bekannt gewesen, daß sie sich außerhalb der Verfassung gestellt hatten; er habe gewußt, daß er zum Gehorsam nicht verpflichtet war und sei sich auch bewußt gewesen, daß er durch seine Anweisung vom 15. März 1920 dazu beitrug, das Eigentum des Klägers zu verletzen. Demgegenüber ist es ein vergeblicher Versuch des Beklagten, wenn er gleichwohl auf seine Gehorsamspflicht hinweist, um sich seiner Schadensersatzpflicht aus § 823 BGB. zu entziehen und jeglichen Vorwurf eines Verschuldens abzulehnen. Er kann sich insbesondere auch nicht auf das preußische Gesetz vom 11. Mai 1842 (GS. S. 192) berufen, da die Beschlagnahme lediglich ein ungesetzlicher Gewaltakt war, dessen Durchführung in keiner Weise auf eine „polizeiliche Verfügung" im Sinne jenes Gesetzes zurückgeführt werden kann.

Die Revision des Beklagten war daher als unbegründet zurückzuweisen.

2. Dagegen kann der Revision des Klägers der Erfolg nicht versagt werden. Das Berufungsgericht spricht dem Kläger für den 16. und 17. März 1920 jedweden Schadensersatzanspruch ab, weil er selber die Schuld trage, wenn der Wagen auch in diesen Tagen für die Zwecke der Reichskanzlei benutzt worden sei. Der Wagen sei ihm in der Nacht zum 16. März wieder zur Verfügung gestellt worden; er hätte ihn nicht wieder zur Reichskanzlei fahren lassen sollen. Die Reichskanzlei habe sich in Händen einer „Regierung" befunden, der niemand Gehorsam schuldete. Der Kläger habe gar keinen Gehorsam leisten dürfen und sei auch bei Weigerung des Gehorsams keine Gefahr gelaufen.

Welche gesetzliche Vorschrift diesen Ausführungen zugrunde gelegt worden ist, läßt das Berufungsgericht ungesagt. In Frage kann aber nur der § 254 BGB. kommen. Bei Anwendung dieser Vorschrift muß davon ausgegangen werden, daß der Beklagte dadurch, daß er den Wagen am 15. März widerrechtlich zeitlich unbegrenzt beschlagnahmt und dem Kraftwagenführer befohlen hat, sich an den folgenden Tagen morgens wieder in der Reichskanzlei zu melden, zunächst durch sein Verschulden es verursacht hat, wenn der Wagen am 16. und 17. März benutzt worden ist. Unter diesem Gesichtspunkte war sodann zu prüfen, ob der Kläger dadurch, daß er den Wagen am 16. und 17. März, wie ihm und dem Führer des Wagens aufgegeben war, wieder zur Verfügung gestellt hat, den ursächlichen Zusammenhang zwischen der widerrechtlichen Beschlagnahme und der Benutzung des Wagens an diesen beiden Tagen völlig aufgehoben hat. Es war weiter zu untersuchen, ob dem Kläger dieses der Beschlagnahme entsprechende Verhalten als ein Verschulden zur Last fällt, das nach

§ 254 BGB. bei der Bemessung der Schadensersatzpflicht des Beklagten mildernd zu berücksichtigen ist. Es genügt daher nicht, wenn das Berufungsgericht bloß sagt, der Kläger trage selber die Schuld, wenn sein Wagen auch am 16. und 17. März benutzt worden ist. Es nimmt also an, der Kläger hätte unterlassen sollen, den Wagen auch am 16. und 17. März zur Verfügung zu stellen, er hätte durch diese Unterlassung den Schaden abwenden können. Die Revision bemerkt dazu, ein etwaiges in dieser Unterlassung zu findendes schuldhaftes Verhalten des Klägers könne gegenüber der bewußt widerrechtlichen Beschlagnahme in keiner Weise als die vorwiegende Verursachung angesehen werden. Die Revision bestreitet aber auch, daß der Kläger überhaupt schuldhaft gehandelt habe, wenn er auf die Bedrohungen des Beklagten gegen den Kraftwagenführer den Anordnungen nachkam, um nicht den Wagenführer oder auch sich selbst in Gefahr zu bringen. Möge auch die sogenannte Kapp-Regierung auf schwachen Füßen gestanden haben, so hätten doch die mit Waffen ausgerüsteten Kappleute gleichwohl noch Berlin in Schrecken gehalten.

Somit erscheint die Frage, ob der Kläger die Beschädigung seines Wagens am 16. und 17. März wirklich allein verursacht oder doch wegen eines überwiegenden mitwirkenden Verschuldens selber im vollen Umfange zu tragen hat, nicht frei von Rechtsirrtum beurteilt. Daher war das Berufungsurteil insoweit, als dem Kläger jeder Schadensersatzanspruch für den 16. und 17. März abgesprochen ist, aufzuheben und die Sache in diesem Umfang an das Berufungsgericht zurückverweisen.

---

60. Gibt Art. 109 Abs. 3 der neuen Reichsverfassung den vor dem 14. August 1919 geborenen Kindern aus morganatischer Ehe eines dem bisherigen hohen Adel angehörigen Vaters schon für sich allein das Recht, in Zukunft dessen Namen und Adelsbezeichnung zu führen?

IV. Zivilsenat. Urt v. 17. November 1921 i. S. Freiherr K. v. Grünau u. Gen. (Kl.) w. Fürst E. A. L. zu Löwenstein-Wertheim-Freudenberg (Bekl.). IV 572/20.

I. Landgericht I Berlin. — II. Kammergericht daselbst

Der Vater sowohl der Kläger als des Beklagten war der am 10. März 1887 verstorbene Fürst Wilhelm zu Löwenstein-Wertheim-Freudenberg aus dem Hause gleichen Namens, das nach dem früheren Adelsrechte dem hohen Adel angehörte und dem der Fürstenstand von Bayern im Jahre 1812 und von Württemberg im Jahre 1813 verliehen worden war. Der Fürst war zweimal verheiratet, in erster Ehe mit einer Gräfin von Schönburg, die gleichfalls dem hohen Adel angehörte, in zweiter, 1870 in Paris geschlossener morganatischer Ehe mit einer Bürgerlichen, der auch schon im vorigen Jahrhundert verstorbenen Berta Hagen, der nach der Eheschließung der Titel einer Freifrau von Grünau und deren aus der Ehe zu erwartenden Kindern der Freiherrntitel vom Großherzog von Baden verliehen worden war. Aus der ersten Ehe stammt der Beklagte, aus der zweiten Ehe stammen die 1871 und 1874 geborenen Kläger. Diese nannten sich früher, der zuletzt erwähnten Verleihung entsprechend, Freiherren von Grünau, sind aber der Ansicht, daß sie infolge der Gesetzgebung, die den Ereignissen vom November 1918 nachgefolgt ist, das Recht hätten, den Namen Fürst zu Löwenstein-Wertheim-Freudenberg zu führen, und haben sich dem Beklagten gegenüber dieses Rechts berühmt. Der Beklagte bestreitet ihnen aber das Recht. Die Kläger, die bayerische, württembergische, badische und nach ihrer vom Beklagten bestrittenen Behauptung auch preußische Staatsangehörige sind, haben deshalb gegen den Beklagten unter Berufung auf § 12 BGB. Klage auf Anerkennung ihres Rechts erhoben, den bürgerlichen Namen Fürst zu Löwenstein-Wertheim-Freudenberg zu führen. Das Landgericht wies die Klage ab. Die Berufung der Kläger wurde zurückgewiesen, und auch ihre Revision hatte keinen Erfolg.

Aus den Gründen:

... Einverständnis herrscht unter den Parteien darüber, daß die Kläger nach dem früheren Rechte, wie es bis zu den Ereignissen vom November 1918 galt, infolge des Umstandes, daß die zweite Ehe ihres Vaters nach damaliger Auffassung eine unebenbürtige war, auf den Namen ihres Vaters und seinen Fürstentitel keinen Anspruch hatten, sondern nur berechtigt waren, sich Freiherren von Grünau zu nennen. In dieser Beziehung regt auch die Revision keinen Zweifel an, und darüber kann nach dem früheren Recht in der Tat auch gar kein Zweifel bestehen (vgl. RGZ. Bd. 2 S. 153). Gegenstand des Streites unter den Parteien ist vielmehr nur die Frage und kann nur die Frage sein, ob sich der Rechtszustand inzwischen geändert hat, d. h. ob die Kläger durch die Gesetzgebung, die sich an die Ereignisse vom November 1918 angeschlossen hat, das Recht erlangt haben, sich nunmehr Fürsten zu Löwenstein-Wertheim-Freudenberg zu nennen. Die Kläger nehmen das an, der Beklagte verneint es.

Die Entscheidung des Streites hängt vornehmlich von der Bedeutung des Art. 109 Abs. 3 der neuen Reichsverfassung ab, der lautet:

„Öffentlichrechtliche Vorrechte und Nachteile der Geburt oder des Standes sind aufzuheben. Adelsbezeichnungen gelten nur als Teil des Namens und dürfen nicht mehr verliehen werden."

1. Die Kläger glauben, sich für ihren Rechtsstandpunkt schon auf Satz 1 dieser Vorschrift berufen zu können. Sie sind der Ansicht, es habe für sie einen öffentlichrechtlichen Nachteil ihrer Geburt bedeutet, daß sie, weil sie aus einer unebenbürtigen Ehe ihres Vaters stammten, nach früherem Rechte nicht, wie der Beklagte, den Namen und die Adelsbezeichnung ihres Vaters führen durften. Dieser Nachteil ihrer Geburt sei, da es einen Nachteil der Geburt nach dem zur Zeit geltenden Rechte nicht mehr gebe, jetzt beseitigt. Sie könnten also auch nicht mehr gehindert werden, sich wie jedes andere eheliche Kind des Familiennamens zu bedienen, der ihnen als ehelichen Kindern ihres Vaters nach § 1616 BGB. in Verbindung mit Art. 203 EG. z. BGB. gebühre.

Diese Ausführung scheitert bereits daran, daß Art. 109 Abs. 3 Satz 1 die öffentlichrechtlichen Vorrechte und Nachteile der Geburt oder des Standes nicht mit sofortiger Wirkung selbst aufhebt, sondern nur sagt, sie seien aufzuheben, und daß er damit ihre wirkliche Aufhebung dem je nach dem Gegenstande des einzelnen Vorrechts oder des einzelnen Nachteils zuständigen Gesetzgeber, dem Reiche oder den Ländern, überläßt. Daß Abs. 3 Satz 1 diese Bedeutung hat, ergibt der Wortlaut zur Genüge. Nicht minder aber ergibt es die Entstehungsgeschichte. Nach den Beschlüssen der Nationalversammlung in der zweiten Beratung war im Entwurfe (Art. 108 Abs. 3) statt „sind aufzuheben" gesagt „bestehen nicht" (Drucksache Nr. 656). Bei der dritten Beratung wählte aber die Nationalversammlung (Stenographische Berichte Sp. 2123) die jetzige Fassung und versetzte damit den Abs. 3 Satz 1 in die Klasse von Grundrechten, die lediglich Richtlinien für erst noch zu gebende Gesetze darstellen. Bei dieser Rechtslage braucht nicht erörtert zu werden, ob Vorrechte und Nachteile der Geburt, wie sie hier in Rede stehen, im Sinne des Abs. 3 Satz 1 überhaupt zu den öffentlichrechtlichen Vorrechten und Nachteilen der Geburt oder des Standes gehören, auf die sich der Satz allein bezieht. Denn, wie die Frage auch zu beantworten sein möchte (vgl. RGZ. Bd. 101 S. 185), jedenfalls könnten sich die Kläger auf Art. 109 Abs. 3 Satz 1 nicht unmittelbar stützen. Durch diesen Satz sind die Vorschriften des Privatfürstenrechts und der Löwensteinschen Hausverfassung, die gemäß Art. 58 EG. z. BGB. bisher dem Rechte der Kläger, sich Fürsten zu Löwenstein-Wertheim-Freudenberg zu nennen, entgegenstanden, noch nicht beseitigt.

Berufen könnten sich die Kläger vielmehr nur auf solche Gesetze, die in Befolgung der in Art. 109 Abs. 3 Satz 1 gegebenen Anweisung die öffentlichrechtlichen Vorrechte und Nachteile der Geburt oder des Standes, namentlich die aus dem bisherigen Ebenbürtigkeitsrechte folgenden, wirklich und mit sofortiger Wirkung aufhöben. Ein Reichsgesetz dieser Art ist nicht ergangen. Von Landesgesetzen kämen ohne Rücksicht auf die allerdings sonst in Namensfragen maßgebende Staatsangehörigkeit der Kläger (vgl. RGZ. Bd. 95 S. 272) lediglich die Gesetze von Ländern in Betracht, denen das standesherrliche Haus Löwenstein-Wertheim-Freudenberg und sein Adel untersteht. Zu diesen Ländern gehört Preußen nicht. Daß die Kläger, wie sie behaupten und wie mangels einer entgegenstehenden Feststellung des Kammergerichts für den Rechtszug der Revision zu ihren Gunsten zu unterstellen ist, neben der bayerischen, der württembergischen und der badischen auch die preußische Staatsangehörigkeit besitzen, ist daher auf die Entscheidung ohne Einfluß. Das preußische Adelsgesetz vom 23. Juni 1920 (GS. S. 367) scheidet um so mehr aus, als es, wie das Kammergericht zutreffend ausführt, nur die Rechtsverhältnisse des preußischen Adels regelt, wie sich nicht nur aus seinem vom Kammergericht angezogenen § 41, sondern vor allem aus § 1 I ergibt, der die „auf dem öffentlichen Rechte Preußens beruhenden" Vorrechte des bisherigen Adelsstandes aufhebt. Bedeutung hätte vielmehr ausschließlich die Gesetzgebung von Bayern, Württemberg und, mag auch der Fürstenstand dem Hause des Beklagten nur von Bayern und Württemberg verliehen sein, die von Baden, wo das Haus Löwenstein-Wertheim-Freudenberg ebenfalls die Stellung einer Standesherrschaft genießt. Nun nimmt zwar das Kammergericht zugunsten der Kläger an, daß in diesen Ländern insbesondere durch die Verfassungen, die sie sich in der Neuzeit gegeben haben, die Vorschriften des Privatfürstenrechts und der Hausverfassungen des bisherigen hohen Adels aufgehoben seien und daß damit der Anwendung des § 1616 BGB., wonach das eheliche Kind den Familiennamen des Vaters erhält, an sich freie Bahn geschaffen sei. Aber damit allein, daß, wie das Kammergericht die Rechtslage zu beurteilen scheint, in Bayern, Württemberg und Baden nunmehr auch Kinder aus unebenbürtigen Ehen den Familiennamen ihres dem bisherigen hohen Adel angehörenden Vaters erhalten, folgt für die Kläger, die bereits 1871 und 1874 geboren sind, noch nichts. Ihre Auffassung, daß mit dem Wegfalle der Vorschriften des Privatfürstenrechts und der Löwensteinschen Hausverfassung, die ihnen entgegenstanden, für sie ohne weiteres Art. 203 EG. z. BGB. in Kraft getreten sei, ist irrig. Nicht nur ob, sondern auch inwieweit in einem einzelnen Lande in Ansehung der Familienverhältnisse und der Güter der in Art. 58 EG. z. BGB. genannten Häuser jetzt die allgemeinen Vorschriften Geltung haben sollen, bestimmt sich ausschließlich nach Landesrecht. Ausschließlich aus dem Landesrecht ist deshalb auch die Antwort auf die Frage zu entnehmen, ob und in welchem Umfang in einem Lande, das für sein Gebiet die Vorschriften des Privatfürstenrechts und der Hausverfassungen des hohen Adels aufhebt und damit der Anwendung des § 1616 BGB. Raum gibt, diese Vorschrift auch auf solche Kinder aus unebenbürtigen Ehen Anwendung findet, die schon vor dem Inkrafttreten des neuen Rechts geboren sind, in welchem Umfange mithin dem neuen Rechte rückwirkende Kraft zukommen soll. Das Kammergericht verneint, daß sich in der Gesetzgebung der in Betracht kommenden süddeutschen Länder Bestimmungen fänden, die der Aufhebung des Privatfürstenrechts und der Hausverfassungen des hohen Adels und damit der Anwendbarkeit des § 1616 BGB. rückwirkende Kraft verliehen. Diese Auffassung des Kammergerichts ist aber, da sie sich lediglich auf Gesetze stützt, die in seinem Bezirke keine Geltung haben und auf deren Verletzung daher nach § 549 Abs. 1 ZPO., § 1 Kais. VO. vom 28. September 1879 im Streitfalle die Revision nicht gestützt werden kann, gemäß § 562 ZPO. für das Revisionsgericht maßgebend.

2. Ebensowenig wie auf Art. 109 Abs. 3 Satz 1 der Reichsverfassung können sich die Kläger auf Satz 2 dieses Artikels mit Erfolg berufen. Im Gegensatze zu Satz 1, der, wie gezeigt, lediglich eine Richtlinie für die zukünftige Gesetzgebung aufstellt, gibt Satz 2 einen Rechtssatz im engeren und strengen Sinne, eine Norm, die mit dem Inkrafttreten der Reichsverfassung sofort und kraft Reichsrechts wirksam geworden ist. Die Vorschrift, daß Adelsbezeichnungen nur als Teil des Namens gelten, trifft, da das Gesetz nicht unterscheidet, den gesamten Adel, sowohl den hohen als den niederen, und bezieht sich sowohl auf die Bezeichnungen „Fürst". „Freiherr" usw. als auf das einfache „von". Alle Adelsbezeichnungen ohne Unterschied gelten nunmehr kraft Reichsrechts nur noch als Teil des Namens. Das hat zur Folge, daß vormals adelige Namen seit dem 14. August 1919 nicht mehr nach Adelsrecht, sondern nach dem Bürgerlichen Gesetzbuch übertragen werden, also auch durch uneheliche Geburt von einer adeligen Mutter, durch Annahme an Kindes Statt seitens eines adeligen Wahlvaters, durch Ehelichkeitserklärung auf Antrag des adeligen Erzeugers und durch Namenserteilung seitens eines adeligen Ehemanns an das voreheliche Kind seiner Frau (§ 1616, § 1706 Abs. 1 und 2, § 1723, § 1736, § 1758 BGB.). Aber auch daraus können die Kläger nichts für sich herleiten. Denn irgendeine Namensänderung, namentlich eine solche, wie sie die Kläger im Auge haben, ordnet Abs. 3 Satz 2 nicht an. Er würde deshalb die Kläger selbst dann nicht günstiger stellen, wenn er, wie im Schrifttum bisweilen angenommen wird, in seinem hier in Frage stehenden ersten Teile rückwirkende Kraft hätte, wenn er also besagte, daß auch für die Vergangenheit Adelsbezeichnungen so angesehen werden sollten, als ob sie nur Teil des Namens gewesen wären. Trotzdem nämlich würden die Kläger, solange ihnen die Vorschriften des Privatfürstenrechts und der Löwensteinschen Hausverfassung ent-

gegenstanden, den Namen ihres Vaters nicht erworben haben, und die Aufhebung dieser Vorschriften in den maßgebenden Ländern Bayern, Württemberg und Baden ist, wie vorhin erörtert, nach der das Revisionsgericht bindenden Auffassung des Kammergerichts erst jetzt und ohne rückwirkende Kraft erfolgt. Ob dem Satzteile „Adelsbezeichnungen gelten nur als Teil des Namens" rückwirkende Kraft zukommt, braucht also nicht untersucht zu werden. Erst recht kann unerörtert bleiben, ob, wenn die Vorschrift reichsrechtlich keine rückwirkende Kraft hat, die Länder in der Lage wären, ihr für ihr Gebiet rückwirkende Kraft zu verleihen, was zudem, wiederum nach der das Revisionsgericht bindenden Auffassung des Kammergerichts, von Bayern, Württemberg und Baden nicht geschehen ist. Es bleibt vielmehr dabei, daß den Klägern auch Art. 109 Abs. 3 Satz 2 der Reichsverfassung nicht zur Seite steht und daß die Klage von den beiden Vordergerichten mit Recht abgewiesen ist. . . .

---

61. 1. Auslegung der Satzung einer Gesellschaft m. b. H. 2. Zur Anwendung des § 50 GmbHG.

II. Zivilsenat. Urt. v. 18. November 1921 i. S. K. u. Gen. (Kl.) w. Tiefbau- und Eisenbeton-Gesellschaft m. b. H. (Bekl.). II 226/21.

I. Landgericht I. München, Kammer f. Handelssachen. — II. Oberlandesgericht das.

Die Kläger sind mit Geschäftsanteilen von 25000 *M* (J. V. K.), 14000 *M* (W. K.) und 54000 *M* (R.) Gesellschafter der Beklagten, deren Satzung in § 4 folgende Bestimmung enthält:

> „Die Veräußerung oder Verpfändung von Geschäftsanteilen oder von Teilen solcher ist nur mit Genehmigung der Gesellschaft zulässig. Jedoch bedarf die Veräußerung oder Verpfändung eines Geschäftsanteiles oder von Teilen eines solchen Geschäftsanteils an andere Gesellschafter sowie die Teilung von Geschäftsanteilen verstorbener Gesellschafter unter deren Erben der Genehmigung der Gesellschaft nicht."

Durch notarielle Verträge vom 12. Juni 1919 traten die Gesellschafter H., Frau O., G. und Dr. W. (die Mitglieder der sog. H.-Gruppe) ihre Geschäftsanteile von zusammen 315500 *M* an den Kläger J. V. K. ab. Dieser meldete am 19. Juli 1919 unter Vorlegung der notariellen Urkunden den Erwerb bei der Beklagten an. Am 5. August 1919 trat der Kläger W. K. seinen Geschäftsanteil von 14000 *M* an die B. St.-Werke ab. Am 7. Oktober 1919 schrieb der Justizrat Dr. B. unter Einreichung von Vollmachten der drei Kläger an die Beklagte:

. . . „Namens dieser drei, welche mehr als 10 % Ihres Stammkapitals besitzen, beantrage ich die Berufung einer Gesellschafterversammlung, mit folgender Tagesordnung:

1. Vorsorgliche Genehmigung der Abtretungsvereinbarungen zwischen H., Frau O., G. und Dr. W. einerseits mit J. V. K. anderseits.

2. Genehmigung der Abtretung des Geschäftsanteils des W. K. an die V. St.-Werke. (Ich füge beglaubigte Abschrift dieser Abtretungserklärung bei.)

Zu Punkt 1 der Tagesordnung bemerke ich:
Sie haben die Rechtsgültigkeit der Abtretung seitens der genannten Gesellschafter H., Frau O., G. und Dr. W. an J. V. K. bestritten, solange nicht eine Genehmigung seitens der Gesellschaft vorliegt, mit dem Hinweis, daß J. V. K. die Anteile der vier genannten abtretenden Gesellschafter als Treuhänder und nicht für eigene Rechnung erworben habe. Ihre Behauptung, daß J. V. K. die Anteile Ihrer genannten Gesellschaftergruppe als Treuhänder erworben hat, ist richtig. Zu der Frage des Namens des Treuhandgebers irgendwie Stellung zu nehmen, hat Herr J. V. K. keine Veranlassung. Er steht aber auch auf dem Standpunkt, daß er eine Genehmigung der fraglichen Abtretung an ihn einzuholen, keine Verpflichtung und keinen Anlaß hat, weil diese Abtretung, auch wenn sie ihm als Treuhänder erklärt worden ist, nicht genehmigungspflichtig ist, denn er ist bereits Gesellschafter und er ist äußerstenfalls nur bei Abstimmungen nicht mitzustimmen berechtigt, soweit sein Treuhandgeber am Mitstimmen bei unmittelbarer Abstimmung verhindert sein würde.

Nachdem aber einerseits von Ihrer Seite einmal die Behauptung des Erfordernisses der Genehmigungserklärung seitens der Gesellschafterversammlung aufgestellt worden ist, anderseits die genannte H.-Gruppe nach unserer Auffassung bei Vermeidung von Schadensersatzansprüchen verpflichtet ist, bei einer etwa erforderlichen Genehmigung mitzuwirken, will Herr J. V. K. die Meinungsverschiedenheit in diesem Punkte unter allen Umständen (unter Festhaltung seines grundsätzlich gegenteiligen Rechtsstandpunktes) durch einen Genehmigungsbeschluß klarstellen lassen. . ."

Darauf erließen die Geschäftsführer der Beklagten mittels eingeschriebener Briefe an sämtliche Gesellschafter eine Einladung zu einer außerordentlichen Gesellschafterversammlung mit einer dem Antrage der Kläger vom 7. Oktober 1919 entsprechenden Tagesordnung auf den 20. November 1919. Am 18. November schrieb Justizrat Dr. B. an die Beklagte, er ziehe seinen Antrag auf Einberufung einer Gesellschafterversammlung zurück, weil den Beteiligten die Wahrnehmung ihrer Rechte augenblicklich zeitlich nicht möglich sei, und behalte sich die

Stellung eines neuen Antrags vor. Die Beklagte entgegnete am 19. November, daß die Gesellschafterversammlung, zu der alle Beteiligten rechtzeitig und ordnungsmäßig geladen seien, gleichwohl stattfinden werde, worauf Dr. B. an demselben Tage zurückschrieb, er habe seine Anträge zur Tagesordnung sämtlich zurückgezogen und die Beklagte sei daher nicht berechtigt, über Anträge, die er nicht gestellt haben wolle, eine Abstimmung herbeizuführen. Die sodann am 20. November 1919 abgehaltene Mitgliederversammlung, zu der von den Mitgliedern der H.-Gruppe niemand und für die drei Kläger der Justizrat Dr. B. erschien und in der die übrigen Gesellschafter mit ihren Geschäftsanteilen von zusammen 391500 *M* geschlossen auftraten, nahm folgenden Verlauf:

1. Entgegen dem Antrag des Justizrats Dr. B., der für J. B. K. auch die Stimmen der H.-Gruppe in Anspruch nahm, wurde beschlossen, dem J. B. K. das Stimmrecht nur in Höhe seines Anteils von 25000 *M* zuzuerkennen. Der Beschluß erging mit 3915 Stimmen gegen die 930 Stimmen der Kläger.

2. Der sodann von Dr. B. gestellte Antrag auf Vertagung der Gesellschafterversammlung wurde mit dem gleichen Stimmenverhältnis abgelehnt, ebenso

3. der Antrag auf Absetzung der Versammlung.

Darauf entfernte sich Dr. B., und es wurde nunmehr

4. einstimmig beschlossen, der Abtretung der Geschäftsanteile von H., Frau O., G. und Dr. W. an den Kläger J. B. K. die Genehmigung zu versagen, und endlich

5. der einstimmige Beschluß gefaßt, die Abtretung des Geschäftsanteils des Klägers W. K. an die B. St.-Werke nicht zu genehmigen.

Demnächst wurden die Kläger mit dem Antrage klagbar,

a) die Beschlüsse der Gesellschafterversammlung vom 20. November 1919 für unwirksam zu erklären,

b) festzustellen, daß dem Kläger J. B. K. ein Stimmrecht für weitere 315500 *M* neben seinen unbestrittenen Stimmen für 25000 *M* in den Versammlungen der Gesellschafter der Beklagten zustehe.

Sie machten folgendes geltend: Die Gesellschafterversammlung vom 20. November 1919 habe, weil der Antrag auf Einberufung von ihnen zurückgenommen sei, nicht tagen und beschließen dürfen. Der Kläger J. B. K. habe zwar die Geschäftsanteile der H.-Gruppe für die B. St.-Werke, als deren Treuhänder, erworben; als Gesellschafter habe er jedoch hierzu keiner Genehmigung bedurft, zumal die B. St.-Werke das Bestreben hätten, das Unternehmen der Beklagten zu kräftigen. Von den B. St.-Werken seien nämlich die Anteile der H.-Gruppe zu dem Zwecke erworben worden, um der Beklagten eine sehr große Anzahl gewinnbringender Wasserbauten, an der die B. St.-Werke interessiert seien, gemeinschaftlich mit einer Hochbaufirma zuzubringen. Der Kläger J. V. K. habe daher die Geschäftsanteile der H.-Gruppe, alsbald nachdem er sie erworben, an die B. St.-Werke abgetreten; die Anmeldung dieser Abtretung bei der Beklagten habe später erfolgen sollen. Er sei nur deswegen als Treuhänder der B. St.-Werke aufgestellt worden, weil man angenommen habe, daß die H.-Gruppe beim direkten Verkauf an die B. St.-Werke weit höhere Preise verlangen werde. Die Beklagte beantragte die Abweisung der Klage. Sie entgegnete: Die Gesellschafterversammlung vom 20. November 1919 würde auch ohne den Antrag der Kläger von den Geschäftsführern einberufen worden sein, weil eine Reihe dringender geschäftlicher Maßnahmen, insbesondere die einer Kapitalserhöhung, nachdem man in Erfahrung gebracht habe, daß hinter dem Kläger J. V. K. die B. St.-Werke ständen, die Entscheidung der Frage unbedingt nötig gemacht habe, ob die Abtretung der Geschäftsanteile der H.-Gruppe an J. V. K. nach § 4 der Satzung genehmigungsbedürftig und ob die Genehmigung zu erteilen oder zu versagen sei. Die Genehmigung sei erforderlich, weil man bei Feststellung der Satzung beabsichtigt habe, jeden Einfluß fernstehender Personen auf die Gesellschaft hintanzuhalten, und weil man, wenn man an die Veräußerung von Geschäftsanteilen an Treuhänder gedacht hätte, auch hierauf die Genehmigungspflicht erstreckt haben würde. Der von dem Kläger J. V. K. und den B. St.-Werken eingeschlagene Weg stelle eine grobe beabsichtigte Umgehung des § 4 der Satzung dar. Die B. St.-Werke verfolgten den Zweck, die Geschicke der Gesellschaft in einer die Interessen der übrigen Gesellschafter schwer schädigenden Weise entscheidend zu beeinflussen. Sie suchten die 315500 *M* Geschäftsanteile der H.-Gruppe durch den Kläger J. V. K. als „Strohmann" in ihre Hände zu bringen, um dann mit Hilfe der 93000 *M* Geschäftsanteile der drei Kläger die Mehrheit in der Gesellschaft zu haben. Die Gesellschaft habe zusammen mit einer Münchener Firma für die B. St.-Werke eine große Wasserkraftanlage erbaut. Sie stehe zurzeit mit den B. St.-Werken noch in der Abrechnung über diese Anlage, habe eine Sicherungshypothek darauf und befürchte, daß durch den Einfluß oder den Eintritt der B. St.-Werke die Abrechnung zu deren Gunsten gestaltet werden solle und dadurch ihre Existenz gefährdet werde, da es sich um sehr erhebliche Beträge und ernste Differenzen handele.

Das Landgericht wies die Klage ab. Die Berufung der Kläger blieb erfolglos, ebenso ihre Revision.

Aus den Gründen.

... Nach § 4 der Satzung ist die Veräußerung von Geschäftsanteilen an Nichtgesellschafter nur mit Genehmigung der Gesellschaft zulässig und nach § 9 Nr. 3 das. wird über die Erteilung der Genehmigung von der Gesellschafterversammlung mit einfacher Stimmenmehrheit beschlossen. Die Mehrheit der Gesellschafter soll hierdurch dagegen geschützt werden, daß fremde, ihr als Gesellschafter nicht genehme Persönlichkeiten durch den Erwerb von Geschäftsanteilen bestimmenden Einfluß auf die Angelegenheiten der Gesellschaft gewinnen. Dieser aus den Bestimmungen selbst ohne weiteres sich ergebende Zweck würde aber vereitelt werden, wollte man sie, lediglich ihrem Wortlaute folgend, dahin verstehen, daß die Veräußerung eines Geschäftsanteils an einen anderen Gesellschafter unter keinen Umständen, also auch dann nicht der Genehmigung bedürfte, wenn der andere Gesellschafter den Anteil nicht für sich, sondern für einen Nichtgesellschafter erwürbe, um ihn, sobald es angängig, auf den letzteren zu übertragen und bis dahin das Gesellschafterrecht nur nach dessen Weisungen auszuüben. Es ist daher nicht rechtsirrig und widerspricht namentlich nicht der Natur und dem Wesen des Gesellschaftsvertrags (vgl. RGZ. Bd. 101 S. 246), wenn das Oberlandesgericht den § 4 der Satzung dahin auslegt, daß der Gesellschafter, der nur als „Strohmann" für einen Nichtgesellschafter einen Geschäftsanteil erwerben wolle, hierzu ebenso der Genehmigung der Gesellschaft bedürfe, wie der Nichtgesellschafter, der unmittelbar als Erwerber auftrete. Daß das Oberlandesgericht dabei von einem „Treuhänder" spricht, während von einem eigentlichen Treuhandverhältnisse nur zwischen dem veräußernden und dem erwerbenden Gesellschafter die Rede sein könnte (vgl. RGZ. Bd. 84 S. 217, Bd. 91 S. 16), ist unerheblich. Die Kläger haben aber selbst vorgetragen, daß der Kläger J. V. K. die Geschäftsanteile der H.-Gruppe nicht für eigene Rechnung, sondern für die V. St.-Werke (als deren „Treuhänder") erworben, sie auch sogar schon bald nach dem Erwerbe an die V. St.-Werke abgetreten und nur die Anmeldung dieser Abtretung bei der Gesellschaft bisher unterlassen habe. Die erfolgte Abweisung des Klagantrages zu b) wird hiernach von der Revision mit Unrecht bemängelt.

Der Revision ist ferner nicht zuzugeben, daß die Beschlüsse der Gesellschafterversammlung vom 20. November 1919 — dahin zielt der Klagantrag zu a) — aus formellen Gründen für unwirksam zu erklären seien. Der von dem Justizrat Dr. V. namens der drei Kläger unter dem 7. Oktober 1919 gestellte Antrag auf Berufung der Gesellschafter zu einer Versammlung hatte als solcher nur die Bedeutung einer dem zuständigen Organe der Beklagten gegebenen Anregung. Wäre der Anregung nicht entsprochen worden, so hätten die Kläger nur das Recht gehabt, die Berufung selbst zu bewirken (§ 50 Abs. 3 GmbHG.). Nachdem aber das für die Berufung von Gesellschafterversammlungen namens der Gesellschaft zuständige Organ die Berufung beschlossen und vorschriftsmäßig ausgeführt hatte, konnten sie die Abhaltung der Versammlung weder durch Zurücknahme ihres Einberufungsantrags noch dadurch verhindern, daß sie ihre auf die Tagesordnung der Versammlung gesetzten Genehmigungsgesuche zurückzogen. Denn die Berufung lag völlig im Ermessen des zuständigen Gesellschaftsorgans, und die Zulässigkeit der durch die Tagesordnung angekündigten Beschlußfassung über die Genehmigung der bei der Beklagten einmal ordnungsgemäß angemeldeten Anteilsübertragungen war weder von der Aufrechterhaltung der Genehmigungsanträge noch davon abhängig, ob die Genehmigung vom Anteilserwerber oder vom Anteilsveräußerer nachgesucht worden war. Mit der Anmeldung war die Frage der Genehmigung eine Angelegenheit der Beklagten geworden. Die Einberufer hatten die Angelegenheit auf die Tagesordnung gesetzt und diese form- und fristgerecht bekannt gemacht. Ein Anspruch auf Erteilung der Genehmigung stand den Klägern nicht zu. Die Kläger konnten deshalb auch nicht verlangen, daß die Beschlußfassung unterbleibe oder hinausgeschoben werde. Die Abweisung des Klagantrags zu a) ist hiernach gleichfalls zu Recht erfolgt.

---

62. Ist ein dem Art. 153 RVerf. widersprechendes Landesgesetz als gültig anzuerkennen?

VII. Zivilsenat. Urt. v. 18. November 1921 i. S. des Grafen E. z. L. und Gen. (Kl.) w. 1. den lippischen Staat, 2. den Fürsten L. in D. (Bekl.). VII 57/21.

I. Landgericht Detmold. — II. Oberlandesgericht Celle.

Durch den sog. Detmolder Hauptvergleich vom 22./24. Mai 1762 und den sog. Dilucidationsrezeß vom 25. Mai 1762 sind für die Agnaten der erbherrlichen Nebenlinie Lippe-Weißenfeld Ansprüche auf eine aus der Detmolder Landrentei zahlbare Rente begründet worden. Die Rente ist zuletzt an die drei ursprünglichen Kläger dieses Rechtsstreits, nämlich die Grafen E. z. L. mit $^1/_2$ und die Prinzen Cl. und A. z. L. mit je $^1/_4$ aus den Einkünften des lippischen Domaniums gezahlt worden. Nach Ausbruch der Revolution, infolge deren der Beklagte zu 2 dem Thron entsagte, wurde die Zahlung der Rente eingestellt. Die Kläger nahmen darauf die beiden Beklagten als Gesamtschuldner auf Fortzahlung der Rente in Anspruch, und zwar Prinz Cl., der im Laufe des Rechtsstreits verstarb und an dessen Stelle seine Erben traten, unter Ausschluß gewisser Teilbeträge, auf die er verzichtet hatte (vgl. unten Nr. 63). Die Klage wurde in allen Instanzen gegen den Beklagten zu 1 zugesprochen, gegen den Beklagten zu 2 abgewiesen.

Zu einem in der Berufungsinstanz erhobenen Einwande des beklagten Staats äußerte sich das Reichsgericht in den

Gründen:

... Das lippische Landesgesetz vom 29. September 1920 erklärt in § 1 alle früher etwa bestandenen Rechte der vormals erbherrlichen Nebenlinie Lippe-Weißenfeld auf den Bezug der sog. lippischen Rente für erloschen und sieht in § 3 vor, als Abgeltung etwaiger privatrechtlicher Ansprüche auf die Rente könne den früheren Empfängern durch das Landespräsidium eine Abfindung gewährt werden, die höchstens im gleichen Verhältnis zum Kapitalwerte der vollen Rente stehen solle, in dem die als Abgeltung der privatrechtlichen Ansprüche der früher regierenden Linie durch das Domanialgesetz vom 24. Dezember 1919 festgesetzte Abfindung zum Gesamtwerte des Domaniums stehe. Das Berufungsurteil erblickt in diesen Vorschriften eine Enteignung und spricht ihnen in erster Reihe mit Hinweis auf den Art. 153 RVerf. die Rechtsgültigkeit ab, weil nach letzterer Vorschrift eine Enteignung von Privatrechten nur zum Wohle der Gesamtheit und nur gegen angemessene Entschädigung erfolgen dürfe, wegen deren Höhe der Rechtsweg nicht ausgeschlossen werden könne, für die Entziehung der Rente aber ein Wohl der Gesamtheit nicht geltend gemacht werde, und weil ferner mit dem angeführten § 3 der Rechtsweg für eine höhere Entschädigung, als dort bestimmt sei, ausgeschlossen werde. Gegen diesen Entscheidungsgrund, mit dem der Einwand des Beklagten zu 1, daß das Rentenrecht der Kläger gesetzlich erloschen sei, vom Berufungsrichter verworfen wird, versucht die Revision erfolglos anzukämpfen. Sie meint, daß die gemäß Art. 102 RVerf. dem Gesetz unterworfenen Richter nicht befugt seien, aus den Gründen des Berufungsurteils einem Gesetze die Rechtmäßigkeit zu versagen. Die Auffassung ist jedoch unzutreffend. Der Prozeßrichter hat das einschlägige geltende Gesetz anzuwenden. Findet er, daß landesrechtliche Vorschriften, deren Anwendbarkeit in Frage kommt, mit reichsrechtlichen Vorschriften im Widerspruch stehen, so hat er gemäß Art. 13 Abs. 1 und 102 RVerf. das Recht und auch die Pflicht, das betreffende Landesgesetz für nicht geltend zu erklären und außer Anwendung zu lassen. Hier sollte durch das Gesetz vom 29. September 1920 der erbherrlichen Linie Lippe-Weißenfeld das ihr auf dem Boden des Privatrechts erwachsene Recht auf die lippische Rente zugunsten des zahlungspflichtigen Staats entzogen werden. Dieser landesgesetzliche Schritt bedeutete die Enteignung eines wohlerworbenen Privatrechts, die sich nicht in den von der Reichsverfassung mit vorherrschender und zwingender Kraft geordneten Richtlinien hielt. Welcher Sinn im einzelnen den an sich nicht revisiblen Vorschriften des Landesgesetzes vom 29. September 1920 beizumessen ist, dafür ist die im Berufungsurteil enthaltene Deutung auch für die Revisionsinstanz maßgebend. Der Nachprüfung unterliegt nur, ob die Vorinstanz die mit und vornehmlich in Betracht kommenden Vorschriften des Art. 153 RVerf. richtig angewendet hat. Nach deutlich erkennbarer und nicht nachzuprüfender Annahme des Berufungsurteils ist nun die Entziehung der lippischen Rente ausschließlich insofern zum Nutzen und Vorteil der Allgemeinheit erfolgt, als danach für den Staat die Ersparung der Rentenzahlungen eintritt. Wenn der Berufungsrichter in einer Enteignung mit solchem Ziel einen Verstoß gegen den Grundsatz findet, daß eine Enteignung nur zum Wohle der Allgemeinheit vorgenommen werden darf, so ist ihm unbedenklich beizustimmen. Die hierzu von der Revision geäußerte Ansicht, dem Gerichte stehe die Nachprüfung darüber, ob die Enteignung durch das Wohl der Allgemeinheit gerechtfertigt wurde, nicht zu, ist insoweit, als es sich um die Frage der Beobachtung und Wahrung des bezeichneten verfassungsrechtlichen Grundsatzes handelt, abzulehnen. Die Prüfung dieser Frage hält sich in den Grenzen der dem Richter obliegenden Aufgabe zutreffender Gesetzesanwendung. Der im Art. 153 erforderte Nutzen für die Allgemeinheit aber muß über den durch die vorgenommene Rechtsentziehung an sich und ohne weiteres erreichten Vorteil hinausgehen oder außerhalb dieses Vorteils bestehen. Wie das Berufungsurteil ferner darlegt, will das Gesetz vom 29. September 1920 den Rechtsweg zur Erreichung einer Entschädigung, die über die vom Landespräsidium bewilligte Abfindung hinausgeht, auch wenn eine solche höhere Entschädigung angemessen ist, ausschließen. Die Revision will zwar das Gesetz anders verstehen. Damit kann sie jedoch bei der Maßgeblichkeit der Deutung der Vorinstanz nicht gehört werden. Da für Enteignungen der Rechtsweg für einen Streit über die Höhe der Entschädigung durch ein Landesgesetz nicht verschlossen werden darf (Art. 153 RVerf.), ist dem zur Erörterung stehenden Landesgesetze ein zweiter, schwerwiegender Verstoß gegen die Reichsverfassung nachgewiesen. Sind somit die Annahmen des Berufungsurteils, daß das Gesetz vom 29. September 1920 und die darin angeordnete Rechtsentziehung der Gültigkeit entbehren, aufrecht zu erhalten, so stehen den Klagansprüchen gegen den Beklagten zu 1 durchgreifende Bedenken nicht entgegen.

---

63. Kann der Besitzer eines Familienfideikommisses im Gebiete des gemeinen Rechts (vgl. EG. z. BGB. Art. 59) rechtsgültig auf einen Teil seines Fideikommißrechts zugunsten des nächsten Fideikommißanwärters verzichten?

VII. Zivilsenat. Urt. v. 18. November 1921 i. S. der Prinzen F. und Chr. zu L., vertreten durch ihre Pflegerin E. Fürstin v. H. (Kl.) w. den Fürsten L. z. L. (Bekl.). VII 56/21.

I. Landgericht Detmold. — II. Oberlandesgericht Celle.

Am 22./24. Mai 1762 kam zwischen dem in Lippe regierenden Grafen S. A. und den einer Zweiglinie der dortigen regierenden Häuser angehörenden Brüdern, den Grafen Fr. C. A. und F. J. L., der sog. Detmolder Hauptvergleich zustande, durch welchen langwierige Streitigkeiten zwischen der regierenden Linie und den erbherrlichen Nebenlinien beendet wurden. In diesem Vergleich wurde den genannten gräflichen Brüdern und deren ehelichen männlichen Erben eine jährliche Rente von 15000 Reichstalern, zahlbar aus der Detmolder Landrentei, zugesichert. Am 25. Mai 1762 schlossen die Grafen Fr. C. A. und F. J. L. den sog. Dilucidationsrezeß, in dem unter anderem der letztere, welcher der Begründer der Weißenfelder Zweiglinie war, für den Fall des Aussterbens der Hauptlinie hinter die von dem ersteren begründete Biesterfelder Zweiglinie zurückzutreten erklärte, während für diesen Fall Graf Fr. C. A. der Weißenfelder Linie eine jährliche Rente von 17000 Reichstalern zu zahlen versprach. Nach dem Erlöschen der Hauptlinie gelangte im Fürstentum Lippe die Biesterfelder Linie zur Regierung. Bezugsberechtigt zur lippischen Rente waren im Jahre 1916 der Graf E. z. L. zur Hälfte und die Prinzen (früher Grafen) Cl. und A. z. L. zu je $1/4$.

Am 8. Januar 1901 hatte sich Graf Cl. mit der sächsischen Staatsangehörigen Fräulein J. Fr. von C. vermählt, nachdem ihm im November 1900 von dem Grafregenten E. z. L. der landesherrliche Konsens zur Vermählung erteilt und die Braut am 21. Dezember 1900 von dem Könige von Sachsen in den erblichen freiherrlichen Stand erhoben worden war. Aus der Ehe des Grafen Cl. mit der Freiin v. C. sind die beiden Kläger hervorgegangen. Durch Gnadenakt des Beklagten vom Jahre 1916 wurden Graf Cl. und seine Nachkommen aus der bezeichneten Ehe als Agnaten des fürstlichen Hauses anerkannt und ihnen der Titel von Prinzen zur L. verliehen.

Prinz Cl. hat durch notariell beglaubigte Erklärung vom 6. November 1916 auf einen Teilbetrag von 170 *M* jährlich und durch notariell beglaubigte Erklärung vom 22. Januar 1918 auf einen weiteren Teilbetrag von 170 *M* jährlich von dem ihm zustehenden Anteil an der lippischen Rente zugunsten der Kläger derart verzichtet, daß ihnen fortan diese Rentenbeträge auf Grund eigenen Rechts zufallen sollen. Den noch minderjährigen Klägern ist hinsichtlich ihrer Rentenansprüche ihre Schwester E. Fürstin v. H. als Pflegerin bestellt worden, die im Frühjahr 1917 mit der Klage des vorliegenden Rechtsstreits zunächst 42,50 *M* und denselben Betrag vierteljährlich vom 1. April 1917 ab forderte.

Nach Ausbruch der Revolution hat der Beklagte am 12. November 1918 dem lippischen Thron für sich und sein Haus entsagt. Der lippische Volks- und Soldatenrat erklärte das fürstliche Domanium für Eigentum des Staates und bestimmte, daß die Einkünfte vom 12. November 1918 an dem Lande zustehen sollten.

Der Klagantrag wurde im Laufe der ersten Instanz erhöht auf 595 *M* nebst gewissen Zinsen an Rentenrückständen und auf vierteljährlich vom 1. Juli 1919 an zahlbare 85 *M* Rente nebst Zinsen. Das Landgericht verurteilte den Beklagten durch Teilurteil zur Zahlung von 425 *M* nebst gewissen Zinsen und wies durch Endurteil die Kläger mit den weitergehenden, die Zeit nach dem 12. November 1918 betreffenden Ansprüchen ab. — Inzwischen war Prinz Cl. am 30. April 1920 verstorben. — Gegen das Teilurteil wurde vom Beklagten, gegen das Endurteil von den Klägern Berufung eingelegt. Durch Urteil des Berufungsgerichts wurde die Klage, soweit durch das landgerichtliche Teilurteil über den Klaganspruch erkannt war, abgewiesen und die Berufung der Kläger zurückgewiesen. Die Revision der Kläger blieb erfolglos.

Gründe:

Das Berufungsurteil spricht den Teilverzichten des Prinzen Cl. vom 6. November 1916 und vom 22. Januar 1918 die Gültigkeit ab und erachtet deshalb das Klagebegehren für hinfällig. Die Revision vertritt mit Hinweis auf die Begründung des landgerichtlichen Teilurteils die Ansicht, daß die Teilverzichte zulässig und wirksam waren, und macht auch geltend, daß der im Berufungsurteil ungewürdigt gebliebene Todesfall des Vaters der Kläger erheblich gewesen sei, da seitdem die Rente ganz in ihrer Hand vereinigt und damit die Frage der Zulässigkeit eines Teilverzichtes gegenstandslos geworden sei. Zum Erfolg können die Revisionsangriffe nicht führen.

Unbedenklich ist davon auszugehen, daß der Detmolder Hauptvergleich vom 22./24. Mai 1762 das Nachfolgerecht in die lippische Rente den ehelichen männlichen Erben der gräflichen Brüder Fr. C. A. und F. J. L. ohne Primogenitur oder sonstige Unteilbarkeit zuweist, daß das errichtete Rentenrecht die Natur eines Familienfideikommisses hat (vgl. EG. z. BGB. Art. 59), und nach herrschender, keinem berechtigten Zweifel unterliegender Meinung ein Verzicht auf ein angefallenes Fideikommiß zulässig ist (vgl. namentlich Gierke, der Verzicht des Fideikommißbesitzers S. 37 flg.). Das Berufungsurteil verneint die Zulässigkeit eines teilweisen Verzichts auf das Fideikommißrecht und gründet die Ansicht wesentlich auf den Grundsatz der Unteilbarkeit dieses Rechts. Es verkennt nicht, daß hier von den Stiftern die Teilbarkeit der Rente festgelegt ist, nimmt aber an, dies sei nur insoweit der Fall, als eben die Zahl der Anwärter eine Teilung erfordern; darüber hinaus müsse nach dem Grundsatze der Unteilbarkeit eine weitere Teilung und damit auch ein teilweiser Verzicht für unzulässig erachtet werden. Die Begründung erscheint in sich nicht ganz schlüssig, und die Beweiskraft des im Urteil zum Beleg angezogenen Werks von Ramdohr „das Familienfideikommiß" wird dadurch abgeschwächt, daß sich dies Werk auf preußisches Fideikommißrecht bezieht, während es sich hier um ein im gemeinrechtlichen Gebiet errichtetes und nach gemeinem Rechte zu beurteilendes Fideikommiß handelt. Für den Geltungsbereich der §§ 47 flg. II 4 preuß. ALR. mag man von grundsätzlicher Unteilbarkeit des Nachfolgerechts in Familienfideikommisse ausgehen dürfen, wiewohl der insofern hauptsächlich in Betracht kommende § 142 das. nur das Nachfolgerecht in ein Landgut regelt. Für den Bereich des gemeinen Rechts läßt sich eine solche Unteilbarkeit höchstens als eine in Gemäßheit des üblichen Inhalts der von den Stiftern festgesetzten Nachfolgeordnung regelmäßige Erscheinungsform des Fideikommißrechts bezeichnen, und demgegenüber verdient hier Beachtung, daß das im Detmolder Hauptvergleich errichtete Rentenrecht teilbar ist.

Dagegen führt eine andere Erwägung zu demselben Ergebnisse, zu welchem der Berufungsrichter gelangt ist. Für die Beurteilung des Rechts des Fideikommißbesitzers hat von jeher und allgemein vornehmlich der Gedanke Verwertung gefunden, daß es sich um ein successio ex pacto et providentia majorum handle (vgl. die Lehrbücher des deutschen Privatrechts und Gierke a. a. O. S. 15 flg.). Jeder Anwärter zum Fideikommiß leitet seine Nachfolgeberechtigung unabhängig von dem Recht und dem Willen anderer Anwärter oder seiner Vorgänger unmittelbar aus dem Stiftungsgeschäft her. Der Inhalt des Stiftungsaktes hat für alle Zukunft unverrückbar der Nachfolgeordnung und der Reihenfolge, in der die Berechtigten einander ablösen, den Weg gewiesen. Wenn ein Verzicht des Fideikommißbesitzers auf sein Recht als statthaft und wirksam angesehen wird, so liegt der Rechtfertigungsgrund dieser Annahme darin, daß niemandem gegen seinen Willen ein vermögensrechtlicher Vorteil aufgedrängt werden darf (vgl. Gierke S. 38 und die auch für gemeines Recht zutreffenden Bemerkungen Ramdohrs a. a. O. S. 545). Aber der Fideikommißbesitzer hat nur die Wahl, sein Recht entweder voll aufrecht zu erhalten oder im ganzen aufzugeben (vgl. auch Lewis, das Recht des Familienfideikommisses S. 455, sowie Gierke S. 42, 47 und Ramdohr S. 551). Wollte man einen Teilverzicht zulassen, so wäre der Fideikommißbesitzer in der Lage, eine Spaltung des Rechts vorzunehmen, an Stelle des einen auf ihn gediehenen Rechts die Entstehung von zwei Rechten nebeneinander herbeizuführen. Dies würde aber mit den Grundzügen des ganzen Rechtsverhältnisses im Widerspruch stehen, der Stiftungsakt würde dann die ihm allein zukommende maßgebliche Bedeutung für die Regelung des Nachfolgerechts einbüßen, und das ist unannehmbar. Im übrigen weist auch schon die Begründung des Berufungsurteils, der insoweit zugestimmt wird, auf gewisse Unzuträglichkeiten hin, welche die Zulassung eines Teilverzichts insbesondere in Fällen von Minoraten nach sich ziehen könnte. Danach erachtet auch das Revisionsgericht die Teilverzichte des Prinzen Cl. vom November 1916 und Januar 1918 für unzulässig und unwirksam.

Auf diese Verzichte ist aber, wie das Berufungsurteil mit Recht erwägt, der Anspruch der Kläger gerade gestützt. ... (Es folgen Erörterungen, daß der Todesfall des Vaters der Kläger für diesen Rechtsstreit unerheblich ist.)

64. Ist die Vorschrift der Tarifstelle 32c des preußischen Stempelsteuergesetzes vom 30. Juni 1909 hinsichtlich der Veräußerungsverträge über bewegliche Sachen durch den § 44 des Reichs-Umsatzsteuergesetzes vom 24. Dezember 1919 beseitigt?

VII. Zivilsenat. Urt. v. 22. November 1921 i. S. Deutsches Reich (Kl.) w. preuß. Staat (Bekl.). VII 361/21.

I. Landgericht I Berlin. — II. Kammergericht daselbst.

Die Kriegsmetall-Aktiengesellschaft in Liquidation verkaufte durch schriftlichen Vertrag vom 1. April 1920 an die Fr.-Kr.-Aktiengesellschaft die gesamte bewegliche Einrichtung der Zentral-Wolframwäsche in Fr. zu einem bestimmten Kaufpreise. Für diesen Vertrag zahlte die Verkäuferin auf Erfordern des Beklagten aus Tarifst. 32c preuß. StempStG. den Wertstempel vom Kaufpreis mit 3401,50 ℳ. Der Kläger als allgemeiner Rechtsnachfolger der Verkäuferin fordert diesen Betrag zurück.

Die Vorinstanzen erkannten auf Abweisung der Klage. Die Revision wurde zurückgewiesen aus folgenden

Gründen:

Zur Entscheidung steht die Frage, ob durch die Vorschrift in § 44 des am 1. Januar 1920 in Kraft getretenen Umsatzsteuergesetzes vom 24. Dezember 1919:

„Länder und Gemeinden (Gemeindeverbände) dürfen von dem Inkrafttreten dieses Gesetzes ab Steuern vom Warenumsatz nicht mehr erheben"

die Abgabe aus Tarifst. 32c preuß. StempStG., wodurch lästige Veräußerungsverträge über bewegliche Gegenstände einem Wertstempel unterworfen werden, ausgeschlossen ist. Die Entscheidung hängt davon ab, ob diese Landesstempelabgabe eine Steuer „vom Warenumsatz“ ist. Unter Waren sind, wie aus der Tarifnr. 19 des Reichsstempelgesetzes in der Fassung des Warenumsatzstempelgesetzes vom 26. Juni 1916 zu schließen ist, auch im Sinne des vorangeführten § 44 UStG. entgeltlich übertragene bewegliche Sachen zu verstehen, also auch die inhalts des Vertrags vom 1. April 1920 veräußerte bewegliche Einrichtung der Zentral-Wolframwäsche. Das Wort Umsatz aber kann, je nach Zusammenhang, in dem es gebraucht wird, eine verschiedene Bedeutung haben. Im weitesten Sinne des Worts ist darunter die Gesamtheit der wirtschaftlichen und rechtlichen Vorgänge zu verstehen, die einen entgeltlichen Eigentumswechsel an einer Sache herbeiführen. Diese Vorgänge umfassen den schuldrechtlichen Vertrag, der die Verpflichtung zur Veräußerung und zum Erwerbe begründet, und die zur Ausführung dieses Vertrags dienenden Handlungen dinglicher Natur, nämlich die Übereignung der Ware und die Leistung des vereinbarten Entgelts. Man versteht aber unter Umsatz auch im engeren Sinne die bezeichneten dinglichen Ausführungshandlungen für sich allein. In welchem Sinne der § 44 das Wort „Warenumsatz“ gebraucht, ist nicht unzweifelhaft. Über den beabsichtigten Umfang des Begriffs gibt weder die Entstehungsgeschichte des hier maßgebenden UStG. von 1919 noch diejenige seiner Vorgänger, nämlich des UStG. vom 26. Juli 1918 und des WarenUStG. vom 26. Juni 1916 einen irgendwie sicheren Anhalt. Ob der Gesetzgeber das Verhältnis des § 44 zu der Tarifst. 32c LStG. erwogen hat, die lediglich den schuldrechtlichen Veräußerungsvertrag besteuert, ist nicht festzustellen. In § 37 des schon am 1. Oktober 1919 in Kraft getretenen Grunderwerbsteuergesetzes vom 12. September 1919 ist ausdrücklich besonders hervorgehoben, daß nicht nur die landesgesetzlichen Steuervorschriften, welche die Erhebung „einer Abgabe von Grundstücksübertragungen“ betreffen, außer Kraft treten, sondern auch dasselbe gilt von Abgaben, welche die Steuerpflicht nicht an den Eigentumserwerb, sondern an den „Abschluß des Veräußerungsgeschäfts“ anknüpfen. Ein ähnlicher Hinweis auf das der Veräußerung von Waren zugrunde liegende schuldrechtliche Geschäft fehlt im § 44 UStG. von 1919, obschon es nahe gelegen hätte, diese dem § 37 des GrEStG. parallele Vorschrift auch bezüglich des Abschlusses des Veräußerungsvertrags mit dem § 37 in Übereinstimmung zu bringen, wenn man die Erhebung des Stempels der Tarifst. 32c hätte verbieten wollen. Es ist daher nicht ausgeschlossen, daß der Gesetzgeber nicht die Absicht gehabt hat, mit dem durch den § 44 ausgesprochenen Verbot auch die Besteuerung schriftlicher Warenveräußerungsverträge zu treffen, die schon durch ihre Beurkundung eine besondere Sicherheit für ihre Erfüllung gewährten. Mag man auch in dieser Besteuerung eine Doppelbesteuerung desselben wirtschaftlichen Vorgangs, nämlich des Umsatzes im weitesten Sinne des Worts, erblicken, so ist doch eine Doppelbesteuerung, wie der erkennende Senat schon wiederholt dargelegt hat, nur dann unzulässig, wenn und soweit sie durch eine besondere Rechtsnorm untersagt ist. Vom Rechtsstandpunkt aus betrachtet, ist aber der Gegenstand der Stempelabgabe der Tarifst. 32c ein anderer als derjenige der Umsatzsteuer des UStG. vom 24. Dezember 1919, nämlich im ersteren Falle der schuldrechtliche Vertrag über die durch seinen Abschluß erzwingbare Veräußerung, im anderen Falle die dingliche Ausführung der Veräußerung. In letzterer Beziehung macht es keinen Unterschied, ob man nach § 1 UStG. als den Gegenstand der Umsatzsteuer die Lieferung von Waren, also die Übereignung der vertraglich erworbenen Sachen, oder, was richtiger ist, gemäß §§ 8, 13 ebenda das für die Lieferung vereinnahmte Entgelt ansieht. Besondere Gründe für die Beibehaltung der Landessteuer kann man, auch abgesehen von der durch die Beurkundung des Vertrags gewährten größeren Sicherheit der Erfüllung, darin finden, daß die Landesstempelabgabe von 1/3 v. H. gegenüber der Höhe der durch das UStG. auferlegten Umsatz- und Luxussteuer nicht sehr drückend erscheint, und daß sie durch Unterlassung der bei Warenlieferungen ohnehin in den meisten Fällen nicht verkehrsüblichen Beurkundung vermeidbar ist. Nach alledem ist der Schluß gerechtfertigt, daß der § 44 unter Steuer vom Warenumsatz nichts anderes verstanden wissen will als die im § 1 bestimmte, nur auf die dingliche Erfüllung des Veräußerungsvertrags, nicht auf diesen selbst gelegte Abgabe.

Zu erörtern bleibt noch, ob der Weitergeltung der Tarifst. 32c etwa die Vorschrift des § 2 des Landessteuergesetzes vom 30. März 1920 entgegensteht, nach der die Inanspruchnahme von Steuern für das Reich die Erhebung „gleichartiger Steuern durch die Länder" ausschließt, wenn nicht reichsgesetzlich ein anderes vorgeschrieben ist. Die Frage ist zu verneinen. Der § 2 hatte im Entwurf zum Landessteuergesetz im wesentlichen denselben Inhalt wie der § 2 des Gesetzes selbst. Nach der amtlichen Begründung ist das Ziel des Verbots des § 2, Landessteuern zu verhindern, die die Steuereinnahmen des Reichs zu schädigen geeignet sind. Letzteres ist bei Beibehaltung des Stempels aus Tarifst. 32c kaum zu befürchten, da Beurkundungen der Veräußerung beweglicher Sachen nur in wichtigeren Fällen vorzukommen pflegen, bei denen die Beteiligten meistens — wie auch im vorliegenden Fall — kapitalkräftig sind. Als nicht verbotene, den Reichssteuern nicht „gleichartige" landesgesetzliche Steuern im Sinne des § 2 werden in der Begründung einige Steuern (Wertzuwachssteuer u. a.) aufgeführt. Unter ihnen befindet sich freilich die Abgabe aus Tarifst. 32c nicht. Die Aufführung der einzelnen Steuern ist aber nur beispielsweise erfolgt (Nationalvers. 1919 Drucks. Nr. 1623 Begr. S. 14, 26). Der § 2 ergibt nicht, welcher Grad von Gleichartigkeit der Reichs- und der Landessteuer verlangt wird, um das Verbot der Landessteuer auszulösen. Die Unterschiede zwischen der Stempelabgabe der Tarifst. 32c und der Umsatzsteuer des § 1 UStG. sind aber so durchgreifend, daß beide jedenfalls als gleichartig nicht anzusehen sind. Den wesentlichen Unterschied findet der Berufungsrichter lediglich darin, daß die Stempelabgabe im Gegensatz zur Umsatzsteuer eine „reine Urkundensteuer" sei. Diesem Grunde für sich allein ist aber eine ausschlaggebende Bedeutung nicht beizumessen. Wenn auch im preuß. StempStG. bis auf wenige Ausnahmen nur „Urkunden" als Gegenstand der Besteuerung bezeichnet sind, so beruht das im wesentlichen darauf, daß beurkundete Erklärungen viel leichter steuerlich zu fassen sind als nicht beurkundete. Eigentlicher Gegenstand der Besteuerung sind die hinter der Urkunde liegenden Rechtsgeschäfte, wie sich schon daraus ergibt, daß der Urkundenstempel im einzelnen sich nach dem Inhalte des beurkundeten Geschäfts gliedert. Eine wesentliche sachliche Verschiedenheit beider Steuern ist aber darin zu erblicken, daß der Stempel den beurkundeten Veräußerungsvertrag ohne Rücksicht darauf erfaßt, ob er zur Erfüllung gelangen wird oder nicht, während die Umsatzsteuer ein mindestens teilweise schon erfülltes Geschäft erfordert und das gezahlte Entgelt ohne Rücksicht auf das vereinbarte Entgelt besteuert. An diesem Unterschied wird auch dadurch nichts geändert, daß ausnahmsweise im Falle der Nichtigkeit der beurkundeten Veräußerung bei fristgemäßem Erstattungsantrage der Landesstempel im Verwaltungswege zu erstatten ist und unter gewissen Voraussetzungen aus Billigkeitsgründen auch in anderen Fällen im Verwaltungswege erstattet werden kann (§ 25 LStG.). Wollte man dem § 44 UStG. die vom Kläger vertretene ausdehnende Auslegung geben, so würde das finanziell nicht erwünschte und vom Gesetzgeber kaum beabsichtigte Ergebnis die Folge sein, daß ein beurkundeter und rechtlich vollwirksamer Veräußerungsvertrag und damit die Veräußerung selbst weder der Abgabe aus der Tarifst. 32c noch auch dem allgemeinen Vertragsstempel aus Tarifst. 71 Nr. 2 unterliegen, die Veräußerung also völlig steuerfrei bleiben würde, wenn es hinterher aus irgendeinem Grunde nicht zur Zahlung eines Entgelts kommt. Die Entscheidung des Berufungsrichters war hiernach im Ergebnis aufrecht zu erhalten.

---

65. Muß die arme Partei, die rechtzeitig ein Armenrechtsgesuch eingereicht hat, für den Fall, daß ihr der Bescheid über das Gesuch verspätet zugeht, aus eigenen Mitteln einen Rechtsanwalt mit der fristgemäßen Einlegung des Rechtsmittels beauftragen?

VI. Zivilsenat. Urt. v. 24. November 1921 i. S. P. (Kl.) w. Reichsfiskus (Bekl.). VI 316/21.

I. Landgericht Beuthen. — II. Oberlandesgericht Breslau.

Die Klägerin wurde mit ihrer Klage durch Urteil des Landgerichts, zugestellt am 28. August 1920, abgewiesen. Am 11. September 1920 richtete ihr Prozeßbevollmächtigter an das Oberlandesgericht ein Gesuch um Bewilligung des Armenrechts für die Berufungsinstanz, das wegen Aussichtslosigkeit der weiteren Rechtsverfolgung am 20. September abgelehnt wurde; der Beschluß wurde dem Prozeßbevollmächtigten am 25. September zugestellt. Die Klägerin legte am 2. Oktober Berufung ein und beantragte am 6. Oktober die Wiedereinsetzung in den vorigen Stand gegen die Versäumung der — am 28. September abgelaufenen — Berufungsfrist. Das Oberlandesgericht verwarf die Berufung als unzulässig. Die Revision hatte Erfolg.

Gründe:

Das Berufungsgericht ist der Ansicht, daß die Versäumung der Berufungsfrist nicht auf einen für die Klägerin unabwendbaren Zufall zurückgeführt werden könne. Zwar könne dahingestellt bleiben, ob der Zeitraum von drei Tagen zwischen der Zustellung des das Armenrecht versagenden Bescheids und dem Ende der Frist genügt habe, um die Einlegung der Berufung zu bewirken. Diese drei Tage hätten jedenfalls hierzu ausgereicht, wenn die — in B. in Westfalen wohnende — Klägerin und ihr Anwalt sich vor der Kenntnis des Bescheids darüber verständigt hätten, daß auch ohne das Armenrecht die Berufung eingelegt werden solle. Hierzu hätte jedenfalls der Anwalt allen Anlaß gehabt. Nach der Begründung des Gesuchs habe er die Abweisung erwarten müssen, da Aussicht auf Erfolg des Rechtsmittels nur bestanden habe, wenn gegen den festgestellten Sachverhalt weitere Beweismittel herbeigeschafft wurden, solche aber nicht benannt worden seien. Für den Anwalt habe es daher nahe gelegen, ohne Rücksicht auf die Entscheidung über das Gesuch sich alsbald von der Klägerin zur Einlegung der Berufung, da sonst der Ablauf der Frist drohe, anweisen zu lassen. Hätte die Klägerin sich hierzu rechtzeitig entschlossen, so wäre der Nachrichtenwechsel nach dem 25. September zwischen dem Anwalt und ihr nicht nötig gewesen. Der Anwalt hätte nach Zustellung des Beschlusses noch unter Wahrung der Frist die Einlegung der Berufung herbeiführen können. Bei solchem, der Sachlage entsprechendem und danach gebotenem Verhalten wäre die Frist nicht versäumt worden.

Diese Erwägungen gehen fehl. Die Klägerin hat das Armenrechtsgesuch 17 Tage vor Ablauf der Frist, also so früh eingereicht, daß sie, zumal die Sachlage einfach, der Aktenumfang gering war, bei ordnungsmäßigem Geschäftsgang auf Bescheid zu einer Zeit rechnen durfte, die ihr die fristgemäße Einlegung der Berufung noch ermöglichte. Daß der Beschluß des Oberlandesgerichts erst am 20. September gefaßt und am 25. September zugestellt wurde, so daß, was für diese Instanz zu unterstellen ist, die der Entschließung der fernen Klägerin bedürftige Einlegung der Berufung nicht mehr vor Ablauf der Frist erfolgen konnte, ist, gleichviel auf welchen Ursachen jene Verzögerung beruhte, für die Klägerin als ein unabwendbarer Zufall anzusehen. Mit der gleichen Begründung, mit der hier das Berufungsgericht einen unabwendbaren Zufall verneint, hätte es auch die Wiedereinsetzung verweigern können, wenn etwa die Entscheidung über das Armenrecht erst nach Fristablauf ergangen und dann die Berufung eingelegt worden wäre. Auch solchenfalls hätte es fordern können, daß sich die Klägerin mit ihrem Anwalt über rechtzeitige Einlegung für den Fall verständigte, daß der Gerichtsbeschluß nicht früh genug gefaßt oder zugestellt wurde. Das Berufungsgericht übersieht, daß die arme Partei zu einer Anweisung, wie sie von ihr verlangt wird, schon deshalb nicht verpflichtet ist, weil die Befolgung der Anweisung — der Auftrag an einen Anwalt der höheren Instanz zur Einlegung des Rechtsmittels — mit Kosten (§ 84 RAGebOrd.) verbunden ist, von denen die arme Partei durch das Gesetz gerade befreit wird. Es kommt auch nicht darauf an, ob der Anwalt der Partei die weitere Rechtsverfolgung für aussichtslos hält oder halten muß, sondern maßgebend ist allein die Auffassung der Partei, die regelmäßig von der Gerechtigkeit ihrer Sache und dem Erfolge der beabsichtigten gerichtlichen Schritte überzeugt ist. Hiernach kann ganz auf sich beruhen, ob die Berufung in Wirklichkeit aussichtslos ist oder dem Anwalt so scheinen mußte. Die Frage, ob das Armenrechtsgesuch sachlich begründet ist, scheidet hier aus (Gruchot Bd. 55 S. 121).

Wie der erkennende Senat bereits in dem Urteil vom 4. November 1918 VI 185/18 im Anschluß an die Entscheidungen des Reichsgerichts Bd. 12 S. 375, Bd. 70 S. 121 ausgesprochen hat, würde der Zweck des Armenrechtsgesuchs, die Rechtsverfolgung der armen Partei möglich zu machen, in der Regel vereitelt werden, wenn sie verpflichtet wäre, sobald sie innerhalb gewisser Zeit keinen Bescheid auf das Gesuch erhält, aus eigenen Mitteln für die fristgemäße Einlegung des Rechtsmittels zu sorgen und damit einen Anwalt, der zur Vorschußforderung berechtigt ist, zu beauftragen.

Über die Bedeutungslosigkeit des Umstandes, daß die arme Partei nach Verweigerung des Armenrechts sich das Geld zur Einlegung des Rechtsmittels dennoch zu verschaffen wußte, hat sich das angeführte Urteil Bd. 70 S. 125 zutreffend ausgelassen.

---

66. Kauf schwimmender Ware mit der Bedingung „Fair average quality of the season, Zertifikat maßgeblich, Kasse gegen Dokumente". Nach welchen Grundsätzen ist zu entscheiden, wenn das Zertifikat in portugiesischer Sprache abgefaßt ist und daher die Qualitätsbezeichnung wörtlich dem Vertrage nicht entspricht?

II. Zivilsenat. Urt. v. 25. November 1921 i. S. H. B. & Co. (Kl.) w. M. & Co. (Bekl.). II 342/21.

I. Landgericht Hamburg, Kammer f. Handelssachen. — II. Oberlandesgericht daselbst.

Die Beklagte hat am 10. Februar 1920 von der Klägerin zirka 500 Sack Brasil-Bohnen „fair average of the season" mit Zertifikat, Abladung der Oversea Company Ltd. Santos gekauft, hat aber, als ihr am 23. März die Dokumente, darunter das Zertifikat der Handelskammer in Santos angedient wurden, die Annahme verweigert, weil in dem Zertifikat die Ware als „regular" bezeichnet war, was nach ihrer Auffassung der bedungenen Qualität nicht entsprach. Nachdem die Ware im Einverständnis der Parteien verkauft worden war, beanspruchte die Klägerin den Ersatz des Ausfalls. Sie behauptete, die Bezeichnung regular entspreche der Bedingung fair average of the season. Es habe sich um einen damals in Hamburg ganz neuen Artikel gehandelt, so daß sich dort ein fester Sprach- und Handelsgebrauch in der Kennzeichnung der Qualität noch gar nicht hätte bilden können. Überhaupt aber sei die Auffassung der Handelskreise in Santos maßgeblich. Dort unterscheide man superior, d. h. Bohnen mit höchstens 3 % Zusatz von durch Käferfraß defekten Bohnen, boa, mit Zusatz zwischen 3 und 4 %, und regular, mit Zusatz von 4—5 %; mehr als 5 % Zusatz schließe den Export überhaupt aus. Der Präsident der Handelskammer in Santos habe bestätigt, daß der portugiesische Ausdruck regular dem englischen fair average quality entspreche.

Das Landgericht vernahm einen Sachverständigen und gab darauf dem Klagantrag statt. Dagegen erkannte das Oberlandesgericht nach Vernehmung weiterer Sachverständiger auf Abweisung. Der hiergegen eingelegten Revision ist stattgegeben worden.

Gründe:

Es entspricht der Rechtslage, wenn die Parteien darüber einig sind, daß es für ihren Rechtsstreit nicht darauf ankommt, wie die angebotene Ware beschaffen gewesen ist. Gehandelt war „fair average qualitaty of the season" mit Zertifikat, Kasse gegen Übergabe der Dokumente. Angeboten wurde mit den Dokumenten das bedungene Zertifikat, in dem die Qualität als „regular $4^1/_4$ % de defeitos geraes" bezeichnet war. Entspricht diese Bezeichnung nicht dem bedungenen

„fair average“ usw., so ist die Einlösung der Dokumente mit Recht verweigert worden. Andernfalls mußten Dokumente und Ware unweigerlich angenommen werden.

Das Berufungsgericht geht sodann davon aus — und es scheint auch nichts dagegen zu sprechen —, daß das Zertifikat nicht die bedungene Bezeichnung „fair average“ usw. in englischer Sprache zu enthalten brauchte, sondern daß, entsprechend der Ausstellung durch eine brasilianische Handelskammer, der Empfänger sich mit einer gleichbedeutenden portugiesischen Bezeichnung begnügen müßte. Obwohl nun, wie jedenfalls zu unterstellen ist, die zuständige Handelskammer in Santos bezeugt hat, daß die hier angewandte portugiesische Bezeichnung „regular“ genau der englischen Bezeichnung „fair average“ usw. entspricht, hat das Berufungsgericht doch auf Grund der Aussagen dreier von ihm vernommenen hamburgischen Sachverständigen, zugleich im Gegensatz zu einem in erster Instanz vernommenen Sachverständigen, das Gegenteil festgestellt, und zwar ohne irgendwie die Gründe zu erörtern, die die einzelnen Sachverständigen bei ihrer Auskunft geleitet haben. Ein solches Verfahren möchte zulässig sein, wenn es sich um Feststellung eines Handelsbrauchs handelte, wonach zur fraglichen Zeit (Anfang Februar 1920) im Handel mit braunen brasilianischen Bohnen (Mulatinhos), wenn der Vertrag auf „fair average“ usw. lautete, ein Zertifikat mit der Bezeichnung „regular“ nicht aufgenommen zu werden brauchte. Ein solcher Handelsbrauch wird aber vom Berufungsgericht nicht festgestellt, und es kann davon auch jedenfalls nach der anscheinend von keiner Seite bestrittenen, vom Berufungsgericht auch nicht als widerlegt erachteten tatsächlichen Angabe des in erster Instanz vernommenen Sachverständigen S. keine Rede sein. Fehlt es aber an einem festen Handelsbrauch zur Zeit des Abschlusses, so kann es sich lediglich um die sprachliche Bedeutung der beiden Ausdrücke, mit anderen Worten darum handeln, ob sie sprachlich dasselbe bedeuten. Hierbei ist mit der Möglichkeit zu rechnen, daß sich eine handelstechnische Bedeutung herausgebildet hat, die vom allgemeinen Sprachgebrauch abweicht. Wäre lediglich der letztere maßgebend, so könnte es wohl kaum einem Zweifel unterliegen, daß der englische Ausdruck „annehmbare Durchschnittsware aus der betreffenden Ernte“ bezeichnet, und daß das Wort „regular“ (reguläre oder Durchschnittsware) — vorausgesetzt daß, was anscheinend nicht in Frage gestellt wird, nach dem Zertifikate die Herkunft aus der betreffenden Ernte gewährleistet ist — dem entspricht. Handelstechnische Gründe dafür, daß das nicht zutrifft, werden aber weder vom Berufungsgericht noch von den von ihm vernommenen Sachverständigen angeführt. Letztere scheinen mehr ihrem Gefühle zu folgen und machen untereinander Abweichendes geltend; vorwiegend bestimmend war der Umstand, daß von den in Hamburg angekommenen, mit superior, boa und regular bezeichneten Abladungen die Qualität boa in der Mitte steht. Dabei kommt aber nicht nur in Betracht, daß zur Zeit des hier fraglichen Abschlusses die Ankünfte aus Brasilien erst soeben begonnen hatten, sondern vor allem, daß nach der bisher nicht widerlegten tatsächlichen Auskunft des Sachverständigen S. die minderwertigen Teile der Ernte überhaupt nicht zur Verschiffung kommen, so daß regular sehr wohl den Erntedurchschnitt bezeichnen kann.

Die Bedeutung des Wortes „regular", sei es in seiner allgemeinen sprachlichen, sei es in handelstechnischer Beziehung, kann sich nur nach dem in Santos herrschenden Sprachgebrauch bestimmen, und es ist unerheblich, was Hamburger Kaufleute auf Grund in Hamburg gemachter Wahrnehmungen darüber denken. Ob dasselbe auch von der englischen Bezeichnung zu sagen ist, ist zweifelhaft. Es ist aber zu berücksichtigen, daß nach Behauptung des klägerischen Nebenintervenienten der Ausdruck von den brasilianischen Exporthäusern stammen soll.

Hiernach beruht die angeführte Entscheidung auf rechtsirrtümlicher und prozessual mangelhafter Behandlung, indem sie einerseits die Nichtübereinstimmung der im wesentlichen nach Sprachgesetzen je für sich zu ermittelnden Bedeutung der beiden streitigen Ausdrücke nach Art eines Handelsbrauchs festzustellen versuchte, anderseits dabei erhebliches Prozeßmaterial zu erörtern unterließ.

67. Wie ist der Schaden zu verteilen, wenn ein Zusammenstoß von Schiffen durch beiderseitiges Verschulden verursacht worden ist?

I. Zivilsenat. Urt. v. 26. November 1921 i. S. W. (Kl.) w. Bugsier-Aktiengesellschaft (Bekl.). I 155/21.

I. Landgericht Hamburg, Kammer f. Handelssachen. — II. Oberlandesgericht daselbst.

In der Nacht zum 16. November 1910 fand in der Nordsee ein Zusammenstoß statt zwischen dem vom Kläger geführten und ihm gehörigen Schoner „Ino" und dem der Beklagten gehörigen Leichter „Ostseezeitung", welch letzterer von dem gleichfalls der Beklagten gehörigen Dampfer „Thor" geschleppt wurde. Durch den Zusammenstoß wurde Ino erheblich, der Leichter unerheblich beschädigt. Jede Partei verlangte, die eine im Wege der Klage, die andere im Wege der Widerklage, die Erstattung des ihr durch den Zusammenstoß erwachsenen Schadens. Auf beiden Seiten ist die Voraussetzung für eine persönliche Haftung der Schiffseigentümer nach § 774 HGB. gegeben.

Das Landgericht wies die Klage ab und erklärte die Widerklage dem Grunde nach für berechtigt. Das Oberlandesgericht bestätigte die

Abweisung der Klage und wies auch die Widerklage ab. Auf die Revision des Klägers erklärte das Reichsgericht den Klaganspruch dem Grunde nach zur Hälfte für berechtigt.

Aus den Gründen:

... Das Berufungsgericht hat ohne erkennbaren Rechtsirrtum festgestellt, daß das für den Zusammenstoß ursächliche Verschulden auf seiten der Führung des Seglers „Ino" ebenso groß gewesen sei, wie auf seiten der für den geschleppten Leichter verantwortlichen Führung des Schleppers „Thor". Es meint aber, daß auf keiner Seite eine Verpflichtung zur Erstattung des durch den Zusammenstoß verursachten Schadens eingetreten sei, weil nicht festgestellt werden könne, daß der Zusammenstoß überwiegend von Personen der einen oder der anderen Besatzung verursacht worden sei, wie es nach § 735 HGB. in seiner hier geltenden älteren Fassung die Voraussetzung der Ersatzpflicht sei.

Mit Recht wendet sich die Revision gegen diese Rechtsauffassung. Im Art. 737 AllgDHGB. war bestimmt, daß, wenn der Zusammenstoß von Schiffen „durch beiderseitiges Verschulden" herbeigeführt worden ist, ein Anspruch auf Ersatz des dem einen oder anderen oder beiden Schiffen zugefügten Schadens nicht stattfindet. Von dieser Vorschrift ist aber das Handelsgesetzbuch vom 10. Mai 1897 ausdrücklich abgewichen, indem es im § 735 Abs. 2 in seiner hier maßgeblichen Fassung vorschreibt:

„Ist der Zusammenstoß durch beiderseitiges Verschulden herbeigeführt, so hängt die Verpflichtung zum Ersatze sowie der Umfang des zu leistenden Ersatzes von den Umständen, insbesondere davon ab, inwieweit der Zusammenstoß vorwiegend von Personen der einen oder der anderen Besatzung verursacht worden ist."

Diese Vorschrift lehnt sich bewußt an die wörtlich nahezu gleichlautende und auf denselben Grundsätzen beruhende Bestimmung in § 254 Abs. 1 BGB. an, wenngleich die Rechtsfolgen beiderseitigen Verschuldens bei einem Zusammenstoß von Schiffen in dem genannten § 735 Abs. 2 HGB., soweit diese Vorschrift reicht, erschöpfend geregelt sind (RGZ. Bd. 78 S. 179, Bd. 54 S. 14; vgl. aber auch RGZ. Bd. 85 S. 372, Schaps Seerecht 2. Aufl. § 736 Anm. 7). Danach hängt bei einem für den Zusammenstoß ursächlichen beiderseitigen Verschulden die Verteilung des Schadens von den nach freiem richterlichen Ermessen zu beurteilenden Umständen ab. Wenn dabei vom Gesetz der Umstand, inwieweit der Zusammenstoß vorwiegend von Personen der einen oder anderen Schiffsbesatzung verursacht und verschuldet ist, ausdrücklich hervorgehoben ist, so ist dies nur im Hinblick auf die besondere Wichtigkeit und Häufigkeit gerade dieses Umstandes geschehen und nicht etwa, um den selteneren, aber auch möglichen Umstand, daß beide Teile den Zusammenstoß in gleichem Maße verursacht und verschuldet haben, als Verteilungsfaktor völlig auszuschließen. Vielmehr hat in dem letzteren Falle jeder Teil die Hälfte des dem anderen Teil erwachsenen Schadens zu ersetzen und die Hälfte des eigenen Schadens selbst zu tragen (RGZ. Bd. 54 S. 13flg., RG. v. 29. Januar 1921 I 145/20; Schaps, 1. Aufl. § 735 Anm. 5; Komm. v. RGR. z. BGB. § 254 Anm. 1 letzter Abs.), wie solches auch in § 736 Abs. 1 Satz 2 HGB. in der Fassung vom 7. Januar 1913 ausdrücklich betont ist, ohne daß etwa dabei zu diesem Punkte das bisherige Recht geändert werden sollte. Eine Aufrechnung des beiderseitigen Verschuldens würde in einem derartigen Falle regelmäßig zu einem ganz unbilligen Ergebnis führen, da meistens der Schaden auf beiden Seiten verschieden ist und alsdann durch eine solche Aufrechnung trotz gleichen Maßes von Ursache und Schuld auf beiden Seiten der eine Teil schwerer geschädigt bliebe wie der andere. Auch würde es widersinnig sein — was besonders bei nur einseitigem Schaden hervortritt —, wenn der Geschädigte bei vorwiegendem ursächlichem Verschulden auf seiner Seite immerhin noch einen (wenn auch nur geringen) Teil seines Schadens nach § 735 Abs. 2 (alte Fassung) ersetzt erhalten könnte, während er bei gleichgroßem ursächlichem Verschulden auf seiten des Schädigers und Beschädigten leer ausgehen müßte. . . .

---

68. Ist die im Verhältnis von Kranken- und Unfallversicherung geltende Vorschrift des § 1503 Abs. 1 RVO., wonach für Krankenpflege drei Achtel des Grundlohns zu ersetzen sind, nach welchem sich das Krankengeld bestimmt, nach § 1542 Abs. 2 auch gegenüber dem Dritten entsprechend anwendbar, den der Träger der Versicherung gemäß § 1542 Abs. 1 auf Schadensersatz in Anspruch nimmt?

VI. Zivilsenat. Urt. v. 28. November 1921 i. S. Allgemeine Ortskrankenkasse (Kl.) w. Rhein. Bahngesellschaft (Bekl.). VI 208/21.

I. Landgericht Düsseldorf. — II. Oberlandesgericht daselbst.

Vierzehn Kassenmitglieder der klagenden Ortskrankenkasse erhielten von ihr wegen der im Bahnbetriebe der Beklagten erlittenen Schädigungen nach Vorschrift der Reichsversicherungsordnung Krankengeld, ärztliche Behandlung und Arzneien. Die Beklagte als haftpflichtige Bahnunternehmerin hat der Klägerin das Krankengeld erstattet. Die Klägerin verlangt aber nach § 1542 RVO. auch Ersatz für die Krankenpflege. Sie hat den Betrag hierfür für jedes einzelne der unfallbeschädigten Mitglieder gemäß § 1503 Abs. 1 RVO. nach $^3/_8$ des

Grundlohns berechnet, nach welchem sich das Krankengeld jener Mitglieder bestimmt, insgesamt auf 4029,10 *M*. Beide Vordergerichte haben die Klage abgewiesen. Das Reichsgericht hat die Beklagte antragsgemäß verurteilt, aus folgenden

Gründen:

Unstreitig haben die vierzehn Mitglieder der Klägerin im Bahnbetriebe der Beklagten Unfälle erlitten. Daraus ergibt sich die Schadensersatzpflicht der Beklagten nach § 3a HaftpflG. Einwendungen aus § 1 des HaftpflG., daß die Unfälle durch höhere Gewalt oder durch eigenes Verschulden des Verletzten verursacht worden sind, hat die Beklagte nicht erhoben; sie hat auch nicht behauptet, daß die Verletzten wegen eigenen Verschuldens nach § 254 BGB. den Schaden etwa zum Teil selber zu tragen haben. Im Gegenteil, die Beklagte hat sogar der Klägerin das ihren verletzten Mitgliedern gewährte Krankengeld im vollen Betrag erstattet und sich damit zu dem Standpunkte bekannt, daß sie den Verletzten nach § 3a HaftpflG. die ganzen Kosten der Heilung zu leisten hat.

Daß unter die nach § 3a HaftpflG. zu leistenden Heilungskosten auch die den Verletzten von einer Krankenkasse gewährte Krankenpflege gehört, bedarf keiner Ausführung. Wo nun neben der Krankenkasse auch ein Träger der reichsgesetzlichen Unfallversicherung zum Schadensersatze verpflichtet ist, kann die Krankenkasse nach den Vorschriften der §§ 1501, 1503 RVO. von diesem Ersatz für ihre Krankenpflege beanspruchen. Aber das Maß des Ersatzes für die Krankenpflege ist im § 1503 Abs. 1 gesetzlich in unveränderlicher Weise festgelegt; denn für Krankenpflege ist schlechthin $^3/_8$ des Grundlohns zu ersetzen, nach welchem sich das Krankengeld des Verletzten bestimmt. An dieses ein für allemal bestimmte Maß ist sowohl die Krankenkasse wie der Träger der Unfallversicherung gebunden, nach unten wie nach oben. Die Krankenkasse braucht die einzelnen Aufwendungen für die Krankenpflege weder darzulegen noch zu beweisen, und ebensowenig, wie sie einen höheren Betrag ersetzt verlangen kann, wenn die Krankenpflege mehr als $^3/_8$ des Grundlohns gekostet hat, kann ihr vom Träger der Unfallversicherung der Einwand entgegengesetzt werden, daß sie in Wirklichkeit für die Krankenpflege einen geringeren Betrag als $^3/_8$ des Grundlohns aufgewendet habe.

Zwar regeln die Vorschriften der §§ 1501, 1503, die dem 5. Buch der RVO. angehören, nur die Beziehungen zwischen Kranken- und Unfallversicherung. Sie gelten also in dieser Begrenzung nicht ohne weiteres auch für das Verhältnis der Beklagten zu den durch Betriebsunfall verletzten Mitgliedern der Klägerin, aus deren Rechten die Klägerin nach § 1542 Abs. 1 RVO. die Beklagte als haftpflichtigen Bahnunternehmer auf Ersatz der Krankenpflege in Anspruch nimmt.

Aber es steht hier der Klägerin die weitere Vorschrift des § 1542 Abs. 2 zur Seite, wonach auf das Maß des Ersatzes für Krankenpflege die Vorschrift des § 1503 RVO. entsprechend anzuwenden ist. Das Berufungsgericht beschränkt die entsprechende Anwendbarkeit des § 1503 einseitig dahin, daß es ausführt, die Klägerin brauche zwar ihre eigenen Aufwendungen für Krankenpflege nicht darzulegen und zu beweisen, wohl aber müsse sie bei Meidung der Klagabweisung den Umfang der Schadensersatzansprüche der Verletzten gegen die Beklagte darlegen und beweisen. Aber dieser Standpunkt des Berufungsgerichts wird der Bedeutung eines auf $^{3}/_{8}$ des Grundlohns ein für allemal gesetzlich festgelegten Pauschalbetrags für Krankenpflege im Sinne des § 1503 nicht gerecht. Denn es liegt ein Widerspruch darin, einerseits den Ersatzanspruch der Klägerin in entsprechender Anwendung des § 1503 auf das Höchstmaß dieses Pauschalbetrags zu begrenzen, auch wenn die Klägerin noch höhere Aufwendungen für Krankenpflege nachweisen könnte, für die auch die Beklagte nach § 3a HaftpflG. aufzukommen hätte, anderseits aber den Pauschalbetrag nicht als schlechthin maßgebend gelten zu lassen, sofern nicht die Klägerin, die doch nach § 1503 RVO. von dem Nachweis ihrer einzelnen Aufwendungen für Krankenpflege befreit sein soll, darlegt und beweist, in welchem Umfang ihre wirklichen Aufwendungen mit dem Umfang der Schadensersatzpflicht der Beklagten sich decken. Grundsätzlich muß allerdings die Klägerin die Ansprüche der Verletzten, wenn sie diese auf sie übergegangenen Ansprüche nach § 1542 Abs. 1 RVO. geltend macht, auch darlegen. Wenn aber der § 1503 den Anspruch, der der Klägerin für Krankenpflege entsteht, auf $^{3}/_{8}$ des Grundlohns festlegt und der § 1542 Abs. 2 RVO. für das Maß des Ersatzes für Krankenpflege auch zwischen der Versicherungsanstalt und dem Dritten die entsprechende Anwendbarkeit des § 1503 vorschreibt, so ist von der klagenden Versicherungsanstalt gegen den dritten Schadensersatzpflichtigen nichts weiter darzulegen, als daß Tatbestände, hier Betriebsunfälle, vorliegen, die eine Krankenpflege überhaupt notwendig gemacht haben; das ist auch behauptet und gar nicht bestritten. In solchen Fällen treten dann die Sätze des § 1503 ohne weiteres und automatisch an die Stelle einer ins einzelne gehenden Darlegung der aufgewandten Krankenpflege. Gegen die Berechnung der einzelnen Sätze und die Zahl von Tagen, an denen jedem einzelnen Krankenpflege gewährt worden ist, hat die Beklagte keinerlei Einwendungen erhoben.

Das Berufungsgericht weist schließlich darauf hin, es laufe der Dritte, wenn er an die Klägerin schlechthin für Krankenpflege $^{3}/_{8}$ des Grundlohns zahlen müsse, Gefahr, mehr zu zahlen, als was er selbst dem Verletzten schuldig sei. Diese Möglichkeit ist allerdings an sich nicht ausgeschlossen, ebensowenig aber auch die entgegengesetzte, dem

Dritten zum Vorteil gereichende Möglichkeit, daß der nach § 1503 berechnete Betrag niedriger ist, als was der Dritte dem Verletzten an Heilungskosten, insbesondere für Krankenpflege, zu leisten hat. Diese Unstimmigkeit hat ihren unvermeidlichen Grund in dem Wesen einer jeden auf gesetzlicher Vorschrift beruhenden Durchschnittsberechnung, die einer Wirklichkeitsberechnung immer nur annähernd gleichkommen kann. Ebenso wie sich die Krankenkasse und der Träger der Unfallversicherung untereinander mit dieser Durchschnittsberechnung des Ersatzes für Krankenpflege kraft der Vorschrift des § 1503 schlechthin abfinden müssen, muß das gleiche nach der Vorschrift des § 1542 Abs. 2 RVO. auch im Verhältnis der Krankenkasse zu dem schadensersatzpflichtigen Dritten gelten: das im § 1503 vorgeschriebene Maß des Ersatzes für Krankenpflege stellt sich gleichzeitig dar als der Betrag, den der Dritte, nicht mehr und nicht weniger, dem Verletzten für Krankenpflege schuldig ist. — Daß bei dieser gesetzlichen Regelung der Verletzte eine „doppelte" Entschädigung erhalten könnte, wie das Berufungsgericht meint, trifft nicht zu; denn da nach der Rechtsprechung des Reichsgerichts der Anspruch des Verletzten gleich mit der Entstehung, hier also schon im Zeitpunkte des erlittenen Betriebsunfalls, auf die Klägerin übergegangen ist, ist der Verletzte rechtlich überhaupt nicht mehr in der Lage, für Krankenpflege von der Beklagten Schadensersatz zu verlangen.

Da die Sache spruchreif erscheint, so war nach § 565 Abs. 3 und 1 ZPO., wie geschehen, die Beklagte nach dem Antrage zu verurteilen.

---

69. Zu den Erfordernissen eines Zwischenurteils aus § 304 ZPO., das über den durch Klagerweiterung geltend gemachten Mehranspruch ergeht, nachdem der ursprüngliche Klaganspruch bereits dem Grunde nach rechtskräftig festgestellt worden ist.

I. Zivilsenat. Urt. v. 30. November 1921 i. S. R.-Akt.-Ges. (Bekl.) w. Norddeutschen Lloyd (Kl.). I 168/21.

I. Landgericht Bremen, Kammer f. Handelssachen. — II. Oberlandesgericht Hamburg.

Die Klägerin erhob wegen Verletzung eines vertragsmäßigen Wettbewerbsverbots gegen die Beklagte Schadensersatzansprüche und forderte mit der Klage zunächst 340000 *M*. Dieser Anspruch wurde in allen drei Instanzen dem Grunde nach für gerechtfertigt erklärt.

In dem späteren Verfahren über den Betrag des Anspruchs erweiterte sie ihre Schadensersatzforderung auf 650000 *M* nebst Zinsen. Zur Zahlung dieses Betrags wurde die Beklagte vom Landgericht verurteilt. Hiergegen legte sie Berufung ein. Das Oberlandesgericht erklärte durch

Zwischenurteil den klägerischen Schädensersatzanspruch auch in Höhe der nachgeforderten 310000 *M* dem Grunde nach für gerechtfertigt. Die von der Beklagten hiergegen eingelegte Revision hatte Erfolg.

Aus den Gründen:

Durch die Entscheidung des angefochtenen Zwischenurteils hat das Berufungsgericht den klägerischen Schadensersatzanspruch insoweit dem Grunde nach für gerechtfertigt erklärt, als die Klägerin nach Erlaß des reichsgerichtlichen Urteils vom 22. Januar 1919 im Verfahren über den Betrag noch 310000 *M* nachgefordert hat. Es führt aus, daß eine solche Erweiterung der ursprünglichen Klageforderung zwar zulässig sei, aber eine erneute Prüfung des Klaggrundes hinsichtlich des erhöhten Betrags erforderlich mache. Diese Prüfung führe zu dem gleichen Ergebnis, zu dem die früheren Entscheidungen über den Grund des Anspruchs gelangt seien, so daß wegen der Begründung auf die Gründe jener älteren Entscheidungen verwiesen werden könne.

Die Ansicht des Vorderrichters, daß bezüglich der nachträglichen Klagerweiterung eine erneute Prüfung des Klaggrundes notwendig sei, stimmt mit der festen Rechtsprechung des Reichsgerichts überein. Das Zwischenurteil aus § 304 ZPO. über den Grund des Anspruchs erstreckt sich auf den Anspruch nur in dem Umfange, wie er zur Zeit der mündlichen Verhandlung, auf Grund deren das Zwischenurteil erging, anhängig war. Wird später der Klaganspruch in der ersten Instanz erweitert, so muß insoweit der Anspruch von neuem geprüft und dem Grunde nach festgestellt werden. Dies kann, wenn nicht neue Gesichtspunkte vom Beklagten dagegen geltend gemacht werden, durch Bezugnahme auf die Gründe des früheren Zwischenurteils geschehen (RGZ. Bd. 28 S. 425, Bd. 58 S. 40, Bd. 63 S. 199; JW. 1903 S. 291 Nr. 8, 1906 S. 385 Nr. 12, S. 570 Nr. 42). Hält das Gericht es dabei für geboten, hinsichtlich des nachträglich geforderten Betrags des Klaganspruchs ein neues Zwischenurteil aus § 304 ZPO. über den Grund des Anspruchs zu erlassen, so greifen für dieses Zwischenurteil die gleichen Grundsätze Platz, die für Entscheidungen dieser Art allgemein bestehen. Dazu gehört vor allem die Feststellung, daß ein Anspruch dem Betrage nach wirklich besteht. Wenn es auch nicht erforderlich ist, daß schon eine unumstößliche Gewißheit für das Vorhandensein eines ziffermäßig zu berechnenden Schadens dargetan wird, so muß doch wenigstens nach der Gesamtheit der Umstände anzunehmen sein, daß die späteren Ermittelungen einen ziffermäßig feststellbaren Schadensbetrag ergeben werden (RGZ. Bd. 34 S. 31, Bd. 73 S. 104; Gruchot Beitr. Bd. 57 S. 713; Warneyer 1911 Nr. 387, Nr. 451; 1913 Nr. 122). Solange nach den näheren Umständen des Falls noch damit gerechnet werden kann, daß sich der Anspruch als nicht vorhanden erweist, ist für eine Vorabentscheidung über den Grund kein Raum. Werden diese Grundsätze auf ein Zwischenurteil angewendet, das über die Erweiterung des ursprünglichen Klaganspruchs dem Grunde nach befindet, so ergibt sich, daß es nicht genügt, wenn die Entstehung eines Schadens überhaupt glaubhaft gemacht ist, daß vielmehr ein genügender Anhalt für eine Schadenshöhe vorhanden sein muß, die über die ursprüngliche Klageforderung hinausgeht und in den Bereich der Klagerweiterung sich erstreckt. Ist es zweifelhaft, ob der Schaden seinem Betrage nach die ursprüngliche Klageforderung übersteigt, so kann eine Vorabentscheidung über den Grund des nachträglich erhobenen weiteren Anspruchs nicht erfolgen.

Mit Recht macht daher die Revision geltend, daß die Begründung der Vorentscheidung für den Erlaß des Zwischenurteils nicht ausreiche, da sie nichts darüber ergebe, daß der Klägerin ein Schaden von mehr als 340000 *M* erwachsen sei. Das Berufungsgericht durfte, wenn es ein Zwischenurteil über den Grund des erst nachträglich durch Klageerweiterung erhobenen Teilanspruchs erlassen wollte, sich nicht der Erörterung der Frage entziehen, ob eine genügende Wahrscheinlichkeit dafür vorhanden ist, daß der der Klägerin entstandene Schaden über die untere ziffermäßige Grenze der Nachforderung hinausgeht. Da das Berufungsurteil diese Frage überhaupt nicht prüft, so verstößt es gegen den § 304 ZPO. und muß daher aufgehoben werden. . . .

---

70. 1. Kann der Unternehmer einer öffentlichen Verkehrsanstalt von dem Bergwerksbesitzer Ersatz desjenigen Schadens verlangen, der an den auf dem Grundstücke errichteten Anlagen zwar erst nach deren Errichtung in die Erscheinung tritt, aber auf den bereits zuvor betriebenen Bergbau ursächlich zurückzuführen ist?

2. Voraussetzungen des § 150 Abs. 1 preuß. ABG. für das Verhältnis zwischen dem Bergbau und den öffentlichen Verkehrsanstalten. Begriff der „drohenden Gefahr".

V. Zivilsenat. Urt. v. 30. November 1921 i. S. Bergwerksges. H. (Bekl.) w. preuß. Eisenbahnfiskus (Kl.) V 69/21.

I. Landgericht Bochum. — II. Oberlandesgericht Hamm.

Durch Enteignungsbeschlüsse vom 11. und 25. März 1909 wurde eine Anzahl von Grundstücken zum Zwecke des Umbaues des Bahnhofs Wanne enteignet und dem preußischen Eisenbahnfiskus als Unternehmer zu Eigentum überwiesen. Der Eisenbahnfiskus hat auf diesen Grundstücken Anlagen zur Erweiterung des genannten Bahnhofs errichtet. Er behauptet, daß die Grundstücke und die darauf errichteten

Anlagen Schaden erlitten haben durch den unter ihnen betriebenen Bergbau der Beklagten und daß dieser Schaden zum Teil schon zur Besitzzeit seiner Vorbesitzer, zum größeren Teil aber erst während seiner eigenen Besitzzeit entstanden sei. Die von ihm erhobene Schadensersatzklage hat das Landgericht durch Teilurteil insoweit abgewiesen, als sie auf Ersatz desjenigen Schadens gerichtet war, der auf den bis zum Beginn der Ausführung der Anlagen betriebenen Bergbau zurückzuführen sein soll. Auf die Berufung des Klägers hat das Oberlandesgericht diesen Teil des Anspruchs dem Grunde nach für gerechtfertigt erklärt. Auf die Revision der Beklagten ist das Berufungsurteil aufgehoben und die Sache an das Berufungsgericht zurückverwiesen worden.

Aus den Gründen:

In Frage steht für die Revisionsinstanz nur der Anspruch auf Ersatz desjenigen Schadens, der bis zum Beginne der Ausführung der vom Kläger auf den Grundstücken errichteten Anlagen entstanden ist. Der Berufungsrichter rechnet hierzu ohne erkennbaren Rechtsirrtum und ohne daß in dieser Beziehung von der Revision Angriffe erhoben worden sind, auch denjenigen Schaden, der auf den vor der Besitzzeit des Klägers betriebenen Bergbau ursächlich zurückzuführen, aber erst während seiner Besitzzeit durch Veränderungen der Erdoberfläche in die Erscheinung getreten ist. Daß ein solcher Schaden dem Kläger entstanden ist, erachtet der Berufungsrichter durch das Gutachten des vernommenen Sachverständigen für erwiesen. Die Beklagte hatte aber dem Klaganspruche unter Berufung auf die §§ 153, 154 ABG. den Einwand entgegengesetzt, daß sie nur für den Schaden ersatzpflichtig sei, der durch den nach Genehmigung und nach Fertigstellung der Anlagen betriebenen Bergbau entstanden sei, nicht dagegen für den durch früher betriebenen Bergbau verursachten Schaden, und diese Rechtsfrage hat den eigentlichen Kernpunkt des Rechtsstreits gebildet. Das Landgericht hatte sich auf den Rechtsstandpunkt der Beklagten gestellt mit der Einschränkung, daß es den Beginn der Schadensersatzpflicht von dem Zeitpunkte ab annimmt, in dem mit der Errichtung der Anlage begonnen wurde. Es hatte unter Bezugnahme auf die Materialien zum preuß. ABG. und auf die Rechtsprechung, insbesondere auf das Urteil des erkennenden Senats vom 15. Februar 1902 (Zeitschr. f. Bergr. Bd. 43 S. 358), ausgeführt, der dem § 148 ABG. zugrunde liegende Rechtsgedanke, daß das Grundeigentum dem Bergbetriebe weichen müsse, gelte nicht im Falle der Kollision des Bergbaubetriebes mit den Anlagen, die von einer öffentlichen Verkehrsanstalt auf den zu diesem Zwecke enteigneten Grundstücken errichtet werden; in solchem Falle habe, wie die §§ 153, 154 ABG. ergäben, umgekehrt der Bergbau dem Grundeigentümer zu weichen.

Es sei ferner der Grundgedanke des Gesetzes, daß derjenige, dem der andere zu weichen habe, diesem schadensersatzpflichtig sei; deshalb sei in dem Regelfalle des § 148 der Bergwerksbesitzer dem Grundeigentümer, dagegen im Falle des Konflikts des Bergwerksbetriebes mit einer öffentlichen Verkehrsanstalt diese in dem durch § 154 bestimmten Umfange dem Bergwerksbesitzer zum Schadensersatze verpflichtet. Dieser Schadensersatzanspruch aus § 154 sei aber nicht, wie der aus § 148, auf vollständigen Ersatz gerichtet, insbesondere (wie die Materialien ergäben) deshalb nicht, weil sonst die Höhe der von der Verkehrsanstalt zu zahlenden Entschädigung einen solchen Umfang annehmen könnte, daß dadurch die wirtschaftliche Existenz der Verkehrsanstalt möglicherweise in Frage gestellt würde. In dieselbe Lage würde aber der Bergbau gegenüber der Verkehrsanstalt kommen, wenn er gegenüber der Anstalt für den Bergschaden an der neuen Anlage unbedingt haften würde. Denn da der Abbau Jahrzehnte hindurch zu einer Zeit betrieben sein könnte, als etwa an ein großes umfangreiches Bahnprojekt nicht gedacht worden und daher mit ganz anderen (geringeren) Sicherungsmitteln für den Grundbesitzer gearbeitet worden wäre, so könnten trotz den nach § 154 Abs. 1 Satz 2 zu treffenden Sicherungsmaßregeln Schäden an der Oberfläche entstanden sein, die ihrem Umfange nach den gesamten Bergbau in Frage stellten. Deshalb dürfe der Kläger nach den Vorschriften des ABG. gegebenenfalls nur (wie allgemein anerkannt sei) Ersatz des Schadens verlangen, der erst auf einen nach Errichtung der Eisenbahnanlagen fortgesetzten Bergbau zurückzuführen sei. Unter dem Zeitpunkte der Errichtung sei aber der Zeitpunkt des Beginnes der Errichtung der Gesamtanlage zu verstehen.

Diesen Ausführungen ist der Berufungsrichter in dem angefochtenen Urteil entgegengetreten. Auch er geht davon aus, daß nach den unzweideutigen Bestimmungen der §§ 153, 154 ABG. der Bergbau den öffentlichen Verkehrsanstalten gegenüber zurücktreten müsse, und leitet daraus die Pflicht des Bergwerksbesitzers ab, Vorsorge zu treffen, daß das einer öffentlichen Verkehrsanstalt gewidmete Gelände nicht fernerhin durch den Bergbau geschädigt werde. Solche Verpflichtung könne aber für den Bergwerksbesitzer erst mit dem Zeitpunkte entstehen, wo ihm erkennbar werde, daß das Gelände der Verkehrsanstalt gewidmet werden solle, was im gegebenen Falle eingetreten sei, als der vorläufige Enteignungsplan in der Gemeinde offengelegt wurde, nämlich am 13. Februar 1908. Erst von diesem Tage ab könnten daher die §§ 153, 154 ABG. Anwendung finden; bis zu diesem Tage sei die Beklagte betreffs ihres Abbaues in keiner Weise beschränkt, anderseits aber dem Grundstückseigentümer nach § 148 ABG. für den bis dahin durch ihren Abbau verursachten

Schaden zur Leistung vollständiger Entschädigung verpflichtet gewesen. Der Kläger habe mit dem erstinstanzlichen Klagantrage zu Ia Ersatz des auf den bis zur Genehmigung der Anlage betriebenen Bergbau zurückzuführenden Schadens verlangt; als Zeitpunkt der Genehmigung sei der 4. Februar 1908 anzusehen; da dieser vor dem 13. Februar 1908, dem Tage der Auslegung des Expropriationsplanes in der Gemeinde, liege, mit welchem erst die §§ 153, 154 in Wirksamkeit getreten seien, so sei der Klaganspruch Ia auf Grund des § 148 ABG. gerechtfertigt. Gleiches gelte aber auch von dem Klagantrage Ib, der den Schadensersatz aus dem in der Zeit zwischen der Genehmigung und dem Beginn der Ausführung der Anlagen geführten Bergbau betreffe, und zwar auch dann, wenn, wie als wahrscheinlich anzunehmen, der Zeitpunkt des Beginnes der Ausführung erst nach dem 13. Februar 1908 liege. Denn dem Landgerichte sei darin nicht beizutreten, daß die Vorschriften der §§ 153, 154, die vom 13. Februar 1908 ab mit zu berücksichtigen seien, den Entschädigungsanspruch ausschlössen. Diese Vorschriften dienten dazu, die öffentlichen Verkehrsanstalten nach Möglichkeit zu schützen; deshalb sei bestimmt, daß dem Bergwerksbesitzer gegen die Ausführung von Anlagen, zu denen der Verkehrsanstalt das Enteignungsrecht beigelegt sei, ein Widerspruchsrecht nicht zustehe. Anderseits sollten aber diese Anlagen dann so ausgeführt werden, daß der Bergwerksbesitzer möglichst wenig benachteiligt werde, und diesem werde sogar, falls er zum Bergwerksbetriebe früher berechtigt war, aus Billigkeit ein beschränkter Schadensersatzanspruch gegeben. Daraus folge aber nicht, daß die Schadensersatzpflicht des Bergwerksbesitzers, wie sie in § 148 ABG. festgelegt sei, gegenüber der Verkehrsanstalt ganz oder, wie der Vorderrichter wolle, für den Bergbau, der vor der Errichtung der Anlage geführt sei, ausscheiden solle. Es würde vielmehr unverständlich erscheinen, wenn der Bergwerksbesitzer, wiewohl er bereits von dem Zeitpunkte der Erkennbarkeit der Widmung des Geländes für die öffentliche Verkehrsanstalt an vorsichtig sein solle, dennoch nach diesem Zeitpunkte noch schädigende Abbaue sollte vornehmen dürfen, ohne sich der Verkehrsanstalt gegenüber haftpflichtig zu machen. Es werde sogar angenommen werden müssen, daß der Bergwerksbesitzer nach diesem Zeitpunkte nicht nur nach § 148 ABG., sondern auch nach § 823 BGB. für den entstehenden Schaden hafte, weil er fahrlässigerweise unterlassen habe, Vorsorge zu treffen, daß die Anstalt nicht geschädigt werde. Hierfür nimmt der Berufungsrichter auf Westhoff, Bergbau und Grundbesitz Bd. 2 S. 399, 404 Bezug. Er hebt schließlich noch hervor, daß das reichsgerichtliche Urteil vom 15. Februar 1902, auf das das Landgericht sich berufe, darüber Entscheidung treffen wolle, in welchem Verhältnis die §§ 153, 154 ABG. zu § 150 daselbst stehen, nicht aber darüber, ob und inwieweit jene Vorschriften eine Entschädigungspflicht des Bergwerksbesitzers ausschließen. Deshalb sei der erstinstanzliche Klagantrag zu Ib auf Ersatz des Schadens, der auf den in der Zeit zwischen der Genehmigung und dem Beginn der Ausführung der Anlage betriebenen Bergbau zurückzuführen sei, gleichfalls dem Grunde nach gerechtfertigt.

Die Revision rügt Verletzung der §§ 148, 149, 150, 153, 154 ABG. Sie führt aus, nach den Feststellungen des Berufungsrichters seien infolge des von der Beklagten vor der Verwendung der Grundstücke zu den Bahnhofsbauten geführten Bergbaues Schäden an diesen erst später nach Erwerb des Eigentums durch den Kläger (April 1909) in die Erscheinung getreten, also seien bis zu dem Zeitpunkte der Verwendung noch keine Schadensersatzansprüche des Klägers auf Grund des Berggesetzes gegen die Beklagte entstanden. Nach diesem Zeitpunkt aber hätten solche Schadensersatzansprüche nicht mehr entstehen können, weil ihr von der Inangriffnahme der Anlagen ab gemäß § 153 ABG. nicht mehr das unbeschränkte Bergbaurecht zugestanden habe, das sie unbekümmert um die für das Grundeigentum entstehenden Folgen hätte ausüben dürfen. Diese Ausführungen decken sich im wesentlichen mit der vom Landgerichte Bochum vertretenen, auch von einem seiner Mitglieder im Schrifttum (JW. 1914 S. 582; vgl. auch Isay zu § 153 ABG. A II 1, Bd. 1 S. 121) verfochtenen Rechtsauffassung, derzufolge der Unternehmer einer öffentlichen Verkehrsanstalt für den Schaden, der an den von ihm errichteten Anlagen entsteht und auf einen vor Errichtung der Anlagen betriebenen Bergbau ursächlich zurückzuführen, aber erst später in die Erscheinung getreten ist, Ersatz von dem Bergwerksbesitzer nicht soll verlangen können. Es ist das aber eine Auffassung, die im Gesetze keine Stütze findet und auch in der bisherigen Rechtsprechung des Reichsgerichts nicht, wie das Landgericht annimmt, vertreten ist. Es ist allerdings richtig und vom Reichsgerichte wiederholt ausgesprochen, daß der Bergbau im Verhältnis zu dem Unternehmer einer mit Enteignungsrecht ausgestatteten Verkehrsanstalt rechtlich anders gestellt ist als gegenüber dem gewöhnlichen Grundeigentümer, indem aus den Vorschriften der §§ 153, 154 als Grundsatz zu entnehmen ist, daß der Bergbau verpflichtet ist, auf die Sicherheit der öffentlichen Verkehrsanstalten Rücksicht zu nehmen, während er gegenüber dem gewöhnlichen Grundbesitz solche Rücksicht nicht zu nehmen braucht (RGZ. Bd. 28 S. 343, Bd. 58 S. 148; Zeitschr. f. Bergr. Bd. 37 S. 237, Bd. 43 S. 358). Aus diesem Grundsatze ist aber in den angeführten Urteilen nicht etwa der Schluß gezogen worden, daß eine Schadensersatzpflicht des Bergbautreibenden gegenüber der öffentlichen Verkehrsanstalt für irgendeinen Zeitraum nicht bestehe. Vielmehr folgern die Urteile daraus im Gegenteile gerade eine Erweiterung der Schadensersatzpflicht, indem sie ausführen, daß gegenüber der öffentlichen Verkehrsanstalt die Berufung des Bergwerksbesitzers auf § 150 ABG. für die Zeit nach Errichtung der Verkehrsanstalt ausgeschlossen sei, da der Unternehmer der öffentlichen Verkehrsanstalt bei Errichtung der Anlagen annehmen dürfe, daß ihnen aus dem zukünftigen Bergbaue keine Gefahr erwachsen werde, weil der Bergbautreibende verpflichtet sei, bei dem Bergbau auf die Sicherheit der Anlagen Rücksicht zu nehmen. Die Stelle in dem Urteile des erkennenden Senats vom 15. Februar 1902 (Zeitschr. f. Bergr. Bd. 43 S. 363), in der gesagt ist, daß der Kläger Anspruch auf Ersatz des Schadens haben würde, der durch den nach Errichtung der Gleise usw. fortgesetzten Grubenbetrieb an diesen Anlagen herbeigeführt ist, nicht aber auf Ersatz des Schadens, welcher als Folge des früheren Grubenbetriebs erscheint, wird vom Landgerichte völlig mißverstanden. In dem damaligen Falle war (wie die vorhergehenden Ausführungen des Urteils ergeben) festgestellt, daß die Voraussetzungen eines groben Verschuldens des Klägers bei Errichtung der Anlagen im Sinne des § 150 Abs. 1 ABG. vorlagen. Demnach wurde diese Bestimmung für anwendbar und aus diesem Grunde der Schadensersatzanspruch für ausgeschlossen erklärt, soweit der Schaden durch den vor Errichtung der Anlagen betriebenen Bergbau verursacht war (nicht etwa, wie das Landgericht annimmt, um deswillen, weil es sich um das Verhältnis zwischen einer öffentlichen Verkehrsanstalt und dem Bergbau handelte), während für den nach der Errichtung der Anlagen fortgeführten Bergbau die Schadensersatzpflicht ungeachtet des § 150 Abs. 1 anerkannt wurde. Die in der Rechtsprechung aus §§ 153, 154 gefolgerte besondere Stellung des Bergwerksbesitzers zu den öffentlichen Verkehrsanstalten bedingt keineswegs eine Unanwendbarkeit der in § 148 ABG. bestimmten Entschädigungspflicht des Bergwerksbesitzers für allen dem Grundeigentume durch den Betrieb des Bergwerks zugefügten Schaden. § 148 ABG. gewährt dem Grundstückseigentümer einen Anspruch auf volle Entschädigung, ohne eine Einschränkung für den Fall zu machen, daß der Grundstückseigentümer eine öffentliche Verkehrsanstalt ist. Daß der Anspruch in diesem Falle grundsätzlich ausgeschlossen sein sollte, ist aus den in Abschnitt 3 — „Von dem Verhältnis des Bergbaues zu den öffentlichen Verkehrsanstalten" — enthaltenen Sonderbestimmungen (§§ 153, 154 ABG.) nicht zu entnehmen. Diese haben den Zweck, die öffentlichen Verkehrsanstalten gegen Beschädigungen durch Bergbau zu sichern und unterwerfen zur Erreichung dieses Zweckes den Bergbau gewissen Einschränkungen, insbesondere in der Richtung, daß der Bergbautreibende gegen die Ausführung von öffentlichen Verkehrsanstalten Widerspruch nicht erheben kann (§ 153, wozu er übrigens auch gegenüber den Anlagen privater Grundeigentümer nicht berechtigt ist) und bei seinem Bergbau auf sie Rücksicht nehmen, insbesondere die zu ihrer Sicherung getroffenen bergpolizeilichen Anordnungen befolgen muß, wofür ihm zum Ausgleich ein ganz beschränkter Schadensersatzanspruch in bestimmter Richtung gegen den Unternehmer der öffentlichen Verkehrsanstalt gegeben ist (§ 154). Es kann dahingestellt bleiben, wie weit der aus diesen Bestimmungen gefolgerte theoretische Satz, daß der Bergbau der öffentlichen Verkehrsanstalt „weichen" müsse, praktisch zur Auswirkung gelangt, insbesondere ob eine Abwehrklage der öffentlichen Verkehrsanstalt (§ 1004 BGB.) uneingeschränkt, namentlich auch soweit sie zu einer Einstellung des Bergwerksbetriebs führen müßte, zulässig ist (dagegen Westhoff, Bergbau und Grundbesitz Bd. 1 S. 197, Bd. 2 S. 400; dafür Isay zu § 153 B I 1). Wollte man aus der bevorzugten Stellung der öffentlichen Verkehrsanstalten einen Ausschluß des Schadensersatzanspruchs aus § 148 folgern, so würde dieser Ausschluß folgerichtig um so mehr auf den nach Errichtung der Anstalt fortgesetzten Bergbau erstreckt werden müssen, da gerade in dieser Periode die bevorzugte Stellung der öffentlichen Verkehrsanstalt gegenüber dem Bergbautreibenden besteht. Gerade für diese Periode wird ihr jedoch ein Schadensersatzanspruch allgemein, auch von den Vertretern der Auffassung des Landgerichts, zuerkannt, und zwar sogar noch in erweitertem Maße, da sich der Bergbautreibende ihm gegenüber nicht einmal mehr auf das Verschulden der öffentlichen Verkehrsanstalt aus § 150 berufen darf. Aber auch wenn der Ausschluß des Schadensersatzanspruchs sich auf den Schaden aus dem vor Errichtung der Anstalt geführten Bergbau beschränken soll, so würde dadurch die vom Gesetze gewollte bevorzugte Stellung der öffentlichen Verkehrsanstalten zu einer schweren Benachteiligung für sie werden. Errichten sie Anlagen auf Grundstücken, die sie im Wege der Enteignung oder sonst erworben haben, ohne zu wissen oder wissen zu müssen, daß unter ihnen bereits Bergbau umgegangen ist, der die zu errichtenden Anlagen gefährdet, so würde ihnen ein Schadensersatzanspruch wegen der nachträglich in die Erscheinung tretenden, durch den früheren Bergbau verursachten Beschädigungen dieser Anlagen versagt sein, während der private Grundbesitzer, der Gebäude oder Anlagen auf dem Grundstücke errichtet, einen solchen Anspruch hat, sofern er nur nicht bei der Errichtung die Gefährdung bei Anwendung gewöhnlicher Aufmerksamkeit erkennen mußte. Die Unzulässigkeit einer zu solchem Ergebnis führenden Auslegung des Gesetzes, für die sein Wortlaut keinen Anhalt gibt, liegt auf der Hand. Auch wenn wirklich (was keineswegs sicher ist) lediglich die regelmäßig stärkere Stellung des Bergbaues gegenüber dem Grundbesitze den einzigen gesetzgeberischen Grund für den

§ 148 ABG. gebildet haben sollte und dieser Grund für die öffentlichen Verkehrsanstalten nicht in gleichem Maße zutrifft, so müßte hier der Grundsatz angewendet werden, daß durch das Wegfallen des Grundes nicht ohne weiteres das Gesetz selbst wegfällt. Anderseits kann es keineswegs als ein unbilliges Ergebnis bezeichnet werden, daß der Bergbautreibende, der zur Zeit, als er den Schaden verursachenden Bergbau führte, einem gewöhnlichen Grundbesitzer gegenüberstand und deshalb in der Ausübung des Bergbaues ganz unbeschränkt war, der das Korrelat dieser unbeschränkten Rechtsausübung bildenden Schadensersatzpflicht auch dann unterworfen bleibt, wenn auf dem Grundstücke eine öffentliche Verkehrsanlage errichtet wird und diese infolge des früheren Bergbaues Schaden erleidet.

Der Satz von Isay a. a. O.: „Gegenüber der Verkehrsunternehmung hat der Bergbau kein Einspruchsrecht, also kein Mittel, sich von der Ersatzpflicht zu befreien", ist nur in seinem ersten Teile richtig, doch hat der Bergbautreibende, wie oben schon bemerkt ist, ein solches Einspruchsrecht auch nicht gegen Anlagen gewöhnlicher Grundbesitzer. Dagegen kann er sich von der Ersatzpflicht (abgesehen von der Vergütung für die Wertsverminderung des Grundstücks, § 150 Abs. 2) gegenüber der öffentlichen Verkehrsanstalt, ganz ebenso wie gegenüber privaten Grundbesitzern, dadurch befreien, daß er vor der Errichtung der Anlage warnt und dadurch die Voraussetzungen des § 150 ABG. herbeiführt, in welchem Falle die Verkehrsanstalt hinsichtlich des vorher geführten Bergbaues, wenn sie die Anstalt trotzdem errichtet, dies auf eigene Gefahr tut, wie in den oben erwähnten Entscheidungen des Reichsgerichts ausgesprochen ist. Die vom Landgericht angestellte Billigkeitserwägung, daß der Bergbau möglicherweise zu einer Zeit geführt worden ist, als an die Errichtung einer öffentlichen Verkehrsanlage auf dem Grundstücke noch nicht gedacht und deshalb mit geringeren Sicherungsmitteln gearbeitet wurde, würde, wenn sie überhaupt entscheidend sein könnte, auch für das Verhältnis des privaten Grundbesitzes zum Bergbau zutreffen, da auch von dem privaten Grundeigentümer Gebäude und sonstige Anlagen von hohem Werte errichtet werden können auf Grundstücken, unter denen Bergbau zu einer Zeit geführt worden ist, als an eine derartige Benutzung der Grundstücke noch nicht gedacht werden konnte. In solchem Falle kann sich, wie oben schon hervorgehoben, der Bergbautreibende gegenüber der öffentlichen Verkehrsanstalt, wie gegenüber dem privaten Grundbesitzer, vor zu großem Schaden dadurch schützen, daß er die Voraussetzungen des § 150 ABG. schafft. Dem Schadensersatzanspruche der öffentlichen Verkehrsanstalt gegen den Bergwerksbesitzer aus § 148 ABG. steht auch in keiner Weise entgegen, daß durch § 154 anderseits auch dem Bergwerksbesitzer in ganz bestimmter

Richtung ein Schadensersatzanspruch gegen die öffentliche Verkehrsanstalt gegeben wird. Dieser Anspruch ist auf den Ersatz der infolge bergpolizeilicher Anordnungen im Interesse der öffentlichen Verkehrsanstalt zu deren Schutze aufzuwendenden Kosten beschränkt (RGZ. Bd. 5 S. 266). Er enthält somit eine Einschränkung, nicht eine Erweiterung des Grundsatzes, daß demjenigen, dessen Recht durch eine polizeiliche Anordnung in öffentlichem Interesse beschränkt wird, ein Entschädigungsanspruch zusteht, eines Grundsatzes, der, im Gegensatze zur früheren Rechtsprechung, nach Wegfall des sog. „Direktionsprinzips" auch auf das Bergwerkseigentum Anwendung zu finden hat (vgl. Motive zum ABG.; Zeitschr. f. Bergr. Bd. 6 S. 175; RGZ. Bd. 87 S. 392; Isay zu § 154 A Anm. 1). Soweit solche Sicherungsmaßregeln getroffen sind und dennoch eine Beschädigung der Anlagen infolge eines sei es vor oder nach ihrer Errichtung geführten Bergbaues entstanden ist, wird der Bergbautreibende gegenüber dem Schadensersatzanspruch aus § 148 den ihm erwachsenen Anspruch aus § 154 im Wege der Aufrechnung geltend machen können; warum der eine den anderen ausschließen sollte, ist nicht einzusehen (vgl. RGZ. Bd. 5 S. 272, auch Bd. 87 S. 402). Übrigens würde auch dieses Argument zu viel beweisen, da es mindestens ebenso dem Schadensersatzanspruch aus fortgesetztem wie aus früherem Bergbau entgegenstehen würde.

Ein Schadensersatzanspruch des Klägers wegen des vor Errichtung der Anlagen geführten Bergbaues würde aber gemäß § 150 Abs. 1 ABG. ausgeschlossen sein, wenn festgestellt wäre oder festgestellt werden könnte, daß dem Eisenbahnfiskus bei Errichtung der Anlagen die ihnen aus dem Bergbau der Beklagten drohende Gefahr bei gewöhnlicher Aufmerksamkeit nicht unbekannt bleiben konnte (§ 150 ABG.). Ein solcher Einwand war erhoben. Der Berufungsrichter führt aus, dieser Einwand versage schon um deswillen, weil seine allgemeinen Voraussetzungen nicht gegeben seien. Die Beklagte behaupte in dieser Beziehung nur, die fraglichen Grundstücke schlössen sich unmittelbar an das Gelände des alten Bahnhofs Wanne an. Dieses habe schon lange unter der Einwirkung des Bergbaues gestanden, wie dem Kläger bekannt gewesen sei; der Kläger habe demnach auch wissen müssen, daß die jetzt neu hinzugezogenen Grundstücke und das ganze Gebiet ernstlich durch den Bergbau gefährdet seien; er habe daher dort keine Anlagen errichten dürfen. Der Berufungsrichter meint, diese allgemein gehaltenen Behauptungen genügten nicht. Bei Grundstücken, in deren Nähe Bergbau umgehe, müsse zwar mit Bergschäden gerechnet werden und eine absolute Bausicherheit gebe es dort nicht; der Einwand aus § 150 Abs. 1 ABG. sei aber nur gegeben, wenn im Einzelfalle dem Grundstücke besondere Gefahren durch einen bestimmten Abbau drohten und der Grundeigentümer dies aus grobem Verschulden nicht beachtet habe. In dieser Richtung habe die Beklagte nichts vorgebracht; der Einwand müsse daher für unbegründet erachtet werden. Die Revision rügt mit Recht, daß der Berufungsrichter bei diesen Ausführungen das aus dem gesamten Verhandlungsergebnis zu entnehmende Sachverhältnis nicht erschöpfend gewürdigt hat (§ 286 ZPO.). Zu diesem gehörten auch die Behauptungen des Klägers, auch soweit aus ihnen etwas für den Kläger Ungünstiges gefolgert werden konnte. Der Kläger hat aber in dem gegenwärtigen Rechtsstreite auch Ersatz für denjenigen Schaden verlangt, der schon zur Zeit seiner Vorbesitzer an den hier fraglichen, von ihm durch die Enteignung im Jahre 1909 erworbenen Grundstücken durch den Bergbau der Beklagten entstanden, d. h. nach den eigenen Ausführungen des Berufungsgerichts im Eingange der Entscheidungsgründe bereits zu dieser Zeit in die Erscheinung getreten sei, im Unterschiede zu demjenigen Schaden, der zwar auf den früheren Bergbau zurückzuführen, aber erst später durch Auslösung körperlicher Einwirkungen auf das Grundstück zutage getreten ist und deshalb erst später als „entstanden" gilt. Diesen Anspruch hat er in der Berufungsinstanz nur vorläufig fallen lassen. Waren aber, wie danach unterstellt werden muß, bereits zur Zeit der Vorbesitzer des Klägers Schäden an den Grundstücken in die Erscheinung getreten, für welche noch kein Ersatz geleistet war, so liegt die Möglichkeit nahe, daß diese Schäden auch zu der Zeit, als der Kläger die Anlagen errichtete, noch als solche erkennbar waren, oder daß der Kläger auf andere Weise, insbesondere durch Mitteilung der Vorbesitzer, von ihnen Kenntnis erhalten hat und dadurch bei gewöhnlicher Aufmerksamkeit, d. h. bei nicht grobfahrlässigem Verhalten (vgl. RG. in Zeitschr. f. Bergr. Bd. 23 S. 511, Bd. 26 S. 380, Bd. 47 S. 262, Bd. 58 S. 104), die Gefahr, daß aus dem bis dahin geführten Bergbau der H. später noch weitere Schäden in die Erscheinung treten könnten, erkennen mußte. Diese Möglichkeit liegt um so näher, als der Sachverständige D. in seinem Gutachten, das der Berufungsrichter im übrigen seinen Feststellungen zugrunde gelegt hat, darauf hinweist, daß nach der Geländebeschaffenheit die Wirkungen des Bergbaues der Beklagten, die für den alten Bahnhof bereits bekannt waren, für den ganzen Bahnhof ungünstige waren und daß aus diesem Grunde die Eisenbahnbehörde selbst für den neuen Bahnhof (also für die hier in Rede stehenden Anlagen) erhebliche Mehraufwendungen bereits vorgesehen hatte. Daraus könnte entnommen werden, daß diese Behörde, in der sich Sachverständige befinden, die den Anlagen auch aus dem bisherigen Bergbau drohende Gefahr erkannt habe oder erkennen konnte, während anderseits freilich noch festgestellt werden müßte, ob sie nicht annehmen konnte, daß durch die vorgesehenen Sicherungsmaßnahmen diese Gefahr hinreichend abgewendet werde (vgl. Isay zu § 150 zu B I 2b zu 2 S. 107 und die dort angeführten Entscheidungen des Reichsgerichts). Aber auch abgesehen hiervon scheint der Berufungsrichter den Begriff der drohenden „konkreten" Gefahr, den das Reichsgericht allerdings als Erfordernis für den Tatbestand des § 150 Abs. 1 aufgestellt hat, zu überspannen, wenn er die Behauptung von vornherein nicht für genügend erklärt, daß auf unmittelbar angrenzenden Grundstücken dem Grundeigentümer bereits Schäden entstanden und bekannt geworden waren, als er die Anlagen errichtete. Jedenfalls hätte der Berufungsrichter, wie die Revision gleichfalls mit Recht rügt, wenn ihm die Behauptungen der Beklagten zu allgemein erschienen, bei dieser Sachlage durch Ausübung des Fragerechts auf Ergänzung und Aufklärung hinwirken müssen (§ 139 ZPO.). . . .

---

71. 1. Rechtliche Stellung des besetzenden Staates im besetzten feindlichen Gebiete zur Kriegszeit.

2. Die rechtliche Bedeutung der Verkündung des Staates Polen durch die Proklamation vom 5. November 1916 seitens der verbündeten Herrscher von Deutschland und Österreich-Ungarn.

3. Die Darlehnskassenscheine der durch die Verordnung des deutschen Generalgouverneurs von Warschau vom 9. Dezember 1916 errichteten Polnischen Landesdarlehnskasse.

4. Bedeutung der Garantieerklärung des Deutschen Reichs für die Einlösung der Darlehnskassenscheine der genannten Landesdarlehnskasse in § 5 der Verordnung vom 9. Dezember 1916.

5. Bedeutung des Garantievermerks auf den Noten der Polnischen Landesdarlehnskasse.

6. § 18 des Reichsgesetzes über den Ersatz der durch die Abtretung der Reichsgebiete entstandenen Schäden (Verdrängungsschädengesetz) vom 28. Juli 1921.

VI. Zivilsenat. Urt. v. 28. November 1921 i. S. W. J. (Kl.) w. den deutschen Reichsfiskus (Bekl.). VI 282/21.

I. Landgericht I Berlin. — II. Kammergericht daselbst.

Die Klägerin ist Inhaberin mehrerer Darlehnskassenscheine über 1000 *M* der Polnischen Landesdarlehnskasse, die von dem für die deutsche Verwaltung des besetzten polnischen Gebietes bestellt gewesenen Generalgouverneur von Warschau durch Verordnung vom 9. Dezember 1916 errichtet wurde. In § 5 dieser Verordnung ist bestimmt: „Das Deutsche Reich übernimmt die Garantie dafür, daß die Landesdarlehnskassenscheine bei ihrer Einziehung (§ 16) zu dem Nennwerte gegen Reichsmark eingelöst werden." Nach diesem § 16 ist die Landesdarlehnskasse auf Anweisung des deutschen Reichskanzlers spätestens zwei Jahre nach der förmlichen Errichtung des Königreichs Polen zu liquidieren und gleichzeitig soll die Einziehung der Landesdarlehnskassenscheine durch den Reichsbevollmächtigten erfolgen. Die Darlehnskassenscheine enthalten in polnischer Sprache den Ausdruck: „Das Deutsche Reich übernimmt die Garantie für die Zahlung der Darlehnskassenscheine in deutscher Mark zum Nominalwert", unterzeichnet: „Der Vorstand des Warschauer Generalgouvernements. Warschau den 9. Dezember 1916" und Unterschriften (v. Kries u. a.). Die Klägerin erblickt in diesem Ausdruck die unmittelbare Verpflichtung des Beklagten zur Einlösung der Scheine in deutscher Währung gegenüber ihren Inhabern und hat deshalb den beklagten deutschen Reichsfiskus zur Zahlung des Nennbetrags gegen Aushändigung der Darlehnskassenscheine zu verurteilen beantragt.

Das Landgericht hat diesem Klagantrage entsprochen, das Oberlandesgericht auf die Berufung des Beklagten abändernd die Klage abgewiesen.

Die Revision der Klägerin blieb erfolglos.

Gründe:

Der Entscheidung des Berufungsgerichts war im Ergebnis beizupflichten. Die im Streite befangenen polnischen Darlehnskassenscheine hat die Polnische Landesdarlehnskasse (PLDK.) ausgegeben. Diese ist durch eine Verordnung des Generalgouverneurs in Warschau vom 9. Dezember 1916 in dem damals von deutschen Truppen besetzten Gebiete von Russisch-Polen ins Leben gerufen worden. Die rechtliche Stellung der ein feindliches Gebiet im Kriege besetzenden Macht gegenüber dem Staatswesen dieses Gebiets hat das Berufungsgericht im Eingange seiner Entscheidungsgründe zutreffend gezeichnet. Die besetzende Macht übt in den feindlichen Gebieten die Staatsgewalt des verdrängten Staates im vollen Umfange, auch mit der Gesetzgebungsbefugnis, und zwar kraft eigener Machtvollkommenheit im eigenen Interesse, zugleich aber auch zum Schutze der Bevölkerung des besetzten Gebietes aus. Das Staatsrecht des besetzenden Staates ist maßgebend für den Kreis der Befugnisse, die den die Besetzung durchführenden Personen und Behörden zustehen sollen. Im Namen und Auftrage des deutschen Kaisers als des obersten Kriegsherrn nach Art. 11, 63, 64 der Verfassung des Deutschen Reichs vom 16. April 1871, der für das besetzte Gebiet Russisch-Polens den Oberbefehl auf den Generalgouverneur übertragen hatte, übte dieser die Vertretung der deutschen Macht und die staatshoheitlichen Funktionen des besetzenden Staates, des Deutschen Reichs, an Stelle des verdrängten russischen Staates aus. In dieser Eigenschaft hat er die Verordnung vom 9. Dezember erlassen, die im

Verordnungsblatt für das Generalgouvernement Warschau verkündet worden ist.

Am 5. November 1916 war durch Proklamation des Generalgouverneurs auf Befehl des deutschen Kaisers die Errichtung eines selbständigen Staates Polen mit erblicher Monarchie und konstitutioneller Verfassung verkündet worden. Die genauere Bestimmung der Grenzen des neuen Staates blieb ebenso wie die Einsetzung der Dynastie vorbehalten. Durch Verordnung des Generalgouverneurs in Warschau vom 12. November 1916 wurde ein Staatsrat und ein Vereinigter Landtag für das neue Staatswesen gebildet mit allerdings nur beschränkten Befugnissen, die ihnen das Generalgouvernement zuwies, das auch den Präsidenten und einen Teil der Mitglieder des Staatsrats ernannte. Ob die Proklamation vom 5. November 1916 einen neuen Staat Polen bereits geschaffen oder nur verkündigt und vorbereitet hat, ist im Schrifttum streitig. Das Berufungsgericht hat angenommen, daß die Proklamation nur den Willen der verbündeten Herrscher Deutschlands und Österreichs erkläre, diesen Staat zu begründen, daß aber zur Verwirklichung dieses Willens die völkerrechtlichen Voraussetzungen: das bestimmte Staatsgebiet, das bestimmte Staatsvolk, vor allem aber die staatliche Selbständigkeit fehle; denn die Staatshoheit sei nach wie vor von den besetzenden Mächten ausgeübt worden. Eine Entscheidung des Reichsgerichts vom 22. März 1917 (JW. 1917 S. 721 Nr. 21) hat die Frage berührt, aber unentschieden gelassen. In einer Entscheidung des I. Zivilsenats vom 12. November 1921 I 150/21 wird für Vorgänge des Jahres 1917 von einem „noch nicht existierenden Polen" gesprochen. Die Verordnung vom 9. Dezember 1916 weist in § 16 selbst auf die noch in Aussicht stehende „förmliche Errichtung des Königreichs Polen" hin. Die Frage bedarf im Rahmen des gegenwärtigen Rechtsstreits nicht der Entscheidung, da die Frage, ob den Inhabern der Darlehnskassenscheine der PLDK. Ansprüche gegen das Deutsche Reich zustehen, von dieser Streitfrage unabhängig ist.

Der durch die Verordnung des Generalgouverneurs in Warschau vom 9. Dezember 1916 „zum Zwecke der Befriedigung des Kreditbedürfnisses" für das Gebiet des Generalgouvernements mit dem Sitz in Warschau gegründeten PLDK. wurde durch die Verordnung die Eigenschaft einer juristischen Person verliehen. Sie stand unter Aufsicht und Leitung des Verwaltungschefs beim Generalgouvernement und ihre Geschäfte wurden für dessen Rechnung geführt. Nach § 2 der Verordnung war sie befugt, Darlehnskassenscheine, die auf polnische Mark lauten — eine der deutschen Markwährung entsprechende Währung wurde durch Verordnung vom gleichen Tage im Generalgouvernement Warschau eingeführt —, auszugeben, die gesetzliches

Zahlungsmittel sind und von allen öffentlichen Kassen des Generalgouvernements zum Nennwert in Zahlung angenommen werden müssen (§ 3). Nach § 5 der Verordnung übernimmt das Deutsche Reich die Garantie, daß die Landesdarlehnskassenscheine bei ihrer Einziehung zum Nennwerte gegen Reichsmark eingelöst werden. Die Einziehung der Darlehnskassenscheine ist in § 16 vorgesehen gleichzeitig mit der Liquidation der PLDK., die auf Anweisung des deutschen Reichskanzlers spätestens zwei Jahre nach der förmlichen Errichtung des Königreichs Polen durch den dem Vorstande der PLDK. zur Seite gesetzten Reichsbevollmächtigten erfolgen soll. Diese in § 5 der Verordnung vom 9. Dezember 1916 ausgesprochene Garantieverpflichtung des Deutschen Reichs ist die Grundlage des auf den Darlehnskassenscheinen aufgedruckten Vermerks. Ihre rechtliche Bedeutung ist deshalb von Wichtigkeit auch für die Bestimmung des rechtlichen Inhalts dieses Vermerks selbst.

Ohne Rechtsirrtum bezeichnet das Berufungsgericht die PLDK. als eine im deutschen Recht wurzelnde juristische Person öffentlichen Rechts. Nach ihrem Zweck ist sie eine öffentliche Anstalt, die das Generalgouvernement kraft seiner Gesetzgebungsmacht für das besetzte Gebiet nach dem Muster deutscher Rechtseinrichtungen geschaffen hat. Die Verordnung vom 9. Dezember 1916 ist deutlich dem deutschen Darlehnskassengesetz vom 4. August 1914 (RGBl. S. 340) nachgebildet. Die Rechtsnatur der PLDK. und ihrer Darlehnskassenscheine ist nach Maßgabe der für sie in der Verordnung vom 9. Dezember 1916 getroffenen Bestimmungen als sich deckend mit derjenigen der deutschen Darlehnskassen und Darlehnskassenscheine nach dem angezogenen Gesetz aufzufassen. Die deutschen Darlehnskassenscheine sind (§ 2 des Gesetzes vom 4. August 1914) besondere Geldzeichen, die bei allen Reichskassen sowie bei allen öffentlichen Kassen in sämtlichen Bundesstaaten nach ihrem vollen Nennwert in Zahlung genommen werden, während im Privatverkehr ein Zwang zu ihrer Annahme nicht besteht. In dem Gesetz vom 30. April 1874, betreffend die Ausgabe von Reichskassenscheinen (RGBl. S. 40), war in § 5 außerdem bestimmt, daß diese Papiere von der Reichshauptkasse für Rechnung des Reichs jederzeit auf Erfordern gegen bares Geld umgetauscht werden konnten. Insofern hiernach den Inhabern von Reichskassenscheinen ein Anspruch auf Einlösung der Scheine gegen bares Geld an das Reich gegeben war, erhielten diese Papiere neben ihrer Bedeutung als Geldzeichen auch den rechtlichen Charakter von Schuldverschreibungen auf den Inhaber im Sinne der jetzigen §§ 793 flg. BGB. Diese Einlösungspflicht des Reichs gegenüber den einzelnen Inhabern der Scheine fehlt im Darlehnskassengesetz vom 4. August 1914; sie ist auch für die Reichskassenscheine und Reichsbanknoten nach einem Kriegsnotgesetz ebenfalls vom

4. August 1914 (RGBl. S. 347) aufgehoben worden. Die Papiere haben dadurch die rechtliche Natur als Träger einer Forderung, als Schuldverschreibungen auf den Inhaber verloren; ihre Bedeutung erschöpft sich in der Bedeutung von Geldzeichen. Die Darlehnskassenscheine sind von vornherein auf diese Bedeutung beschränkt; den Reichskassenscheinen und Reichsbanknoten ist der Wert von Schuldverschreibungen auf den Inhaber durch das angezogene Kriegsnotgesetz genommen worden. Erst bei der Auflösung der Darlehnskassen nach § 19 des Darlehnskassengesetzes vom 4. August 1914 findet eine allgemeine Einlösung statt, die von Amts wegen erfolgt und öffentlichrechtlicher Natur ist; ein zivilrechtlicher Anspruch der Inhaber auf Einlösung besteht nicht. Der Eigentümer des Scheines hat auch weder an den Forderungen der Darlehnskasse, noch an den Pfandobjekten für die von dieser gegebenen Darlehen ein unmittelbares Recht. Auch strafrechtlich werden die Darlehnskassenscheine nach § 30 des Gesetzes als Papiergeld behandelt. Wenn im Schrifttume die Reichskassenscheine des Gesetzes vom 30. April 1874 als Geldzeichen, gleichzeitig aber auch als Schuldverschreibungen auf den Inhaber gewürdigt worden sind, weil sie „ein Schuldversprechen enthalten, das durch Geldzahlung erfüllt werden muß" (Laband, Staatsrecht des Deutschen Reichs Bd. 3 S. 190, ebenso Koch in Endemann's Handbuch des Handelsrechts Bd. 2 Buch 2 S. 128; Mandry, Zivilrechtlicher Inhalt der Reichsgesetze S. 221; Staudinger Anm. I 1b, RGR-Komm. Anm. 1 zu § 793), so trifft dies für die Darlehnskassenscheine nach dem Gesetz vom 4. August 1914 (und für die Reichskassenscheine nach dem Gesetz vom 4. August 1914, RGBl. S. 347) nicht zu. Sie sind nicht einlösbar und sind deshalb Geld im eigentlichen Sinne, nur Geld und nicht zugleich Träger einer Forderung des Inhabers, nicht Schuldverschreibungen auf den Inhaber, weder nach § 793 BGB., noch nach § 807 BGB., der ebenso wie § 793 voraussetzt, daß der Aussteller dem Inhaber zu einer Leistung verpflichtet sein will (vgl. Salomon-Bud, Das Darlehnskassengesetz vom 4. August 1914, Anm. zu § 1 des Ges.; Wolff in Ehrenberg's Handbuch des Handelsrechts Bd. 4 Abt. 1 S. 588, 620 flg.; Feuchtwanger, Die Darlehnskassen des Deutschen Reichs S. 12, 14, 63; RGSt. Bd. 51 S. 410, Bd. 52 S. 97).

Auch die Verordnung betreffend die Errichtung einer PLDK. vom 9. Dezember 1916 sieht eine Verpflichtung der Kasse zur Einlösung der Scheine während des Umlaufs nicht vor. Sie werden eingelöst auf Grund der Liquidation der PLDK., die auf Anweisung des deutschen Reichskanzlers geschehen soll, spätestens zwei Jahre nach der förmlichen Errichtung des Königreichs Polen. Die Inhaber der einzelnen Scheine haben mithin während des Umlaufs der Scheine kein Recht auf Einlösung; die Scheine sind nicht Träger einer zivilrechtlichen Forderung gegen die Landesdarlehnskasse. Auch auf die Einlösung nach § 16 der Verordnung ist ein zivilrechtlicher Anspruch nicht gegeben; die Einziehung ist eine öffentlichrechtliche Maßregel. Die Annahme des Berufungsgerichts, daß die polnischen Landesdarlehnskassenscheine als Schuldverschreibungen auf den Inhaber nach §§ 793 flg. oder mindestens nach § 807 BGB. anzusehen seien, ist demnach — zunächst von dem auf den Darlehnskassenscheinen aufgedruckten Garantievermerk abgesehen — rechtsirrig.

Der Beklagte will seine in § 5 der Verordnung ausgesprochene Garantieverpflichtung als völkerrechtlicher Natur aufgefaßt wissen; sie sei eingegangen dem polnischen Staate gegenüber von der Verwaltung des Generalgouvernements Warschau als Behörde der besetzenden Macht. Die Verordnung vom 9. Dezember 1916 gibt sich an sich zunächst als ein Akt der gesetzgebenden Gewalt, ausgeübt von der Kriegsmacht des besetzenden Staates an Stelle des verdrängten Staates. Wenn in diesem gesetzgebenden Akt der besetzende Staat als ein Dritter, nicht in der Eigenschaft als besetzende Macht, sondern als fremde Eigenperson auf Grund besonderer Vollmacht, ebenfalls vertreten durch dieselbe Behörde, die die Gesetzgebung des verdrängten Staates ausübt, vermögensrechtliche Verpflichtungen übernimmt, so wird hier in der Tat eine völkerrechtliche Verpflichtung vorliegen, wenn die Verpflichtung dem verdrängten Staate gegenüber übernommen wird. Aber diese rechtliche Annahme setzt im gegebenen Falle voraus, daß durch die Proklamation vom 5. November 1916 ein neuer Staat Polen nicht nur verkündigt und vorbereitet, sondern bereits geschaffen wurde. Denn nicht dem verdrängten russischen Staate gegenüber, sondern dem durch die Staatsgewalt des besetzenden Staates errichteten neuen polnischen Staate gegenüber soll die Verpflichtung in § 5 der Verordnung eingegangen sein.

Das Berufungsgericht nimmt an, daß durch die Garantieübernahme in § 5 der Verordnung eine privatrechtliche Verpflichtung des Deutschen Reichs gegenüber der in derselben Verordnung geschaffenen PLDK. erklärt worden ist. Das Deutsche Reich verpflichtete sich damit, der PLDK., wenn es zu deren Liquidation und zur Einziehung der Darlehnskassenscheine kommen würde, falls die Mittel der Kasse zur Einlösung der Noten nicht ausreichen würden, seine Finanzmittel zur Verfügung zu stellen. Dem entspricht auch der Wortlaut der Garantieverpflichtung in § 5 der Verordnung: das Deutsche Reich übernimmt die Garantie dafür, daß die Landesdarlehnskassenscheine bei ihrer Einziehung (§ 16) zu ihrem Nennwert gegen Reichsmark eingelöst werden.

Auf Grund des Art. 73 der Reichsverfassung vom 14. April 1871, der in Fällen eines außerordentlichen Bedürfnisses im Wege der Reichsgesetzgebung die Übernahme einer Garantie zu Lasten des Reichs für zulässig erklärt, wurde im Reichshaushaltsgesetz vom 22. März 1915 (RGBl. S. 157) durch dessen § 2 der Reichskanzler ermächtigt, für die Erfüllung von Verbindlichkeiten, die von öffentlichen Körperschaften der besetzten oder der noch zu besetzenden Gebiete oder von zur Beseitigung wirtschaftlicher Kriegsnotstände begründeten Gesellschaften eingegangen waren, die Garantie zu übernehmen. Und in § 2c des Reichshaushaltsgesetzes vom 9. Juni 1916 (RGBl. S. 471) ist allgemeiner gesagt, daß das Reich zur Befriedigung unabweisbarer, durch die Verhältnisse des Krieges hervorgerufener Bedürfnisse Garantieen übernehmen dürfe. Das Berufungsgericht faßt die in § 5 der Verordnung vom 9. Dezember 1916 vom Deutschen Reich erklärte Garantie für die Einlösung der Darlehnskassenscheine der durch dieselbe Verordnung ins Leben gerufenen PLDK. als eine auf dieser Rechtsgrundlage ausgesprochene Garantieübernahme auf und nimmt an, daß dadurch eine privatrechtliche Verpflichtung gegenüber der PLDK. im Sinne eines Garantievertrages (RGZ. Bd. 90 S. 415; Warneyer 1916 Nr. 190) eingegangen sei. In der ersteren Entscheidung ist als Garantievertrag der selbständige Vertrag erklärt, in dem jemand sich verpflichtet, für das Eintreten eines bestimmten Erfolges einzustehen, insbesondere in dem jemand der Unternehmung eines anderen dadurch Unterstützung und Förderung zuwendet, daß er das damit verbundene Risiko ganz oder teilweise übernimmt (vgl. auch RGZ. Bd. 61 S. 160, Bd. 72 S. 139, Bd. 82 S. 339). Das trifft im gegebenen Falle zu, wenn der Beklagte der PLDK., falls ihre Mittel zur Einlösung der Darlehnskassennoten bei der vorgesehenen Liquidation der Kasse nicht hinreichen würden, die eigenen Mittel dazu bereit zu stellen verspricht. Gegen diese Auslegung der in § 5 der Verordnung vom 9. Dezember 1916 erklärten Garantiepflicht des Deutschen Reichs durch das Berufungsgericht sind deshalb rechtliche Anstände nicht zu erheben.

Die Revision will in der Garantieübernahme des § 5 einen Vertrag zugunsten Dritter im Sinne des § 328 BGB., nämlich zugunsten der einzelnen Inhaber der Darlehnskassenscheine, gesehen wissen. Aber an einen solchen Vertrag zu denken, wäre rechtlich nur möglich, wenn den Dritten ein Anspruch zivilrechtlicher Natur überhaupt zustand, dessen Erfüllung ihnen gesichert werden sollte. Sind dagegen die Darlehnskassenscheine, wie ausgeführt wurde, nicht Schuldverschreibungen auf den Inhaber und nicht Träger einer Forderung, sondern nur Geldzeichen, deren wirtschaftlicher Wert und deren Umlauffähigkeit darauf beruht, daß sie durch die Pfandobjekte der von der PLDK. zu gewährenden Darlehen gedeckt sind, ohne daß aber zu diesen der Darlehnskassenscheininhaber in einem rechtlichen Verhältnis steht, dann ist kein Gegenstand vorhanden, der ihnen garantiert werden kann. Gewiß soll die Garantieverpflichtung des Deutschen Reichs den Inhabern der

Darlehnskassenscheine zugute kommen, indem die Einlösung in barem Gelde gesichert wird. Aber die einzelnen Inhaber haben keinen Anspruch und keine Macht, die Einlösung herbeizuführen. Es müßte also, soll ein Vertrag zugunsten der Inhaber als Dritter angenommen werden, dieser nicht nur die Gewähr, die Sicherung eines Anspruchs vor Verlust übernommen haben, sondern das Recht auf Einlösung für sie geradezu erst geschaffen sein, das sie vordem nicht besaßen. Das geht über den Sinn und den Wortlaut der in § 5 der Verordnung ausgedrückten Verpflichtung weit hinaus; eine solche Verpflichtungsübernahme würde auch durch die in den Reichshaushaltsgesetzen von 1915 und 1916 den Reichsbehörden erteilten Vollmachten nicht gedeckt sein.

Der eigentliche Rechtsgrund des erhobenen Anspruchs ist nun auch nicht der § 5 der Verordnung vom 9. Dezember 1916 und die darin übernommene Verpflichtung, sondern der auf den Darlehnskassenscheinen in polnischer Sprache aufgedruckte Vermerk, der in der unstreitigen deutschen Übersetzung lautet: „Das Deutsche Reich übernimmt die Garantie für die Zahlung der Darlehnskassenscheine in deutscher Mark zum Nennwert," unterzeichnet „Der Vorstand des Warschauer Generalgouvernements. Warschau den 9. Dezember 1916." Die klagende Partei führt aus, daß damit den einzelnen Inhabern der Darlehnskassenscheine ein unmittelbarer, zivilrechtlich verfolgbarer Anspruch gegen das Deutsche Reich gegeben worden sei. Jedenfalls hätten die Inhaber die Erklärung des Vermerks so auffassen müssen und dürfen, und nach dem Grundsatz von Treu und Glauben (§§ 133, 157 BGB.) müsse der Beklagte sich gefallen lassen, an seiner Erklärung mit dem Inhalte festgehalten zu werden, den die Inhaber der Darlehnskassenscheine, an die die Erklärung doch gerichtet sei, dieser hätten entnehmen dürfen.

Das Berufungsgericht erkennt an, daß der Vermerk auf den Noten den Inhabern zu Zweifeln habe Anlaß geben können; die Gegenwartsform: „Das Deutsche Reich übernimmt die Gewähr" könne einer Auffassung, als ob hier eine neue selbständige Verpflichtung den Inhabern gegenüber eingegangen sei, an sich sehr wohl zur Stütze dienen. Es meint aber, daß die nähere Betrachtung der Umstände die Unhaltbarkeit des Standpunkts, wonach den einzelnen Inhabern eine Garantie erklärt sei und daraus ein Anspruch gegen das Deutsche Reich ihnen zukomme, ergebe. Das Berufungsgericht führt aus, daß der Vermerk auf den Darlehnskassenscheinen im engsten inneren Zusammenhange mit § 5 der Verordnung vom 9. Dezember 1916 stehe, die ordnungsmäßig verkündet sei und deshalb als bekannt vorausgesetzt werden müsse; daraus ergebe sich aber mit Sicherheit, daß die Garantie nur der PLDK. gegenüber übernommen sei; der Vermerk auf den Noten wiederhole nur die in § 5 der Verordnung abgegebene Garantieerklärung. Es beruft sich für die Richtigkeit seiner Auffassung ferner auf die Erklärung der Berliner Großbanken vom 14. Juni 1917, worin diese sich erboten, die Noten der PLDK. an ihren Kassen jederzeit gegen deutsche Noten ohne jeden Abzug umzutauschen; diese Erklärung, meint er, wäre gegenstandslos gewesen, wenn sich das Reich unmittelbar zur Zahlung verpflichtet hätte. Nicht ohne Grund macht die Revision dagegen geltend, daß, wenn die Banken sich zum jederzeitigen Umtausch gegen deutsche Reichsmark bereit erklärten, dies gerade für ihren Standpunkt spreche, wonach eine solche Einlösungspflicht des Reichs, sei es unmittelbar zu jeder Zeit oder auch erst bei der Liquidation der Kasse und der Einziehung der Noten, bestehe. Die Erwägungen des Berufungsgerichts können deshalb, so richtig der innere Zusammenhang zwischen § 5 der Verordnung und dem Aufdruck auf den Noten hervorgehoben ist, nicht als durchweg genügend angesehen werden, um den Angriff der Revision, daß der Vermerk auf den Scheinen als Verpflichtung gegenüber den Inhabern nach Treu und Glauben angesehen werden müsse, zurückzuschlagen. Wäre der Darlehnskassenschein überhaupt der Träger einer zivilrechtlichen Forderung gegen die Landesdarlehnskasse, so würde es nahe liegen, in der Garantieerklärung auf den Noten eine zweite zu der Hauptverpflichtung der Kasse hinzutretende Verpflichtung des Deutschen Reichs zu erblicken, und ebenso eine zweite Garantieerklärung des Deutschen Reichs den Inhabern gegenüber, die zu der gegenüber der PLDK. in § 5 der Verordnung übernommenen hinzuträte. Für den Inhaber würde damit ein doppelter Anspruch, gegen die Landesdarlehnskasse als die Ausstellerin der Schuldverschreibung und gegen das Deutsche Reich als einen neben den Hauptschuldner tretenden Garantieschuldner, gegeben sein. Allerdings ist die Verordnung vom 9. Dezember 1916 — und ebenso eine Erklärung des deutschen Reichskanzlers vom 20. Juni 1917, wonach das Deutsche Reich bedingungslos die Garantie dafür übernommen habe, daß diese Landesdarlehnskassenscheine bei ihrer Einziehung zum Nennwerte gegen deutsche Reichsmark eingelöst werden — ordnungsgemäß im Verordnungsblatt für das Generalgouvernement verkündet worden. Aber dieser Umstand könnte nicht durchschlagen gegenüber der Berufung auf § 796 BGB., der bestimmt, daß der Aussteller — als solcher würde auch der Aussteller des Vermerks erscheinen — dem Inhaber nur solche Einwendungen entgegensetzen kann, welche die Gültigkeit der Ausstellung betreffen oder sich aus der Urkunde ergeben oder dem Aussteller unmittelbar gegen den Inhaber zustehen.

An sich wäre es denkbar, daß auf dem Darlehnskassenschein neben dem Aussteller ein Dritter, hier das Deutsche Reich, eine Verpflichtung übernähme, durch die nun der Schein, an sich nur ein Geldzeichen, zu einer Schuldverschreibung auf den Inhaber umgeschaffen würde; der

Dritte — das Deutsche Reich — wäre dann der einzige Schuldner aus dem Papiere. Eine solche Gestaltung der Rechtslage, die dem Garantieschuldner eine anders geartete und weitere Verpflichtung auferlegte, als sie für den Hauptschuldner besteht, könnte angenommen werden und würde angenommen werden müssen, wenn der Vermerk ohne ausdrückliche Bezugnahme auf die bestehende Verpflichtung eines Hauptschuldners dahin lautete: „Das Deutsche Reich zahlt dem Inhaber dieses Darlehnskassenscheins an der Reichshauptkasse den Nennbetrag in deutscher Reichswährung aus." Die Gewähr- oder Garantieübernahme aber enthält keine unmittelbare Zahlungsverpflichtung, sondern sie weist gerade auf die Verpflichtung eines Dritten hin, für deren Erfüllung, so wie sie ist, eingestanden werden soll. Sie will die Erfüllung der Schuld eines Dritten, der PLDK., sichern, aber selbstverständlich wird dadurch an dessen Schuld nichts geändert; sie wird so gesichert, wie sie besteht. Deshalb kann die Garantieerklärung auf den Darlehnskassenscheinen nichts anderes bedeuten als eine an die Inhaber der Scheine gerichtete Kundgebung, daß sie vor Verlust gesichert seien, weil das Deutsche Reich, wenn es zur Einlösung der Darlehnskassenscheine auf Grund der in Aussicht genommenen Liquidation der Kasse kommen werde, mit seinen Mitteln hinter der Schuldnerin, der Darlehnskasse stehe. Da der Inhaber gar keinen zivilrechtlichen Anspruch auf Zahlung aus dem Darlehnskassenschein hat, sondern nur die Aussicht auf Zahlung bei der bevorstehenden Einziehung, ist die übernommene Garantie und der Vermerk hierüber nur als ein Hinweis aufzufassen, daß der Inhaber gesichert sei, weil das Deutsche Reich bei der Auflösung der Kasse erforderlichenfalls seine Mittel zur Verfügung stellen werde. Eine unmittelbare Zahlungspflicht gegenüber dem einzelnen Inhaber, die es aus dem Darlehnskassenschein auch für den Aussteller der Scheine, die PLDK., gar nicht gibt, hat das Deutsche Reich mit der Garantieerklärung nicht übernommen. Ebenso wie die Annahme eines Vertrags zugunsten Dritter für die Garantieverpflichtung in § 5 der Verordnung vom 9. Dezember 1916, stößt sich auch die Annahme einer zivilrechtlichen Zahlungsverpflichtung des Deutschen Reichs aus dem Garantievermerk auf den Scheinen an der rechtlichen Natur der Darlehnskassenscheine. Diese sind, wie schon ausgeführt wurde, nicht Schuldverschreibungen auf den Inhaber, nicht Träger einer Forderung, sondern lediglich Geldzeichen, Geldersatz. Sie werden bei öffentlichen Kassen des Generalgouvernements Warschau bei zu leistenden Zahlungen in Zahlung genommen; davon abgesehen besteht aber eine Pflicht der Einlösung und ein Anspruch auf Einlösung gegen Zahlung baren Geldes nicht, nur eine Anwartschaft auf Einlösung, die bei der Liquidation der Kasse erfolgen soll, die herbeizuführen aber lediglich öffentlichrechtliche Verpflichtung der Reichsregierung ist, ebenso wie nach dem deutschen Darlehnskassengesetze, nur daß im letzteren die Fristbestimmung fehlt. Wenn vom Deutschen Reich eine Garantie für die Einlösung oder Zahlung übernommen und auf den Darlehnskassenscheinen vermerkt ist, so ist diese Sicherung nur im Hinblick auf die Art und Weise zu verstehen, in der diese Einlösung oder Zahlung überhaupt vor sich geht; sie ist also die Sicherung jener Anwartschaft, die Erklärung, daß das Deutsche Reich hinter der PLDK. stehe, für die Einlösung Sorge tragen und seine Mittel dafür zur Verfügung halten werde, wenn die Mittel der PLDK. nicht ausreichten. Diese Garantieerklärung auf den Scheinen war keineswegs gegenstandslos und überflüssig. Bei den deutschen Darlehnskassenscheinen bedurfte es einer solchen Garantieerklärung nicht, weil die Scheine von der Reichsschuldenverwaltung selbst ausgestellt sind und die Einlösungsgarantie oder vielmehr die Einlösungspflicht des Reichs sich von selbst versteht. Bei der PLDK. war sie aber sehr wesentlich, da der Kredit der Darlehnskasse sowie der Staatskredit des noch gar nicht fertigen, sondern erst im Entstehen begriffenen polnischen Staates das Publikum nicht hätte bewegen können, die Noten anzunehmen. Stellte sich aber das Deutsche Reich schützend und mit seinen Mitteln deckend dahinter, so war diese Schwierigkeit behoben. Der Vermerk auf den Scheinen klärte die Bevölkerung über das Bestehen dieser Sicherheit auf, die bei dem zur Zeit des Erlasses der Verordnung vom 9. Dezember 1916 und der Ausgabe der Darlehnskassenscheine für die Zukunft erwarteten Gange der Dinge auch die ordnungsmäßige Einlösung der Scheine auf dem Wege der Liquidation der Kasse herbeigeführt haben würde, ohne daß es wesentlich darauf ankam, ob die Garantieübernahme des Deutschen Reiches eine privatrechtliche oder öffentlichrechtliche, der Landesdarlehnskasse gegenüber oder den Inhabern gegenüber erklärt war.

Der Garantievermerk auf den Scheinen entbehrt hiernach überhaupt eines privatrechtlichen Inhalts. Er gibt dem Inhaber keinen Anspruch auf Einlösung gegen den Beklagten, wie dem Inhaber ein solcher auch nicht gegen die PLDK. zusteht; er bekundet nur tatsächlich, daß das Deutsche Reich dafür sorgen werde und mit seinen Mitteln dafür einstehe, daß das öffentlichrechtliche Geschäft der Liquidation der Kasse und der Einziehung der Noten ordnungsmäßig vor sich gehen und nicht etwa am Mangel an Mitteln der PLDK. scheitern werde. Die Grundlage des Vermerks ist die der PLDK. gegenüber in § 5 der Verordnung vom 9. Dezember 1916 eingegangene Verpflichtung, die einen privatrechtlichen Charakter haben mag, wie dies das Berufungsgericht auch angenommen hat. Der Vermerk auf den Scheinen ist nur die Bestätigung des Tatbestandes dieser der PLDK. gegenüber eingegangenen Verpflichtung, aber keine rechtsgeschäftliche Willenserklärung den Inhabern gegenüber. Deshalb können sich diese auch nicht auf § 157 BGB. berufen, der nur für rechtsgeschäftliche Willenserklärungen gilt, nicht für eine bloße Mitteilung von Tatsachen.

Ob aus der Garantieübernahme des § 5 der Verordnung vom 9. Dezember 1916 die PLDK., wie sie zurzeit besteht (abgeänderte Statuten vom 7. Dezember 1918, veröffentlicht im amtlichen Monitor Polski in Warschau Nr. 227 vom 12. Dezember 1918), einen zivilrechtlichen Anspruch gegen das Deutsche Reich zu erheben berechtigt sein würde, steht im gegenwärtigen Rechtsstreite nicht zur Entscheidung.

Ist nun auch dem Aufdruck auf den Noten der PLDK. der Charakter einer rechtsgeschäftlichen Verpflichtung wie überhaupt ein rechtsgeschäftlicher Charakter abzusprechen, so würde es doch denkbar erscheinen, daß das beklagte Deutsche Reich auf Grund des § 839 BGB. in Verb. mit dem Reichsgesetz vom 22. Mai 1910 (RGBl. S. 798) den Inhabern der Scheine oder wenigstens solchen Inhabern, die nachweislich nicht in der Absicht gewinnbringender Spekulation zu billigerem Preise, sondern mit Leistungen im Werte des Nennwerts in deutscher Reichsmark die Noten erworben haben und nun durch den Niedergang der polnischen Valuta in ihrem Vermögen beschädigt sind, für schadensersatzpflichtig zu erachten wäre. Der Grund der Ersatzpflicht könnte darin gefunden werden, daß die Amtspersonen, die bei der Garantieerklärung auf den Noten in Vertretung des Deutschen Reichs gehandelt haben, schuldhafter Weise ihre Amtspflicht verletzt hätten, indem sie dem Aufdruck eine Gestalt und einen Wortlaut gaben, die Nichtunterrichtete in den Glauben versetzen konnten, es handele sich um eine rechtsgeschäftliche Verpflichtungserklärung des Deutschen Reichs, aus der sie einen klagbaren Anspruch gegen das letztere erworben hätten. Indessen ist eine solche Entschädigungspflicht abzulehnen, weil ein Verschulden der beteiligten Amtspersonen nicht angenommen werden kann. Der einzige zu einer solchen Auffassung des Garantievermerks auf den Noten verleitende Umstand ist der Gebrauch der Gegenwartsform in der aufgedruckten und an die Inhaber der Scheine gerichteten Erklärung: „Das Deutsche Reich übernimmt“. Diese Gegenwartsform erklärt sich aber zwanglos daraus, daß die Garantieübernahmeerklärung in § 5 der Verordnung vom 9. Dezember 1916 sowohl wie der Garantievermerk auf den Darlehnskassenscheinen vom gleichen Tage, dem Tage der Verordnung, datiert sind und als innerlich und äußerlich zusammenhängend, gewissermaßen als ein Akt angesehen wurden, wie sie denn auch unzweifelhaft zusammengehören, wobei es ganz gleichgültig ist, ob dem Vermerk auf den Scheinen eine rechtsgeschäftlich verpflichtende oder nur eine tatsächlich berichtende Bedeutung zukommt. Es kann deshalb den Verfassern und Unterzeichnern des Aufdruckvermerkes aus dem Gebrauch der Gegenwartsform der Vorwurf eines

Verstoßes gegen eine Amtspflicht nicht gemacht werden. Im übrigen spricht der Vermerk deutlich von einer Garantie für die Zahlung, nicht von der Zahlung selbst, durch das Deutsche Reich, so daß die Frage nach der Person des Schuldners der Zahlung und nach der Art und Weise der Zahlungsverpflichtung sich von selbst ergibt, über die die ordnungsmäßige Veröffentlichung der Verordnung vom 9. Dezember 1916 im Verordnungsblatt des Generalgouvernements Warschau die Bevölkerung belehrte. Insofern ist dieser Veröffentlichung eine Bedeutung allerdings zuzusprechen.

Bei der aus der rechtlichen Natur der Darlehnskassenscheine abgeleiteten rechtsgrundsätzlichen Entscheidung über den Inhalt und die Bedeutung des auf den Noten aufgedruckten Vermerkes kann es auf die weiteren Beweisangebote der klagenden Partei über die Verhandlungen, die zwischen der deutschen Regierung und Vertretern der Warschauer Finanzwelt gepflogen worden seien und zu der Garantieübernahme geführt haben sollen, nicht weiter ankommen. Die Meinung, von welcher die bei der Garantieerklärung tätigen Amtspersonen des Deutschen Reichs ausgegangen sind, ist für die Auslegung ihrer Erklärungen nicht von Belang, wenn sie nicht in den Erklärungen selbst zum äußeren Ausdruck gekommen ist.

Das am 28. Juli 1921 verabschiedete, im Reichsgesetzblatt vom 5. August 1921 verkündete, am 19. August 1921 nach Art. 71 der Reichsverfassung vom 11. August 1919 in Kraft getretene Reichsgesetz über den Ersatz der durch die Abtretung der Reichsgebiete entstandenen Schäden (Verdrängungsschädengesetz) enthält in § 18 eine Bestimmung, wonach unter gewissen Voraussetzungen aus Billigkeitsgründen, wenn der Erwerb von Darlehnskassenscheinen der PLDK. mit der Verdrängung aus Polen im Zusammenhange steht, den Inhabern solcher Scheine eine Entschädigung aus Reichsmitteln gewährt werden kann. Der Schlußsatz des Abs. 1 des § 18 spricht dann aus: „Im Verhältnis zu Inhabern solcher Darlehnskassenscheine besteht eine Verpflichtung des Deutschen Reichs zur Einlösung dieser Scheine nicht.“ Die Begründung zu dem Gesetz (Nr. 1021 der Drucksachen des Reichstages von 1920) bemerkt dazu auf S. 29, entgegen dem Standpunkte, der vom Deutschen Reiche wie vom polnischen Staate vertreten werde, finde sich im Privatverkehr zum Teil die irrige Ansicht, daß den Inhabern auf Grund des Aufdrucks des Garantievermerks auf den Scheinen ein selbständiger Anspruch privatrechtlicher Natur gegen das Deutsche Reich zustehe. Dem Vermerke liege aber nur eine dem polnischen Staate gegenüber vom Deutschen Reich abgegebene Erklärung völkerrechtlichen Inhalts zugrunde, die die Verwaltung des Generalgouvernements Warschau als Behörde der bestehenden Macht in den Amtsblättern wie durch den erwähnten Aufdruck zur öffentlichen

Kenntnis gebracht habe. Der zur Vorbereitung des Gesetzes vom Reichstage bestellte Ausschuß hat (Nr. 2441 der Drucksachen S. 29) den in der Begründung dargelegten Standpunkt der Reichsregierung gebilligt mit dem Hinweise, daß ein Eintreten des Reichs in der Weise, daß die Noten in deutschem Gelde eingelöst würden, lediglich ungeheure Spekulationsgewinne zur Folge haben würde. Die Richtigkeit und rechtliche Möglichkeit der Annahme der Begründung des Entwurfs, daß die Verpflichtung des Deutschen Reichs dem polnischen Staate gegenüber als völkerrechtliche Verbindlichkeit eingegangen sei, hängt davon ab, ob zur Zeit des Erlasses der Verordnung vom 9. Dezember 1916 ein polnischer Staat bereits zur Entstehung gekommen war. Darüber ist in dieser Urteilsbegründung bereits gehandelt. Ob die Gesetzesbestimmung im Schlußsatz des Abs. 1 des § 18 lediglich eine authentische Erklärung und Feststellung eines bestehenden Rechtsverhältnisses oder Rechtszustandes aussprechen will und als solche Gültigkeit beanspruchen könnte, oder ob sie auch den gesetzgeberischen Willen ausdrückt, wenn Rechte der Inhaber der Darlehnskassenscheine bestehen sollten, diese aufzuheben; ob der Gesetzesbestimmung rückwirkende Kraft beizumessen sein und sie deshalb auch die in dem vorliegenden Rechtsstreit geltend gemachte Forderung beseitigen würde; ob endlich die Bestimmung mit Art. 153 der Reichsverfassung vom 11. August 1919 würde bestehen können, wonach das Privateigentum gewährleistet wird und nur zum Wohle der Allgemeinheit auf gesetzlicher Grundlage und, soweit ein Reichsgesetz nicht etwas anderes bestimmt, nur gegen angemessene Entschädigung entzogen werden kann: auf alle diese Fragen braucht nach der in diesem Urteil dargelegten Begründung, daß ein zivilrechtlicher Anspruch der Inhaber der polnischen Darlehnskassenscheine gegen das Deutsche Reich überhaupt nicht besteht, im Rahmen dieses Rechtsstreits nicht eingegangen zu werden.

---

72. Kann ein Zwangsverwalter Ansprüche auf Grund des preußischen Tumultschadensgesetzes vom 11. März 1850 geltend machen?

VI. Zivilsenat. Urt. v. 1. Dezember 1921 i. S. Stadtgemeinde B. (Bekl.) w. L. (Kl.). VI 364/21.

I. Landgericht I Berlin. — II. Kammergericht daselbst.

Bei den Spartakus-Unruhen in Berlin wurden die Dächer und Fensterscheiben des Hauses Palisadenstraße 10 daselbst am 8. März 1919 durch Schüsse beschädigt, die von den Regierungstruppen zur Bekämpfung der Spartakisten abgegeben wurden. Diese Schäden ließ der Kläger in seiner Eigenschaft als Zwangsverwalter des Grundstücks beseitigen. Schon am 11. März 1919 meldete er den Schaden bei der Beklagten an. Auf deren ihm am 21. Februar 1920 zugestellten ablehnenden Bescheid hin erhob er am 18. März Klage, mit der er den Ersatz seiner Aufwendungen auf Grund des preußischen Tumultschadensgesetzes vom 11. März 1850 verlangte.

Beide Vorinstanzen gaben der Klage statt. Die Revision blieb erfolglos.

Gründe:

Die Fristen, von deren Innehaltung gemäß § 5 TG. die Geltendmachung von Schadensersatzansprüchen aus Tumultschäden abhängig ist, sind nach den Feststellungen des Berufungsgerichts gewahrt. Weiter unterliegt das Vorhandensein eines den Voraussetzungen des § 1 das. genügenden Tatbestands keinem Bedenken. Das Berufungsurteil wird aber von der Revision deswegen angefochten, weil der Zwangsverwalter zur gerichtlichen Geltendmachung von Ansprüchen wegen Tumultschäden nicht berechtigt sei. Dieser Auffassung kann jedenfalls bei der hier gegebenen Sachlage nicht zugestimmt werden.

Nach § 148 Abs. 2 ZVG. wird dem Schuldner durch die Beschlagnahme die Verwaltung und Benutzung des Grundstücks entzogen, der Verwalter aber hat nach § 152 Abs. 1 das. „das Recht und die Pflicht, alle Handlungen vorzunehmen, die erforderlich sind, um das Grundstück in seinem wirtschaftlichen Bestande zu erhalten und ordnungsmäßig zu benutzen". Im vorliegenden Falle sind Fensterscheiben und Dächer des Hauses im erheblichem Umfange beschädigt worden. Die Beseitigung dieser Mängel war zur Erhaltung und ordnungsmäßigen Benutzung des Hauses nötig und fiel daher in den Rechts- und Pflichtenkreis des Verwalters (vgl. auch RGZ. Bd. 93 S. 1). Die Ausführung derartiger außergewöhnlicher und umfangreicher Wiederherstellungsarbeiten wird dem Verwalter indessen mit den laufenden Einnahmen der Zwangsverwaltung nur ausnahmsweise möglich sein. Steht nun der Schädigung des Grundstücks ein Schadensersatzanspruch gegenüber, mit dessen Durchführung der Schaden wieder gut gemacht werden kann, so wird dem Verwalter nicht das Recht versagt werden können, diesen Anspruch erforderlichenfalls gerichtlich geltend zu machen. Auch hierin liegt eine Handlung, die zur Erhaltung des Grundstücks und dessen ordnungsmäßiger Benutzung erforderlich ist. Die Revision scheint dies für den Fall nicht bestreiten zu wollen, daß der Zwangsverwalter die Wiederherstellung des früheren Zustandes gemäß § 249 BGB. verlangt. Sie verneint aber sein Klagerecht, wenn er Entschädigung in Geld fordert, und weist darauf hin, daß der Kläger die Wiederherstellungsarbeiten bald nach der Beschädigung des Hauses habe ausführen lassen; die spätere Einklagung der Unkosten sei kein Akt der Grundstücksverwaltung. Mit dieser Ausführung kann die

Revision nicht durchdringen. Das Berufungsgericht hat ausgeführt, wenn der Kläger, der den Schaden zuvor bei der Beklagten angemeldet gehabt habe, sich selbst oder die Zwangsverwaltungsmasse mit den Wiederherstellungskosten belastet habe, so habe er das selbstverständlich nur mit Rücksicht darauf getan und tun können, daß ihm ein Anspruch auf Ersatz dieser Aufwendungen zustehe. War aber die Beseitigung der Schäden abhängig von der Durchführung des Schadenersatzanspruchs, so gehörte auch die letztere zu den Handlungen, zu deren Vornahme der Verwalter befugt ist. Es geht auch nicht an, ihn schlechthin auf den Weg der Naturalrestitution zu verweisen. Im gegebenen Falle würde das Verlangen, die Beklagte solle den früheren Zustand wiederherstellen, zu einer höchst unwirtschaftlichen Verzögerung der Reparaturen geführt haben, denn die Beklagte hat auf die Schadensanmeldung vom 11. März 1919 erst im Februar 1920 einen ablehnenden Bescheid erteilt; die Herstellungsarbeiten aber konnten ihrer Beschaffenheit nach ersichtlich nicht bis zu der Beendigung eines gegen die Stadt anzustellenden Rechtsstreits aufgeschoben werden.

Die Revision meint, der Klageberechtigung des Verwalters stehe der zweite Halbsatz des § 152 Abs. 1 ZVG. entgegen. Wenn dort gesagt sei, der Verwalter habe die Ansprüche, auf welche sich die Beschlagnahme erstreckt, geltend zu machen, so sei hiermit seine Berechtigung zur Geltendmachung von Ansprüchen nach außen umschrieben. Ein Anspruch wegen Tumultschadens werde aber nicht von der Beschlagnahme ergriffen. Über die Frage, in welchem Verhältnisse die beiden Halbsätze des § 152 Abs. 1 zueinander stehen, hat sich das Berufungsgericht eingehend geäußert. Im Anschluß an RGZ. Bd. 56 S. 389 nimmt es an, daß der § 152 die Befugnisse des Zwangsverwalters nur im allgemeinen abgrenze. Es werde ihm eine bestimmte Aufgabe zugewiesen, die Erhaltung des Grundstücks in seinem wirtschaftlichen Bestande und seiner ordnungsmäßigen Nutzung; in diesem Umfange sei er erforderlichenfalls zum Handeln ermächtigt und verpflichtet. Der zweite Halbsatz enthalte keine Beschränkung seiner Befugnisse, sondern führe den Gedanken des ersten fort. Dies sei deutlicher zum Ausdruck gelangt in dem Entwurf eines Gesetzes betr. die Zwangsvollstreckung in das unbewegliche Vermögen von 1889, in dessen § 197 (Hahn-Mugdan, Materialien Bd. 5 S. 266) gesagt werde, der Zwangsverwalter sei „insbesondere auch berechtigt", die in Beschlag genommenen Forderungen einzuziehen. Diese Auffassung des § 152 Abs. 1 steht mit dem Wortlaut wie mit dem Sinne des Gesetzes in Übereinstimmung. Für die beschlagnahmten Forderungen enthält der zweite Halbsatz eine besondere Anweisung für den Verwalter; im übrigen aber ist unter Beachtung des Zwecks der Zwangsverwaltung zu prüfen, ob ihm im Einzelfalle ein Recht zur Prozeßführung zusteht (vgl. Jäckel-Güthe,

Komm. z. ZVG. 5. Aufl. § 152 Anm. 8). Dies ist dann der Fall, wenn die Prozeßführung, wie hier, zur Erhaltung des Grundstücks in seinem wirtschaftlichen Bestande erforderlich war. Ob Ansprüche wegen Tumultschäden als solche von der Beschlagnahme ergriffen werden, kann dahin gestellt bleiben (§ 148 ZVG.).

Vorschriften des preußischen Tumultschadensgesetzes stehen der Geltendmachung des Schadensersatzanspruchs durch einen Zwangsverwalter nicht entgegen.

---

73. Galt die in § 19 der Preistreibereiverordnung vom 8. Mai 1918 für Lieferungen nach dem Auslande bestimmte Ausnahme aus allgemeinen Rechtsgründen auch schon vor Erlaß dieser Verordnung?

II. Zivilsenat. Urt. v. 2. Dezember 1921 i. S. C. (Bekl.) w. G. (Kl.). II 238/21.

I. Landgericht III Berlin, Kammer f. Handelssachen. — II. Kammergericht daselbst.

Im Juli 1917 kaufte der Beklagte von der Klägerin 5000 t Fördersteinstalz, wie es in der Grube fällt, zum Preise von 210 *M* für 10 t. Geliefert und bezahlt wurden 397,5 t. Weitere Abnahme verweigerte der Beklagte wegen mangelhafter Beschaffenheit des Gelieferten. Gegen die Klage auf Schadensersatz wandte er ein, daß der Vertrag wegen übermäßiger Preisstellung gemäß der Bekanntmachung vom 23. Juli 1915 nichtig sei; er selbst sei der Ware nicht kundig und habe im Auftrage bulgarischer Käufer zum Export nach dort eingekauft. Der damalige Marktpreis habe 95—115 *M* für 10 t betragen.

Während das Landgericht die Klage abwies, erklärte das Kammergericht den Anspruch dem Grunde nach für berechtigt. Die Revision wurde zurückgewiesen aus folgenden

Gründen:

... Das Landgericht hat die Klage abgewiesen, indem es aus eigener Sachkunde feststellt, daß der damalige Marktpreis ungefähr 100 *M* betragen habe, der bedungene Preis von 210 *M* wucherisch gewesen und daher der Vertrag wegen Verstoßes gegen die Preistreibereiverordnung vom 23. Juli 1915 nichtig sei. Der zweite Richter dagegen hat diesen Einwand abgelehnt. Die Ware, sagt er, habe unstreitig nach dem Auslande geliefert werden sollen; wenn auch in der Bekanntmachung vom 23. Juli 1915 eine ausdrückliche Bestimmung wie der § 19 der Verordnung vom 8. Mai 1918 fehle, so sei doch nach dem ganzen Sinn und Zweck der Verordnung, die auf den

Schutz der Volksgenossen gegen die aus der Kriegsnot erwachsene Ausbeutung gerichtet sei, zu entnehmen, daß auch unter der Herrschaft dieser Verordnung bereits die Erzielung eines als übermäßig anzusehenden Gewinnes nicht verboten gewesen sei, wenn die Ware nach dem Auslande geliefert werden sollte.

Das ist zu billigen. Gegenüber dem Standpunkte des Landgerichts tritt schon das Bedenken auf, ob der Kaufvertrag, wenn der Abschluß des Geschäfts unter die Strafvorschrift der Bekanntmachung vom 23. Juli 1915 § 5 Nr. 1 fiele, um deswillen nichtig wäre oder ob nicht vielmehr die zivilrechtliche Folge nur die wäre, daß der Käufer die Ermäßigung des Preises auf das Angemessene fordern könnte (vgl. RGZ. Bd. 98 S. 293).

Die Frage ist aber ohne Bedeutung, wenn überhaupt kein Verstoß gegen die Preistreibereiverordnung vorliegt.

Der Beklagte hat seinen Wohnsitz in Deutschland und hat die Ware im Inlande zur Lieferung im Inlande gekauft. Seine Absicht war, sie unmittelbar nach Bulgarien auszuführen, und soweit die Ware geliefert worden ist, hat er seine Absicht auch ausgeführt. Das ist auch jedenfalls insofern zum Inhalt des Vertrags gemacht worden, als nach der unbestrittenen Behauptung der Klägerin die Ware ausdrücklich zur Ausfuhr in das Ausland gekauft worden ist. Fände die Preistreibereiverordnung in der neuen Gestalt vom 8. Mai 1918 Anwendung, so unterfiele das Geschäft dem § 19 das., wonach Lieferungen nach dem Auslande den Vorschriften der Verordnung nicht unterliegen. Nun hat freilich die frühere, hier einschlägige Verordnung keine ausdrückliche Ausnahmebestimmung dieses Inhalts. Aber der innere Grund der Ausnahme — der Gedanke, daß es nur darauf ankommt, den Inlandmarkt in Ordnung zu halten und zu reglementieren, wogegen in Beziehung auf den Exporthandel gerade im Gegenteil die Erzielung guter und hoher Preise nur erwünscht sein kann — dieser Grund ist nicht erst neueren Datums, hatte vielmehr von vornherein seine volle Geltung, und wenn das Gesetz in seiner neuen Fassung die Ausnahme ausdrücklich aufgenommen und nunmehr als positiv aufgestellt hat, so ist das geschehen, weil, wie die mit dem Gesetz herausgegebene Begründung hervorhebt, das Reichsgericht abgelehnt hatte, mangels einer positiven Bestimmung eine Ausnahme zugunsten der Auslandgeschäfte gelten zu lassen. Demgegenüber sagt die Begründung, daß ein Bedürfnis, ausländische Verbraucher zu schützen, nicht bestehe, daß es vielmehr in der Regel den Interessen der deutschen Volkswirtschaft entsprechen werde, wenn für die ausgeführten Waren ein möglichst hoher Preis erzielt werde. Das gilt von den bisherigen Vorschriften so gut wie von den mit dieser Begründung herausgegebenen. Allerdings ist davon auszugehen, daß ein Unterschied zwischen den strafrechtlichen Folgen einer Übertretung des Gesetzes hier nicht gemacht werden kann. Über letztere bestimmt die Bekanntmachung vom 23. Juli 1915 überhaupt nichts. Sie hängen ganz daran, daß die Strafvorschrift verletzt worden ist, und die Frage ist, ob strafrechtlich zwischen Inlandgeschäften und „Lieferung nach dem Ausland" unterschieden werden kann, während das Strafgesetz ganz allgemein und unterschiedslos redet. Das ist unbedenklich zu bejahen. Es ist auch im Strafrecht nicht unzulässig, aus dem Zwecke des Gesetzes Ausnahmen von der positiven, aber in der Fassung des Gedankens zu allgemein ausgefallenen Vorschrift abzuleiten. Es wäre zu eng, wollte man darauf bestehen, daß in einem solchen Falle erst durch das Eingreifen der Gesetzgebung die Zurückführung des Strafgesetzes auf das durch seinen allgemeinen Zweck gebotene Maß erfolgen könne, hier also erst durch den § 19 der neuen Verordnung erfolgt wäre. In dem Urteile des Reichsgerichts, welches die Begründung der neuen Verordnung offenbar im Auge gehabt hat, RGSt. Bd. 50 S. 428, hat allerdings der erste Strafsenat den entgegengesetzten Standpunkt vertreten. Aber sachlich vermag der erkennende Senat sich dem nicht anzuschließen und prozeßrechtlich steht die Entscheidung nicht im Wege, weil sie in Beziehung auf ein anderes Strafgesetz ergangen ist. Dort handelt es sich um die Überschreitung festgesetzter Höchstpreise, um Übertretung des Gesetzes vom 4. August 1914 in der Fassung vom 17. Dezember 1914 und vom 27. März 1916, während hier die Bekanntmachung vom 23. Juli 1915 in Frage steht. Auch mögen dort noch andere Tatumstände obgewaltet haben. Das Urteil spricht von einer neuen, also doch wohl erst nach Erlaß des anzuwendenden Gesetzes eingetretenen Gestaltung der Verhältnisse, die nicht vorhergesehen war, und will diese nicht als ausreichende Grundlage für eine einengende Auslegung des Gesetzes gelten lassen. Derartiges liegt hier nicht vor. Der Zweck dieser ganzen Gesetzgebung ist von Anfang an der gleiche gewesen. Ferner tritt in jenem Urteil auch nicht hervor, ob der Angeklagte, der mit amtlicher Erlaubnis in Bayern Kartoffeln aufgekauft hatte, um sie nach der Schweiz zu verkaufen, die Lieferung nach dem Auslande zum Inhalt der einzelnen Kaufgeschäfte gemacht hatte, oder ob nicht vielmehr die Kartoffeln zunächst an ihn selbst geliefert und also im Inland abgeliefert worden sind. Eine Abweichung von jener Entscheidung liegt somit in gegenwärtiger Entscheidung nicht.

---

74. Zum Begriff der Verabredung im Sinne von § 1 Nr. 6 der Preistreibereiverordnung vom 8. Mai 1918. Liegt eine solche nur dann vor, wenn sich die Teilnehmer vertraglich verpflichten, eine der in Nr. 1—5 bezeichneten strafbaren Handlungen zu begehen?

VI. Zivilsenat. Urt. v. 5. Dezember 1921 i. S. S. (Kl.) w. B. (Bekl.). VI 175/21.

I. Landgericht II Berlin. — II. Kammergericht daselbst.

Das Reichsgericht hat die in der Überschrift gestellte Frage verneint.

Gründe:

Nach der von der Revision nicht angefochtenen Feststellung des Berufungsgerichts hat die Hergabe der 8000 *M* vom Kläger an den Beklagten bezweckt, daß das Geld zum Ankauf von Zwiebeln verwendet werde, die binnen wenigen Tagen mit einem Reingewinn von 4000 *M* weiter veräußert werden sollten, und daß der Kläger von dem Gewinn 3000 *M* erhalten sollte. Das Berufungsgericht führt aus: ein solcher Gewinn, der 50% des Einkaufspreises darstelle, ohne daß allgemeine Betriebs- oder Gestehungskosten bei diesem reinen Gelegenheitsgeschäft entstehen konnten, sei selbst unter Berücksichtigung der Gefahr, daß die Ware vor der Weiterveräußerung verloren gehe oder verderbe, übermäßig gewesen und habe den angemessenen Reingewinn mindestens um das Doppelte überstiegen. Die Vertragschließenden seien sich auch der Verbotswidrigkeit des Geschäfts bewußt gewesen. Der Vertrag der Parteien, möge er als Darlehen oder Gesellschaftsvertrag zu würdigen sein, habe Preiswucher bezweckt und sei deshalb nach § 134, aber auch nach § 138 BGB. nichtig, weil beabsichtigt worden sei, die allgemeinen Schwierigkeiten der Wirtschaftsverhältnisse und die dadurch entstandene Notlage der Verbraucher zur Verteuerung notwendiger Nahrungsmittel im selbstsüchtigen Interesse der Erlangung eines unverhältnismäßig hohen Gewinns auszubeuten.

Das Berufungsgericht hat zwar seine Feststellungen mit der Bemerkung eingeleitet, daß ein Verstoß gegen § 1 Nr. 1 und 6 PTV. vorliege, wenn der Kläger durch den Abschluß des Rechtsgeschäfts vorsätzlich an einer Verabredung teilgenommen habe, die den Verkauf von Gegenständen des täglichen Bedarfs mit unverhältnismäßigem Gewinn bezweckte. Das Gericht hat aber nicht, was erforderlich gewesen wäre, dargelegt, daß und inwiefern der festgestellte Tatbestand die Merkmale jenes Strafgesetzes erfülle. Doch ist nach dem Zusammenhang der Gründe außer Zweifel, daß es das Rechtsgeschäft wegen Verstoßes gegen § 1 Nr. 1 und 6 PTV. als nichtig ansieht. Diese Auffassung ist rechtlich nicht zu beanstanden.

Wenn die Parteien miteinander vereinbart haben, daß mit dem von dem Kläger herzugebenden Gelde Zwiebeln angekauft und mit unverhältnismäßigem Gewinn weiter veräußert werden sollten, so haben beide an einer Verabredung teilgenommen, die zum Gegenstand hatte, für die Zwiebeln, also für Nahrungsmittel, die zum täglichen Bedarf gehören, übermäßige Preise zu fordern und anzunehmen. Die Verabredung erforderte nicht die Beteiligung von mehr als zwei Personen (RGSt. Bd. 51 S. 385, Bd. 55 S. 87). Beide Parteien können auch an der Verabredung begrifflich nur vorsätzlich teilgenommen haben. Ihr Vorsatz ist dahin gegangen, daß gemäß der Verabredung die Zwiebeln mit übermäßigem Gewinn veräußert werden sollten.

Ohne Rechtsirrtum und im Einklang mit der Rechtsprechung des Reichsgerichts (RGZ. Bd. 90 S. 402, Bd. 93 S. 27, 106 u. ö.) hat das Berufungsgericht ferner das Rechtsgeschäft als gegen die guten Sitten verstoßend und darum als nichtig nach § 138 BGB. erachtet. Verfehlt ist die Rüge der Revision, daß die Darlehenshingabe zur Ermöglichung des etwa gesetzwidrigen oder unsittlichen Geschäfts höchstens einen unsittlichen oder gesetzwidrigen Beweggrund gehabt habe, der allein aber nicht ausreiche, die an sich erlaubte Darlehenshingabe gesetzwidrig oder unsittlich zu machen. Bei dem Kläger ist es nicht bei dem Beweggrunde geblieben, sondern der von ihm wie von dem Beklagten verfolgte Zweck: Ankauf von Zwiebeln, um sie alsbald mit übermäßigem Gewinn zu verkaufen, ist nach der Feststellung des Berufungsgerichts zum Inhalt des Rechtsgeschäfts gemacht worden. Der Kläger wollte und sollte von dem vom Gesetz mißbilligten Gewinn den Löwenanteil beziehen und zu diesem Zwecke gab er das Geld her. Ein zu unsittlichem Zwecke gegebenes Darlehen ist nach § 138 nichtig, wenn der Darlehensgeber aus der Unsittlichkeit Vorteile ziehen will und an ihr Teil hat (RGZ. Bd. 63 S. 370, Bd. 70 S. 2).

In der Hauptsache wendet die Revision unter Berufung auf das Schrifttum ein, daß aus der Verabredung der eine dem anderen verpflichtet werden müsse, eine der in § 1 Nr. 1—5 PTV. bezeichneten strafbaren Handlungen zu begehen. Die bloße Vereinbarung zu bewußtem und gewolltem künftigen Zusammenwirken im Sinne von § 47 StGB. ohne solche gegenseitige Verpflichtung sei keine Verabredung nach Nr. 6. Hier habe es der Feststellung bedurft, daß der Kläger sich dem anderen Teile gegenüber verpflichtet habe, eine der nach Nr. 1—5 strafbaren Handlungen zu begehen. Eine solche Feststellung sei nicht getroffen worden und könne nicht getroffen werden.

Auch dieser Angriff kann keinen Erfolg haben.

Unter Verabredung ist das Übereinkommen von mindestens zwei Personen über ein bestimmtes künftiges Handeln oder Verhalten zu verstehen. Der Sprachgebrauch verbindet mit dem Ausdruck keine rechtliche oder vertragliche Bedeutung. Im täglichen Leben wird er sehr häufig ohne jede rechtliche Beziehung verwendet. Jedenfalls ist Verabredung kein schuldrechtlicher Begriff des positiven Rechts. Das Bürgerliche Gesetzbuch kennt ihn nicht; nur in § 154 Abs. 2 wird das Zeitwort „verabreden" im Sinne eines vertraglichen Übereinkommens gebraucht. In § 83 StGB. und § 152 GewO. haben die Worte „verabreden" und „Verabredungen" rein tatsächliche Bedeutung; das Eingehen vertraglicher Verpflichtungen ist nicht dafür erfordert. Aus der Bedeutung des Wortes läßt sich also nicht entnehmen, daß die Beteiligten durch die Verabredung vertraglich gebunden sein müssen. Vielmehr kann Verabredung auch ein Übereinkommen tatsächlicher Art ohne alle rechtliche Bindung sein; es genügt, daß die Teilnehmer sich versprechen, zu halten, was sie sich zugesagt haben. Gewiß wird es vielfach vorkommen, daß eine Verabredung im Sinne des § 1 Nr. 6 PTV. die vertragliche Bindung der Teilnehmer herbeiführen soll. Aber wenn das Gesetz, das im wesentlichen ein Strafgesetz ist, ebenso wie seine Vorgänger, die BRV. vom 23. Juli 1915 und 23. März 1916 (RGBl. 1915 S. 467; 1916 S. 183) den weiten, keine Begriffsbezeichnung des bürgerlichen Rechts bildenden Ausdruck „Verabredung" ohne ein auf die Vertragsnatur hinweisendes Beiwort gewählt hat, so fallen auch Verabredungen darunter, denen der Vertragscharakter abgeht. Der Zweck des Gesetzes würde beeinträchtigt, seine Anwendung und Durchführung erheblich erschwert werden, wenn nur vertragliche Verabredungen davon getroffen würden und es jedesmal der Feststellung bedürfte, daß die Verabredung eine vertragliche Bindung bewirken sollte und bewirkt habe. Das Gesetz verlangt, daß die Verabredung eine nach Nr. 1—5 strafbare Handlung zum Gegenstande hat, nicht aber, daß die Teilnehmer sich vertraglich zur Begehung solch einer Handlung wechselseitig verpflichten. Wenn etwa jemand mit einem anderen ausmacht, daß dieser zum Vorteil beider Teile Gegenstände des täglichen Bedarfs mit übermäßigem Gewinn absetze, und ihm hierzu Ratschläge erteilt, so begeht er unter Umständen Beihilfe zum Preiswucher. Aber er hat sich mit der Verabredung nicht verpflichtet, eine der erwähnten strafbaren Handlungen zu verüben.

Hier haben die Parteien einen Vertrag geschlossen, kraft dessen der Kläger das Geld zu einem preiswucherlichen Geschäfte hergab und der Beklagte sich verpflichtete, damit Zwiebeln anzukaufen und mit unverhältnismäßigem Gewinn weiter zu veräußern. Nach Hergabe des Geldes hat sich der Kläger zu weiterem nicht verpflichtet. Vermutlich war es ihm auch gleichgültig, ob der Beklagte gerade das geplante Zwiebelgeschäft ausführe, wenn er — Kläger — nur alsbald sein Geld mit dem versprochenen Gewinn zurückerhalte. Trotzdem hat er, entgegen der Auffassung der Revision, an einer Verabredung teilgenommen, die Preiswucher mit Zwiebeln zum Gegenstand hatte. . .

75. Inwieweit sind gegenüber dem Reichsgrunderwerbsteuergesetz vom 12. September 1919 die Vorschriften der Tarifst. 32 Abs. 1 des preußischen Stempelsteuergesetzes vom 30. Juni 1909 aufrechterhalten geblieben?

VII. Zivilsenat. Urt. v. 6. Dezember 1921 i. S. Stadtgemeinde Groß-Berlin (Kl.) w. preuß. Staat (Bekl.). VII 157/21.

I. Landgericht I Berlin. — II. Kammergericht daselbst.

Aus den Gründen:

Zur Entscheidung steht die Rechtsfrage, ob oder inwieweit gegenüber dem am 1. Oktober 1919 in Kraft getretenen Reichsgrunderwerbsteuergesetz vom 12. September 1919 die Vorschriften der Tarifst. 32 Abs. 1 preuß. StempStG. vom 30. Juni 1909 aufrechterhalten geblieben sind. Die Tarifstelle unterwirft dem Wertstempel schuldrechtliche lästige Veräußerungsverträge, und zwar, wenn sie betreffen a) im Inlande gelegene unbewegliche Sachen oder ihnen gleichgeachtete Rechte, einer Abgabe von 1 v. H., und wenn sie c) andere Gegenstände aller Art betreffen, einer Abgabe von $^1/_3$ v. H. des Preises. Die Vorschrift unter b daselbst kann, da sie sich nur auf außerhalb Landes befindliche Sachen bezieht, hier außer Betracht bleiben. Unter den in der Vorschrift unter a genannten unbeweglichen Sachen sind, da auch bei Steuervorschriften für die in ihnen vorkommenden privatrechtlichen Begriffe das geltende Privatrecht maßgebend ist, diejenigen (körperlichen) Sachen zu verstehen, die das Bürgerliche Gesetzbuch als unbewegliche Sachen ansieht. Es kennt (§§ 90 flg.) im Gegensatz zu den „beweglichen" Sachen als unbewegliche Sachen nur „Grundstücke". Das rechtliche Schicksal der Grundstücke teilen, soweit wie im preuß. StempStG. nicht etwas anderes steuerlich bestimmt ist, nach § 93 ihre wesentlichen Bestandteile. Hiernach würde, da unstreitig die Maschinen und Einrichtungen, von deren Sonderpreis (4849730 *M*) der Beklagte den streitigen Landesstempel erhoben hat, wesentliche Bestandteile des veräußerten Fabrikgrundstücks waren, bei Anwendung bloß des preuß. StempStG. von diesem Preis ebenso wie von dem Grundstückspreis die Abgabe 1 v. H. aus der Tarifstelle zu a zu entrichten, die Anwendung der Vorschrift zu c aber ausgeschlossen sein. Diese Rechtslage war jedoch durch das schon vor dem Vertragsschlusse vom 20. März 1920 in Kraft getretene Grunderwerbsteuergesetz geändert worden. Es bestimmt in § 1, daß bei dem „Übergang des Eigentums an inländischen Grundstücken" eine Grunderwerbssteuer erhoben wird. Die Steuerpflicht wird — soweit sie hier in Betracht kommt — begründet durch die Eintragung der Rechtsänderung in das Grundbuch (§ 4). Die Steuer ruht hiernach auf dem dinglichen Rechtsvorgange des Eigentumswechsels, während die Tarifst. 32 LStG. den schuldrechtlichen Vertrag, durch den die Verpflichtung zur Übereignung begründet wird, zum Gegenstand der Besteuerung macht. Das Grunderwerbsteuergesetz will aber regelmäßig die Gesamtheit der zum Eigentumswechsel führenden Rechtshandlungen des Verkäufers und des Käufers einschließlich des Veräußerungsvertrags durch die neue Grundwechselabgabe treffen und im übrigen jede anderweitige steuerliche Belastung des Grundstückswechsels beseitigen. Das ergibt sich daraus, daß das schuldrechtliche Veräußerungsgeschäft für sich allein steuerpflichtig wird, wenn der Übergang des Eigentums am Grundstück nach Ablauf eines Jahres nach Abschluß des Veräußerungsgeschäfts nicht erfolgt ist, daß dann, wenn später der Eigentumsübergang erfolgt, die auf letzterem nach § 4 ruhende Steuer nur insoweit erhoben wird, als sie die für das Veräußerungsgeschäft anzusetzende Steuer übersteigt, und daß beim Vorliegen mehrerer Veräußerungsgeschäfte innerhalb eines Jahres, von denen eines vor Ablauf des Jahres zum Eigentumsübergang führt, gleichzeitig mit der Steuerpflicht des Eigentumsübergangs die Steuerpflicht derjenigen Veräußerungsgeschäfte eintritt, die dem zur Ausführung kommenden Veräußerungsgeschäfte vorangehen und ihrerseits nicht zum Eigentumsübergange geführt haben (§ 5). In Übereinstimmung mit der vorstehend vertretenen Auffassung der Absicht des Gesetzgebers führt die amtliche Begründung des Gesetzentwurfs (Nationalvers. 1919 Drucks. Nr. 374 S. 15) aus, daß der Entwurf sämtliche bisherige Steuern auf Grundstücksübertragungen zusammenfaßt und an deren Stelle eine einheitliche Steuer setzt. Diese Absicht hat im Gesetze selbst besonderen Ausdruck im § 37 Abs. 2 und 3 gefunden. Dort ist bestimmt, daß die Vorschriften des Reichsstempelgesetzes, der Landesgesetze und der Satzungen der Gemeinden (Gemeindeverbände), welche die Erhebung einer Abgabe von Grundstücksübertragungen betreffen, mit Wirkung vom 1. Oktober 1919 außer Kraft treten, daß dies auch Abgaben trifft, welche die Steuerpflicht nicht an den Eigentumserwerb, sondern an den Abschluß des Veräußerungsgeschäfts anknüpfen, und daß neue Abgaben der vorbezeichneten Art von den Ländern, Gemeinden und Gemeindeverbänden nicht eingeführt werden dürfen. Durch diese Vorschrift ist zweifellos auch die Vorschrift der Tarifst. 32 zu a StempStG., da sie eine an den Abschluß des Veräußerungsgeschäfts anknüpfende Abgabe von Grundstücksübertragungen bestimmt, insoweit außer Kraft gesetzt.

Für die Frage der Anwendung der Tarifst. 32a auf den Streitfall könnte ein Zweifel freilich daraus entnommen werden, daß die Maschinen und Einrichtungen, von deren Preis der streitige Stempel erhoben ist, nicht Grundstücke, sondern ursprünglich bewegliche Sachen sind, die nur kraft gesetzlicher Vorschrift als wesentliche

Bestandteile eines Grundstücks gelten. Hinsichtlich solcher bestimmte der durch § 460 der Reichsabgabenordnung aufgehobene § 11 Satz 2 GEStG. und bestimmt jetzt der § 154 Abs. 2 RAbgO. selbst, daß, falls bei Bewertung von Grundstücken als solchen der gemeine Wert, wie im vorliegenden Fall, zugrunde gelegt wird, das bewegliche Inventar nicht zu berücksichtigen und „der Wert von Maschinen sowie sonstiger Einrichtungen aller Art, die zu einer Betriebsanlage verwandt sind, abzurechnen oder nicht zu berücksichtigen ist," daß dies auch dann gilt, wenn es sich um wesentliche Bestandteile handelt. Dieser Vorschrift entsprechend ist auch für die hier in Betracht kommenden Maschinen und Einrichtungen, obschon sie wesentliche Bestandteile des veräußerten Grundstücks waren, mit Recht eine Reichssteuer nicht erhoben worden, da sie zu einer Betriebsanlage der M.-Werke (Verkäuferin) verwendet waren; wären sie nicht zu einer Betriebsanlage verwendet gewesen, so wäre freilich bei der Berechnung der Reichssteuer ihr Wert dem reinen Grundstückswert hinzuzurechnen gewesen (Entsch. des RFinH. Bd. 5 S. 45). Aber auch dem Stempel der Tarifst. 32a unterliegen die Maschinen und Einrichtungen, wenn sie zu einer Betriebsanlage verwendet sind, nicht. Daraus, daß sie bei der Berechnung der Reichssteuer für die Bewertung des Grundstücks einschließlich seiner Bestandteile außer Betracht bleiben sollen, folgt nicht, daß die Begriffe des „Grundstücks" und seiner „Bestandteile" auch für das Landessteuerrecht haben aufgehoben oder geändert werden sollen. Sind durch § 37 GEStG. alle Landesabgaben von Grundstücksübertragungen aufgehoben, so sind damit alle Landesabgaben beseitigt, die auf der Veräußerung aller einzelnen Grundstücksbestandteile, auch der wesentlichen im Sinne des § 93 BGB., ruhen. Diese sämtlichen Bestandteile zusammen erfüllen erst im Sinne des preuß. StempStG. sowohl als auch des GEStG. den Begriff des Grundstücks. Daß diesen Begriff des Grundstücks das GEStG. im Sinne beider Steuergesetze habe ändern wollen, dafür ist aus dem GEStG. nichts zu entnehmen. Nur aus praktischen Rücksichten hat das letztere angeordnet, daß die bezeichneten Betriebsanlagen von der Reichssteuer bei deren Berechnung freizulassen sind. An einer entsprechenden Vorschrift fehlt es zwar im LStG.; da aber der unverändert gebliebene Begriff des Grundstücks nach dem BGB. die wesentlichen Bestandteile mit umschließt, dieser Begriff dem erst 1909, also später, in Kraft getretenen LStG. zugrunde liegt und nach § 37 GEStG. alle Landesabgaben von Grundstücksübertragungen ausnahmslos aufgehoben sind, bedurfte es für das Landessteuerrecht nicht erst der Erlassung einer dem § 154 Abs. 2 RAbgO. entsprechenden Vorschrift, um sie vom Landesumsatzstempel freizulassen. Daß solche Betriebsanlagen ebenso wie vom Reichsstempel, so auch vom Landesveräußerungsstempel frei sein sollten, ergibt sich nicht nur daraus, daß nach der amtlichen Begründung die Grunderwerbsteuer alle bisherigen Steuern von Grundstücksübertragungen zusammenfassen und an deren Stelle treten sollte (S. 15), dafür läßt sich vielmehr der Inhalt der Begründung auch sonst noch verwerten. In ihr ist auf S. 21 zu § 9 Satz 2 des Entwurfs GEStG., der im Gesetze selbst dem § 11 Satz 2, also jetzt dem § 154 Abs. 2 RAbgO. entspricht, die völlige Freilassung der Betriebsanlagen vom Veräußerungsstempel damit begründet, es empfehle sich, die Umsatzsteuer auf den Grund und Boden und die darauf stehenden Gebäude zu beschränken und solche Einrichtungsgegenstände, die dem Gewerbe des Besitzers dienen, möglichst auszuschalten; ein Übergriff der Besteuerung auf solche Einrichtungsgegenstände bringe in die Besteuerung den Charakter einer Gewerbesteuer oder einer Belastung der landwirtschaftlichen Produktion hinein, es erscheine aber, da das Erwerbsleben durch andere Steuern schon in weitem Maße belastet sei, richtiger, hier von einer Erfassung abzusehen. Bei der Beratung des Gesetzes ist hiergegen nirgends Widerspruch erhoben worden, und es ist daher der Schluß berechtigt, daß der Gesetzgeber auch für alle bisherigen Landessteuergesetze, an deren Stelle das GEStG. getreten ist, eine Umsatzsteuer für die bezeichneten Betriebsanlagen nicht übrig lassen, sie vielmehr beseitigen wollte.

Aber auch aus der Tarifvorschrift 32c kann der Beklagte einen Anspruch auf die erhobene Steuer nicht herleiten. Diese Vorschrift ist vom GEStG. ganz unberührt geblieben; sie hatte vor dem GEStG. und sie hat auch nach dessen Erlassung, da die für das StempStG. geltenden privatrechtlichen Begriffe eine Änderung nicht erfahren haben, mit unbeweglichen Sachen und ihren Bestandteilen nichts zu tun. Sie erfaßt „andere Gegenstände aller Art", nämlich andere Gegenstände, als sie in 32a und b bezeichnet sind, also andere Sachen und Rechte als unbewegliche Sachen (Grundstücke) und ihnen gleichgeachtete Rechte sowie außerhalb Landes befindliche bewegliche Sachen. Die Veräußerung wesentlicher Bestandteile eines Grundstücks unterliegt daher der Abgabe der Tarifstelle zu c nicht. Daß diese landesgesetzliche Vorschrift durch das Reichs-GEStG. inhaltlich hat geändert werden sollen, dafür fehlt es an jedem Anhalt. Der § 37 des letzteren, der gewisse landesgesetzliche Steuervorschriften beseitigen, keinerlei solche Vorschriften aber abändern will, läßt hiernach die Tarifvorschrift unter c unberührt. Das Ergebnis, daß die Veräußerung der bezeichneten Betriebsanlagen weder der Grunderwerbs- noch auch der landesgesetzlichen Veräußerungssteuer unterliegt, erklärt sich aus der inhalts der Begründung des Entwurfs beabsichtigten weitgehenden Schonung des ohnehin steuerlich stark belasteten Erwerbslebens.

76. Kann der Verfrachter unter Rücktritt vom Chartervertrage Fautfracht fordern, wenn der Befrachter nur einen so geringen Teil der bedungenen Ladung liefert, daß die Frachtforderung nicht dinglich gesichert ist?

I. Zivilsenat. Urt. v. 7. Dezember 1921 i. S. H. Mühle (Kl.) w. P. (Bekl.). I 181/21.

I. Landgericht Flensburg. — II. Oberlandesgericht Kiel.

Die Klägerin verfrachtete am 21. Juni 1919 dem Beklagten einen Leichter von etwa 500 Tonnen. Es sollte eine volle und bequeme Raum- und Decksladung Klustholz und Stämme geladen werden. Der Beklagte lieferte nur einen Waggon Stämme, etwa 20 cbm. Am 26. Juli schrieb die Klägerin dem Beklagten, die Liegezeit sei abgelaufen, weitere Zufuhren seien nicht in Aussicht, sie mache ihn für Nichtverladung verantwortlich und fordere die halbe Fracht; die Baumstämme habe sie auf Lager genommen. Da der Beklagte nichts von sich hören ließ, schrieb sie am 4. August einen Brief mit ähnlichem Inhalt und drohte an, daß sie die „eingenommene" Ladung für Rechnung, wen es angeht, versteigern lassen würde. Nunmehr antwortete der Beklagte am 9. August, daß der Leichter nicht auf seine Veranlassung gechartert sei und er jede Entschädigung ablehne. Die Klägerin ließ die Stämme in der Tat versteigern. Sie fordert mit der Klage Fautfracht, weil der Beklagte so gut wie keine Ladung geliefert und sich überdies mit seinem Schreiben vom 9. August unberechtigterweise vom Vertrage losgesagt habe.

Das Landgericht gab der Klage statt. Das Oberlandesgericht wies die Klage ab. Die Revision der Klägerin blieb ohne Erfolg.

Gründe:

Das Handelsgesetzbuch regelt die Frage, wann der Reeder befugt ist, bei Nichtausführung eines Seefrachtvertrags Fautfracht zu fordern, in §§ 580 und 585. Nach § 580 kann der Befrachter vor dem Antritt der Reise von dem Vertrage unter der Verpflichtung zurücktreten, die Hälfte der bedungenen Fracht als Fautfracht zu zahlen. § 585 bestimmt, daß der Verfrachter sich von dem Vertrage lossagen und Fautfracht fordern kann, wenn der Befrachter bis zum Ablaufe der Wartezeit keine Ladung geliefert hat. § 580 regelt also ein Recht des Befrachters, § 585 ein Recht des Verfrachters.

Das Berufungsgericht hat im vorliegenden Falle angenommen, der Verfrachter habe das Recht, sich von dem Vertrage loszusagen und Fautfracht zu fordern, nach § 585 nur dann, wenn ihm gar keine Ladung geliefert werde. Sei ein, wenn auch geringer, Teil der Ladung geliefert, so versage der § 585. Da nun der Beklagte einen

Eisenbahnwaggon Holz geliefert habe, könne die Klägerin Fautfracht nicht fordern. Ein Rücktritt des Befrachters (des Beklagten) nach § 580 sei in seinem Schreiben vom 9. August 1919 nicht zu erblicken, da vielmehr die Klägerin ihrerseits bereits in ihren Schreiben vom 26. Juli und 4. August 1919 erklärt habe, die Frachtreise nicht ausführen zu wollen; die Wartefrist sei damals noch nicht abgelaufen gewesen. Die Klage vermöge sich also weder auf § 580, noch auf § 585 HGB. zu stützen.

Die Revision wendet rechtsgrundsätzlich ein, daß der Verfrachter bei solcher Auslegung rechtlos sein würde, wenn ein zahlungsunfähiger Befrachter nur so wenig Ladung liefere, daß dadurch die Frachtsumme nicht gedeckt sei. Zurücktreten dürfe der Verfrachter nach der gewählten Auslegung des Gesetzes nicht; er müsse also die Reise ausführen, habe aber keinerlei Sicherheit, daß er die bedungene Frachtsumme erhalten werde.

Diesen Ausführungen kann jedoch nicht vollen Umfangs beigestimmt werden.

Wäre der Verfrachter bei Lieferung eines nur geringen Teils der Ladung in der von der Revision geschilderten mißlichen Lage, so würde allerdings zu erwägen sein, wie die berechtigten Interessen des Verfrachters angemessen geschützt werden könnten, ob etwa durch entsprechende Anwendung des § 585 oder auf andere Weise. Aber es kann doch nicht anerkannt werden, daß der Verfrachter in solchem Maße schutzlos ist. Er hat vielmehr die Rechte aus § 326 BGB. Es liegt zutage und ist allgemein anerkannt, daß der Befrachter verpflichtet ist, die im Chartervertrage bedungene Ladung zu liefern. Das entsprechende Recht des Verfrachters ist ein sog. Hauptanspruch im Sinne des § 326. Das ergibt sich daraus, daß die Ladung ihm als dingliche Sicherheit zu dienen hat, und daß seine Maßnahmen, z. B. hinsichtlich des einzunehmenden Ballastes, von der Menge der gelieferten Ladung abhängig sind (Schaps, Seerecht § 578 Anm. 1). Liegt somit ein sog. Hauptanspruch vor, so kann der Verfrachter nach § 326 verfahren; er kann eine angemessene Frist zur Lieferung der nötigen Ladungsmenge setzen und kann, wenn die Frist ungenützt verstreicht, vom Chartervertrage zurücktreten und Schadensersatz verlangen (Schaps § 579 Anm. 6). Dasselbe Recht hat er auch dann, wenn der Befrachter Ausführung der Reise nach § 578 HGB. fordert. Denn in solchem Falle hat der Verfrachter, wenn ihm durch die Unvollständigkeit der Ladung die Sicherheit für die Fracht entgeht, Anspruch auf Bestellung anderweiter Sicherheit. Stellt der Befrachter diese nicht, so ist gleichfalls das Verfahren nach § 326 BGB. gegeben. Der Verfrachter ist also bei Lieferung eines nur geringen Teils der Ladung keineswegs schutzlos. Allerdings kann er nicht, wie im Falle des

§ 585 (Lieferung gar keiner Ladung) Fautfracht fordern. Er steht also insofern schlechter, als er seinen Schaden nachweisen muß, und als er nicht einen Betrag fordern kann, der seinen Schaden unter Umständen übersteigt. Aber dieser Umstand nötigt und berechtigt nicht, den § 585 auf einen Tatbestand anzuwenden, für den er nach seinem klaren Wortlaute nicht bestimmt ist. Nun hat im vorliegenden Falle der Verfrachter (die Klägerin) die Förmlichkeiten des § 326 BGB. nicht eingehalten, und deshalb kann, wie keine Fautfracht, so auch kein Schadensersatz verlangt werden.

Vorbehalten bleibt der Fall, daß die gelieferte Warenmenge überhaupt nicht als Ladung angesehen werden kann, so z. B. wenn in einen großen Kahn wenige Sack geliefert werden. Vorliegendenfalls war immerhin eine volle Eisenbahnwaggonladung geliefert.

Die Revision sucht die Klage weiter auf § 570 HGB. zu stützen. Die Klägerin habe Ende Juli nach dieser Bestimmung nicht weiter auf Ladung zu warten brauchen. Die Ladefrist, die nach der Aussage des Zeugen L. vierzehn Tage bis drei Wochen betrug, sei Ende Juli längst abgelaufen gewesen, und der im § 570 HGB. vorgeschriebenen Erklärung, nicht länger warten zu wollen, habe es nicht bedurft, da der Leichter die Ladung von einem Dritten, dem Holzhändler R., habe erhalten sollen; für solchen Fall sei die Erklärung nach der Entscheidung des Reichsgerichts Bd. 55 S. 182 nicht erforderlich. Dem steht entgegen, daß die erwähnte Entscheidung sich nur auf einen Fall bezieht, wo ein vom Befrachter verschiedener Dritter, also ein Ablader, von dem der Schiffer die Ladung zu empfangen hat, vorhanden ist. Das ist hier nicht der Fall. Die Lage war vielmehr nur so, daß der Beklagte seinerseits Holz, das er von R. gekauft hatte, verladen wollte, daß aber nicht etwa R. Ablader war. Das ergibt nicht den Tatbestand des § 577. Die Erklärung nach § 570, nicht länger warten zu wollen, war also nötig. Erst drei Tage nach ihrer Abgabe lief die Ladefrist ab. Da sie überhaupt nicht abgegeben ist, war der Rücktritt vom Vertrage unberechtigt, weil die Ladefrist noch nicht abgelaufen war. Hinzuzufügen ist, daß das Verlangen von Fautfracht sich überhaupt nicht auf § 570, sondern nur auf den besonderen Tatbestand des § 585 — abgesehen von § 580 — stützen läßt. . . .

---

77. Zur Anwendung des polnischen Valutagesetzes vom 20. November 1919.

V. Zivilsenat. Urt. v. 7. Dezember 1921 i. S. G. u. Gen. (Kl.) w. Provinzialhilfskasse in Posen (Bekl.). V 242/21.

I. Landgericht Meseritz. — II. Oberlandesgericht Marienwerder.

Laut Schuldurkunde vor Notar E. in Meseritz vom 14. April 1910 haben die Kläger, die damals bereits in Meseritz wohnten, von der Beklagten ein in Tilgungsbeiträgen rückzahlbares Darlehen von 16000 *M* erhalten, für das zugunsten der Beklagten auf einem den Klägern gehörigen Grundstücke zu Meseritz eine Hypothek eingetragen worden ist. Zur Ablösung dieser Hypothek haben die Kläger der Beklagten den von ihnen noch verschuldeten Restbetrag von 15083,12 *M* in polnischer Währung, zum Nennbetrage berechnet, überwiesen. Die Beklagte hat diesen Betrag jedoch den Klägern mit der Mitteilung zur Verfügung gestellt, daß die Zahlung in deutscher Währung zu erfolgen habe. Die Kläger halten diesen Standpunkt der Beklagten nicht für richtig, weil in der Schuldurkunde Posen als Erfüllungsort vereinbart sei und nach dem polnischen Valutagesetz vom 20. November 1919 (veröffentlicht im Dziennik Praw Panstwa Polskiego Nr. 91 vom 29. Dezember 1919) alle in deutscher Mark bestehenden Verpflichtungen in Polen bei Vermeidung von Strafe nur in polnischer Mark in der gleichen Nominalsumme erfüllt werden dürften. Sie haben gegen die Beklagte auf Bewilligung der Löschung der Hypothek und Herausgabe des Hypothekenbriefs geklagt. Die Beklagte hat Abweisung der Klage beantragt, da die Bestimmung der Schuldurkunde, daß die Zins- und Tilgungsraten in Posen an die Kasse der Beklagten zu zahlen seien, nur die Vorschrift des § 270 Abs. 1 BGB. wiederhole, die Vorschriften über den Erfüllungsort nicht ändere und weil daher auch nur deutsches Recht und mithin auch nur deutsche Währung in Betracht komme.

Während das Landgericht der Klage stattgab, erkannte das Oberlandesgericht auf Abweisung. Die Revision der Kläger ist zurückgewiesen worden aus folgenden

Gründen:

Das Berufungsgericht hält das Klagbegehren für unbegründet, weil die Beklagte sich mit dem ihr überwiesenen Zahlungsbetrage nicht habe zu begnügen brauchen. Nach § 607 BGB. habe sie Rückzahlung des in deutscher Währung gegebenen Darlehens in derselben Währung verlangen können. Hieran habe das polnische Valutagesetz vom 20. November 1919 nichts geändert. Dieses Gesetz komme nicht zur Anwendung, da der Wohnsitz der Kläger und das von ihnen zur Hypothek gestellte Grundstück sich außerhalb Polens befänden. Daß die Zahlungen der Kläger vertragsgemäß in Polen zu erfolgen hätten, sei ohne Belang. Denn es sei nicht anzunehmen, daß das polnische Valutagesetz die Umrechnung in deutscher Währung begründeter Forderungen in polnische Währung auch für den Fall verbieten wolle, daß der Gläubiger in Polen, der Schuldner dagegen in Deutschland wohne.

Vom entgegengesetzten Standpunkte aus liege dagegen ein nicht anzuerkennender unzulässiger Eingriff in Rechtsbeziehungen vor, die in das deutsche Rechtsgebiet hineinreichten. Könne also auch die Rückzahlung des Darlehens in Posen in deutschem Gelde nicht erfolgen, so stehe doch der Umrechnung in polnische Währung kein Hindernis entgegen; die Beklagte habe daher mit Recht den ihr überwiesenen Betrag als Teilzahlung den Klägern zur Verfügung gestellt.

Die Revision macht demgegenüber geltend, es könne dahingestellt bleiben, ob Posen als Erfüllungsort oder nur als Zahlungsort anzusehen sei; jedenfalls habe die Zahlung in Posen erfolgen müssen. Dort habe sie aber nur in polnischer Währung zum Nennbetrag erfolgen dürfen und es sei den Klägern nicht zuzumuten, sich mit der polnischen Verbotsbestimmung in Widerspruch zu setzen. Das Berufungsgericht wolle auch nicht etwa deren Bestehen entgegen dem klaren Wortlaut des Gesetzes verneinen, sondern nur sagen, daß in einem Falle, wie er hier vorliege, die polnische Regierung die Umrechnung wohl gestatten werde. Hierauf komme es aber nicht an. Die polnische Regierung lege sicher den größten Wert darauf, daß die in Polen wohnenden Schuldner ihre Verpflichtungen in deutscher Mark nur in polnischer Mark zum Nennbetrage zu erfüllen hätten. Dann aber müsse der gleiche Grundsatz auch für in Deutschland wohnende Schuldner gegenüber in Polen wohnenden Gläubigern gelten. Daß das polnische Gesetz in die Rechtsverhältnisse deutscher Gläubiger und Schuldner eingreife, sei kein Grund, seine Anwendung auszuschließen. Denn Art. 30 EG. z. BGB. greife nicht Platz, da die Anwendung des polnischen Gesetzes den deutschen Klägern nur günstig sei.

Diese Ausführungen vermögen der Revision nicht zum Erfolge zu verhelfen. Denn mit Recht nimmt der Berufungsrichter an, daß auf den Streitfall deutsches Recht zur Anwendung kommt. Da es an einer ausdrücklichen oder stillschweigenden Vereinbarung der Parteien über das anzuwendende Recht nach dem Vorbringen der Parteien fehlt, so ist nach der Rechtsprechung des Reichsgerichts (RGZ. Bd. 66 S. 75, Bd. 73 S. 387, Bd. 78 S. 59, Bd. 82 S. 309, Bd. 95 S. 165) das Recht des Erfüllungsortes als maßgebend anzusehen. Als solcher kann aber hier nur Meseritz gelten, da die Kläger schon zur Zeit der Entstehung des Schuldverhältnisses dort ihren Wohnsitz hatten (§ 269 BGB.), überdies auch die zur Hypothek gestellten Grundstücke dort gelegen sind. An der hierdurch begründeten Rechtslage wird, wie der Berufungsrichter hervorhebt, auch dadurch nichts geändert, daß die Parteien vereinbart haben, daß die von den Klägern zu entrichtenden Zins- und Tilgungsraten in Posen an die Kasse der Beklagten zu zahlen seien. Denn diese Vereinbarung betrifft, wie der Berufungsrichter offensichtlich im Gegensatz zum ersten Richter ohne Rechtsirrtum angenommen hat, nicht den Erfüllungsort, sondern nur die Verpflichtung der Kläger, die von ihnen geschuldeten Leistungen der Beklagten zu übermitteln. In dieser Hinsicht hat auch die Revision weitere Ausführungen nicht gemacht. Für die Beurteilung des Rechtsverhältnisses der Parteien ist daher das in Meseritz herrschende deutsche Recht maßgebend und kommt mithin das polnische Valutagesetz hier nicht zur Anwendung. Die Revision meint nun freilich, dieses Gesetz könne, gleichviel wo der Erfüllungsort sich befinde, deshalb nicht außer Betracht bleiben, weil die Zahlungen an die Kasse der Beklagten in Posen zu leisten seien, den Klägern aber nicht zugemutet werden könne, sich mit Verbotsbestimmungen des polnischen Valutagesetzes in Widerspruch zu setzen. Allein auch dieser Gesichtspunkt kann hier nicht durchgreifen. Allerdings kann auch im Falle der Anwendbarkeit deutschen Rechts ein im Ausland erlassenes Verbot von dem Standpunkt aus Bedeutung gewinnen, daß hierdurch dem Schuldner die Erfüllung seiner Vertragspflicht tatsächlich unmöglich wird (RGZ. Bd. 93 S. 183). Allein auf eine solche Unmöglichkeit können sich die Kläger nicht berufen. Denn da der Erfüllungsort sich in Meseritz befindet, ist es den Klägern möglich geblieben, dort die ihnen vertragsmäßig obliegenden Leistungen zu bewirken und sich gegebenenfalls durch Hinterlegung zu befreien. In diesem Falle kommt aber eine Zuwiderhandlung gegen das polnische Valutagesetz nicht in Frage.

Unbeachtlich ist auch der Hinweis der Revision darauf, daß es nicht im Sinne des deutschen Rechts liegen könne, den in Deutschland wohnenden Schuldner eines in Polen wohnenden Gläubigers zur Zahlung in der vereinbarten deutschen Währung zu zwingen, während ein in Deutschland wohnender Gläubiger gegen seinen in Polen wohnenden Schuldner in Polen im gleichen Falle nur auf Zahlung in polnischer Mark zum Nennbetrage klagen könne. Denn diese Erwägung ist mit dem Gesetze nicht zu vereinbaren; sie läuft vielmehr auf das Verlangen hinaus, ein Vergeltungsrecht auszuüben, dessen Geltendmachung nach Art. 31 EG. z. BGB. nur durch den Reichskanzler unter Zustimmung des Bundesrats (jetzt des Reichsrats) erfolgen kann. Das polnische Valutagesetz spielt daher für die Beurteilung des Streitfalles keine Rolle, so daß die im Schrifttum streitige Frage, ob und inwieweit etwa Art. 30 EG. z. BGB. der Anwendung dieses Gesetzes entgegenstehen kann (JW. 1920 S. 931; 1921 S. 162, 435, 886, 1412; Ruckser, Die Rechtsstellung der Deutschen in Polen S. 71), keiner Erörterung bedarf. Daß von diesem Standpunkte aus die Klage hinfällig wird, ist von der Revision nicht bemängelt. Auch sonst ist ein von Amts wegen zu beachtender Rechtsirrtum nicht ersichtlich. Die Revision war daher zurückzuweisen.

78. Zur Frage der Rechtsbeziehungen zwischen Wirt und Gast nach Eintritt der Polizeistunde.

VII. Zivilsenat. Urt. v. 9. Dezember 1921 i. S. Kr. u. Gen. (Bekl.) w. M. (Kl.). VII 208/21.

I. Landgericht Elberfeld. — II. Oberlandesgericht Düsseldorf.

Der Kläger hat am 13. Mai 1917 abends, während er in der Wirtschaft der Beklagten als Gast verweilte, dadurch einen Unfall erlitten, daß er auf dem Wege zum Abort auf dem nicht erleuchteten Flur die zur Kegelbahn führende Treppe hinabstürzte. Mit der Behauptung, daß der Unfall auf ein Verschulden der Beklagten zurückzuführen sei, begehrt der Kläger von den Beklagten als Gesamtschuldnern Zahlung von 11296,10 *M* nebst Prozeßzinsen sowie weitere Feststellung, daß sie auch allen weiteren Schaden, der ihm durch den Unfall entstanden ist, zu ersetzen haben. Die Beklagten haben jede Fahrlässigkeit ihrerseits sowie die behaupteten Unfallsfolgen bestritten. Das Landgericht hat nach Beweisaufnahme unter Abweisung der Klage in Höhe von 3253,43 *M* die Beklagten als Gesamtschuldner verurteilt, 1320,66 *M* nebst Prozeßzinsen zu zahlen, im übrigen die ziffernmäßig geltend gemachten Ansprüche des Klägers dem Grunde nach zu $^2/_3$ für gerechtfertigt erklärt und festgestellt, daß dem Kläger auch der ihm über den 21. September 1917 hinaus entstandene Schaden zu $^2/_3$ zu ersetzen ist. Die Berufung der Beklagten wurde zurückgewiesen und auf die Anschlußberufung des Klägers das erste Urteil dahin geändert, daß die Beklagten weiter zur Zahlung von 1000 *M* nebst Prozeßzinsen verurteilt wurden.

Die Revision der Beklagten blieb erfolglos.

Gründe:

... Nach der Feststellung des Berufungsrichters war zur Zeit des Unfalles die Polizeistunde zwar schon eingetreten, der Wirtschaftsbetrieb der Beklagten dauerte aber noch fort, es waren noch viele Gäste in ihrer Wirtschaft anwesend. Trotzdem hatten die Beklagten das Licht auf dem zum Abort führenden Flur ganz ausschalten lassen. Darin erblickt der Berufungsrichter einen ihre Haftung begründenden groben Verstoß der Beklagten, der sie aus dem Gesichtspunkte des Gastaufnahmevertrags, aber auch aus dem der unerlaubten Handlung schadensersatzpflichtig mache. Die Heranziehung beider Gesichtspunkte nebeneinander entspricht der neueren Rechtsprechung des Reichsgerichts, wie sie in RGZ. Bd. 89 S. 341 und 385, Bd. 90 S. 68 und 410 und Bd. 99 S. 264 ausgedrückt und von dem erkennenden Senate bereits in seinem Urteile vom 11. November 1919 VII 207/19 gebilligt ist.

Die Angriffe der Revision richten sich ausgesprochenermaßen nur gegen die Vertragshaftung; sie sind aber, zum Teil wenigstens, auch für die Haftung aus unerlaubter Handlung erheblich. Zunächst meint die Revision, daß die Beklagten, nachdem Feierabend geboten war, überhaupt keine Sicherungspflicht mehr hatten und jedenfalls alles tun durften, was erforderlich war, um den verlängerten Wirtschaftsbetrieb vor den Augen der Polizei zu verbergen; dazu habe auch das Verdunkeln des Flurs gehört. Das Oberlandesgericht ist anderer Meinung. Es läßt die Frage offen, ob an dem Unfalltage überhaupt Feierabend geboten wurde, unterstellt das zugunsten der Beklagten, meint aber, daß sie gleichwohl den Weg zum Abort nicht unbeleuchtet lassen durften, solange sie ihren Wirtschaftsbetrieb aufrechterhielten und zahlreiche Gäste bei sich duldeten. Ein Rechtsirrtum ist hierin nicht erkennbar. Wenn sich die Beklagten um ihres Vorteils willen oder aus Entgegenkommen gegen ihre Gäste dazu herbeiließen, die Polizeistunde zu überschreiten, so gab ihnen das in der Tat kein Recht, Leib und Leben ihrer Gäste und Angestellten zu gefährden. Das Bestreben, die polizeiliche Übertretung zu verheimlichen, muß hinter den gesetzlichen und vertraglichen Pflichten gegenüber Gästen und Angestellten zurücktreten.

Die Revision meint ferner, daß ein Gast, der über die Polizeistunde hinaus in einer Wirtschaft verweile, auf alle Sicherheitsmaßregeln zu seinen Gunsten verzichte. Die Möglichkeit eines solchen Verzichts ist gegeben und es ist denkbar, daß er sich auch auf die Haftung aus unerlaubter Handlung mit erstreckt. Das Oberlandesgericht hat die Annahme eines Verzichts stillschweigend abgelehnt. Die Entscheidung liegt wesentlich auf tatsächlichem Gebiet und ist von Rechtsirrtum nicht beeinflußt. Die bloße Anwesenheit eines Gastes in einer Wirtschaft nach Ablauf der Polizeistunde zwingt jedenfalls nicht zur Annahme eines so weittragenden Verzichts, wie ihn die Revision festgestellt wissen will.

Auch die von der Revision weiter bemängelte Teilung des Schadens nach § 254 BGB. ist auf tatsächliche Erwägungen gestützt. . . . (Folgt Zurückweisung einer Prozeßbeschwerde.)

Die von der Revision endlich noch angeregte Nichtigkeit des Gastaufnahmevertrags nach § 134 BGB. würde nur die Haftung aus dem Vertrage, nicht auch die aus unerlaubter Handlung beseitigen können. Sie würde übrigens auch die Möglichkeit eines Verzichts in dem oben erörterten Sinne ausschließen, denn die Revision will ja den Verzicht gerade als einen Teil des Gastaufnahmevertrags ansehen. Aber abgesehen von diesen Bedenken, die Einführung einer Polizeistunde wendet sich nicht gegen den Abschluß privatrechtlicher Verträge, sie verfolgt den Zweck, die öffentliche Ruhe und Ordnung aufrechtzuerhalten und jetzt vielleicht auch den weiteren Zweck, Licht und Heizung und damit Kohlen zu sparen. Mit allen diesen Zwecken ist die rechtliche Gültigkeit der von Wirt und Gast abgeschlossenen Verträge durchaus vereinbar.

---

79. Zur Haftung geselliger, mit juristischer Persönlichkeit ausgestatteter Vereine für die Rückgewähr der von ihren Mitgliedern im Garderoberaum des Vereinsgebäudes abgelegten Sachen.

VII. Zivilsenat. Urt. v. 9. Dezember 1921 i. S. S. (Kl.) w. Kasino in E. (Bekl.). VII 271/21.

I. Landgericht Elberfeld. — II. Oberlandesgericht Düsseldorf.

Der Kläger ist Mitglied des beklagten Kasinos. Am 8. November 1919 besuchte er abends etwa um 7 Uhr dessen Gesellschaftsräume, wobei er im Vorzimmer, wo sich die Garderobe befindet, seinen Pelzmantel im Werte von angeblich 25000 *M* ablegte. Als er gegen 7 Uhr 45 Minuten den Heimweg antreten wollte, stellte sich heraus, daß der Mantel inzwischen gestohlen war. Der Kläger begehrt vom Beklagten Schadensersatz und hat zunächst einen Teilbetrag von 5000 *M* eingeklagt. Das Landgericht gab dem Anspruche statt. Auf Berufung des Beklagten wurde die Klage abgewiesen. Die Revision des Klägers führte zur Aufhebung des Berufungsurteils.

Gründe:

Unzweifelhaft ist die beklagte Kasinogesellschaft im Gegensatz zu den Gesellschaften des bürgerlichen Rechts auf eine unbestimmte Anzahl und einen Wechsel ihrer Mitglieder angelegt und daher im Rechtssinne als ein Verein anzusehen. Wie aus der unstreitigen Tatsache, daß diesem Kasino durch Königliche Verordnung juristische Persönlichkeit verliehen ist, mit Sicherheit gefolgert werden darf, hat der Verein schon zur Zeit des Inkrafttretens des Bürgerlichen Gesetzbuchs bestanden. Ältere landesgesetzliche Vorschriften, die deshalb nach Art. 82 EG. z. BGB. für die Verfassung des Vereins hätten maßgeblich bleiben können, kommen indes für den hier erheblichen Bereich des ehemals rheinisch-französischen Rechts nicht in Frage. Darum sind mit den Vorinstanzen die hier streitigen Rechtsbeziehungen an der Hand von Grundsätzen zu beurteilen, die sich dem im allgemeinen geltenden deutschen bürgerlichen Recht entnehmen lassen (vgl. übrigens Art. 123 EG. z. BGB.).

Der Streit der Parteien betrifft Verhältnisse des inneren Vereinslebens, zu deren Regelung in erster Reihe der Verein selbst berufen war. Sein Klubhaus enthielt und enthält ein Vorzimmer, das den Vereinsmitgliedern bei Besuch der Gesellschaftsräume als Garderoberaum zur Ablegung der Überkleider bereit gestellt ist. Das ist eine in Gebäuden von Kasinogesellschaften übliche Einrichtung, darauf abzielend, die Vereinsmitglieder während ihres Aufenthaltes in den Gesellschaftsräumen der Sorge um ihre Überkleider zu entheben. Zur gehörigen Erfüllung des Zwecks bedarf es noch näherer Anordnungen, namentlich wegen der Überwachung der Kleiderablage, und diese können durch die Satzung, die grundlegende Organisation des Vereins, oder durch die Mitgliederversammlung, das oberste Vereinsorgan, oder auch durch den Vorstand, das ständige geschäftsführende Organ (vgl. §§ 25, 32, 26 BGB.), getroffen worden. Beim beklagten Verein war der Punkt durch die Satzung nicht geregelt, und die Angelegenheit, wie das Berufungsurteil darlegt, in folgender Weise geordnet. In der Zeit vor dem Kriege war ein Pförtner angestellt, der die Garderobe bewachte. Darauf war dort ein Kriegsbeschädigter anwesend, der beim Anziehen und Ablegen der Kleider behilflich war. Später, nach Angabe des Klägers im Sommer 1919, nach Angabe des Beklagten im Jahre 1916, erließ der Vorstand dem Ökonom die diesem solange auferlegte Pflicht, einen Pförtner anzustellen. Zu der Zeit, als sich der Diebstahl ereignete, war nur die Aufwärterin E. zeitweise in der Garderobe anwesend. Wegen ihrer anderweiten Dienstpflichten als Aufwärterin konnte sie nicht ständig in der Garderobe verweilen. Gegen die Legitimation des Vorstandes, in solcher Weise die Verhältnisse der Kleiderablage zu regeln, sind durchgreifende Bedenken nicht geltend gemacht und auch diesseits nicht zu erheben.

Auf der so gegebenen sachlichen Grundlage prüft das Berufungsurteil, ob in bezug auf den abhanden gekommenen Mantel des Klägers zwischen den Parteien stillschweigend durch schlüssiges Verhalten ein besonderer Verwahrungsvertrag zustande gebracht war. Das Urteil verneint die Frage in der Erwägung, unter den Umständen, wie sie hier vorliegen, sei von seiten des Beklagten nicht ohne weiteres der Wille kundgegeben, die im Garderoberaum abgelegten Kleidungsstücke in Obhut und Verwahrung zu nehmen, und habe auch eine Übernahme des Besitzes am Mantel des Klägers durch den Beklagten, wie sie der § 688 BGB. vorschreibt, nicht stattgefunden. Insoweit bietet die Urteilsbegründung keinen Anlaß zu durchschlagenden rechtlichen Bedenken. Es rechtfertigt sich deshalb, das Vorliegen eines selbständigen Verwahrungsvertrags und eine Haftung des Beklagten für den entstandenen Schaden, die sich aus einem solchen Vertrage herleiten ließe, zu verneinen.

Sodann untersucht das Berufungsurteil, ob aus dem Gesellschaftsvertrag — womit das dem Personenrecht angehörende Rechtsgeschäft der Aufnahme eines neuen Vereinsmitgliedes gemeint ist (vgl. RGZ. Bd. 100 S. 1) — die Nebenverpflichtung des beklagten Vereins, die der vorliegenden Ersatzklage als Stütze dienen könnte, abzuleiten ist, für die sichere Aufbewahrung der im Garderobezimmer abgelegten Überkleider seiner Mitglieder zu sorgen. Auch diese Frage verneint das Urteil, und zwar mit der des näheren begründeten Erwägung, die zur Zeit des Diebstahls bestehende Einrichtung habe, worüber auch der Kläger nicht in Zweifel gewesen sei, eine genügende Bewachung der Garderobe nicht gewährleistet, die Vereinsmitglieder hätten mit der vorhandenen, der Satzung nicht widersprechenden Einrichtung rechnen müssen, so wie sie war, es sei ihre Sache gewesen, zu prüfen, ob sie ihnen „zur eigenen Aufbewahrung" der abgelegten Überkleider genügte. Der hiermit angedeutete Teil der Urteilsbegründung muß jedoch im wesentlichen Einklang mit Ausführungen der Revision rechtlich beanstandet werden.

Grundsätzlich ist davon auszugehen, daß, wie schon bemerkt wurde, der Verein durch Bereitstellung eines Garderobezimmers seinen Mitgliedern während des Besuchs der Gesellschaftsräume des Klubhauses die Sorge um ihre Überkleider abnahm. Wenn der den abgelegten Überkleidern gewährte Schutz eine Abschwächung dadurch erfuhr, daß eine persönliche Aufsicht nicht mehr ständig durch einen mit der Bewachung beauftragten Angestellten stattfand, sondern nur noch zeitweilig durch die Aufwärterin, die auch andere Obliegenheiten hatte, so ging das in erster Linie nicht die Mitglieder, sondern den Verein selbst an. Es war Sache der Vereinsorgane, einer sich daraus ergebenden Erhöhung der Gefahr des Abhandenkommens von Kleidungsstücken durch geeignete Vorkehrungen entgegenzuwirken. Mittel dazu hätten sich, wie man annehmen darf, finden lassen. So würde schon eine Anordnung und deren Durchführung, daß die Aufwärterin für die Zeiten, wo sie den Garderoberaum unbeaufsichtigt lassen mußte, die äußere Zugangstür von innen abschloß, vermutlich kaum minderen Schutz wie eine persönliche Überwachung geboten haben. In der früheren Zeit, wo die Garderobe durch Angestellte des Vereins ständig bewacht wurde, konnte kein Zweifel darüber obwalten, daß als vereinsrechtliche Nebenverpflichtung eine Haftung des Vereins für Rückgewähr der im Garderoberaum abgelegten Überkleider oder für Schadensersatz bestand. Solange nicht nach Abschwächung der persönlichen Überwachung die Vereinsorgane dazu schritten, durch ausdrückliche Bekanntgabe an die Mitglieder eine Haftung des Vereins für den Verlust von Garderobe auszuschließen, durften die Mitglieder darauf rechnen und vertrauen, daß an dem früheren Haftungsverhältnisse nichts geändert war. Soweit sie überhaupt wußten, daß der den abgelegten Kleidungsstücken im Aufbewahrungsraum gewährte Schutz tatsächlich erheblich gemindert war, durften sie annehmen, der Verein wolle die damit verknüpfte Erhöhung der Schadensgefahr selbst tragen. In der Vorinstanz haben die Parteien darüber gestritten, ob es im E.er Kasino üblich geworden war, die Überkleider mit in die Klubräume zu nehmen. Das angefochtene Urteil entscheidet den Punkt nicht, legt aber in einem dem Kläger ungünstigen Sinne Gewicht darauf, daß den Mitgliedern solche Mitnahme frei gestanden habe. Hiermit wird das Urteil den Sachverhältnissen nicht gerecht. Es kann nicht als verkehrsüblich gelten, daß die Mitglieder eines zur Pflege guter und in angemessenen Formen gehaltener Geselligkeit bestehenden Kasinos die Gesellschaftsräume mit Überkleidern und bei ungünstiger Witterung etwa auch mit Überschuhen und Schirmen betreten und solche Sachen dort ablegen. Soweit es im E.er Kasino tatsächlich zu solcher Übung gekommen sein sollte, wäre dies aus der Befürchtung von Verlusten zu erklären, ohne daß darum bis zu der am 8. November 1919 noch nicht erfolgten ausdrücklichen Ausschließung einer Haftung des Vereins für Abhandenkommen von Garderobe den Mitgliedern, welche die Kleiderablage im Garderoberaum benutzten, anzusinnen gewesen wäre, hiervon Abstand zu nehmen. Hilfsweise unterstellt auch das Berufungsurteil, daß eine Mitnahme der Mäntel in die Gesellschaftsräume nicht angängig gewesen wäre, und erwägt für diesen Fall, es wäre dann, vorbehaltlich des statutenmäßigen Rechts, auf Abänderung in der Generalversammlung zu dringen, immer noch Sache der Mitglieder gewesen zu prüfen, ob sie, was in ihrem freien Belieben stand, unter diesen Umständen den Klub weiter besuchen wollten oder nicht. Hiermit ist bei dem Versuche, die dem Kläger ungünstige Entscheidung zu rechtfertigen, den Vereinsmitgliedern zugemutet, auf das hauptsächlichste aus der Mitgliedschaft fließende Wertrecht des Besuchs der Klubräume zu verzichten. Diese Zumutung widerstrebt aber dem ganzen Wesen des inneren Vereinsverhältnisses, während sie von dem Ausgangspunkte des Berufungsurteils aus, daß die Sorge und Haftung für die abgelegten Überkleider lediglich Sache der Vereinsmitglieder war, nicht als unschlüssige Folgerung erscheint. Dies bietet einen mittelbaren Gegengrund gegen die Grundauffassung des Berufungsrichters.

Hiernach war, ohne daß zurzeit auf weitere Streitpunkte einzugehen wäre, das angefochtene Urteil aufzuheben und die Sache an das Berufungsgericht zurückzuverweisen.

---

80. Zur Frage des Vertragsschlusses zugunsten Dritter.

II. Zivilsenat. Urt. v. 9. Dezember 1921 i. S. E. (Bekl.) w. H. (Kl.). II 290/21.

I. Landgericht I Berlin, Kammer für Handelssachen. — II. Kammergericht daselbst.

Das Waffen- und Munitionsbeschaffungs-Amt in Berlin hatte im Jahre 1917 mit einer Reihe von Werken Verträge auf Lieferung von Eierhandgranaten abgeschlossen. Die erforderlichen Kisten bestellten diese Fabriken bei der Beklagten, die ihrerseits wieder die Lieferung der Kisten der Klägerin in Auftrag gab. Die Vergütung, die das bezeichnete Amt seinen unmittelbaren Vertragsgegnern, den Munitionsfabriken, für die Kisten zu entrichten hatte, war einheitlich festgesetzt; zwischen der Beklagten und der Klägerin war für die einzelne Kiste ein Preis von 4,80 *M* bis 5 *M* vereinbart. Am 20. Juni 1917 ordnete das Amt an, es müßten ab 1. März 1917 für die Kisten gewisse höhere Mindestpreise von seinen Hauptlieferern bezahlt und von den Unterlieferern verlangt werden; „entsprechend diesen Erhöhungen" hätten die Hauptlieferer den Lieferern ab 1. März 1917 eine Erhöhung von 1 *M* für die Kiste zu bewilligen. Weiter wurde bestimmt, daß dann, wenn die Auftraggeber Zwischenhändler seien, die nachbewilligten Differenzbeträge durch sie oder direkt an die Unterlieferer abgeführt werden müssen.

Hierauf gestützt verlangte die Klägerin für die von ihr auf Bestellung der Beklagten in der Zeit vom 1. März bis 20. September 1917 unmittelbar an die verschiedenen Munitionsfabriken gelieferten, von ihr selbst hergestellten Kisten je eine Nachvergütung von 1 *M*, insgesamt 12150,30 *M* nebst Zinsen.

Während das Landgericht die Klage abwies, erklärte das Kammergericht den Anspruch dem Grunde nach für gerechtfertigt. Die Revision hatte keinen Erfolg.

Gründe:

Nach der Auffassung des Berufungsgerichts ist der Klaganspruch aus dem rechtlichen Gesichtspunkt des Vertrags zugunsten eines Dritten (§ 328 BGB.) gerechtfertigt. Das Waffen- und Munitionsbeschaffungs-Amt, führt es aus, habe den gesamten nachbewilligten Betrag in einer Summe an seine unmittelbaren Lieferanten, hier also an die verschiedenen Munitionsfabriken, gezahlt und diese, denen die Bestimmung der Preiserhöhung von 1 *M* für den Hersteller bekannt gewesen sei, hätten den dem Aufschlag von 1 *M* für die einzelne Kiste entsprechenden Betrag an den oder die Hersteller abzuführen gehabt. Sei aber dieser Betrag von der Munitionsfabrik aus nicht unmittelbar in die Hand des Herstellers der Kisten, sondern in die eines mit seiner Zweckbestimmung und dem Zusammenhang vertrauten Zwischenhändlers gelangt, so habe sich das Vertragsverhältnis zwischen dem zahlenden und dem empfangenden Teil, vorliegend also zwischen der Munitionsfabrik und der Beklagten fortgesetzt, so daß diese beiden Beteiligten nunmehr als Vertragschließende nach § 328 BGB. zu gelten hätten.

Der Wille, die Nachvergütung dem zuzuführen, für den sie ausgeworfen gewesen, habe in der Hingabe und Entgegennahme des Geldes einen wenn auch stillschweigenden, so doch genügenden Ausdruck gefunden.

Die Revision vermißt zur Annahme eines Vertrags zugunsten eines Dritten (der Klägerin) hinreichende Feststellungen des Berufungsgerichts. Namentlich sei dem festgestellten Sachverhalt nicht zu entnehmen, daß die Munitionsfabriken und die Beklagte über eine von dieser an die Klägerin zu machende Leistung einig geworden seien, sie „bedungen" hätten. An diesem Erfordernis wäre auch dann festzuhalten, wenn feststände, daß die Munitionsfabriken dem bezeichneten Amt gegenüber zur Abführung der Nachvergütung an die Klägerin verpflichtet gewesen seien. Die Annahme einer von dem Willen der Vertragschließenden unabhängigen Fortsetzung des Vertragsverhältnisses zwischen den Munitionsfabriken und der Beklagten sei rechtlich unhaltbar. Mindestens der Feststellung des Willens der zahlenden Munitionsfabriken, daß die Nachvergütung der Klägerin zuzuführen sei, hätte es zur Annahme eines Vertrags zugunsten der Klägerin bedurft.

Der Revisionsangriff ist nicht begründet. Gerade das, was die Revision vermißt, ist vom Berufungsgericht festgestellt. Allen Beteiligten, also auch den Munitionsfabriken und der Beklagten, waren — wie das Berufungsurteil ausführt — die erwähnten Anordnungen des Amtes und war insbesondere auch die Bestimmung der Nachvergütung von 1 ℳ auf die Kiste für den Hersteller der Kisten bekannt. Bei dieser Sachlage enthält der Satz, es habe der Wille der Zuführung der Nachvergütung an den, für welchen sie bestimmt war, in der Hingabe des Geldes an die Beklagte und in dessen Entgegennahme von ihrer Seite genügenden Ausdruck gefunden, die unzweideutige Feststellung, daß bei beiden Vertragschließenden die Absicht der Zuwendung der Nachvergütung an den Hersteller der Kisten vorhanden war, zugleich aber auch eine ausreichende Feststellung der gegenseitigen Verlautbarung dieses Willens. Auch darin, daß der Berufungsrichter einen unmittelbaren Anspruch der Klägerin auf die Nachvergütung der Beklagten gegenüber als gegeben erachtet, ist ein Rechtsirrtum nicht zu erblicken, auch dann nicht, wenn den Munitionsfabriken bei der Zahlung an die Beklagte die Herstellung der Kisten gerade durch die klagende Firma unbekannt gewesen sein sollte. Es handelt sich also nicht um eine gewissermaßen automatische Übertragung der Verpflichtung zur Weitergabe der Nachvergütung von den Munitionsfabriken auf die Beklagte, sondern darum, daß eine solche Rechtspflicht der Beklagten durch Abkommen zwischen ihr und den Munitionsfabriken zugunsten der Klägerin gemäß § 328 Abs. 1 BGB. geschaffen wurde.

81. 1. Sind die Mieterschutzverordnungen, insbesondere die vom 22. Juni 1919, auf die Vermietung zum Zwecke des Hotelbetriebs anwendbar?

2. Zur Frage der Einwirkung einer unter Überschreitung der gesetzlichen Zuständigkeit erlassenen, die Zustimmung zur Kündigung versagenden Entscheidung des Einigungsamts auf das vertragsmäßige Kündigungsrecht des Vermieters.

III. Zivilsenat. Urt. v. 9. Dezember 1921 i. S. B. (Bekl.) w. H. (Kl.). III 460/21.

I. Landgericht I Berlin. — II. Kammergericht daselbst.

Der Beklagte hat in einem seit dem 1. Januar 1920 dem Kläger gehörigen Hause in Berlin von dessen Vorbesitzern drei Stockwerke zum Betriebe eines Hotels gemietet. Zufolge der Ausübung eines dem Beklagten eingeräumten Optionsrechts läuft der Mietvertrag an sich bis zum 30. Juni 1924. Der Kläger hat jedoch von dem Kündigungsrechte Gebrauch gemacht, das dem Vermieter nach § 4 des Mietvertrags im Falle der Veräußerung des Hauses mit einjähriger Frist zum 1. Juli zusteht, und hat dem Beklagten am 2. Juni 1920 zum 1. Juli 1921 gekündigt. Das Mieteinigungsamt hat aber durch Beschluß vom 25. Juni 1920 die Zustimmung zu dieser Kündigung versagt.

Der Beklagte meint nun, daß damit das Kündigungsrecht des Klägers überhaupt erloschen sei. Der Kläger hat dagegen Klage auf Feststellung erhoben, daß der Mietvertrag mit dem 30. Juni 1922 abläuft. Das Landgericht ist der Auffassung des Beklagten beigetreten und hat die Klage abgewiesen; das Berufungsgericht hat dagegen die Feststellung ausgesprochen, daß das Kündigungsrecht des Klägers aus der fraglichen Vertragsbestimmung für den 30. Juni 1922, und, wenn das Mieteinigungsamt dieser Kündigung nicht zustimmt, für den 30. Juni 1923 fortbesteht. Die Revision des Beklagten wurde zurückgewiesen.

Gründe:

1. In den Vorinstanzen ist die Anwendbarkeit der Mieterschutzverordnung auf den vorliegenden Fall und die hieraus sich ergebende Zuständigkeit des Einigungsamts zum Erlasse seiner, die Zustimmung zur Kündigung versagenden Entscheidung vom 25. Juni 1920 nicht in Zweifel gezogen worden. Die Entscheidung sowohl des Landgerichts als des Berufungsgerichts beruht auf der Voraussetzung der Gültigkeit dieser Entscheidung des Mieteinigungsamts. Das Berufungsgericht weicht jedoch von dem Landgericht darin ab, daß es der Entscheidung des Einigungsamts eine geringere Tragweite, nämlich nur die Bedeutung beimißt, daß der Mietvertrag über den 1. Juli 1921 um

ein Jahr verlängert sei, zum 1. Juli 1922 aber dem Kläger, vorbehaltlich der Genehmigung des Einigungsamts, die Kündigung zustehe.

Diese Voraussetzung, auf der die Vorentscheidungen beruhen, trifft jedoch nicht zu. Die Mieterschutzverordnungen sind auf die Vermietung von Räumen zum Zwecke des Hotelbetriebs überhaupt nicht für anwendbar zu erachten.

Die Bekanntmachung betreffend Einigungsämter vom 15. Dezember 1914 (RGBl. S. 511) erstreckt sich allerdings auf die Vermietung von Räumen ohne Unterschied ihrer Benutzungsart. Sie bezweckt lediglich eine gütliche Beilegung von Streitigkeiten zwischen Mietern und Vermietern sowie zwischen Hypothekenschuldnern und Hypothekengläubigern und gibt dem Einigungsamt zwar die Befugnis zu bestimmten Zwangsmaßregeln, aber nicht zum Erlaß bindender Entscheidungen. Damals bestand weder ein Mangel an Wohnungen, noch wurde mit dem künftigen Eintritt eines solchen Mangels gerechnet. Sie stellt sich nicht als eine Verordnung zum Schutze der Mieter dar; diesen gewährte vielmehr die Verordnung über die gerichtliche Bewilligung von Zahlungsfristen vom 7. August 1914 (RGBl. S. 359) einen gewissen, beschränkten Schutz. Anders die Verordnungen zum Schutze der Mieter. Sie wurden hervorgerufen durch die im weiteren Verlaufe des Krieges besonders bei kleineren Wohnungen einsetzenden Mietsteigerungen und den mit der Rückkehr des Feldheeres und weiter mit der der Kriegsgefangenen wachsenden Mangel an kleineren und mittleren Wohnungen. Sie dienen dem Schutze der Wohnung, d. h. der dauernden Wohnstätte, des Heims des einzelnen; diesen sollen sie gegen die Entziehung oder ungerechtfertigte Verteuerung seiner Wohnung sichern. Dies gilt schon, wie die amtliche Begründung (Reichsanzeiger Nr. 178 vom 28. Juli 1917, auch abgedruckt bei Stern, Mieterschutzrecht, 5. Aufl., S. 150 flg.) ergibt, für die Verordnung vom 26. Juli 1917 (RGBl. S 659), wenn auch ihr Wortlaut die Beschränkung auf Wohnungen nicht zum Ausdruck bringt. Diese Beschränkung ist dagegen in § 6 der Bekanntmachung des Reichskanzlers vom 23. September 1918 (RGBl. S. 1140) bestimmt ausgesprochen. Voraussetzung der dort den Landeszentralbehörden übertragenen Befugnisse ist, daß sich im Bezirke der Gemeindebehörde ein besonders starker Mangel an Wohnungen geltend macht. Wo dieser Mangel besteht, kann angeordnet werden, daß die Vermieter von Wohnräumen ein Mietverhältnis rechtswirksam nur mit vorheriger Zustimmung des Einigungsamts kündigen können. Unter Wohnräumen im Sinne dieser Bestimmung sind nur solche Räume zu verstehen, welche zu Wohnungszwecken vermietet sind, nicht auch solche, welche zur Beherbergung von Fremden bestimmt sind. Weder die Interessen der Fremden, der Reisenden, noch die der Hotelbesitzer und Gastwirte zu wahren, war das Ziel der Verordnung, sondern lediglich die des Eigenbewohners. Den Interessen des Reiseverkehrs konnte eine auf bestimmte, vom Wohnungsmangel besonders betroffene Bezirke beschränkte Maßregel nicht dienen. Die Beherbergung ortsfremder Personen wurde von der Gesetzgebung nicht nur nicht begünstigt, sondern beschränkt, vgl. die Verordnung über Maßnahmen zur Beschränkung des Fremdenverkehrs vom 13. April 1918 (RGBl. S. 186) und die Anordnung des Reichsarbeits- und -Ernährungsministers, betreffend den Zuzug von ortsfremden Personen und von Flüchtlingen, vom 23. Juli 1919 (RGBl. S. 1353). An dieser Rechtslage ist auch durch die Fassung, welche dem § 6 der VO. vom 23. September 1918 durch die Verordnung des Reichsministeriums vom 22. Juni 1919 (RGBl. S. 591) gegeben wurde, soweit es sich um die Hotelmiete handelt, nichts geändert. Der Schutz, der bis dahin nur der Wohnung gewährt war, ist, aber nur in einem bestimmten Umfange, auch gewerblichen Betriebsstätten, nämlich „Läden und Werkstätten“ zugestanden. Dem Hotelbetriebe kommt diese Bestimmung nicht zugute. Auch die der Bewirtung der Gäste dienenden Räumlichkeiten samt Küche und Keller fallen weder unter den Begriff des Ladens noch der Werkstätte, und ebensowenig können die Gasträume oder die zur Beherbergung der Fremden dienenden Räume als Wohnräume im Sinne der Vorschrift gelten.

Ein Bedürfnis, gerade die Mieter von Hotelräumen zu schützen, lag auch schwerlich vor. Die reine Miete von Hotelräumen dürfte nicht häufig vorkommen; regelmäßig wird das Hotelgewerbe, wenn nicht von dem Eigentümer des Grundstücks, so von dem Pächter der zum Hotelbetriebe eingerichteten Räume betrieben werden. Auf Pachtverhältnisse aber findet die Mieterschutzverordnung überhaupt keine Anwendung. Allerdings ist neuerdings auch ein Bedürfnis erwachsen, die Interessen des geschäftlichen Reiseverkehrs zu schützen und der Umwandlung der Gasthöfe zu Geschäftshäusern entgegenzutreten. Dies konnte jedoch in dem Rahmen der Mieterschutzverordnung nicht in wirksamer Weise geschehen, da auch und vornehmlich dem Aufkaufe der vom Grundstückseigentümer selbst betriebenen Gasthöfe gesteuert werden mußte. Dies ist für Preußen durch die auf Grund des § 9 des Reichsgesetzes über den Wohnungsmangel vom 11. Mai 1920 (RGBl. S. 949) erlassene Anordnung des Ministers für Volkswohlfahrt, betr. Verwendung von Hotels, vom 5. Juli 1921 (Volkswohlfahrt 1921 S. 356, MinBl. f. d. i. Verw. 1921 S. 442) geschehen.

2. Die Entscheidung des Einigungsamts vom 25. Juni 1920, welche die Zustimmung zur Kündigung des Klägers für den 1. Juli 1921 versagte, entbehrte deshalb der rechtlichen Wirksamkeit; sie ist, da das Einigungsamt außerhalb seiner gesetzlichen Zuständigkeit gehandelt hat, trotz der Vorschrift des § 7 Abs. 1 Satz 3 der MietSchVO.

für die Gerichte nicht bindend (vgl. RGZ. Bd. 101 S. 116). Die Parteien und insbesondere auch der Kläger haben aber die Entscheidung, insoweit sie sich auf die Zeit bis zum 1. Juli 1921 erstreckt, für verbindlich erachtet und sich ihr unterworfen. Es kann daher nur in Frage kommen, ob der Kläger damit auch das Kündigungsrecht für eine spätere Zeit verloren hat. Dies ist in Übereinstimmung mit dem Berufungsgericht zu verneinen. Der Mietvertrag bestimmt in § 4, daß der Vertrag nach Ablauf der ersten fünf Jahre „bei Veräußerung des Hauses jedenfalls nur zum 1. Juli jeden Jahres mit einjähriger Kündigungsfrist" gegen Zahlung eines Abstandsgeldes kündbar ist. Die Parteien haben übereinstimmend erklärt, daß dieses Kündigungsrecht nur ein „einmaliges" sein sollte. Was hierunter zu verstehen ist, ob insbesondere nur bei dem erstmaligen Verkaufe des Hauses das Kündigungsrecht bestehen sollte, oder ob die Kündigung wie im Falle des § 569 BGB. nur für den ersten Termin, zu dem sie zulässig war, sollte erfolgen dürfen, kann zweifelhaft sein. Wie aber diese in dem notariellen Vertrage nicht ausdrücklich kundgegebene Vereinbarung auch zu verstehen sein mag, keinesfalls kann ihr die Bedeutung beigelegt werden, daß der Kläger behindert wäre, die Kündigung zum 1. Juli 1922 auszusprechen. Denn er war durch eine behördliche Entscheidung verhindert worden, das ihm zustehende Kündigungsrecht früher in wirksamer Weise auszuüben. Die Kündigung zum 1. Juli 1922 war daher die erste, welche er mit Erfolg zu bewirken in der Lage war. Nimmt man an, daß er nur zum ersten zulässigen Termine von dem Kündigungsrecht Gebrauch machen durfte, so kann auch hier, wie in den Fällen des § 569 BGB. und des § 57 Satz 3 ZVG., als erster zulässiger Termin nur ein solcher angesehen werden, zu dem die Kündigung ohne Verschulden des Kündigungsberechtigten wirksam hätte erfolgen können (vgl. RGZ. Bd. 74 S. 38, Bd. 98 S. 275).

---

82. Kann gegen einen ausländischen Staat wegen privatrechtlicher Ansprüche aus einer von ihm betriebenen Schiffsreederei Klage vor inländischen Gerichten erhoben werden?

I. Zivilsenat. Urt. v. 10. Dezember 1921 i. S. G. S. (Kl.) w. United States Shipping Board (Bekl.). I 177/21.

I. Landgericht Bremen, Kammer f. Handelssachen. — II. Oberlandesgericht Hamburg.

Am 24. August 1919 stieß auf dem Nieuwe Waterweg in der Nähe von Maaßluis (Holland) der der Klägerin gehörige Dampfer

„Jonas Sell" mit dem den Vereinigten Staaten von Amerika gehörigen Dampfer „Ice King" zusammen. Die Klägerin behauptet, daß der Zusammenstoß durch ein Verschulden der Führung des Dampfers „Ice King" verursacht und ihr Dampfer „Jonas Sell" durch den Zusammenstoß beschädigt worden sei. Auf Ersatz dieses Schadens nimmt die Klägerin den Beklagten als den Vertreter des Reeders des „Ice King", der Vereinigten Staaten von Amerika, in Anspruch.

Der Beklagte hat die Einlassung zur Hauptsache verweigert und mit der Begründung, daß als die beklagte Partei die Vereinigten Staaten von Amerika anzusehen und diese der deutschen Gerichtsbarkeit nicht unterworfen seien, die Einreden der Unzuständigkeit des Gerichts und der Unzulässigkeit des Rechtswegs erhoben.

Das Landgericht verwarf die Einreden als unbegründet. Das Oberlandesgericht hob die landgerichtliche Entscheidung auf und wies die Klage ab.

Die Revision hatte keinen Erfolg.

Gründe:

Das Berufungsgericht hat die unbeanstandete Feststellung getroffen, daß der Eigentümer des Dampfers „Ice King" und damit der eigentliche Beklagte im gegenwärtigen Rechtsstreit nicht das United States Shipping Board, sondern die von ihm vertretenen Vereinigten Staaten von Amerika sind.

Das angefochtene Urteil knüpft an den vom Reichsgericht im Urteil vom 12. Dezember 1905 (RGZ. Bd. 62 S. 165) ausgesprochenen Grundsatz an, daß ein ausländischer Staat auch aus rein privatrechtlichen Ansprüchen vor den inländischen Gerichten in der Regel nicht belangt werden könne. Dieser trotz entgegenstehender Erkenntnisse einiger auswärtiger Gerichte (vgl. Löning, die Gerichtsbarkeit über fremde Staaten und Souveräne, in der Festgabe für Fitting, S. 52 flg.), im wesentlichen aus der damals herrschenden Praxis hergeleitete völkerrechtliche Grundsatz ist jedenfalls für jene Zeit als zutreffend zu erachten. Es fragt sich, ob hieran inzwischen durch neu hervorgetretene Umstände, etwa durch den Weltkrieg und seine Vor- und Nachwirkungen, etwas geändert ist. Dies ist nicht der Fall. So hat die von der Revision vertretene und bisweilen im Schrifttum, seltener in der Rechtsprechung (vgl. HansRZ. 1921 S. 458) gebilligte Ansicht, daß ein ausländischer Staat, der im Inlande ein ausgedehntes gewerbliches Unternehmen eingerichtet hat und betreibt, sich damit für Rechtsstreitigkeiten aus diesem Gewerbe- oder Handelsbetrieb oder mit den ihm gehörigen (beweglichen) Vermögensstücken, die er in das Inland verbracht hat, auch den inländischen Gerichten unterwerfe, in der Praxis eine allgemeine oder irgendwie vorherrschende Anerkennung nicht gefunden (Löning S. 114 flg.). Wenn ferner in Schrifttum und

Rechtsprechung wiederholt „Kauffahrteischiffen" schlechthin die Exterritorialität in fremdländischen Häfen aberkannt worden ist, so ist dies im Hinblick auf eine Zeit geschehen, wo eine ausschließliche Verwendung von Staatsschiffen, d. h. im Eigentum eines souveränen Staates stehenden Seeschiffen, zu privaten Zwecken, insbesondere im Reedereigeschäft, in nennenswertem Umfange nicht bekannt war. Es kann daher aus jenen Meinungsäußerungen nichts Entscheidendes dafür entnommen werden, daß völkerrechtlich nur solche fremdländische Staatsschiffe von der inländischen Gerichtsbarkeit befreit seien, welche ganz oder teilweise im öffentlichen Dienst stehen. Allerdings ist in den internationalen Übereinkommen vom 23. September 1910 „zur einheitlichen Feststellung von Regeln über den Zusammenstoß von Schiffen" (RGBl. 1913 S. 49) in Art. 11 und „zur einheitlichen Feststellung von Regeln über die Hilfeleistung und Bergung in Seenot" (RGBl. 1913 S. 66) in Art. 14 insofern zwischen Staatsschiffen, die ausschließlich für einen öffentlichen Dienst bestimmt sind, und Staatsschiffen, bei denen dies nicht zutrifft, ein Unterschied gemacht, als der dort vorgesehene Vorbehalt nur auf die ersteren bezogen ist. Dies betrifft aber nur das den wesentlichen Gegenstand jener Übereinkommen bildende materielle Privatrecht und läßt keinen hier in Betracht kommenden Rückschluß zu auf die Entwickelung des Völkerrechts nach der im vorliegenden Falle maßgeblichen, das prozeßrechtliche Gebiet betreffenden Richtung hin. Ähnlich verhält es sich mit den von der International Law Association beschlossenen und vom 3. September 1921 datierten „Hague Rules" und den ihnen beigefügten „Resolutions". Die Hague Rules berühren nur einen Abschnitt des materiellen Privatrechts. Wenn daher in Nr. 3 der „Resolutions" als Meinung der International Law Association angeführt wird, daß die Hague Rules auch auf Schiffe anwendbar seien, die im Eigentum einer Regierung stehen oder von ihr gechartert sind, ausgenommen solche Schiffe, die ausschließlich im Flotten- oder Heeresdienst verwendet werden, so ist daraus für die hier interessierende Immunitätsfrage etwas Wesentliches nicht zu folgern. Freilich läßt sich nicht verkennen, daß die besonders im Schrifttum hervorgetretenen Bemühungen, die grundsätzliche völkerrechtliche Immunität von Privatzwecken dienendem Staatseigentum zu beseitigen oder doch einzuschränken, besonders auf dem Gebiete des internationalen Seerechts in maßgeblichen Kreisen mehr und mehr Anklang finden. Aber diese Entwickelung ist in der Praxis des internationalen Verkehrs noch nicht derartig allgemein in die Erscheinung getreten, daß daraus eine rechtswirksame Änderung des oben angeführten völkerrechtlichen Grundsatzes entnommen werden könnte (vgl. auch die Verfassung des Deutschen Reichs vom 11. August 1919 Art. 4).

Demgemäß ist auch hier davon auszugehen, daß ein ausländischer

Staat, wie die von dem United States Shipping Board vertretenen Vereinigten Staaten von Amerika, selbst in reinen Privatrechtsstreitigkeiten grundsätzlich von der inländischen Gerichtsbarkeit befreit ist, und es ist nur zu prüfen, ob etwa besondere Umstände gegeben sind, welche im vorliegenden Fall eine Ausnahme von dieser Regel rechtfertigen.

Wie schon in RGZ. Bd. 62 S. 167 hervorgehoben ist, können dingliche Klagen, die sich auf unbewegliche, im Inlande belegene Sachen beziehen, auch gegen einen fremden Staat vor inländischen Gerichten erhoben werden. Hieran anknüpfend ist vornehmlich im Schrifttum erörtert worden, daß in ähnlicher Weise die Rechtsverfolgung eines Schiffsgläubigers gegen einen ausländischen Staat als Reeder eines im Inlande befindlichen Schiffs vor inländischen Gerichten zulässig sein müsse. Demgegenüber ist aber folgendes zu beachten: Der Grund und Boden und die mit ihm festverbundenen Sachen bilden einen untrennbaren Teil des Staatsgebiets, in welchem sie belegen sind, sie können nur der Herrschaft dieses Staats unterstehen und nur er ist in der Lage, ein Urteil in ein solches Immobile zu vollstrecken. Demgemäß ist auch im deutschen Recht für Klagen, durch welche das Eigentum, eine dingliche Belastung oder die Freiheit von einer solchen geltend gemacht wird, für Grenzscheidungs-, Teilungs- und Besitzklagen, sofern es sich um unbewegliche Sachen handelt, das Gericht der belegenen Sache ausschließlich zuständig (§ 24 ZPO.) und wird diese Zuständigkeit durch die die Exterritorialität betreffenden Vorschriften der §§ 18, 19 GVG. laut § 20 ebenda nicht berührt. Mit dieser Sach- und Rechtslage muß der ausländische Staat, wenn er inländischen Grund und Boden erwirbt, von vornherein rechnen. Dagegen hängt, wenigstens nach deutschem Recht, der Anspruch eines Schiffsgläubigers, dem der Reeder mit Schiff und Fracht verhaftet ist, weder hinsichtlich seiner Geltendmachung vor deutschen Gerichten noch hinsichtlich seiner Durchführung im Wege der Zwangsvollstreckung grundsätzlich von dem Aufenthalt des Schiffs im deutschen Inlande ab. Ein solcher Anspruch braucht auch keineswegs nur dinglicher Natur zu sein. Vielmehr ist der Reeder dem Schiffsgläubiger auch persönlich verhaftet, wenn der im § 774 HGB. erörterte Fall vorliegt, wie das regelmäßig und so auch im gegenwärtigen, eine persönliche Klage betreffenden Streitfalle zutrifft. Die Klägerin würde also aus einem obsiegenden Urteile berechtigt sein, nicht nur gegen den an dem fraglichen Zusammenstoß beteiligten Dampfer „Ice King", sondern auch gegen anderes Privatzwecken dienendes Eigentum des Beklagten oder der Vereinigten Staaten von Amerika, z. B. gegen andere ihnen gehörige und im Reedereigeschäft verwendete Schiffe, die Zwangsvollstreckung zu betreiben, und zwar sowohl in Deutschland als auch unter Umständen außerhalb des deutschen Herrschaftsgebiets. Dies alles zeigt aber, daß zwischen dem Klaganspruch und einem dinglichen

Anspruch hinsichtlich eines inländischen Grundstücks gerade in der hier maßgeblichen Beziehung ein erheblicher Unterschied besteht, der ihrer gleichartigen völkerrechtlichen Behandlung in der Exterritorialitätsfrage entgegensteht. Es fragt sich daher nur noch, ob etwa eine Ausnahme von dem völkerrechtlichen Grundsatz dadurch gegeben ist, daß die vom Beklagten vertretenen Vereinigten Staaten von Amerika ausdrücklich oder durch schlüssige Handlungen sich freiwillig der inländischen Gerichtsbarkeit unterworfen haben.

Der Beklagte und sein Geschäftsherr, die Vereinigten Staaten von Amerika, haben trotz ihrer Eigenschaft als souveränes Staatswesen eine große Zahl von Handelsschiffen — angeblich über 1500 Stück — zu Eigentum erworben und nehmen mit ihnen am internationalen Handelsverkehr durch Betreiben von Reedereigeschäften teil, wobei sie sich besonderer „Agenturen" bedienen, die u. a. auch in Deutschland eigene Niederlassungen unterhalten. Ihrem Vorgehen haben sich andere Staaten, insbesondere Sowjet-Rußland, angeschlossen, indem auch sie im staatlichen Eigentum stehende Seeschiffe ausschließlich zu privaten Zwecken im internationalen Verkehr verwenden. Es ist damit insofern eine neue, bis dahin im internationalen Verkehr nicht bekannte Tatsache geschaffen, als die früheren, die Einrichtung von Staatsreedereien betreffenden Unternehmungen in verhältnismäßig bescheidenen Grenzen geblieben sind (vgl. Feine, die völkerrechtl. Stellung der Staatsschiffe, 1921). Zahlreiche Stimmen aus Juristen-, Handels- und sonstigen Interessentenkreisen vertreten die Ansicht, es habe der betreffende Staat, indem er einen umfangreichen Geschäftsbetrieb ganz nach Art und Aufmachung einer privaten Reederei einrichtete und nunmehr dauernd unterhält, sich in allen damit zusammenhängenden rechtlichen und wirtschaftlichen Fragen einem Privatunternehmer gleichgestellt und insoweit auf seine Souveränitätsrechte verzichtet.

Nun ist aber schon oben bemerkt worden, daß im allgemeinen aus dem Errichten und Betreiben einer gewerblichen Niederlassung durch einen ausländischen Staat im Inlande ein Verzicht auf seine Exterritorialität hinsichtlich der aus diesem Gewerbebetrieb entstehenden Streitigkeiten oder hinsichtlich seiner im Inland befindlichen beweglichen Vermögensstücke nicht zu entnehmen ist. Dies gilt insbesondere auch für den von einem ausländischen Staat im Rahmen des privaten Geschäftsverkehrs ausgeführten Betrieb von inländischen Transportunternehmungen, wie z. B. von Kraftwagenlinien, Eisenbahnen, Dampfbooten auf Binnengewässern usw. (vgl. Löning S. 114). Es ist aber nicht einzusehen, inwiefern von derartigen Unternehmungen der Betrieb eines Reedereigeschäfts nach der hier maßgeblichen Richtung hin so erheblich abweichen soll, daß in der Einrichtung und Unterhaltung eines solchen auf das Inland hinübergreifenden Reedereibetriebs ohne weiteres ein

Verzicht des ausländischen Staats auf seine Exterritorialität zu erblicken wäre. Dies um so weniger, als ein derartiger, dem Wesen eines souveränen Staats widersprechender Verzicht nur aus solchen Handlungen dieses Staats geschlossen werden darf, die den Verzichtswillen mit Sicherheit ergeben. Es kommt im vorliegenden Falle hinzu, daß die Vereinigten Staaten von Amerika, allerdings erst nach dem den Gegenstand des gegenwärtigen Rechtsstreits bildenden Schiffszusammenstoß und nach Erhebung der gegenwärtigen Klage, aber in Verfolg der Einrichtung und Durchführung ihres geschilderten Reedereibetriebs, klar zum Ausdruck gebracht haben, daß sie dieserhalb auf ihre Immunität keineswegs verzichten wollen. Denn in dem „Act Authorising suits against the United States in admirality etc." vom 9. März 1920 sind laut sec. 7 die zuständigen Behörden der Vereinigten Staaten von Amerika ausdrücklich angewiesen worden, die Immunität dieses Staatswesens als Reeders der betreffenden Schiffe in Fällen der hier fraglichen Art vor fremdstaatlichen Gerichten geltend zu machen. Und zwar soll diese Geltendmachung der Immunität („to claim such vessel as immune") in erster Linie erfolgen und nur dann auf ein weiteres Verfahren vor dem fremden Gericht eingegangen, Sicherheit geleistet werden usw., wenn sich dies trotzdem als erforderlich erweisen sollte, wobei jedoch die Immunitätseinrede grundsätzlich aufrecht erhalten bleiben soll („provided however, that nothing in this section shall be held to prejudice or preclude a claim of the immunity of such vessel . . . from foreign jurisdiction in a proper — d. h. geeignetem — case"). Hieran wird auch nichts geändert durch die in sec. 9 der United States Shipping Act vom 7. September 1916 enthaltene und auf Schiffe der hier fraglichen Art bezügliche Erklärung: „Such vessels while employed solely as merchant vessels shall be subject to all laws, regulations and liabilities governing merchant vessels . . ." (vgl. auch die deutsche Übersetzung der U. St. Shipping Act im Deutschen Handelsarchiv, Jahrg. 1917 S. 331—339). Es kann dahingestellt bleiben, ob die Annahme des Berufungsgerichts, daß jene Erklärung eine lediglich auf das Gebiet der Vereinigten Staaten von Amerika beschränkte Regelung der Rechtsverhältnisse der fraglichen Schiffe bedeute, zutrifft und ob diese Annahme des Gerichts, als auf der Auslegung eines ausländischen Rechtssatzes beruhend, einer Nachprüfung in der Revisionsinstanz entzogen ist. Denn jedenfalls ist die vom Berufungsgericht gezogene Schlußfolgerung, daß die Erklärung einen Verzicht des Beklagten auf die hier streitige Immunität nicht enthalte, zu billigen, da die erwähnte Bestimmung in sec. 9, wie aus dem Gesamtinhalt der Shipping Act klar hervorgeht, die materiellen Privatrechtsverhältnisse im Auge hat und nichts entscheidet für die auf einem anderen Rechtsgebiet liegende Frage der

Exterritorialität der Vereinigten Staaten von Amerika hinsichtlich der hier fraglichen Schiffahrtsunternehmungen.

Nach alledem muß es bei dem völkerrechtlichen Grundsatze der Immunität der vom Beklagten vertretenen Vereinigten Staaten von Amerika auch im vorliegenden Streitfalle sein Bewenden haben. Der vielfach erhobene Einwand, daß dies eine offenbare Unbilligkeit gegenüber den berechtigten Interessen der inländischen Schiffahrts- und Handelskreise bedeute und mit den Erfordernissen eines gesunden Weltverkehrs nicht zu vereinigen sei, ist — wenngleich ihm eine gewisse Berechtigung nicht abgesprochen werden kann — in der behaupteten Allgemeinheit nicht zutreffend. Denn der die Exterritorialität für seine Handelsschiffe in Anspruch nehmende Staat muß gewärtig sein, daß seinen betreffenden Schiffen nicht nur die Vorteile, sondern auch die Nachteile zuteil werden, welche mit einer solchen Immunität verbunden sind oder sein können. So könnten diesen Schiffen die für Kriegsschiffe und sonstige ausschließlich für einen öffentlichen Dienst bestimmte Staatsschiffe üblichen Beschränkungen in der Einlaufs-, Verkehrs- und Aufenthaltsbefugnis in inländischen Häfen auferlegt werden. Ferner könnte — da kein Staat verpflichtet ist, in seinem Gebiet einen anderen Staat zum Betriebe eines Gewerbes, eines Handelsgeschäfts oder einer Verkehrsanstalt zuzulassen — durch inländische Maßnahmen auf gesetzlichem, vertraglichem oder anderem Wege bestimmt werden, daß der Beklagte oder die Vereinigten Staaten von Amerika sich für alle aus dem in das Inland hinübergreifenden Gewerbebetrieb entstehenden Rechtsstreitigkeiten ausdrücklich der inländischen Gerichtsbarkeit unterwerfen (vgl. Löning S. 115, 159, 283, 327). Insbesondere aber könnte der Verkehr selbst bei der ihm innewohnenden Elastizität ohne besondere Schwierigkeiten durch geeignete Gegenmaßnahmen den aus der fraglichen Exterritorialität für die inländischen Interessenten drohenden wirtschaftlichen Nachteilen begegnen (vgl. Horwitz in der HansRZ. 1921 S. 454). Damit würde voraussichtlich auch eine Förderung der Ansätze eintreten, die auf eine Anpassung des Völkerrechts an die Bedürfnisse des internationalen Geschäftsverkehrs durch Beseitigung der Immunität von ausschließlich handeltreibenden Staatsschiffen hinweisen.

---

83. Zum Begriff des Ausrüsterverhältnisses im Sinne des § 510 HGB.

I. Zivilsenat. Urt. v. 10. Dezember 1921 i. S. Vereinigte Staaten von Amerika (Kl.) w. die Einfuhr-Ges. für Getreide- und Futtermittel G. m. b. H. (Bekl.). I 339/21.

I. Landgericht Bremen, Kammer f. Handelssachen. — II. Oberlandesgericht Hamburg.

Die Beklagte erwirkte beim Amtsgericht Bremen gegen „die American Line als Reederei des Dampfers West Chatala“ wegen eines Schadensersatzanspruchs einen dinglichen Arrest und ließ den Dampfer „West Chatala“, der damals in Bremen lag, pfänden. Gegen diese Pfändung erhoben die Kläger als Eigentümer des gepfändeten Schiffs die Widerspruchsklage nach § 771 ZPO. und beantragten, die Pfändung für unzulässig zu erklären.

Die Vorinstanzen wiesen die Klage ab. Die Revision hatte Erfolg.

Gründe:

Die Beklagte kann nach dem von ihr in der Berufungsinstanz vertretenen Standpunkt, dem sich das Berufungsgericht angeschlossen hat, der von dem Reeder der „West Chatala“ gemäß § 771 ZPO. erhobenen Klage jedenfalls dann nicht wirksam begegnen, wenn die Firma „American Line“ als eine „Ausrüsterin“ des genannten Dampfers im Sinne von § 510 HGB. nicht anzusehen ist. Die von der Beklagten in der Revisionsinstanz neu herangezogenen Gesichtspunkte sind unbeachtlich. Der Einwand, daß die Kläger ihre Reedereieigenschaft arglistig verdeckt hätten, um die im regulären Betriebe entstehende dingliche Belastung ihrer Schiffe durch Schiffsschulden abzuwenden, findet in den tatsächlichen Feststellungen des Berufungsrichters keine Stütze. Die Behauptung, daß die American Line auch ohne das Vorliegen eines Ausrüsterverhältnisses die „West Chatala“ dinglich hätte belasten können und belastet habe, ist hier ohne Bedeutung, wo es sich nur um die Frage der Zulässigkeit eines von der Beklagten, nicht etwa gegen die Schiffsreeder, sondern gegen die American Line, und zwar trotz ihres Nichteigentums hinsichtlich des Schiffs als selbständige Unternehmerin ausgebrachten Arrestes handelt.

Die danach für die Entscheidung des Rechtsstreits bedeutsame Annahme des Berufungsgerichts, daß ein deutschrechtliches Ausrüsterverhältnis vorliegt, beruht auf der Auslegung eines sog. Agenturvertrags. Den Ausführungen des Berufungsgerichts ist die Feststellung zu entnehmen, daß der hier maßgebliche Vertrag zwischen den Klägern, handelnd durch das United States Shipping Board, welches seinerseits durch die United States Shipping Board Emergency Fleet Corporation vertreten wird, einerseits, und der als „agent“ bezeichneten „American Line“ anderseits abgeschlossen ist, und daß gleichartige Verträge auch mit anderen als „agents“ bezeichneten Firmen vereinbart sind. Es handelt sich also um eine sog. typische Urkunde. Die Auslegung des in ihr verbrieften Vertrags seitens des Berufungsgerichts ist nicht frei von hier beachtlichem Rechtsirrtum.

Nach § 510 HGB. ist „Ausrüster“, wer ein ihm nicht gehöriges

Schiff zum Erwerbe durch die Seefahrt „für seine Rechnung verwendet und . . . die Führung einem Schiffer anvertraut". Das Berufungsgericht meint, es liege eine Verwendung des Schiffs „West Chatala" für eigene Rechnung der American Line vor, da diese Firma nach dem Agenturvertrag (Abschnitt 11 betr. „Compensation") prozentweise an den Einnahmen des Schiffs an Frachtgeldern, aus der Personenbeförderung usw. beteiligt und danach sehr erheblich an dem mit dem Dampfer betriebenen Reedereigeschäft interessiert sei. Mit Recht weist demgegenüber die Revision darauf hin, daß eine derartige prozentweise Beteiligung eines Dritten an dem Gewinn eines ihm nicht gehörigen Kauffahrteischiffs nicht etwas dem Ausrüsterverhältnis Eigentümliches sei, vielmehr sehr häufig für Schiffsmakler oder Agenten usw., die zugunsten des Reeders tätig sind, ausbedungen werde. Aber auch sonst zeigt der Agenturvertrag nach Wortlaut, Sinn und Zweck unzweifelhaft, daß von einem Ausrüsterverhältnis in dem hier maßgeblichen Sinne keine Rede sein kann. . . . (Folgt eine eingehende Wiedergabe der einzelnen Vertragsbestimmungen.)

Es kann dahingestellt bleiben, ob durch diesen Vertrag zwischen den Klägern oder den für sie handelnden Organen und der American Line ein Agenturverhältnis im deutschrechtlichen Sinne zustande gekommen ist (§§ 84 flg. HGB.). Denn jedenfalls zeigt der Vertrag zur Genüge, daß die „American Line" den Klägern und ihren Organen als ein an deren Weisungen gebundener Bevollmächtigter und Beauftragter und nicht — wie das zu den Merkmalen des Ausrüsterverhältnisses gehört (vgl. Mittelstein in Ehrenbergs Handbuch des Handelsrechts Bd. 7 Abt. 1 S. 36) — als ein selbständiger, mit dem Schiffe für eigene Rechnung Geschäfte treibender Unternehmer gegenübersteht. Dementsprechend sind auch die der American Line vertraglich zustehenden Vergütungen, die ja nur einen geringen Teil der jeweils mit dem Schiffe erzielten Gesamteinnahme ausmachen, nichts anderes als Provisionen für die von ihr als Bevollmächtigten und Beauftragten der Kläger geleisteten Dienste. Diese Vergütungen (compensations) ändern nichts daran, daß das Schiff zum Erwerbe durch die Seefahrt ausschließlich für Rechnung seiner Reeder, d. h. der Kläger, verwendet wurde, die sich nach zahlreichen Richtungen hin die Aufsicht und Kontrolle über die das Schiff betreffende Tätigkeit der American Line und die Möglichkeit jederzeitigen entscheidenden Eingriffs in diese Tätigkeit vorbehalten haben.

Des weiteren kann dem Berufungsgericht auch darin nicht zugestimmt werden, daß die American Line ihrerseits die Führung des Schiffs einem Schiffer im Sinne von § 510 HGB. „anvertraut" hätte derart, daß dieser Schiffer ausschließlich ihren und nicht der Reeder Weisungen Folge zu leisten hatte. Allerdings hat nach dem

Vertrage die American Line u. a. die Bemannung des Schiffs und somit auch die Anstellung des Schiffers zu besorgen, aber auch hier nicht als selbständige Unternehmerin des Schiffahrtsbetriebs, sondern auf Anweisung und nach den Vorschriften sowie für Rechnung der Kläger, welche jederzeit der American Line wegen der Anstellung, Beschäftigung, Bezahlung und Entlassung des Schiffers Anweisungen geben oder auch direkt in das Dienstverhältnis des Kapitäns durch Aufkündigung des Agenturvertrags oder auf andere Weise eingreifen konnten. Daß dies auch genügend gegenüber dem Kapitän W., welcher zu der maßgeblichen Zeit die „West Chatala" führte, zum Ausdruck gekommen ist, ergibt dessen vom Berufungsgericht angeführte Aussage. Somit fehlt es an einem weiteren für das Ausrüsterverhältnis des § 510 HGB. wesentlichen Merkmal, nämlich, daß die American Line durch einen allein von ihr abhängigen Schiffer die tatsächliche Verfügungsgewalt über das Schiff in einer Weise hatte, die es ihr ermöglichte, sich seiner auch gegen den Willen der Reeder zu bedienen (RGZ. Bd. 25 S. 113; Schaps, Seerecht 2. Aufl. § 510 Anm. 4). Der danach vorliegenden Sach- und Rechtslage hat denn auch nach den Feststellungen des Berufungsgerichts eine andere, in der gleichen Weise wie die American Line für die Kläger tätige Firma, die „Cosmopolitan Line", dadurch Rechnung getragen, daß sie den Willen, nur als Agentin der Kläger oder des U. S. Shipping Board tätig zu sein, in den von ihr benutzten Konnossementen durch den Zusatz „Agents for the U. S. Shipping Board" klar erkennbar gemacht hat.

Diesen Erwägungen gegenüber kommt nicht in Betracht, daß die „West Chatala" derzeit die Kontorflagge der American Line führt, daß die betr. Konnossemente am Kopfe die Worte „American Line" tragen und daß den Unterschriften in den Konnossementen die Worte vorgedruckt sind „for the American Line, as agents", und zwar selbst dann nicht, wenn damit — wie das Berufungsgericht annimmt — die Unterzeichner jener Konnossemente nach außen als Agenten der American Line aufgetreten sein sollten. Allerdings wird in Schrifttum und Rechtsprechung bisweilen die Ansicht vertreten, daß für das Vorliegen eines Ausrüsterverhältnisses die äußere Erscheinungsform von wesentlicher Bedeutung sei. So wird z. B. mehrfach die auch vom Berufungsgerichte gebilligte Behauptung, daß die Worte in § 510 Abs. 1 HGB. „für seine Rechnung" ein ungenauer Ausdruck des Gesetzes seien und nichts anderes als „in seinem Namen" bedeuteten, damit zu begründen versucht, daß das Handeln für fremde oder eigene Rechnung ein innerer, die Außenwelt nichts angehender Vorgang sei (Schaps 2. Aufl. § 510 Anm. 3, 1, Cosack, Lehrbuch des Handelsrechts 7. Aufl. §§ 33 I 3, Pappenheim, Handbuch des Seerechts

Bd. 2 S. 83 Anm. 4, Bd. 4 S. 97 Anm. 1; anders Wüstendörfer, Studien zur modernen Entwicklung des Seefrachtrechts Bd. 1 S. 105). Demgegenüber ist aber folgendes zu beachten. In § 496 HGB. wird als Reeder der „Eigentümer eines ihm zum Erwerbe durch die Seefahrt dienenden Schiffs" bezeichnet, der also das Schiff zum Erwerbe durch die Seefahrt „für seine Rechnung" verwendet. Der Ausrüster soll nach § 510 HGB., wie Wortlaut, Sinn und Zweck dieses Paragraphen erkennen lassen (vgl. auch die Protokolle der Kommission zur Beratung eines allgemeinen Deutschen HGB. IV. Teil S. 1658; Cosack § 33 I 2), sich nur darin von dem Reeder unterscheiden, daß er nicht der Eigentümer des Schiffs ist, das ihm zum Erwerbe durch die Seefahrt dient, also zu diesem Erwerbe „für seine Rechnung" verwendet wird. Mit anderen Worten: Dem Reeder als Eigentümer des ihm (dem Reeder) zum Erwerbe durch die Seefahrt dienenden Schiffs wird gegenübergestellt der Ausrüster als Nichteigentümer des ihm (dem Ausrüster) zum Erwerbe durch die Seefahrt dienenden Schiffs. Es würde daher eine Verschiebung des im Gesetze festgelegten und gewollten Wesens des Ausrüsterverhältnisses bedeuten, wenn man das Erfordernis der Verwendung des Schiffs „für Rechnung" des Ausrüsters durch das äußere Merkmal der Verwendung „im Namen" desselben ersetzen wollte. Ein derartiger Eingriff kann nicht durch den bloßen Hinweis darauf gerechtfertigt werden, daß die Frage, ob das Schiff für Rechnung des Reeders oder eines anderen zum Erwerbe durch Seefahrt verwandt werde, ein inneres und für die Außenwelt nicht erkennbares Verhältnis betreffe. Denn dies gilt in gleicher Weise für die Frage, ob das Schiff durch einen vom Reeder oder von einem Dritten angestellten oder seinen Befehlen tatsächlich unterstellten Kapitän geführt wird (Schaps § 510 Anm. 13). Daß aber das im Handelsgesetzbuch unzweideutig für das Ausrüsterverhältnis angegebene Erfordernis der Unterstellung des Kapitäns unter die alleinige Befehlsgewalt des Ausrüsters nicht zwingend sei, kann trotz auch hier im Schrifttum hervorgetretener gegenteiliger Ansicht nicht anerkannt werden. Ob und wieweit die weiterhin im Schrifttum und bisweilen auch in der Rechtsprechung befürwortete entsprechende Ausdehnung des § 510 HGB. mit dieser, einen eng umgrenzten Fall betreffenden, gesetzlichen Ausnahmevorschrift zu vereinen ist (vgl. übrigens RGZ. Bd. 98 S. 186 flg., Brodmann, Krit. Vierteljahrsschrift für Gesetzgebung und Rechtswissenschaft Bd. 48 S. 88 flg.), kann hier dahingestellt bleiben. Denn jedenfalls wird auch von den Anhängern dieser ausdehnenden Anwendung des genannten Paragraphen durchweg vorausgesetzt, daß eine Charterung (Chartermiete) des Schiffs vorliegt, wovon hier nach obigem keine Rede sein kann. . . .

84. Zum Begriff der Ungewißheit über die Person des Gläubigers als Voraussetzung der Hinterlegung nach § 372 BGB.

III. Zivilsenat. Urt. v. 13. Dezember 1921 i. S. S. (Kl.) w. H. (Bekl.). III 242/21.

I. Landgericht Frankfurt a. M. — II. Oberlandesgericht daselbst.

Die Klägerin hatte der Beklagten im Oktober 1919 Holz verkauft und verlangte mit der Klage Zahlung des Restkaufpreises in Höhe von 23045 *M*. Da der Gewerbetreuhandverein in Frankfurt a. M. klageweise den Wert des fraglichen Holzes von der Beklagten mit der Begründung forderte, daß Eigentümer des Holzes ein gewisser F. sei, der dem Gewerbetreuhandverein seine Rechte abgetreten habe, hinterlegte die Beklagte den von der Klägerin eingeklagten Betrag im Laufe des Rechtsstreits bei der Hinterlegungsstelle des Amtsgerichts in H. unter Verzicht auf die Rücknahme. Die Klägerin beantragte daher hilfsweise, die Beklagte zur Einwilligung in die Herausgabe des hinterlegten Betrags an sie zu verurteilen, hielt aber in erster Linie den ursprünglichen Klagantrag auf Zahlung aufrecht. Die erste Instanz erkannte nach diesem Hauptantrage. Das Berufungsgericht wies den Zahlungsanspruch der Klägerin ab und verurteilte die Beklagte nach dem Hilfsantrage. Auf die Revision der Klägerin wurde die Sache an das Berufungsgericht zurückverwiesen.

Gründe:

Das Berufungsgericht geht davon aus, daß sich die Beklagte nach §§ 372, 378 BGB. durch die Hinterlegung von ihrer Schuld befreien konnte, wenn sie infolge einer nicht auf Fahrlässigkeit beruhenden Ungewißheit über die Person des Gläubigers ihre Verbindlichkeit nicht mit Sicherheit zu erfüllen imstande war, und erachtet diese Voraussetzung als erfüllt, weil die Beklagte nach den besonderen Umständen des Falles begründete Zweifel an der Berechtigung der Klägerin haben mochte. Wären die §§ 372 flg. BGB. auf einen Fall der vorliegenden Art überhaupt anwendbar, so würde der Auffassung des Berufungsgerichts auch im übrigen nicht entgegenzutreten sein. Denn seine Annahme, daß die Beklagte begründete Zweifel an der Rechtslage haben konnte, beruht auf einer dem § 286 ZPO. entsprechenden Würdigung des Sachverhalts einschließlich der Behauptungen der Klägerin und gibt keinen Anlaß zu Bedenken. Der vom Berufungsgericht angenommene Fall einer Hinterlegungsbefugnis nach § 372 BGB. kommt aber hier gar nicht in Frage. Wenn dort der Schuldner für hinterlegungsberechtigt erklärt wird, falls er infolge einer nicht auf Fahrlässigkeit beruhenden Ungewißheit über die Person des Gläubigers seine Verbindlichkeit nicht oder nicht mit Sicherheit erfüllen könne, so wird dabei vorausgesetzt, daß es sich um eine bestimmte Verbindlichkeit des Schuldners handelt und nur die Person des Gläubigers eben dieser bestimmten Verbindlichkeit ungewiß ist. Das trifft aber nach dem eigenen Vortrage der Beklagten hier nicht zu. Die Klägerin verlangte gemäß § 433 BGB. Zahlung des Kaufpreises aus einem Kaufvertrage, den sie, wie schon in den Vorinstanzen unstreitig war, im eigenen Namen mit der Beklagten abgeschlossen hatte. Der Gewerbetreuhandverein dagegen berief sich auf das Eigentum des F. und die daraus nach §§ 985 flg. BGB. sich ergebenden Rechte und verlangte Ersatz des Wertes des von der Klägerin an die Beklagte verkauften Holzes. Es handelte sich also um zwei nach Grund und Gegenstand verschiedene Ansprüche der als Gläubiger auftretenden Personen und dementsprechend um zwei ebenso verschiedene Verbindlichkeiten der beklagten Schuldnerin. Bezüglich des von der Klägerin erhobenen Anspruchs konnten Zweifel nur insofern entstehen, als, wenn die Klägerin ihrer Verpflichtung, der Beklagten das Eigentum an dem verkauften Holze zu verschaffen (§ 433 BGB.), nicht nachgekommen sein sollte, die Beklagte die aus diesem Mangel sich ergebenden Rechte (§ 440 BGB.) geltend machen, insbesondere die Zahlung des Kaufpreises verweigern konnte. Zweifel am Bestehen einer Schuldverbindlichkeit aber bilden noch keinen Hinterlegungsgrund im Sinne des § 372 BGB. Eine Ungewißheit über die Person des Gläubigers der eingeklagten Kaufpreisforderung steht nicht in Frage.

Auf die Hinterlegung des Betrags dieser Forderung kann sich daher die Beklagte nicht berufen. Sie könnte vielmehr dem Zahlungsanspruche der Klägerin nur mit dem Einwande entgegentreten, daß die Klägerin ihr nicht das Eigentum an dem verkauften Holze verschafft habe. Dazu müßte sie, wie auch die Revision geltend macht, beweisen, daß die Klägerin selbst nicht Eigentümerin war, und ferner, da die Beklagte, wie das Berufungsgericht feststellt, bei der Übergabe des Holzes in gutem Glauben war, auch, daß das Holz dem Eigentümer gestohlen worden, verloren gegangen oder sonst abhanden gekommen ist, also einer der Fälle vorgelegen hat, in denen nach § 935 BGB. der Erwerb des Eigentums nach §§ 932 flg. nicht eintritt. Die Beklagte hat nach dieser Richtung bestimmte Behauptungen nicht aufgestellt. Bevor sie zur Zahlung verurteilt wird, muß ihr aber Gelegenheit gegeben werden, ihren Vortrag zu ergänzen.

---

85. 1. Ist für das Zustandekommen des Darlehnsvertrags die Eigentumsübertragung an den hingegebenen vertretbaren Sachen erforderlich?

2. Eigentumserwerb an unterschlagenem Gelde durch den Darlehnsempfänger, der vom Eigentumsrecht des Dritten Kenntnis hat? 3. Bewußtsein der Rechtswidrigkeit bei der Unterschlagung. 4. Verpflichtet § 139 ZPO. das Gericht zu Hinweisen auf die Veränderung des rechtlichen Gesichtspunktes?

VI. Zivilsenat. Urt. v. 15. Dezember 1921 i. S. L. (Kl.) w. H. (Bekl.) VI 301/21.

I. Landgericht III Berlin. — II. Kammergericht daselbst.

Der Kläger, ein ehemaliger Unterzahlmeister, behauptet, am 28. Mai 1919 dem Beklagten, einem ehemaligen Oberleutnant der Reserve, ein nach acht Tagen zurückzuzahlendes Darlehen von 7000 ℳ gegeben zu haben. Der Beklagte bestreitet den Empfang des Darlehens, das nicht er, sondern ein gewisser Sch., der mit den Parteien demselben Truppenkörper in den baltischen Provinzen angehörte, erhalten habe. Das Landgericht hat als erwiesen angenommen, daß der Kläger das Darlehen dem Beklagten und dem Sch. gemeinsam gegeben habe, und daß beide Genannten daraus gesamtschuldnerisch zur Rückerstattung verpflichtet seien. Es hat deshalb den Beklagten nach dem gestellten Klagantrage zur Zahlung von 7000 ℳ nebst Zinsen an den Kläger verurteilt. Das Oberlandesgericht dagegen hat auf die Berufung des Beklagten die Klage abgewiesen. Die Revision des Klägers hatte keinen Erfolg.

Gründe:

Das Berufungsgericht läßt dahingestellt, ob allein Sch. oder ob auch der Beklagte Empfänger des Darlehens sei und sich mit jenem zur Rückzahlung verpflichtet habe. Auf jeden Fall sei das Geschäft nichtig. Denn der Kläger habe das Darlehen aus der Kriegskasse der Division, bei der er Unterzahlmeister war, gegeben und sich vom Beklagten dafür eine Quittung über 7000 ℳ „Einkaufsvorschuß" ausstellen lassen. Sowohl Sch. als dem Beklagten sei diese Herkunft des Geldes bekannt gewesen, denn sie seien zum Kläger gegangen, um sich gegen eine dienstliche Quittung das Geld, also aus der Kriegskasse, zu ihren persönlichen Geschäften geben zu lassen; sie hätten damit eine Schuld tilgen wollen, die sie aus dem Einkauf von Zigaretten an einen gewissen Schl. in Berlin hatten. Auch dem Kläger sei dieser Sachverhalt bekannt gewesen. Danach habe er Gelder der Kriegskasse unterschlagen, und Sch. und der Beklagte seien Mittäter oder Anstifter oder Hehler hinsichtlich dieser strafbaren Handlung. Daß der Kläger die Absicht gehabt, das Geld in kurzer Zeit wieder in die Kasse einzulegen, was er vielleicht auch getan habe, ändere daran nichts. Das Bewußtsein der Rechtswidrigkeit habe allen drei Beteiligten innegewohnt. Deshalb sei durch die Hingabe und den Empfang des Geldes eine Darlehnsschuld nicht begründet worden.

Die gegen diese Entscheidung vom Kläger eingelegte Revision ist unbegründet. Der Anspruch auf Rückzahlung des nach seiner Behauptung dem Beklagten gegebenen Darlehens von 7000 *M* ist für hinfällig zu erachten, ohne daß es der Heranziehung des § 138 BGB. bedarf.

Das Rechtsgeschäft des Darlehens besteht in der Hingabe von Geld oder anderen vertretbaren Sachen mit der Verpflichtung des Empfängers, Sachen gleicher Art, Güte und Menge zurückzuerstatten. Das BGB. sagt in § 607 nicht ausdrücklich, daß der Darlehnsgeber dem Empfänger das Eigentum an dem hingegebenen Geld oder den anderen darlehnsweise gegebenen Sachen zu übertragen habe; es liegt dies aber im Sinn und Zweck des Darlehnsgeschäftes, das dem Empfänger die freie Verfügung über das Hingegebene gegen die Verpflichtung zur Rückerstattung anderer gleichartiger und gleichwertiger Gegenstände verschaffen soll. Das Darlehnsgeschäft ist deshalb Hingabe von Geld oder anderen vertretbaren Sachen zu Eigentum des Empfängers. Erwirbt dieser kein Eigentum, so entsteht auch kein Darlehen. Eigentum erwirbt der Empfänger nach §§ 929, 932, 935 BGB. aber nicht, wenn das hingegebene Geld nicht dem Geber gehörte und dies dem Empfänger bekannt war (vgl. Mot. Bd. 2 S. 307, Prot. Bd. 2 S. 42, RGR. Komm. Anm. 2 zu § 607, Oertmann, BGB. Vorbem. 4 vor § 607, Staudinger, BGB. Anm. I 2c zu § 607). Wenn also im gegebenen Falle, wie unstreitig ist, der Kläger das dem Beklagten hingegebene Geld aus der ihm als Zahlmeister anvertrauten Divisionskasse entnommen und der Beklagte davon Kenntnis gehabt hat, so hat der letztere durch die Hingabe nach § 932 Abs. 2 BGB. kein Eigentum an dem Gelde erwerben können; es ist deshalb kein Darlehnsgeschäft zustandegekommen, mithin auch kein Anspruch des Klägers auf Rückzahlung des Darlehens entstanden. Der schlechtgläubige Empfänger ist dem Eigentümer zur Herausgabe oder, wo diese nicht mehr möglich ist, zur Schadloshaltung gemäß §§ 948, 951 BGB. verpflichtet. Daneben kann eine Darlehnsverpflichtung gegenüber dem Geber nicht bestehen (vgl. Prot. a. a. O. S. 42, Oertmann a. a. O. Vorbem. 4 Abs. 4).

Die Revision macht geltend, es sei über den Gesichtspunkt der Nichtigkeit des Darlehnsvertrags wegen Verstoßes gegen die guten Sitten, wie sie das Berufungsgericht mit Rücksicht auf die rechtswidrige Verfügung über fremdes Geld angenommen hatte, überhaupt in der Vorinstanz nicht verhandelt worden. Aber der Tatbestand, der den eingeklagten Darlehnsanspruch, sei es wegen Verstoßes gegen die guten Sitten, sei es wegen mangelnder Eigentumsübertragung, hinfällig macht, ist zwischen den Parteien unstreitig. Eine Vorschrift, daß die Parteien auf die möglichen rechtlichen Gesichtspunkte für die Beurteilung des vorgetragenen Sachverhalts hingewiesen werden müßten, kennt die Zivilprozeßordnung nicht. Die rechtliche Würdigung des vorgetragenen Tatbestandes obliegt dem Richter; die Bestimmung des § 139 bezieht sich nicht auf rechtliche Hinweise und Rechtsbelehrungen (RGZ. Bd. 4 S. 353; Bd. 59 S. 94; Warneyer 1910 Nr. 171). Die Revision führt aus, ein solcher Hinweis würde zur Darlegung seitens des Klägers geführt haben, daß ihm, da er das Geld mit Zustimmung des Beklagten als des stellvertretenden Stabsquartierkommandanten aus der Heereskasse entnommen habe in dem Bewußtsein, es in einigen wenigen Tagen aus eigenen Mitteln zurückzahlen zu können, das Bewußtsein der Rechtswidrigkeit der Zueignung für das Unterschlagungsvergehen des § 246 StGB. gefehlt habe. Allein damit würde die die Eigentumsübertragung und damit das Darlehnsgeschäft hindernde Schlechtgläubigkeit des Beklagten keinesfalls beseitigt sein. Übrigens ist das Bewußtsein der Rechtswidrigkeit bei der Unterschlagung nach der Rechtsprechung des Reichsgerichts nur dann zu verneinen, wenn der Täter sich in der Lage wußte oder zu wissen glaubte, jederzeit aus eigenen Mitteln den entnommenen Betrag zu decken, und deshalb die Zustimmung des Eigentümers annehmen konnte. Für einen Beamten ist eine solche Entschuldigung überhaupt nicht gegeben, da ein Einverständnis der den Eigentümer vertretenden Personen völlig außerhalb der amtlichen Pflicht und Zuständigkeit liegen würde (RGSt. Bd. 5 S. 55 und 305, Bd. 7 S. 351, Bd. 14 S. 243, Bd. 21 S. 366). Von einem Ausschlusse des Bewußtseins der Widerrechtlichkeit würde deshalb im gegebenen Falle weder beim Kläger noch beim Beklagten die Rede sein können.

---

86. Ist § 557 BGB. anwendbar, wenn der Vermieter dem Mieter zu erkennen gab, daß er die Rückgabe der Mietsache nicht wünsche?

III. Zivilsenat. Urt. v. 16. Dezember 1921 i. S. H. (Kl.) w. F. (Bekl.). III 260/21.

I. Landgericht I Berlin. — II. Kammergericht daselbst.

Der Kläger hatte durch Vertrag vom 14. Dezember 1913 von dem Beklagten in dessen Hause in Berlin Räume zum Betrieb eines Geschäfts gemietet. Durch Schreiben vom 15. Mai 1917 hat er das Mietverhältnis ohne Einhaltung einer Frist gekündigt, weil die Benutzung der Räume mit erheblicher Gefahr für die Gesundheit verbunden sei. In einem Vorprozesse hat er am 11. Oktober 1918 ein rechtskräftiges Urteil des Kammergerichts erzielt, welches feststellt, daß der Mietvertrag durch die erwähnte Kündigung aufgehoben sei. Während des Schwebens dieses Rechtsstreits zahlte der Kläger, da der Beklagte die in die Mieträume eingebrachten Sachen nicht herausgab, unter Vorbehalt den Mietzins auf die Zeit vom 15. Mai 1917 bis Ende Oktober 1918 und sonstige Beträge. Mit der vorliegenden Klage fordert er das Gezahlte wegen der Aufhebung des Mietvertrags zurück. Das Landgericht hat wegen des Mietzinses die Klage abgewiesen. Die Berufung des Klägers ist insoweit erfolglos geblieben. Das Reichsgericht verurteilte den Beklagten zur Rückgewähr des Mietzinses.

Gründe:

Der Beklagte rechnet gegen die Klagforderung mit Schadensersatzansprüchen auf, die er auf § 557 BGB. stützt und die er dahin begründet, daß der Kläger ihm die Mieträume nach der am 15. Mai 1917 erfolgten Kündigung noch bis Ende Oktober 1918 vorenthalten habe und deshalb den auf diese Zeit entfallenden Mietzins zahlen müsse. Das Berufungsgericht nimmt an, daß eine Vorenthaltung der Mieträume im Sinne der bezeichneten Vorschrift gegeben sei; denn der Kläger habe durch das Verschlossenhalten der Räume und die Zurückhaltung der Schlüssel die Mietsache der Verfügung des Beklagten entzogen. Diese Erwägung greift die Revision mit Recht an.

Die Verpflichtung des Mieters, die gemietete Sache nach Beendigung des Mietverhältnisses dem Vermieter zurückzugeben (§ 556 Abs. 1 BGB.), folgt aus dem Wesen des Mietvertrags und stellt deshalb eine vertragliche Obliegenheit dar. Wenn daher § 557 bestimmt, daß der Vermieter vom Mieter, der seiner Rückgabepflicht nicht genügt, für die Dauer der Vorenthaltung des Mietgegenstandes als Entschädigung den vereinbarten Mietzins und daneben noch die Vergütung eines etwaigen weiteren Schadens fordern kann, so knüpft er die Ersatzansprüche an ein vertragswidriges Verhalten des Mieters. Ein solches kann aber in der unterbleibenden Rückgabe der Mietsache nur dann erblickt werden, wenn diese gegen den Willen des Vermieters unterlassen wird. Dagegen kann von einem vertragswidrigen Eingriff in die Rechte des Vermieters keine Rede sein, wenn er zu erkennen gibt, daß er die Rückgabe nicht wünsche. Ein derartiger Sachverhalt liegt hier vor. Der Beklagte hat die Kündigung des Klägers als unzulässig zurückgewiesen. Er hat ferner, nachdem ihm der Kläger durch Brief vom 7. Juni 1917 die Räume vorbehaltlich eines Abkommens zu seiner Sicherung wegen der eingebrachten Sachen zur Verfügung gestellt hatte, keine Schritte zur Regelung dieser Angelegenheit ergriffen. Der Kläger war daher zu der Auffassung berechtigt, daß der Beklagte den bestehenden Zustand aufrechterhalten sehen und von einer Übergabe der Mieträume nichts wissen wollte. Bei dieser Rechtslage kann dahingestellt bleiben, ob die Gegenforderung nicht auch daran scheitern muß, daß der Beklagte, dem wegen der im Vorprozeß rechtskräftig festgestellten Wirksamkeit der Kündigung ein Pfandrecht zur Sicherung von Mietzinsansprüchen nicht mehr zustand, der Fortschaffung der eingebrachten Sachen des Mieters entgegentrat und diesen dadurch veranlaßte, zum Schutze für die Sachen die Räume unter Verschluß zu halten (§ 254 BGB.).

---

87. Ist der Rechtsweg zulässig für einen Gehaltsanspruch, den der Beamte darauf stützt, daß er bei seiner Anstellung in eine höhere Gehaltsklasse, als geschehen, hätte eingereiht werden sollen? Maßgeblichkeit der Entscheidung der Verwaltungsbehörde über die Festsetzung des Besoldungsdienstalters.

III. Zivilsenat. Urt. v. 16. Dezember 1921 i. S. Preuß. Staat (Bekl.) w. S. (Kl.). III 265/21.

I. Landgericht I Berlin. — II. Kammergericht daselbst.

Der Kläger war seit dem 6. Juli 1898 auf Grund eines privatrechtlichen Dienstvertrags bei der Wasserbauinspektion I in Berlin als Bauschreiber beschäftigt. Mit dem 1. September 1908 wurde er als Anwärter für die Bauassistentenlaufbahn angenommen und zum 1. Oktober 1909 zum Bauassistenten ernannt. Der Festsetzung seines Anfangsgehalts wurde gemäß dem Erlasse des Ministers der öffentlichen Arbeiten vom 28. Juni 1909 die Vergütung zugrunde gelegt, die er zuletzt im Privatdienst bei der Bauverwaltung erhalten hatte. Doch wurde hierbei nur die feste monatliche Vergütung berücksichtigt, während die wechselnden Beträge, die ihm für Arbeiten bei der Tiergartenverwaltung gezahlt worden waren, außer Betracht blieben. Der Kläger behauptet, daß auch diese wechselnden Vergütungen bei der Festsetzung seines Gehalts hätten berücksichtigt werden müssen, und fordert die Nachzahlung des danach sich ergebenden Mehrbetrags des Gehalts für die Zeit vom 1. Oktober 1909 bis Ende 1918. Das Landgericht wies die Klage ab, das Berufungsgericht gab ihr statt. Das Reichsgericht wies die Berufung des Klägers gegen das landgerichtliche Urteil zurück.

Gründe:

Der Kläger fordert die Zahlung seines Gehalts in einer Höhe, wie sie ihm seiner Meinung nach hätte bewilligt werden müssen, aber tatsächlich nicht bewilligt worden ist. Er ficht die Festsetzung seines

Besoldungsdienstalters, wie sie bei seiner Übernahme in den Staatsdienst als Beamten erfolgt ist, als auf einer unrichtigen Auslegung des Erlasses des Ministers der öffentlichen Arbeiten vom 28. Juni 1909, über die Festsetzung des Besoldungsdienstalters der Bauassistenten, beruhend an. Die Festsetzung des Besoldungsdienstalters unterliegt jedoch nach fester Rechtsprechung der richterlichen Nachprüfung nicht. Der erkennende Senat hat diesen Grundsatz außer in dem RGZ. Bd. 48 S. 321 abgedruckten, in einer Reihe von Urteilen sowohl für die Reichsbeamten als für die preußischen Staatsbeamten ausgesprochen, so in den Urteilen vom 19. März 1912 III 369/11, vom 17. April 1912 III 432/11, vom 14. Mai 1912 III 353/11, vom 25. September 1912 III 40/12, vom 8. November 1912 III 108/12, vom 7. März 1913 III 400/12, vom 11. Mai 1915 III 374/14 und vom 16. April 1918 III 464/17. Dieser Grundsatz ist auch nach dem Inkrafttreten der Reichsverfassung vom 11. August 1919 — vgl. Art. 129 Abs. 1 Satz 4: „Für die vermögensrechtlichen Ansprüche der Beamten steht der Rechtsweg offen" — von der Gesetzgebung sowohl des Reichs als Preußens aufrecht erhalten. § 3 Abs. 10 des preuß. Gesetzes über das Diensteinkommen der unmittelbaren Staatsbeamten vom 17. Dezember 1920 (GS. 1921 S. 135) bestimmt (ebenso wie § 10 Abs. 10 des Gesetzes vom 7. Mai 1920, GS. S. 191) in wesentlicher Übereinstimmung mit § 11 Abs. 2 des Reichsbesoldungsgesetzes vom 30. April 1920 (RGBl. S. 805):

„Die Entscheidung der Verwaltungsbehörden über die Festsetzung des Besoldungsdienstalters ist für die Beurteilung der vor den Gerichten geltend gemachten vermögensrechtlichen Diensteinkommensansprüche maßgebend."

Der Anspruch des Klägers ist hiernach, wenn auch nach der angeführten Vorschrift der Reichsverfassung der Rechtsweg für ihn als einen vermögensrechtlichen als gegeben anzusehen ist, unbegründet, weil ihm die das Gericht bindende Entscheidung der Verwaltungsbehörde entgegensteht.

---

88. Welcher Zeitpunkt ist für die Schadensberechnung maßgeblich, wenn der Käufer von der Erfüllungsklage ohne Bestimmung einer Nachfrist zur Schadensersatzklage übergeht?

II. Zivilsenat. Urt. v. 16. Dezember 1921 i. S. S. C. H. & Co. (Bekl.) w. P. (Kl.). II 340/21.

I. Landgericht I Berlin. — II. Kammergericht daselbst.

Laut Bestätigungsschreiben vom 25. September 1919 verkaufte die Beklagte dem in Dänemark ansässigen Kläger einen Kraftwagen zum Preise von 16000 *M*. Der Kläger zahlte 10000 *M* an, die Herausgabe des Wagens wurde ihm jedoch verweigert. Nachdem er den Restkaufpreis in Höhe von 6000 *M* hinterlegt hatte, erhob er Klage auf Verurteilung der Beklagten zur Lieferung des Wagens und erwirkte am 27. Mai 1920 beim Landgericht eine seinem Antrage entsprechende Entscheidung. Die von ihm versuchte Zwangsvollstreckung blieb erfolglos, da die Beklagte erklärte, über den Wagen anderweit verfügt zu haben. In der Berufungsinstanz änderte der Kläger seinen Antrag dahin, daß er nunmehr Verurteilung zur Zahlung von 5352 dänischen Kronen nebst 4 % Zinsen seit dem 1. November 1919 als Schadensersatz wegen Nichterfüllung erbat. Als ihm dann die Beklagte am 7. Februar 1921 die angezahlten 10000 *M* zurückvergütete, ermäßigte er seinen Anspruch nach einem Umrechnungskurse von 100 Kronen für 1191,30 *M* um 839,42 Kronen. Das Kammergericht gab dem so veränderten Antrage statt. Die Revision hatte, soweit es sich um die Schadensberechnung handelte, Erfolg.

Aus den Gründen:

... An und für sich hat der Kläger nur den Unterschied zwischen dem Kaufpreise und dem Verkaufswerte des zu liefernden, aber ihm vorenthaltenen Wagens zu fordern. Als Zeitpunkt für die Berechnung dieses Verkaufswerts kommt dabei nach seiner Wahl entweder der Eintritt des Lieferungsverzugs der Beklagten — also Ende Oktober 1919 — oder der Tag der Erhebung der Schadensersatzklage — der 5. Januar 1921 — in Betracht. Wie der nichtsäumige Käufer beberechtigt ist, nach seiner Wahl entweder den Zeitpunkt des Lieferungsverzugs seines Verkäufers oder das Ende der diesem bestimmten Nachfrist der Schadensberechnung zugrunde zu legen, so muß, wenn — wie im vorliegenden Falle — der Käufer ohne Bestimmung einer Nachfrist wegen Lieferungsweigerung des Verkäufers von der Erfüllungszur Ersatzklage übergeht, an Stelle des letzten Tages der Nachfrist der Tag der Erhebung des Ersatzanspruchs treten. Denn in beiden Fällen — und darauf allein kommt es an — ist mit diesem Tage entschieden, daß es zu einer Erfüllung des Vertrags nicht mehr kommen wird. ...

---

89. Welchen Einfluß hat die Verordnung der Regierungskommission des Saargebiets, betr. Abänderung der Justizgesetze usw., vom 2. August 1921 (Amtsbl. der Reg.-Komm. 1921 Nr. 11 S. 125) auf Rechtsmittel, die schon vor dem Inkrafttreten der Verordnung bei deutschen Gerichten anhängig waren?

VII. Zivilsenat. Urt. v. 16. Dezember 1921 i. S. L. & D. (Bekl.) w. L. & M. (Kl.). VII 364/21.

I. Landgericht Saarbrücken. — II. Oberlandesgericht Köln.

Aus den Gründen:

Die Befugnis des Reichsgerichts, in der vorliegenden Sache noch zu entscheiden, ist nicht zu beanstanden. Auch die Verordnung der Regierungskommission des Saargebiets betr. Abänderung der Justizgesetze usw. vom 2. August 1921 — im folgenden kurz als VO. bezeichnet — spricht nicht dagegen. Sie bestimmt an Stelle des Oberlandesgerichts Köln den Obersten Gerichtshof für das Saargebiet in Saarlouis zum Berufungsgericht für die Zivilprozeßsachen, die in erster Instanz vom Landgericht Saarbrücken entschieden sind, und sie läßt eine Revision gegen Urteile des Obersten Gerichtshofs für das Saargebiet nicht zu. Die VO. ist am 7. August 1921 in Kraft getreten, Übergangsvorschriften sind nicht gegeben worden. Die Entscheidung der aufgeworfenen Zweifelsfrage ist also aus dem geltenden Prozeßrecht und namentlich aus § 263 Abs. 2 Nr. 2 ZPO. zu entnehmen. Die Berufung in der vorliegenden Sache ist bei dem Oberlandesgericht Köln bereits am 7. Januar 1921 eingegangen. Damals war dies Oberlandesgericht für die Berufung noch zuständig und diese Zuständigkeit wurde nach der eben genannten Bestimmung durch eine nachträgliche Veränderung der sie begründenden Umstände nicht berührt. Das Anwenden dieser Vorschrift könnte vielleicht bedenklich sein, wenn es sich um die Gerichte verschiedener Staaten und um verschiedene Verfahrensgesetze handelte. Das Saargebiet bildet aber nach wie vor einen Teil des Deutschen Reichs. Nur seine Regierung ist für eine gewisse Frist einem den Völkerbund vertretenden Ausschuß übertragen worden (§ 16 in Kap. II der Anl. zu Abschn. IV FV.). Die deutsche Zivilprozeßordnung gilt dort nach wie vor als deutsches Recht. Gerade der § 263 ist auch durch die Verordnung nicht abgeändert worden.

Dieser Rechtslage entspricht die bisherige Übung. Die Regierungskommission des Saargebiets hat die vor dem 7. August 1921 an das Oberlandesgericht Köln gelangten Berufungen in Sachen des Landgerichts Saarbrücken nicht zurückgefordert oder zurückfordern lassen. Sie sind bei dem Oberlandesgericht Köln weiter bearbeitet worden. Ähnlich ist es übrigens in Strafsachen gehandhabt worden. Das Reichsgericht hat auf die vor dem 7. August 1921 bei ihm eingegangenen Revisionen gegen die Urteile des Landgerichts Saarbrücken auch noch nach jenem Zeitpunkt entschieden.

Ist aber das Oberlandesgericht Köln auch nach dem 7. August 1921 für die Entscheidung der gegenwärtigen Sache noch zuständig geblieben, so unterliegen seine Urteile auch nach wie vor der Prüfung des Reichsgerichts. Über die Zulässigkeit der Revision gegen Urteile des Oberlandesgerichts Köln hat die VO. Vorschriften weder erlassen wollen noch erlassen können.

Bei diesem Ergebnis braucht auf sonstige Zweifelsfragen, die sich etwa an die VO. anknüpfen können, nicht eingegangen zu werden.... Folgen die Gründe zur Sache selbst).

---

90. 1. Wann besteht zwischen zwei gleichzeitig abgeschlossenen Rechtsgeschäften ein solcher Zusammenhang, daß das eine trotz Wahrung der gesetzlich vorgeschriebenen Form nichtig ist, wenn nicht auch bei dem anderen, an sich formfreien, die Form beobachtet wird?

2. Wird die in einem formnichtigen Grundstücksveräußerungsvertrag erteilte Vollmacht von der Nichtigkeit des Vertrags unbedingt mitergriffen?

V. Zivilsenat. Urt. v. 7. Dezember 1921 i. S. M. (Kl.) w. P. (Bekl.). V 141/21.

I. Landgericht Flensburg. — II. Oberlandesgericht Kiel.

Durch notariellen Vertrag vom 13. Mai 1919 verkaufte die Beklagte ihr zu O. belegenes Grundstück nebst totem Inventar an den Kläger. In der notariellen Urkunde war der Kaufpreis auf 9000 *M* angegeben. Die Parteien erklärten darin, daß sie den Bureauvorsteher W. bevollmächtigten, die zur Auflassung erforderlichen Erklärungen an ihrer Statt abzugeben und entgegenzunehmen. Gleichzeitig kaufte der Kläger von der Beklagten durch mündliche Vereinbarung das auf dem Grundstück befindliche Vieh, wofür ein Kaufpreis von 5000 *M* vereinbart wurde. Durch einen „Dienstvertrag" vom 14. Mai 1919 wurde der Beklagten die Verwaltung des Guts übertragen. Auf Grund der am 28. Juli 1919 vor dem Notar durch die Beklagte persönlich erklärten und von W. als Bevollmächtigtem des Klägers entgegengenommenen Auflassung wurde dieser am 9. August 1919 als Eigentümer eingetragen. Im August 1919 kündigte er den Dienstvertrag fristlos und erhob Klage auf Herausgabe des Grundstücks nebst totem und lebendem Inventar. Die Beklagte forderte widerklagend die Einwilligung des Klägers in die Berichtigung des Grundbuchs durch ihre Wiedereintragung als Eigentümerin, hilfsweise Zahlung von 19000 *M*. Sie behauptete, in Wirklichkeit sei ein Kaufpreis von insgesamt 28000 *M* vereinbart gewesen; infolgedessen sei der Kaufvertrag sowie die in ihm erteilte Auflassungsvollmacht nichtig und die Nichtigkeit auch durch den Vollzug der Auflassung nicht geheilt worden.

Das Landgericht verstellte die Entscheidung auf einen Eid des Klägers über die behauptete Vereinbarung eines Kaufpreises von 28000 M. In der Berufungsinstanz machte die Beklagte noch weiter geltend, der Kaufvertrag nebst Auflassungsvollmacht sei schon um deswillen nichtig, weil der Verkauf des lebenden Inventars nicht ebenfalls notariell beurkundet sei. Das Berufungsgericht wies die Klage ab und verurteilte auf die Widerklage den Kläger, in die Berichtigung des Grundbuchs durch Eintragung der Beklagten als Eigentümerin zu willigen. Die Revision hatte Erfolg.

Aus den Gründen:

Der Berufungsrichter gelangt zur Abweisung der Klage und Zusprechung der Widerklage, indem er den Kaufvertrag schon um deswillen gemäß § 313 BGB. für nichtig erklärt, weil in der notariellen Urkunde nicht auch der Verkauf des Viehes mit beurkundet ist, und alsdann weiter annimmt, daß diese Nichtigkeit auch nicht durch die erfolgte Auflassung gemäß Satz 2 des § 313 geheilt sei, weil die Auflassungsvollmacht, auf Grund deren W. für den Kläger die Entgegennahme der Auflassung erklärt hat, von der Nichtigkeit des Kaufvertrags mitergriffen gewesen sei.

1. Die Nichtigkeit des Kaufvertrags über das Grundstück wegen der Nichtbeurkundung des Viehverkaufs leitet der Berufungsrichter unter Bezugnahme auf die Rechtsprechung des Reichsgerichts daraus her, daß zwischen beiden Geschäften eine innere Beziehung bestanden habe derart, daß das eine Geschäft nicht ohne das andere abgeschlossen worden wäre und der Viehverkauf auch nicht etwa nur aus Anlaß des schon als bewirkt gedachten Grundstücksverkaufs, der veränderten Rechtslage Rechnung tragend, vorgenommen worden sei. In solchem Falle liege ein einheitlicher Grundstücksveräußerungsvertrag vor und bedürfe auch das Nebengeschäft der Form des § 313. Daß ein solcher Zusammenhang hier gegeben sei, entnimmt er aus dem Vorbringen des Klägers in erster Instanz, wo wiederholt der „Gesamtpreis" auf 14000 M angegeben und als Grund der Nichterwähnung des Viehkaufs glaubhaft die Kosten- und Stempelersparnis angegeben sei, sowie aus der Aussage der Ehefrau des Klägers, wonach dieser das Grundstück erwerben wollte, um den Betrieb seiner Pension in St. P. zu erleichtern. Der Berufungsrichter legt mit tatsächlicher Begründung dar, daß für den Kläger der Viehkauf für sich allein wegen der fehlenden Möglichkeit der Unterbringung und Futtergewinnung nicht in Frage gekommen, sondern noch bedingt gewesen sei durch den gleichzeitigen Erwerb des Grundbesitzes, wenn er auch den Grundbesitz allein gekauft haben würde, da er Vieh sich anderweit

durch Kauf hätte verschaffen können. Anderseits sei bei der Beklagten anzunehmen, daß sie den Grundbesitz nicht ohne das Vieh, und das Vieh nicht ohne den Grundbesitz verkauft haben würde. An der sonach bestehenden gegenseitigen inneren Beziehung der beiden Verträge sei auch dadurch nichts geändert, daß bei den Verhandlungen über den Preis die einzelnen Bestandteile des Vertrags zunächst besonders in Rechnung gestellt und der Gesamtpreis danach berechnet worden sei. Auch auf einen Landesbrauch, wonach in solchen Fällen nur der Grundstücksverkauf beurkundet, daneben aber der Viehverkauf formlos abzuschließen sei, könne sich der Kläger nicht berufen, da eine dahingehende Übung, falls sie (wie unterstellt wird) bestünde, jedenfalls soweit sie mit zwingenden Vorschriften des BGB. in Widerspruch stehe, keine Anerkennung finden könne.

Diese Ausführungen sind nicht frei von Rechtsirrtum.

Die Rechtsprechung des Reichsgerichts geht allerdings aus von dem Satze, daß dem Formzwang des § 313 BGB. nicht nur die Verpflichtung zur Übertragung des Eigentums an einem Grundstücke unterliegt, also nicht bloß der auf diese Übertragung gerichtete Vertragsbestandteil, sondern der gesamte Grundstücksveräußerungsvertrag, mithin alle Vereinbarungen, aus denen sich nach dem Willen der Parteien das schuldrechtliche Veräußerungsgeschäft zusammensetzt, insbesondere also bei entgeltlichen, gegenseitigen Veräußerungsverträgen auch diejenigen Abreden, welche die Gegenleistungen des Erwerbers betreffen: daß dagegen, wenn unter den Parteien nur aus Anlaß des Grundstücksveräußerungsvertrags noch andere Vereinbarungen getroffen sind, welche weder zu der Eigentumsübertragungspflicht des Verkäufers noch zu den Gegenleistungen des anderen Teils in inneren Beziehungen stehen, diese nicht unter die Formvorschrift des § 313 BGB. fallen (vgl. RGZ. Bd. 51 S. 181; Urt. v. 5. April 1913 V 502/12, v. 23. Oktober 1908 II 330/08, v. 12. Januar 1909 III 133/08).

An diesem Ausgangspunkt muß festgehalten werden. Dafür aber, ob eine einzelne Vereinbarung in diesem Sinne Bestandteil des Grundstücksveräußerungsvertrags ist, entscheidet, wie das Reichsgericht auch schon ausgesprochen hat, zunächst die erklärte Vertragsabsicht der Parteien. Sind äußerlich voneinander getrennte Verträge abgeschlossen, mögen sie in verschiedenen Urkunden niedergelegt oder mag ein Teil von ihnen nur mündlich abgeschlossen sein, so spricht zunächst eine tatsächliche Vermutung dafür, daß sie auch nach der Absicht der Parteien nicht als ein einheitlicher Vertrag, sondern als verschiedene selbständige Geschäfte gewollt sind und dies gerade durch die Trennung zum Ausdruck gebracht werden sollte (vgl. RGZ. Bd. 79 S. 439). Zur Widerlegung dieser Vermutung genügt nicht der Nachweis eines wirtschaftlichen Zusammenhanges und der gleichzeitige Abschluß der

Geschäfte; vielmehr steht es den Parteien frei, auch wirtschaftlich zusammengehörige und gleichzeitig abgeschlossene Geschäfte als rechtlich selbständig und voneinander unabhängig zu behandeln. Nur wenn sie trotz der äußerlichen Trennung den rechtlichen Zusammenhang in dem Sinne gewollt haben, daß der Grundstücksveräußerungsvertrag nur zusammen mit den darin nicht beurkundeten Vereinbarungen Geltung haben, diese also noch mit zu den Vertragsleistungen der einen oder der anderen Seite gehören sollten, dann allerdings liegt es nicht in ihrer Macht, einen Teil des zusammenhängenden Rechtsgeschäfts unbeurkundet zu lassen, ohne daß das ganze Rechtsgeschäft dadurch nichtig wird (Urt. v. 5. April 1913 V 502/12; Warneyer 1913 Nr. 219, 1914 Nr. 151, 1915 Nr. 45; RGZ. Bd. 61 S. 267, Bd. 97 S. 221).

Ein mit dem Grundstücksveräußerungsvertrag in „engstem, unmittelbarem" rechtlichem Zusammenhange stehender Bestandteil der gegenseitigen Leistungen ist in RG. V 502/12 gefunden worden in der Übernahme der Pflicht zur Instandsetzung des verkauften Hauses durch den Verkäufer; in Warneyer 1913 Nr. 219 in der Übernahme der Verpflichtung des Käufers zum Bezuge von Bier aus der Brauerei des Verkäufers; in Warneyer 1914 Nr. 151 in der Übernahme der Garantie für ein bestimmtes Mieterträgnis durch den Verkäufer. Ein solcher Zusammenhang wurde ferner angenommen zwischen mehreren äußerlich getrennten und je einen selbständigen Vertrag darstellenden, auch wesensungleichen Geschäften (zwei Kaufverträge, Kauf- und Mietvertrag), wenn nach dem Willen der Vertragsparteien das eine von dem andern rechtlich abhängig, also der Abschluß oder das Bestehen des einen durch den Abschluß oder das Bestehen des anderen ausdrücklich oder stillschweigend bedingt war; so namentlich im Falle des Urteils vom 29. November 1919 V 260/19 (teilweise abgedruckt in RGZ. Bd. 97 S. 219) bei einem Grundstückskaufvertrag und einem mit ihm zusammenhängenden Mietvertrag. Mit Unrecht aber meint der Berufungsrichter unter Bezugnahme auf dieses Urteil, daß ein solcher Zusammenhang in dem vorliegenden Falle von ihm festgestellt sei. Denn er unterstellt beim Kläger, daß er zwar nicht das Vieh ohne den Grundbesitz, wohl aber den Grundbesitz ohne das Vieh gekauft haben würde, und er sieht nur als festgestellt an, daß die Beklagte ihrerseits weder das Grundstück ohne das Vieh noch das Vieh ohne das Grundstück verkauft haben würde. Daß aber dieser Wille der Beklagten bei den Vertragsverhandlungen auch nur in einer für den Kläger nach Treu und Glauben und der Verkehrssitte nicht zu verkennenden Weise hervorgetreten und dadurch zur stillschweigenden Vertragsbedingung geworden wäre, ist nicht festgestellt. Es würde also, soweit bisher festgestellt, nur ein nicht zum Vertragsinhalte gewordener Beweggrund oder eine einseitige Voraussetzung vorliegen, die rechtlich nicht in Betracht kommen kann (vgl. Urt. v. 24. November 1920 V 260/20). Etwas anderes ist auch aus dem Urteil Bd. 97 S. 220/221 nicht zu entnehmen. Wenn dort an der vom Berufungsrichter in bezug genommenen Stelle gesagt ist, die Frage, ob ein zusammengesetztes Rechtsgeschäft vorliege, bestimme sich danach, ob „die Parteien" das eine Rechtsgeschäft ohne das andere vorgenommen haben würden, so sollte damit nicht der Wille nur der einen Partei als maßgebend für die rechtliche Gestaltung des Rechtsgeschäfts erklärt, sondern der Gedanke zum Ausdruck gebracht werden, es komme darauf an, ob von beiden Parteien durch übereinstimmende ausdrückliche oder stillschweigende Willenserklärung der Abschluß des einen Geschäfts zur Bedingung für den Abschluß des anderen Geschäfts gemacht worden ist. Das erhellt besonders deutlich aus dem nicht mit abgedruckten Teile des genannten Urteils, in welchem die von der damaligen Revision als übergangen gerügte Behauptung gewürdigt wird, daß der Kläger den Kaufvertrag nur dann habe abschließen wollen, wenn sein Wohnungsrecht durch Abschluß des Mietvertrags gesichert würde, und daß der Beklagte sich dem gefügt habe. Der Senat führt dort aus, daß, wenn beides zuträfe, wenn also nicht nur der Kläger den Abschluß des Kaufvertrags von dem gleichzeitigen Abschlusse des Mietvertrags habe abhängig machen wollen, sondern auch der Beklagte das erkannt hätte, dann die Annahme nahe liegen würde, daß der Beklagte sich dessen wohl bewußt war, daß der Kaufabschluß vom gleichzeitigen Abschlusse des Mietvertrags abhängig sein solle.

Eine derartige Willensrichtung des Klägers ist bisher nicht festgestellt. Wenn der Berufungsrichter aber ausführt, an der sonach bestehenden inneren Beziehung der beiden Verträge werde auch dadurch nichts geändert, daß bei den Verhandlungen über den Preis die einzelnen Bestandteile des Vertrags zunächst besonders in Rechnung gestellt und der „Gesamtpreis" danach berechnet sei, so ist auch diese Ausführung (abgesehen davon, daß sie nicht als selbständiger Entscheidungsgrund gegeben ist, der für sich allein die Entscheidung tragen soll) nicht frei von Rechtsirrtum. Denn ein „Gesamtpreis", der eine rechtliche Einheitlichkeit der beiden äußerlich getrennten und zu getrennten Kaufpreisen abgeschlossenen Verträge begründen könnte, würde nur dann vorliegen, wenn festgestellt würde, daß in Wirklichkeit nicht für das Grundstück 9000 *M*, für das Vieh 5000 *M* als Kaufpreise vereinbart worden sind, sondern daß der Kaufpreis für die einheitlich gedachte Gesamtleistung von Grundstück und Vieh auf 14000 *M* berechnet worden sei, so daß der im Grundstücksveräußerungsvertrag beurkundete Preis von 9000 *M* sich nicht als die abredegemäße Gegenleistung darstellen und deshalb der Grundstücksvertrag nicht vollständig und richtig beurkundet sein würde (vgl.

Urt. v. 26. Juni 1915 V 99/15). Mit einer solchen Annahme wäre aber die Feststellung des Berufungsrichters nicht ohne weiteres zu vereinbaren, daß bei den Vertragsverhandlungen die Preise für das Grundstück und für das Vieh besonders in Rechnung gestellt worden sind, zumal in Verbindung mit der weiteren Tatsache, daß diese Preise dementsprechend auch in den abgeschlossenen Verträgen gesondert festgesetzt wurden. Die Annahme, daß ein „Gesamtpreis" vereinbart sei, gründet sich nur darauf, daß der Anwalt des Klägers in den Schriftsätzen erster Instanz, namentlich in der Klageschrift, bei der Geschichtserzählung davon gesprochen hat, daß der „Gesamtpreis" 14000 ℳ betragen habe, jedoch unter gleichzeitiger Hinzufügung, daß davon 9000 ℳ für die Landstelle und 5000 ℳ für die Tiere berechnet seien. Das erscheint nicht ausreichend, um die Verabredung eines Gesamtpreises im obigen Sinne als rechtsirrtumsfrei festgestellt anzusehen. Auch rügt die Revision nicht ohne Grund, daß der Berufungsrichter bei dieser Feststellung die Ausführungen des Klägers nicht gewürdigt hat, die dahin gingen, daß durch die Bezeichnung „Gesamtpreis" nur gegenüber der Behauptung der Beklagten, es seien für Grundstück und Vieh zusammen 28000 ℳ als Kaufpreis vereinbart worden, zum Ausdruck habe gebracht werden sollen, daß im ganzen nicht mehr als 14000 ℳ als Kaufpreis vereinbart worden sei. Auch daraus, daß der Kläger als Grund für die Nichterwähnung des Viehkaufs in dem Grundstücksvertrage glaubhaft die Kosten- und Stempelersparnis angegeben hat, konnte der Berufungsrichter nicht ohne weiteres darauf schließen, daß der Grundstücks- und der Viehkaufvertrag ein einheitliches zusammengesetztes Rechtsgeschäft in dem oben erörterten Sinne gebildet haben. Denn jene Absicht der Parteien konnte nur erreicht werden, wenn sie über das Grundstück und das Vieh zwei rechtlich selbständige Verträge abschlossen, und es liegt daher näher anzunehmen, daß sie das zur Erreichung ihrer Absicht geeignete Mittel auch wirklich gewählt und ernstlich gewollt haben, was ihnen freistand.

2. Der Berufungsrichter nimmt aber weiter an, daß die wegen Verabsäumung der notariellen Beurkundung des Viehverkaufs nach seiner Ansicht begründete Nichtigkeit des Grundstücksveräußerungsvertrags auch nicht gemäß § 313 Satz 2 BGB. durch die Auflassung geheilt worden sei. Er führt in dieser Beziehung aus, in dem notariellen Kaufvertrage hätten beide Parteien den Bureauvorsteher W. bevollmächtigt, die zur Auflassung erforderlichen Erklärungen an ihrer Statt abzugeben oder entgegenzunehmen. Diese Vollmacht habe zwar an sich keiner Form bedurft, sei aber bei der notariellen Beurkundung des Kaufvertrags mit beurkundet und habe deshalb einen Bestandteil des Grundstücksveräußerungsvertrags gebildet, von dessen Nichtigkeit sie mit ergriffen worden sei. Für die Ausnahmebestimmung des § 139

Halbs. 2 BGB. sei kein Raum gewesen, da die Parteien die Auflassungsvollmacht nicht erteilt haben würden, wenn sie das Kaufgeschäft als nichtig angesehen hätten. Der Berufungsrichter erklärt, dabei den in dem Urteile des erkennenden Senats Bd. 94 S. 147 aufgestellten grundsätzlichen Erwägungen zu folgen. Von dem dort entschiedenen Falle unterscheide sich der hier vorliegende nur insofern, als hier bei der Auflassung der Auflassungsbevollmächtigte nicht für beide Parteien (wie im Vertrage vorgesehen), sondern nur für den Kläger aufgetreten sei, während die Beklagte persönlich erschienen sei, was aber an der rechtlichen Beurteilung nichts ändern könne, da die Nichtigkeit der Vollmacht der einen Vertragspartei die Auflassung ebenso nichtig mache, wie die Vertretung beider Parteien durch einen nicht gültig Bevollmächtigten. Das Reichsgericht habe denn auch den Umstand, daß beide Parteien damals durch denselben Bevollmächtigten vertreten waren, nur zur Verstärkung seiner vorher schon ganz allgemein ausgesprochenen Auffassung verwertet, ohne ihn zur Voraussetzung seiner Entscheidung zu machen. Die unter Beweis gestellte Behauptung des Klägers, daß der Justizrat H. (der Notar, welcher den Grundstückskaufvertrag beurkundet hatte) den Kläger vor der Auflassung gefragt habe, ob die Auflassung durch den Bevollmächtigten nunmehr erfolgen solle, und jener sein Einverständnis damit erklärt habe, hält der Berufungsrichter für unerheblich, weil darin die Erteilung einer selbständigen, von der früheren Beurkundung unabhängigen mündlichen Vollmacht an W. jedenfalls nicht zu erblicken wäre, zumal eine solche Vollmachtserteilung weder gegenüber dem zu Bevollmächtigenden noch gegenüber dem Vertragsgegner gemäß § 167 Abs. 1 BGB. erfolgt wäre. Tatsächlich sei W. bei der Auflassung auf Grund der ihm in dem notariellen Kaufvertrag erteilten Vollmacht aufgetreten, da weder er sich bei der Auflassung auf eine andere Vollmacht berufen noch der Vertreter beim Eintragungsantrage eine solche behauptet oder dargetan habe, vielmehr in beiden Fällen lediglich auf den Vertrag vom 13. Mai 1919 Bezug genommen worden sei. Auch für eine nachträgliche Genehmigung einer etwaigen auftragslosen Geschäftsführung durch den Kläger sei nichts dargetan. Eine wirksame Auflassung würde deshalb nur vorliegen, wenn der Vertrag vom 13. Mai 1919 gültig wäre.

Dem Berufungsrichter kann jedoch nicht beigestimmt werden in der Annahme, daß der hier vorliegende Fall in allen Beziehungen gleich gelagert sei dem vom erkennenden Senat in Bd. 94 S. 147 entschiedenen, in dem die in einem nichtigen Grundstücksveräußerungsvertrag mit beurkundete Auflassungsvollmacht als von der Nichtigkeit des Hauptvertrags mit ergriffen und deshalb die auf Grund ihrer erfolgte Auflassung nicht als zur Heilung der Nichtigkeit des Grundstücksveräußerungsvertrags dienlich angesehen worden ist. Die damalige

Entscheidung beruhte im wesentlichen auf der Erwägung, daß die Auflassungsvollmacht zur Ausführung des Kaufvertrags habe dienen sollen und daß die Regelvorschrift des § 139 BGB. Platz greifen müsse, da sich nicht denken lasse, daß die Parteien die Vollmacht selbst dann erteilt haben würden, wenn sie das Kaufgeschäft als nichtig angesehen hätten. Dieser letzte Teil der Erwägung bezog sich ersichtlich nur auf den damals entschiedenen Fall und erklärt sich daraus, daß nach den damaligen Feststellungen der Kaufpreis in dem notariellen Vertrage unrichtig, nämlich zu niedrig, beurkundet war und die Verkäufer, die sich dadurch benachteiligt fühlten, an dem Kaufvertrage so, wie er beurkundet war, nicht festhalten wollten. Im vorliegenden Falle ist zwar auch von der Beklagten behauptet, daß der Kaufpreis zu niedrig beurkundet worden sei; aber eine dahingehende Feststellung ist bis jetzt nicht getroffen und deshalb muß für die Revisionsinstanz unterstellt werden, daß der Kaufpreis so, wie er beurkundet, vereinbart war. Bei dieser Sachlage erscheint es keineswegs undenkbar, daß die Parteien die zur Ausführung des Geschäfts bestimmte Auflassungsvollmacht auch dann erteilt haben würden, wenn sie die hier zu unterstellende Nichtigkeit des Grundstückskaufvertrags gekannt hätten, die sich nur daraus ergeben hätte, daß nicht auch der Viehkaufvertrag notariell beurkundet worden ist. Denn diese Nichtigkeit würde ihrem Vertragswillen, daß beide Verträge so wie sie vereinbart waren auch wirksam werden und ausgeführt werden sollten, nicht entsprochen haben. Es liegt deshalb nahe anzunehmen, daß sie die Auflassungsvollmacht auch und gerade dann erteilt haben würden, wenn sie davon Kenntnis gehabt hätten, daß der Grundstückskaufvertrag wegen der Nichtbeurkundung des Viehkaufs nichtig sei, aber diese Nichtigkeit durch die Vornahme der Auflassung geheilt werden könne. Die Sache würde dann nicht anders liegen wie in den zahlreichen Fällen, wo die Parteien einen Grundstückskaufvertrag mündlich oder unter Privatunterschrift abschließen in dem Bewußtsein, daß dieser Vertrag nichtig ist, aber mit der Absicht, durch Vornahme der Auflassung die Heilung der Nichtigkeit herbeizuführen. Sonach erscheint die Annahme des Berufungsrichters, daß der Ausnahmefall des § 139 Halbs. 2 nicht vorliege, nicht hinreichend begründet. Ob es nicht auch bei zu niedriger Beurkundung des Kaufpreises unter Umständen denkbar wäre, daß die Parteien die Vollmacht bei Kenntnis der Nichtigkeit erteilt haben würden, um durch die Auflassung den Vertrag mit dem mündlich vereinbarten Preise zur Geltung zu bringen, braucht zurzeit nicht entschieden zu werden.

Die Revision rügt aber ferner nicht ohne Grund, daß der Berufungsrichter den auf Vernehmung des Notars, Justizrat H., gerichteten Beweisantrag des Klägers mit nicht prozeßgerechter Begründung abgelehnt habe. Es war unter Beweis gestellt, daß vor der Auflassung der Notar den Kläger gefragt habe, ob die Auflassung durch den Bevollmächtigten nunmehr erfolgen solle, und daß der Kläger sein Einverständnis damit erklärt habe. Wenn der Berufungsrichter Zweifel hatte, ob damit die Erteilung einer selbständigen, von der früheren Beurkundung unabhängigen Vollmacht für den W. durch eine diesem gegenüber abgegebene Erklärung behauptet werden sollte, so hätte er, wie die Revision mit Recht rügt, durch Ausübung des Fragerechts darüber Aufklärung schaffen müssen. Würden alsdann die ergänzenden Behauptungen des nach Schluß der mündlichen Verhandlung eingereichten Schriftsatzes aufgestellt worden sein, wonach der Kläger (nachdem ihm der Notar mitgeteilt hatte, daß die Beklagte persönlich zur Auflassung erscheinen werde) den Notar gebeten haben soll, daß der Bureauvorsteher für ihn die Auflassung vornehme, und wonach ferner der Notar diesen „Auftrag" dem W., seinem Bureauvorsteher, ausgerichtet habe, so würden die Bedenken des Berufungsrichters gegen die Erheblichkeit des Beweiserbietens sich wohl nicht haben aufrechterhalten lassen. Rechtsirrig ist es auch, wenn er darauf Wert legt, daß W. in dem Auflassungstermine sich nur auf die in dem Kaufvertrag beurkundete, nicht auf die ihm mündlich erteilte Vollmacht berufen hat; denn die Wirksamkeit eines im Namen eines andern abgeschlossenen Rechtsgeschäfts für und gegen den anderen ist nur dadurch bedingt, daß eine Vertretungsmacht besteht und der Vertreter innerhalb ihrer handelt, (§ 164 BGB.), nicht aber dadurch, daß er die seine Vertretungsmacht begründende Vollmacht dem andern Teile kundgibt. Die Frage, ob die Nichtigkeit des Kaufvertrags, falls eine solche ursprünglich bestanden haben sollte, nicht durch die erfolgte Auflassung geheilt ist, bedarf aber einer anderweiten Prüfung durch den Berufungsrichter auch in der Richtung, ob nicht aus dem Verhalten des Klägers, der auch jetzt noch an dem Vertrage festhält und dessen Ausführung verlangt, eine Genehmigung der durch W. in seinem Namen erfolgten Entgegennahme der Auflassung für den Fall, daß sie ohne Vertretungsmacht erfolgt sein sollte, zu finden ist, wodurch die Auflassung wirksam geworden wäre (§ 177 BGB.). Freilich könnte dafür nur eine solche Genehmigung in Betracht kommen, die erfolgt wäre, bevor die Beklagte ihrerseits ihre Auflassungserklärung widerrufen hat (§ 178 BGB.).

---

91. Ist der Rechtsweg zulässig, wenn ein Kriegssteuerpflichtiger und der Fiskus darüber streiten, ob ein nicht geschuldeter, aber nach § 32 des Kriegssteuergesetzes vom 21. Juni 1916 durch Hergabe von Kriegsanleihe an Zahlungsstatt entrichteter Kriegssteuerbetrag in bar oder ob er in Kriegsanleihe zu erstatten ist?

VII. Zivilsenat. Urt. v. 13. Dezember 1921 i. S. A.-Lederfabrik-Akt.-Ges. (Kl.) w. preuß. Staat (Bekl.). VII 267/21.

I. Landgericht Aachen. — II. Oberlandesgericht Köln.

Die von der Klägerin zu entrichtende Kriegssteuer aus dem Kriegssteuergesetz vom 21. Juni 1916 war durch Bescheid vom 10. Juli 1917 auf 1519560 *M* festgesetzt worden. Die Klägerin hat diesen Betrag bezahlt und zwar mit 916 *M* in bar, den Rest entsprechend der Ermächtigung aus § 32 daselbst durch Hergabe von Kriegsanleihen an Zahlungsstatt. Auf die Berufung der Klägerin wurde die Steuer durch die Entscheidung vom 10. Oktober 1918 auf 1463400 *M* endgültig herabgesetzt. Die Parteien streiten darüber, ob der hiernach zurückzuerstattende Betrag vom Beklagten in bar oder in Kriegsanleihe zurückzuerstatten ist. Das Oberlandesgericht hat die Klage wegen Unzulässigkeit des Rechtswegs abgewiesen. Die Revision wurde zurückgewiesen aus folgenden

Gründen:

In Reichssteuersachen ist der Rechtsweg beim Streit über die Verpflichtung des zur Steuer Herangezogenen zur Entrichtung der Abgabe und ebenso beim Streit über die Verpflichtung des Reichs, eine zu Unrecht erhobene Abgabe zurückzuerstatten, nach ständiger Rechtsprechung ausgeschlossen, soweit der Rechtsweg nicht in dem in Betracht kommenden Reichsgesetz, wie z. B. im Reichsstempelgesetz, ausdrücklich zugelassen ist. Die nach dem Kriegssteuergesetz vom 21. Juni 1916 zu erhebende Steuer ist eine Reichsabgabe, da sie zur Reichskasse fließt (§§ 1, 37), mögen auch für die Verwaltung der Steuer die Länder (Bundesstaaten) zuständig sein (§ 25 KStG. und § 48 Besitzsteuergesetz vom 3. Juli 1913). Im KStG. ist darüber, ob oder inwieweit für die aus dem Gesetze sich ergebenden Streitigkeiten der Rechtsweg zulässig ist, nichts gesagt. Es bleibt daher auch beim Streit über die Verpflichtung des Reichs oder der für ihn handelnden Organe der Länder, zu Unrecht erhobene Kriegssteuer zurückzuerstatten, bei der Regel, daß der Rechtsweg nicht gegeben ist. Im vorliegenden Falle handelt es sich freilich nicht um die Streitfrage, ob die Verpflichtung den eingeklagten Betrag zu erstatten besteht, sondern darum, in welcher Weise und mit welcherlei Erfüllungsmitteln die Erstattung zu erfolgen hat, ob in barem Gelde oder durch Hingabe von Kriegsanleihe, die der Beklagte der Klägerin vergebens angeboten hat. Aber die Pflicht, den zu erstattenden Betrag dem Vermögen des zur Steuer Herangezogenen zuzuführen, umfaßt inhaltlich nicht nur die Pflicht, die bestimmte Summe zu übereignen, sondern auch die Pflicht, sie in der Weise — sei es durch Barzahlnng, sei es in Wertpapieren — zu übereignen, wie es der andere Teil nach den

Gesetzen zu verlangen berechtigt ist. Auch die Frage, ob der Beklagte bei der Wahl der Erfüllungsart — durch Anbieten von Wertpapieren unter Verweigerung der Barzahlung — dem Gesetze gemäß sich verhalten hat, liegt auf öffentlichrechtlichem Gebiete. Bei diesem Verhalten, bei dem der Beklagte sich lediglich durch öffentlichrechtliche Rücksichten leiten zu lassen verpflichtet ist, steht das Reich nicht als blos vermögensrechtliche Persönlichkeit, sondern als Träger der Steuerhoheit der Klägerin als dem steuerpflichtigen Reichsangehörigen gegenüber. Über die Frage, ob das Verhalten des Beklagten steuerlich dem Gesetze entspricht — was nur auf Grund des Gesamtinhalts des KStG. entschieden werden kann —, besteht noch heute unter den Parteien Streit, der insbesondere durch den die Abgabe herabsetzenden Beschluß vom 10. Oktober 1918 nicht erledigt ist. Ob der Streit, soweit er sich auf öffentlichrechtlichem Gebiete bewegt, als solcher erledigt und zu einem privatrechtlichen umgewandelt wäre, wenn jener Beschluß auch die Art der Rückerstattung — etwa durch Barzahlung — rechtskräftig bestimmt hätte, kann dahingestellt bleiben, da eine solche Bestimmung im Beschlusse nicht enthalten ist, dieser sich vielmehr auf Herabsetzung des Betrags der Abgabe beschränkt hat. Etwas anderes ist wenigstens nicht behauptet.

Mit dem Ergebnis, daß der Rechtsweg hier ausgeschlossen ist, stehen die Vorschriften der Reichsabgabenordnung in Übereinstimmung. Sie ist am 23. Dezember 1919 in Kraft getreten, also nachdem bereits der die Kriegssteuer herabsetzende und damit die Verpflichtung zur Erstattung des Unterschiedsbetrags begründende, rechtskräftig gewordene Beschluß vom 10. Oktober 1918 ergangen war, bevor jedoch die Erstattung erfolgt ist. Ihre Vorschriften über die Erstattung und über die zur Erzwingung der Erstattung zulässigen Rechtsmittel sind daher hier anwendbar. Ein Zweifel hierüber könnte daraus entnommen werden, daß bei dem Inkrafttreten der RAbgO. der jetzige Rechtsstreit bereits bei Gericht anhängig war. Der Zweifel ist aber nicht begründet. Da die in Frage stehenden Vorschriften der RAbgO. öffentlichrechtlicher Natur sind und ein Vorbehalt darin nicht gemacht ist, sind auch während des laufenden Prozesses diese Vorschriften, ebenso wie dies bei neuen prozessualen Vorschriften der Fall sein würde, sofort mit dem Inkrafttreten der RAbgO. anwendbar geworden. Das ist im § 1 der Verordnung zur Einführung der RAbgO. vom 28. Dezember 1919 (RGBl. S. 2101) ausdrücklich ausgesprochen. Die von diesem Grundsatz abweichenden, in den §§ 7 flg. daselbst enthaltenen Ausnahmevorschriften über die einstweilige Aufrechterhaltung früheren Rechts treffen ebensowenig wie die Übergangsvorschriften der RAbgO. selbst (§§ 444 flg.) den vorliegenden Fall. Maßgebend ist hiernach der § 227 RAbgO., der bestimmt: „In Steuersachen ist der

Rechtsweg vor den ordentlichen Gerichten ausgeschlossen. Dies gilt auch für die Rückforderung bezahlter Steuern und anderer Leistungen."

Daß es sich hier um einen Streit „in Steuersachen" und um die „Rückforderung bezahlter Steuern" handelt, ist nicht zu bezweifeln und oben bereits dargelegt. Es ergibt sich auch aus den eingehenden Vorschriften über die Erstattung entrichteter Steuern in den §§ 127 flg. und aus den gemäß § 40 KStG. vom Bundesrat erlassenen Ausführungsbestimmungen zum Kriegssteuergesetz vom 30. November 1916 (RZentralbl. 1916 S. 461), daß der Gesetzgeber auch die Regelung der Art und Weise der Erstattung der Kriegssteuer den Finanzbehörden endgültig — unter Ausschluß des Rechtswegs — hat übertragen wollen. Der § 42 dieser Ausführungsbestimmungen schreibt ausdrücklich vor, die Erstattung von Kriegsabgabe habe bis zu dem Betrage, der bei ihrer Entrichtung bar eingezahlt worden sei, in bar, darüber hinaus durch Ausreichung von Schuldverschreibungen oder Schatzanweisungen der Kriegsanleihen des Deutschen Reichs unter Berechnung des Annahmewerts zu erfolgen, soweit dies nach der Stückelung möglich sei. Ob diese Vorschrift die Natur einer bloßen steuertechnischen Ausführungsbestimmung hat oder einen aus der RAbgO. nicht ersichtlichen neuen Rechtsgrundsatz enthält, und ob deshalb der Bundesrat die Vorschrift mit bindender Kraft erlassen durfte, bedarf hier nicht der Prüfung, da es sich für jetzt nicht um eine sachliche Entscheidung des bestehenden Streits, sondern nur um die Frage der Zulässigkeit des Rechtswegs handelt. Auch für diese Frage aber ist der § 42 von Bedeutung, da er zeigt, daß mindestens der eine Faktor der Gesetzgebung, der Bundesrat, der Überzeugung war, daß die Regelung der Art und Weise der Erstattung der Kriegssteuer vom Gesetz nicht den ordentlichen Gerichten, sondern den Verwaltungsbehörden zugewiesen sei. Die Entscheidung des Berufungsrichters war hiernach aufrechtzuerhalten.

---

92. 1. Ist die preußische Höchstmietenverordnung vom 9. Dezember 1919 rechtsgültig?

2. Kann der Vermieter im Falle eines Streites darüber, ob die Voraussetzungen einer Mietzinsermäßigung im Sinne dieser Verordnung vorliegen, ohne vorherige Anrufung des Mieteinigungsamtes seinen Anspruch auf Zahlung des vertraglichen Mietzinses im ordentlichen Rechtswege geltend machen?

III. Zivilsenat. Urt. v. 19. Dezember 1921 i. S. L. (Kl.) w. H. u. Gen. (Bekl.). III 272/21.

I. Landgericht Breslau. — II. Oberlandesgericht daselbst.

Für die von der beklagten offenen Handelsgesellschaft durch Vertrag vom 31. Oktober 1919 im Hause des Klägers gemieteten Räume war ein Jahreszins von 9000 *M* vereinbart. Da die Beklagten für das zweite Vierteljahr 1920 nur 1000 *M* zahlten, verlangte der Kläger im vorliegenden Rechtsstreit den Rest in Höhe von 1250 *M*. Die Beklagten begründeten ihre Weigerung mit dem Hinweis auf § 6 der preuß. Höchstmieten-Verordnung vom 9. Dezember 1919 (GS. S. 187), wonach sich auch bei den vor diesem Tage geschlossenen Mietverträgen der über die Vorschriften der Verordnung hinaus vereinbarte höhere Mietzins auf den nach ihr zulässigen höchsten Satz von selbst ermäßige. Unstreitig waren die Räume am 1. Juli 1914 nicht vermietet gewesen, sondern von dem damaligen Hauseigentümer benutzt worden. Die Beklagten behaupteten nun, daß der Mietwert der Räume an dem angegebenen Tage höchstens 3000 *M* betragen habe, so daß unter Hinzurechnung eines für Geschäftsräume zugelassenen Zuschlags von 30 v. H. der Kläger zurzeit nicht mehr als 4000 *M* für das Jahr fordern dürfe. Der Kläger gab dagegen den früheren Mietwert auf 7000 *M* an und behauptete, daß bei dieser Sachlage die Beklagten eine Ermäßigung des Mietzinses überhaupt nicht, jedenfalls erst dann geltend machen könnten, wenn das Mieteinigungsamt sie gebilligt und festgesetzt habe.

Das Landgericht verurteilte die Beklagten dem Klagantrag entsprechend als Gesamtschuldner, das Oberlandesgericht wies dagegen die Klage wegen Unzulässigkeit des Rechtswegs ab. Auf die Revision des Klägers wurde dieses Urteil aufgehoben und der Rechtsstreit zur sachlichen Verhandlung und Entscheidung an das Berufungsgericht zurückverwiesen.

Gründe:

Das Oberlandesgericht verneint die Zulässigkeit des Rechtswegs, weil es an einer wesentlichen Prozeßvoraussetzung, einer Vorentscheidung des Mieteinigungsamtes (MEA.) über die Höchstmiete oder deren Grundlagen, die Friedensmiete, fehle. Diese Vorentscheidung hält es für notwendig, gleichviel ob Satz 2 Abs. 1 des § 6 der Verordnung des preußischen Volkswohlfahrtsministers vom 9. Dezember 1919 (HMV.) für rechtsgültig anzusehen sei oder nicht. Diese Auffassung ist rechtsirrig.

Die HMV. stützt sich, soweit sie für den vorliegenden Rechtsstreit in Betracht kommt, auf § 5a der Mieterschutzverordnung vom 23. September 1918/22. Juni 1919 (MSchV.), nach welchem die Landeszentralbehörde mit Zustimmung des Reichsarbeitsministers a) Gemeindebehörden auch zu anderen als den in den §§ 2—5 bezeichneten Anordnungen ermächtigen oder b) solche Anordnungen selbst treffen darf. Von der Befugnis zu b hat der preußische Minister für Volkswohlfahrt, dessen Zuständigkeit „für bevölkerungspolitische Maßnahmen auf dem Wohnungsgebiete" durch den Beschluß der preußischen Staatsregierung vom 7. November 1919 (GS. S. 173) begründet ist, Gebrauch gemacht. Von einzelnen Gerichten aber und im Schrifttum wurde die Gültigkeit des § 5a a. a. O. und damit der HMV. hauptsächlich deshalb bezweifelt, weil weder das Ermächtigungsgesetz vom 4. August 1914 (RGBl. S. 327) dem Bundesrat, noch das Gesetz über die vereinfachte Form der Gesetzgebung vom 17. April 1919 (RGBl. S. 394) dem Reichsministerium gestattet habe, ihr Gesetzgebungsrecht, und noch dazu in so weitgehendem Maße, ohne genaue Bezeichnung und ohne scharfe Begrenzung des Kreises der zulässigen Maßnahmen auf Landeszentralbehörden zu übertragen. Es hat aber die verfassunggebende deutsche Nationalversammlung durch Gesetz vom 11. Mai 1920 (RGBl. S. 949) nicht nur die MSchV. einschließlich ihres § 5a durch Verlängerung ihrer Gültigkeitsdauer und Ergänzung einzelner Bestimmungen als rechtsverbindliche Norm anerkannt und bestätigt, sondern gerade mit Rücksicht auf etwaige staatsrechtliche Bedenken unter III auch angeordnet, daß alle „auf Grund der MSchV. bisher getroffenen Anordnungen und Maßnahmen in Kraft bleiben". Durch diese Generalklausel sollten alle Zweifel behoben, sollte allen in Ausführung des § 5a erlassenen Sonderverordnungen mit rückwirkender Kraft eine einwandfreie rechtliche Grundlage gegeben werden, gleichsam als ob sie von der Nationalversammlung selbst beschlossen wären oder als ob das Gesetz vom 11. Mai 1920 bereits am 22. Juni 1919 ergangen wäre (vgl. Urt. des VI. Zivilsenats vom 28. April 1921, RGZ. Bd. 102 S. 161). Voraussetzung für das Inkraftbleiben der örtlichen Verordnungen ist nur, daß bei ihrem Erlasse die Landes- oder Gemeindebehörden sich im Rahmen der ihnen erteilten Ermächtigung gehalten haben (vgl. Verh. der verfassunggeb. Nat.-Vers. Bd. 343 AktSt. 2710 S. 2968). Das ist selbstverständlich und bedeutet nur, daß die früheren Verordnungen mit dem Gesetz vom 11. Mai 1920 nicht in Widerspruch stehen dürfen. Nun wird im Schrifttum aber auch die Ansicht vertreten, daß der preußische Minister für Volkswohlfahrt mit der HMV. über die Grenzen des ihm zustehenden Gesetzgebungsrechts hinausgegangen sei (vgl. Mittelstein in JW. 1920 S. 337, 937, Anschütz ebenda S. 339). Denn § 5a — so wird gesagt — ermächtige nur zu solchen Anordnungen, die mit den in den vorherigen Paragraphen genannten wesensgleich oder verwandt seien. Von einer solchen Bedingung macht jedoch § 5a die Gültigkeit der Landes- oder Gemeindeverordnung nicht abhängig. Schon die amtliche Begründung zu der MSchV. vom 22. Juni 1919 — abgedruckt bei **Brumby** Mieterschutz und Höchstmieten, 6. Aufl., S. 188 — erklärt, daß gerade deshalb, weil „in manchen Bezirken die bisherigen Befugnisse, auch die durch die Wohnungsmangelverordnung (WMV.) vom 23. September 1918 (vgl. § 9 das.) erteilten, zur Beseitigung der vorhandenen Mißstände nicht ausreichen, durch § 5a die Landeszentralbehörden die Ermächtigung erhalten sollen, auch auf dem Gebiete des Mietrechts noch weitergehende Anordnungen mit Zustimmung des Reichsarbeitsministers entweder selbst zu treffen oder durch die Gemeinden treffen zu lassen." Im Einklange damit hat das Gesetz vom 11. Mai 1920 durch die Neufassung des § 5a in Verbindung mit der erwähnten Nr. III zur Schaffung klarer Rechtsverhältnisse erläuternd festgestellt, daß nicht nur künftige Eingriffe in verfassungsmäßig geschützte Grundrechte zulässig sind, sondern daß auch frühere — derartige Eingriffe enthaltende — Verordnungen aufrecht erhalten werden, wenn und soweit die Eingriffe zum Schutz der Mieter erforderlich waren und sind. In welchem Umfang das aber in den einzelnen Ländern oder Bezirken zutrifft und welche Anordnungen den örtlichen Bedürfnissen entsprechen, darüber haben nicht die Gerichte, sondern allein die Landeszentralbehörden und der Reichsarbeitsminister zu befinden. Gerade durch die Worte „andere Anordnungen und Maßnahmen" und die sich anschließenden mit „insbesondere" eingeleiteten Beispiele ist zum Ausdruck gebracht worden, daß die genannten Behörden in der Wahl der Mieterschutzmaßnahmen nicht beschränkt seien. Soweit daher das Mieterschutzbedürfnis reicht, reicht auch ihr Verordnungsrecht.

Nach §§ 1 und 2 HMV. haben die Vorstände von Gemeinden mit mehr als 2000 Einwohnern, in denen eine Maßnahme auf Grund der WMV. vom 23. September 1918 getroffen ist, im Einvernehmen mit dem Vorsitzenden des MEA. eine Miethöchstgrenze in Form eines prozentualen Zuschlags zu der Friedensmiete vom 1. Juli 1914 oder — falls eine Wohnung an dem genannten Tage nicht vermietet war — zu dem damaligen Mietwerte gleichartiger Räume festzusetzen. Die Gegner der Rechtsgültigkeit der HMV. wenden nun ein, daß diese schablonenmäßige Regelung den § 7 MSchV. verletze, weil das MEA. gesetzlich gebunden werde und seine Entscheidung über die Miethöhe nicht mehr nach billigem Ermessen allein fällen könne. Allerdings hob schon die amtliche Begründung der MSchV. vom 26. Juli 1917 (vgl. Reichsanzeiger Nr. 178 erste Beilage) hervor, daß das freie Ermessen des MEA. durch Aufstellung bestimmter Richtlinien nicht eingeschränkt werden dürfe. Dieser Grundsatz kann aber selbstverständlich vom Gesetzgeber wieder ganz oder teilweise aufgehoben werden, und er ist durch Nr. II Art. 4 des Gesetzes vom 11. Mai 1920 abgeändert worden. Danach hat § 7 MSchV. nämlich folgende Fassung erhalten: „Das MEA. entscheidet im Rahmen der getroffenen Anordnungen nach billigem Ermessen." Die MEA. können also nunmehr ihr billiges Ermessen nur noch im Rahmen der getroffenen Anordnungen walten lassen, d. h. im Rahmen derjenigen Anordnungen, deren Inkraftbleiben die Vorschrift unter III des Gesetzes vom 11. Mai 1920 verbürgt. Wie einerseits nach § 5a dieses Gesetzes zweifellos nichts im Wege steht, daß eine Landeszentralbehörde die Höchstgrenze der Mieten festlegt und von dem billigen Ermessen des MEA. unabhängig macht, so wird anderseits die preuß. HMV., die eine solche Regelung schon vor dem 11. Mai 1920 getroffen hat, durch Nr. III des Gesetzes von diesem Tage gedeckt. Übrigens ist durch die §§ 3, 9 und 10 HMV. dem billigen Ermessen des MEA. noch ein weiter Spielraum gelassen. Es kann in ihm geeignet erscheinenden Fällen unter gewissen Voraussetzungen die Friedensmiete höher ansetzen, als sie in Wirklichkeit betrug, die angemessene Miete unter- und die gesetzliche Höchstmiete überschreiten.

Der am meisten, jedoch mit Unrecht angegriffene § 6 Abs. 1 Satz 2 HMV. schreibt nun bei laufenden Verträgen die automatische Herabsetzung eines vor seinem Inkrafttreten vereinbarten, über die nunmehr zulässige Höchstmiete hinausgehenden Mietzinses vor, eine Bestimmung, die zweifellos einen starken Eingriff in die Vertragsfreiheit enthält. Aber auch diese wird nach Art. 152 Reichs-Verf. nur nach Maßgabe der Gesetze, also auch nur nach Maßgabe des Gesetzes vom 11. Mai 1920, geschützt. Der Gesetzgeber aber, der dort vor den Grundrechten der Freizügigkeit, der Unverletzlichkeit der Wohnung und des Eigentums nicht halt gemacht hat, hatte keinen Anlaß, das Grundrecht der Vertragsfreiheit höher zu bewerten und anders zu behandeln als diese. Bedeutet doch die ganze Mieterschutzgesetzgebung zum großen Teile nichts anderes als eine wesentliche Beschränkung der Vertragsfreiheit. Anerkannt muß aber auch werden, daß der Gesetzgeber mit rückwirkender Kraft in schon bestehende Vertragsrechte eingreifen darf.

Die Gültigkeitsgegner nehmen für sich aber auch den letzten Satz des § 5a MSchV. in der Fassung des Gesetzes vom 11. Mai 1920 in Anspruch. Er lautet: „Eingriffe sollen nur erfolgen, nachdem der Versuch gütlicher Einigung erfolglos geblieben ist" und enthält somit lediglich eine Soll- oder Ordnungsvorschrift, die ihrem Sinne und Zwecke nach praktische Bedeutung nur für die Anwendung einer Verordnung im Einzelfalle haben, nicht aber die Gültigkeit der Verordnung selbst beeinflussen kann und deren Nichtbeachtung auch dem Einzeleingriffe nicht die gesetzliche Grundlage entzieht. Der in der preuß. AllgVerf. vom 21. Dezember 1920 bekannt gegebenen Rechtsansicht der Reichsregierung über die Rechtsgültigkeit der HMV. vom 9. Dezember 1919 — vgl. JMBl. S. 763 — ist also beizutreten.

Können die Parteien sich über die Höchstmiete oder die Voraussetzungen ihrer Berechnung im Sinne des § 6 HMV. nicht einigen, so entscheidet über diese Streitpunkte allein und endgültig das MEA. (§ 6 Abs. 2 letzter Satz HMV., vgl. auch § 8 Abs. 2 letzter Satz das.).

Das ordentliche Gericht hat sich mit ihnen nicht zu befassen; es ist nicht in der Lage, die nach § 6 a. a. O. dem MEA. übertragenen Feststellungen selbst zu treffen. Damit ist aber nicht gesagt, daß seine Spruchtätigkeit solange ausgeschaltet ist, bis das MEA. gesprochen und die Miete festgesetzt hat. Hätte der Gesetzgeber für Mietzinsklagen den Rechtsweg derartig beschränken und die Spruchbefugnis der ordentlichen Gerichte auch über ihre Bindung an einen bereits ergangenen Beschluß des MEA. hinaus einengen wollen, so hätte er diese Absicht unzweideutig zum Ausdruck bringen müssen. Sie aber ohne ausdrückliche Vorschrift in das Gesetz hineinzulegen, käme beispielsweise in einem Falle wie dem vorliegenden fast einer Rechtsverweigerung gleich. Die Rechtslage ist vielmehr folgende: Wenn der Vermieter, auf den Mietvertrag gestützt, den dort vereinbarten Mietzins im Klageweg fordert, der Mieter aber dessen Ermäßigung auf Grund der HMV. verlangt und der Vermieter die Berechtigung eines solchen Verlangens bestreitet, so hat der Beklagte, der Mieter, sie zu beweisen. Das kann er aber lediglich durch Beibringung eines die Miete regelnden Beschlusses des MEA. Unterläßt es der Mieter jedoch oder weigert er sich, das MEA. anzugehen, dann muß er auch die Folgen seiner Saumseligkeit oder Hartnäckigkeit tragen. In einem solchen Falle hat das Gericht ihn als die beweispflichtige Partei hinsichtlich seines Ermäßigungseinwands, über dessen materielle Voraussetzungen es selbst nicht befinden darf, für beweisfällig anzusehen und sein Urteil lediglich auf den Vertragsinhalt zu stützen, wie es das Landgericht auch getan hat. Wie die Rechtslage sich gestaltet, wenn der Mieter nach Rechtskraft des Urteils einen ihm günstigen Mietfestsetzungsbeschluß des MEA. erwirkt, ist hier nicht zu erörtern. Diese Möglichkeit kann die Zulässigkeit des Rechtswegs für die vorliegende Klage nicht beeinflussen.

Freilich ist nach § 6 Abs. 2 letzter Satz HMV. (vgl. auch die §§ 3 und 10 das.) auch der Vermieter in der Lage, an das MEA. heranzutreten. Er hat aber, da er im Besitze eines Rechtstitels ist, der ihm einen bestimmten Mietzins gewährleistet, kein Interesse daran und darf es ohne Rechtsnachteil dem Mieter überlassen, seinem Ermäßigungsanspruche vor dem MEA. zum Siege zu verhelfen. Es kann dem Vermieter nicht zum Schaden gereichen, wenn er in der Überzeugung, daß das Herabsetzungsverlangen des Mieters ungesetzlich und mutwillig ist, seinerseits eine seiner Ansicht nach zwecklose und unnütze Belästigung des MEA. ablehnt. Auch unter der Herrschaft der MSchV. und der HMV. sind laufende Mietverträge so lange zu halten und zu erfüllen, bis die dazu berufene Behörde sie abändert. Abänderungsbehörde ist aber nur das MEA., und dieses wird nach der MSchV. und nach der HMV. nur auf Antrag tätig. Will die Partei, die allein ein Interesse an der Abänderung hat, hier also die Mieterin, die Hilfe des MEA. nicht in Anspruch nehmen, so kann für ihre Rechtsbeziehungen zu dem Vermieter, wie schon betont, nur der Vertrag maßgebend sein. Die Annahme des Berufungsrichters, daß es Sache des Klägers gewesen sei, sich zunächst an das MEA. zu wenden, wenn er seinen vertraglichen Mietanspruch verfolgen wollte, findet daher im Gesetze keine Stütze.

---

93. Kommt ein Vertrag zustande, wenn der Kauflustige auf ein „freibleibendes" Angebot unverzüglich bestellt und sofortige Lieferung sowie umgehende Zusendung der Faktura verlangt, der „freibleibend" Anbietende aber schweigt und erst nach Verlauf längerer Zeit die bestellte Ware andient?

II. Zivilsenat. Urt. v. 20. Dezember 1921 i. S. B.-G. (Kl.) w. Gebr. Gr. (Bekl). II 323/21.

I. Landgericht II Berlin, Kammer f. Handelssachen. — II. Kammergericht daselbst.

Auf eine Anfrage der Beklagten über Preise und Lieferung von Schloßschrauben und Muttern bot die Klägerin dieser mit Postkarte vom 29. März 1920 „zur prompten Lieferung freibleibend 40000 Schloßschrauben zu 80 *M*, 10000 zu 90 *M* und 20000 Muttern zu 75 *M* für 100 Stück, rein netto Kasse ab Lager Westfalen gegen Akkreditiv oder Voreinsendung" an. Am 1. April bestellte darauf die Beklagte 10000 Schloßschrauben zu 80 *M* zur sofortigen Lieferung und bat um umgehende Sendung der Faktura. Die Klägerin sandte am 12. Mai Rechnung über die bestellte Ware und bat um sofortige Zahlung. Die Beklagte antwortete am 17. Mai, daß sie keine Vorauszahlungen mache und im übrigen die Schloßschrauben, welche sie zur sofortigen Lieferung bestellt habe, wegen verspäteter Lieferung nicht mehr annehme. Auf diesem Standpunkte ist sie trotz des Widerspruchs der Klägerin geblieben.

Mit der Klage wird der Kaufpreis für die 10000 Schloßschrauben in Höhe von 8120 *M* nebst Zinsen gefordert. Das Landgericht hat der Klage stattgegeben. Dagegen hat das Kammergericht auf die Berufung der Beklagten die Klage abgewiesen. Die Revision blieb erfolglos.

Gründe:

Die Darlegung des Berufungsgerichts, daß nach Sachlage das Zustandekommen eines Vertrags zu verneinen sei, wird durch die Angriffe der Revision nicht erschüttert. Zunächst kann schon die in JW. 1921 S. 393 Nr. 2 abgedruckte Entscheidung des Reichsgerichts nicht zugunsten des Standpunktes der Klägerin verwertet werden. Der III. Senat hat dort das Folgende ausgeführt: Der „freibleibend" Anbietende sei nach Treu und Glauben verpflichtet, auf eine dem „freibleibenden" Angebote entsprechende unverzügliche Bestellung gleichfalls ohne schuldhaftes Zögern zu antworten. Auch derjenige, der ein „freibleibendes" Angebot mache, gebe dem Gegner zu erkennen, daß er mit ihm unter gewissen Bedingungen und Voraussetzungen in ein Vertragsverhältnis treten wolle. Wenn dieser daher unverzüglich und vorbehaltlos seine Bereitwilligkeit dazu erkläre, habe er auch ein Recht darauf, unverzüglich zu erfahren, ob diese zu einem festen Vertragsschlusse führe oder nicht, damit er seine weiteren geschäftlichen Maßnahmen zu treffen in der Lage sei. Die Antwortpflicht des Antragenden entspreche deshalb ebenso der Natur der Sache wie der Billigkeit und liege im Interesse der Rechtssicherheit. Erfülle er sie nicht, schweige er, so müsse er sich nach Treu und Glauben so behandeln lassen, als hätte er die Bestellung ausdrücklich angenommen.

Das Reichsgericht hat sich also nur mit der Frage beschäftigt, ob der „freibleibend" Anbietende durch Nichtbeantwortung der umgehend eingetroffenen Bestellung des anderen als mit dem Abschlusse einverstanden zu gelten hat. Seine Ausführungen lassen keineswegs ohne weiteres die Schlußfolgerung zu, daß in einem solchen Falle auch umgekehrt der „freibleibend" Anbietende sich auf die eigene Nichtbeantwortung in dem Sinne berufen dürfe, daß nunmehr der Käufer den Vertrag als geschlossen anzusehen habe. Es bedarf aber hier einer grundsätzlichen Erörterung der Frage um deswillen nicht, weil der Schluß, daß Schweigen Zustimmung bedeutet, dann nicht Platz greift, wenn der Antragende (Besteller) die Erfordernisse einer ihn bindenden Annahme abweichend von der Regel bestimmt hat. Das tut er, wenn er, wie im vorliegenden Falle, sofortige Leistung und umgehende Übersendung der Faktura verlangt. Es ist in solchem Falle ausgeschlossen, das bloße Schweigen des Urhebers der Freibleibend-Erklärung, ohne sofortige Lieferung und Übersendung der Faktura, als Annahme des Antrags zu beurteilen. Vielmehr hat der Besteller, indem er einerseits gemäß § 151 BGB. auf eine ihm gegenüber abzugebende Erklärung der Annahme verzichtete, auf der anderen Seite als Bedingung vorgeschrieben, daß die Annahme durch sofortige Bewirkung der Leistung und Übersendung der Rechnung betätigt werden müsse (vgl. dazu RGZ. Bd. 84 S. 323, Bd. 102 S. 370). Unterbleibt, wie hier, die Betätigung, so erlischt der Antrag, und der Vertrag kommt nicht zustande.

Darauf, ob an sich eine sechswöchige Lieferzeit für die in Frage stehende Ware und die derzeit herrschenden wirtschaftlichen Verhältnisse angemessen war, kommt es angesichts der besonderen Vorschrift der

Bestellerin nicht an. Diese rechnete offenbar mit der Tatsache, daß die bestellte Ware vorrätig und sofort lieferbar war. Traf dies nicht zu und war es der „freibleibend" Antragenden nicht möglich, schneller zu liefern, so mußte sie sich wegen dieses Punktes mit dem Besteller ins Benehmen setzen. Tat sie das nicht, so muß sie die Folgen tragen. Auf das Zustandekommen des Vertrags kann sie sich nicht berufen.

---

94. Ist das Mieteinigungsamt befugt, auf erneuten Anruf eines Beteiligten eine seinen früheren Beschluß aufhebende oder abändernde neue Entscheidung zu erlassen?

III. Zivilsenat. Urt. v. 21. Dezember 1921 i. S. B. (Kl.), W. und H. (Nebeninterv.) w. A. Akt.-Ges. (Bekl). III 575/21.

I. Landgericht I Berlin. — II. Kammergericht daselbst.

Die Beklagte hat als Mieterin im Hause des Klägers in Berlin seit langen Jahren Geschäftsräume im Besitze. Das Mietverhältnis wurde durch Nachtragsvertrag vom 29. Dezember 1915 bis zum Ablauf eines Jahres nach Beendigung des Krieges verlängert und lief demnach unstreitig bis zum 1. April 1921. Auf den Antrag des Klägers, den Ablauf des Mietverhältnisses zu diesem Tage und die Räumungsklage zu genehmigen, entschied das Mieteinigungsamt am 26. Januar 1921: „Dem Vermieter wird das Recht gegeben, die Räumung seitens der Firma A. zu fordern". Auf Anfrage des Vertreters des Klägers erklärte die Beklagte durch Briefe vom 1. und 5. Februar 1921, daß sie entsprechend der Erklärung handeln werde, die ihr Vertreter in dem Termine vor dem Mieteinigungsamt abgegeben habe, nämlich, daß sie sich dem Spruche des Mieteinigungsamts fügen und am 1. April 1921 räumen werde, falls die Entscheidung gegen sie ausfiele. Am 9. Februar 1921 stellte aber die Beklagte bei dem Mieteinigungsamte den Antrag auf nochmalige Aufnahme des Verfahrens und auf Anberaumung eines Verhandlungstermins. Hiervon machte sie dem Kläger am 11. dess. Mon. mit dem Bemerken Mitteilung, daß dessen Angaben vor dem Mieteinigungsamt über die Neuvermietung der Räume, wie sie inzwischen erfahren habe, unrichtig gewesen seien und sie bis zum Erlasse der beantragten neuen Entscheidung des Mieteinigungsamts ihre Zusage, am 1. April die Räume zu verlassen, zurückziehe. Das Mieteinigungsamt ordnete in dem auf den Antrag der Beklagten anberaumten Termine vom 1. April 1921 eine Beweisaufnahme an und entschied in einem neuen Termine vom 15. ds. Mon. dahin, daß der Beschluß vom 26. Januar 1921 aufgehoben werde, weil ihm (dem Mieteinigungsamte) neue Tatsachen mitgeteilt seien, deren Kenntnis jenen Beschluß verhindert haben würde, und daß das Mietverhältnis zwischen den Parteien bis zum 31. März 1922 verlängert werde.

Schon vorher, am 6. April 1921, hatte der Kläger Klage auf Räumung erhoben. Die Beklagte hat widerklagend die Feststellung beantragt, daß dem Kläger ein Schadensersatzanspruch wegen Unterlassung der Räumung nicht zustehe. Dem Kläger sind die beiden Firmen, an die er die der Beklagten vermieteten Räume vom 1. April 1921 ab durch schriftliche Mietverträge vom 28. Juli 1919 und vom 1. Februar 1921 weiter vermietet hat, als Nebenintervenienten beigetreten.

Das Landgericht hat die Beklagte zur Räumung verurteilt und die Widerklage abgewiesen. Das Kammergericht hat auf Abweisung der Klage und der Widerklage erkannt. Die Revision des Klägers und des Nebenintervenienten H. hatte keinen Erfolg.

Gründe.

Die Parteien streiten darüber, welche der beiden im vorliegenden Falle ergangenen Entscheidungen des Mieteinigungsamts (MEA.) bindend sei. Das Landgericht hat die erste, durch die dem Kläger das Recht gegeben wurde, die Räumung von der Beklagten zu fordern, für bindend und maßgebend, die zweite dagegen für unwirksam erklärt, weil nach Wortlaut und Sinn des § 7 der Mieterschutzverordnung (MSchVO.) die Mieteinigungsämter an ihre einmal getroffene Entscheidung gebunden seien und sie nachher nicht mehr abändern könnten. Das Berufungsgericht ist dagegen der Ansicht, daß das MEA. befugt sei, auf erneuten Anruf bei bestehendem Mietverhältnis eine seinen früheren Beschluß abändernde oder beseitigende neue Entscheidung zu erlassen, und allein darüber zu befinden habe, ob es den erneuten Anruf zulassen und die Voraussetzungen für eine solche weitere Entscheidung als gegeben ansehen wolle.

Diese Streitfrage würde der Entscheidung der Gerichte entzogen sein, wenn der Beklagten darin beizupflichten wäre, daß es sich bei ihr nur um eine Verfahrensfrage handele. Aus der Vorschrift des § 9 Abs. 1 Satz 3 MSchVO., die die Entscheidungen des MEA. für „unanfechtbar" erklärt, folgt nämlich, wie der erkennende Senat bereits ausgesprochen hat (RGZ. Bd. 101 S. 53, 115), nicht nur, daß es keine Rechtsmittel gegen Beschlüsse des MEA. gibt und auch eine Klage gegen seine Aussprüche ausgeschlossen ist, sondern auch, daß der Inhalt eines Beschlusses des MEA. für die Parteien selbst und für ein später entscheidendes Gericht sachlich bindend ist, vorausgesetzt, daß sich das MEA. in den Grenzen seiner Zuständigkeit gehalten hat, selbst wegen eines Verstoßes gegen wesentliche Verfahrensvorschriften kann die Entscheidung des MEA. nicht durch Klage angefochten werden, weil ein MEA., das eine in den Rahmen seiner Spruchbefugnis fallende Entscheidung unter Außerachtlassung wesentlicher Verfahrensvorschriften trifft, dadurch die Grenzen seiner Zuständigkeit nicht überschreitet (RGZ. Bd. 101 S. 55). Als eine solche Verfahrensfrage kann aber die Frage, ob das MEA. seine Entscheidung abändern kann, nicht erachtet werden. Ist dem MEA., wie der Kläger geltend macht und in der Rechtslehre fast allgemein vertreten wird, durch die Vorschriften des § 7 MSchVO. die Befugnis zur Abänderung seiner rechtsgestaltenden Entscheidungen entzogen, so mangelt ihm die Zuständigkeit zu einer abändernden, zweiten Entscheidung. Da nun aber die Gerichte zu prüfen haben, ob sich das MEA. bei seiner Entscheidung innerhalb der Grenzen seiner Zuständigkeit gehalten hat, bedarf die obige Streitfrage der Entscheidung.

Die MSchVO. enthält keine ausdrückliche Bestimmung über die Zulässigkeit oder die Unzulässigkeit einer Aufhebung oder Abänderung der Entscheidungen des MEA. durch dieses selbst. Die Vorschrift des § 7 Abs. 1 Satz 3, die diese Entscheidungen für „unanfechtbar" erklärt, zwingt nicht zu dem Schlusse, daß auch das MEA. selbst nicht auf nochmaligen Antrag eines Beteiligten seine Entscheidung abändern oder aufheben könne; sie besagt nur, daß es gegen die Entscheidungen kein Rechtsmittel und keine Klage gibt, daß sie nicht durch eine andere Stelle beseitigt werden können. Auch die Bestimmung des § 7 Abs. 2 MSchVO., auf die von dem Kläger und Nebenintervenienten H. im Anschluß an die Rechtslehre Gewicht gelegt wird, ist mit der Ansicht des Berufungsgerichts vereinbar. Daß die Bestimmungen des MEA., durch die die Fortsetzung des Mietverhältnisses angeordnet oder der Mietzins herabgesetzt wird, als „vereinbarte Bestimmungen des Mietvertrags" gelten, rechtfertigt nicht die daraus in der Rechtslehre gezogene Folgerung, daß diese Bestimmungen als Vertragsbestandteile der Einwirkung des MEA. entzogen seien. Sie können vielmehr ebensogut wie die ursprünglichen Vertragsbestimmungen auf neuen Anruf einer Partei von dem MEA. abgeändert werden. Auch die aus den Vorschriften des § 7, wie oben erwähnt, zu entnehmende bindende Kraft der Entscheidungen des MEA. schließt nicht aus, daß sie wieder beseitigt und durch neue ersetzt werden können.

In Ermangelung einer ausdrücklichen Entscheidung der Frage in der MSchVO. wird ihre Beantwortung daher aus deren Sinn und Zweck herzuleiten sein. In dieser Hinsicht lassen sich allerdings erhebliche Bedenken gegen die Ansicht des Berufungsgerichts geltend machen. Die Vorschrift des § 7 MSchVO. bezweckt, durch eine endgültige Entscheidung möglichst schnell klare und sichere Rechtsverhältnisse zwischen den Mietparteien herzustellen (RGZ. Bd. 101 S. 54).

Durch die Möglichkeit einer wiederholten Entscheidung des MEA. über denselben Streitpunkt wird zwar die erstrebte Schnelligkeit der Klarstellung nicht erheblich beeinträchtigt; im Vergleiche zu der Dauer eines Rechtsstreits vor den ordentlichen Gerichten oder eines in mehreren Rechtszügen sich abspielenden Sondergerichtsverfahrens wird auch eine wiederholte Entscheidung des MEA. schnell ergehen, zumal deren Einholung an die zeitlichen Schranken des § 2 Abs. 3 MSchVO. gebunden ist. Bedenklich ist aber die von der Revision betonte Rechtsunsicherheit, die durch die Möglichkeit der Aufhebung einer rechtsgestaltenden Entscheidung verursacht werden kann. Obwohl das MEA. seine Zustimmung zur Beendigung eines Mietverhältnisses erteilt hat, kann, wenn die Aufhebung dieser Entscheidung möglich ist, der Vermieter und ein etwaiger neuer Mieter nicht mit Sicherheit darauf rechnen, daß der bisherige Mieter wirklich räumen muß und der neue Mietvertrag erfüllt werden kann. Diesem Bedenken gegenüber bemerkt aber das Berufungsgericht zutreffend, daß diese Unsicherheit auch sonst eintreten könne, daß insbesondere nach den zu der hier fraglichen Zeit geltenden Vorschriften auch die Erhebung und die Vollstreckung von Räumungsklagen an die Zustimmung des MEA. gebunden sei und folglich die Genehmigung der Kündigung durch das MEA. noch keine Sicherheit dafür biete, daß der Mieter zur Räumung gezwungen werden könne. Daneben ist auf die Bestimmung des § 2 Abs. 1 Nr. 2 MSchVO. hinzuweisen, nach der das MEA. befugt ist, auf Anrufen eines Vermieters einen mit einem neuen Mieter abgeschlossenen Mietvertrag, dessen Erfüllung von einer Entscheidung des MEA. über die Kündigung oder die Verlängerung des Mietverhältnisses betroffen wird, mit rückwirkender Kraft aufzuheben. Entscheidend spricht aber für die Ansicht des Berufungsrichters die Erwägung, daß die Unabänderbarkeit der Entscheidungen des MEA. zu großen Härten und Unbilligkeiten führen kann, wenn sich nachher herausstellt, daß dem MEA. der Sachverhalt unvollständig oder unrichtig vorgetragen war und es bei Kenntnis der wirklichen Sachlage anders entschieden haben würde. Gerade der Umstand, daß ein Rechtsmittel und eine Klage gegen die Entscheidung des MEA. durch § 7 MSchVO. ausgeschlossen ist, muß, wie das Berufungsgericht zutreffend erwägt, dahin führen, in solchen Fällen eine Abänderung oder Aufhebung der Entscheidung durch das MEA. selbst zuzulassen. Müßte es solchenfalls bei der durch die Entscheidung herbeigeführten Gestaltung des Mietverhältnisses sein Bewenden behalten, so würde das mit dem Ziele und Zwecke der MSchVO., eine dem „billigen Ermessen" entsprechende Regelung des Mietverhältnisses herbeizuführen, im Widerspruche stehen. Mit Recht bezeichnet die Beklagte den Satz, daß das MEA. „nach billigem Ermessen" zu entscheiden habe, im Anschluß an die Begründung zu dem Entwurf der

BO. als den obersten Leitsatz der Rechtsprechung des MEA. In solchen Fällen eine Abhilfe durch die Gerichte zuzulassen, z. B. im Falle arglistiger Erschleichung der Entscheidung durch die Gegenpartei auf dem Wege einer Klage aus §§ 823, 826 BGB., wie im Schrifttum vertreten wird, wird von dem Vorderrichter zutreffend für unvereinbar mit der Vorschrift des § 7 erklärt. Daß, wie die Revision hervorhebt, der Gesetzgeber es trotz der hervorgetretenen Bestrebungen auf Einführung einer Abänderbarkeit der Entscheidung des MEA. nicht für nötig gehalten hat, bei Gelegenheit späterer Novellen eine Bestimmung nach dieser Richtung zu erlassen, ist für die Auslegung der MSchBO. ohne Belang. Dieser Umstand läßt sich ebensogut für die Ansicht des Berufungsgerichts verwerten, da bei deren Zugrundelegung kein so starkes Bedürfnis nach einer Änderung der Bestimmungen besteht, wie im Falle der Verneinung der Abänderbarkeit der Entscheidungen durch das MEA. selbst.

Ist aber eine Abänderung oder Aufhebung einer Entscheidung des MEA. durch dieses an sich zulässig, so unterliegt die Frage, ob im einzelnen Falle davon mit Recht Gebrauch gemacht ist, nicht der Nachprüfung der ordentlichen Gerichte. Die MSchBO. geht, wie aus ihrer amtlichen Begründung erhellt, davon aus, daß die Bestimmungen über die Einrichtungen und die Besetzung des MEA. eine Gewähr für Schutz gegen Willkür und Mißbrauch bieten. Man wird daher darauf vertrauen dürfen, daß die Mieteinigungsämter mit Rücksicht auf die aus einer Abänderung ihres Spruches möglicherweise erwachsenden Nachteile nur unter ganz besonderen Umständen, zwecks Abwendung großer Unbilligkeiten oder Härten, von ihrer Abänderungsbefugnis Gebrauch machen werden.

Daß in dem gegebenen Falle die Aufhebung der ersten Entscheidung des MEA. erst erfolgt ist, nachdem bereits das Mietverhältnis (am 1. April 1921) ohne Kündigung abgelaufen war, steht der Zuständigkeit des MEA. nicht entgegen; die MSchBO. fordert im § 2 Abs. 3 Satz 3 nur, daß der Antrag auf Verlängerung des abgelaufenen Mietverhältnisses vor Ablauf der Mietzeit gestellt wird, was hier geschehen ist, nicht auch, daß die Verlängerung selbst noch vor dem Ablauf erfolgt.

Wenn die Revision schließlich noch die Nichtberücksichtigung der in dem angefochtenen Urteil erwähnten Verordnung der Stadt Berlin vom 12. Mai 1921 rügt, nach der nur noch Klagen auf Räumung von Wohnungen, nicht von Geschäftsräumen der Genehmigung des MEA. bedürfen, so erledigt sich dieser Angriff damit, daß auf eine Verletzung dieser Verordnung wegen ihres beschränkten Geltungsbereichs die Revision nicht gestützt werden kann (§ 549 ZPO.).

95. 1. Zum Begriff „Bildnis“ im Sinne des § 22 KunstUG. vom 9. Januar 1907.

2. Muß ein Schauspieler, der bei der Aufnahme eines kinematographischen Films gegen Entlohnung als Darsteller mitgewirkt hat, es sich gefallen lassen, daß Abbildungen von Filmbildern, auf denen die von ihm dargestellte Person erscheint, zu Reklamezwecken auf Postkarten verbreitet werden?

I. Zivilsenat. Urt. v. 21. Dezember 1921 i. S. M. (Kl.) w. R.-Ges. (Bekl.). I 185/21.

I. Landgericht I Berlin. — II. Kammergericht daselbst.

Der Kläger war zusammen mit der Filmschauspielerin Asta Nielsen Darsteller im Film „Rausch“, der nach dem gleichnamigen Schauspiel Strindbergs aufgenommen wurde. Nach Beendigung der Aufnahme für den Film wurden mit einem photographischen Standapparat noch einige Einzelaufnahmen gemacht, die gewissen Bildern des Films entsprachen und bei denen der Kläger gleichfalls mit der Asta Nielsen zusammenwirkte. Für seine Tätigkeit erhielt er eine Vergütung von 8000 *M*. Von den photographischen Standaufnahmen stellte die Beklagte im Einverständnis mit der zur Verfügung über den Film berechtigten Gesellschaft Vervielfältigungen für Ansichtspostkarten her, die mit der gedruckten Unterschrift „Asta Nielsen in Strindbergs Rausch“ in den Verkehr gebracht wurden.

Der Kläger fühlt sich dadurch geschädigt, daß diese Postkarten ohne seine Zustimmung vertrieben worden sind. Eine Schädigung seiner bürgerlichen Stellung und zugleich eine Mißachtung seines künstlerischen Ansehens findet er besonders darin, daß er, wiewohl einer der Hauptdarsteller, in der Unterschrift nicht mit Namen genannt ist. Er hat deshalb von der Beklagten mit dem Klagantrag verlangt, daß sie die Herstellung der Postkarten unterlasse, die bereits hergestellten Postkarten vernichte und ihm Schadensersatz leiste.

Das Landgericht gab der Klage statt. Das Berufungsgericht wies die Klage ab. Die Revision des Klägers hatte keinen Erfolg.

Gründe:

Zu Unrecht wird von der Revision Verletzung des § 22 KunstUG. gerügt. Nach dieser Vorschrift dürfen Bildnisse nur mit Einwilligung des Abgebildeten verbreitet oder öffentlich zur Schau gestellt werden; die Einwilligung gilt im Zweifel als erteilt, wenn der Abgebildete dafür, daß er sich abbilden ließ, eine Entlohnung erhielt. Geschützt sind hier nur Bildnisse von Personen. Über den Begriff „Bildnis“ spricht sich die amtliche Begründung (S. 31) dahin aus, daß er im eigentlichen Sinne des Wortes zu verstehen sei, „d. h. die Darstellung der Person in ihrer wirklichen, dem Leben entsprechenden Erscheinung" bedeute. Von einem Bildnis im Sinne des Gesetzes kann daher nur dann die Rede sein, wenn die Darstellung den Zweck verfolgt, eine Person in ihrer dem Leben nachgebildeten äußeren Erscheinung dem Beschauer vor Augen zu führen und das Aussehen, wie es gerade dieser bestimmten Person eigen ist, insbesondere ihre Gesichtszüge, im Bilde wiederzugeben. Diese Voraussetzung fehlt zweifellos bei der photographischen Abnahme des Klägers und seiner Partnerin für den Film. Der Zweck der Filmaufnahme war darauf gerichtet, die Handlung, die in Strindbergs „Rausch" dichterisch bearbeitet worden ist, in einer Reihe von Lichtbildern darzustellen. Der Kläger wurde hierbei als Schauspieler beteiligt, um durch seine künstlerische Begabung einer handelnden Person Gestalt, Gebärde und Miene zu verleihen, wie sie dem Inhalte des Stücks und dem Gang der Handlung entsprachen. Der gleiche Zweck hätte in annähernd derselben Weise auch erreicht werden können, wenn statt des Klägers ein anderer angesehener Bühnenkünstler zur schauspielerischen Mitwirkung zugezogen worden wäre. Es kam demnach bei der Filmaufnahme nicht darauf an, den Kläger in seiner dem Leben entsprechenden äußeren Erscheinung abzubilden, vielmehr gab er, wie es auch ein anderer Künstler statt seiner hätte tun können, seine Person zur Abbildung her, um einer im Werke des Dichters handelnd gedachten Person körperliche Gestalt zu verleihen. Verfolgte also die Aufnahme nicht den Zweck, gerade die Person des Klägers als solche mit den Besonderheiten seiner natürlichen Beschaffenheit im Bilde wiederzugeben, so fehlt es an einer wesentlichen Vorbedingung für das Vorhandensein eines Bildnisses im Sinne des § 22 KunstUG.

Die gleichen Erwägungen treffen auch auf die Aufnahmen zu, die nach Vollendung des Filmwerks mit einem photographischen Standapparat gemacht wurden. Es handelt sich dabei um die Wiederholung einzelner Filmbilder, die als besonders geeignet angesehen wurden, die Aufmerksamkeit der Allgemeinheit auf das im Film dargestellte Stück zu lenken und als Reklame zu dienen. Wenn der Kläger sich für diese Aufnahmen zur Verfügung stellte, so setzte er damit lediglich dieselbe Tätigkeit fort, die er bei der Aufnahme des Films entfaltet hatte. Auch jetzt sollten durch die Lichtbilder nur die im Filmwerk auftretenden Personen im Rahmen der dortigen Handlung dargestellt werden, nicht aber sollten die äußeren Erscheinungen des Klägers und seiner Partnerin so wiedergegeben werden, wie sie wirklich dem Leben entsprachen. Anlaß für die Standaufnahmen war also ein gegenständlicher Zweck, nicht aber, wie es für den Begriff des Bildnisses erforderlich ist, der Zweck der bildlichen Darstellung der Persönlichkeiten als solcher. Unter diesen Umständen steht dem Kläger der Schutz des

§ 22 KunstUG. nicht zur Seite, und er kann der Verbreitung von Postkarten, die einzelne Filmbilder nach jenen Standaufnahmen wiedergeben, nicht widersprechen.

Wollte man aber zugunsten des Klägers annehmen, daß die Standaufnahmen nicht allein die Wiedergabe von Filmbildern, sondern zugleich die Herstellung eines Bildnisses von der Person des Klägers als solcher bezweckten, so könnte dennoch die Klage keinen Erfolg haben, da in diesem Falle die Erwägungen des Berufungsgerichts durchgreifen würden. Das Berufungsurteil führt aus, daß aus der Entlohnung, die der Kläger für sein Auftreten im Film erhalten habe, auch sein Einverständnis mit den üblichen Reklamemaßnahmen gefolgert werden müsse, zumal in dem vom Kläger über die Herstellung des Films abgeschlossenen Vertrage eine großzügige Reklame vorgesehen sei, zu der auch der Postkartenvertrieb gerechnet werden müsse. Weder könne sich der Kläger dadurch verletzt fühlen, daß die gleichen — selbst intimen — Bilder, die mittels des Films dem zuschauenden Publikum vorgeführt würden, auch auf Postkarten verbreitet würden, noch liege eine Schädigung des Klägers, besonders eine Kränkung seiner Künstlerehre, darin, daß auf den Postkarten, wie üblich, nur der Name der weiblichen Hauptdarstellerin genannt, dagegen sein Name nicht erwähnt worden sei.

Hierzu macht die Revision geltend, daß der Filmschauspieler, der gegen Entgelt bei Herstellung eines Films mitwirke, eine Entlohnung nur für seine künstlerische Leistung, die schauspielerische Darstellung, erhalte, nicht aber dafür, „daß er sich abbilden lasse"; es bedürfe vielmehr in jedem Falle einer besonderen Vereinbarung, wenn die Entlohnung zugleich das Entgelt für die Gestattung der Abbildung mit umfassen solle. Diese Rüge ist nicht begründet. Zum Wesen der kinematographischen Aufnahme schauspielerischer Darbietungen gehört es unbedingt, daß die mitwirkenden Schauspieler nicht nur als Darsteller auftreten, sondern auch sich zur photographischen Aufnahme ihrer Darbietungen bereitstellen. Deshalb umfaßt die Entlohnung, die ein Filmschauspieler erhält, zweifellos nicht nur das Entgelt für sein künstlerisches Auftreten, sondern zugleich auch die Vergütung für die Einwilligung in das Abphotographieren seiner Person während des Auftretens. Es kann auch, wie oben ausgeführt worden ist, kein Unterschied zwischen den eigentlichen Filmaufnahmen und solchen späteren Aufnahmen mittels eines Standapparats gemacht werden, die mit Einwilligung der Schauspieler die Wiederholung einzelner Filmbilder für Reklamezwecke zum Gegenstande haben. Derartige Ergänzungsaufnahmen müssen, sofern von den Beteiligten nichts anderes vereinbart wird oder die Umstände nicht Gegenteiliges ergeben, rechtlich ebenso beurteilt werden wie die Filmaufnahme selbst. Eine Vergütung, die den Schauspielern für die Mitwirkung bei der Hauptaufnahme gezahlt wird, umfaßt daher auch das Entgelt für ihre Tätigkeit bei der Nebenaufnahme. Unter diesen Umständen erscheint es rechtlich bedenkenfrei, wenn das Berufungsgericht die dem Kläger geleistete Vergütung auf die Duldung der gesamten photographischen Aufnahmen mit erstreckt und sie zugleich im Sinne des § 22 Satz 2 KunstUG. als Entlohnung dafür auffaßt, daß er sich abbilden ließ. Der Kläger bestreitet auch den Veranstaltern der Filmaufnahmen nicht das Recht, die Lichtbilder einzelner Filmszenen vor den Kinotheatern zwecks Reklame zur Schau zu stellen. Nur gegen die Form der Reklame im Wege des Postkartenvertriebs wendet er sich, und auch hier legt er das entscheidende Gewicht nur darauf, daß allein der Name seiner Partnerin, nicht auch der seinige, genannt worden ist. Hatte aber der Filminhaber überhaupt das Recht, zur Reklame die Abzüge der photographischen Aufnahmen zu verwenden, so war er auch befugt, den Umfang und die Art der Reklame zu bestimmen, sofern er sich dabei innerhalb der Grenzen des Verkehrsüblichen hielt und nicht gegen ausdrücklich oder stillschweigend übernommene Vertragspflichten verstieß. Ohne Rechtsirrtum hat nun das Berufungsgericht ausgeführt, daß die Herstellung und Verwendung von Postkarten der in Rede stehenden Art bei kinematographischen Betrieben üblich sei, und daß es auch zu den allgemeinen Gepflogenheiten gehöre, in der Unterschrift der Postkarten nur die erste Darstellerin des Films zu nennen, auch wenn sie zusammen mit anderen bekannten und bedeutenden Schauspielern abgebildet sei. Dafür aber, daß die Beklagte etwa vertragsmäßig verpflichtet gewesen sei, auch den Namen des Klägers in der Postkartenunterschrift zu erwähnen, fehlt es an jedem Anhalt. . . .

---

96. 1. Genügt für die Anfechtung der Ehe die bloße Möglichkeit, daß der Körperzustand des anderen Ehegatten im Zeitpunkte der Eheschließung durch eine längere Zeit zurückliegende syphilitische Ansteckung noch fortwirkend erheblich beeinflußt wurde?

2. Hat die Prüfung der Voraussetzungen der Anfechtung unter Benutzung aller im Zeitpunkte der Entscheidung zu Gebote stehenden Erkenntnisquellen oder nur nach den im Zeitpunkte der Eheschließung verfügbaren Beweistatsachen zu erfolgen?

IV. Zivilsenat. Urt. v. 23. März 1921 i. S. Ehemann F. (Kl.) w. Ehefrau F. (Bekl.). IV 502/20.

I. Landgericht II Berlin. — II. Kammergericht daselbst.

Die Parteien haben am 8. September 1897 die Ehe geschlossen. Mit der im Oktober 1914 erhobenen Klage begehrte der Kläger auf Grund des § 1568 BGB. Scheidung der Ehe. Die Beklagte erhob Widerklage und focht die Ehe an, weil der Kläger bei der Eheschließung an Syphilis gelitten habe. Das Landgericht gab der Widerklage statt. Die Berufung des Klägers wurde zurückgewiesen. Seine Revision hatte Erfolg.

Gründe:

Der Kläger war im August 1890 an Syphilis erkrankt. Das Landgericht hat festgestellt, daß die Erkrankung im Zeitpunkte der Eheschließung sich im tertiären Stadium befunden und der Kläger damals noch damit zusammenhängende Krankheitserscheinungen gezeigt habe. Das Kammergericht sieht dagegen auf Grund der Gutachten der in der Berufungsinstanz vernommenen Sachverständigen mit an Sicherheit grenzender Wahrscheinlichkeit als bewiesen an, daß die Krankheit des Klägers zur Zeit der Eheschließung der Parteien bereits erloschen gewesen und der Kläger daher bei Eingehung der Ehe als völlig gesund anzusehen gewesen sei; ganz ausgeschlossen sei indessen die Möglichkeit nicht, daß sich bei dem Kläger noch Folgeerscheinungen der Syphilis wie z. B. Rückenmarkschwindsucht oder Gehirnerweichung später entwickeln könnten. Zur Bejahung eines Anfechtungsgrundes für die Beklagte gelangt das Kammergericht auf Grund der Erwägung, daß die Gutachten der Sachverständigen über die völlige Gesundheit des Klägers im Zeitpunkt der Eheschließung sich in der Hauptsache auf erheblich später liegende Umstände gründeten, zur Zeit der Eingehung der Ehe für eine derart günstige Beurteilung des Gesundheitszustandes des Klägers ausreichende Grundlagen gefehlt hätten, die Frage aber, ob die im Jahre 1890 erfolgte Ansteckung des Klägers mit Syphilis die Beklagte von der Eingehung der Ehe abgehalten haben würde, nur unter Berücksichtigung der damals obwaltenden Verhältnisse zu beurteilen und danach zu bejahen sei. Diese Erwägung ist, wie der Revision zuzugeben ist, durch Rechtsirrtum beeinflußt.

Voraussetzung für eine Anfechtung der Ehe auf Grund des § 1333 BGB. ist der Irrtum des anfechtenden Ehegatten über eine persönliche Eigenschaft des anderen, die ihn bei Kenntnis der Sachlage und bei verständiger Würdigung des Wesens der Ehe von der Eingehung der Ehe abgehalten haben würde. Als persönliche Eigenschaft im Sinne dieser Vorschrift ist eine Krankheit nur anzusehen, wenn es sich um ein dauerndes Leiden handelt. Eine vorübergehende, wenn auch schwer heilbare Erkrankung begründet der Regel nach noch keine persönliche körperliche Eigenschaft der von ihr befallenen Person (RG. in Leipz. Z. Bd. 12 S. 913). Da syphilitische Leiden erfahrungsmäßig häufig unheilbar sind und dauernde Folgen hinterlassen, so kann in der syphilitischen Erkrankung einer Person eine körperliche Eigenschaft derselben im Sinne des § 1333 BGB. gefunden werden (JW. 1904 S. 284 Nr. 2). Insbesondere ist auch eine längere Zeit vor der Eheschließung erfolgte Ansteckung des Mannes mit Syphilis, deren Symptome bis in die neueste Zeit vor Eingehung der Ehe fortbestanden haben, für geeignet angesehen worden, eine Anfechtung der Ehe durch die Frau auf Grund des § 1333 BGB. zu begründen (JW. 1905 S. 175 Nr. 18). Dabei ist jedoch die die Anfechtung rechtfertigende Eigenschaft nicht schon in dem bloßen Vorhandensein von Verdachtsgründen für ein Fortbestehen des Leidens, sondern in dem als erwiesen festgestellten, eine Ansteckungsgefahr für die Frau begründenden körperlichen Zustande des Mannes erblickt worden. Demgemäß kann die bloße Tatsache, daß der Mann längere Jahre vor der Eheschließung eine syphilitische Ansteckung erlitten hat, für sich allein nicht genügen, um ihn zur Zeit der Eingehung der Ehe mit einer die Anfechtung rechtfertigenden Eigenschaft behaftet erscheinen zu lassen. Es bedarf dazu vielmehr der Feststellung, daß das Leiden im Zeitpunkte der Eheschließung wenigstens in seinen Folgen noch fortbestanden hat. Ob im einzelnen Falle die Syphilis als völlig ausgeheilt anzusehen oder ob auch trotz längeren Ausbleibens auf ihren Fortbestand hindeutender Symptome anzunehmen ist, daß sie noch immer, wenn auch in einer zurzeit nicht hervortretenden Weise, den körperlichen Zustand der betreffenden Person beeinflußt, ist eine Frage, die nur auf Grund der besonderen Umstände zu entscheiden ist und bei der die medizinische Erfahrung von wesentlicher Bedeutung sein wird. Das Berufungsgericht folgt den Gutachten der Sachverständigen, die sich auf Grund des Umstandes, daß in der ganzen Zeit seit der Eheschließung bei dem Kläger keinerlei auf Syphilis hindeutende Erscheinungen feststellbar gewesen sind, mit einer an Sicherheit grenzenden Wahrscheinlichkeit dahin ausgesprochen haben, daß der Kläger bei der Eingehung der Ehe gesund und die Syphilis erloschen gewesen sei. Von diesem Standpunkt aus könnte von einer auf der früheren syphilitischen Erkrankung beruhenden besonderen körperlichen Eigenschaft des Klägers keine Rede sein. Das Berufungsgericht rechnet aber immerhin mit der Möglichkeit, daß sich beim Kläger noch Folgeerscheinungen der Syphilis später entwickeln könnten. Würde dieser Fall eintreten, so würde damit bewiesen, daß die Syphilis in Wahrheit nicht vollständig beseitigt, die Heilung also nur eine scheinbare gewesen ist. Diese Möglichkeit ist aber nach dem Gutachten der Sachverständigen nur eine ganz entfernte, da die gegenteilige Annahme seiner völligen Heilung eine an Gewißheit grenzende Wahrscheinlichkeit für sich hat. Wenngleich das Berufungsgericht diese entfernte Möglichkeit offen läßt und eine bestimmte Feststellung, daß der Kläger bei Eingehung der Ehe völlig geheilt gewesen sei, nicht trifft, so hat es doch anderseits auch keine Feststellung dahin getroffen, daß der Kläger bei der Eheschließung noch syphilitisch gewesen sei. Ohne dahingehende Feststellung durfte dem Anfechtungsanspruche der Beklagten nicht stattgegeben werden. Denn die Beklagte trifft die Beweislast, daß der Kläger bei der Eheschließung mit der persönlichen Eigenschaft behaftet gewesen ist, wegen deren Unkenntnis sie die Ehe anficht. Sie muß also beweisen, daß die im Jahre 1890 erfolgte Ansteckung des Klägers mit Syphilis seinen Körperzustand noch im Zeitpunkte der Eheschließung in einer Weise fortwirkend beeinflußt hat, daß dadurch eine besondere körperliche Eigenschaft des Klägers begründet wurde. Wird dieser Nachweis nicht erbracht, so stellt sich die Unkenntnis der Beklagten von der früheren Ansteckung des Klägers nicht als Irrtum über eine persönliche Eigenschaft des Klägers dar und vermag deshalb auch kein Anfechtungsrecht aus § 1333 BGB. zu begründen, selbst wenn die Beklagte bei Kenntnis jenes Umstandes die Ehe nicht geschlossen haben würde.

Schon dieser Mangel der Feststellung eines objektiven Anfechtungsgrundes nötigt zur Aufhebung des Berufungsurteils. Die Begründung des Urteils gibt aber auch noch weiterhin Anlaß zur Beanstandung. Das Berufungsgericht legt besonderes Gewicht darauf, daß die Sachverständigen zu ihrem günstigen Gutachten über den Gesundheitszustand des Klägers hauptsächlich auf Grund von Umständen gelangt seien, die erst lange Zeit nach der Eheschließung liegen, und daß zur Zeit der Eheschließung Grundlagen dafür, daß die Krankheit des Klägers mit an Sicherheit grenzender Wahrscheinlichkeit bereits völlig erloschen gewesen sei, noch nicht gegeben waren. Hierauf kann es jedoch nicht entscheidend ankommen. Für das objektive Anfechtungserfordernis des § 1333 BGB. ist allein von Bedeutung, wie der körperliche Zustand des Klägers im Zeitpunkte der Eheschließung tatsächlich gewesen ist, und nicht, wie er sich im Zeitpunkte der Eheschließung beurteilen ließ. Für die Feststellung dieses objektiven Befundes sind alle im Zeitpunkte der Entscheidung zu Gebote stehenden Erkenntnisquellen zu benutzen. Aber auch die Frage, ob die Beklagte bei Kenntnis der Sachlage und bei verständiger Würdigung des Wesens der Ehe die Ehe nicht geschlossen haben würde, ist unter Zugrundelegung des objektiv richtigen, unter Benutzung aller jetzt verfügbaren Beweistatsachen festzustellenden Sachverhalts zu beurteilen. Denn ist der Kläger, wie die Sachverständigen zufolge des bis in die Gegenwart andauernden Ausbleibens jeglicher Krankheitssymptome annehmen, schon bei der Eheschließung völlig gesund gewesen, würde aber die Beklagte, wie das Berufungsgericht annimmt, bei Kenntnis seiner früheren Erkrankung damals deren Fortbestehen befürchtet und deshalb die Ehe nicht geschlossen haben, so würde diese Entschließung nicht auf Kenntnis der wahren Sachlage, sondern auf einem darüber bestehenden Irrtum beruht haben. Die Unkenntnis der Beklagten von der früheren Erkrankung des Klägers hat also, wenn der Kläger bei der Eheschließung völlig geheilt war, keinen Irrtum über eine Körpereigenschaft des Klägers bei der Beklagten hervorgerufen, sondern einen derartigen Irrtum gerade hintangehalten, und daraus würde die Beklagte keinen Grund zur Anfechtung der Ehe entnehmen können.

---

97. Zum Begriff der Zerrüttung des ehelichen Verhältnisses im Sinne des § 1568 BGB.

IV. Zivilsenat. Urt. v. 2. Mai 1921 i. S. Ehemann D. (Bekl.) w. Ehefrau D. (Kl.). IV 557/20.

I. Landgericht Kottbus. — II. Kammergericht Berlin.

Auf die Klage der Ehefrau D. erkannte das Landgericht auf Scheidung der Ehe aus Verschulden des Ehemanns wegen schwerer unter § 1568 BGB. fallender Eheverfehlungen. Der Beklagte legte Berufung ein und erhob Widerklage auf Scheidung wegen Ehebruchs oder doch ehewidriger Beziehungen der Klägerin zu dem Arbeiter K. Die Berufung wurde zurückgewiesen, die Revision des Beklagten blieb ohne Erfolg.

Aus den Gründen:

Die Revision greift die Ausführungen des Berufungsgerichts nur insoweit an, als die Widerklage abgewiesen ist. Das Berufungsgericht hat einen Ehebruch der Klägerin mit dem Zeugen K. als nicht bewiesen angesehen und einen Scheidungsanspruch des Beklagten aus § 1568 BGB. verneint, weil die in dem Verkehr der Klägerin mit K. zu findende Eheverfehlung die Zerrüttung der Ehe der Parteien nicht verursacht habe, übrigens aber auch dem Beklagten die Fortsetzung der Ehe mit der Klägerin zuzumuten sein würde. . . .

Die Revision bekämpft die Verneinung des auf § 1568 BGB. gestützten Scheidungsgrundes. Diese Rüge ist insoweit begründet, als das Berufungsgericht die ehezerrüttende Wirkung des ehewidrigen Verhältnisses der Klägerin zu dem Zeugen K. verneint hat. Das Berufungsgericht begründet diese Annahme folgendermaßen: Die Ehe sei schon bei Erlaß des erstinstanzlichen Urteils durch die alleinige Schuld des Beklagten derartig zerrüttet gewesen, daß keine Möglichkeit einer künftigen Wiederversöhnung der Parteien bestanden habe. Dagegen habe die Klägerin die Beziehungen zu dem Zeugen K. erst nach dem Erlaß des ersten Urteils angeknüpft, als der Beklagte schon längst zu erkennen gegeben habe, daß er von der Klägerin unter keinen Umständen mehr etwas wissen wolle. Diese Begründung ist nicht geeignet, die Tatsache auszuschließen, daß die Klägerin durch ihre Beziehungen zu dem Zeugen K. das eheliche Verhältnis schuldhaft zerrüttet hat. Die Zerrüttung des ehelichen Verhältnisses im Sinne des § 1568 BGB. besteht darin, daß durch das schuldhafte ehewidrige Verhalten des einen Ehegatten die eheliche Gesinnung des anderen Teils zerstört wird, dieser also die Verfehlungen des gegen die Ehepflichten verstoßenden Gatten als so schwere Kränkungen seiner ehelichen Rechte empfindet, daß es ihm unmöglich gemacht wird, fernerhin dem schuldigen Teile die ihm nach dem Wesen der Ehe geschuldete Liebe und Achtung entgegenzubringen. Die Annahme der ehezerrüttenden Wirkung der Verfehlungen eines Ehegatten erfordert hiernach nicht die Feststellung, daß auch die eheliche Gesinnung dieses Ehegatten erloschen sei, wird aber anderseits durch eine derartige Feststellung auch nicht ausgeschlossen. Es kommt vielmehr stets nur darauf an, in welcher Weise die Verfehlungen auf das eheliche Empfinden des anderen Teils wirken. Wenn daher bei Erlaß des erstinstanzlichen Urteils das eheliche Verhältnis der Parteien durch Verschulden des Beklagten auf Seite der Klägerin zerrüttet war, so schloß das nicht aus, daß das später einsetzende ehewidrige Verhalten der Klägerin von dem Beklagten als schwere Kränkung seiner Rechte als Ehemann empfunden werden und somit ehezerrüttend wirken konnte. Inwieweit eine derartige Wirkung als bewiesen anzusehen ist, ist eine Frage der tatsächlichen Feststellung. Die Annahme einer ehezerrüttenden Wirkung wird auch regelmäßig nicht dadurch ausgeschlossen, daß der Ehegatte, der in seinen Rechten verletzt wird, zu der Zeit, als das ehewidrige Verhalten des anderen Teils stattfand oder zu seiner Kenntnis kam, nicht mehr von der rechten ehelichen Gesinnung erfüllt war, wie es im vorliegenden Falle aus dem vorausgegangenen Verhalten des Beklagten, insbesondere aus dem Inhalt seines im April 1919 an die Klägerin gerichteten Briefes, ohne weiteres erhellt. Denn in solchen Fällen werden die Verfehlungen des anderen Ehegatten der Regel nach die Wirkung haben, daß dadurch dem gekränkten Teile die Wiedererlangung der rechten ehelichen Gesinnung, um die er sich bei mangelndem Verschulden des anderen Gatten an deren V·rlust zu bemühen verpflichtet ist, nach seinem Empfinden erschwert oder unmöglich gemacht und somit die bereits bestehende Zerrüttung befestigt oder vertieft wird, worin eine ehezerrüttende Wirkung im Sinne des § 1568 BGB. zu finden ist. Die Verneinung einer derartigen Wirkung kann nur erfolgen, wenn bei dem gekränkten Ehegatten ein so großer Mangel an Verständnis für das Wesen der Ehe und für die durch sie für die Eheleute begründeten gegenseitigen Rechte und Pflichten besteht, daß anzunehmen ist, er habe die Verfehlungen des anderen Teils überhaupt nicht als Kränkungen seiner ehelichen Rechte empfunden, sie seien mithin völlig einflußlos auf sein Empfinden geblieben. Eine dahingehende Feststellung ist im Berufungsurteile nicht getroffen und insbesondere nicht in dem Ausspruche des Berufungsgerichts zu finden, die Ehe der Parteien sei bei Erlaß des erstinstanzlichen Urteils bereits durch die alleinige Schuld des Beklagten derartig zerrüttet gewesen, daß keine Möglichkeit einer künftigen Wiederversöhnung der Parteien bestanden habe. Von einer objektiven Unmöglichkeit einer künftigen Wiederversöhnung entzweiter Ehegatten kann überhaupt nicht wohl gesprochen werden, da diese lediglich von dem subjektiven Empfindungsleben der Ehegatten abhängt, dessen Wandlungsfähigkeit und künftige Gestaltung sich niemals mit vollständiger Sicherheit voraussehen läßt. Es kann sich vielmehr immer nur um die größere oder geringere Wahrscheinlichkeit einer Wiederversöhnung und um die hierfür in Betracht kommende gegenwärtige subjektive Empfindung der Ehegatten handeln. Die Frage, ob eine nach erfolgter Entzweiung der Eheleute vorfallende Verfehlung eines von ihnen ein Hindernis für eine Wiederversöhnung bildet, kann nur nach der Wirkung dieser Verfehlung auf das Empfinden des anderen Teils beantwortet werden und ihre Bejahung ist, wie bereits oben dargelegt, auch dann nicht ausgeschlossen, wenn nach dessen gegenwärtigem Empfinden die Wiederherstellung eines rechten ehelichen Verhältnisses unmöglich erscheint, da durch die neuerliche Verfehlung ein neues zu den bereits bestehenden Hinderungsgründen hinzutretendes berechtigtes Hindernis gegen die Wiedererlangung der ehelichen Gesinnung bei dem verletzten Ehegatten geschaffen wird.

Die Prüfung des Berufungsgerichts hätte sich daher darauf erstrecken müssen, ob der Beklagte die Beziehungen der Klägerin zu dem Zeugen K. als ein ehewidriges, seine Rechte als Ehemann kränkendes Verhalten empfunden hat, und bei Bejahung dieser Frage hätte die ehezerrüttende Wirkung der Verfehlung der Klägerin nicht verneint werden dürfen. Die dem Berufungsrichter zur Last fallende, in der Verkennung des Begriffs der Zerrüttung des ehelichen Verhältnisses bestehende Verletzung des § 1568 BGB. führt indessen nicht zur Aufhebung des Berufungsurteils, weil die hinsichtlich der Zumutungsfrage getroffene Entscheidung das Urteil trägt. . . .

---

98. 1. Genügt unter Umständen auch eine durch die Geldentwertung erfolgte erhebliche Verschiebung des Wertverhältnisses zwischen Leistung und Gegenleistung, um den Einwand der veränderten Umstände zu rechtfertigen?

2. Zur Prüfung der Frage, ob vor Fortfall der Geschäftsgrundlage ein Teil der dem Gläubiger obliegenden Leistung schon bewirkt war.

3. Verpflichtung des Schuldners, der sich wegen Fortfalls der Geschäftsgrundlage vom Vertrage lossagen will, zuvor dem Gläubiger Gelegenheit zu geben, den Vertrag mit entsprechender Erhöhung der Gegenleistung aufrechtzuerhalten.

II. Zivilsenat. Urt. v. 3. Februar 1922 i. S. W. (Bekl.) w. K. (Kl.). II 640/21.

I. Landgericht Zwickau, Kammer f. Handelssachen. — II. Oberlandesgericht Dresden.

Der Beklagte W. und der Kaufmann B. waren Inhaber der offenen Handelsgesellschaft B. & W., die eine Vigognespinnerei in Ruppertsgrün betrieb. Nachdem der Beklagte die Gesellschaft zum 31. Mai 1919 gekündigt hatte, trat er mit dem Kläger K., der den Erwerb des Gesellschaftsvermögens beabsichtigte, in Verbindung, um seine Geldeinlage zu retten. Am 21. Mai 1919 wurde zwischen den Parteien ein notarieller Vertrag geschlossen, laut dessen der Beklagte folgendes erklärte:

„1. Erwerbe ich die zurzeit der Firma B. & W. gehörigen Grundstücke, Gebäude mit allen Bestandteilen und Zubehörungen gelegentlich der Auseinandersetzung mit einem Gesellschafter um einen Preis bis zu 600000 *M*, so überlasse ich Herrn K. das gesamte Objekt um den Preis, wie ich es erworben. Abgerechnet wird zwischen uns auf der Basis von 600000 *M*, so daß Herr K. den Preis, um den ich das Objekt erworben habe, und dazu die Hälfte des Betrags, der zwischen dem Kaufpreise und 600000 *M* liegt, an mich zu zahlen hat.

2. Erwerbe ich die zurzeit der Firma B. & W. gehörigen Grundstücke, Gebäude mit Bestandteilen und allen sonstigen Zubehörungen nach Einvernahme mit Herrn K. um einen höheren Preis als 600000 *M*, so überlasse ich das gesamte Objekt Herrn K. um den Preis von 600000 *M*. Herr K. zahlt in diesem Falle den Preis von 600000 *M* und verpflichtet sich, von dem Betrag, der über 600000 *M* hinausgeht, die Herrn B. zufallende Hälfte noch auszuzahlen.

3. Erwirbt Herr B. die Grundstücke mit sämtlichen Bestandteilen und Zubehörungen um einen höheren Preis als 600000 *M*, so erhalte ich aus dem von ihm zu zahlenden Kaufpreis den an mich entfallenden Betrag bis zur Höhe von 600000 *M*; den Betrag, den Herr B. von 600000 *M* bis zum Höchstgebot an mich zu zahlen hat, erhält Herr K."

Namens des Klägers versprach dessen Bevollmächtigter P. Entrichtung des jeweiligen Kaufpreises sofort bei der Auflassung, wobei ein Drittel in 5%iger Kriegsanleihe zum Kurse von 98% bezahlt werden sollte. Die vorhandenen Spinnstoffe und Garne hatte der Kläger ebenfalls, und zwar zu den festgesetzten Höchstpreisen, zu übernehmen und mit Valuta des Zahlungstags oder des Tags des Abrufs durch den Kriegsausschuß zu bezahlen. Weiter wurde bestimmt:

„Erwirbt Herr K. auf diese Weise das Besitztum der Firma B. & W., so wird er bereit sein, Herrn W. als Betriebsleiter für das Werk gegen ein noch zu vereinbarendes Gehalt, welches in einem Anstellungsvertrage festgelegt werden soll, anzustellen.

An diesen Vertrag hält sich Herr K. bis zum 31. Dezember 1919 gebunden."

Am 12. Januar 1920 schrieb P., der Kläger sehe sich auch über den 31. Dezember 1919 hinaus für gebunden an und werde seine vertraglichen Rechte aufrechthalten. Der Beklagte ließ durch einen Rechtsanwalt antworten, er betrachte die Angelegenheit als erledigt. Hierauf erhob der Kläger Klage mit den Anträgen auf Feststellung, a) daß der Vertrag vom 21. Mai 1919 zu Recht bestehe und der Beklagte auch jetzt noch daran gebunden sei; b) daß der Kläger aus dem Vertrage auch dann berechtigt sei, wenn ein anderer als der Beklagte oder B. das Fabrikunternehmen erwerben würde. Zur Erläuterung des zweiten Antrags trug er vor, da die Gesellschafter sich über die Auseinandersetzung nicht hätten einigen können und B. die öffentliche Versteigerung der Grundstücke verlangt habe, sei zwischen P. und dem Beklagten nachträglich die Ausdehnung des Vertrags auf diesen Fall vereinbart worden. Letzteres bestritt der Beklagte mit dem Bemerken, eine solche Ausdehnung habe der gerichtlichen oder notariellen Form bedurft. Ferner behauptete er, die Geltung des Vertrags sei mit dem 31. Dezember 1919 abgelaufen; eventuell war er der Ansicht, daß der Vertrag durch die Änderung der Umstände hinfällig geworden sei.

Während der erste Richter auf Abweisung erkannte, gab das Oberlandesgericht der Klage statt. Auf die Revision wurde die Sache an an das Berufungsgericht zurückverwiesen.

Gründe:

Der Berufungsrichter legt die Worte der Urkunde vom 21. Mai 1919 „an diesen Vertrag hält sich Herr K. bis zum 31. Dezember 1919 gebunden" dahin aus, daß nach dem 31. Dezember nur der Kläger ein Rücktrittsrecht habe, der Beklagte aber, und zwar längstens bis zur Beendigung der Liquidation, gebunden bleiben sollte. Das ist eingehend begründet, zum Teil auch auf die Würdigung von Zeugenaussagen gestützt und vom Reichsgericht nicht nachzuprüfen. . . .

Sodann stellt der Berufungsrichter fest, daß der Vertrag, so wie der Kläger es behauptet, durch nachträgliche Abrede zwischen P. und dem Beklagten erweitert worden ist. Diese Feststellung ist nicht angefochten; die Meinung der Revision aber, die Abrede habe der Form des § 313 BGB. bedurft, kann nicht geteilt werden. Die Abänderung des Vertrags erschöpft sich darin, daß der Kläger, der dem Beklagten durch Vorstreckung der Geldmittel das Mitbieten in der öffentlichen Versteigerung ermöglichte, hierfür auch dann ein Entgelt bekommen sollte, wenn keiner der Gesellschafter den Zuschlag erhielt. Es sollte dann die Nr. 3 des Vertrags sinngemäß angewendet werden, das heißt — über diese Auslegung der unklar gefaßten Stelle sind die Parteien einig und der Berufungsrichter stellt sie fest — der Beklagte hatte von der auf ihn entfallenden Erlöshälfte den Überschuß über 300000 *M* an den Kläger abzugeben. Damit war ein Zusatz zu dem Vertrage gemacht, der einen ganz anderen Fall betraf als den in Nr. 1 und 2 geregelten Fall des Zuschlags an den Beklagten, für den allein eine Verpflichtung zur Übertragung des Eigentums an den Grundstücken vereinbart war. Weder die Übereignungspflicht noch die dafür bedungene Gegenleistung wurde durch den Zusatz berührt. Bei solcher Sachlage nimmt auch der V. Zivilsenat des Reichsgerichts keine Formbedürftigkeit des Abänderungsvertrags an (vgl. neuestens JW. 1921 S. 1231 Nr. 7 und RGZ. Bd. 103 S. 297).

Dagegen tadelt die Revision mit Recht, daß der Einwand der sog. clausula rebus sic stantibus ungenügend gewürdigt ist. Der Berufungsrichter begnügt sich hier mit der Bemerkung, daß, wenn man dem Beklagten wegen der Veränderung der wirtschaftlichen Verhältnisse ein Recht zur Aufhebung des Vertrags geben wollte, dies zur völligen Rechtlosigkeit auf dem Gebiete des Vertragsrechts führen müsse. Diese Befürchtung ist unbegründet; es gilt nur vorsichtig die Grenzen zu ziehen, innerhalb deren der Einwand Beachtung verdient. Von dem Vorbringen des Beklagten in dieser Hinsicht kann soviel ohne weiteres als richtig angesehen werden: die in Nr. 1—3 des Vertrags wiederkehrende Summe von 600000 *M* beruhte darauf, daß der Preis des Fabrikunternehmens ungefähr so hoch geschätzt, der angemessene Preis für den Geschäftsanteil des Beklagten daher auf 300000 *M* beziffert wurde. Gerichtsbekannt ferner ist die Geldentwertung, die mit dem Herbst 1919 einsetzte und die Preise der Grundstücke, Maschinen, Vorräte usw. um ein Vielfaches in die Höhe schnellte. Demgegenüber hat der Kläger schon in der Vorinstanz betont, daß der Beklagte nach dem Vertrage nichts anzuschaffen hatte, was ihm später mehr kosten konnte; die Leistung keiner Partei sei erschwert worden, nur das Wertverhältnis der beiderseitigen Leistungen habe sich geändert. Indessen damit wird der Einwand des Beklagten noch nicht widerlegt. Allerdings hat mit solcher Begründung der V. Zivilsenat des Reichsgerichts in RGZ. Bd. 102 S. 98 ein im Jahre 1913 mit Bindung bis 1922 erklärtes Verkaufsangebot eines Hauseigentümers trotz der Entwertung des Geldes noch im April 1921 als wirksam anerkannt. Aber diese — in der Literatur (Heymann JW. 1921 S. 830, Krückmann das. S. 1447) übrigens bekämpfte — Entscheidung darf nicht dahin verstanden werden, als ob eine grundstürzende Preisänderung für sich allein, ohne gleichzeitige Erschwerung der Leistung, niemals genügte, einen Einwand der benachteiligten Partei nach § 242 BGB. zu rechtfertigen. Das Urteil ist ganz zugeschnitten auf die Besonderheiten des konkreten Falls, der einen spekulativen Einschlag aufweisen mochte; ein allgemeiner Grundsatz ist nicht gegeben und konnte auch nicht gegeben werden. Allgemein kommt es, um mit den Worten Oertmanns, Geschäftsgrundlage (1921), zu reden, immer darauf an, ob die Grundlage des Geschäfts im Sinne einer beim Geschäftsschluß zutage getretenen Vorstellung der Beteiligten über den Bestand gewisser maßgebender Verhältnisse hinfällig geworden ist. Das ist an sich auch als Folge einer bloßen Valutaverschiebung möglich, wenn die Fortdauer der Äquivalenz von Leistung und Gegenleistung bei Vertragsschluß vorausgesetzt wurde. Ob letzteres im vorliegenden Falle zutrifft, bedarf der Prüfung, und zwar durch den Berufungsrichter, da das Reichsgericht bei dem Mangel an Feststellungen nicht imstande ist, die Frage von sich aus zu entscheiden. Wenn auch in der Regel die Erwägung hinreichen wird, daß eine Geldentwertung, wie sie im Herbst 1919 eintrat, für die Geschäftswelt überraschend kam und nicht vorausgesehen werden konnte, so hat doch der Vertreter des Klägers noch in der Revisionsinstanz wieder geltend gemacht, der Vertrag sei aleatorischer Natur gewesen, jede Partei habe die Gefahr einer ihr ungünstigen Wertänderung, möchte sie zurückzuführen sein auf welche Ursachen sie wolle, in Kauf genommen.

Das angefochtene Urteil mußte hiernach aufgehoben und die Sache in die Vorinstanz zurückverwiesen werden. Für die erneute Verhandlung ist aber noch darauf aufmerksam zu machen, daß, auch wenn das Berufungsgericht nach wiederholter Prüfung die Geschäftsgrundlage für weggefallen erachten sollte, daraus noch nicht notwendig ein Recht des Beklagten folgen würde, sich von dem ganzen Vertrage loszusagen.

Zunächst wird in Frage kommen, ob nicht der Kläger einen Teil der ihm obliegenden Leistung schon erbracht hat. Nach Ansicht des Beklagten soll die Erfüllung des Vertrags durch Bewirkung der beiderseitigen Leistungen völlig in der Zukunft liegen. Bisher sei nichts weiter geschehen als der Vertragsschluß selbst; erst wenn die Gesellschafter sich auseinandersetzen würden, habe der Kläger dem Beklagten die 300000 ℳ zu verschaffen, der Beklagte dem Kläger zum Erwerb des Unternehmens zu verhelfen oder ihm den Mehrerlös des Geschäftsanteils über 300000 ℳ zu überlassen. Diese Betrachtungsweise wird dem Sachverhalte, wie ihn der Kläger auffaßt, nicht gerecht. Danach soll es am 21. Mai 1919, als die Parteien den Vertrag schlossen, durchaus ungewiß gewesen sein, ob bei der Auseinandersetzung der Gesellschafter, sei es durch freihändigen Verkauf des Unternehmens an den einen oder andern von ihnen, sei es im Wege der öffentlichen Versteigerung, für den Geschäftsanteil des Beklagten der angemessene Preis erzielt werden würde. Die Besorgnis, daß sich das nicht erreichen lasse, sei der Beweggrund für den Beklagten gewesen, auf den Vertrag einzugehen, durch den ihn der Kläger gegen die bezeichnete Gefahr gesichert habe. Trifft das zu, so würde der Kläger, selbst wenn er endgültig an einem Betrage von 300000 ℳ als Grenzlinie zwischen sich und dem Beklagten festhalten sollte und infolge der später eingetretenen Geldentwertung jetzt, vielleicht auch schon seit dem Herbst 1919, mit einem Erlös des Geschäftsanteils unter 300000 ℳ nicht mehr gerechnet zu werden brauchte, jedenfalls eine Zeitlang den Beklagten **vor** der Verschleuderung seines Vermögens geschützt haben. Daß hierin eine Leistung erblickt werden kann, ist nicht zu bezweifeln. Die Verpflichtung des Klägers aus dem Vertrage würde sich von diesem Gesichtspunkt aus als eine Dauerschuld darstellen, der er teilweise nachgekommen wäre. Würde der Beklagte durch den Umschwung der Verhältnisse befreit sein, so könnte ihm doch kein ex tunc wirkendes Rücktrittsrecht, sondern nur ein Recht der Kündigung für die Zukunft zugebilligt werden. Für die Leistung, die er tatsächlich empfangen hätte, bliebe er vertragsmäßig zur Entrichtung eines angemessenen Entgelts verpflichtet.

Sodann muß auch bei Bejahung des Fortfalls der Geschäftsgrundlage noch der Versuch gemacht werden, den Vertrag mit entsprechender Änderung aufrechtzuerhalten. Der Senat teilt nicht die Ansicht, daß es in der Macht des Richters stehe, in anderen Fällen als in denen das Gesetz dies ausnahmsweise zuläßt, durch Gestaltungsurteil in den Inhalt eines Rechtsgeschäfts einzugreifen. Aber bevor der Schuldner wegen grundsätzlicher Verschiebung des Wertverhältnisses zwischen Leistung und Gegenleistung vom Vertrage zurücktritt oder den Vertrag kündigt, hat er den Gläubiger zur Erhöhung der Gegenleistung aufzufordern; erst wenn dieser sich weigert, ist er frei. Das folgt aus der Vorschrift des § 242 BGB., wonach die Rücksicht auf Treu und Glauben die oberste Richtschnur des Vertragsschuldners bilden soll. Ein so folgenschwerer Schritt wie die Lossagung von einem langfristigen Vertrag aus Anlaß einer unabhängig vom Willen beider Teile eingetretenen Änderung der Verhältnisse darf nicht getan werden, ohne daß dem Gegner Gelegenheit geboten wird, sich der neuen Sachlage anzupassen. Natürlich bedarf es der Aufforderung nicht, wenn der Gegner unzweideutig erklärt hat, eine Erhöhung seiner Leistung abzulehnen. Das steht im vorliegenden Falle aber noch nicht fest. In den vorgetragenen Schriftsätzen findet sich nur ein Hinweis des Beklagten auf die Vertragsbestimmung, wonach ein Drittel des Kaufpreises in Kriegsanleihe zu 98% gedeckt werden sollte, während der Kurs jetzt nur noch etwa 76% betrage, sowie eine Erwiderung des Klägers, er sei „vielleicht nicht abgeneigt", den vollen Preis in bar zu zahlen. Daß der Kläger, um den Vertrag im übrigen zu retten, nicht auch darüber hinaus das Opfer einer angemessenen Erhöhung des Preises bringen würde, ergibt sich hieraus nicht; die ganze Frage ist noch nicht erörtert worden. Sollte es zu einer Änderung des Vertrags kommen, so müßte behufs Vermeidung der Lossagung des Beklagten vom Vertrag der Preis entsprechend der jetzigen Geldentwertung erhöht werden. Ein etwa auf andere Gründe (gesteigerte Nachfrage usw.) zurückzuführender Wertzuwachs des Fabrikunternehmens würde den Vorteil des Klägers bilden und brauchte von ihm nicht ausgeglichen zu werden.

---

99. **1. Ist das in der Berufungsinstanz gegen eine Partei nach Wegfall ihres zweitinstanzlichen Prozeßbevollmächtigten erlassene Versäumnisurteil an die Partei selbst oder an ihren erstinstanzlichen Prozeßbevollmächtigten zuzustellen?**

2. Hat die Nichtausübung des Rügerechts gemäß § 295 ZPO. dessen Verlust zur Folge, wenn ein Verzichtwille erweislich ausgeschlossen war?

3. Kann auf die Rüge eines wesentlichen Mangels der Zustellung eines Versäumnisurteils verzichtet werden?

4. Sind im Falle des § 244 Abs. 2 Satz 1 ZPO. die Vorschriften der §§ 174 Abs. 2, 175 ZPO. anwendbar?

IV. Zivilsenat. Urt. v. 30. Mai 1921 i. S. G. (Kl.) w. Firma L. & P. (Bekl.). IV 617/20.

I. Landgericht Breslau. — II. Oberlandesgericht daselbst.

Der Kläger, ein Kaufmann aus Czernowitz, der während des Krieges in Wien wohnte, erhob im Jahre 1916 bei dem Landgericht in B. gegen die Beklagte eine Klage auf Zahlung von 14592 *M* nebst Zinsen aus ungerechtfertigter Bereicherung. Das Landgericht wies die Klage durch Urteil vom 23. Oktober 1917 ab. Der Kläger legte durch den Rechtsanwalt Dr. S. in B. Berufung ein. Nachdem in der Berufungsinstanz Beweisaufnahme stattgefunden hatte, wurde das Verfahren dadurch unterbrochen, daß der Rechtsanwalt Dr. S. in der Liste der beim Oberlandesgericht B. zugelassenen Rechtsanwälte gelöscht wurde. Die Beklagte lud darauf den Kläger in Person zur Verhandlung der Hauptsache zu dem vom Vorsitzenden auf den 15. Mai 1920 anberaumten Termin mit der Aufforderung, einen beim Oberlandesgericht in B. zugelassenen Rechtsanwalt zu seiner Vertretung zu bestellen. In diesem Termin erschien für den Kläger niemand; die Beklagte wies nach, daß die Ladung an den Kläger persönlich unter dessen bisheriger Adresse Wien Hahngasse 34 vom Gerichtsvollzieher am 23. April 1920 als Einschreibebrief zur Post gegeben sei, und das Oberlandesgericht erkannte gemäß dem Antrage der Beklagten durch Versäumnisurteil auf Zurückweisung der Berufung. Eine Ausfertigung dieses Versäumnisurteils wurde zwecks Zustellung an den Kläger am 31. Mai 1920 im Auftrage der Beklagten durch den Gerichtsvollzieher unter der gleichen Adresse wie die vorausgegangene Ladung als Einschreibesendung zur Post gegeben. Gegen das Versäumnisurteil legte der Geh. Justizrat Dr. H. in B. namens des Klägers am 23. Juli 1920 Einspruch ein, indem er gleichzeitig die Wiedereinsetzung in den vorigen Stand gegen den Ablauf der Einspruchsfrist beantragte und zur Begründung dieses Antrags geltend machte, daß der Kläger, der im Dezember 1919 wieder nach Czernowitz übergesiedelt sei, weder von der Löschung seines Prozeßbevollmächtigten, noch von der Ladung zum Termin am 15. Mai 1920, noch von dem Erlaß des Versäumnisurteils Kenntnis erlangt habe, daß diese Tatsachen vielmehr erst am 21. Juli 1920 von dem neuen Prozeßbevollmächtigten auf Nachfrage im Bureau des Anwalts der Gegenpartei in Erfahrung gebracht seien. Das Oberlandesgericht verwarf den Einspruch des Klägers unter Versagung der erbetenen Wiedereinsetzung als unzulässig. Die Revision hatte Erfolg.

Aus den Gründen:

Das Berufungsgericht nimmt an, das Versäumnisurteil vom 15. Mai 1920 sei gemäß § 175 ZPO. mit der am 31. Mai 1920 erfolgten Aufgabe zur Post als an den Kläger zugestellt anzusehen, die Einspruchsfrist daher mit dem 14. Juni 1920 abgelaufen und der erst am 23. Juli 1920 eingelegte Einspruch verspätet gewesen. Ein Wiedereinsetzungsgrund liege nicht vor, da die angebliche Unkenntnis des Klägers von Zustellung des Versäumnisurteils, auch wenn das Vorbringen des Klägers als richtig unterstellt werde, keine unverschuldete gewesen wäre, es übrigens auch an ausreichender Glaubhaftmachung für die Behauptungen des Klägers fehle. Die Revision bekämpft lediglich die Annahme, daß eine wirksame Zustellung des

Versäumnisurteils an den Kläger stattgefunden habe, da dieses Urteil dem für die erste Instanz bestellten Prozeßbevollmächtigten des Klägers habe zugestellt werden müssen, was nicht geschehen sei. Die Rüge ist begründet.

Nach § 176 ZPO. müssen Zustellungen, welche in einem anhängigen Rechtsstreite geschehen sollen, an den für die Instanz bestellten Prozeßbevollmächtigten erfolgen. Bei dieser Vorschrift ist jedoch der regelmäßige Fall vorausgesetzt, daß die Partei für jede Instanz einen Prozeßbevollmächtigten bestellt. Für diesen Fall soll durch die §§ 176, 178 geregelt werden, an welchen der mehreren Prozeßbevollmächtigten die einzelnen Zustellungen zu geschehen haben. Dagegen hat die Ermächtigung des für die untere Instanz bestellten Prozeßbevollmächtigten zur Entgegennahme von Zustellungen dann nicht auf den Rahmen der unteren Instanz beschränkt werden sollen, wenn für die höhere Instanz kein Prozeßbevollmächtigter vorhanden ist. Die Zivilprozeßordnung steht, wie in den Motiven zu den §§ 155 flg. des Entwurfs (jetzt §§ 176, 178) bemerkt ist, auf dem Standpunkte, daß Zustellungen nach eingetretener Anhängigkeit des Rechtsstreits nicht mehr an die Partei selbst, sondern nur an deren Prozeßbevollmächtigten, wenn ein solcher bestellt sei, zu erfolgen hätten, weil die Partei durch Erteilung der Prozeßvollmacht sich des eigenen Prozeßbetriebes begeben habe. Hieraus in Verbindung mit den Vorschriften des § 81 ZPO. über den Umfang der Prozeßvollmacht und des § 210a ZPO. über die Zustellung der Rechtsmittelschriften ist vom Reichsgericht in ständiger Rechtsprechung gefolgert worden, daß die Vollmacht des Prozeßbevollmächtigten der unteren Instanz keineswegs mit Erlaß und Zustellung des Endurteils erlischt, vielmehr auch weiterhin noch wirksam ist und nur so weit und so lange außer Kraft bleibt, als die Prozeßtätigkeit eines für die höhere Instanz bestellten Prozeßbevollmächtigten Platz greift, und daß deshalb, wenn die Partei einen Prozeßbevollmächtigten nur für die untere Instanz bestellt hat, das in der höheren Instanz ergangene Versäumnisurteil an diesen und nicht an die Partei persönlich zuzustellen ist (RGZ. Bd. 8 S. 425, Bd. 9 S. 329; Urt. vom 24. Juni 1918 VI 105/18). Nach den Erwägungen, auf denen diese Rechtsprechung beruht, kann es aber keinen Unterschied machen, ob die Partei für die höhere Instanz überhaupt keinen Prozeßbevollmächtigten bestellt hat, oder ob der bestellte Prozeßbevollmächtigte der höheren Instanz weggefallen und an seine Stelle kein neuer Bevollmächtigter getreten ist. Denn mit dem Wegfall des Prozeßbevollmächtigten höherer Instanz ist auch die durch seine Bestellung herbeigeführte Suspension der Vollmacht des Prozeßbevollmächtigten der unteren Instanz in Wegfall gekommen und dieser auch zum Prozeßbetrieb in der höheren Instanz im Rahmen des § 81 ZPO. als voll ermächtigt anzusehen.

Hiernach hätte das Versäumnisurteil vom 15. Mai 1920, solange der Kläger an Stelle des durch Löschung in der Liste der Rechtsanwälte zur Fortführung der Vertretung unfähig gewordenen Rechtsanwalts Dr. S. keinen neuen Prozeßbevollmächtigten für die Berufungsinstanz bestellt hatte, dem Rechtsanwalt Dr. L. in B. als dem erstinstanzlichen Prozeßbevollmächtigten des Klägers zugestellt werden müssen. Die Beklagte kann sich für die Zulässigkeit des von ihr eingeschlagenen Verfahrens weder auf die §§ 174 Abs. 2, 175 noch auf § 244 Abs. 2 ZPO. berufen. Eine Verpflichtung des Klägers, einen Zustellungsbevollmächtigten gemäß § 174 Abs. 2 zu benennen, bestand nicht, weil er einen am Sitze des Prozeßgerichts wohnenden Prozeßbevollmächtigten, den Rechtsanwalt L. bestellt hatte, der trotz seiner Bestellung für die erste Instanz zur Empfangnahme aller Zustellungen in der Berufungsinstanz berechtigt war, solange kein Prozeßbevollmächtigter für die Berufungsinstanz vorhanden war. Die Vorschriften des § 244 Abs. 2 ZPO. enthalten in Satz 1 eine Ausnahme von dem allgemeinen Grundsatze, daß Zustellungen beim Vorhandensein eines Prozeßbevollmächtigten an diesen und nicht an die Partei persönlich zu bewirken sind. Dort ist bestimmt, daß in dem gesetzten Falle die Ladung zur Verhandlung oder die Aufforderung zur Bestellung eines neuen Anwalts binnen bestimmter Frist an die Partei selbst zu richten ist. Da diese Vorschrift schlechthin und ohne Unterscheidung, ob der Wegfall des Prozeßbevollmächtigten in der unteren oder einer höheren Instanz erfolgt, zur Anwendung kommen muß, so folgt daraus, daß die dort behandelte Ladung oder Aufforderung auch beim Vorhandensein eines für die untere Instanz bestellten Prozeßbevollmächtigten nur wirksam ist, wenn sie der Partei persönlich zugestellt wird (JW. 1905 S. 178 Nr. 22). Das gilt aber nur für die Zustellung des in Satz 1 bezeichneten, die Aufnahme des Verfahrens betreibenden Schriftsatzes, nicht auch für die folgenden in dem aufgenommenen Verfahren zu bewirkenden Zustellungen, für die es bei der allgemeinen Regel verbleibt, daß sie, solange kein neuer Prozeßbevollmächtigter der höheren Instanz bestellt ist, an den für die untere Instanz bestellten Prozeßbevollmächtigten zu geschehen haben. Die Vorschriften von Satz 2 und 4 des § 244 Abs. 2 beziehen sich ihrem klaren Wortlaut nach nur auf den Fall, daß die Aufnahme des Verfahrens auf dem in Satz 1 zugelassenen zweiten Wege durch Aufforderung zur Bestellung eines neuen Anwalts binnen der vom Vorsitzenden bestimmten Frist betrieben wird. Bei dem gegenwärtig von der Beklagten eingeschlagenen Wege, daß der Gegner zur Verhandlung der Hauptsache geladen ist, kommen die Vorschriften von Satz 2 und 3 nicht zur Anwendung.

Die an den Kläger persönlich erfolgte Zustellung des Versäumnisurteils vom 15. Mai 1920 war hiernach unwirksam und nicht geeignet, die Einspruchsfrist in Lauf zu setzen. Da eine Zustellung des Versäumnisurteils an den Prozeßbevollmächtigten des Klägers bis zur Einlegung des Einspruchs überhaupt nicht bewirkt worden war, war auch in diesem Zeitpunkte die Einspruchsfrist noch nicht abgelaufen, der Einspruch also nicht verspätet. Daß der Einspruch auch vor der Zustellung des Versäumnisurteils wirksam eingelegt werden darf, ist in feststehender Rechtsprechung anerkannt.

Die Revisionsbeklagte macht geltend, der Kläger habe das Recht, sich auf die Unwirksamkeit der an ihn persönlich vorgenommenen Zustellung des Versäumnisurteils zu berufen, nach § 295 ZPO. durch Unterlassung einer darauf gerichteten Rüge in der Berufungsinstanz verloren. Das ist unrichtig. Allerdings hat der Kläger in der Berufungsinstanz die Unwirksamkeit der Zustellung nicht ausdrücklich geltend gemacht, vielmehr bei der Einlegung des Einspruchs die Wiedereinsetzung gegen den Ablauf der Einspruchsfrist nachgesucht und damit zu erkennen gegeben, daß er die Zustellung vom 31. Mai 1920 zur Inlaufsetzung der Einspruchsfrist für geeignet ansah. Wenn aber hiernach auch der der Zustellung des Versäumnisurteils anhaftende Mangel bei der mündlichen Verhandlung über die Zulässigkeit des Einspruchs vom Kläger nicht gerügt worden ist, so folgt doch daraus nicht, daß der Mangel nach § 295 als geheilt gelten müßte. § 295 stellt den Grundsatz auf, daß der von einer Partei erklärte Verzicht auf Befolgung einer an sich verzichtbaren Verfahrensvorschrift bindend sei und eine spätere Rüge der Verletzung der Vorschrift ausschließe. Wenn dem Verzichte der Partei die Nichtausübung des Rügerechts bei der nächsten mündlichen Verhandlung gleichgestellt ist, so erklärt sich das damit, daß der Verzicht nicht ausdrücklich erklärt zu werden braucht und daß die Nichtausübung des Rügerechts in der Regel einen stillschweigenden Verzicht enthalten wird. Daraus folgt, daß der Nichtausübung des Rügerechts die gleiche Wirkung wie einem ausdrücklichen Verzichte nicht beigelegt werden darf, wenn sich aus den Umständen ergibt, daß ein Verzichtwille der Partei ausgeschlossen gewesen ist (JW. 1899 S. 742 Nr. 9). Das ist aber im gegenwärtigen Falle ohne weiteres anzunehmen. Es muß als ausgeschlossen gelten, daß der Kläger, der durch seinen Wiedereinsetzungsantrag bemüht war, sich gegen den ihm aus der am 31. Mai 1920 vorgenommenen Zustellung des Versäumnisurteils drohenden Nachteil zu schützen, den Willen gehabt haben könnte, auf das Recht, die Unwirksamkeit dieser Zustellung zu rügen, zu verzichten. Aber ganz abgesehen hiervon steht der Annahme der Revisionsbeklagten die Vorschrift des § 295 Abs. 2 entgegen, nach der die Bestimmung des Abs. 1 nicht zur Anwendung kommt, wenn Vorschriften verletzt sind, auf deren Befolgung eine Partei wirksam nicht verzichten kann. Das Reichsgericht hat bereits oft ausgesprochen, daß ein wesentlicher Mangel der Zustellung bei der Einlegung eines Rechtsmittels durch Verzicht nicht heilbar ist (RGZ. Bd. 15 S. 373, Bd. 30 S. 389, Bd. 99 S. 140; JW. 1902 S. 182 Nr. 6; Gruchot Bd. 38 S. 1220, Bd. 60 S. 1031). Diese auf § 224 ZPO. gestützte Ansicht, an der festzuhalten ist, muß dazu führen, auch einen Mangel bei der Zustellung eines Versäumnisurteils für unverzichtbar zu erklären, wenn es sich um die Frage der Rechtzeitigkeit des Einspruchs handelt. Nach § 339 ist die Einspruchsfrist eine Notfrist und beginnt mit der Zustellung des Versäumnisurteils. Sie kann daher nach § 224 Abs. 1 durch Vereinbarung der Parteien weder verlängert noch abgekürzt werden, und deshalb kann ihr Lauf nicht vor der Zustellung des Versäumnisurteils beginnen. Die Prüfung der Zustellung des Versäumnisurteils gehört daher zu der nach § 341 dem Gericht von Amts wegen obliegenden Prüfung, ob der Einspruch in der gesetzlichen Frist eingelegt ist. Als wirksam kann aber die Zustellung nur angesehen werden, wenn dabei die gesetzlichen Vorschriften beobachtet sind. Die Zulassung einer Heilung von Mängeln der Urteilszustellung auf Grund des § 295 Abs. 1 würde eine Abkürzung der Einspruchsfrist im Wege der Parteivereinbarung bedeuten, die nach § 224 Abs. 1 unzulässig ist und daher auch der Vorschrift des § 295 Abs. 2 widerspricht. Die Zustellung des Urteils an die Partei selbst anstatt an ihren Prozeßbevollmächtigten ist aber ein Verstoß gegen die zwingende Vorschrift des § 176, der die Unwirksamkeit der Zustellung zur Folge hat, den Beginn des Laufes der Einspruchsfrist ausschließt und von Amts wegen zu berücksichtigen ist.

Das angefochtene Urteil ist hiernach aufzuheben, der Einspruch des Klägers gegen das Versäumnisurteil vom 15. Mai 1920 für zulässig zu erklären und die Sache gemäß §§ 565, 538 Nr. 1 ZPO. an das Berufungsgericht zur weiteren sachlichen Verhandlung und Entscheidung zurückzuverweisen. Bei der gemäß § 344 vorzunehmenden Prüfung, ob das Versäumnisurteil vom 15. Mai 1920 in gesetzlicher Weise ergangen ist, wird zu prüfen sein, ob der Kläger zu dem Termin vom 15. Mai 1920 vorschriftsmäßig geladen war. Die Zustellung der an ihn gemäß § 244 Abs. 2 Satz 1 ZPO. ergangenen Ladung mußte, wie bereits ausgeführt, an ihn selbst erfolgen. Indem § 244 Abs. 2 Satz 1 für den dort gesetzten Fall die Zustellung ohne Einschränkung an die Partei selbst vorschreibt, schließt er die Zustellung an einen gemäß § 174 etwa bestellten Zustellungsbevollmächtigten aus. Die Vorschriften der §§ 174 Abs. 2, 175, wonach bei dem Mangel eines im Bezirk des Prozeßgerichts wohnhaften Zustellungsbevollmächtigten alle an eine im Ausland wohnende Partei zu bewirkenden Zustellungen durch Aufgabe zur Post geschehen können, kommen daher gegenüber der in § 244 Abs. 2 Satz 1 enthaltenen Sondervorschrift nicht zur Anwendung. Demgemäß mußte die Zustellung der gemäß § 244 Abs. 2 Satz 1 ergehenden Ladung an den in Österreich wohnenden Kläger durch Ersuchen der zuständigen Behörde oder, wenn der Kläger seinen Wohnsitz in Czernowitz hatte, nach den für dort zu bewirkende Zustellungen maßgebenden Vorschriften geschehen (JW. 1905 S. 178 Nr. 22). Auf Grund einer gemäß § 175 geschehenen Zustellung der Ladung hätte beim Ausbleiben des Klägers ein Versäumnisurteil gegen ihn nicht erlassen werden dürfen.

---

100. 1. Kann der für die höhere Instanz bestellte Armenanwalt, wenn die Instanz ohne Erlaß einer Kostenentscheidung beendet wird, sofort Erstattung seiner Auslagen aus der Staatskasse verlangen?

2. Darf für den Erstattungsantrag eine Gebühr beansprucht werden?

3. Sind für das Gesuch eine besondere Pauschgebühr oder wenigstens besondere Schreibgebühren in Ansatz zu bringen?

IV. Zivilsenat. Beschl. v. 6. Juni 1921 i. S. L. (Kl.) w. S. (Bekl.). IV 502/19.

Aus den Gründen:

Der Justizrat G. war dem Beklagten und Revisionsbeklagten für die Revisionsinstanz als Armenanwalt beigeordnet. Durch Urteil des Reichsgerichts vom 17. Mai 1920 wurde auf die Revision des Klägers das Berufungsurteil aufgehoben und die Sache zur anderweiten Verhandlung und Entscheidung an das Berufungsgericht zurückverwiesen. Dabei wurde die Entscheidung über die Kosten der Revisionsinstanz dem in der Berufungsinstanz zu erlassenden neuen Urteile vorbehalten. Der Justizrat G. beantragte bei dem Gerichtsschreiber des Reichsgerichts auf Grund des Art. II des Reichsgesetzes vom 18. Dezember 1919 über die Teuerungszuschläge zu den Gebühren der Rechtsanwälte und Gerichtsvollzieher (RGBl. S. 2113) die Festsetzung der ihm aus der Staatskasse zu erstattenden Auslagen auf 138,55 M, und zwar berechnete er

a) Pauschsatz gemäß § 76 RAGebO. bei 24000 bis 26000 M Streitwert	132,50 M
b) Gebühr für den Festsetzungsantrag nach § 23 Abs. 1 RAGebO.	3,00 M
c) Pauschsatz	1,00 M
d) Umsatzsteuer ($1^1/_2$ %)	2,05 M
	138,55 M

Der Gerichtsschreiber wies den Antrag durch Bescheid vom 15. Februar 1921 zurück, weil die Möglichkeit bestehe, daß der Kläger in die Kosten verurteilt werde und der Antragsteller dann von ihm gemäß § 124 ZPO. Ersatz der Auslagen werde verlangen können. Im übrigen erachtete der Gerichtsschreiber die Ansätze zu b und zu c auch aus dem Grunde für ungerechtfertigt, weil es sich bei der Festsetzung der Auslagen des Armenanwalts zwecks Erstattung aus der Staatskasse nicht um ein Kostenfestsetzungsverfahren im Sinne der Zivilprozeßordnung handle und mangels einer dem Rechtsanwalt zustehenden Gebühr auch für den Ansatz einer Pauschgebühr kein Raum sei.

Der Justizrat G. hat hiergegen Erinnerung erhoben, die gemäß Art. II Abs. 2 Satz 5 des Ges. vom 18. Dezember 1919 in Verb. mit § 4 des GKG. zulässig ist. Der Oberreichsanwalt, dem die Erinnerung zur Erklärung vorgelegt ist, erachtet sie hinsichtlich der Ansätze zu a, c und d der Kostenrechnung für begründet.

Zu a. Art. II des Ges. vom 18. Dezember 1919 bestimmt:

„In bürgerlichen Rechtsstreitigkeiten werden im Falle der Bewilligung des Armenrechts dem für die arme Partei bestellten Rechtsanwalt die Auslagen nach Maßgabe der Gebührenordnung für Rechtsanwälte von der Staatskasse ersetzt, falls sie nicht von einem ersatzpflichtigen Gegner beigetrieben werden können (§§ 124, 788 ZPO.)."

In der Begründung zu dieser Vorschrift (Aktenstück Nr. 1458 der verfassunggebenden deutschen Nationalversammlung) wird ausgeführt, bei der gegenwärtigen schwierigen wirtschaftlichen Lage der Rechtsanwälte sei es eine besonders drückende Last, daß der Armenanwalt nicht nur der armen Partei seine Arbeitskraft unentgeltlich zur Verfügung zu stellen habe, sondern nach dem geltenden Rechte auch gezwungen sei, bare Auslagen für die arme Partei zu machen. Dieser Zwang werde um so drückender empfunden, als wegen der allgemeinen Entwertung des Geldes die Zahl der Armensachen in der letzten Zeit erheblich zugenommen habe und überdies die Auslagen wegen der herrschenden Teuerung jetzt ziffermäßig viel schwerer ins Gewicht fielen als in der Zeit vor dem Kriege. In diesem Punkte erscheine eine Hilfe schon jetzt geboten und möglich durch die dem § 21 der Gebührenordnung für Gerichtsvollzieher nachgebildete Bestimmung.

In der Rechtsprechung hat sich über die Auslegung des Art. II des Ges. vom 18. Dezember 1919 ein lebhafter Streit erhoben. Die Worte „falls sie nicht von einem ersatzpflichtigen Gegner beigetrieben werden können" und die hinzugefügte Bezugnahme auf die §§ 124, 788 ZPO. sind dahin gedeutet worden, daß die Erstattung der Auslagen aus der Staatskasse nur stattfinden dürfe, wenn ein ersatzpflichtiger Gegner vorhanden, die Beitreibung der Auslagen bei ihm jedoch nicht möglich sei, und daß deshalb in Fällen der vorliegenden

Art, in denen die Instanz oder der Rechtsstreit ohne Erlaß einer Kostenentscheidung beendet wird, der Armenanwalt einstweilen keinen Erstattungsanspruch gegen den Staat habe, vielmehr den Erlaß der Entscheidung über die Prozeßkosten abwarten müsse (vgl. JW. 1920 S. 565 Nr. 3a [Kammergericht, 2. Sen.], S. 908 [Oberlandesgericht Celle, 1. Sen.], 1921 S. 118 [Landgericht Freiberg]). In anderen Entscheidungen sind teils unter entsprechender Anwendung des § 85 RAGebO., teils aus allgemeinen Rechtsgrundsätzen von Leistung und Gegenleistung, teils aus der Annahme eines zwischen dem Staat und dem Anwalt bestehenden Auftragsverhältnisses, teils unter Hinweis auf den sozialen Zweck des Gesetzes die Auslagen des Armenanwalts aus der Staatskasse für erstattungsfähig erklärt worden, sobald die Instanz, für die der Armenanwalt beigeordnet ist, beendet oder sein Auftrag in sonstiger Weise erledigt ist (vgl. JW. 1920 S. 445 [Oberlandesgericht Köln], S. 565 Nr. 3b [Kammergericht, 22. Sen.], S. 715 [Oberlandesgericht Celle], S. 981 [Oberlandesgericht München], S. 406 [Landgericht Brieg]; 1921 S. 277 [Kammergericht, 15. Sen.], S. 279 [Oberlandesgericht Düsseldorf]; vgl. auch Friedländer Leipz. Z. 1920 S. 102 flg.; JW. 1920 S. 908 zu 7).

Die zweite Ansicht erweist sich im Ergebnis als richtig.

Nach dem früheren Rechtszustand hatte der zum Armenanwalt bestellte Rechtsanwalt gegen die von ihm vertretene Partei keinen Anspruch auf Erstattung von Gebühren und Auslagen, solange nicht durch Gerichtsbeschluß der Partei das Armenrecht entzogen (§ 121 ZPO.) oder deren Verpflichtung zur Nachzahlung der betreffenden Beträge festgestellt war (§ 125 ZPO.). Ersatz für Gebühren und Auslagen konnte er lediglich gemäß den §§ 124, 788 ZPO. von dem in die Prozeßkosten verurteilten Gegner erlangen. Demgegenüber räumt Art. II des Ges. vom 18. Dezember 1919 dem Armenanwalt einen Erstattungsanspruch wenigstens in Höhe seiner Auslagen gegenüber der Staatskasse ein. Sowohl der Wortlaut als auch die Begründung der Vorschrift ergeben, daß damit nicht nur ein Ersatz für den Fall des Unvermögens des in die Prozeßkosten verurteilten Gegners hat gewährt werden sollen, sondern daß die Staatskasse ganz allgemein an Stelle der von der Ersatzpflicht befreiten armen Partei dem Armenanwalt seine Auslagen ersetzen und diese Verpflichtung nur entfallen soll, wenn der Anwalt Ersatz seiner Auslagen von einem in die Prozeßkosten verurteilten Gegner zu erlangen vermag. Hiermit steht der in Art. II enthaltene Hinweis auf die §§ 124, 788 ZPO. nicht im Widerspruch. Es handelt sich hierbei vielmehr nur um einen Hinweis auf den Weg, auf dem die Erstattung der Auslagen von dem ersatzpflichtigen Gegner zu erreichen ist und auf dem die Einziehung versucht werden muß. Dabei ist vorausgesetzt, daß überhaupt ein ersatzpflichtiger Gegner vorhanden ist. Ist dies nicht der Fall, weil der Rechtsstreit oder die Instanz ohne Kostenentscheidung erledigt oder die arme Partei selbst zur Kostentragung verurteilt ist, so kann ohne weiteres der Ersatz der Auslagen aus der Staatskasse beansprucht werden. Die Ansicht des Gerichtsschreibers, daß bei vorhandener Möglichkeit einer Verurteilung des Gegners in die Prozeßkosten ein Erstattungsanspruch gegen den Staat nicht anzuerkennen, vielmehr erst der Erlaß der Kostenentscheidung abzuwarten sei, ist nicht gerechtfertigt. Der Art. II des Ges. vom 18. Dezember 1919 enthält keine ausdrückliche Bestimmung über den Zeitpunkt der Fälligkeit des Anspruchs gegen den Staat. Ein bürgerlich-rechtliches Auftragsverhältnis zwischen dem Armenanwalt und dem Staat auf Grund der Beiordnung besteht nicht und hat auch durch Art. II weder anerkannt noch geschaffen werden sollen; nach der Begründung sind vielmehr für die Gewährung des Ersatzanspruchs ausschließlich wirtschaftliche und Billigkeitsrücksichten maßgebend gewesen. Die Grundsätze über den Auftrag oder über das Verhältnis von Leistung zu Gegenleistung können daher keine unmittelbare Anwendung finden. Der mit der Vorschrift des Art. II verfolgte Zweck, dem Armenanwalt für seine Auslagen an Stelle der fehlenden Ersatzpflicht der Partei einen Anspruch gegen den Staat einzuräumen, läßt es aber als geboten erscheinen, die Fälligkeit dieses Anspruchs auf den Zeitpunkt abzustellen, in welchem der Anwalt ohne Verstattung der Partei zum Armenrecht zur Geltendmachung des Ersatzanspruchs gegen die Partei selbst berechtigt sein würde. Das ist nach § 85 RAGebO. der Zeitpunkt, in dem eine Kostenentscheidung ergangen ist, ferner die Beendigung der Instanz oder die Erledigung des Auftrags. Die Heranziehung dieser Vorschrift der Gebührenordnung ist um so unbedenklicher, als Art. II den Ersatz der Auslagen aus der Staatskasse „nach Maßgabe der RAGebO." vorschreibt, also selbst auf die Vorschriften dieser Gebührenordnung verweist. Bei dieser Auslegung wird der Vermögensschaden, der dem Armenanwalt aus der ihm obliegenden Verpflichtung zur vorläufig unentgeltlichen Vertretung der armen Partei erwächst, in Ansehung der von ihm gemachten Auslagen ausgeglichen, indem er diese Auslagen in gleichem Umfange und zur gleichen Zeit erstattet erhält, wie er es ohne Bewilligung des Armenrechts fordern dürfte. Allerdings würde der Anwalt in dem letzterwähnten Falle sich die Aufwendung der Auslagen durch die ihm durch § 84 GebO. zugestandene Befugnis zur Einforderung von Vorschüssen noch weiter erleichtern können. Eine derartige Befugnis ist dem Armenanwalt jedoch durch das Gesetz vom 18. Dezember 1919 nicht beigelegt worden, und es muß deshalb dabei sein Bewenden behalten, daß er Ersatz seiner Auslagen zu dem sich nach § 85 RAGebO. bestimmenden Zeitpunkt aus der Staatskasse verlangen kann.

Zur Unterstützung des hier vertretenen Standpunkts läßt sich auch die Auslegung heranziehen, die der § 21 der GebO. für Gerichtsvollzieher gefunden hat. Diese Vorschrift, die dem Art. II des Ges. vom 18. Dezember 1919 (vgl. Begründung) zum Vorbild gedient hat, bestimmt, daß im Falle der Bewilligung des Armenrechts dem für die arme Partei bestellten Gerichtsvollzieher die baren Auslagen von der Staatskasse ersetzt werden, falls sie nicht von dem Ersatzpflichtigen beigetrieben werden können (§§ 124, 788 ZPO.). Auch hier ist die Ersatzpflicht der Staatskasse an die Nichtbeitreibbarkeit bei dem Ersatzpflichtigen geknüpft und auf die §§ 124, 788 ZPO. verwiesen. Gleichwohl werden nach §§ 59 Nr. 5, 68 Abs. 1 der Preußischen Gerichtsvollzieherordnung vom 23. März 1914 in Übereinstimmung mit den früheren Gerichtsvollzieherordnungen die nicht eingezogenen baren Auslagen sofort nach ihrer Entstehung in Spalte 11 des Dienstregisters eingestellt und am Ende des Vierteljahrs zahlbar gemacht, ohne daß der Erlaß der Kostenentscheidung und gegebenenfalls der daraufhin beim Gegner zu unternehmende Beitreibungsversuch aus § 124 ZPO. abgewartet zu werden braucht.

Im vorliegenden Falle ist mit der Zurückverweisung der Sache an das Berufungsgericht die Revisionsinstanz, für welche der Justizrat G. dem Beklagten als Armenanwalt beigeordnet war, beendet und zugleich der dem Justizrat G. von dem Beklagten erteilte Auftrag zu seiner Vertretung in der Revisionsinstanz erledigt worden. Da die Entscheidung über die Kosten der Revisionsinstanz dem künftig in der Berufungsinstanz ergehenden Urteil vorbehalten ist, ist zurzeit ein in die Kosten der Revisionsinstanz verurteilter Prozeßgegner nicht vorhanden. Justizrat G. kann daher die Erstattung seiner Auslagen nach Art. II des Ges. vom 18. Dezember 1919 aus der Staatskasse verlangen. Sein Anspruch auf Festsetzung der Pauschgebühr aus § 76 RAGebO. zur Erstattung aus der Staatskasse ist daher berechtigt.

Zu b. Der auf § 23 RAGebO. gestützte Anspruch auf eine Gebühr für den Festsetzungsantrag ist nicht begründet. Der auf Art. II Abs. 2 des Ges. vom 18. Dezember 1919 gestützte Antrag auf Festsetzung der dem Armenanwalt aus der Staatskasse zu erstattenden Auslagen betrifft keine der im § 23 RAGebO. bezeichneten Angelegenheiten. Insbesondere ist die Gebühr aus § 23 Nr. 1 RAGebO. in Verb. mit § 38 Nr. 1 GKG. nicht zu rechtfertigen, da § 38 Nr. 1 GKG. sich nur auf Anträge auf Festsetzung der vom Gegner zu erstattenden Prozeßkosten oder auf Abänderung der Kostenfestsetzung bezieht, derartige Angelegenheiten hier jedoch nicht vorliegen (vgl. auch Friedländer in JW. 1921 S. 444 und Küster daselbst S. 448).

Zu c. Der Ansatz einer besonderen Pauschgebühr für den Festsetzungsantrag würde nach § 76 Abs. 1 RAGebO. voraussetzen, daß der Anwalt für diesen Antrag eine besondere Gebühr zu beanspruchen hätte. Denn die Pauschgebühr erhält der Rechtsanwalt als Entschädigung für Schreibwerk und Portoauslagen, die im Rahmen einer gebührenpflichtigen Tätigkeit entstehen, und sie ist nach der dem Anwalt für die betreffende Tätigkeit zustehenden Gebühr zu berechnen. Da dem Anwalt für den Antrag auf Festsetzung seiner Auslagen zwecks Erstattung aus der Staatskasse keine besondere Gebühr zusteht, kann ihm insoweit auch keine besondere Pauschgebühr zuerkannt werden (vgl. auch RGZ. Bd. 85 S. 361).

Es kann sich fragen, ob der Anwalt für das Erstattungsgesuch etwa auf Grund des § 76 Abs. 6 RAGebO. besondere Schreibgebühren in Ansatz bringen darf. Das hängt davon ab, ob dieses Gesuch als Schreibwerk anzusehen ist, das nicht innerhalb des Rahmens einer gebührenpflichtigen Tätigkeit liegt (§ 76 Abs. 6 Nr. 3). Wie zu a ausgeführt ist, tritt die Staatskasse in Ansehung der Auslagenerstattungspflicht an die Stelle der armen Partei. Wäre die Partei nicht durch die Bewilligung des Armenrechts von der Pflicht zur Zahlung der Gebühren und Auslagen ihres Anwalts befreit, so würde der Anwalt bei Beendigung der Instanz oder seiner Tätigkeit der Partei seine Kostenrechnung übersenden. An die Stelle dieser Übersendung der Kostenrechnung an die Partei tritt in Armensachen die Einreichung der Auslagenberechnung bei der Gerichtsschreiberei. Für die Übersendung der Kostenrechnung an die Partei steht aber dem Anwalt keine besondere Schreibgebühr zu. Die Einführung der Pauschgebühr ist gerade zu dem Zweck geschehen, um eine Berechnung von Schreibgebühren und Portokosten grundsätzlich auszuschließen, und in der Begründung zu Art. IV des Entwurfs zu dem Gesetz vom 1. Juni 1909 (Drucks. des Reichstags 1907/08 Nr. 735 S. 61) wird ausdrücklich gesagt, daß das gesamte regelmäßig vorkommende Schreibwerk, insbesondere die Korrespondenz mit der Partei und die Schriftsätze nebst Abschriften, schreibgebührenfrei bleiben sollen. Die Übersendung der Kostenrechnung an die Partei gehört zu dem regelmäßig vorkommenden Schreibwerk jedes Prozesses und wird daher durch die allgemeine Pauschgebühr abgegolten. Das Gleiche muß für die Einreichung der Auslagenberechnung bei der Gerichtsschreiberei gelten (vgl. Küster, JW. 1921 S. 448), die regelmäßig nicht mehr Schreibwerk und Portokosten erfordern wird als die Übersendung der Kostenrechnung an die Partei. Eine andere Beurteilung könnte in Frage kommen, wenn durch unbegründete Beanstandung der Rechnung durch die Partei oder die Gerichtsschreiberei dem Anwalt noch weitere Auslagen erwachsen, die das Maß der regelmäßig vorkommenden Unkosten übersteigen. Ein derartiger Fall liegt hier jedoch nicht vor. Denn durch die Ablehnung des Erstattungsgesuchs seitens des Gerichtsschreibers sind dem Justizrat G., da er schon in dem Gesuch für den Fall seiner Beanstandung Erinnerung gegen die Entscheidung des Gerichtsschreibers erhoben hat, keinerlei besondere Auslagen entstanden. Der Ansatz unter c der Auslagenberechnung ist hiernach in voller Höhe zu streichen.

Zu d. Der Ansatz von 2,05 *M* Umsatzsteuer ist vom Gerichtsschreiber an sich nicht beanstandet worden Daß die dem Rechtsanwalt nach Maßgabe des § 76 RAGebO. zustehenden Pauschsätze der Umsatzsteuer unterliegen und daher auch die zu entrichtende Umsatzsteuer dem Armenanwalt aus der Staatskasse zu erstatten ist, hat das Reichsgericht bereits ausgesprochen (RGZ. Bd. 101 S. 212). Vom Standpunkt dieser Entscheidung aus, an der festzuhalten ist, kann der Justizrat G. auch die Erstattung der Umsatzsteuer von dem ihm zustehenden Pauschsatz von 132,50 *M* aus der Staatskasse verlangen. Der Betrag der Umsatzsteuer stellt sich mit $1^1/_2$ v. H. von 132,50 *M* auf 1,99 *M*, der auf 1,90 *M* abzurunden ist.

---

101. Muß der Ehegatte, dessen Herstellungsklage wegen eines von ihm gegebenen Scheidungsgrundes abgewiesen ist, zur Begründung der von ihm nach dem Erlöschen des Scheidungsrechts des anderen Teils erhobenen erneuten Herstellungsklage darlegen, daß sein Verlangen nicht mißbräuchlich ist?

IV. Zivilsenat. Urt. v. 27. Oktober 1921 i. S. Ehemann H. (Kl.) w. Ehefrau H. (Bekl.). IV 228/21.

I. Landgericht Braunschweig. — II. Oberlandesgericht daselbst.

Am 11. Oktober 1917 hatte die beklagte Ehefrau den klagenden Ehemann verlassen, nachdem sie in Erfahrung gebracht hatte, daß der Kläger in den Jahren 1913/14 mit der K. ein ehebrecherisches Verhältnis unterhalten hatte, aus dem ein im Januar 1915 geborenes Kind hervorgegangen war. Im April 1918 erhob der Mann Klage auf Herstellung der häuslichen Gemeinschaft. Die Klage wurde unter dem 30. Mai 1919 abgewiesen auf Grund des von der Beklagten erhobenen Einwandes, daß sie wegen des Ehebruchs des Klägers auf Scheidung zu klagen berechtigt sei. Unter dem 25. November 1919 wurde die Beklagte von dem Kläger aufgefordert, entweder die eheliche Gemeinschaft mit ihm wieder herzustellen oder die Scheidungsklage zu erheben. Da die Beklagte die Aufforderung unbeachtet ließ, erhob der Kläger im Juni 1920 von neuem die Klage auf Herstellung der ehelichen Gemeinschaft. Die Beklagte erhob nunmehr den Einwand, daß sich das Herstellungsverlangen des Klägers als Mißbrauch seines

Rechtes darstelle. Das Landgericht verurteilte die Beklagte, das Oberlandesgericht wies die Klage ab. Die Revision hatte Erfolg.

Gründe:

Das Berufungsgericht ist zur Abweisung der Klage gelangt, weil der Kläger keinen Beweis dafür erbracht habe, daß ein Wechsel seiner in dem Verhältnis mit der K. zutage getretenen ehewidrigen Gesinnung eingetreten sei und daß die Beklagte seinem Herstellungsverlangen ohne die Gefahr neuer schwerer Enttäuschungen würde Folge leisten können. Dabei ist das Berufungsgericht von folgenden Erwägungen ausgegangen:

Die Beklagte sei durch die Nichtbeachtung der befristeten Aufforderung gemäß § 1571 Abs. 2 Satz 2 BGB. nur des Rechts, auf Scheidung anzutragen, nicht aber auch des Einwandes des Rechtsmißbrauchs gemäß § 1353 Abs. 2 Satz 2 verlustig gegangen. Dieser Einwand bleibe namentlich da erhalten, wo die früheren Verfehlungen des schuldigen Gatten die Besorgnis rechtfertigten, daß er es auch in Zukunft an der ehelichen Gesinnung werde fehlen lassen und daß der unschuldige Teil Gefahr laufe, im Falle der Rückkehr gleichen oder ähnlichen Unbilden ausgesetzt zu sein. Der schuldige Gatte, dessen Herstellungsklage wegen eigener schwerer Verfehlung auf Grund eines darauf gestützten Einwandes des unschuldigen Teils nach § 1353 Abs. 2 Satz 2 abgewiesen sei, müsse daher in einer etwaigen abermaligen Herstellungsklage einen neuen Tatbestand der gerichtlichen Entscheidung unterbreiten. Dazu genüge es aber nicht, daß er auf den fruchtlosen Ablauf der durch die Aufforderung gemäß § 1571 Abs. 2 Satz 2 in Lauf gesetzten Frist verweise, sondern er müsse auch darlegen, daß nunmehr die rechte eheliche Gesinnung bei ihm vorhanden sei, und er müsse Beweise für solche Sinnesänderung geben, die etwaige Bedenken des Gegners zu zerstreuen geeignet seien und eine gewisse Gewähr für ein künftiges mit den Ehepflichten im Einklang stehendes Verhalten böten.

Diese Erwägungen sind nicht frei von Rechtsirrtum. Grundsätzlich trifft gegenüber der Klage auf Herstellung der ehelichen Gemeinschaft den beklagten Ehegatten die Beweislast für das Bestehen von Tatsachen, die ihn zum Getrenntleben berechtigen. Ein derartiges Recht besteht nach § 1353 Abs. 2 BGB. einmal, wenn sich das Herstellungsverlangen des klagenden Ehegatten als Mißbrauch seines Rechtes darstellt, sodann, wenn der beklagte Ehegatte berechtigt ist, auf Scheidung zu klagen. Beide Fälle werden hiernach vom Gesetz als voneinander verschiedene selbständige Gründe für ein Recht zur Verweigerung der ehelichen Gemeinschaft behandelt. Die Vorschrift des § 1353 Abs. 2 Satz 2, nach der das Vorliegen eines Scheidungsgrundes einen selbständigen Grund für die Verweigerung der Gemeinschaft bildet, beruht auf einem Beschlusse der XII. Kommission (Kom. Br. S. 91/92) und gründet sich auf die Erwägung, daß es nicht sicher sei, ob die Rechtsprechung aus dem Bestehen eines Scheidungsgrundes immer die Folgerung ziehen werde, daß in dem Herstellungsverlangen des schuldigen Gatten ein Mißbrauch seines Rechtes liege, und daß es auch, wenn der Scheidungsgrund zeitlich weit zurückliege und die Scheidungsklage nicht anhängig gemacht sei, vielfach im maßgebenden Zeitpunkt an den Voraussetzungen für die Annahme eines Mißbrauchs fehlen werde. Die Feststellung, daß der auf Herstellung der ehelichen Gemeinschaft verklagte Gatte berechtigt ist, auf Scheidung zu klagen, enthält hiernach noch keine Feststellung, daß sich das Herstellungsverlangen auch als ein Mißbrauch des Rechtes des klagenden Gatten darstelle. Wenn also die Herstellungsklage wegen des Bestehens eines Scheidungsgrundes für den beklagten Gatten abgewiesen ist und demnächst nach dem Erlöschen des Scheidungsrechts durch Fristablauf erneut erhoben wird, so kann die Bezugnahme des beklagten Gatten auf die Abweisung der früheren Klage für sich allein noch nicht genügen, sein Recht zur Verweigerung der Gemeinschaft darzutun. Der Grund, aus welchem in dem früheren Verfahren sein Recht zum Getrenntleben festgestellt worden ist, ist mit dem Erlöschen des Scheidungsrechts weggefallen, seine fernere Weigerung zur Herstellung der Gemeinschaft kann nur auf einen anderen selbständigen Grund des Mißbrauchs des Rechtes des Klägers gegründet werden, hinsichtlich dessen den beklagten Gatten die Darlegungs- und Beweispflicht trifft. Der Satz des Berufungsgerichts, daß der schuldige Ehegatte, dessen Herstellungsklage auf Grund des § 1353 Abs. 2 Satz 2 abgewiesen sei, in einer erneuten Herstellungsklage einen neuen Tatbestand dem Gericht unterbreiten müsse, ist an sich nicht zu beanstanden, es muß aber entgegen der Ansicht des Berufungsgerichts hierfür genügen, wenn der Kläger auf einen inzwischen eingetretenen Verlust des Scheidungsrechts des beklagten Teils hinweist. Denn damit wird das Gericht vor einen neuen Tatbestand gestellt, der die Berücksichtigung des früheren Einwandes des Beklagten ausschließt, den Beklagten zur Erhebung eines anderweit zu begründenden Einwandes und das Gericht zur Prüfung des Sachverhalts unter diesem neuen Gesichtspunkt aus § 1353 Abs. 2 Satz 1 nötigt. Es ist daher rechtsirrtümlich, wenn das Berufungsgericht lediglich auf Grund der aus § 1353 Abs. 2 Satz 2 erfolgten Abweisung seiner früheren Herstellungsklage den Kläger für beweispflichtig dafür angesehen hat, daß sein erneutes Herstellungsverlangen nicht mißbräuchlich sei. Die Beweislast für den behaupteten Mißbrauch des Rechtes des Klägers trifft vielmehr grundsätzlich die Beklagte, soweit nicht etwa im Hinblick auf besondere Umstände eine Umkehrung der Beweislast eintritt. Es könnte sich daher nur fragen, ob das Verhalten des Klägers, wegen dessen im Vorprozeß das Scheidungsrecht der Beklagten bejaht worden ist, derart gewesen ist, daß es für sich allein betrachtet ausreicht, um auch jetzt noch und nach Wegfall des Scheidungsrechts der Beklagten das Herstellungsverlangen des Klägers als einen Mißbrauch erscheinen zu lassen. Wäre das zu bejahen, so würde es allerdings Sache des Klägers sein, Umstände darzutun, die eine ihm günstigere Beurteilung rechtfertigten. So liegt indessen die Sache nicht. Festgestellt ist gegen den Kläger nur, daß er in den Jahren 1913/14 mit der K. ein ehebrecherisches Verhältnis unterhalten hat, aus dem ein Kind hervorgegangen ist. Dieses bereits sechs bis sieben Jahre zurückliegende ehebrecherische Verhalten für sich allein betrachtet ist nicht ausreichend, um die Beklagte, nachdem sie die ihr zur Erhebung der Scheidungsklage zur Verfügung stehende Frist hat verstreichen lassen und sich demnach zur Fortsetzung der Ehe entschlossen hat, noch jetzt für berechtigt zu erklären, die Herstellung der ehelichen Gemeinschaft mit dem Kläger zu verweigern. Das würde nur der Fall sein, wenn der Kläger sich auch in der Zwischenzeit Verletzungen der ehelichen Treupflicht hätte zu schulden kommen lassen oder sein seitheriges Verhalten wenigstens einen erheblichen Verdacht nach dieser Richtung rechtfertigte. Liegt etwas derartiges nicht vor und sind auch sonst keine wesentlichen Eheverfehlungen des Klägers nachweisbar, so muß der Beklagten, nachdem sie sich einmal zur Aufrechterhaltung der Ehe entschlossen hat, auch zugemutet werden, nunmehr über den zeitlich weit zurückliegenden Ehebruch des Klägers hinwegzusehen, und kann das Herstellungsverlangen des Klägers daher nicht lediglich wegen dieses Ehebruchs als Mißbrauch seines Rechtes angesehen werden. . . .

---

102. Gehören zu den Rechten und Pflichten, in die der Erwerber eines vermieteten Grundstücks nach § 571 BGB. eintritt, auch diejenigen, die sich aus einem dem Mieter gewährten Rechte auf Verlängerung des Mietverhältnisses (Optionsrecht) ergeben?

III. Zivilsenat. Urt. v. 21. Dezember 1921 i. S. K. (Bekl.) w. G. (Kl.). III 289/21.

I. Landgericht I Berlin. — II. Kammergericht daselbst.

Die Beklagte mietete im Juli 1910 von der Rechtsvorgängerin des Klägers Räume in deren Hause in Berlin. Das Mietverhältnis sollte nach einer Vereinbarung vom Juli 1918 bis zum 31. März 1922 laufen und sich ggebenenfalls von Jahr zu Jahr stillschweigend um je ein Jahr verlängern. Im November 1918 wurde der Beklagten gegen einen alsbald von ihr entrichteten Betrag von 15000 *M* ein Optionsrecht des Inhalts eingeräumt, daß sie durch eine längstens bis zum 31. März 1921 abzugebende Erklärung eine Verlängerung des Mietverhältnisses je nach ihrer Wahl um 1, 2 oder 3 Jahre herbeiführen könne. Im Januar 1920 erwarb der Kläger das Haus von der Vermieterin zu Eigentum. Er bestritt die Gültigkeit des Optionsabkommens und stellte danach verschiedene Feststellungsanträge. Die erste Instanz erklärte das Optionsabkommen für ungültig und stellte fest, daß der Mietvertrag von jeder Partei zum 31. März 1922 gekündigt werden könne. Die Berufung der Beklagten wurde zurückgewiesen. Auf ihre Revision wurde das Berufungsurteil aufgehoben und die Sache an das Berufungsgericht zurückverwiesen.

Gründe:

Das Berufungsgericht läßt dahingestellt, ob das Optionsabkommen der Schriftform bedurft habe und ob diese Form gewahrt sei, und bestätigt die Feststellung der ersten Instanz, indem es erwägt: Es könne zweifelhaft sein, ob das Optionsabkommen als ein bedingter Mietvertrag anzusehen sei oder als eine Vereinbarung, wodurch sich die Rechtsvorgängerin des Klägers zum Abschluß eines neuen Mietvertrags verpflichtet habe. Der Kläger sei aber in keinem Falle an das Abkommen gebunden, da nach § 571 Abs. 1 BGB. von einem Eintritt des Erwerbers eines vermieteten Grundstücks in ein von seinem Rechtsvorgänger begründetes Mietverhältnis nur dann die Rede sein könne, wenn zur Zeit des Erwerbes dieses Mietverhältnis schon entstanden, das vermietete Grundstück vom Vermieter dem Mieter schon überlassen gewesen sei. An dieser Voraussetzung fehle es hier. Das Optionsrecht sei bis jetzt, d. h. bis zur Berufungsverhandlung vom 10. März 1921, nicht ausgeübt, ein neuer Mietvertrag also entweder noch nicht abgeschlossen oder noch nicht in Vollzug gesetzt worden, so daß auch von einer Überlassung der Mieträume auf Grund eines solchen Mietvertrags nicht gesprochen werden könne. Diese Erwägungen beruhen auf einer Verkennung der Rechtslage und insbesondere auf einer zu engen Auffassung der Vorschrift des § 571 Abs. 1, die lautet: „Wird das vermietete Grundstück nach der Überlassung an den Mieter von dem Vermieter an einen Dritten veräußert, so tritt der Erwerber an Stelle des Vermieters in die sich während der Dauer seines Eigentums aus dem Mietverhältnis ergebenden Rechte und Verpflichtungen ein." Überlassen im Sinne dieser, nach § 580 auch für die Miete von Wohnräumen und anderen Räumen geltenden Vorschrift waren die Mieträume der Beklagten seit dem Jahre 1910, und bei dieser einmal erfolgten Überlassung blieb es, gleichviel ob das Mietverhältnis zu dem ursprünglich in Aussicht genommenen Zeitpunkt oder früher oder später endigte. Zu den Rechten und Pflichten aus dem zur Zeit des Erwerbes durch den Kläger bestehenden Mietverhältnisse müssen aber auch diejenigen gerechnet werden, die sich aus einer dem einseitigen Willen des Mieters überlassenen Verlängerung des Vertragsverhältnisses ergeben. Um etwas anderes als um eine Verlängerung des bestehenden Mietverhältnisses aber handelt es sich bei dem Optionsabkommen nicht. Der Senat hat allerdings in RGZ. Bd. 86 S. 60 für den Fall einer im Mietvertrag vorgesehenen stillschweigenden Verlängerung des Mietverhältnisses angenommen, daß es sich hier um die Eingehung eines neuen Mietvertrages handle, aus dem ein vorher ausgeschiedener Gesellschafter der mietenden offenen Handelsgesellschaft nach § 128 HGB. nicht mehr hafte. Aus dieser Entscheidung ist aber nichts zugunsten der Auffassung des Berufungsgerichts abzuleiten. Denn ganz abgesehen davon, daß es sich dort um die Forthaftung eines früheren Gesellschafters, hier im Falle des § 571 BGB. umgekehrt darum handelt, daß der Erwerber des Grundstücks für die Zukunft in Rechte und Verbindlichkeiten eintreten soll, für die zur Zeit seines Erwerbes eine rechtliche Grundlage bereits vorhanden ist, beruhte die Annahme des stillschweigenden Abschlusses eines neuen Mietvertrages in RGZ. Bd. 86 S. 60 wesentlich darauf, daß für keine Partei ein rechtlicher Zwang zur Fortsetzung des Mietverhältnisses gegeben war, es vielmehr im Belieben beider Parteien stand, das Mietverhältnis an dem ursprünglich vereinbarten Zeitpunkt endgültig ablaufen zu lassen. Hier dagegen war mit der Gewährung des Optionsrechtes an den Mieter, die formelle Rechtswirksamkeit des Abkommens vorausgesetzt, die damalige Vermieterin gebunden, sich eine Verlängerung des Mietverhältnisses durch den Mieter gefallen zu lassen. Diese Bindung ging daher auch als wesentlicher Teil des Mietvertrages nach § 571 Abs. 1 auf den Kläger als Erwerber des Grundstücks über. Eine Optionsabrede war schon im § 14 des ursprünglichen Mietvertrages enthalten. Daß das jetzt streitige Abkommen erst später getroffen wurde, kann an seiner Bedeutung für das Mietverhältnis und für die Anwendung des § 571 BGB. nichts ändern. Die Entscheidung des Berufungsgerichts kann also so, wie sie begründet ist, nicht aufrechterhalten werden. Es bedarf vielmehr der Beantwortung der unter den Parteien allein streitig gewesenen Frage, ob das Optionsabkommen formell rechtswirksam zustande gekommen ist. Da hierbei auch auf tatsächliche Behauptungen der Parteien eingegangen werden muß, die das Berufungsgericht noch nicht gewürdigt hat, ist das Berufungsurteil aufzuheben und die Sache an das Berufungsgericht zurückzuverweisen.

103. Sind gegenüber dem Anspruche des Beklagten aus § 717 Abs. 3 ZPO. auf Erstattung des von ihm urteilsgemäß Gezahlten materiellrechtliche Einwendungen des Klägers zuzulassen?

V. Zivilsenat. Urt. v. 21. Dezember 1921 i. S. F. (Kl.) w. H. (Bekl.). V 539/21.

I. Landgericht Düsseldorf. — II. Oberlandesgericht daselbst.

Durch Urteil des Landgerichts ist der Beklagte verurteilt worden, an den Kläger 10400 *M* nebst Zinsen zu zahlen. Das Oberlandesgericht wies die Berufung des Beklagten zurück und erklärte das Urteil für vorläufig vollstreckbar, ließ aber dem Beklagten nach, die Zwangsvollstreckung durch Sicherheitsleistung in Höhe von 12000 *M* abzuwenden. Bei der Vollstreckung dieses Urteils übergab der Beklagte am 23. Februar 1920 daraufhin dem Gerichtsvollzieher 12000 *M*, worauf dieser den Betrag bei dem Amtsgericht D. mit der Bestimmung hinterlegte, daß über die Auszahlung das Prozeßgericht zu entscheiden habe. Demnächst wurde durch Urteil des erkennenden Senats vom 12. Juni 1920 auf die Revision des Beklagten das Urteil des Oberlandesgerichts aufgehoben und die Sache zur anderweiten Verhandlung und Entscheidung an das Berufungsgericht zurückverwiesen. Bei dieser Verhandlung beantragte der Beklagte zunächst, den Kläger zu verurteilen, darein einzuwilligen, daß der vom Gerichtsvollzieher bei der Gerichtskasse in D. gemäß § 720 ZPO. hinterlegte Betrag an ihn herausgezahlt werde. Der Kläger widersprach diesem Antrage, weil ihm wegen seiner Klagforderung ein Aufrechnungs- und Zurückbehaltungsrecht zustehe. Das Oberlandesgericht hat den Kläger verurteilt, darein einzuwilligen, daß an den Beklagten die zur Abwendung der Zwangsvollstreckung an den Gerichtsvollzieher bezahlten 12000 *M* nebst etwaigen Hinterlegungszinsen zurückbezahlt werden.

Die Revision des Klägers wurde zurückgewiesen.

Gründe:

Das Berufungsgericht hat den Anspruch des Beklagten auf Einwilligung in die Rückerstattung des streitigen Betrages für gerechtfertigt erachtet, weil die in § 717 Abs. 3 ZPO. bestimmten Voraussetzungen dieses Anspruchs vorlägen und die materiellrechtlichen Einwendungen des Klägers nicht für zulässig zu erachten seien. Die von der Revision gegen diese Erwägungen erhobenen Angriffe sind nicht begründet.

Dies gilt zunächst von ihrer Rüge, die Voraussetzungen des § 717 Abs. 3 lägen deshalb nicht vor, weil der Beklagte den streitigen Betrag nicht „bezahlt" oder „geleistet" habe. Denn zu diesen Leistungen sind auch die im Wege der Zwangsvollstreckung herbeigeführten Leistungen des Schuldners zu rechnen. Um eine solche handelt es sich aber hier. Denn nach dem Tatbestand des angefochtenen Urteils hat der Gerichtsvollzieher im Auftrage des Klägers das Berufungsurteil vollstreckt und dabei den im Wege dieser Vollstreckung erlangten Betrag auf Grund des § 720 ZPO. hinterlegt ... Das Vorliegen der Voraussetzungen des § 717 Abs. 3 ist daher nicht zu beanstanden.

Auch die zweite Rüge der Revision, die sich gegen die Annahme der Unzulässigkeit der materiellrechtlichen Einwendungen des Klägers gegenüber dem Anspruche des Beklagten richtet, kann nicht als begründet erachtet werden. Die Revision meint, für den Erstattungsanspruch aus § 717 Abs. 3 könne nichts anderes gelten als für den Schadensersatzanspruch aus § 717 Abs. 2. Da die Verteidigung gegenüber diesem Anspruche nach der Entscheidung des IV. Zivilsenats vom 19. Juni 1911 IV 537/10 (RGZ. Bd. 76 S. 406) unbeschränkt sei, müßten gegenüber jenem Anspruche auch alle materiellrechtlichen Einwendungen unbeschränkt zugelassen werden. Dieser Rechtsauffassung ist jedoch nicht beizutreten. Denn die erwähnte Entscheidung des IV. Zivilsenats ist gerade damit begründet worden, daß § 717 Abs. 2 an Stelle des früheren Erstattungsanspruchs aus § 655 Abs. 2 a. F. einen materiellrechtlichen Schadensersatzanspruch eingeführt habe, der nach den Verhandlungen der Gesetzeskommission den allgemeinen Bestimmungen des Rechtes der Schuldverhältnisse habe unterstellt werden sollen. Die Zulassung materiellrechtlicher Einwendungen gegenüber Ansprüchen aus § 717 Abs. 2 beruht daher ausschließlich auf der durch diese Vorschrift bewirkten Umgestaltung des früheren Erstattungsanspruchs aus § 655 Abs. 2 a. F. Die Anordnung dieser Erstattung ist aber eine rein prozessuale Maßregel, die auf der Erwägung beruht, daß nach Aufhebung eines vollstreckten Urteils betreffs der durch die Vollstreckung herbeigeführten Vermögensverschiebung der Zustand in Hinblick auf die veränderte Prozeßlage wieder hergestellt und deshalb der beigetriebene Betrag ohne Rücksicht auf die materielle Rechtslage erstattet werden müsse. Daraus ist vom Reichsgericht in ständiger Rechtsprechung gefolgert worden, daß die Vorschrift des § 655 Abs. 2 a. F. an den Wegfall des vollstreckbaren Titels die unbedingte Verpflichtung zur Erstattung des auf Grund desselben Geleisteten oder Beigetriebenen knüpfe, und daß mit dieser Vorschrift und ihrem erkennbaren Zweck die Zulassung irgendwelcher Einwendungen auf Grund des materiellen Rechts nicht vereinbar sei (RGZ. Bd. 34 S. 354; JW. 1895 S. 201; Urt. des IV. Senats vom 16. Dezember 1918 IV 305/18). An diesem Standpunkt ist festzuhalten. Aus ihm folgt aber, daß auch für den Erstattungsanspruch des § 717 Abs. 3, der durch das Gesetz vom 22. Mai 1910 hinsichtlich der in § 708 Nr. 7 bezeichneten Urteile der Oberlandesgerichte wieder eingeführt ist, das gleiche gelten muß. Dieser

Schlußfolgerung steht auch der im letzten Satze dieser Vorschrift enthaltene Hinweis auf § 541 Abs. 2 Satz 2 nicht entgegen. Denn an dem dargelegten prozessualen Charakter des Erstattungsanspruchs wird durch dessen sich aus § 541 Abs. 2 Satz 2 ergebende Einschränkung nichts geändert. Dieselbe Rechtsauffassung liegt auch dem Urteile des Oberlandesgerichts Celle vom 5. Oktober 1912 (Rechtsp. d. OLG. Bd. 26 S. 374) zugrunde. Diesen Erwägungen gegenüber lassen sich die im Schrifttum vielfach vertretenen abweichenden Meinungen (vgl. insbesondere Oertmann in Hellwigs System Bd. 2 S. 177 Anm. 13 und 14, Stein ZPO. § 717 Anm. IV 2 und V 3) nicht aufrecht erhalten. Die Zurückweisung der materiellen Einwendungen des Klägers gegenüber dem Erstattungsanspruche des Beklagten erweist sich daher als gerechtfertigt."

---

104. Gehört das durch den Voranfall erworbene Recht des Nacherben, wenn dieser vor dem Eintritte des Falles der Nacherbfolge stirbt, zu seinem Nachlaß? Kann der Nacherbe seine Erben auch in Ansehung des ihnen beim Eintritte des Nacherbfolgefalles anfallenden Vermögens durch Anordnung einer verwaltenden Testamentsvollstreckung beschränken?

IV. Zivilsenat. Urt. v. 16. Dezember 1921 i. S. W. (Kl.) w. S. (Bekl.). IV 265/21.

I. Landgericht Magdeburg. — II. Oberlandesgericht Naumburg a. S.

Die vorstehenden Fragen sind vom Reichsgericht bejaht worden.

Aus den Gründen:

... Die Revision bekämpft die Rechtsansicht des Berufungsgerichts, daß der Nacherbe vor Eintritt des Falles der Nacherbfolge in Ansehung des auf Grund seiner Erbanwartschaft seinen Erben künftig anfallenden Vermögens des Erblassers rechtswirksam eine verwaltende Testamentsvollstreckung anordnen könne. Das Berufungsgericht ist von folgenden Erwägungen ausgegangen: Nach § 2108 Abs. 2 BGB. gehe der Erbteil des Nacherben nicht unmittelbar vom Erblasser auf die Erben des Nacherben über, sondern es finde eine Vermittelung des Überganges durch die Zwischenrechtsstellung des Nacherben statt, was auch daraus erhelle, daß zu den Erben des Nacherben, die zur Erbschaft des Erblassers gelangten, Personen gehören könnten, die unmittelbare Nacherben des Erblassers niemals geworden sein würden. Die Rechtsstellung, die der Nacherbe mit dem Voranfall erwerbe, sei eine endgültige, nicht bloß eine vorläufige in dem Sinne, daß sie durch sein späteres Ableben mit rückwirkender Kraft wieder verloren gehen könnte. Sein Nacherbrecht sei ein Bestandteil seines Vermögens, falle in seinen Nachlaß und sei grundsätzlich bei Ermittelung des Bestandes und Wertes seines Nachlasses mit in Betracht zu ziehen. Es sei unzweifelhaft, daß der Nacherbe die Wahrnehmung der Rechte, die ihm schon bei noch dauernder Vorerbschaft vom Gesetz eingeräumt seien, letztwillig einem Testamentsvollstrecker anvertrauen könne. Sei ihm aber durch die Vererblichkeit seiner Rechtsstellung die Möglichkeit gegeben, testamentarisch die Nacherbschaft anderen als seinen gesetzlichen Erben zuzuwenden, so sei nicht abzusehen, weshalb nicht in dem Rechte der Bestimmung des Erben auch für die Nacherbschaft, wie für sein sonstiges Gut, die Befugnis enthalten sein sollte, den Erben in der Verwaltung und Verfügung durch letztwillige Anordnung einer Testamentsvollstreckung zu beschränken.

Die gegen diese Ausführungen von der Revision vorgebrachten Bedenken können nicht für begründet erachtet werden. In erster Linie bekämpft die Revision den Ausspruch des Berufungsgerichts als rechtsirrig, daß eine Vermittelung des Überganges des Nacherbenrechts auf die Erben des Nacherben durch dessen Zwischenrechtsstellung stattfinde; sie meint, daß diese Annahme mit den Vorschriften der §§ 1923 und 2139 BGB. unvereinbar sei, die durch die Ausnahmevorschrift des § 2108 Abs. 2 nicht berührt würden. Das Berufungsgericht hat indessen keineswegs verkannt, daß in dem gesetzten Falle mit dem Eintritte des Falles der Nacherbfolge an Stelle des Vorerben, der nunmehr aufhört, Erbe zu sein, die Erben des eingesetzten verstorbenen Nacherben unmittelbare Erben des Erblassers werden, daß also der verstorbene Nacherbe nicht Erbe des Erblassers geworden ist. Der Anfall der Erbschaft an die Erben des Nacherben vollzieht sich jedoch nicht lediglich auf Grund des Testaments des Erblassers, in welchem ja nicht die zur Erbschaft gelangenden Erben des Nacherben, sondern dieser selbst hinter dem Vorerben als Erbe eingesetzt ist, sondern nur unter Vermittelung des von dem Nacherben durch den Voranfall erworbenen festen vererblichen Rechtes auf den künftigen Anfall der Erbschaft, das bei dem Tode des Nacherben als Bestandteil von dessen Erbschaft auf die Erben übergeht. Hat der Nacherbe dieses Recht nicht erworben, weil der Voranfall an ihn nicht eingetreten ist, so können auch seine Erben nicht zur Erbschaft nach dem Erblasser gelangen. Der Erwerb des Rechtes auf den Anfall der Erbschaft durch den eingesetzten Nacherben im Wege des Voranfalls und die im Wege Erbgangs erfolgte Übertragung des Rechtes des Nacherben auf dessen Erben bilden eine notwendige Voraussetzung für den Anfall der Erbschaft des Erblassers an die Erben des Nacherben. Der von der Revision bekämpfte Ausspruch des Berufungsgerichts erweist sich hiernach als richtig.

Daß das durch den Voranfall erworbene Recht des Nacherben einen Bestandteil seines Vermögens bildet, will die Revision nicht in Zweifel ziehen. Es kann aber auch keinem Bedenken unterliegen, daß dieses Recht beim Tode des Nacherben zu dessen Nachlaß gehört und die Erben des Nacherben es mit und in der Erbschaft des Nacherben überkommen, daß sie also ihren Anspruch auf den Anfall der Nacherbschaft nicht auf die Verfügung des die Nacherbschaft anordnenden Erblassers gründen können. Gerade um einen in dieser Richtung etwa möglichen Zweifel von vornherein auszuschließen, war in § 1810 Satz 2 des ersten Entwurfs die Vorschrift vorgesehen, daß das Recht des Nacherben auf den künftigen Erbanfall als Bestandteil der Erbschaft des eingesetzten Nacherben anzusehen sei (Motive Bd. 5 S. 89), und diese Vorschrift wurde in der Kommissionsberatung nur aus dem Grunde gestrichen, weil Einigkeit darüber bestand, daß sie, weil aus dem Grundgedanken des Satzes 1 (§ 2108 Abs. 2 BGB.) sich von selbst ergebend, entbehrlich sei (Prot. Bd. 5 S. 81).

Ist aber das durch den Voranfall erworbene Recht des Nacherben ein Bestandteil seiner Erbschaft, so ist auch der Ansicht des Berufungsgerichts beizustimmen, daß dieses Recht der Verwaltung des von dem Nacherben für seinen Nachlaß eingesetzten Testamentsvollstreckers unterliegt, dergestalt daß die dem Nacherben während der Dauer der Vorerbschaft zustehenden Befugnisse nicht von den Erben des Nacherben, sondern von dem von ihm ernannten Testamentsvollstrecker auszuüben sind (vgl. § 2222 BGB.). Fraglich kann nur sein, ob die Wirksamkeit der Testamentsvollstreckung auch über den Zeitpunkt des Eintritts des Nacherbfolgefalls hinaus erstreckt werden kann, ob also auch die angefallene Nacherbschaft selbst der Verwaltung des Testamentsvollstreckers unterstellt werden kann. In dieser Hinsicht ist zu berücksichtigen, daß der Nachlaß bis zum Eintritte des Falles der Nacherbfolge im Eigentum des Vorerben steht, der Nacherbe solange noch nicht Erbe ist und keine Rechte an den einzelnen Nachlaßgegenständen hat, die Erbschaft des Erblassers als solche also nicht zum Nachlaß des Nacherben gehört, und dieser daher darüber nicht von Todes wegen verfügen kann. Diese Gesichtspunkte können jedoch nicht dazu führen, die anfallende Erbschaft als der Verwaltung des Testamentsvollstreckers entzogen anzusehen. Maßgebend ist, daß sich der Erwerb der Erbschaft durch die Erben des Nacherben nur auf Grund des zum Nachlaß des Nacherben gehörenden Anfallsrechts vollzieht. Unterliegt dieses Recht der Verwaltung des Testamentsvollstreckers, so muß auch in Ansehung des auf Grund desselben gemachten Erwerbes das gleiche gelten. Hat der Nacherbe für seinen Nachlaß eine Vor- und Nacherbschaft angeordnet, so gilt diese Anordnung auch in Ansehung des zu seinem Nachlaß gehörenden Rechtes auf den Anfall der Erbschaft nach seinem Erblasser. Wenn dann der Fall der Nacherbfolge nach dem Erblasser während der Dauer der für den Nachlaß des Nacherben angeordneten Vorerbschaft eintritt, so fällt dieser Erbschaftserwerb — unbeschadet eines etwaigen Ausschlagungsrechts — gemäß § 2111 BGB. in den Nachlaß des Nacherben und geht mit diesem demnächst auf die von dem Nacherben seinerseits eingesetzten Nacherben über. Wie hier der Nacherbe seine Erben hinsichtlich des Erbschaftserwerbs nach dem Erblasser durch Anordnung einer weiteren Nacherbfolge beschränken kann, so muß auch eine Beschränkung durch Anordnung einer Testamentsvollstreckung für zulässig erachtet werden. Es handelt sich dabei nicht um letztwillige Verfügungen über einen fremden Nachlaß, sondern um Folgen, die sich daraus ergeben, daß der Nacherbe mit dem Voranfall ein festes vererbliches Recht erworben hat, das einen Bestandteil seines eigenen Nachlasses bildet und damit den in Ansehung dieses Nachlasses getroffenen letztwilligen Verfügungen unterworfen ist. Ein unzulässiger Eingriff in die Verfügungen des Erblassers liegt darin auch schon deshalb nicht, weil die zur Erbschaft gelangenden Personen gar nicht von dem Erblasser berufen sind, sondern nur die in ihrer Eigenschaft als Erben des Nacherben die ihnen als solchen auferlegten Verfügungsbeschränkungen gegen sich gelten lassen müssen.

Anders möchte die Sache liegen, wenn § 2108 Abs. 2 BGB., wie die Revision meint, nur eine gesetzliche Ersatzberufung enthielte dergestalt, daß die Erben des Nacherben als vom Erblasser berufene Nacherben anzusehen wären. Das ist aber, wie oben an der Hand der Motive und Protokolle dargelegt ist, nicht der Fall. Es handelt sich vielmehr bei der Festsetzung der Vererblichkeit des durch den Voranfall erworbenen Nacherbenrechts um eine Ausgestaltung dieses Rechtes dahin, daß es als ein endgültiges Recht erworben wird, mit dem Tode des Nacherben nicht aus dessen Vermögen ausscheidet, sondern im Nachlaß verbleibt und als dessen Bestandteil mit diesem auf die — durch Gesetz oder Verfügung von Todes wegen berufenen — Erben des Nacherben übergeht, die damit als seine Rechtsnachfolger sofort dieselbe Rechtsstellung erlangen, als wenn sie selbst zu Nacherben des Erblassers in dessen Testament eingesetzt worden wären, also alle Befugnisse ausüben können, die das Gesetz dem Nacherben vor dem Eintritt des Falles der Nacherbfolge beilegt. Aus dieser Ausgestaltung des Nacherbenrechts ergibt sich, daß die Erben des Nacherben, wenn sie auch beim Eintritt des Nacherbfolgefalles die Erbschaft als unmittelbare Erben des Erblassers, der die Nacherbfolge angeordnet hat, erwerben, doch die Verfügungen gegen sich gelten lassen müssen, die der verstorbene, im Testament ernannte Nacherbe nach dem an ihn erfolgten Voranfall über das damit erworbene Recht getroffen hat, und daß somit die Erbschaft dereinst ihnen nur mit den aus solchen zulässigen Verfügungen des Nacherben sich ergebenden Beschränkungen zufallen kann. Daß der Nacherbe nach dem Voranfall unter Lebenden mit dinglicher, seine Erben bindender Wirkung über das ihm angefallene Recht verfügen, es veräußern und belasten darf, und daß es auch dem Zugriffe seiner Gläubiger unterliegt, ist vom Reichsgericht in ständiger Rechtsprechung anerkannt worden (RGZ. Bd. 101 S. 185 und die dort angef. Urteile). Fraglich kann nur sein, ob mit der Anerkennung der Vererblichkeit des Rechtes in § 2108 Abs. 2 BGB. dem Nacherben die Verfügung von Todes wegen darüber unbeschränkt hat eingeräumt oder nur in einem beschränkten Umfange, insbesondere etwa nur dahin hat beigelegt werden sollen, daß er nur berechtigt ist, durch die Ernennung von Erben zugleich die Personen zu bestimmen, auf die bei seinem Tode das Nacherbenrecht übergehen soll. Besondere Gründe für eine möglichst einschränkende Auslegung des § 2108 BGB. bestehen nicht. Namentlich versagen hier die Gründe, die zum Ausschluß einer letztwilligen Verfügungsbefugnis hinsichtlich des Vorerben geführt haben, abgesehen von dem hier nicht in Rede stehenden Fall einer mehrfachen Nacherbschaft. Während der Vorerbe den Nachlaß nur auf Zeit als ein im Hinblick auf den künftigen Eintritt des Nacherben gebundenes Vermögen erwirbt, soll die Erbschaft dem Nacherben regelmäßig dauernd als frei vererbliches Vermögen verbleiben. Bei der Berufung des Nacherben kommen grundsätzlich Beschränkungen seines Verfügungsrechts zugunsten anderer Personen nicht in Betracht. Wenn ihn also das Gesetz mangels entgegenstehenden Willens des Erblassers schon mit dem Voranfall ein vererbliches festes Recht auf den künftigen Erbanfall erwerben läßt, so würden an sich seiner Verfügungsbefugnis von Todes wegen nur die Grenzen gezogen sein, die sich daraus ergeben, daß er den Anfall der Erbschaft selbst nicht erlebt hat und somit nicht Eigentümer der dazu gehörenden Gegenstände geworden ist, mithin über diese als eigene nicht verfügen kann. Es mag indessen dahingestellt bleiben, ob dem Nacherben hiernach die Befugnis zuzusprechen wäre, durch Verfügung von Todes wegen auch anderen Personen als seinen Erben Rechte an dem beim Eintritte des Nacherbfalls anfallenden Vermögen des Erblassers zuzuwenden, oder ob dem die Erwägung entgegenstehen würde, daß darin eine unzulässige Verfügung über einen fremden Nachlaß läge. Dieser Gesichtspunkt trifft jedenfalls, wie oben ausgeführt, nicht zu auf die Erstreckung einer für den Nachlaß des Nacherben im Interesse der Erben selbst angeordneten Testamentsvollstreckung auf das zu diesem Nachlaß gehörende Recht auf den künftigen Anfall der Erbschaft des Erblassers. Es handelt sich bei der Anordnung der Testamentsvollstreckung um eine vom Gesetz zugelassene Beschränkung des Verfügungsrechts des

Erben über den Nachlaß, die grundsätzlich auf den gesamten Nachlaß erstreckt werden kann. Wenn also das Gesetz das Nacherbenrecht als Bestandteil des Nachlasses des Nacherben auf dessen Erben übergehen läßt, ohne eine Einschränkung nach der Richtung festzusetzen, daß dieses Recht nicht durch die Anordnung einer Testamentsvollstreckung der Verfügung der Erben entzogen werden darf, so muß eine derartige Anordnung auch in Ansehung des Nacherbenrechts für zulässig erachtet werden. Aus § 2108 BGB. ist hiernach ein entgegenstehender Wille des Gesetzes nicht zu entnehmen. . . .

---

105. 1. Ist das ausschließliche Recht des Zeicheninhabers zur Anbringung des Warenzeichens mit der Inverkehrsetzung der gekennzeichneten Ware erschöpft, oder ist ihm auch nach diesem Zeitpunkt die Kontrolle für die richtige Verwendung des Zeichens gegeben?

2. Wann ist der Wiederverkäufer einer in größeren Mengen bezogenen, auf den Packungen gekennzeichneten Ware berechtigt, die von ihm verwendeten kleineren Packungen (Flaschen) mit dem Zeichen zu versehen?

II. Zivilsenat. Urt. v. 23. Dezember 1921 i. S. der S. Co. Nähmaschinen-Akt.-Ges. (Kl.) w. K. (Bekl.). II 224/21.

I. Landgericht I Berlin. — II. Kammergericht daselbst.

Für die Klägerin sind in der Zeichenrolle des Reichspatentamts für die von ihr hergestellten Nähmaschinen als Warenzeichen das Wort „Singer“, ein Monogramm, bestehend aus den Buchstaben M.S.Co. und dem darüber stehenden Wort „The“, sowie ein Bildzeichen, bestehen aus verschiedenen Ornamenten in Verbindung mit den Worten „Singer“ und „The Singer Manufacturing Company“ eingetragen.

Der Beklagte besitzt eine Lackieranstalt, in der er auf Bestellung alte gebrauchte Nähmaschinen neu auflackiert und auf der neuen Lackierung die dadurch beseitigten Warenzeichen der Hersteller wieder anbringt. Die Warenzeichen sind durch den langen Gebrauch der Maschinen häufig bereits stark verblichen, da sie nur mittels Abziehbilder auf der Lackierung angebracht zu werden pflegen. Auch alte gebrauchte Nähmaschinen, die aus der Fabrik der Klägerin herstammen, hat der Beklagte in großer Zahl neu auflackiert und die auf der früheren Lackierung befindlich gewesenen mehr oder minder verblichenen Warenzeichen der Klägerin auf der neuen Lackierung mittels Abziehbilder, die er von der Herstellerin, einer Fabrik in S., bezieht, wieder neu angebracht. Der Beklagte beschäftigt sich ausschließlich mit Neulackierung unansehnlich gewordener Nähmaschinen, fast ausnahmslos sind es alte gebrauchte. Seiner Angabe nach kommt es auch einmal vor, daß ihm Nähmaschinen, deren Lack nicht durch den Gebrauch gelitten hat, zum Auffrischen des Lackes übergeben werden. Die Klägerin, die behauptet, sie habe bereits im Jahre 1910 durch ein Schreiben ihres Anwalts den früheren Inhaber des Geschäfts des Beklagten, einen Verwandten des letzteren, warnen lassen, ihre Warenzeichen an den von ihm neu auflackierten Nähmaschinen anzubringen, fühlt sich durch das Verhalten des Beklagten in ihren Rechten aus den eingetragenen Warenzeichen verletzt und in erheblichem Umfange geschädigt, weil durch die Tätigkeit des Beklagten alten gebrauchten Nähmaschinen, deren Werk durch lange Benutzung gelitten habe, der Anschein von neuen Maschinen gegeben werde und der Durchschnittskäufer, dem von der Neuauflackierung nichts gesagt werde und der nach dem Äußeren urteile, über den Wert der Maschine getäuscht werde. Stelle sich dann beim Gebrauch der Maschine heraus, daß das Werk schwer gehe und schlecht arbeite, so richte sich die berechtigte Entrüstung des auf solche Art geschädigten, den Sachverhalt nicht kennenden Käufers naturgemäß gegen sie als Herstellerin der Maschine, zumal der Preis, den der Käufer derart aufgefrischter alter Stücke zahlen müsse, ein recht hoher sei. Die Folge sei, daß ihr geschäftlicher Ruf stark leide und ihr Umsatz geringer werde; ziffernmäßig könne sie ihren Schaden zurzeit noch nicht angeben. Die Verletzung ihres Zeichenrechts durch den Beklagten ist ihrer Angabe nach wissentlich, mindestens aber grob fahrlässig geschehen.

Die Klägerin erhob Klage mit dem Antrage, den Beklagten zu verurteilen,

1. die Auflackierung von Nähmaschinen mit einer Ausstattung zu unterlassen, welche die Firma The Singer Manufacturing Co. oder das Wort Singer oder das Monogramm der Klägerin oder die ihr geschützten Ornamente oder eine mit diesen Kennzeichen der Singer-Maschine verwechselungsfähige Bezeichnung enthält,
2. ihr allen durch die Verletzung der Verpflichtung zu 1 schon entstandenen oder noch entstehenden Schaden zu ersetzen.

Der Beklagte bestritt die Widerrechtlichkeit seines Handelns.

Das Landgericht verurteilte den Beklagten nur aus dem Gesichtspunkte des Warenzeichenrechts zur Unterlassung der Anbringung der genannten drei Warenzeichen auf Nähmaschinen, die aus dem Geschäftsbetriebe der Klägerin herrühren, und stellte fest, daß er verpflichtet sei, der Klägerin allen aus der begangenen Zeichenverletzung entstandenen und noch entstehenden Schaden zu ersetzen. Dagegen wies das Kammergericht die Klage ab. Auf die Revision wurde das Urteil aufgehoben.

Gründe:

Das Landgericht beurteilt den Klaganspruch lediglich nach dem Warenzeichenrecht und gelangt zu dem Ergebnis, daß der Unterlassungsanspruch aus § 12 und der Anspruch auf Feststellung der Schadensersatzpflicht aus § 14 WZG. gegeben sei. Es billigt dem Zeicheninhaber gemäß § 12 das ausschließliche Recht zur Verwendung des Zeichens zu, von dem er nach seinem Belieben Gebrauch machen könne oder nicht. Der Fall, daß er kein Interesse daran habe, sein Warenzeichen zu verwenden, sei z. B. dann denkbar, wenn das auf der Ware ursprünglich vorhanden gewesene Warenzeichen durch deren Gebrauch im Laufe der Zeit verschwunden oder unkenntlich geworden sei und sich die Ware durch den langen Gebrauch ebenfalls verschlechtert habe. Dem ausschließlichen Recht des Berechtigten auf Verwendung des Warenzeichens entspreche, wie sich aus der absoluten Natur des Rechtes aus dem Warenzeichen ergebe, der negatorische Anspruch auf Unterlassung der Anbringung des Warenzeichens durch einen hierzu nicht beauftragten oder aus anderem Rechtsgrunde befugten Dritten auf den dem Zeichenschutz des Berechtigten unterliegenden Waren. Auch der Fabrikant in S., von dem der Beklagte die das Warenzeichen der Klägerin darstellenden Abziehbilder bezogen, habe nicht etwa deren Genehmigung zur Herstellung und zum Vertriebe der letzteren besessen. Dieser habe die Abziehbilder vielmehr gefälscht und sei verurteilt worden, deren Herstellung und Vertrieb zu unterlassen. Der Beklagte habe sich an diesen, nicht etwa an die Klägerin wegen Überlassung der Abziehbilder gewendet, weil er gewußt habe, daß sie mit seinem Vorgehen nicht einverstanden sein und ihm daher die Bilder nicht liefern würde. Seine Verletzung des klägerischen Warenzeichenrechts sei daher wissentlich, mindestens mit Eventualdolus oder grober Fahrlässigkeit begangen. Er hafte mithin auch für den Schaden, der der Klägerin entstanden sei insofern, als ihr Umsatz an neuen Maschinen auch durch den Verkauf zahlreicher alter, die auf neu zurecht gemacht seien, vermindert sei; der Umfang dieses Schadens lasse sich zurzeit noch nicht beziffern.

Das Kammergericht verneint eine Verletzung des WZG. und des von ihm auf seine Anwendbarkeit ebenfalls geprüften UWG. Es ist unter Berufung auf die Entscheidungen RGZ. Bd. 50 S. 231 und Bd. 51 S. 265 der Ansicht, daß sich das durch § 12 WZG. dem Inhaber des Warenzeichens gewährte ausschließliche Recht zur Verwendung des Zeichens in den dort angegebenen Arten mit dem ersten Verkauf der von ihm mit seinem Warenzeichen versehenen Ware erschöpft habe. Denn hiermit sei der sich aus § 1 WZG. ergebende Zweck des Warenzeichens, die geschützte Ware des Zeicheninhabers von den Waren anderer zu unterscheiden, erfüllt. Die Handlungsweise des Beklagten, der sich nur damit beschäftigt habe, die Fabrikate der Klägerin neu aufzulackieren und die früher von ihr selbst darauf gesetzten Warenzeichen zu erneuern, enthalte daher keinen Verstoß gegen das Warenzeichenrecht der Klägerin. Dagegen hätte der Beklagte rechtswidrig gehandelt, wenn er nichtgezeichnete Waren der Klägerin mit deren Warenzeichen versehen hätte.

Auch eine Verletzung des § 1 UWG. und des § 826 BGB. nimmt das Berufungsgericht nicht an, weil das Verhalten des Beklagten nach Lage der Sache nicht als unlauter angesehen werden könne, nicht wider Treu und Glauben verstoße noch darauf gerichtet sei, die Klägerin zu schädigen. In dieser Beziehung stellt es fest, daß die Auflackierung alter Nähmaschinen in der jetzigen Zeit einen großen Umfang angenommen habe, weil wegen der Güte des Materials und der Arbeit der früheren Zeit sowie aus Gründen der Ersparnis alle alten Sachen möglichst lange benutzt und, auch äußerlich erneuert würden. Anders läge der Fall, wenn der Beklagte die auflackierten Maschinen als neue verkauft hätte, oder wenn er den Auftrag zur Auflackierung übernommen und ausgeführt hätte in Kenntnis der Tatsache, daß die Maschinen als neue verkauft werden sollten. Dann läge ein betrügerisches Handeln des Beklagten vor und die Klage wäre aus diesem Gesichtspunkte begründet. In dieser Beziehung habe aber die Klägerin nichts vorgetragen und keinerlei Beweise angetreten. Die bloße Vermutung der Klägerin, daß die Auflackierung der Maschinen nebst der Auffrischung der Warenzeichen durch den Beklagten zu Täuschungszwecken erfolge, sei bei der dargelegten Sachlage nicht geeignet, um daraufhin die Überzeugung von dem unredlichen Handeln des Beklagten zu gewinnen.

Die Revision rügt in erster Linie Verletzung des § 12 WZG. Diese Rüge ist begründet. Nach § 12 hat die Eintragung eines Warenzeichens die Wirkung, daß dem Eingetragenen ausschließlich das Recht zusteht, Waren der angemeldeten Art oder deren Verpackung oder Umhüllung mit dem Warenzeichen zu versehen, die so bezeichneten Waren in Verkehr zu setzen, sowie auf Ankündigungen, Preislisten usw. das Zeichen anzubringen. Danach besteht der Inhalt des Zeichenrechts in dem ausschließlichen Rechte zur Bezeichnung von Waren und allen auf diese Waren bezüglichen Äußerungen mit dem geschützten Zeichen, ferner in dem ausschließlichen Rechte, derartig gekennzeichnete Waren in Verkehr zu setzen. Das dem Zeicheninhaber in § 12 verliehene Recht der ausschließlichen Benutzung des eingetragenen Zeichens umfaßt somit zwei ganz selbständige Rechte: das der alleinigen Anbringung des Zeichens auf der Ware und auf Ankündigungen u. dgl., und das der alleinigen Inverkehrsetzuug der so bezeichneten Ware.

Das Berufungsgericht irrt deshalb, wenn es diese Befugnisse anscheinend als einheitliches Recht betrachtet und daher annimmt, daß sich auch das Recht der Kennzeichnung der Ware mit ihrer erfolgten Inverkehrsetzung erschöpft habe, weil angeblich hiermit der Zweck des Warenzeichenrechts, daß die Ware ihr Unterscheidungsmerkmal gegenüber den Waren anderer Betriebe erhalte, erfüllt sei. Es befindet sich im Irrtum, wenn es glaubt, sich für seine Ansicht, daß sich für den Zeicheninhaber weitergehende Rechte aus § 12 WZG. nicht herleiten ließen, auf RGZ. Bd. 50 S. 231 und Bd. 51 S. 265 berufen zu können. Beide Entscheidungen sind vom Berufungsgericht mißverstanden. Ihr Inhalt bezieht sich lediglich auf das Inverkehrbringen. Das Recht hierzu erschöpft sich allerdings mit dem ersten Inverkehrbringen der Ware durch den Berechtigten, und die späteren Erwerber sind an die dabei gesetzten Bedingungen nicht gebunden (ebenso für das Patentrecht RGZ. Bd. 51 S. 139, wo ausgeführt wird, daß die einmal in Verkehr gebrachte Ware patentrechtlich frei von Verkehrsbeschränkungen ist). Hier handelt es sich dagegen um Anbringung (Herstellung) des Warenzeichens der Klägerin durch einen anderen, den Beklagten. Dafür, daß dieses dem Zeicheninhaber nach § 12 ausschließlich zustehende Recht, wenn es — wie hier — vom Berechtigten ausgeübt worden ist, mit der Inverkehrsetzung der gekennzeichneten Ware erschöpft sein sollte, ergibt sich im Gegensatz zu der Ansicht des Berufungsgerichts kein Anhalt aus § 12 oder § 1 WZG. Das Gegenteil ist vielmehr der Fall. In dem Recht des Zeicheninhabers, sich unter Ausschluß jedes anderen des Zeichens zur Bekundung der Tatsache zu bedienen, daß die Ware aus seinem Geschäftsbetriebe stamme, liegt für den Verbraucher der Sache nach eine vom Inhaber übernommene Garantie dieses Inhalts (vgl. RGSt. Bd. 23 S. 371). Dieser Anforderung kann aber nur Genüge geschehen, wenn die Ausschließlichkeit des Rechts zur Kennzeichnung der Ware die Bedeutung hat, daß dem Berechtigten nicht nur vor, sondern auch nach der Inverkehrsetzung der Ware die Kontrolle für die richtige Verwendung des Zeichens gegeben ist. „Dürfte ein jeder das Zeichen auf die sog. echte d. h. auf die vom Zeichenberechtigten herrührende Ware setzen, dann hätte dieser gar keine Sicherheit, daß solche Beifügung in ordentlicher Weise geschähe, und daß namentlich die von ihm herrührende Ware nicht irgendwie vermischt oder verfälscht worden ist" (Kohler, Warenzeichenrecht 2. Aufl. S. 172). Gegen den in großem Umfange drohenden Mißbrauch des Zeichens aber könnte der Berechtigte wegen der Schwierigkeit oder Unmöglichkeit des Beweises kaum mit Aussicht auf Erfolg vorgehen (Kohler ebenda; vgl. RGSt. Bd. 4 S. 171). Wenn der Wiederverkäufer vertretbare Sachen, z. B. Wein, Mehl, Margarine, die er in größeren Mengen und Gebinden vom Produzenten bezieht, demnächst in kleineren Packungen — den Wein nach Abzug auf Flaschen — weiterverkauft, so ist ihm daher an sich nicht, sondern nur in ausdrücklicher oder aus den Umständen des Einzelfalls sich ergebender Ermächtigung des Zeicheninhabers gestattet, die von ihm verwendeten Packungen oder Flaschen mit dem Zeichen zu versehen. Die Zustimmung des Zeicheninhabers zur Anbringung des Zeichens durch einen Dritten wird im allgemeinen dann vorauszusetzen sein, wenn das auf der Verpackung einer Ware angebracht gewesene Warenzeichen sich durch einen Zufall von der Verpackung losgelöst hat, ohne daß jedoch die Ware aus dieser entfernt gewesen oder mit der verpackten Ware irgendeine ihre Unversehrtheit aufhebende Handlung vorgenommen worden wäre. In solchem Falle wird auch der Dritte als berechtigt anzusehen sein, diese abgefallene Originalmarke wieder anzubringen (RGSt. Bd. 23 S. 370, Kent, Reichsgesetz zum Schutz der Warenbezeichnungen § 12 Nr. 388, 400). Auch in RGZ. Bd. 99 S. 92, 93 wird bei der rechtlichen Erörterung über den sog. „Lizenzvertrag" im Warenzeichenrecht bereits betont, daß hier entweder der „Lizenzgeber" gegenüber dem „Lizenznehmer" auf Geltendmachung von Unterlassungsansprüchen aus seinem Warenzeichenrecht wirksam verzichtet, oder „dem Lizenznehmer" die Befugnis einräumt, die Ware des „Lizenzgebers" an Stelle des Warenzeicheninhabers, der an sich hierzu allein befugt ist, mit dem Warenzeichen zu versehen.

Würde man mit dem Berufungsgericht das ausschließliche Recht des Zeicheninhabers, die Ware mit dem Zeichen zu versehen, mit der Inverkehrsetzung der gekennzeichneten Ware als erschöpft ansehen, so wäre vollständige Unsicherheit im Geschäftsverkehr die Folge. Denn dem Wiederverkäufer der von ihm bezogenen, vom Berechtigten mit dem Zeichen versehenen Ware stände es frei, unter dem Schutze des Zeichens Veränderungen der Ware vorzunehmen. Jede Garantie für Identität und Herkunft der gezeichneten Ware aus dem Betriebe des Zeicheninhabers würde wegfallen.

Auch die Rechtswissenschaft und Rechtsprechung in Frankreich, wo außer dem Gesetz vom 28. Juli 1824, durch das der Mißbrauch des Namens eines Gewerbetreibenden zum Zwecke der Warenbezeichnung unter Strafe gestellt ist, das Gesetz vom 23. Juni 1857 in Verbindung mit dem vom 3. Mai 1890 und der Ausführungsverordnung von 1891 den Schutz der Fabrik- und Handelsmarke im allgemeinen in gleicher Weise wie unser Gesetz regelt, steht aus wesentlich gleichen Gründen fest auf dem hier vertretenen Standpunkt (vgl. Pouillet, Marques de fabrique Nr. 299 S. 271, 272). Auch hier wird die Garantiefunktion des Warenzeichens für die Identität und Herkunft der gezeichneten Ware aus dem Betriebe des Zeichenberechtigten und deren Wegfall betont, wenn ein Dritter das Zeichen auf der Ware anbrächte, selbst wenn er sie ohne sonstige Veränderung nur aus der gezeichneten Umhüllung herausgenommen hätte. Auch hier wird eine Ausnahme nur für den Fall gemacht, daß der Zeicheninhaber seinen Käufer, der dann sein Vertreter ist, zur Anbringung des Zeichens ermächtigt. Wäre es anders — so heißt es dort bezeichnenderweise —, so genügte es, Käufer eines Fabrikanten zu sein, um das Recht zu haben, sich des Zeichens dieses Fabrikanten zu bedienen, alle Garantien aber, die das Gesetz durch das Zeichen habe geben wollen, würden verschwinden, das ganze Recht aus dem Warenzeichen würde nur ein Wort sein. Der Kassationshof hat in dem Urteile vom 4. April 1906 — vgl. Sirey, Cour de cassation 1906 Bd. 1 S. 277 — angenommen, daß der zeichenberechtigte Fabrikant, der seinem Abnehmer die Etiketten übersendet, hierdurch seine Zustimmung dazu erteilt, daß dieser als Wiederverkäufer die Flaschen mit dem von ihm aus dem übersandten und gezeichneten Faß abgefüllten Wein mit dem Zeichen versieht, ein Verhalten, zu dem er ohne jene Ermächtigung nicht berechtigt gewesen wäre. Da es an einer Handlung des Zeichenberechtigten, aus der auf eine solche Ermächtigung hätte geschlossen werden können, fehlte, ist dagegen die Anbringung des Zeichens durch den Abnehmer und Wiederverkäufer in dem in erster Instanz in Abschrift überreichten Urteile des Handelsgerichts des Seine-Departements vom 22. Dezember 1898 für unzulässig erklärt und daher untersagt worden.

Weniger klar ist die Stellung, die die englische Rechtsprechung zu der hier zu entscheidenden Frage einnimmt. In England wurde schon nach dem common law derjenige, der nachweisen konnte, zuerst eine Marke in seinem Gewerbebetriebe gebraucht zu haben, zivilrechtlich gegen den Schaden geschützt, der ihm durch Benutzung derselben Marke seitens einer anderen Person entstand. Ein Spezialgesetz zum Schutze des Markenrechts — jedoch ohne Eintragungsprinzip, lediglich auf Grund der Tatsache der ersten rechtmäßigen Ingebrauchnahme — wurde im Jahre 1862 erlassen, an dessen Stelle die Gesetze von 1887 und 1891 getreten sind, welche die Vorschriften über den Inhalt und Schutz des Rechtes an Handelsmarken und über den Gebrauch falscher Handelsnamen und Handelsbezeichnungen enthalten (vgl. Schmid, Warenzeichenrecht S. 185). An die Stelle der Gesetze von 1883 und 1888, in denen die formellen und materiellen Voraussetzungen der Entstehung des Markenrechts enthalten waren, ist die Trade marks act von 1905 getreten. Auch in England besteht der Inhalt des Markenschutzes in dem Recht auf ausschließliche Benutzung der Handelsmarke. Aber die dortige Rechtswissenschaft und Rechtsprechung schwankt bei Beurteilung von Fragen, die mit der vorliegenden verwandt sind.

So gilt zwar grundsätzlich die Verwendung der Handelsmarke des Erzeugers von Waren, die er selbst nicht mit der Marke versehen hat, durch den kaufenden Wiederverkäufer als unzulässig. Aber der Wiederverkäufer, der Gegenstände in Masse gekauft hat, ist berechtigt, sie einzeln unter dem Zeichen zu verkaufen, das sie in ihrer Gesamtheit vom Erzeuger erhalten haben. Als unzulässig wird die unveränderte Verwendung aufgekaufter leerer Flaschen mit dem Handelsnamen oder der Handelsmarke eines anderen im eigenen Geschäftsbetriebe betrachtet, dagegen als zulässig, falls der eigene Name durch Aufkleben kenntlich gemacht wird (vgl. Sebastian, Law of Trade marks 1911 S. 159). In dem bei Kerly, Trade marks 1908 S. 33, mitgeteilten Falle hat der Richter das von der Kölner Firma M. Farina, der Erzeugerin der Eau de Cologne, beantragte Verbot gegen den beklagten Drucker, der für einen Abnehmer der Klägerin und Wiederverkäufer Flaschenschilder mit dem Handelsnamen der Klägerin herstellte, deshalb verweigert, weil diese Schilder zur Bezeichnung von Waren dienen sollten, die nicht vom Markenberechtigten bezogen würden. Ferner wurde in zwei bei Sebastian, a digest of cases of trade marks, 1879 S. 401/3 mitgeteilten Entscheidungen des Victoria Supreme Court vom 5. April und 2. September 1869 mehreren Abnehmern eines zeichenberechtigten Herstellers, der zwei Sorten seiner Ware in zwei verschiedenen Arten von Gefäßen zu verkaufen pflegte, verboten, beim Weiterverkauf die geringere Sorte in Gefäße zu bringen, die ähnlich markiert waren wie die Gefäße der besseren Sorte.

Auch die Ausführungen bei Kerly, Trade marks S. 394 ergeben keine klare grundsätzliche Stellungnahme zu der hier zur Entscheidung stehenden Frage. Der Satz a. a. O. S. 33 „The trade mark . . . may be applied by anyone to the right goods“ ist wohl auch für das englische Recht zu allgemein.

Im vorliegenden Falle kann von einem zu vermutenden Einverständnis der Klägerin mit der Anbringung ihres Zeichens durch den Beklagten nach neuer Auflackierung der alten Nähmaschinen keine Rede sein. Denn die Klägerin wurde durch diese Tätigkeit des Beklagten, auch wenn es sich nur um alte echte Singer-Nähmaschinen handelt, insofern geschäftlich geschädigt, als ihr Umsatz an neuen Maschinen durch den gesteigerten Verkauf alter, auf neu zurechtgemachter verringert wird. Außerdem aber fehlt ihr jede Sicherheit, daß sich unter den neu auflackierten Maschinen nicht auch Erzeugnisse anderer Fabrikanten, also Nachahmungen der Klägerin befinden.

Da hiernach der Klaganspruch, soweit er auf Unterlassung gerichtet ist, aus § 12 WZG. begründet ist, so war unter Aufhebung des angefochtenen Urteils die Berufung des Beklagten gegen das Urteil des Landgerichts insoweit zurückzuweisen. Da die Klägerin Anschlußberufung nicht eingelegt hatte, so ist ihre Bemängelung der von dem Klagantrag abweichenden Fassung der Verurteilung unbeachtlich. Ob auch der Schadensersatzanspruch gemäß § 14 WZG. begründet ist, wird auf Grund neuer Verhandlung zu prüfen sein. Das Berufungsgericht hat aber auch mit unzureichender Begründung den auf § 1 UWG. und § 826 BGB. gestützten Feststellungsanspruch auf Schadensersatz abgewiesen.

Der Vorderrichter geht davon aus, daß in der jetzigen Zeit aus Gründen der Ersparnis alle alten Sachen möglichst lange benutzt und auch äußerlich erneuert würden. Die Revision wendet gegen diesen angeblichen Erfahrungssatz mit Recht ein, daß man aus Gründen der Ersparnis in der jetzigen schweren Not wohl alte Sachen möglichst lange benutze, sich aber nicht, um dieses Ziel zu verfolgen, in die völlig überflüssigen Kosten der Neuauflackierung und Wiederherstellung der durch den Gebrauch abgenutzten Ausstattung stürze. Schon in Friedenszeiten habe das kein Besitzer von Nähmaschinen getan, zumal da diese nicht als Zierrat, sondern nur zum Gebrauch dienten. Das Berufungsgericht hat aber hierbei auch nicht beachtet, daß der Beklagte, der nach seinem eigenen Zugeständnis in der Klagbeantwortung sich gegenwärtig ausschließlich mit der Auflackierung alter Nähmaschinen beschäftigt, nur für Händler in dieser Weise tätig sein kann, weil es ausgeschlossen sein dürfte, daß Privatpersonen in irgendwie erheblicher Zahl ihre Nähmaschinen auflackieren lassen. Eine derartige Gestaltung des Falles hat das Berufungsgericht überhaupt nicht geprüft, obgleich die Klägerin ausdrücklich umfassenden Zeugenbeweis für die ganze Art des Geschäftsbetriebs und dessen Umfang bei dem Hauptauftraggeber des Beklagten in bezug auf alte Singer-Nähmaschinen angetreten hat.

---

106. Kann ein Rücklagekonto, das gemäß Generalversammlungsbeschluß aus dem zufolge Herabsetzung des Grundkapitals einer Aktiengesellschaft frei gewordenen Kapitalbetrage gebildet ist, zur Ausschüttung von Dividende und zur Gewährung von Gewinntantieme verwendet werden?

II. Zivilsenat. Urt. v. 23. Dezember 1921 i. S. B. u. L., Aktienges. i. Konk. (Kl.) w. F. u. Gen. (Bekl. u. Nebeninterv.). II 522/20.

I. Landgericht Stuttgart. — II. Oberlandesgericht daselbst.

Die Aktiengesellschaft B. & L., Holzmanufaktur in E., erhöhte im Juli 1904 ihr Grundkapital von ursprünglich 800000 *M* auf 1000000 *M*. In den Geschäftsjahren (gleich Kalenderjahren) 1904 bis 1908 hatte die Firma stets Verluste, im Jahre 1908 einen solchen von 171987,48 *M*. Im Oktober 1909 beschloß eine außerordentliche Generalversammlung die Herabsetzung des Grundkapitals auf 600000 *M* durch Aktienzusammenlegung im Verhältnis von 5 : 3 „zum Zwecke der Beseitigung der Unterbilanz von 171987,48 *M* und zum Zwecke von Abschreibungen bzw. Rückstellungen, deren Höhe dem Aufsichtsrat anheimgegeben werde". Eine Zwischenbilanz wurde nicht errichtet. Von dem durch die Herabsetzung entstandenen Buchgewinn von 400000 *M* wurden verwendet: Zur Tilgung der Unterbilanz 171987,48 *M*, zur Abschreibung von Maschinen u. dergl. 99750,37 *M*, zur Errichtung eines Delcredere-Kontos 35000 *M*, zur Errichtung eines Rücklage-Kontos 93262,15 *M*, zusammen 400000 *M*. Die Bilanz für 1909 schloß mit einem Gewinn von 57411,67 *M*, die Bilanz für 1910 mit einem solchen von 57150,11 *M* ab. Für diese beiden Geschäftsjahre wurde auf Grund der Beschlüsse der ordentlichen Generalversammlung vom März 1910 und Mai 1911 je eine Dividende von $4\frac{1}{2}\%$ auf das herabgesetzte Aktienkapital mit 27000 *M*, zusammen also 54000 *M*, ausgeschüttet; außerdem erhielten der Vorstand, die Aufsichtsratsmitglieder und einige Beamte an Gewinntantiemen für die beiden Jahre 8500 *M* und 7350 *M*, insgesamt 15850 *M*. Am 7. Mai 1912 geriet die Aktiengesellschaft in Konkurs.

Der Konkursverwalter verklagte die Mitglieder des Aufsichtsrats auf gesamtschuldnerische Erstattung von 54000 *M* (Dividendenausschüttung für 1909 und 1910) sowie eines Teiles der für 1909 und 1910 ausgezahlten Gewinntantieme; insgesamt wurden 65130,80 *M* nebst Zinsen gefordert. Zur Begründung wurde geltend gemacht: Die beiden Dividendenausschüttungen seien nicht aus Betriebsgewinn, sondern gesetzwidrigerweise aus dem Grundkapital bewirkt worden. Die Bilanzen für 1909 und 1910 seien falsch, weil sie einen Gewinn aufwiesen, während sie bei richtiger Berechnung je einen Verlust hätten ergeben müssen. Für die unrichtige Bilanzaufstellung seien die damaligen Aufsichtsratsmitglieder verantwortlich; sie hätten durch die Vortäuschung des Vorhandenseins von Jahresgewinnen die unzulässige Ausschüttung von Dividenden und Gewinnanteilen veranlaßt und die Gläubiger um die so ausgezahlten Beträge geschädigt. Der Klaganspruch werde als Anspruch der Gesellschaftsgläubiger, hilfsweise als solcher der Gesellschaft geltend gemacht. Die Beklagten bestritten die behauptete Unrichtigkeit der Bilanzen und jegliches Verschulden ihrerseits. Die verteilten Dividenden und Tantiemen seien nicht aus dem Stammkapital, sondern aus wirklichem Geschäftsgewinn entnommen;

die Art der Verwendung des Delcredere- und des Rücklagekontos habe dem Generalversammlungsbeschluß vom Oktober 1909 nicht widersprochen.

Beide Vorinstanzen haben die Klage abgewiesen. Die Revision des Klägers hatte keinen Erfolg.

Gründe:

Nach der Auffassung des Vorderrichters liegt zwar eine überwiegende Wahrscheinlichkeit dafür vor, daß die in den Bilanzen auf 31. Dezember 1909 und 31. Dezember 1910 errechneten Reingewinne nicht von einem Betriebsgewinn dieser beiden Jahre herrührten, sondern, mindestens zum Teil, auf die am 20. Oktober 1909 beschlossene Kapitalherabsetzung zurückzuführen seien. Auf einen buchmäßigen genauen Nachweis des „Betriebsgewinnes" habe aber — so führt das Berufungsurteil weiter aus — der Gesellschaftsgläubiger keinen Anspruch. Ein Kaufmann habe, wenn er sich vor Augen hielt, daß der Herabsetzungsbeschluß vom 20. Oktober 1909 auch auf „Rückstellungen" lautete, durch den Inhalt der Bilanzen für 1909 und 1910 keineswegs getäuscht werden müssen. Denn die Sanierungen hätten, wenn nicht von Hause aus den Zweck, so doch tatsächlich regelmäßig die mittelbare Folge, daß wegen des geminderten Grundkapitals die durch § 261 Nr. 5 HGB. eingeführte Beengung zum Teil behoben und ein verteilungsfähiger Gewinn erzielt werde. Die Aktiengesellschaft habe, wie sie eine sofortige teilweise Rückzahlung des Grundkapitals beschließen konnte, so auch nachträglich die Ausschüttung eines Teiles des durch die Kapitalherabsetzung erzielten Gewinnes als eines solchen im Sinne der §§ 261 Nr. 6 und 213 HGB. anordnen können. Es sei dies ein nach dem Gesetze frei verfügbarer Überschuß gewesen, dessen Verteilung daher eine Gesetzwidrigkeit nicht darstelle.

Diese Ausführungen lassen in Verbindung damit, daß der Vorderrichter die in den Bilanzen bei den Passiven aufgeführten Rücklagekonti unter dem Gesichtspunkte des freiwilligen Reservefonds auffaßt, zweifelsfrei den Sinn erkennen, den er der Anordnung des Herabsetzungsbeschlusses betreffend die Bildung von Rückstellungen beilegt. Das Berufungsgericht sieht in der Verwendung eines Teils des Rücklagekontos, wie geschehen, deshalb nichts Normwidriges, weil nach jenem Beschlusse die Rückstellungen, deren Höhe der Aufsichtsrat zu bestimmen hatte, nicht einen Bestandteil des gesetzlichen Reservefonds, sondern ein zur freien Verfügung der Aktiengesellschaft stehendes freiwilliges Reservekonto darstellen sollten, das nach Ansicht des Vorderrichters nicht nur zur Deckung von Betriebseinbußen, sondern auch zur Ermöglichung einer Dividendenausschüttung oder der Gewährung einer höheren Dividende herangezogen werden durfte. Diese Auslegung des Herabsetzungsbeschlusses steht weder mit dessen Wortfassung noch mit einer Gesetzesvorschrift oder Erfahrungstatsache im Widerspruch und ist daher rechtlich nicht zu beanstanden. Die Bildung freiwilliger Reservefonds, insbesondere auch als Verfügung über einen bei der Aktienzusammenlegung frei werdenden Teil des Grundkapitals, durch Beschluß der Generalversammlung ist ein keineswegs ungewöhnlicher Vorgang im Leben der heutigen Aktiengesellschaft (vgl. Denkschrift zum HGB. vom 10. Mai 1897 S. 160; Horrwitz, Recht der Generalversammlungen, S. 438, Staub-Pinner, HGB., 10. Aufl., Anm. 14, Abs. 3 zu § 288). Um so weniger kann es als rechtsirrtümlich bezeichnet werden, wenn das Berufungsgericht die Rückstellung (das Rücklagekonto), deren Verwendungsmöglichkeit im Herabsetzungsbeschlusse selbst nicht näher bestimmt und demnach auch nicht irgendwie eingeschränkt wurde, als einen zur freien Verfügung der Aktiengesellschaft, namentlich der Generalversammlung, stehenden Vermögensteil auffaßt. Dem steht nicht entgegen, daß der Beschluß vom 20. Oktober 1909 die Ermöglichung des Ausschüttens einer Dividende nicht ausdrücklich als einen der Zwecke der Kapitalherabsetzung bezeichnet. Herabsetzungszweck im Sinne des § 288 Abs. 2 HGB. war nach dem Beschlusse neben der Beseitigung der Unterbilanz und der Herbeiführung von Abschreibungen die Schaffung einer „Rücklage", deren Unverwendbarkeit zur Dividendenverteilung sich nicht, jedenfalls nicht zwingend, aus dem Fehlen jeder Angabe über ihre Zweckbestimmung im einzelnen ergibt. Die Auslegung des Oberlandesgerichts ist daher mit dem Inhalt des Herabsetzungsbeschlusses wohl vereinbar. Durfte aber das Rücklagekonto, wie geschehen, teilweise zur Dividendenverteilung — und, was rechtlich ebenso zu beurteilen ist, zur Verabreichung von Tantieme an den Vorstand und Aufsichtsrat und von Gratifikationen an Beamte — verwendet werden, so ist für die Annahme, daß die beiden Bilanzen 1909 und 1910 falsch gewesen und die Gesellschaftsgläubiger durch sie getäuscht worden wären, kein Raum. Denn dann brauchte das Rücklagekonto jeweils nur in der Höhe aufgenommen zu werden, die sich nach Abzug des ihm entnommenen und zum Reingewinn geschlagenen Betrages ergab; daß der gesetzliche Reservefonds durch die am Rücklagekonto vorgenommenen Veränderungen nicht berührt wurde, ist außer Streit und geht ohne weiteres aus der Vergleichung der Bilanzen für 1908, 1909 und 1910 hervor. Daraus, daß das Delcrederekonto schon in der Bilanz für 1909 fehlt, leitet die Revision eine Rüge nicht ab; es steht fest, daß dieses Konto bis auf einen geringen Restbetrag, der in der Bilanz für 1909 zum Rücklagekonto geschlagen ist, durch Abschreibung zweifelhafter Außenstände aufgebraucht wurde. Die Annahme, daß die dem Rücklagekonto entzogenen und zum Reingewinn genommenen Beträge in Wirklichkeit Grundkapital gewesen seien und deshalb nicht hätten verteilt werden dürfen, ist gleichfalls ungerechtfertigt. Ihre Eigenschaft als Bestandteil des Grundkapitals hatten die ganzen 400000 ℳ, um die das Aktienkapital herabgesetzt wurde, zufolge der Zusammenlegung verloren. Die Herübernahme gewisser Beträge aus dem Rücklagekonto in den Reingewinn war aber deshalb nicht ordnungswidrig, weil der bilanzmäßige Reingewinn nicht gleichbedeutend ist mit Betriebsgewinn, sondern auch insoweit Reingewinn bleibt, als er nicht dem Geschäftsbetriebe im engeren und eigentlichen Sinne des Wortes seine Entstehung verdankt. Und nach § 215 Abs. 1 HGB. ist verteilungsfähig, was sich nach der jährlichen Bilanz — ohne Rücksicht auf die sachliche Herkunft — als Reingewinn ergibt. Vgl. die auch für die heutige Aktiengesellschaft zutreffenden Ausführungen über den Charakter der Bilanz und den verteilungsfähigen Gewinn in RGZ. Bd. 28 S. 55.

Im Laufe des Rechtsstreits hat die verklagte Partei den Standpunkt vertreten, die Generalversammlungen vom 30. März 1910 und vom 4. Mai 1911 wären auch einem jede Verteilung der Rücklage verbietenden Herabsetzungsbeschluß gegenüber in der Lage gewesen, die Ausschüttung einer Dividende unter Inanspruchnahme des Rücklagekontos wirksam zu beschließen. Die Frage ist zum mindesten zweifelhaft, weil jenes Verbot einen Bestandteil des Herabsetzungsbeschlusses gebildet und dieser nach § 288 Abs. 1 HGB. eine Mehrheit von drei Vierteilen des bei der Beschlußfassung vertretenen Grundkapitals erfordert hätte, während die Generalversammlungsbeschlüsse vom 30. März 1910 und 4. Mai 1911 nach § 251 Abs. 1 daselbst im Zweifel nur der einfachen Stimmenmehrheit bedurften. Angesichts der Auslegung, die das Berufungsgericht dem Herabsetzungsbeschluß vom 20. Oktober 1909 hat zuteil werden lassen, braucht jedoch diese Frage nicht entschieden zu werden.

Aus der Verletzung der Sperrfristbestimmung des § 289 Abs. 4 HGB., die jedenfalls bei der Verteilung der am 30. März 1910 beschlossenen Dividende unterlaufen ist, haben — wie das Berufungsgericht feststellt — die Gläubiger irgendeinen Anspruch gegen die Aktiengesellschaft nicht abgeleitet. Hieraus ergibt sich, daß der Berufungsrichter keine Veranlassung hatte, der Frage einer auf § 289 Abs. 4 sich gründenden Schadensersatzpflicht der Beklagten näher zu treten. Die Revision meint, der Kläger habe in II. Instanz auch die Verletzung der Sperrfrist betont, indem er dem Beklagten F. vorgeworfen habe, man habe sich planmäßig auf Kosten der Gläubiger einen Teil des Gesellschaftsvermögens angeeignet. Allein er hat mit keinem Wort von einer Zuwiderhandlung gegen § 289 Abs. 4 gesprochen; seine Ausführungen beziehen sich vielmehr lediglich auf die behauptete verschleierte Verteilung von Grundvermögen und auf das angebliche

Nichtvorhandensein eines die Ausschüttung einer Dividende rechtfertigenden Reingewinns. Ein Anspruch aus § 289 Abs. 4 ist demnach gar nicht geltend gemacht. Der behauptete Verstoß gegen § 286 ZPO. liegt daher nicht vor.

Auch § 139 ZPO. wird von der Revision zu Unrecht als verletzt bezeichnet. Der Kläger hatte in II. Instanz ausdrücklich erklärt, er wolle auf die früher geltend gemachten Bilanzunrichtigkeiten nicht mehr eingehen, da es für die Entscheidung nicht erforderlich sei. Das tat der Kläger aus eigenem Entschluß und auf die Gefahr hin, daß ihm der fehlende Nachweis dieser Unrichtigkeiten zum Nachteil gereichen könnte. Das Berufungsgericht hatte keinen Grund, jedenfalls aber keine Verpflichtung, den Kläger zur Aufgabe dieses Standpunktes und zur Erklärung über etwaige weitere Unrichtigkeiten der einen oder der anderen Bilanz zu veranlassen. Hieran würde auch dadurch nichts geändert, daß dem nach der Bilanz für 1910 nur noch rund 32000 *M* betragenden Rücklagekonto uneinbringliche Buchausstände in Höhe von mehr als 91000 *M* gegenübergestanden haben sollten.

---

107. Ist der Vermieter, der auf einem Grundstücke selbst Räume benutzt und andere an verschiedene Personen vermietet hat, den Mietern gegenüber verpflichtet, dafür zu sorgen, daß das den gemeinsamen Zugang bildende Hoftor verschließbar ist und abends verschlossen wird?

III. Zivilsenat. Urt. v. 3. Januar 1922 i. S. A. (Kl.) w. R. (Bekl.). III 386/21.

I. Landgericht Köln. — II. Oberlandesgericht daselbst.

Der Beklagte hatte auf einem ihm nicht gehörigen Grundstück in Köln, auf dem er selbst ein Holzlager hielt, mehrere Pferdeställe vermietet, und zwar einen an den Kläger. In der Nacht zum 5. April 1919 wurden die beiden Pferde des Klägers mittels Einbruchs aus diesem Stalle gestohlen. Der Kläger macht für den ihm dadurch erwachsenen Schaden den Beklagten verantwortlich, weil dieser nicht dafür gesorgt habe, daß das eiserne Hoftor, das das Grundstück nach der Straße zu abschloß, verschlossen gewesen sei. Auf die Revision des in beiden Rechtszügen abgewiesenen Klägers wurde das Berufungsurteil aufgehoben und die Sache an das Berufungsgericht zurückverwiesen.

Gründe:

Das Berufungsgericht meint, der Beklagte sei dem Kläger gegenüber auf Grund des Mietvertrags nicht verpflichtet gewesen, für das

Verschließen des Hoftors zu sorgen, und verneint auch für den Fall, daß das Schloß bereits mehrere Tage vor dem Diebstahle zerbrochen und dies dem Beklagten bekannt gewesen sein sollte, dessen Verpflichtung, für Abhilfe zu sorgen. Es kann ihm in beiden Punkten nicht beigepflichtet werden.

Daß an sich im April 1919 in Köln der Schutz der in den Mieträumen untergebrachten Sachen gegen Diebstahl es erforderte, das Hoftor nachts verschlossen zu halten, ist unbedenklich anzunehmen und wird auch von dem Berufungsgericht nicht bezweifelt. Es fragt sich nur, wer für das Verschließen zu sorgen hatte. An sich ist es Sache des Vermieters, der auf einem größeren Grundstücke selbst Räume benutzt und andere an verschiedene Personen vermietet hat, dafür zu sorgen, daß das den gemeinsamen Zugang zu allen diesen Räumen bildende Hoftor abends verschlossen wird, sofern nicht in dem Mietvertrag etwas anderes bestimmt ist. Eine besondere Abrede hierüber ist nun von dem Beklagten nicht behauptet worden; unstreitig hatte dieser dem Kläger auch einen Schlüssel zum Hoftor nicht eingehändigt. Deshalb hatte der Beklagte dem Kläger gegenüber, da er ihn nicht durch die Übergabe eines Schlüssels in die Lage versetzte, selbst das Abschließen des Tores zu besorgen, die Vertragspflicht, seinerseits hierfür Sorge zu tragen. Dem stehen die Umstände nicht entgegen, daß der Beklagte nicht Eigentümer des fraglichen Grundstücks war und nicht auf diesem, sondern weit entfernt wohnte, daß er ferner seinen Geschäftsbetrieb auf dem Grundstücke bereits um 5 oder 6 Uhr schloß und dieses verließ. Denn der Beklagte brauchte jene Vertragspflicht nicht in Person zu erfüllen, sondern konnte sie einem anderen übertragen, wie er denn auch, wenn auch nur im eigenen Interesse — nicht als Vermieter —, einen Bewohner des Grundstücks mit dem Abschließen beauftragt haben will; der von dem Vermieter mit dem Abschließen Beauftragte ist aber, wenn eine Vertragspflicht den Mietern gegenüber besteht, sein Erfüllungsgehilfe im Sinne des § 278 BGB. Daß ferner verschiedene Stallmieter später als der Kläger mit ihren Pferden heimkehrten, spricht eher für, als gegen eine Pflicht des Beklagten gegenüber dem Kläger, für das Abschließen zu sorgen, da danach erst recht nicht angenommen werden kann, daß er dieses dem Kläger übertragen wollte. Die weitere Annahme des Berufungsgerichts, der Kläger habe damit rechnen müssen, daß einer der später heimkehrenden Stallmieter das Tor nicht verschließen würde, ist unhaltbar. Er durfte vielmehr davon ausgehen, daß jeder Mieter, der das Tor verschlossen fand und aufschloß, es schon im eigenen Interesse wieder abschließen würde. Wenn das Berufungsgericht es endlich als eine Überspannung der Sorgfaltspflicht des Vermieters bezeichnet, von ihm unter den obwaltenden Umständen zu verlangen, dafür zu sorgen, daß das Tor auch nach dem Verlassen des Grundstücks durch den Kläger stets verschlossen sei und die Nacht über verschlossen gehalten werde, so ist hiergegen zu erwägen, daß der Beklagte seine Vertragspflicht erfüllte, wenn er durch einen damit Beauftragten abends das Tor gehörig verschließen ließ. Wurde es dann später von einem Mieter geöffnet und nicht wieder verschlossen, so hatte der Vermieter, von besonderen Haftungsgründen abgesehen, dafür nicht einzustehen, da nur jener Beauftragte, nicht auch jeder Mieter als Erfüllungsgehilfe des Vermieters den anderen Mietern gegenüber anzusehen ist.

Jedenfalls war es aber Pflicht des Beklagten als Vermieters, für die Verschließbarkeit des Hoftors und folglich, sobald er erfuhr, daß das Schloß zerbrochen war, für dessen Wiederherstellung und bis zu dieser für einstweilige Sicherung zu sorgen, und zwar ohne Rücksicht darauf, ob er dies selbst bemerkt oder durch den Kläger oder durch einen Dritten erfahren hatte. Die Unterlassung einer Anzeige des Klägers gemäß § 545 BGB. ist ohne Bedeutung, wenn der Beklagte Kenntnis von dem Mangel hatte, und daß der Kläger, nachdem er von diesem erfahren, sich nicht selbst geschützt und für Abhilfe gesorgt hat, kann nur unter dem Gesichtspunkt eines mitwirkenden Verschuldens (§ 254 BGB.) in Betracht kommen und nicht ohne weiteres die völlige Klagabweisung rechtfertigen. Übrigens hat der Kläger auch die Kenntnis von dem Mangel bestritten. Schließlich erforderte in dem gegebenen Falle die Haftung des Vermieters für den durch die schuldhafte Verzögerung der Ausbesserung oder Beschaffung von Abhilfe entstandenen Schaden keine Mahnung des Mieters, denn es handelte sich um die Abwendung einer unmittelbar vorhandenen, erheblichen Diebstahlsgefahr. Danach sind die Gründe, aus denen das Berufungsgericht eine Haftung des Beklagten wegen der Nichtwiederherstellung des Torschlosses verneint, nicht zu billigen.

---

108. Kann eine Wäscherin, die durch eine in der Wäsche stecken gebliebene Nadel verletzt worden ist, Ersatzansprüche aus § 618 BGB geltend machen?

III. Zivilsenat. Urt. v. 6. Januar 1922 i. S. Sch. (Kl.) w. B. (Bekl.). III 489/21.

I. Landgericht Essen. — II. Oberlandesgericht Hamm.

Die Ehefrau des Klägers war am 28. August 1918 im Haushalte des Beklagten als Wäscherin tätig. Beim Waschen verletzte sie sich den Daumen der linken Hand an einer Nadel, die in einer Schürze stecken geblieben war. Es trat eine Sehnenscheidenentzündung ein, die sie zeitweise völlig erwerbsunfähig machte und auch jetzt noch in ihrer Erwerbsfähigkeit beschränken soll. Der Kläger, der mit seiner Ehefrau in westfälischer Gütergemeinschaft lebt, verlangt im vorliegenden Rechtsstreit Ersatz des durch den Unfall ihm und seiner Ehefrau erwachsenen Schadens. Das Landgericht erklärte den Anspruch dem Grunde nach für berechtigt, das Oberlandesgericht aber wies die Klage ab. Die Revision hatte keinen Erfolg.

Gründe:

Der Auffassung des Oberlandesgerichts, daß § 618 BGB. auf einen Fall wie den vorliegenden keine Anwendung finde, kann nicht beigetreten werden. Sein Inhalt verkörpert den allgemeinen sozialpolitischen Rechtsgedanken, daß jeder Dienstverpflichtete einen schutzbedürftigen Anspruch darauf hat, bei Verrichtung der von ihm geforderten Dienste gegen die mit dieser Verrichtung verbundenen Gefahren für Leben und Gesundheit von dem Arbeitgeber nach Möglichkeit geschützt zu werden. Das berechtigte Schutzinteresse einer Wäscherin verlangt daher auch, daß ihr keine Schmutzwäsche zum Waschen anvertraut werde, in der sich zur Hervorrufung von Verletzungen geeignete Nadeln befinden. Auch auf die Entfernung solcher oder ähnlicher spitzer Gegenstände hat sich somit die Fürsorge des Dienstherrn zu erstrecken. Wird sie schuldhaft verabsäumt und dadurch die Schädigung der Wäscherin herbeigeführt, so steht der unmittelbaren oder zum mindesten sinngemäßen Anwendung des § 618 nichts im Wege. Trotz der Verkennung der rechtlichen Tragweite des § 618 kann das angefochtene Urteil aber aufrecht erhalten werden, da es durch die rechtsirrtumsfreie Erwägung getragen wird, daß dem Beklagten und seinen Erfüllungsgehilfen eine fahrlässige Außerachtlassung der nach Lage des Falles und nach der Verkehrsanschauung gebotenen Sorgfalt nicht zur Last fällt.

Kommt als Dienstherr im Rechtssinn auch nur der Beklagte in Betracht, so fällt die Erledigung der Wäsche doch naturgemäß in den häuslichen Wirkungskreis der Ehefrau, die als seine Erfüllungsgehilfin auch die Aufgabe hat, die nach § 618 erforderlichen Schutzmaßregeln zu treffen. Frau B. befand sich zur Zeit des Unfalls auf einer Reise und hatte die Besorgung der Wäsche dem einen ihrer Dienstmädchen, der Margarete K., übertragen. Die Schürze aber, in welcher die Nadel stecken geblieben war, gehörte dem zweiten Dienstmädchen, der Anna Bu., die im Laden beschäftigt war und mit der Wäsche nicht nur nichts zu tun hatte, der die Frau B. vielmehr ausdrücklich verboten hatte, ihre Wäsche mit der der Herrschaft zusammen durch die Waschfrau waschen zu lassen. Anna Bu. hatte jedoch nach der unangefochtenen Feststellung des Berufungsrichters die Schürze, welche den Anlaß zu der Gesundheitsschädigung der Ehefrau des Klägers gegeben hat, verbotswidrig entweder unmittelbar in das Waschfaß oder doch in die von der K. bereits eingeweichte Wäsche hineingetan. Daß Margarete K. darum gewußt hat, ist nicht erwiesen. Es kann aber nicht verlangt werden, daß die schon eingeweichte Wäsche ohne besonderen Anlaß vor ihrer Übergabe an die Waschfrau noch einmal auf das etwaige Vorhandensein von nicht hineingehörigen Wäschestücken oder gefährlichen Gegenständen untersucht wird.

Die Ehefrau des Beklagten brauchte mit der Möglichkeit nicht zu rechnen, daß die Bu. das Waschverbot heimlich übertreten würde. Solange ihr nichts Gegenteiliges bekannt geworden war, — und das ist bis zu dem Unfalltage nicht geschehen, — durfte sie sich vielmehr darauf verlassen, daß die Bu. dem Befehle, ihre Wäsche selbst zu waschen, nachkommen werde. Mit dieser Anordnung hatte sie alles, was ihr verständigerweise zuzumuten war, getan, um die Wäsche der Bu. und von ihr drohende Gefahren von der Wäscherin fernzuhalten. Mehr von ihr zu fordern, wäre eine unzulässige Überspannung der durch § 618 gebotenen Sorgfaltspflicht. Als allein Schuldige könnte nur die Bu. gelten, die aber nach dem festgestellten Sachverhalt als Erfüllungsgehilfin des Beklagten nicht in Betracht kommt.

---

109. Welche Verpflichtungen ergeben sich für den Käufer aus der Vertragsbestimmung „Kasse gegen Akkreditiv"?

II. Zivilsenat. Urt. v. 10. Januar 1922 i. S. L. (Bekl.) w. G. (Kl.). II 299/21.

I. Landgericht II Berlin, Kammer f. Handelssachen. — II. Kammergericht daselbst.

Durch Briefwechsel vom 21. und 24. Juni 1919 kam zwischen der klägerischen Firma als Käuferin und dem Beklagten als Lieferer ein Kaufvertrag über „3 Ladungen à ca. 10000 Stück ganze Original-Sektflaschen" zu 40 *M* das Hundert unter den weiteren Bedingungen „frei Waggon Berlin, Kasse gegen Akkreditiv" zustande. Die beiden ersten Ladungen wurden geliefert; über sie besteht kein Streit zwischen den Parteien. Dagegen weigert sich der Beklagte, die noch ausstehende dritte Ladung mit ca. 10000 Stück zu liefern, weil die Klägerin ihre Verpflichtung bezüglich der Akkreditivstellung nicht erfüllt habe.

Wegen dieser dritten Ladung schrieb der Beklagte der Klägerin am 28. Oktober 1919, voraussichtlich könnten 8—10000 Stück in der ersten Hälfte des November geliefert werden, die Klägerin möge das Akkreditiv für 8—10000 Flaschen bei der Bank für Handel und

Industrie in Berlin, Depositenkasse Y, stellen. Am 7. November 1919 übersandte sodann die Klägerin der Depositenkasse Y einen Verrechnungsscheck N. 25879 auf die Diskontogesellschaft, Filiale Frankfurt a. M., im Betrage von 4000 ℳ mit dem Anfügen: Die Firma Hans L. (der Beklagte) in Berlin habe an die Klägerin ca. 8—10000 Stück ganze Original-Sektflaschen zu 40 ℳ für hundert Stück frei Verladung ab Berlin zu liefern; gegen Aushändigung eines bahnamtlich abgestempelten Duplikatfrachtbriefs solle der Rechnungsbetrag an die Firma L. ausbezahlt werden, auch möge die Depositenkasse Y dieser Firma „von dem Inhalt" sofort Nachricht geben. Am 16. November 1919 schrieb die Klägerin der Depositenkasse Y weiter, die 4000 ℳ seien als ein zugunsten des Beklagten gestelltes Akkreditiv zu betrachten; dieser Firma solle sofort mitgeteilt werden, daß ihr der Betrag von 4000 ℳ bei der Depositenkasse Y gegen Duplikatfrachtbrief zur Verfügung stehe. Schon am 10. November hatte der Beklagte unter Bezugnahme auf ihre Mitteilung vom 28. Oktober der Klägerin geschrieben: Das Akkreditiv sei bis heute nicht gestellt, auch habe die Klägerin nichts weiter von sich hören lassen; es werde ihr nunmehr zur Stellung eines „unwiderruflichen" Akkreditivs bei der Bank des Beklagten eine Frist gesetzt bis zum 20. November; sei das Akkreditiv bis dahin dort nicht eingelaufen, so müsse der Beklagte annehmen, daß die Klägerin auf die Lieferung der Flaschen verzichte, länger könne er ihr diese nicht zur Verfügung halten. Nach Mitteilung der Depositenkasse Y ist der Scheck am 9. November, keinesfalls aber später als am 11. November bei ihr eingegangen und am 11. dess. Monats von ihr an die Berliner Zentrale der Bank für Handel und Industrie weitergegeben worden. Nach einem Schreiben der Frankfurter Filiale der Diskontogesellschaft an Josef Lub. in Frankfurt a. M. vom 27. April 1920 hat diese Filiale dessen Scheckentnahme N. 25879 an die Order der Bank für Handel und Industrie, Depositenkasse Y Berlin, im Betrage von 4000 ℳ am 14. November 1919 zu Lasten des Lub. eingelöst. Mit Schreiben vom 21. November 1919 hat die Depositenkasse Y den Beklagten von der Eröffnung des Akkreditivs benachrichtigt; nach Behauptung des Beklagten ist ihm dieses Schreiben am 22. November 1919 zugegangen. Ebenfalls am 21. November 1919 schrieb der Beklagte an die Klägerin: Das Akkreditiv sei ihm auch bis heute von seiner Bank nicht als gestellt avisiert worden; er müsse daher auf seinem Brief vom 10. November beharren, er habe der Klägerin die Flaschen lange genug zur Verfügung gehalten und ihr einen reichlichen Zeitraum zur Stellung des unwiderruflichen Akkreditivs gelassen.

Die Klägerin verlangt nunmehr vom Beklagten Lieferung von 10000 ganzen Original-Sektflaschen zu den oben angeführten Vertragsbedingungen und, wie ausdrücklich bemerkt wird, mit der Klausel „Kasse gegen Akkreditiv".

Das Landgericht hat die Klage in Höhe von 8000 ganzen Original-Sektflaschen zugesprochen, mit ihrer Mehrforderung aber die Klägerin abgewiesen. Die Berufung des Beklagten war erfolglos. Auf seine Revision wurde das Berufungsurteil aufgehoben und die Sache in die Vorinstanz zurückverwiesen.

Gründe:

Das Berufungsgericht läßt unentschieden, ob die Klägerin mit der Akkreditiveröffnung sich im Verzuge befunden, ob der Beklagte auf den Rücktritt vom Vertrage verzichtet habe und ob die der Klägerin im Schreiben vom 10. November 1919 gesetzte Frist angemessen gewesen sei. Auf alles das soll es nicht ankommen, weil die Klägerin das Akkreditiv innerhalb der Frist, also vor dem Ablauf des 20. November 1919, gestellt habe. Die Annahme des von der Klägerin übersandten Schecks seitens der Berliner Depositenkasse Y der Bank für Handel und Industrie sei zahlungshalber, vorbehaltlich des Eingangs des Betrages, erfolgt. Mit der Einlösung des Schecks durch den Bezogenen sei die Zahlung geleistet gewesen. Die Frankfurter Filiale der Diskontogesellschaft habe aber den Scheck am 14. November 1919, also vor Ablauf der Nachfrist, eingelöst. Es könne hiernach dahinstehen, ob die Bank für Handel und Industrie ein Verschulden in der Richtung treffe, daß der Beklagte erst am 22. November 1919 die Nachricht von der Bestellung des Akkreditivs erhalten habe. Die Einziehung des Schecks sei für den Beklagten erfolgt, ein Verschulden der Bank würde nicht der Klägerin zur Last fallen.

Diese Ausführungen sind rechtsirrig; sie verkennen die durch die Verpflichtung der Klägerin zur Akkreditivstellung geschaffene Sach- und Rechtslage. Vereinbart war zwischen den Parteien die Stellung eines Akkreditivs bei der Bank des Beklagten, der Bank für Handel und Industrie in Berlin, Belle-Allianceplatz 6; das ist die Depositenkasse Y dieser Bank in Berlin. Wollte die Klägerin ihre Verpflichtung unter Verwendung des ihr zur Verfügung stehenden Schecks N. 25879 erfüllen, so mußte sie dafür sorgen, daß nicht bloß der Scheck selbst an die Depositenkasse Y gesandt, sondern auch die Depositenkasse Y in die Lage versetzt wurde, über den Betrag des durch Verrechnung eingelösten Schecks zugunsten des Beklagten zu verfügen. Weiter aber gehört zur Akkreditivstellung die Erklärung der Bank an den Verkäufer, daß ihm der betreffende Geldbetrag vom Käufer bei ihr zur Verfügung gestellt sei. Die Erklärung wird je nach den Umständen, insbesondere je nach der Unwiderruflichkeit oder Widerruflichkeit des Akkreditivs, verschieden gefaßt sein und für die Bank eine Verpflichtung zur vertragsmäßigen Auszahlung dem Verkäufer gegenüber begründen oder nicht. Jedenfalls erlangt der Verkäufer erst durch die Erklärung der Bank Kenntnis von seiner Akkreditierung und die mit dieser erstrebte Sicherstellung. Wie unbestritten, ist die Benachrichtigung des Beklagten von der Akkreditiveröffnung in Höhe von 4000 ℳ erst durch Schreiben der Depositenkasse Y vom 21. November 1919 erfolgt, das dem Beklagten am 22. November zuging. Hiernach kann davon, daß die Akkreditivstellung — wie die Klägerin behauptet — vor dem 20. November 1919, dem Tage des Ablaufs der Nachfrist, bewirkt worden wäre, nicht die Rede sein. Nach den Feststellungen des Berufungsurteils und der dort in bezug genommenen Korrespondenz kann nicht angenommen werden, daß die Depositenkasse Y vor Ablauf des 20. November 1919 über den Betrag des Verrechnungsschecks N. 25 879 zu verfügen in der Lage war. Denn die Einlösung des Schecks ist durch Verrechnung zwischen der Frankfurter Filiale der Bank für Handel und Industrie und der dortigen Filiale der Diskontogesellschaft als Bezogener geschehen, und es läßt sich dem angefochtenen Urteil nicht entnehmen, daß die Frankfurter Filiale der Bank für Handel und Industrie der Depositenkasse Y in Berlin den Scheckbetrag zur Verfügung gestellt oder ihr auch nur von der Einlösung des Schecks Mitteilung gemacht habe. Daß die Verrechnung nicht unmittelbar zwischen der Depositenkasse Y und der Bezogenen vor sich ging, beruht — worüber die Parteien einig sind — darauf, daß die Depositenkasse Y den ihr von der Klägerin übersandten Scheck an ihre Zentrale weitergegeben und diese sodann ihre Frankfurter Filiale mit der Besorgung des weiteren betraut hat. Die Depositenkasse Y aber hat nach Ablauf der 10tägigen Vorlegungsfrist angenommen, der (inzwischen nicht zurückgekommene) Scheck gehe in Ordnung, und deshalb den Beklagten am 21. November 1919 von der Akkreditiveröffnung benachrichtigt. Wenn nun auch nichts dafür vorliegt, daß der Klägerin bei Übersendung des Schecks an die Depositenkasse Y die ihm bis zu seiner Einlösung widerfahrene Behandlung bekannt war, so muß sie doch im Verhältnis zum Beklagten dafür verantwortlich gemacht werden, daß ihre Beauftragte, die Depositenkasse Y, nicht alsbald nach der am 14. November erfolgten Einlösung des Schecks die Möglichkeit der Verfügung über den Scheckbetrag erhielt. Das Berufungsgericht meint, ein etwaiges Verschulden der Bank hinsichtlich der erst am 22. November 1919 erfolgten Benachrichtigung des Beklagten von der Akkreditivbestellung würde keinesfalls zu Lasten der Klägerin gehen, da der Scheck „für" den Beklagten (soll wohl heißen: zur Verwendung des Scheckbetrags im Interesse seiner Sicherstellung) eingezogen worden sei. Allein dieser Gesichtspunkt ist nicht entscheidend. Nur darauf kommt es an, daß die Klägerin vertraglich verpflichtet war, das Akkreditiv bei der Bank des Beklagten, der Depositenkasse Y in Berlin, die insoweit ihre Beauftragte war, zu stellen, damit dem Beklagten durch sie der Kaufpreis gegen Ausfolgung des Duplikatfrachtbriefs ausgezahlt würde. Wenn die Klägerin dieser Verpflichtung durch Weitergabe des ihr zur Verfügung stehenden Verrechnungsschecks gerecht werden wollte, so tat sie dies auf ihre Gefahr in dem Sinne, daß die bankmäßige Behandlung des Schecks bis zur Einlösung, das etwaige Unterbleiben der Überweisung der 4000 *M* an die Depositenkasse Y und weiterhin auch die verspätete Benachrichtigung des Beklagten von der Akkreditivstellung ihr — der Klägerin — zur Last fielen. Der Beklagte konnte ruhig abwarten, ob die Klägerin ihrer Verpflichtung nachkommen würde oder nicht. Er brauchte sich hierwegen auch nicht bei seiner Bank, der Depositenkasse Y, zu erkundigen, durfte sich vielmehr beim Nichtvorliegen von Umständen, die nach Treu und Glauben ein anderes Verhalten zur Pflicht machten, darauf verlassen, daß er — wie es dann auch am 22. November 1919 geschah — von der Depositenkasse Y Anzeige über die erfolgte Akkreditiveröffnung erhalten werde. In gleichem Sinne hat sich schon der III. Zivilsenat des Reichsgerichts in der Entscheidung vom 26. April 1921 III 377/20 (JW. 1921 S. 1312) ausgesprochen.

Die Auffassung, daß die Rücktrittserklärung des Beklagten unwirksam gewesen sei, weil die Klägerin das Akkreditiv schon vor dem Ablauf des 20. November 1919 eröffnet habe, ist demnach nicht haltbar. Anderseits ist daran, daß die vereinbarte Akkreditivstellung eine Hauptleistung der Klägerin darstellt und ihr etwaiger Verzug mit dieser Leistung dem Beklagten die Rechte aus § 326 Abs. 1 BGB. verschafft hat, nach Sachlage nicht zu zweifeln. Die Entscheidung über die Berechtigung oder Nichtberechtigung des vom Beklagten erklärten Rücktritts hängt daher von der Stellungnahme zu den eingangs erwähnten Fragen, in erster Linie also davon ab, ob die Klägerin mit der Akkreditivstellung im Verzuge und ob die vom Beklagten gesetzte Nachfrist angemessen war.

Die Revisionsbeklagte hat sich im Interesse der Aufrechterhaltung des angefochtenen Urteils noch darauf berufen, daß der Einwand des Beklagten, die Klägerin habe kein unwiderrufliches Akkreditiv gestellt und daher die ihr obliegende Leistung nicht bewirkt, vom Vorderrichter zurückgewiesen worden sei mit der Begründung, die Unwiderruflichkeit sei nach den Bestätigungsschreiben nicht zur Voraussetzung gemacht worden, das Akkreditiv habe aber für die Lieferung des Beklagten zur Verfügung gestanden. Mit diesem Vorbringen sollte darauf hingewiesen werden, daß die Klägerin wegen der in dem Verlangen eines unwiderruflichen Akkreditivs liegenden Zuvielforderung des Beklagten nicht ordnungsmäßig in Leistungsverzug gesetzt worden sei. Eine Zuvielforderung des Beklagten liegt jedoch überhaupt nicht vor. Wenn auch in den Briefen vom 21. und 24. Juni 1919 das von der

Klägerin zu stellende Akkreditiv nicht ausdrücklich als unwiderrufliches bezeichnet war, so ergibt sich die Unwiderruflichkeit doch zweifelsfrei aus der Vertragsbedingung „Kasse gegen Akkreditiv". Rein wörtlich genommen wäre die Klausel unverständlich, da es sich bei diesen beiden Bezeichnungen nicht um einen Austausch von Leistung und Gegenleistung, sondern um eine Verpflichtung lediglich des Käufers handelt. Der Sinn der Klausel, die im heutigen Handelsverkehr typischen Charakter angenommen hat, ist aber offensichtlich der, daß das Akkreditiv in diesem Falle wirtschaftlich auf eine Stufe mit der „Kasse", der Barzahlung, gestellt werden soll. Ein Äquivalent der Barzahlung ist naturgemäß nur das endgültig festgestellte, also das unwiderrufliche Akkreditiv, nicht ein solches, das der Käufer beliebig zurückziehen kann. Das Akkreditiv war auch von seiten der Klägerin als ein unwiderrufliches gemeint, sonst hätte sie nicht die Depositenkasse Y mit Schreiben vom 16. November 1919 um sofortige Benachrichtigung des Beklagten gebeten, daß ihm die 4000 *M* bei der genannten Bank gegen Duplikatfrachtbrief zur Verfügung ständen. Entsprechend diesem Ersuchen hat dann die Depositenkasse Y am 21. November 1919 dem Beklagten Mitteilung gemacht, ohne die Frage der Widerruflichkeit oder Unwiderruflichkeit in dem Schreiben ausdrücklich zu erwähnen.

---

110. 1. Wird bei einem auf länger als ein Jahr geschlossenen Mietvertrage, der wesentlicher Bestandteil eines Grundstücksveräußerungsvertrags ist, der Mangel der Schriftform durch nachfolgende Auflassung und Eintragung des Eigentumswechsels im Grundbuche geheilt?

2. Findet die Formvorschrift des § 566 BGB. auf einen Vertrag Anwendung, durch welchen der Vermieter für länger als ein Jahr auf die Kündigung verzichtet?

III. Zivilsenat. Urt. v. 10. Januar 1922 i. S. R. (Kl.) w. St. (Bekl.). III 512/21.

I. Landgericht Köslin. — II. Oberlandesgericht Stettin.

Der Kläger hatte im Hause des Kaufmanns J. einen Laden mietweise inne. Im Oktober 1913 nahm er an dem Laden bauliche Veränderungen auf seine Kosten vor und will dafür von J. die mündliche Zusicherung erhalten haben, daß er 10 Jahre lang für den bisherigen Mietzins wohnen bleiben dürfe. Im Jahre 1919 verkaufte J. sein Grundstück an den Beklagten und soll sich dabei mündlich ausbedungen haben, daß dieser dem Kläger nicht vor dem 1. April 1923 kündige. Die Auflassung ist erfolgt. Der Beklagte kündigte jedoch alsbald den Laden und erhielt auch die Genehmigung des Mieteinigungsamts dazu. Deshalb hat der Kläger in erster Linie die Feststellung der Verpflichtung des Beklagten, ihm den Laden bis zum 1. Oktober 1923 zu belassen, in zweiter Reihe die Feststellung der Ungültigkeit der Kündigungsgenehmigung des Mieteinigungsamts verlangt. Das Landgericht und das Oberlandesgericht haben die Klage abgewiesen. Die Revision des Klägers hatte Erfolg.

Gründe:

Mit Recht geht das Oberlandesgericht davon aus, daß die Genehmigung des Mieteinigungsamts eine nach bürgerlichem Rechte unwirksame Kündigung nicht zu einer wirksamen machen könne. Über die Frage, ob Vertrag oder Gesetz eine Kündigung zulassen, hat lediglich das ordentliche Gericht zu befinden. Fällt seine Entscheidung zuungunsten des Vermieters aus, so ist die Zustimmung des Mieteinigungsamts zu dessen Kündigung ein rechtlich bedeutungsloser Akt.

Im gegebenen Falle soll nun der Vermieter J. im Jahre 1913 mit dem Kläger das im Tatbestande wiedergegebene Abkommen getroffen und im Anschlusse daran in dem Grundstücksvertrage vom Jahre 1919 sich ausbedungen haben, daß der Beklagte dem Kläger den Laden nicht vor dem 1. April 1923 kündige. Der Berufungsrichter glaubt aber — auch bei Unterstellung der Richtigkeit dieser Behauptung —, die Rechtsgültigkeit der Kündigung nicht beanstanden zu dürfen, weil die beiden eine längere als einjährige Bindung an den Mietvertrag bezweckenden Vereinbarungen der im § 566 BGB. vorgeschriebenen Schriftform entbehrten und deren Nichtbeobachtung auch durch die Auflassung des Grundstücks an den Beklagten nicht geheilt worden sei. Daß der Kläger aus dem Vertrage von 1913 Rechte gegen den Beklagten nicht herzuleiten vermag, bedarf keiner Ausführung. Im übrigen aber ist die Auffassung des Oberlandesgerichts rechtsirrig, gleichviel ob man mit ihm in dem Abkommen von 1919 den Abschluß eines mehrjährigen Mietvertrags oder mit der Revision den eines Vertrags eigener Art erblickt.

Folgt man der Auslegung, welche der Berufungsrichter dem zugunsten des Klägers geschlossenen Vertrage gibt, so hätte dieser nach § 566 zweifellos der schriftlichen Form bedurft, wenn ihm ein selbständiges rechtliches Dasein zugedacht worden wäre. So liegt die Sache aber nicht. Er bildete vielmehr — die Richtigkeit des klägerischen Vorbringens vorausgesetzt — lediglich einen wesentlichen Bestandteil des Grundstücksveräußerungsvertrags derart, daß dieser nicht ohne den Mietvertrag und der Mietvertrag nicht ohne ihn zustande gekommen wäre. Eine so innige Verbindung der beiden Geschäfte miteinander, ihre Verschmelzung zu einem einheitlichen Rechtsgebilde, dem Grundstücksveräußerungsvertrage, erklärt sich leicht aus dem erheblichen Interesse, das J. daran hatte, als Gegenleistung für die Grundstücksübereignung auch den Abschluß des Mietvertrags zu verlangen und zu erreichen. Denn ohne ihn lief er Gefahr, von dem Kläger, falls dieser den Laden vor dem 1. Oktober 1923 zu räumen gezwungen wurde, wenigstens wegen eines Teils der Umbaukosten in Anspruch genommen zu werden. Auf Grundstückskaufverträge aber und ihre unselbständigen Teile kann § 566 BGB. naturgemäß keine Anwendung finden. Seine Rechtsfolgen treten daher nicht ein, wenn ein mündlich geschlossener Mietvertrag nicht Selbstzweck ist, sondern in dem Rahmen eines Grundstücksveräußerungsvertrags mit diesem zusammen eine wirtschaftliche und rechtliche Einheit darstellt. Bei so enger Zusammengehörigkeit muß vielmehr die Mietabrede notwendigerweise das rechtliche Schicksal des Hauptvertrags teilen. Sie bedurfte daher an sich wie dieser der gerichtlichen oder notariellen Beurkundung (§ 313 Satz 1 BGB.). Die Auflassung und die Eintragung des Beklagten als Eigentümer ließen aber den Hauptvertrag „seinem ganzen Inhalte nach" d. h. mit allen Abreden, aus denen er sich nach dem Willen der Vertragsteile zusammensetzte, also auch das Mietabkommen für die vereinbarte Mietzeit, wirksam werden (§ 313 Satz 2 BGB., vgl. RGZ. Bd. 97 S. 219; Oertmann, Schuldverhältnisse Anm. 1 zu § 566). Es der Rechtsgültigkeit entkleiden, hieße, sie dem ganzen Veräußerungsvertrage abzusprechen (§ 139 BGB.), da anderenfalls der von den Vertragschließenden gewollten Zusammenfassung der beiden Geschäfte zu einer Einheit nicht Rechnung getragen würde. Das aber wäre ein mit der Vorschrift des § 313 Satz 2 unvereinbares, die Sicherheit der Grundstücksübereignungsverträge in hohem Grade gefährdendes Ergebnis. Einer Entscheidung der Frage, wie die Lage des Klägers sich im Falle einer etwaigen Weiterveräußerung des Grundstücks gestalten würde, bedarf es im Rahmen dieses Rechtsstreits nicht. Sie ist für seine lediglich nach dem Kaufvertrage vom Jahre 1919 zu beurteilende Rechtsstellung dem Beklagten gegenüber selbstverständlich ohne Einfluß.

Faßt man aber die streitige Abrede nicht als Mietvertrag, sondern als Verzichtsvertrag auf, inhalts dessen der Beklagte auf das mit der Übereignung auf ihn übergehende Recht des J., dem Kläger den Laden jederzeit mit gesetzlicher Frist zu kündigen, zu dessen Gunsten bis zum 1. April 1923 verzichtet habe, so fällt sie gleichfalls nicht unter § 566 BGB. Denn dieser bezieht sich seinem Wortlaute und Zwecke nach nur auf Mietverträge im eigentlichen Sinne, d. h. auf Verträge, welche die Verpflichtung der einen Vertragspartei, der anderen den Gebrauch eines Grundstücks oder Grundstücksteils auf länger als ein Jahr gegen Entgelt zu gewähren, zum Gegenstande haben. Mit dieser Formvorschrift wollte der Gesetzgeber ein Gegengewicht gegen § 571 BGB. schaffen, der einen Grundstückskäufer verpflichtet, laufende

Mietverträge gleichsam wie Grundstückslasten zu übernehmen und zu erfüllen. Der Erwerber sollte in die Lage versetzt werden, die Mietbelastungen an der Hand der vorhandenen Urkunden zu prüfen und sich so vor nachträglicher Überraschung durch ihm nicht bekannt gegebene langfristige Mietverträge zu schützen (vgl. Prot. 2. Lesung Bd. 2 S. 147 flg., 178). Ein derartiges Schutzbedürfnis kommt jedoch für denjenigen Käufer, der bei Kenntnis der Sachlage auf sein Kündigungsrecht freiwillig verzichtet, ebensowenig in Frage wie für denjenigen, auf den er das Grundstück durch ein Rechtsgeschäft unter Lebenden weiter überträgt. Denn der zweite Käufer wird durch den Verzicht seines Rechtsvorgängers im Eigentum nicht gebunden. Aus dem gleichen Grunde hat der erkennende Senat auch die Anwendung des § 566 auf einen Vorvertrag zu einem langfristigen Grundstücksmietvertrage in dem Urteile RGZ. Bd. 86 S. 30 flg., dessen übrige Erwägungen auch für den vorliegenden Fall in Betracht kommen, verneint. Der formlose Kündigungsverzicht würde deshalb auch rechtsgültig sein, wenn er losgelöst von dem Veräußerungsvertrag etwa nur in zufälligem zeitlichen Zusammentreffen mit dessen Abschluß oder gar nach der Auflassung ausgesprochen wäre. Um so weniger kann seine Wirksamkeit bezweifelt werden, wenn er einen wesentlichen Bestandteil des Grundstückskaufvertrags bildet. In diesem Falle würde alles das zutreffen, was oben über die Rechtsgültigkeit eines etwaigen Mietvertrags gesagt worden ist.

Aus diesen Gründen mußte das angefochtene Urteil aufgehoben werden. Der Berufungsrichter wird Beweis über den Inhalt der zwischen dem Beklagten und J. angeblich getroffenen Vereinbarungen zu erheben und festzustellen haben, ob aus ihnen dem Kläger ein selbständiger Anspruch auf Erfüllung im Sinne des § 328 Abs. 1 BGB. erwachsen ist.

---

111. 1. Zur Auslegung einer nach dem 31. Juli 1914 getroffenen Vereinbarung, daß alle Zahlungen „in deutscher Goldwährung" zu leisten seien.
2. Zur Anwendung des § 245 BGB.

V. Zivilsenat. Urt. v. 11. Januar 1922 i. S. D. (Bekl.) w. E. (Kl.). V 152/21.

I. Landgericht Elberfeld. — II. Oberlandesgericht Düsseldorf.

Im Grundbuche von W. ist auf Grundstücken des Klägers eine Darlehenshypothek von 55000 *M* zugunsten des Beklagten eingetragen. In der dieser Eintragung zugrunde liegenden Schuldurkunde vom

18. August 1914 haben die Parteien vereinbart, daß alle Zahlungen ohne Aufrechnung „in deutscher Goldwährung“ zu leisten seien. Im Jahre 1919 entstand zwischen den Parteien Streit darüber, ob, wie der Beklagte behauptete, die Darlehenshypothek infolge Zinszahlungsverzugs des Klägers fällig geworden sei, und ob, wie er weiter geltend machte, die Rückzahlung in Höhe des Betrages erfolgen müsse, der dem Werte des Darlehens in Reichsgoldmünzen entspreche. Wegen beider Streitpunkte erhob der Kläger die negative Feststellungsklage, zahlte dann aber, nachdem sein beim Amtsgericht Solingen auf Grund der Hypothekenverordnung vom 8. Juni 1916 gestellter Antrag, die Fälligkeit der Hypothek als nicht eingetreten gelten zu lassen, abgelehnt worden war, am 5. Februar 1920 den Darlehensbetrag in Papiergeld zurück und beantragte nunmehr, festzustellen, daß mit dieser Zahlung die Forderung des Beklagten getilgt sei, und den Beklagten auch zur Herausgabe der Ausfertigung der Schuldurkunde sowie zur Bewilligung der Löschung der Hypothek zu verurteilen. Der Beklagte erhob dagegen Widerklage mit dem Antrage, festzustellen, daß der Kläger verpflichtet sei, die Schuldsumme von 55000 *M* nebst Zinsen in deutscher Goldwährung und zwar nach dem Kurswerte des deutschen Geldes zur Zeit der Fälligkeit zu zahlen. Das Landgericht gab nach Beweisaufnahme der Klage statt, wies die Widerklage ab und legte die Prozeßkosten dem Beklagten zur Last. Dieser legte Berufung ein und änderte seinen Widerklagantrag dahin ab, daß er bat, den Kläger zu verurteilen, die Schuldsumme von 55000 *M* nebst Zinsen in deutscher Goldwährung nach dem Kurse zur Zeit der Zahlung — 5. Februar 1920 —, also nach Abzug der gezahlten 55000 *M* noch 1072500 *M* nebst $5\frac{1}{2}$% Zinsen seit dem 5. Februar 1920 zu zahlen. Das Oberlandesgericht wies die Berufung auf Kosten des Beklagten zurück, legte aber dem Kläger, weil er die Fälligkeit des Darlehens anfänglich zu Unrecht geleugnet habe, einen Kostenbeitrag von 1000 *M* auf.

Die Revision hatte keinen Erfolg.

Gründe:

Das Berufungsurteil beruht auf der Erwägung, daß die zwischen den Parteien getroffene Vereinbarung, daß alle Zahlungen „in deutscher Goldwährung“ zu leisten seien, als Verabredung einer eigentlichen Goldklausel, d. h. in dem Sinne auszulegen sei, daß der Kläger alle Zahlungen in Reichsgoldmünzen zu leisten habe, daß er aber nicht, wie es bei der Vereinbarung einer Goldwertklausel der Fall sein würde, sich verpflichtet habe, einen dem Werte des geschuldeten Betrages in Reichsgoldmünzen gleichkommenden Betrag zu entrichten. Aus dieser Vertragsauslegung folgert der Berufungsrichter, daß der Kläger, da Reichsgoldmünzen zur Zeit der von ihm am

5. Februar 1920 bewirkten Zahlung nicht mehr im Umlaufe gewesen seien, nach § 245 BGB. wie verpflichtet, so auch berechtigt gewesen sei, den Darlehensbetrag durch Zahlung in Papiergeld zum Nennbetrage abzudecken, und daß er mithin durch die von ihm geleistete Zahlung von seiner Schuld befreit sei.

Die Revision greift sowohl die den Ausgangspunkt dieser Erwägungen bildende Vertragsauslegung wie die aus ihr gezogene Schlußfolgerung an. Jedoch zu Unrecht.

In ersterer Hinsicht rügt sie, daß die Auslegung den gesetzlichen Auslegungsgrundsätzen nicht entspreche und durch Nichtbeachtung wesentlicher Umstände gegen § 286 ZPO. verstoße, und zwar erhebt sie zunächst den Vorwurf, die Auslegung des Berufungsrichters sei mit dem Wortlaute der Klausel nicht zu vereinigen, weil nicht Zahlung in deutschen Goldmünzen, sondern Zahlung in deutscher Goldwährung vereinbart sei. Dieser Einwand ist jedoch unbegründet. Denn eine deutsche Goldwährung in dem Sinne, daß unter Währung das Währungssystem zu verstehen wäre, bestand nicht mehr, seitdem durch das am 4. August 1914 mit dem Tage seiner Verkündung in Kraft getretene Gesetz, betreffend die Reichskassenscheine und die Banknoten (RGBl. S. 347) — ebenso wie bereits früher die Reichsbanknoten — die Reichskassenscheine bis auf weiteres für gesetzliche Zahlungsmittel erklärt waren und ferner bestimmt worden war, daß bis auf weiteres die Reichshauptkasse zur Einlösung der Reichskassenscheine und die Reichsbank zur Einlösung ihrer Noten nicht verpflichtet sei. Dem Berufungsrichter ist daher nicht entgegenzutreten, wenn er den Wortlaut der zwischen den Parteien vereinbarten Klausel dahin versteht, daß Zahlung in deutschen Goldmünzen als bedungen anzusehen sei. Auch durch die Ablehnung des von dem Beklagten für seine gegenteilige Auffassung des Wortsinnes der Klausel angetretenen Sachverständigenbeweises ist der Beklagte nicht beschwert. Denn abgesehen davon, daß hier nach dem Inhalte des im Schlußsatze des Tatbestandes enthaltenen Beweisangebots das Bestehen einer Verkehrssitte nicht behauptet war, hängt die Zuziehung von Sachverständigen anerkanntermaßen von dem Ermessen des Gerichts ab. Es verstößt daher nicht gegen das Prozeßgesetz, wenn das Gericht, wie im vorliegenden Falle, nach pflichtmäßigem Ermessen sich genügende eigene Sachkunde beimißt, um sich ohne Hilfe von Sachverständigen ein Urteil über die in Betracht kommende Frage zu bilden.

Nicht stichhaltig ist auch die fernere Rüge, daß der Berufungsrichter den Zweck der vereinbarten Klausel nicht gewürdigt habe. Allerdings hätte der Beklagte, wie der Verlauf der Dinge gezeigt hat, ein Interesse gehabt, sich eine Goldwertklausel in dem von ihm dargelegten Sinne auszubedingen. Daß er es aber getan habe, ist aus der vereinbarten Klausel in keiner Weise zu entnehmen. Auch haben beide Parteien, wie der Berufungsrichter einwandfrei feststellt, mit einem derartigen Verlaufe der Dinge, nämlich mit dem Verschwinden der deutschen Goldmünzen aus dem Umlaufe, nicht gerechnet und bei ihrer bereits kurz nach dem Kriegsausbruche getroffenen Vereinbarung auch nicht zu rechnen brauchen. Sie hatten daher auch keinen Anlaß, für diesen Fall durch eine vom Gesetz abweichende Vereinbarung Vorsorge zu treffen. Eine im Wege der Auslegung zugunsten des Beklagten zu ergänzende Lücke des Vertrags liegt gleichfalls nicht vor, da jeder Anhalt dafür fehlt, daß der Kläger sich für den Fall des Verschwindens der Goldmünzen aus dem Umlaufe einer anderen als der gesetzlichen Regelung hätte unterwerfen wollen. Auch daß die Vereinbarung der Goldklausel im Sinne einer eigentlichen Goldklausel, von dem erwähnten, von den Parteien nicht vorhergesehenen Falle abgesehen, für den Beklagten ohne Interesse gewesen sei, ist nicht zuzugeben. Denn die Klausel gewährte dem Beklagten denselben Schutz, den sie auch in sonstigen Fällen dem Gläubiger bietet. Ebenso verfehlt ist der Hinweis der Revision darauf, daß es auch vor dem Weltkriege nicht üblich und kaum möglich gewesen sei, einen Geldbetrag von der hier in Betracht kommenden Höhe in Goldmünzen zu zahlen. Denn die Möglichkeit dieser Zahlungsweise hörte erst auf, als die Goldmünzen aus dem Umlaufe verschwanden; ihre Ungebräuchlichkeit aber fällt nicht ins Gewicht, solange die Verhältnisse so lagen, daß der Gläubiger kein Interesse hatte, sich auf die Goldklausel zu berufen. Schließlich ist zu erwägen, daß die Vereinbarung einer Goldklausel in dem von dem Beklagten vertretenen Sinne sich als eine ungewöhnliche darstellt und daß die Eintragung der für das Darlehen bestellten Hypothek unter Zugrundelegung einer solchen Klausel nicht einmal hätte erfolgen können, da durch sie die Verpflichtung begründet worden wäre, außer dem Nennbetrage der Forderung in Reichswährung je nach dem Stande des Goldwertes ein darüber hinausgehendes, dem Betrage nach unbestimmtes Aufgeld zu zahlen, was dem Grundsatze widersprochen hätte, daß der Betrag der Belastung aus dem Grundbuche hervorgehen muß (RGZ. Bd. 50 S. 145, Bd. 101 S. 145; JW. 1904 S. 334). Die Auslegung des Berufungsrichters ist daher nicht zu beanstanden.

Nicht begründet ist auch die fernere Rüge der Revision, die sich gegen die aus dieser Auslegung gezogene Schlußfolgerung richtet. Diese Schlußfolgerung beruht auf der Vorschrift des § 245 BGB., nach der, wenn eine Geldschuld in einer bestimmten Münzsorte zu zahlen ist, die sich zur Zeit der Zahlung nicht mehr im Umlaufe befindet, die Zahlung so zu leisten ist, wie wenn die Münzsorte nicht bestimmt wäre. Die Anwendbarkeit dieser Vorschrift auf den vorliegenden Fall kann einem begründeten Bedenken nicht unterliegen (vgl. Wolff in Ehrenbergs Handbuch des gesamten Handelsrechts IV 1, S. 647; Kipp, Kriegsaufgaben der Rechtswissenschaft, Berlin Rektoratsrede 1914 S. 31 flg.). Nicht mit Unrecht rügt die Revision allerdings, daß der Berufungsrichter bei Prüfung der Frage, ob Reichsgoldmünzen noch im Umlaufe gewesen seien, nur auf den Zeitpunkt der vom Kläger geleisteten Zahlung abgestellt und nicht beachtet habe, daß der Kläger schon erheblich früher — nach Ablauf von vier Wochen nach dem 1. Januar 1919 — im Zahlungsverzuge gewesen sei. Diese Rüge kann jedoch deswegen nicht durchschlagen, weil auch schon damals, wie gerichtsbekannt, Reichsgoldmünzen nicht mehr im Umlauf waren. Unbegründet ist auch der fernere Revisionsangriff, daß der Kläger sein Unvermögen zur Leistung von Reichsgoldmünzen nach § 279 BGB. zu vertreten habe. Denn diese Vorschrift kommt im Rahmen des in § 245 BGB. geregelten Falles einer Geldsortenschuld nicht zur Anwendung. Eine solche Schuld erlischt zwar nicht, wenn die bedungene Münzsorte aus dem Verkehr verschwindet; sie wird aber in diesem Falle zu einer gewöhnlichen Geldschuld.

Versagen muß endlich die Rüge der Verletzung des § 140 BGB., die darauf gestützt wird, daß sich die streitige Vertragsklausel so, wie sie von den Parteien gewollt gewesen sei, vom Standpunkte des Berufungsgerichts aus betrachtet als nichtig erwiesen habe und daher in dem dem Willen der Parteien entsprechenden Sinne umzudeuten sei. Denn die Anwendung des § 140 BGB. setzt voraus, daß ein nichtiges Rechtsgeschäft vorliegt, das den Erfordernissen eines anderen Rechtsgeschäfts entspricht, dessen Geltung bei Kenntnis der Nichtigkeit von den Beteiligten gewollt sein würde. Davon kann hier keine Rede sein. . . .

---

112. 1. Fällt eine Verwechselungsgefahr unter § 16 UWG., wenn die Ähnlichkeit der Firmenbezeichnungen nur die glatte Abwickelung des Geschäftsverkehrs mit der Kundschaft infolge von Verwechselungen erschwert, ohne zu Folgen Anlaß zu geben, wie sie sonst aus unlauterem Wettbewerb hervorgehen?

2. Begründen Verwechselungen von Firmen durch Beamte z. B. der Post, der Registerbehörden, oder Nachlässigkeiten von kaufmännischen oder Bankangestellten die Verwechselungsgefahr des § 16 UWG.?

II. Zivilsenat. Urt. v. 17. Januar 1922 i. S. Akt.-Ges. Commerzbank in Lübeck und Akt.-Ges. Lübecker Privatbank daselbst (Kl.) w. Commerz- und Privatbank-Akt.-Ges. Filiale Lübeck (Bekl.). II 344/21.

I. Landgericht Lübeck, Kammer f. Handelssachen. — II. Oberlandesgericht Hamburg.

Die Klägerinnen betreiben seit Jahrzehnten Bankgeschäfte in Lübeck, die Klägerin zu 1 unter der eingetragenen Firma „Commerzbank in Lübeck", die Klägerin zu 2 unter der eingetragenen Firma „Lübecker Privatbank". Beide besitzen einen umfangreichen Geschäftsverkehr, der sich nicht nur auf Lübeck und andere Gebiete des Deutschen Reichs beschränkt, sondern auch auf das Ausland, besonders Skandinavien, erstreckt. Im Laufe der Zeit haben sich für ihre Firmen die abgekürzten Bezeichnungen „Commerzbank" bei der Klägerin zu 1 und „Privatbank" bei der Klägerin zu 2 eingebürgert.

Im Jahre 1918 übernahm die Aktiengesellschaft „Commerz- und Diskontobank in Hamburg" das Lübecker Bankgeschäft Sal. L. C. und führte es unter der Firma „Commerz- und Diskontobank, Filiale Lübeck" als eigne Zweigniederlassung weiter. Im Sommer 1920 vereinigte sich die „Commerz- und Diskontobank in Hamburg" mit der „Mitteldeutschen Privatbank" und nahm die Firma „Commerz- und Privatbank-Aktiengesellschaft" an, um in ihrem Namen einen Anklang an letztere bestehen zu lassen. Am 14. September 1920 wurde die Zweigniederlassung der Beklagten unter der Firma „Commerz- und Privatbank-Aktiengesellschaft, Filiale Lübeck" in das Lübecker Handelsregister eingetragen, nachdem der Registerrichter die von den Klägerinnen wegen der Verwechselungsfähigkeit der neuen Firma mit den ihrigen erhobenen Bedenken zurückgewiesen hatte. Die zur Zeit der früheren Firmierung geringe Zahl von Verwechselungen zwischen den Firmen der Klägerinnen einerseits und der Filiale der Beklagten anderseits hat sich seit der angegebenen Firmenänderung bedeutend vermehrt. Richtig adressierte Briefe sind durch Versehen der Post unrichtig abgeliefert worden, ein von der Klägerin zu 1 telephonisch bestellter Registerauszug ist vom Registergericht in Lübeck versehentlich für die Beklagte ausgefertigt worden. Schreiben auswärtiger Banken, die nach dem richtigen Kopf für eine der Klägerinnen bestimmt waren, wurden von Angestellten jener Banken mit einem Briefumschlag mit der Anschrift der Beklagten versehen und abgesandt. Ferner wurden im Überweisungsverkehr von auswärtigen Banken mehrfach, ganz vereinzelt auch von auswärtigen Privatkunden durch deren Angestellte Verwechselungen in der Adressierung von Schreiben begangen.

Die Klägerinnen haben daher mit der Behauptung, die neue Firma der Beklagten sei in hohem Maße geeignet, Verwechselungen mit ihren Firmen hervorzurufen, sie erwecke bei der auswärtigen Kundschaft auch den Glauben, daß es sich um eine Verschmelzung der Klägerinnen handle, Klage erhoben mit dem Antrage, ihr unter Strafandrohung zu verbieten, die Kennworte ihrer Firma „Commerz- und Privatbank" zu benutzen, eventuell ihr zu verbieten, diese Kennworte ohne einen Zusatz zu benutzen, der die Verwechselung mit ihren Firmen ausschließe.

Das Landgericht hat dem Hauptantrage stattgegeben, das Berufungsgericht die Klage abgewiesen.

Die Revision hatte keinen Erfolg.

Gründe:

Das Berufungsgericht geht in Übereinstimmung mit dem Landgericht davon aus, daß § 16 UWG. nicht gegen jede nur denkbare Verwechselungsmöglichkeit, sondern nur gegen eine Verwechselungs**gefahr** Schutz gewähren wolle. Vereinzelte Verwechselungen, zumal durch untergeordnete Organe oder infolge grober Unachtsamkeit, kämen daher nicht in Betracht. Anderseits könne von den Beteiligten auch nicht die Aufwendung ganz besonderer Sorgfalt zur Vermeidung von Verwechselungen verlangt werden. Entscheidend sei vielmehr das Verhalten der Durchschnittsmenschen, die den Geschäftsbetrieb der Parteien in Anspruch nähmen, wobei die Hast, mit der sich jetzt das Geschäftsleben abspiele, nicht unberücksichtigt bleiben dürfe. In Anwendung dieser Grundsätze hält das Berufungsgericht einerseits die Zusätze „Aktiengesellschaft" und „Filiale Lübeck" zur Firmenbezeichnung der Beklagten nicht für geeignet, eine Verwechselungsgefahr auszuschließen, da sie gegenüber den Kennworten der Firma der Beklagten „Commerz- und Privatbank" derart zurückträten, daß sie im täglichen Geschäftsverkehr so gut wie gar nicht gebraucht würden, sich jedenfalls dem Gedächtnis der beteiligten Kreise überhaupt nicht einprägten. Anderseits verneint das Berufungsgericht aber bezüglich der Kennworte „Commerz- und Privatbank" — und zwar beide zusammengenommen — die Verwechselungsgefahr. Seiner Ansicht nach handelt es sich bei den vorgekommenen Verwechselungen, von denen es die von der Post durch unrichtige Ablieferung richtig adressierter Schreiben und von der Gerichtsschreiberei des Registergerichts durch irrige Ausfertigung des von der Klägerin zu 1 telephonisch bestellten Registerauszugs für die Beklagte begangenen als Verwechselungen durch Behörden und daher als unerheblich für diese Frage überhaupt ausscheidet, um grobe Versehen unterer Organe. Diesen liege es — wie gerichtsbekannt — ob, die Schreiben ihrer Firma versandfertig zu machen. Auf ihre grobe Unachtsamkeit sei es daher allein zurückzuführen, daß Schreiben, welche die richtige Anschrift an eine der Klägerinnen am Kopf getragen hätten, auf den Briefumschlägen mit der Adresse der Beklagten versehen abgesandt und dieser ausgehändigt worden seien. Aus dem gleichen Grunde sieht das Berufungsgericht auch die im Überweisungsverkehr der Parteien mit auswärtigen Banken und mit der Reichsbank durch Gutschrift von Geldbeträgen, die für eine der Klägerinnen bestimmt waren, zugunsten der Beklagten und umgekehrt, sowie durch unrichtige

Ausstellung und Übersendung der zu den Überweisungen gehörigen Mitteilungen erfolgten Verwechselungen nicht als entscheidend für die Frage der Verwechselungsgefahr an. Der großen Zahl der von den Klägerinnen entsprechend den eidesstattlichen Versicherungen ihrer Angestellten behaupteten und von der Beklagten an sich nicht bestrittenen Verwechselungsfälle stellt das Berufungsgericht in Übereinstimmung mit der Beklagten die vielen Tausende von Fällen gegenüber, in denen keine Verwechselungen vorgekommen seien. Es folgt der Beklagten auch darin, daß es als Erklärung für die an sich große Zahl von Verwechselungen die Neuheit der jetzigen Firma der Beklagten ansieht, zumal nach der eigenen Erklärung der Klägerin zu 1 sich vor der Firmenänderung der Beklagten nur selten Verwechselungen mit ihrer Firma ereignet hätten. Das Berufungsgericht nimmt daher an, daß die Verwechselungen der Firmen in absehbarer Zeit so gut wie ganz verschwinden oder auf dasjenige Mindestmaß beschränkt werden würden, das nun einmal im geschäftlichen Verkehr unvermeidlich sei. Denn für den durchschnittlichen Geschäftsverkehr sei die Firma „Commerz- in Lübeck" oder abgekürzt „Commerzbank" etwas wesentlich anderes als „Commerz- und Privatbank", ebenso sei die Firma „Lübecker Privatbank" oder abgekürzt „Privatbank" unmöglich verwechselungsfähig mit „Commerz- und Privatbank". Dementsprechend hätten die Klägerinnen auch nur drei von der Beklagten nicht bestrittene Fälle angeben können, in denen von der Privatkundschaft Verwechselungen zwischen den Firmen der Klägerinnen einerseits und der Beklagten anderseits vorgekommen seien. Aber auch hier handle es sich vermutlich nicht um Verwechselungen seitens der Kunden selbst, sondern um Nachlässigkeiten ihrer mit der Adressierung und Absendung der Schreiben betrauten Angestellten.

Das Berufungsgericht stellt fest, daß die Namensänderung der Beklagten im Jahre 1920 nur deshalb erfolgt sei, um in der Firma noch einen Anklang an die in ihr aufgegangene „Mitteldeutsche Privatbank" fortbestehen zu lassen, nicht etwa, um der Klägerin zu 2 Wettbewerb zu machen. Weiter stellt das Berufungsgericht fest, daß es für die Behauptung der Klägerinnen, die jetzige Firma der Beklagten erwecke beim Publikum den Eindruck, als ob sie — die Klägerinnen — sich miteinander vereinigt hätten, an jedem Anhalt fehle, da die Klägerinnen selbst keinen Fall einer derartigen Annahme in den maßgebenden Kreisen hätten namhaft machen können. Für das Lübecker Publikum sei ein solcher Eindruck schon deshalb ausgeschlossen, weil die Geschäftsräume der drei Banken unverändert dicht nebeneinander fortbeständen. . . .

Ein prozessualer Verstoß liegt nicht vor; weder § 139 noch § 286 ZPO. ist verletzt. Die Rüge der Revision, die gehörige Ausübung des richterlichen Fragerechts würde ein wesentliches Ergebnis gehabt haben, wie sich aus der in der Revisionsinstanz überreichten Aufstellung und zusammenhängenden Darstellung des Prokuristen der Klägerin zu 1 ergebe, muß daran scheitern, daß dieses tatsächliche Material sehr wohl von den Klägerinnen in den Instanzen, wenn sie darauf Wert legten, hätte vorgebracht werden können und müssen. In der Revisionsinstanz kann es selbstverständlich nicht mehr berücksichtigt werden.

Auch die Rüge der Verletzung der §§ 30 und 37 HGB. konnte keinen Erfolg haben. Die letztere Gesetzesvorschrift gewährt den Anspruch auf Unterlassung des Gebrauchs einer gleichen oder fast gleichen Firma, wie sie den anderen in demselben Orte zusteht, falls dadurch die firmenrechtlichen Vorschriften (§ 30) verletzt werden. Die Rüge der Klägerinnen, die Firma der Beklagten hätte wegen nicht ausreichender Unterscheidungskraft von jeder der ihrigen (§ 30 HGB.) nicht eingetragen werden dürfen, richtet sich gegen die der Nachprüfung durch den Prozeßrichter an sich nicht entzogene, aber auf rein tatsächlichem Gebiet liegende, vom Berufungsgericht ohne Rechtsirrtum gebilligte Ansicht des Registerrichters, daß sich die zur Eintragung in das Handelsregister angemeldete Firma der Beklagten deutlich genug von jeder der Firmen der Klägerinnen unterscheide, den Erfordernissen des § 30 HGB. daher genügt sei.

Hiermit ist aber noch nicht entschieden, ob nicht eine Verletzung des § 16 UWG. gegeben ist. Diese Gesetzesvorschrift geht weiter als die §§ 30, 37 HGB. Denn abgesehen davon, daß sie keinen Unterschied zwischen Firmen macht, die an demselben Orte, und solchen, die an verschiedenen Orten bestehen, betrifft sie auch solche Firmen, die nach Firmenrecht nicht zu beanstanden sind; der Tatbestand der Verwechselungsgefahr nach § 16 UWG. deckt sich nicht mit dem Erfordernis der deutlichen Unterscheidbarkeit nach § 30 HGB. Die Bestimmungen des Handelsgesetzbuchs über das Firmenrecht wollen lediglich das ausschließliche subjektive Recht an der Firma als an einem Unterscheidungszeichen regeln; sie erheben diese zu einem besonderen Rechtsgute, fassen aber nicht den mit jenem Kennzeichen bezeichneten Gewerbebetrieb selbst schon als geschütztes Rechtsgut ins Auge. Die Vorschrift des § 30 HGB. ist überdies wesentlich öffentlichrechtlicher Natur und bezweckt in erster Linie, die Interessen des Publikums und des Verkehrs zu schützen; einen Wettbewerb setzt sie überhaupt nicht voraus (vgl. RGZ. Bd. 20 S. 73, Bd. 75 S. 372). Da hiernach die Entschließung des Registerrichters über die Voraussetzungen der Eintragungsfähigkeit und die daraufhin erfolgte Eintragung der Beklagten in das Handelsregister sowie ihre Nachprüfung auf ganz anderen Voraussetzungen beruht, so wird dadurch der Anspruch auf Löschung wegen Verletzung entgegenstehender Privatrechte nicht berührt.

Ein solches privatrechtlich geschütztes Rechtsgut ist die Erwerbstätigkeit des Gewerbetreibenden. Dem Schutze der freien Ausübung dieses Privatrechts gegen Beeinträchtigungen durch unlautere Wettbewerbshandlungen dient das UWG. Handelt es sich um eine Beeinträchtigung durch den verletzenden Gebrauch der Firma, so kann, auch wenn sie nach dem vorher Gesagten befugterweise geführt wird, nach § 16 UWG. die Unterlassung ihrer Benutzung verlangt werden, sofern durch ihre Verwechselungsfähigkeit mit der Firma des Wettbewerbers eine widerrechtliche Beschränkung der freien Erwerbstätigkeit des letzteren hervorgerufen wird. Dieser Anspruch kann sich bis zum Anspruch auf Löschung der Firma steigern, sofern schon ihr verkehrsüblicher Gebrauch unlauteren Wettbewerb im Sinne dieser Gesetzesvorschrift darstellt (RGZ. Bd. 75 S. 373). Das ist dann der Fall, wenn eine mißbräuchliche Ausnützung solcher Ähnlichkeiten zu Wettbewerbszwecken naheliegt oder bereits geübt wird (vgl. Elster, Gewerblicher Rechtsschutz 1921 S. 271). § 16 setzt daher eine Verwechselungsfähigkeit voraus, die zu Folgen Anlaß geben kann, wie sie sonst aus unlauterem Wettbewerb hervorgehen, insbesondere die Beschränkung des berechtigterweise bestehenden Kundenkreises des einen durch unrechtmäßige Ausnutzung seiner Arbeitserfolge oder die unliebsame Verwechselung seiner geschäftlichen Persönlichkeit mit der eines anderen bezüglich der beiderseitigen geschäftlichen Leistungen. An diesem grundsätzlichen Erfordernis fehlt es hier. Die gesamten Tatsachen, welche die Klägerinnen zur Darlegung des Bestehens einer Verwechselungsmöglichkeit vorgetragen haben, ergeben in dem für sie günstigsten Falle nur, daß infolge der Ähnlichkeit der Firmenbezeichnungen die glatte Abwickelung des Geschäftsbetriebes — übrigens nicht nur der Klägerinnen, sondern auch der Beklagten — mit der Kundschaft erschwert wird. Von der Möglichkeit, daß infolge der Verwechselungen ihr Kundenkreis zugunsten der Beklagten sich verringern könnte, oder gar, daß letztere diesen Erfolg durch mißbräuchliche Ausnutzung der Verwechselungsfähigkeit der Firmen herbeizuführen suche, oder daß auch nur eine Gefahr hierfür vorliege, sagen die Klägerinnen selbst nichts, und zwar mit gutem Grunde, da eine solche Folge der Firmenverwechselung, die auf dem Warenmarkt vielleicht ohne weiteres gegeben wäre, in dem überwiegend auf persönlichem Vertrauen des Publikums beruhenden Geschäftsverkehr mit Banken fern liegt.

Hiernach ist mit dem Berufungsgericht — entgegen der Ansicht der Revision — bei Erörterung der vorliegenden Frage die Tatsache, daß Verwechselungen auf der Post durch unrichtige Ablieferung richtig adressierter Schreiben vorgekommen sind, ferner, daß sich bei der Gerichtsschreiberei des Amtsgerichts Lübeck eine Verwechselung der Klägerin zu 1 mit der Beklagten bei Ausfertigung des von ersterer telephonisch bestellten Registerauszugs ereignet hat, ganz auszuscheiden. Dabei mag noch betont werden, daß nach der Art ihrer Tätigkeit keine dieser beiden staatlichen Einrichtungen zu dem Publikum gehört, das für das Vorliegen einer Verwechselungsgefahr maßgebend ist. Dieser Standpunkt ist bezüglich der Post bereits in RGZ. Bd. 78 S. 115 vertreten.

Weiter scheiden nach dem oben Gesagten entgegen der Ansicht der Revision mit dem Berufungsgericht für die vorliegende Frage alle durch grobes Versehen untergeordneter Organe verursachten Verwechselungen zwischen den Firmen der Parteien aus. Der Auffassung der Revision, dieser Standpunkt sei deshalb verfehlt, weil der eigentliche Verkehr gerade in den Händen dieser Organe ruhe, kann nicht beigetreten werden, ganz abgesehen davon, daß es bei dem Fehlen des oben aufgestellten grundsätzlichen Erfordernisses für die Anwendung des § 16 UWG. hierauf nicht mehr ankommt. Die Aufgabe, fertige Schreiben in Briefumschläge zu legen und diese mit einer der am Kopfe der Schreiben befindlichen gleichen Anschrift zu versehen, ist eine rein mechanische Tätigkeit und wird daher nach der Feststellung des Berufungsgerichts bei den Banken und sonstigen kaufmännischen Firmen von untergeordneten Organen ausgeübt. Wenn diese hierbei ein Versehen begehen, indem sie nicht die über dem Schreiben stehende, sondern eine andere Anschrift auf den Briefumschlag setzen, z. B. statt derjenigen der Klägerin zu 1 die der Beklagten, so handelt es sich um eine grobe Nachlässigkeit bei Erledigung eines durch mechanisches Abschreiben der vorliegenden Urschrift auszuführenden Auftrags in den Geschäftsbetrieben der Absender. Eine Verwechselung der Firma der Beklagten mit einer der Firmen der Klägerinnen, wie diese sich der Erinnerung einprägt, infolge nicht genügender Unterscheidungsmerkmale der ersteren kommt dabei überhaupt nicht in Frage; von einer Verwechselung im Verkehr kann daher — abweichend von der Ansicht der Revision — nicht die Rede sein.

Auch die Verwechselungen der Bankangestellten im Banküberweisungsverkehr sind nach den obigen grundsätzlichen Ausführungen ohne Bedeutung für die Entscheidung der Sache. Es soll nur bemerkt werden, daß die Revision irrt, wenn sie annimmt, es sei unerheblich, ob die Verwechselungen auf groben Nachlässigkeiten der betreffenden Bankangestellten beruhen, mit solchen Nachlässigkeiten müsse gerechnet werden, hiergegen zu schützen, sei eben Zweck des Wettbewerbsgesetzes. Nach dem Abnehmerkreise, d. h. nach dem Kreise der in Geschäftsverkehr mit den Parteien tretenden Personen bemißt sich die zu erwartende Sorgfalt bei der Prüfung der Unterscheidungsmerkmale. Nur die gewöhnlich beobachtete Sorgfalt kommt in Frage. Es wird einerseits nicht ein höheres Maß von Sorgfalt gefordert, um die Verwechselungsfähigkeit zu verneinen, anderseits wird nicht ein geringeres Maß berücksichtigt, um die Verwechselungsfähigkeit zu bejahen. Die Annahme der groben

Nachlässigkeit durch das Berufungsgericht hat aber die Revision nicht bemängelt.

Der weitere Angriff der Revision, die Verwechselungen von seiten auswärtiger Banken seien vom Berufungsgericht nicht genügend bewertet, trifft schon deshalb nicht zu, weil es auch insoweit an jeder Behauptung der Klägerinnen fehlt, die auf das Vorhandensein des oben dargelegten grundsätzlichen Erfordernisses des § 16 UWG. schließen lassen könnte. Im übrigen sind die Verwechselungen nach der Überzeugung des Berufungsgerichts für die Zukunft deshalb nicht von Bedeutung für die Entscheidung, weil infolge der den betreffenden auswärtigen Banken ihrer Kundschaft gegenüber obliegenden Verantwortlichkeit für die Nachlässigkeiten ihrer Angestellten die in der Übergangszeit der neuen Firmenbezeichnung bis zu einem gewissen Grade erklärlichen Verwechselungen in absehbarer Zeit auf dasjenige Mindestmaß beschränkt werden würden, das nun einmal im geschäftlichen Verkehr unvermeidlich sei. Zu dieser tatsächlichen Erwägung ist das Berufungsgericht auf Grund seiner Erfahrungen in ähnlichen Fällen, von denen es den der Deutschen Bank, Filiale Hamburg, und der Norddeutschen Bank Hamburg anführt, berechtigt. Daß das Berufungsgericht zu diesem Punkte nicht das Fragerecht verletzt hat, wie die Revision aus der erst in dieser Instanz überreichten Aufstellung des Prokuristen der Klägerin zu 1 über die Verwechselungen aus der Zeit nach Erlaß des Berufungsurteils zu folgern sucht, ist bereits dargelegt worden.

Verfehlt ist auch der Angriff der Revision, der sich gegen die Art richtet, mit der das Berufungsgericht die drei Fälle von Verwechselungen der Firmen der Parteien durch drei Privatkunden behandelt. Abgesehen davon, daß auch hier jeder Anhalt für das Vorhandensein des oben dargelegten grundsätzlichen Erfordernisses des § 16 UWG. fehlt, kann in dem Ausscheiden dieser Fälle durch das Berufungsgericht eine Rechtsverletzung nicht erblickt werden. . . .

Weiter findet der Versuch der Revision, die Begründung des Berufungsgerichts deshalb zu bemängeln, weil dieses sich zugleich darauf stütze, daß die Verwechselungen auch bei der Beklagten zu Unzuträglichkeiten geführt hätten, in dem Berufungsurteil keine Stütze. Das Berufungsgericht hat lediglich zur Illustration der Sachlage auf diese von den Klägerinnen selbst nicht bestrittene Tatsache hingewiesen, einen Entscheidungsgrund bildet sie nicht.

Das Berufungsgericht hat ferner — entgegen der Ansicht der Revision — weder verkannt, daß die Verwechselungsabsicht nach § 16 UWG. vom 7. Juni 1909 im Gegensatz zu § 8 des früheren UWG. vom 27. Mai 1896 nicht mehr Klagevoraussetzung für den hier geltend gemachten Unterlassungsanspruch ist, noch daß den Klägerinnen als den älteren, zur Führung ihrer Firmen Berechtigten betreffs des Schutzes vor Verwechselungsgefahr mit der Firma der Beklagten der Vorrang vor dieser gebührt.

Wenn die Revision weiter geltend macht, es sei unerheblich, daß — wie das Berufungsgericht feststelle — die Beklagte von den Verwechselungen keinerlei Vorteile gehabt habe, auch gar nicht darauf ausgegangen sei, sich solche Vorteile zu verschaffen und überhaupt durch die von ihr gewählte Art der Firmenbezeichnung mit den Klägerinnen in Wettbewerb zu treten, so ist demgegenüber auf die obigen grundsätzlichen Ausführungen über das Moment des Wettbewerbs als Erfordernis für die Anwendung des § 16 UWG. zu verweisen. Aus ihnen ergibt sich, daß sowohl das Berufungsgericht wie auch die Revision gerade diesen entscheidenden Gesichtspunkt übersehen haben.

Hiernach erscheinen unter Berücksichtigung der im Bankgeschäftsverkehr gewöhnlich beobachteten Sorgfalt — ganz abgesehen von dem Fehlen des grundsätzlichen Erfordernisses für die Anwendung des § 16 UWG. — die Abweichungen der Firma der Klägerin zu 1 „Commerzbank in Lübeck", schlagwortmäßig abgekürzt „Commerzbank", und der Firma der Klägerin zu 2 „Lübecker Privatbank", schlagwortmäßig abgekürzt „Privatbank", von der Firma der Beklagten „Commerz- und Privatbank Akt.-Ges., Filiale Lübeck", schlagwortmäßig abgekürzt „Commerz- und Privatbank", ausreichend, um Verwechselungen auszuschließen. Dagegen liegt die Frage, ob die Firma der Beklagten den Anschein erwecke, als hätten sich die Klägerinnen vereinigt, auf anderem Gebiete. Wer sich in dieser irrtümlichen Annahme an die Beklagte wendet in dem Glauben, zu einer der ehemals getrennten Klägerinnen zu gelangen, tut das nicht in Verwechselung der Firmen der Parteien nach der Art der bisher behandelten Fälle, sondern in einem Irrtum, der einen außerhalb der Firmenbezeichnung liegenden Tatbestand, nämlich die Entstehungsgeschichte der Firma betrifft und daher nicht unter § 16 UWG. fällt. Auch aus einem weiteren rechtlichen Gesichtspunkt würde die Anwendbarkeit des letzteren versagen. Der Firmenschutz des § 16 UWG. ist genau wie der des HGB. (§ 37 und § 18 Abs. 2) und des WZG. (§§ 13, 14 Abs. 1, 15, 16, 20) und der Namensschutz des § 12 BGB. immer nur ein Schutz der einzelnen Firma als des kaufmännischen Namens des bestimmten Erwerbsgeschäfts. Klageberechtigt ist der unmittelbar Verletzte; sind mehrere verletzt, so kann jeder von ihnen selbständig klagen, sie können aber auch als unechte Streitgenossen nach § 60 ZPO. gemeinschaftlich klagen, da gleichartige und auf einem im wesentlichen gleichartigen tatsächlichen und rechtlichen Grunde beruhende Ansprüche den Gegenstand des Rechtsstreits bilden. Immer aber handelt es sich um selbständige Ansprüche. Jeder von ihnen ist hier, wie dargelegt ist, unbegründet, weil gegenüber keiner von beiden Klägerinnen die Verwechselungsgefahr der Beklagten mit ihrer Firma im Sinne des § 16 UWG. gegeben ist. Im übrigen hat das Berufungsgericht, da die Klägerinnen keinen Fall einer irrigen Annahme bei dem Publikum oder den außerhalb Lübecks befindlichen Banken, daß die jetzige Firma der Beklagten den Eindruck einer Fusionierung der Klägerinnen hervorgerufen habe, namhaft machen können, festgestellt, daß die von der Beklagten benutzte Firma diesen Eindruck in Wahrheit nicht erwecke. Inwiefern das Berufungsgericht hier das Fragerecht verletzt haben sollte, ist nicht ersichtlich. Dafür, daß § 12 BGB. durch Nichtanwendung verletzt sein sollte, wie die Revision noch geltend macht, fehlt es an jedem Anhalt. Denn eine Namensanmaßung (§ 12 zweite Alternative) liegt vor, wenn jemand in objektiv widerrechtlicher Weise den gleichen Namen gebraucht, wie er dem Berechtigten zusteht, und wenn durch diesen Gebrauch das Interesse des Berechtigten verletzt wird. An beiden Voraussetzungen fehlt es hier.

---

113. Hat der Reeder, dem die freie Zurückbeförderung des vorzeitig entlassenen Schiffsmannes nach dem Hafen der Ausreise obliegt, auch die Unterhaltskosten bis zu dem Zeitpunkte zu tragen, in dem die Heimreise möglich ist?

I. Zivilsenat. Urt. v. 18. Januar 1922 i. S. Deutsch-Amerik. Petr.-Ges. (Bekl.) w. Sch. u. A. (Kl.). I 148/21.

I. Landgericht Hamburg, Kammer f. Handelssachen. — II. Oberlandesgericht daselbst.

Die Kläger gehörten im Jahre 1914 zur Besatzung von Schiffen der Beklagten. Sie waren angemustert für Reisen „nach Nordamerika weiter und zurück“. Die Ausreise erfolgte von Hamburg aus. Alsbald nach Ausbruch des Krieges verkaufte die Beklagte die Schiffe und musterte die Kläger in Neuyork ab, und zwar den Kläger A. im November 1914 und den Kläger Sch. im Juli 1915. Die Beklagte zahlte jedem Kläger 65 $ Reisegeld für die Rückreise nach Hamburg.

Die Kläger behaupten, daß die Rückreise von Neuyork nach Hamburg erst im Herbst 1919 möglich gewesen sei, und daß sie in der Zeit von ihrer Abmusterung bis zum Beginn der Rückreise in Amerika als deutsche Staatsangehörige keine Arbeit hätten finden können. Unter Berufung auf die Vorschriften der Deutschen Seemannsordnung vom 2. Juni 1902 beanspruchen sie von der Beklagten grundsätzlich Gewährung freier Rückreise von Neuyork nach Hamburg und Unterhalt während dieser Rückreise sowie Unterhalt während des unfreiwilligen Aufenthalts in Amerika bis zur Rückreise. Einen Teil dieser Unterhaltskosten haben sie eingeklagt. Die Beklagte hat die Ansprüche nach Grund und Betrag bestritten.

Das Landgericht wies die Klage ab. Das Oberlandesgericht erklärte die Ansprüche dem Grunde nach für berechtigt. Die Revision hatte keinen Erfolg.

Aus den Gründen:

... Es fragt sich, wie es sich mit dem nach der Seemannsordnung den Klägern wegen vorzeitiger Entlassung zustehenden Anspruch auf „freie Zurückbeförderung" von Neuyork, dem Abmusterungshafen, nach Hamburg, dem Ausreisehafen, oder mit der nach Wahl des Kapitäns an Stelle dieses Anspruchs tretenden „entsprechenden Vergütung" verhält (§ 69 Abs. 2, § 70 Abs. 1 Nr. 6, § 71 Abs. 3, § 72 Abs. 1 Nr. 2, § 78, § 83 SeemO.), nämlich, ob dazu nur die Kosten der eigentlichen Rückfahrt oder auch die Kosten des Aufenthalts der Kläger im Auslande von ihrer Abmusterung bis zum Beginn der Rückfahrt gehören. Dabei ist nach den Feststellungen des Berufungsgerichts davon auszugehen, daß die Kläger die erste ordnungsmäßige Reisegelegenheit, die sich ihnen nach ihrer Entlassung seitens der Beklagten bot, auch benutzt haben. Anderseits ist die Frage hier ohne Bedeutung, ob etwa die Kläger in der Zeit von ihrer Entlassung bis zur Rückreise durch anderweitige Verwendung ihrer Dienste etwas erworben oder zu erwerben böswillig unterlassen haben (§ 615 BGB.), und ob gegebenenfalls der Wert dieser Beträge die Klagforderung, soweit sie an sich begründet ist, erreicht oder übersteigt. Denn nach dieser Richtung ist weder von der Beklagten noch sonst etwas vorgebracht, was für die hier allein in Betracht kommende Prüfung des Grundes der Klagansprüche von Bedeutung sein könnte.

Nun hat das Berufungsgericht ausgeführt: Nach der Seemannsordnung (§§ 69, 70, 71, 72, 78, 79) sei der vor Beendigung seiner angetretenen Reise oder vor Ablauf der vereinbarten Heuerzeit ohne sein Verschulden entlassene Schiffsmann auf Kosten der Reederei zum Ausreisehafen zurückzubefördern und bis dahin von ihr zu unterhalten. Der Zweck dieser Bestimmung sei, zu verhüten, daß ein entlassener Schiffsmann durch ein unfreiwilliges Verbleiben an einem ihm fremden Ort in Not gerate. Das ergebe auch der die Zurücklassung eines Schiffsmanns außerhalb des Reichsgebiets regelnde § 83 SeemO., dessen Zweck vereitelt würde, wenn die Verpflichtung des Reeders zur Gewährung von Unterhalt auf die eigentlichen Reisetage des zurückzubefördernden Schiffsmanns beschränkt würde. Auch sprachliche Erwägungen sprächen dafür, zu der „Reisezeit" auch die Zeit des Wartens auf Reisegelegenheit zu rechnen, zumal bei wenig besuchten Plätzen selbst unter normalen Verhältnissen ein längeres Warten auf Reisegelegenheit nicht selten sei. Wenn die Möglichkeit, daß die Beklagte ihrer Verpflichtung zur Rückbeförderung der Kläger nachkam, durch Umstände hinausgeschoben sei, für deren Eintritt die Kläger nicht verantwortlich seien, so müßten die Folgen davon nicht die Kläger, sondern die Beklagte treffen.

Diesen Erwägungen ist im wesentlichen zuzustimmen. Das durch den Heuervertrag zwischen dem Reeder und dem Schiffsmann entstandene Rechtsverhältnis ist in Fällen der in § 70 Abs. 1 Nr. 6, § 72 Abs. 1 und 2, § 69 Abs. 2 SeemO. vorgesehenen Art nicht schon mit Beendigung des Heuervertrags (§ 69) und der Entlassung des Schiffsmanns (§§ 70, 72) beendet, sondern grundsätzlich erst mit dessen freier Zurückbeförderung in den Ausreisehafen (vgl. § 83). Diese Zurückbeförderung ist ein tatsächlicher Vorgang, zu dessen Durchführung das Eintreffen des Schiffsmanns in dem Ausreisehafen gehört. Demgemäß tritt in dem Augenblick, wo im Sinne der genannten Vorschriften der Schiffsmann entlassen oder der Heuervertrag beendet ist, das Rechtsverhältnis zwischen Reeder und Schiffsmann in einen besonderen neuen Abschnitt, welcher sich unmittelbar an die ebenerwähnten Vorgänge anschließt und grundsätzlich die Zeit von der Entlassung des Schiffsmanns oder der Beendigung des Heuervertrags bis zum Eintreffen des Schiffsmanns im Ausreisehafen umfaßt. Es fallen daher unter den Begriff der Zurückbeförderung und Rückreise (§ 78) in dem hier maßgeblichen Sinne nicht nur die eigentliche Rückfahrt, sondern auch der Aufenthalt des Schiffsmanns im Auslande bis zum Eintritt passender Fahrgelegenheit sowie etwaige Unterbrechungen der Rückfahrt, sofern diese Verzögerungen bei Anwendung der im Verkehr erforderlichen Sorgfalt vom Schiffsmann nicht vermieden werden konnten. Nach den in dieser Weise zu berechnenden Kosten der Zurückbeförderung einschließlich des Unterhalts des Schiffsmannes und der Beförderung seiner Sachen (§ 78) richtet sich auch die „entsprechende Vergütung", die nach Wahl des Kapitäns statt der Zurückbeförderung gewährt werden kann. Die in § 73 SeemO. enthaltene Aufstellung für die Berechnung der Dauer der Rückreise hat nach der hier maßgeblichen Richtung hin keinerlei Bedeutung. Sie gilt nur für die Ermittelung der dem vorzeitig entlassenen Schiffsmann gebührenden Extraheuer als von der wirklichen Reisedauer unabhängige Pauschalentschädigung für den ihm durch die vorzeitige Entlassung entgangenen Verdienst (vgl. Begründung und Reichstagsbericht zu § 67 des Entwurfs einer Seemannsordnung, RT.-Drucksachen 1900/01 S. 73 und 311).

114. Ist in § 105 Abs. 2 BGB. vorausgesetzt, daß durch den Zustand vorübergehender Störung der Geistestätigkeit die freie Willensbestimmung ausgeschlossen wird?

VI. Zivilsenat. Urt. v. 19. Januar 1922 i. S. der deutschen Bierbrauerei-Aktiengesellschaft in B. (Kl.) w. K. (Bekl.). VI 585/21.

I. Landgericht I Berlin. — II. Kammergericht daselbst.

Die obige Frage ist bejaht worden.

Aus den Gründen:

... Das Berufungsgericht nimmt an, daß die Beklagte die Verbürgung nicht in einem Zustand der Geschäftsunfähigkeit nach § 104 Nr. 2, § 105 Abs. 1 BGB. abgegeben habe, wohl aber in einem Zustand vorübergehender Störung der Geistestätigkeit, und daß deshalb die abgegebene Willenserklärung nach § 105 Abs. 2 nichtig sei. Nun spricht das Gesetz in § 104 Nr. 2 von einem Zustand krankhafter Störung der Geistestätigkeit, der die freie Willensbestimmung ausschließt und seiner Natur nach nicht nur ein vorübergehender ist. Der in § 105 Abs. 2 vorausgesetzte Zustand vorübergehender Störung der Geistestätigkeit ist nicht ausdrücklich als ein solcher bezeichnet, durch den die freie Willensbestimmung ausgeschlossen wird. Dessen ungeachtet ist diese Folge auch in § 105 Abs. 2 vorausgesetzt. Wie bereits in RGZ. Bd. 74 S. 110 mit Beziehung auf die ihrem einschlägigen Wortlaut nach mit § 105 Abs. 2 übereinstimmende Vorschrift des § 1325 BGB. ausgeführt und an Hand der Entstehungsgeschichte der einschlägigen Vorschriften erhärtet worden ist, soll nach dem Sinne des Gesetzes in jedem der beiden Fälle, sowohl bei der krankhaften nicht vorübergehenden wie bei der vorübergehenden Störung der Geistestätigkeit, vorausgesetzt sein, daß der Zustand ein die freie Willensbestimmung ausschließender ist. Das Reichsgericht hat denn auch in der Folge wiederholt bei Anwendung des § 105 Abs. 2 BGB. grundsätzlich ausgesprochen, auch für die dort bezeichnete vorübergehende Geistesstörung gelte, wenn sie die Willenserklärung nichtig machen solle, das Erfordernis, daß die freie Willensbestimmung des Erklärenden völlig ausgeschlossen sein müsse (vgl. VI 171/07, II 394/15, IV 108/19). Hieran ist festzuhalten. Die vorübergehende Störung der Geistestätigkeit ist der leichtere geistige Mangel; es ist, wie schon in Bd. 74 S. 111 ausgesprochen, undenkbar, daß, wenn der Zustand der Störung der Geistestätigkeit seiner Natur nach dauernd, die Störung krankhaft ist, das Erfordernis des Ausschlusses der freien Willensbestimmung hinzutreten müßte, dieses Moment dagegen fehlen dürfte, wenn die Störung nicht dauernd ist.

Die Ausführungen des Berufungsgerichts — einschließlich der Bezugnahme auf das ärztliche Gutachten und auf die gegen das Gutachten erhobenen klägerischen Angriffe — lassen es zweifelhaft erscheinen, ob die Beurteilung nicht von einem Rechtsirrtum über jene Voraussetzungen des § 105 Abs. 2 BGB. beeinflußt ist. Die Klagabweisung, wie sie bisher begründet ist, kann nicht ohne einen Ausspruch darüber aufrecht erhalten werden, daß durch die festgestellte Geistesstörung die freie Willensbestimmung ausgeschlossen gewesen ist. Die freie Willensbestimmung setzt voraus, daß gegenüber den verschiedenen Vorstellungen und Empfindungen und gegenüber den Einflüssen dritter Personen, die bestimmend auf den Willen wirken, eine vernünftige Überlegung und freie Selbstentschließung darüber stattfindet, was im gegebenen Falle als das Richtige zu tun ist; an der freien Willensbestimmung fehlt es, wenn infolge einer Störung der Geistestätigkeit bestimmte Vorstellungen oder Empfindungen oder Einflüsse dritter Personen derart übermäßig den Willen beherrschen, daß eine Bestimmbarkeit des Willens durch vernünftige Erwägungen ausgeschlossen ist (vgl. das Urteil VI 365/15 vom 9. Dezember 1915). In dieser Hinsicht wird das Berufungsgericht noch über den Sachverhalt zu befinden haben.

---

115. Gilt das Unterbleiben des Widerspruchs gegen ein ordnungsmäßig zugegangenes Bestätigungsschreiben auch dann als Zustimmungserklärung, wenn der Empfänger weder um die in dem Schreiben bestätigte Bestellung gewußt, noch von dem Eingang und dem Inhalte des Schreibens Kenntnis erlangt hat? Kann die Erklärung wegen Irrtums angefochten werden?

II. Zivilsenat. Urt. v. 20. Januar 1922 i. S. Minimax G. m. b. H. (Kl.) w. N.-A.-G. m. b. H. (Bekl.). II 360/21.

I. Landgericht I Berlin. — II. Kammergericht daselbst.

Unter der Behauptung, daß die Beklagte im Dezember 1918 im ganzen 100 Feuerlöschapparate Minimax nebst 100 Füllungen sowie je 1000 Plakate der Feuerordnung, der Rauchverbote und der Hinweisschilder auf Abruf von ihr gekauft, aber nur je 50 dieser drei Arten Plakate abgenommen und im übrigen die Abnahme wie auch jede Zahlung verweigert habe, ist die Klägerin im Juni 1919 mit dem Antrage klagbar geworden, die Beklagte zur Zahlung von 9647 *M* nebst Zinsen und zur Abnahme von 100 Apparaten und 100 Füllungen sowie ferner zu verurteilen, je 950 Stück Plakate der Feuerordnung, der Rauchverbote und der Hinweisschilder abzunehmen und dafür weitere 628 *M* nebst Zinsen zu zahlen. Die Beklagte hat den Abschluß des Kaufvertrags bestritten und die Abweisung der Klage beantragt. Die Klägerin hat des näheren vorgetragen:

Am 17. Juli 1918 habe die Beklagte sie um Offerte in Minimax-Apparaten ersucht. Sie sei durch Schreiben vom 22. Juli 1918 dem

Ersuchen nachgekommen. Darauf habe die Beklagte am 25. Juli 1918 neun Minimax-Apparate und am 8. Oktober 1918 zwei Ersatzfüllungen bei ihr bestellt. Sie habe also schon damals mit der Beklagten in Geschäftsverbindung gestanden. Im Oktober 1918 habe die Beklagte den Wunsch gehabt, ihre mit der X.-Versicherungsgesellschaft abgeschlossenen Verträge, auf Grund deren sie monatlich 15—20000 ℳ Prämien habe zahlen müssen, zu lösen, und zu diesem Zwecke ihren Angestellten H. beauftragt, mit dem Generalagenten der genannten Versicherungsgesellschaft, Sch., in Verhandlungen zu treten. Sch., der gleichzeitig Vertreter der Klägerin gewesen sei, habe sich H. gegenüber zur Aufhebung der Versicherungen bereit erklärt, wenn die Beklagte eine größere Menge Minimax-Feuerlöscher bestelle und ihm dadurch an Stelle der ihm entgehenden Versicherungsprovision eine Vermittlerprovision zuwende. H. habe dies dem damaligen stellvertretenden Geschäftsführer der Beklagten K. und deren Prokuristen B. mitgeteilt. Beide seien mit dem Vorschlage Sch.'s einverstanden gewesen und hätten H. ermächtigt, die Sache nach seinem Gutdünken zu erledigen. In einem von K. und B. namens der Beklagten an Sch. gerichteten Briefe vom 29. Oktober 1918 heiße es:

... „Außerdem werden wir die für unsere Betriebe notwendigen Minimax-Apparate und sonstigen Feuerlöscheinrichtungen bei Ihnen bestellen. Vorausgesetzt ist natürlich ebenfalls, daß die Apparate nicht teurer sind, als wenn wir dieselben direkt bei der Minimax-Gesellschaft in Auftrag geben. Wir hoffen, daß Sie für die nun nicht in Kraft tretende Lagerversicherung in ausreichendem Maße entschädigt sind" ...

Am 2. Dezember 1918 habe Sch. der Beklagten ein neues Angebot in Feuerlöschern gemacht und darauf das folgende, vom 5. Dezember 1918 datierte und namens der Beklagten mit K. und J. A. H. unterzeichnete Antwortschreiben erhalten:

„Bezugnehmend auf dortiges Schreiben vom 2. Dezember d. J. bestellt die N.-A.-Gesellschaft m. b. H. hiermit 100 Minimax-Apparate, mit Nachfüllung laut Listenpreis, abzüglich eines Rabattes von 5% und auf »Abruf«. Gleichzeitig nahm die N.-A.-Gesellschaft m. b. H. davon Kenntnis, daß Kälte-Apparate nur zum Listenpreise ohne Nachlaß abgegeben werden können. Auf Ihre gefl. Anfrage bemerken wir, daß von den Kälte-Apparaten ungefähr 50 Stück in Frage kommen. Außerdem bestellen wir bei Ihnen, wie uns die Minimax-Gesellschaft offeriert hatte, dazu die nötigen Plakate (Feuerordnung, Rauchverbote, Hinweisschilder, je 1000 Stück). Wie bereits mit dem Vertreter der Minimax-Gesellschaft vereinbart, wollen Sie uns sofort von jedem Plakat 50 Stück zukommen lassen."

Diese Bestellung habe Sch. mit Brief vom 7. Dezember 1918 an die Klägerin weitergegeben, und die Klägerin habe unter dem 9. Dezember 1918 an die Beklagte geschrieben:

„Wir danken Ihnen verbindlichst für den uns freundlich erteilten Auftrag zur Lieferung von

100 Minimax-Apparate à 70 *M* pro Stück . .	7000 *M*
100 Füllungen à 6 *M* pro Stück	600 *M*
35 % Teuerungszuschlag	2660 *M*
zusammen	10260 *M*

abzüglich 5 % Rabatt, welchen wir auf »Abruf« schnellstens zum Versand bringen werden."

Den letzteren Brief habe die Beklagte am 10. oder 11. Dezember 1918 erhalten und ihm in keiner Weise widersprochen; sie gelte also als zustimmend.

Die Beklagte hat demgegenüber geltend gemacht: B. sei bei ihr Leiter der juristischen Abteilung gewesen, er habe aber keine Vertretungsmacht gehabt; auch H., ihr damaliger Angestellter bei der Abteilung zur technischen Bearbeitung der Versicherungsangelegenheiten, sei zu ihrer Vertretung nicht berechtigt gewesen. Zu der von ihr geplanten Bestellung von Feuerlöschern sei es nicht gekommen, weil sie infolge des politischen Umsturzes ihren Betrieb eingeschränkt und Feuerlöscher nicht mehr nötig gehabt habe. Daß H. zur Bestellung nicht befugt gewesen sei, habe Sch. gewußt, auch habe er aus den zahlreichen, durch seine Hände gegangenen Versicherungsanträgen ersehen, daß H. kein Zeichnungsrecht gehabt habe. Die Namensunterschrift „K." unter dem Bestellschreiben vom 5. Dezember 1918 habe H. gefälscht. Am 10. Dezember 1918 sei zwar ein Schreiben der Klägerin bei der Beklagten eingegangen, das Schreiben sei jedoch weder an die Geschäftsführer noch an die zuständige Abteilung gelangt, sondern vermutlich von H. unterschlagen. Sollte trotzdem in dem Schweigen der Beklagten die Zustimmung zu dem Bestätigungsschreiben der Klägerin vom 9. Dezember 1918 zu finden sein, so fechte sie, die Beklagte, die Zustimmung wegen Irrtums an.

Das Landgericht hat nach dem Klagantrag erkannt. Dagegen hat das Kammergericht die Klage abgewiesen.

Der Revision der Klägerin ist stattgegeben worden.

Aus den Gründen:

. . . Es kann zwar nicht ohne weiteres mißbilligt werden, daß das Kammergericht die Aussage des Zeugen K., früheren stellvertretenden Geschäftsführers der Beklagten, der nach dem Beweisbeschluß vom 12. Oktober 1920 über die Echtheit seines Namenszugs unter dem

„an die X.-Versicherungsgesellschaft Generalvertretung Herrn Sch." gerichteten Bestellschreiben vom 5. Dezember 1918 gehört werden sollte, von dem beauftragten Richter aber gleichzeitig über eine Reihe weiterer Punkte vernommen worden ist, trotz des bei der nächsten mündlichen Verhandlung von der Klägerin erhobenen Widerspruchs (§ 295 ZPO.) ihrem ganzen Inhalte nach beim Erlaß des angefochtenen Urteils berücksichtigt hat. Das Kammergericht hätte jedoch diese Aussage, soweit sie sich über die Stellung und die Bevollmächtigung H.'s, des Mitunterzeichners des Bestellschreibens, verhielt, seiner Entscheidung nicht zugrunde legen dürfen, ohne zuvor den von der Klägerin über die Stellung und über die Bevollmächtigung H.'s angetretenen Beweis erhoben zu haben. Denn wenn H. die Verhandlungen mit Sch. über die Rückgängigmachung der zwischen der Beklagten und der X.-Versicherungsgesellschaft abgeschlossenen Versicherungsverträge geführt und dabei dem Sch. die von K. und B., als berechtigten Vertretern der Beklagten, durch das Schreiben vom 29. Oktober 1918 gebilligte Zusage gemacht hatte, Sch. solle für die ihm entgehende Versicherungsprovision durch eine ihm als provisionsberechtigtem Agenten der Klägerin zuzuwendende Bestellung auf Minimax-Apparate schadlos gehalten werden, so war es zum mindesten nicht unwahrscheinlich, daß H. von K. und B. ermächtigt wurde, die bis dahin zu ihrer Zufriedenheit besorgte Angelegenheit nach seinem Gutdünken völlig zu erledigen, also namentlich eine dem Schreiben vom 29. Oktober 1918 entsprechende Bestellung auf Minimax-Apparate selbständig dem Sch. zu erteilen. Das Kammergericht bezeichnet es zwar als zweifellos, daß H. selbst sich hierzu nicht für ermächtigt gehalten habe, weil er sonst keine Veranlassung gehabt hätte, die Unterschrift K.'s unter dem Schreiben vom 5. Dezember 1918 zu fälschen. Allein diese Folgerung ist nicht schlüssig. Ging, wie die Klägerin unter Beweis gestellt hat, die Ermächtigung H.'s durch K. und B. dahin, die Angelegenheit nach seinem Gutdünken zu erledigen, so hat H. sich möglicherweise auch für befugt gehalten, das Bestellschreiben außer mit seiner eigenen Unterschrift mit der K.'s zu versehen. Denn auch seine eigene Unterschrift war nur kraft der ihm erteilten besonderen Ermächtigung geeignet, die Beklagte zu verpflichten. Ebensowenig wie die Annahme, daß H. selbst sich nicht für bevollmächtigt gehalten habe, die Bestellung allein vorzunehmen, läßt sich aber die Feststellung des Kammergerichts schon jetzt rechtfertigen, daß nach der Absicht H.'s die endgültige Bestellung erst durch das Schreiben vom 5. Dezember 1918 habe erfolgen sollen. Ob nicht dem Schreiben schon eine endgültige mündliche Bestellung vorausgegangen war, oder ob nicht wenigstens Sch. nach dem Verhalten H.'s ihm gegenüber schon die vorausgegangene mündliche Bestellung für endgültig halten durfte und gehalten hat, konnte gleichfalls erst nach

Erhebung des von der Klägerin angetretenen Beweises sachgemäß entschieden werden.

Das Kammergericht irrt aber auch insofern, als es das Schreiben der Klägerin an die Beklagte vom 9. Dezember 1918 nicht als ein Bestätigungsschreiben und das Schweigen der Beklagten auf dieses ihr am 10. Dezember 1918 zugegangene Schreiben nicht als Zustimmung gelten lassen will. Selbst wenn die Beweisaufnahme ergeben sollte, daß H. die in dem Schreiben vom 5. Dezember 1918 enthaltene oder die dem Schreiben etwa vorausgegangene mündliche Bestellung bei Sch., als dem Agenten der Klägerin, gemacht hätte, ohne dazu von der Beklagten ermächtigt gewesen zu sein, so würde immerhin davon ausgegangen werden müssen, daß die Klägerin die Bestellung, die ihr von Sch. durch Schreiben vom 7. Dezember 1918 übermittelt worden war, für wirksam gehalten und daß sie durch ihr Schreiben an die Beklagte vom 9. Dezember 1918 zum Ausdruck gebracht hat, sie sei mit dem von Sch. für sie getätigten Geschäftsabschluß einverstanden, oder sie nehme den ihr durch Sch. übermittelten, in der Bestellung liegenden Vertragsantrag der Beklagten an. In dem einen wie in dem anderen Falle war die Beklagte, zumal da sie schon früher von der Klägerin Feuerlöschapparate bezogen hatte, nach Treu und Glauben und nach der Verkehrssitte (vgl. § 157 BGB., § 346 HGB.) verpflichtet, dem Schreiben der Klägerin vom 9. Dezember 1918 alsbald, nachdem es ihr ordnungsmäßig zugegangen war, zu widersprechen, wenn sie nicht als zustimmend angesehen werden wollte (vgl. RGZ. Bd. 95 S. 48). Den Erfordernissen des redlichen Geschäftsverkehrs entsprechend würde ihr Schweigen selbst dann als Zustimmung gegolten haben, wenn keine der zu ihrer Vertretung berechtigten Personen von dem Eingang und dem Inhalte des Bestätigungsschreibens sowie von der Bestellung, auf die es sich bezog, Kenntnis erlangt haben sollte, mochte die Nichterlangung der Kenntnis verschuldet oder unverschuldet sein. Allerdings verblieb ihr dabei die Möglichkeit, die durch ihr Schweigen abgegebene Zustimmungserklärung gemäß § 119 Abs. 1 BGB. (vgl. §§ 121, 123 das.) anzufechten. Ob sie jedoch, wie sie behauptet, von dieser Möglichkeit ohne Verzug Gebrauch gemacht hat, bedarf noch der Erörterung. Zurzeit läßt sich weder mit Sicherheit erkennen, wann zu ihrer Kenntnis gelangt ist, daß in ihrem Schweigen die Zustimmung zu einem Rechtsgeschäft gefunden worden war und welchen Inhalt das Rechtsgeschäft hatte, noch steht außer Zweifel, wodurch sie der Klägerin gegenüber zuerst zum Ausdruck gebracht hat, daß sie eine Zustimmungserklärung nicht habe abgeben wollen und daß sie deswegen das Geschäft nicht gelten lasse. Auf den Gebrauch bestimmter Worte, wie „Irrtum" und „Anfechtung", kommt es dabei selbstverständlich nicht an.

Aus welchem Grunde die Klägerin in ihrem Bestätigungsschreiben vom 9. Dezember 1918 nur die 100 Feuerlöschapparate und nicht auch die 3000 Plakate erwähnt hat, ist bisher gleichfalls nicht festgestellt worden. Die Erwähnung der Plakate kann deshalb unterblieben sein, weil diese als ein selbstverständlich, wenn auch gegen besondere Bezahlung, mitzulieferndes Zubehör der Apparate angesehen wurden; die Nichterwähnung kann aber auch darin ihren Grund gehabt haben, daß H. die Plakate unmittelbar bei der Beklagten bestellt hatte. Keinesfalls ist bei jetziger Sachlage die Annahme zulässig, daß es wegen der 3000 Plakate überhaupt nicht zu einem Vertrage zwischen den Parteien gekommen sei. Im Gegenteil läßt sich aus der Einreichung der Bürstenabzüge, aus deren Rückgabe nach Vornahme gewisser Änderungen und aus der demnächstigen Lieferung von 150 den vorgenommenen Änderungen entsprechend hergestellten Plakaten nicht nur darauf schließen, daß sämtliche 3000 in dem Bestellschreiben vom 5. Dezember 1918 erwähnten Plakate geliefert werden sollten, sondern in einem gewissen Maße auch darauf, daß H. in der Tat ermächtigt worden war, den gesamten Lieferungsvertrag selbständig abzuschließen.

Hiernach ist das angefochtene Urteil aufzuheben und die Sache zur erneuten Verhandlung und Entscheidung an das Kammergericht zurückzuverweisen.

---

116. 1. Genügt es bei Schadensersatzansprüchen zur Vorteilsausgleichung, daß Schaden und Vorteil nach dem gewöhnlichen Verlauf der Dinge aus demselben Tatsachenkomplex hervorgehen?

2. Kann ein Urteil über den Grund eines Schadensersatzanspruchs ergehen, wenn unwiderlegt behauptet wird, daß der Schaden durch einen Vorteil voll ausgeglichen sei?

I. Zivilsenat. Urt. v. 21. Januar 1922 i. S. C. u. P.-Bank (Bekl.) w. U. W. & Co. (Kl.). I 199/21.

I. Landgericht I Berlin. — II. Kammergericht daselbst.

Bei einer Depositenkasse der beklagten Bank wurden ein Konto der klagenden Gesellschaft U. W. & Co. und ein Konto des Gesellschafters U. W. geführt. Das Konto der Klägerin wies Mitte Juni 1914 einen Kreditsaldo von etwa 55000 ℳ auf, das Konto des U. W. dagegen einen Debetsaldo, der nach der bestrittenen Behauptung der Beklagten etwa 130000 ℳ betrug. Für diese Schuld hafteten hinterlegte Wertpapiere, die jedoch nach Behauptung der Beklagten die Schuld nicht deckten. Die Klägerin forderte am 16. Juni 1914 Auszahlung ihres Guthabens; die Beklagte weigerte Zahlung, so lange nicht das Konto U. W. abgedeckt sei. In diesem Stande verblieb die Sache bis Anfang 1918. Dann wurden die Wertpapiere verkauft. Die Beklagte behauptete, daß durch den Erlös die Schuld des U. W. auf 3824,50 ℳ herabgemindert worden sei, und zahlte die Forderung der Klägerin abzüglich dieses Betrags aus. Die Klägerin fordert mit der Klage Zahlung des abgezogenen Betrags und Schadensersatz wegen Vorenthaltung ihres Guthabens von Juni 1914 bis März 1918.

Das Landgericht wies die Klage ab. Auf die Berufung der Klägerin sprach das Kammergericht ihr den abgezogenen Betrag zu und erklärte im übrigen den Klaganspruch dem Grunde nach für berechtigt.

Die Revision der Beklagten hatte Erfolg.

Gründe:

Das Berufungsgericht hat angenommen, daß die beiden Konten, einerseits der klagenden offenen Handelsgesellschaft U. W. & Co., anderseits des Gesellschafters U. W., nicht als einheitlich in dem Sinn anzusehen seien, daß der Debetsaldo auf dem einen den Kreditsaldo auf dem anderen mindere oder aufhebe. Insoweit hat die Revision keine Einwendungen erhoben.

Weiter will das Berufungsgericht die Beklagte auch nicht mit der Einrede hören, daß, wenn der Kreditsaldo der Klägerin seinerzeit zur Auszahlung gekommen sein würde, dies doch wieder dadurch wettgemacht wäre, daß die Beklagte dann gegen den Gesellschafter U. W. vorgegangen wäre und wegen des durch den Verkauf der gestellten Sicherheiten nicht gedeckten Teils seiner Schuld die Vollstreckung in seinen Geschäftsanteil bei der Klägerin vorgenommen hätte. In dieser Beziehung ist der Standpunkt des Berufungsgerichts nicht klar. Zunächst wird gesagt, daß diese Frage den Grund des Anspruchs betreffe, und es wird ausgeführt, daß es zweifelhaft sei, ob die Beklagte in der Tat gegen U. W. und sodann gegen die Klägerin vorgegangen sein würde, und welchen Erfolg dies Vorgehen gehabt hätte. Im weiteren Verlaufe wird aber angenommen, daß es in das Verfahren über die Höhe des Anspruchs gehöre, ob die Verwirklichung einer solchen Möglichkeit eingetreten wäre.

Auch abgesehen von dieser Unklarheit muß der Revision zugegeben werden, daß das Berufungsurteil hinsichtlich des Schadensersatzanspruchs nicht aufrecht erhalten werden kann.

Daß ein Fall der sogenannten Vorteilsausgleichung vorliegt, ist vom Berufungsgericht mit Recht angenommen worden. Die Klägerin wendet ein, es gehöre zum Begriffe der Vorteilsausgleichung, daß Schaden und Vorteil unmittelbar aus derselben Ursache hervorgegangen seien. So liege die Sache hier nicht. Der behauptete Vorteil solle darin erblickt werden, daß die Beklagte nicht gegen U. W.

wegen dessen Schuld vorgegangen sei und dann nicht in seinen Geschäftsanteil vollstreckt habe; das sei nicht die unmittelbare Folge der Zurückbehaltung des der Klägerin geschuldeten Geldes, beruhe vielmehr auf einem hinzutretenden, neuen und selbständigen Entschlusse der Beklagten. Dieser Einwendung kann nicht zugestimmt werden; denn damit würde der Kreis der Vorteilsausgleichung ungebührlich eingeschränkt. Der erkennende Senat hat mit der herrschenden Lehrmeinung stets angenommen, daß Schaden und Vorteil nicht selbsttätig aus demselben Ereignis hervorzugehen brauchen; vielmehr genügt es, wenn beide in demselben Tatsachenkomplex „ihre Wurzel haben", wenn also derjenige Tatbestand, der den Schaden verursacht hat, nach dem regelmäßigen Verlauf der Dinge auch zu einem Vorteile für den Geschädigten führt. So liegt die Sache nach den Behauptungen der Beklagten hier.

Bedenken ergeben sich aber in der Richtung, ob ein Urteil über den Grund des Schadensersatzanspruchs zulässig war. Das Reichsgericht ist in der Entscheidung Bd. 65 S. 59 davon ausgegangen, daß es unzulässig ist, die Entscheidung über eine Vorteilsausgleichung dann in die Verhandlung über die Höhe des Anspruchs zu verweisen, wenn behauptet wird, daß der Schaden durch den Vorteil voll wettgemacht sei, und wenn diese Behauptung nicht etwa schon widerlegt ist. Der Grund ist, daß in solchem Falle mit der Möglichkeit gerechnet werden muß, daß überhaupt kein Schaden entstanden ist. Dieser Grund ist überzeugend; denn die Einrede der Vorteilsausgleichung ist gemäß der herrschenden und richtigen Meinung hinsichtlich ihrer materiellen Wirkung nicht nach der Art einer wahren Einrede zu behandeln, die den Schadensanspruch an sich bestehen läßt, sondern sie stellt „einen Faktor bei der Interessenberechnung" dar, hindert oder mindert also selbsttätig die Entstehung jenes Anspruchs. Daraus folgt logisch, daß der Schadensanspruch dem Grunde nach nicht festgestellt werden kann, so lange die Möglichkeit besteht, daß der Vorteil dem Schaden der Höhe nach gleichkommt. Im vorliegenden Falle könnte man den ersten Teil der Begründung des angefochtenen Urteils zu diesem Punkt, wie bereits erwähnt, dahin auffassen, daß die Beklagte den ihr obliegenden Beweis nicht geführt habe, weil zweifelhaft bleiben müsse, ob sie damals gegen U. W. und die Klägerin in der Tat vorgegangen wäre und ob ihr Vorgehen Erfolg gehabt hätte. Daraus würde die endgültige Zurückweisung der Einwendung folgen. Sie liegt aber nicht im Sinne des Berufungsgerichts, da dieses das Vorbringen der Beklagten im Verfahren über die Höhe des Anspruchs wiederum zulassen will. Es kann somit nicht angenommen werden, daß die Einwendung endgültig dem Grunde nach abgetan werden sollte, und daraus ergibt sich dann nach vorstehendem, daß im Verfahren über den Grund erörtert werden muß, ob der Schaden, wie die Beklagte behauptet, voll ausgeglichen ist. Im vorliegenden Fall erhebt sich nun freilich die Schwierigkeit, daß der Klaganspruch der Höhe nach noch nicht feststeht. Das mag eine Entscheidung über den Grund des Anspruchs zurzeit überhaupt unmöglich machen. Hieraus ist aber ein Bedenken gegen die vorstehenden Ausführungen nicht zu entnehmen, denn das gleiche findet auch in anderen ähnlichen Fällen statt (JW. 1908 S. 245 Nr. 18). . . .

Sollte sich später herausstellen, daß der Schaden auf jeden Fall größer ist als der entgegengehaltene Vorteil, so steht dem Erlaß eines Urteils über den Grund des Anspruchs nichts im Wege; denn wenn feststeht, daß irgendein Anspruch jedenfalls besteht, dann stellt sich die Ausgleichung nur als ein Faktor zur Berechnung der Höhe dar.

---

117. 1. Inwieweit werden die Abdeckereiprivilegien durch die Verordnung über Pferdefleisch und Ersatzwurst vom 22. Mai 1919 betroffen?
2. Hat der Abdecker Ansprüche gegen den mit der Schlachtung und Verwertung der Pferde betrauten Kommunalverband?

V. Zivilsenat. Urt. v. 21. Januar 1922 i. S. S. (Kl.) w. Kommunalverband S. (Bekl.). V 228/21.

I. Landgericht Stargard. — II. Oberlandesgericht Stettin.

Der Kläger ist Inhaber eines unter dem 18. September 1789 landesherrlich erteilten Abdeckereiprivilegs für die Stadt Stargard in Pommern und andere pommersche Ortschaften. Er behauptet, daß unter dieses Privileg auch Pferde fallen, die zur Arbeit nicht mehr verwendet werden können und deshalb geschlachtet werden müssen. Zufolge der Verordnung des Reichsernährungsministers über Pferdefleisch und Ersatzwurst vom 22. Mai 1919, wonach zur Schlachtung bestimmte Pferde nur an den Kommunalverband abgegeben werden dürfen, wurden ihm die ihm nach dem Privileg verfallenen Pferde nicht mehr abgeliefert. Wie er behauptet, wurden die zur Schlachtung geeigneten Pferde von dem beklagten Kommunalverband oder in dessen Auftrag von dem Zweitbeklagten K. angekauft und verwendet. Zur Herausgabe des aus dem Erwerbe und der Verwertung derartiger Pferde erzielten Erlöses hält er die Beklagten für verpflichtet, weil durch die Verordnung des Reichsernährungsministers zwar die Ablieferung der Pferde an ihn selbst unterbunden worden, die ihm durch das Privileg verliehenen Rechte im übrigen aber unberührt geblieben seien. Er verlangt deshalb von den Beklagten Auskunft und Rechnungslegung über alle von ihnen erworbenen und zur Schlachtung oder Verwertung gebrachten Pferde.

Das Landgericht verurteilte den Kommunalverband durch Teilurteil zur Auskunft, aber nur, soweit es sich um rotzige, ganz inkurabele und zur ferneren Arbeit gänzlich untüchtige Pferde gehandelt hat. Die beiderseitigen Berufungen der Parteien wurden zurückgewiesen. Auch ihre Revisionen hatten keinen Erfolg.

Aus den Gründen:

Die Revision des Kommunalverbandes ist der Ansicht, daß das Abdeckereiprivileg des Klägers, soweit es sich auf Pferde beziehe, durch die Verordnung vom 22. Mai 1919 (RGBl. S. 467) hinfällig geworden sei, weil diese Verordnung im Gegensatz zu früheren Verordnungen nicht die Vorschrift enthalte, daß die Abdeckereiprivilegien durch sie unberührt bleiben. Dem kann nicht beigetreten werden. Der erkennende Senat hat schon in dem Urteil vom 3. Januar 1921 V 287/20 ausgeführt, daß die Rechte des Abdeckers durch die Verordnung vom 22. Mai 1919 nicht beseitigt sind, sondern nur insofern eine Einschränkung erfahren haben, als die Ablieferung der Pferde an den Abdecker und die eigene Verwertung durch diesen unzulässig geworden sind, weil auch die unter ein Abdeckereiprivileg fallenden Pferde, sofern sie für die menschliche Ernährung noch verwendbar waren, vorbehaltlich der Rechte des Abdeckers, an die Kommunalverbände abzuliefern gewesen sind und auch nur von diesen haben verwertet werden dürfen. An dieser Ansicht ist festzuhalten. Daß die Verordnung vom 14. Juni 1918 (RGBl. S. 655), die durch § 10 der Verordnung vom 22. Mai 1919 aufgehoben wurde, noch die Bestimmung enthielt, daß bestehende Privilegien (Abdeckereiprivilegien und dergl.) durch die Verordnung nicht berührt würden, eine gleiche Vorschrift aber in der Verordnung vom 22. Mai 1919 fehlt, berechtigt nicht zu der Annahme, daß diese Verordnung hinsichtlich der Abdeckereiprivilegien nicht auf demselben Standpunkt stehe wie die frühere. Denn beide Verordnungen verfolgen denselben Zweck, und dieser erforderte nicht einen so weitgehenden Eingriff in die Abdeckereiprivilegien, daß mehr als die zur menschlichen Ernährung noch tauglichen Pferde dem Abdecker entzogen wurden. In diesem Sinne hat sich auch das von dem Kommunalverband vorgetragene Schreiben des Landesfleischamts vom 17. April 1920 ausgelassen und in Übereinstimmung damit auch die Magistratsverordnung der Stadt Stargard über Pferdefleisch und Ersatzwurst vom 30. November 1919 in § 2 anerkannt, daß die bestehenden Abdeckereiprivilegien durch die Verordnung vom 22. Mai 1919 unberührt bleiben. Auch die auf Grund der Verordnung vom 22. Mai 1919 ergangenen Ausführungsanweisungen des preußischen

Staatskommissars für Volksernährung vom 5. Juni 1919 und die Bekanntmachung der Provinzialfleischstelle in Stettin vom 9. Juli 1919 lassen einen anderen Standpunkt nicht erkennen.

Der beklagte Kommunalverband kann den Kläger wegen seiner Ansprüche auch nicht auf die Tierhalter verweisen. Denn daß der Kläger nur berechtigt sei, von diesen den Erlös für die verkauften Pferde abzüglich der von ihm selbst etwa zu zahlenden Vergütung zu fordern, trifft nicht zu. Seine Rechte wären nur unvollkommen gewahrt, wenn er bloß auf die Aushändigung dieses Erlöses angewiesen wäre; es würde ihm dann der Vorteil entgehen, den er durch die Verwertung der verfallenen Pferde hätte ziehen können. Auf der anderen Seite wäre es unbillig, diesen Gewinn in der Hand des Kommunalverbandes zu lassen. Im Interesse der Volksernährung sollte zwar eine Sicherheit dafür geschaffen werden, daß alles zur menschlichen Nahrung geeignete Fleisch, darunter auch das Pferdefleisch, erfaßt werde, und das hielt man am besten für gewährleistet, wenn der Ankauf schlachtreifer Pferde in behördliche Hand gelegt wurde; aber auf Kosten der Abdecker den mit dem Ankauf oder der Verwertung betrauten Kommunalverbänden Gewinn zu verschaffen, lag nicht in der Absicht der ergangenen Verordnungen.

Daß die Kommunalverbände, soweit sie Pferde, die einem Abdeckereiprivileg unterlagen, ankauften und verwerteten, die Verwertung für Rechnung des Abdeckers durchführten, hat das Berufungsgericht ohne Rechtsirrtum angenommen (vgl. auch die Bekanntmachung über die Verwertung von Tierkörpern und Schlachtabfällen vom 22. Juni 1916 RGBl. S. 631). In solchem Falle muß aber auf Grund der §§ 666, 667, 681, 260 BGB. auch die Auskunftspflicht des Kommunalverbandes bejaht werden, ohne daß es einer Entscheidung darüber bedarf, ob sich auch im Falle eines Bereicherungsanspruchs diese Pflicht nach den in der Entscheidung RGZ. Bd. 90 S. 139 entwickelten Grundsätzen ergeben würde. . . .

Zu Unrecht beschwert sich die Revision des Klägers darüber, daß die Verurteilung zur Auskunft nur auf die seinem Privileg unterliegenden Pferde beschränkt worden ist. Da er nur in dessen Grenzen beeinträchtigt worden ist, so kann er auch nur in diesem Rahmen Auskunft von dem beklagten Kommunalverband verlangen; die darüber hinaus geschlachteten Pferde gingen ihn nichts an. Es ist ihm deshalb ohne Rechtsirrtum das Recht abgesprochen worden, Auskunft über alle zur Schlachtung gelangten Tiere zu verlangen. Der Revision ist zwar zuzugeben, daß der Kläger leichter feststellen kann, wieviel unter sein Abdeckereiprivileg fallende Pferde der Kommunalverband geschlachtet hat, wenn dieser alle Schlachtungen angeben muß, da er in solchem Falle selbst beurteilen könnte, welche Schlachtungen sein Privileg betrafen, während sonst zunächst die Auffassung des beklagten Kommunalverbands dafür den Ausschlag gibt und den Kläger alsdann die Behauptungs- und Beweispflicht trifft, wenn er dessen Angaben nicht für erschöpfend hält. Aber diese Rechtsposition muß der Kläger in den Kauf nehmen, wenn ihm seine Rechte eine bessere nicht gewähren. Einen Anspruch darauf, daß ihm der beklagte Kommunalverband seine Nachforschungen erleichtere, hat er gegen ihn nicht. . . .

---

118. Was gehört zur Begründung der Klage, wenn der Schuldner wegen Ungewißheit über die Person des Gläubigers hinterlegt hat und der eine Gläubiger gegen den anderen auf Einwilligung in die Auszahlung des Geldes an ihn klagt?

II. Zivilsenat. Urt. v. 3. Februar 1921 i. S. 1. H. Th. (Bekl.), 2. R. (Nebeninterv.) w. Sächsische Bereifungs-Industrie in Konkurs (Kl.). II 136/21.

I. Landgericht Dresden. — II. Oberlandesgericht daselbst.

Die Sächsische Bereifungs-Industrie war eine offene Handelsgesellschaft, an deren Geschäft sich die Beklagte als stille Gesellschafterin mit einer Einlage von 11000 *M* beteiligte. Durch Vertrag vom 5. Mai 1919 versprach die Gesellschaft, der Beklagten die Einlage zurückzuzahlen. Davon wurden 1000 *M* sofort gezahlt; für den Rest wurden zwei Wechsel über je 5000 *M*, fällig am 15. Juli und 31. Oktober 1919, gegeben. Sie waren von der Gesellschaft akzeptiert und mit dem Giro des Nebenintervenienten Ehemann R. versehen, der das Geschäft seiner Ehefrau führte, den aber die Parteien für den Inhaber des Geschäfts hielten. R. stand mit der Gesellschaft in Geschäftsverbindung, von der er laufend Ware bezog. Nach seiner Darstellung war die Absicht, daß er die Wechsel bezahlen und sich dafür durch Einhaltung von Beträgen bezahlt machen sollte, die er der Gesellschaft aus den Warenkäufen schuldig war und noch schuldig wurde. Die Beklagte will die Sache so verstanden haben, daß R. statt ihrer in die Gesellschaft eintreten sollte. Den ersten Wechsel hat er bezahlt. Ehe es zur Zahlung des zweiten kam, geriet die Gesellschaft in Konkurs; der Konkursverwalter protestierte gegenüber R. gegen die Zahlung, worauf dieser das Geld unter Verzicht auf das Recht zur Zurücknahme hinterlegte, weil er ungewiß über die Person des Gläubigers sei. Am 23. Oktober 1919 erklärte der Konkursverwalter der Beklagten, daß er den Vertrag vom 5. Mai 1919 anfechte „sowohl nach dem BGB. als auch nach der KO." Die Beklagte klagte den

Wechsel gegen R. ein, der durch rechtskräftig gewordenes Urteil zur Zahlung verurteilt wurde. Darauf erhob der Konkursverwalter gegen die Beklagte mit dem Antrage Klage, die Beklagte zu verurteilen, in die Auszahlung der hinterlegten 5000 ℳ an ihn zu willigen.

Im Gegensatz zum Landgericht, das die Klage abwies, gab das Oberlandesgericht dem Antrag statt. Auf die Revision des Nebenintervenienten wurde das erste Urteil wiederhergestellt aus folgenden

Gründen:

...Die Klage ist unbegründet. Allerdings ist die Beklagte, da sie der Auszahlung der 5000 ℳ an die Masse widerspricht und bei der Hinterlegung als eventuelle Empfangsberechtigte genannt ist, passiv legitimiert. Aber durchdringen könnte der Kläger nur, wenn die Gemeinschuldnerin auf das hinterlegte Geld ein Recht hätte, d. h. wenn ihr aus dem Kaufvertrag oder den mehreren Kaufverträgen ein erzwingbarer Anspruch gegen R. oder dessen Frau auf Zahlung des Kaufpreises für gelieferte Waren zustände. Nach dem Stand der Parteibehauptungen ist das nicht der Fall. Wenn die Kaufpreisforderung nach § 787 Abs. 1 BGB. auch erst durch Zahlung des Wechsels getilgt wird und eine Zahlung, wie erwähnt, nicht festgestellt ist, so ist die Forderung doch schon seit der Indossierung mit einer Einrede behaftet. R. darf das Zahlungsverlangen der Gemeinschuldnerin ablehnen, da darin ein nach § 790 unzulässiger Widerruf der Anweisung liegt, auf welcher die Indossierung des Wechsels beruht. Daß die Beklagte diese Rechtslage, soweit aus den Akten zu ersehen, nicht klar auseinandergesetzt hat, ist unerheblich. Sie hat der Auszahlung an den Kläger widersprochen; Sache des Richters ist es, nach dem feststehenden Sachverhalt zu prüfen, ob der Kläger die Auszahlung beanspruchen darf.

Danach kann nur in Frage kommen, ob R. auf Grund des Einspruchs des Konkursverwalters berechtigt war, der Beklagten die Zahlung der Wechselschuld zu weigern, und ob aus diesem Gesichtspunkt sich nicht eine andere Beurteilung ergibt. Um jene erstere Frage zu entscheiden, bedürfte es der Aufklärung des dem Wechselzuge zugrundeliegenden Rechtsverhältnisses bis in die Einzelheiten der rechtlichen Struktur hinein, welche ihm die Beteiligten verliehen haben. Läge dem Eintreten R.s für die Schuld der Gesellschaft an die Beklagte eine gültige Bürgschaft zugrunde, so wäre dieser in der Lage gewesen, auf Grund der Anfechtung der Rückgewähr der Einlage durch den Hauptschuldner die Zahlung des Wechsels zu verweigern. Auch ist das wohl nicht die einzige Rechtsgestaltung, bei der eine Einrede gegen die Wechselforderung denkbar wäre. Festgestellt ist in dieser Richtung nichts. Aber tatsächlich hat R. sich gegen die Forderung der Beklagten gewehrt. Er hat es auf die Klage ankommen lassen, hat unternommen, das zugrunde liegende kausale Verhältnis zur Geltung zu bringen, und hat damit nichts erreicht, ist vielmehr zur Zahlung verurteilt worden. Das Urteil ist rechtskräftig geworden und er wird zahlen müssen, wenn er nicht schon gezahlt hat. Er ist die Verpflichtung hierzu im Auftrage der Gemeinschuldnerin eingegangen, und dem sich hieraus gegen diese ergebenden Anspruch auf Erstattung der Aufwendung — einen Anspruch, der hier die Gestalt der Einrede gegen die Kaufpreisforderung der Gemeinschuldnerin annimmt — könnte diese und nunmehr der Konkursverwalter sich nur entziehen, wenn N. in der Führung jenes Prozesses etwas versehen hätte. Daß derartiges geschehen wäre, ist gar nicht behauptet und auch nicht zu ersehen. Allerdings hat N. das Anfechtungsrecht des Konkursverwalters nach § 342 HGB. nicht geltend gemacht. Aber das kann ihm nicht zu einem Verschulden angerechnet werden, das er zu vertreten hätte. Der Kläger selbst ist erst im gegenwärtigen Prozeß und durch das Urteil erster Instanz auf dieses Anfechtungsrecht hingewiesen worden. Zudem ergeben die Akten des Vorprozesses, daß dort der jetzige Kläger dem Beklagten N. als Nebenintervenient beigetreten war. Schon aus diesem Grunde muß er die dort ergangene Entscheidung gelten lassen (vgl. § 68 ZPO.). Hätte er hier von der Beklagten, statt der Einwilligung in die Auszahlung des hinterlegten Geldes an ihn, die Rückgabe des Wechsels oder Zahlung dessen gefordert, was sie auf Grund des Wechsels erhalten hat, so wäre der Anspruch ohne weiteres begründet gewesen. Dagegen hat der Kläger auf die hinterlegten 5000 ℳ keinen Anspruch und kann daher auch von der Beklagten nicht verlangen, daß sie in die Auszahlung des Geldes an ihn einwillige.

---

119. Zur Auslegung der Klausel „Preise freibleibend" beim Lieferungskauf.

II. Zivilsenat. Urt. v. 14. Februar 1922 i. S. B. (Kl.) w. K. & Co. (Bekl.). II 437/21.

I. Landgericht Hamburg, Kammer f. Handelssachen. — II. Oberlandesgericht daselbst

Die Klägerin verkaufte der Beklagten im Dezember 1919 und Januar 1920 verschiedene Posten Eisenwaren mit der Klausel „Preise freibleibend". Für einen Teil dieser der Beklagten angedienten Waren stellte sie höhere als die ursprünglich vereinbarten Preise in Rechnung, und ebenso wollte sie bezüglich der noch nicht angedienten Waren verfahren. Sie behauptete, die erhöhten Preise seien angemessen, und erachtete sich zu ihrer Forderung auf Grund der oben erwähnten Preisklausel berechtigt. Dagegen lehnte die Beklagte die Erfüllung des

Vertrags mit der Begründung ab, die Klägerin möge auf Grund der Klausel „Preise freibleibend" nicht verpflichtet sein, zu den vereinbarten Preisen weiterzuliefern, anderseits brauche aber auch sie keine höheren Preise als die ursprünglich vereinbarten zu zahlen.

Beide Instanzen legten die Klausel im Sinne des Beklagten aus. Auf die Revision wurde die Sache an das Berufungsgericht zurückverwiesen.

Gründe:

... Es handelt sich um eine im heutigen Verkehr typisch gewordene Klausel, welche der Vorderrichter nicht auf Grund konkreter Umstände des Falles nach der auf irgendeine Weise festgestellten Meinung der Vertragschließenden, auch nicht an Hand eines bestehenden Handelsgebrauchs, sondern ausschließlich nach Logik und allgemeinen Rechtsgrundsätzen ausgelegt hat. Die Auslegung unterliegt demnach der Prüfung in der Revisionsinstanz.

Der Auslegung der Vorinstanzen kann nicht beigetreten werden. Die Klausel ist als Freizeichnung eng auszulegen. Das „freibleibend" beschränkt sich hier auf die vereinbarten Preise. Hält man sich streng hieran, so ergibt sich, daß zwar die Preisabrede nicht unbedingt bindend sein soll, im übrigen aber der Vertrag schlechthin bindend. Qualität und Menge des Verkauften stehen unbedingt fest, vor allem aber auch die Lieferung selbst und dementsprechend denn auch die Bezahlung. Und zwar für beide Teile. Nur die Preisberedung unterliegt der Abänderung. Liegen die Voraussetzungen einer Preiserhöhung vor, so bleibt es doch dabei, daß — nunmehr allerdings zu diesem höheren Preise — der Käufer verpflichtet ist, die Ware gegen Zahlung abzunehmen, anderseits aber auch berechtigt, die Lieferung zu verlangen. Die Unbestimmtheit der Preisabrede tut der bindenden Kraft des Vertrags und dem unveränderten Festhalten der Parteien an seinem Inhalt im übrigen nicht den geringsten Abbruch. Es ist Sache des Verkäufers, gegebenenfalls nach § 315 BGB., den nach den Umständen angemessenen Preis zu bestimmen. Es wäre denkbar, kommt vielleicht auch vor, daß die Parteien mit Rücksicht auf die Unsicherheit der Verhältnisse einstweilen von jeder Preisfestsetzung absehen. Damit wäre der typische Fall, wenn nicht des § 315, so des § 317 BGB. gegeben, und von einem Recht des Käufers, vom Vertrage zurückzutreten, könnte ganz unbestreitbar keine Rede sein. Es ist nicht einzusehen, weshalb es hiermit anders sein sollte, wenn die Parteien schon beim Abschluß des Vertrags — und dann also nach Maßgabe der zu dieser Zeit bestehenden Verhältnisse — auf einen Preis sich einigen. Denn das ist weit entfernt, gegenüber der Klausel freibleibend gegenstandslos zu sein. Schon lange besteht im Großhandel, namentlich auch in der Metallbranche, die Einrichtung der Richtpreise, die Schutz gewähren gegen die Schwankungen der Konjunktur. Entsprechend funktioniert in Fällen, wie dem vorliegenden, die festbezifferte Preisberedung. Wenn es nunmehr gilt, nicht sowohl den angemessenen Preis zu bestimmen, als vielmehr den Preis nach dem Verhältnis zur Konjunktur bei Lieferzeit festzusetzen, in welchem der vereinbarte Preis zur Konjunktur bei Vertragsschluß stand, wird der Veränderung der allgemeinen Preisverhältnisse Rechnung getragen, ohne daß deshalb das konkrete, im Abschluß des Vertrags liegende Spekulationsmoment preisgegeben wird. Es ist bezeichnend, daß die Berliner Handelskammer in dem Bericht JW. 1921 S. 158 ohne Nachdruck und ohne Begründung, aber doch deutlich und direkt ausspricht, daß der Käufer einer Preiserhöhung des Verkäufers gegenüber nicht das Recht hat, vom Vertrage zurückzutreten. Auf dem gleichen Standpunkt stehen Oertmann, Geschäftsgrundlage S. 168 Anm. 1 und Starke, JW. 1920 S. 474, unverkennbar auch Dove das. 1922 S. 23 zu dem Urteil des I. Senats des Reichsgerichts vom 19. Oktober 1921 I 63/21, aus welchem für die gegenwärtige Frage nichts zu entnehmen ist.

Diese enge und engste Auslegung der Klausel hat aber auch sachliche Gründe für sich. Die Unsicherheit und Unberechenbarkeit aller Verhältnisse, wie sie zur Zeit des Vertragsschlusses herrschte und auch jetzt noch herrscht, macht es bedenklich, bis zu einem gewissen Grade für jede solide Geschäftsführung unausführbar, sich in Lieferungsverträgen auf lange Frist hinaus mit der Preisforderung endgültig festzulegen. Darin hat die Klausel ihren Grund und daher ist sie auch weit entfernt, schlechthin verwerflich zu sein. Anderseits aber kann die Organisation der Produktion und des Güterum- und -absatzes die Lieferungsverträge auf lange, oft auf sehr lange Zeit hinaus gar nicht entbehren. Vor allem bedarf ihrer der Fabrikant, der ohne sie seinem Betriebe nicht die Beständigkeit zu verleihen vermag, die ihn rationell gestaltet. Entsprechend ist dann aber auch der Zwischenhandel daran interessiert, und im großen Umfang vollzieht sich der Güterumsatz unter dieser Ordnung, die der Verkehr sich schafft. Sollen da die Preise den Konjunkturverhältnissen entsprechend elastisch sein, so muß nicht im übrigen diese Ordnung verloren gehen. Dem entspricht die Klausel, wenn man sie, wie es hier geschieht, eng auslegt. Die Interessen des Käufers werden darum nicht hintangesetzt. Verkauft er nach der Lieferung der Ware, so kann er seine Preise ohnehin der nunmehrigen Konjunktur anpassen. Verkauft er auf Lieferung, so kann er sich schützen, indem er das nicht anders tut, als wie er einkauft.

Anders läge es nur, wenn sich ein entgegenstehender Handelsgebrauch bereits gebildet hätte, was offenbar nicht der Fall ist. Anders aber auch, wenn erkennbar die Parteien es übereinstimmend anders gemeint haben. Da das hier behauptet wird, bedarf es noch weiterer Feststellungen.

120. 1. Ist bei Verhinderung des einen von zwei Gesamtgeschäftsführern der Gesellschaft m. b. H. der andere kraft Gesetzes ermächtigt, die Gesellschaft allein zu vertreten?
2. Hindert § 181 BGB. einen Vertragsschluß, der durch einen Bevollmächtigten des Vertreters namens des Vertretenen mit dem Vertreter als Eigenperson vorgenommen wird?
3. Wann ist ein solcher Vertragsschluß wirksam?

II. Zivilsenat. Urt. v. 17. Februar 1922 i. S. A. Ex- und Importgesellschaft m. b. H. (Bekl.) w. E. (Kl.). II 442/21.

I. Landgericht I Berlin, Kammer für Handelssachen. — II. Kammergericht daselbst.

Die im Urkundenprozeß erhobene Klage stützt sich auf eine namens der beklagten Gesellschaft m. b. H. von W. „i. V." und F. unterzeichnete Urkunde vom 2. August 1920, worin dem Kläger E. zur Abfindung seiner Kapital- und Gewinnanteilsansprüche 90000 ℳ in näher festgesetzten Raten sowie an rückständigem Gehalt 2200 ℳ zugesichert werden. Zur Zeit der Ausstellung der Urkunde waren die beiden einzigen Geschäftsführer der Unterzeichner F. und der Kläger; sie waren nur gemeinsam zur Vertretung befugt. Mit der Angabe, daß ihm 500 ℳ gezahlt worden seien, forderte der Kläger 91700 ℳ nebst Zinsen. Die Beklagte bestritt, mangels Vertretungsmacht des W., der erst am 18. August 1920 Geschäftsführer und zwar Alleingeschäftsführer wurde, aus der Urkunde zu haften. Eventuell wollte sie mit einer Gegenforderung aufrechnen, für die sie indes keinen im Urkundenprozeß zulässigen Beweis antrat.

Der erste Richter gab der Klage statt und behielt der Beklagten vor, ihre Rechte im ordentlichen Verfahren auszuführen. Das Kammergericht bestätigte. Auch die Revision hatte keinen Erfolg.

Gründe:

Das Kammergericht meint, auf die Vertretungsmacht W.s komme es nicht an. Man könne von seiner Unterschrift ganz absehen, diejenige F.s genüge. Habe dieser an sich auch nur gemeinsam mit dem Kläger Vertretungsmacht für die Beklagte gehabt, so entscheide doch hier der Umstand, daß der Kläger an der Vertretung rechtlich verhindert gewesen sei. In solchem Falle müsse von zwei Gesamtgeschäftsführern einer Gesellschaft m. b. H. der nicht verhinderte als ermächtigt gelten, die Gesellschaft allein zu vertreten.

Diese Begründung des Urteils wird von der Revision mit Recht angegriffen. Ein allgemeiner Satz des Inhalts, daß bei Verhinderung eines von zwei Gesamtgeschäftsführern der andere allein vertretungsberechtigt sei, läßt sich nicht anerkennen. Eine solche Bestimmung müßte durch den Gesellschaftsvertrag getroffen werden; schweigt dieser, so ist es Sache der Gesellschafterversammlung, durch Ernennung eines anderweiten Vertreters oder durch Erteilung von Alleinvertretungsmacht an den nicht verhinderten Geschäftsführer Abhilfe zu schaffen. Auch der Kommentar von Staub-Hachenburg zum GmbHG., auf den sich das Kammergericht beruft, steht ihm nicht zur Seite (vgl. § 35 Anm. 21 S. 408). Daß aber das Statut der Beklagten eine Bestimmung enthalte, wie sie nach Ansicht des Vorderrichters aus dem Gesetze folgen soll, behauptet der Kläger nicht.

Gleichwohl kann die Revision keinen Erfolg haben. W. hat als Vertreter („i. V.", in Vollmacht) unterzeichnet, und zwar mit Wissen und Willen der beiden Geschäftsführer; indem F. mit unterschrieb und der Kläger die Urkunde aus W.s Hand entgegennahm, haben beide ihm zu der abgegebenen Erklärung Vollmacht erteilt. Gegen die Wirksamkeit dieser Bevollmächtigung sind Bedenken aus § 181 BGB. nicht zu erheben. Die angeführte Vorschrift verfolgt keine Zwecke rechtspolizeilicher Natur, ist vor allem kein Verbotsgesetz. Sie untersagt dem Vertreter nicht die Vornahme jedes Rechtsgeschäfts, bei dem seine Interessen mit denen des Vertretenen zusammenstoßen, sondern beabsichtigt nur, den aus dem Wesen der Willenserklärung sich ergebenden Zweifel zu lösen, ob und inwieweit Erklärungen eines Vertreters an sich selber rechtswirksam sind. Demgemäß hat auch das Reichsgericht schon öfter zum Ausdruck gebracht, daß § 181 nur auf die Art des Zustandekommens der Rechtsgeschäfte, nicht auf die zugrundeliegenden Interessen bezogen werden darf (z. B. RGZ. Bd. 76 S. 92, Bd. 102 S. 411, Warneyer 1915 Nr. 179). Ein Rechtsgeschäft des Klägers mit sich selbst lag aber weder in der Erteilung der Vollmacht, denn das war ein Geschäft, das er mit W. vornahm, noch in der Annahme des Schuldanerkenntnisses, denn dadurch gab er der Beklagten gegenüber eine Erklärung ab. Nur das kann sich fragen, ob nicht andere Gründe als § 181 dazu nötigen, die Bevollmächtigung W.s für unwirksam zu erachten. Hätte der Kläger, indem er die Vollmacht erteilte, mit W. kolludiert oder sonstwie in einer gegen die guten Sitten verstoßenden Weise der Beklagten vorsätzlich Schaden zugefügt (vgl. § 826 BGB.), ja hätte er dadurch auch nur seine Pflichten als Geschäftsführer verletzt, so müßte ihm die Möglichkeit abgesprochen werden, Rechte aus dem mit dem Bevollmächtigten geschlossenen Vertrage herzuleiten. Von alledem ist indes im vorliegenden Falle keine Rede. Die Beklagte macht ihm aus der Entstehung des Schuldscheins keinen Vorwurf; sie wendet überhaupt gegen den Klaganspruch nichts weiter sachlich ein, als daß sie mit einer damit nicht zusammenhängenden Gegenforderung aufrechnet. Alsdann aber ist sie durch die Erklärung W.s und F.s verpflichtet.

Bei dieser Sachlage braucht auf die Hilfserwägung des angefochtenen Urteils, W. habe, nachdem er am 18. August 1920 Geschäftsführer geworden sei, durch Zahlung der 500 ℳ das Schuldanerkenntnis genehmigt, nicht eingegangen zu werden. Auch wenn der prozessuale Angriff der Revision hiergegen berechtigt sein sollte, würde das gleichgültig sein, da das Anerkenntnis von vornherein wirksam war und einer Genehmigung nicht bedurfte.

---

121. 1. Kann mit einer auf arglistige Verleitung zum Vertragsbruch gestützten Klage aus § 826 BGB. der beiseite geschobene erste Käufer von Sachen gegen den zweiten Käufer, der sich der Arglist schuldig gemacht und die Übergabe der Sachen erlangt hat, auf Herausgabe klagen?

2. Zur Frage der Sittenwidrigkeit der Verleitung zum Vertragsbruche.

3. Welcher Schadensersatz kann in solchem Falle gefordert werden?

4. Kann das Gericht eine vom Beklagten behauptete, vom Kläger bestrittene Tatsache als zweiten Klaggrund behandeln und daraufhin den Beklagten verurteilen?

VI. Zivilsenat. Urt. v. 23. Januar 1922 i. S. H. (Bekl.) w. J. (Kl.). VI 481/21.

I. Landgericht Allenstein. — II. Oberlandesgericht Königsberg.

Am 1. Juni 1919 verkaufte die Ehefrau des Architekten Sch. in A. die im Urteil aufgeführten Möbel und Hauseinrichtungsstücke (Herren-, Speise- und Schlafzimmer) für 20000 ℳ an den Kläger, von dem sie auf den Kaufpreis eine Anzahlung von 500 ℳ empfing. Am Tage darauf verkaufte sie dieselben Gegenstände nebst einer Kinderzimmer- und Kücheneinrichtung an den Beklagten für den Preis von 24600 ℳ. Als der Kläger am 2. Juni den Rest des Kaufpreises bezahlen und die Sachen übernehmen wollte, erklärte die Ehefrau Sch., sie mache den Vertrag rückgängig, die Sachen seien Eigentum ihres Vaters. Der Kläger behauptete, daß der Beklagte die Ehefrau Sch. zum Vertragsbruch verleitet, ihr eine höhere Summe geboten und ihr eingegeben habe, dem Kläger zu sagen, die Sachen gehörten nicht ihr, sondern ihrem Vater. Er verlangte deshalb von dem Beklagten die Herausgabe der an ihn verkauften Sachen gegen Zahlung von 19500 ℳ sowie die Erstattung der für eine einstweilige Verfügung verauslagten 184,20 ℳ.

Das Landgericht wies die Klage ab. Das Oberlandesgericht erkannte abändernd auf einen Eid, den der Beklagte über eine von ihm behauptete nachträgliche Einigung der Parteien zugeschoben hatte. Auf die Revision wurde das Urteil aufgehoben.

Gründe:

Die Ehefrau Sch. hatte dem Kläger Gegenstände verkauft. Der Kaufvertrag erzeugt den rein persönlichen Anspruch des Käufers gegen den Verkäufer auf Übergabe der verkauften Sache und Verschaffung des Eigentums daran (§ 433 BGB.). Ein Recht zur Sache, wie es frühere Partikularrechte deutscher Staaten kannten (z. B. preuß. ALR. I 2 §§ 124, 133; I 10 § 25; I 15 § 3; I 19 §§ 4—6), wird durch den Kaufvertrag nach dem Rechte des BGB. nicht begründet (vgl. Mot. Bd. 2 S. 2 flg.; RGZ. Bd. 57 S. 356, 357, Warneyer 1913 Nr. 322). Hat darum der Verkäufer vertragswidrig die einem anderen verkauften Sachen noch einmal an einen Dritten verkauft und diesem übergeben, und ist er zu diesem Vertragsbruch von dem Dritten durch eine wider die guten Sitten verstoßende Handlung verleitet worden, so mag daraus dem ersten Käufer ein Schadensersatzanspruch gegen den zweiten Käufer aus § 826 BGB. auf Ersatz des Vermögensschadens entstanden sein, der ihm durch dessen unerlaubte Handlung erwachsen ist, also auf Ausgleichung des Unterschieds, der sich im Vermögen des Käufers durch den Vertragsbruch gegen den Zustand vor diesem herausgestellt hat; dieser Vermögensschaden wird in dem Unterschiede zwischen dem Wert der vom Verkäufer geschuldeten Leistung und der von ihm selbst geschuldeten Gegenleistung bestehen. Auf die Sachen selbst kann der erste Käufer gegenüber dem zweiten Käufer aber einen Anspruch nicht erheben und deren Herausgabe an ihn, die ihm lediglich persönlich vom Verkäufer geschuldet wird, nicht verlangen. Die vom Kläger gegen den Beklagten erhobene Klage auf Herausgabe der dem letzteren verkauften und übergebenen Sachen ist deshalb nicht gegeben. Auch nicht, wie der Revisionsbeklagte auszuführen versucht hat, eine Klage darauf, daß der Beklagte, der zweite Käufer, die Sachen an die Verkäuferin zurückgebe, die sie dann dem Kläger als dem ersten Käufer nach Maßgabe des Kaufvertrags zu übergeben haben würde. Ein solcher Anspruch könnte nur auf Grund einer Anfechtung des zweiten Kaufvertrags von der Verkäuferin erhoben werden. Dem ersten Käufer kann er nicht zustehen, denn eine rechtliche Beziehung zwischen diesem und dem zweiten Käufer, die einen solchen Anspruch begründen könnte, besteht nicht.

Den ihm aus der behaupteten unerlaubten Handlung des Beklagten allein zustehenden Anspruch auf Ausgleichung der Minderung, die sein Vermögen durch die Handlung des Beklagten im Verhältnis zu dem Bestande, wie er vorher war, erlitten hat (RGZ. Bd. 76 S. 147, Bd. 77 S. 101, Bd. 91 S. 60), hat der Kläger nicht erhoben. Allein die Forderung auf Erstattung der Kosten für die gegen die Frau Sch. erwirkte einstweilige Verfügung mit 184,20 ℳ fällt unter diesen Gesichtspunkt. Der Annahme des Berufungsgerichts, daß der Beklagte planmäßig darauf ausgegangen sei, die Frau Sch. zum Vertragsbruch gegenüber dem Kläger zu bestimmen, und daß er sich dadurch einer vorsätzlichen Schädigung des letzteren in einer wider die guten Sitten verstoßenden Weise (§ 826 BGB.) schuldig gemacht habe, stehen indessen aus der festgestellten oder behaupteten Sachlage Bedenken entgegen. Das Berufungsgericht verkennt nicht, daß nicht jede Verleitung eines anderen zum Bruche des mit einem Dritten geschlossenen Vertrags schon eine Sittenwidrigkeit im Sinne des § 826 BGB. darstellt (RGZ. Bd. 78 S. 14). Es müssen besonders verwerfliche Handlungen dargetan werden, die die Verleitung zum Vertragsbruch als unsittliche Schadenszufügung erscheinen lassen, und die Gesamtheit der Umstände, unter denen die Verleitung geschah, muß für die Entscheidung, ob eine unerlaubte Handlung nach § 826 vorliegt, geprüft werden. Es ist dem Berufungsgericht zuzugeben, daß die Eingebung gegenüber der Verkäuferin Frau Sch., sie solle dem Kläger der Wahrheit zuwider angeben, die Möbel gehörten nicht ihr, sondern ihrem Vater, an sich ein unlauteres Mittel zu dem Zwecke, die Frau Sch. von dem Vertrage mit dem Kläger abwendig zu machen und die Gegenstände dem Beklagten zu verkaufen, darstellen wird. Auf der anderen Seite kommt aber als Umstand, der gegen die Annahme einer vorsätzlichen und sittenwidrigen Schädigung des Klägers spricht, in Betracht, daß der Beklagte oder dessen Ehefrau schon vor dem Kläger mit der Frau Sch. über den Ankauf der Möbel verhandelt hatte. Daß, wie der Beklagte behauptet und seine Ehefrau als Zeugin bestätigt hat, die Sachen bei dieser Verhandlung der Ehefrau unter Handschlag fest zugesagt worden seien, sieht das Berufungsgericht zwar nicht für erwiesen an. Immerhin ist aber zu fragen, ob nicht der Beklagte auf Grund des Berichtes, den ihm, wie anzunehmen, seine Ehefrau über die Verhandlung mit der Ehefrau Sch. erstattet haben wird, der Meinung gewesen sein mag, ein besseres, weil älteres Recht auf die Möbel zu haben als der Kläger, und ob er nicht in Verfolgung dieses vermeintlichen Rechtes gehandelt hat. Es kommt hinzu, daß gar nicht außer Zweifel festgestellt worden ist, ob der Gedanke der lügenhaften Ausrede dem Kläger gegenüber überhaupt vom Beklagten, oder ob er nicht vielmehr vom Ehemann der Frau Sch. ausgegangen und dann vom Beklagten nur aufgegriffen und unterstützt worden ist, als ein gangbarer Weg, zu dem erstrebten Ziele zu gelangen. Dann aber würde von einer planmäßigen Schädigung des Klägers durch Verleitung der Frau Sch. zum Vertragsbruch vielleicht kaum die Rede sein können, und die subjektive Seite der Handlungsweise des Beklagten doch in einem anderen Lichte erscheinen, als das Berufungsgericht dies angenommen hat. Endlich aber ist nicht außer Betracht zu lassen, daß die Frau Sch. bei ihrer Vernehmung als Zeugin bekundet hat, entscheidend für ihren Entschluß, die Sachen zum zweiten Male dem Beklagten zu verkaufen, sei der Umstand gewesen, daß der Beklagte alle von ihr zum Verkauf gestellten Einrichtungsgegenstände ankaufen wollte. Nach dem Tatbestande des Berufungsurteils hat der Beklagte außer den dem Kläger verkauften Gegenständen noch eine Kinderzimmer- und eine Kücheneinrichtung gekauft, die nach der Aussage der Ehefrau Sch. das Mehr des Kaufpreises von 4600 ℳ an Wert sogar übertrafen. Nach dieser Bekundung der Frau Sch. muß es überhaupt zweifelhaft erscheinen, ob die Handlungsweise des Beklagten für den Vertragsbruch der Frau Sch. dem Kläger gegenüber noch ursächlich gewesen ist. Es wird sich hiernach fragen, ob sie nicht den Entschluß, die Sachen dem Beklagten zu verkaufen, auch ohne die Beeinflussung von dessen Seite gefaßt haben würde.

Rechtsirrig ist endlich auch die Behandlung, die die vom Beklagten behauptete, vom Kläger bestrittene Einigung zwischen den Parteien, über die sich der zum Urteil gestellte Eid des Klägers verhält, durch das Berufungsgericht erfahren hat. Kann auch eine von einer Partei aufgestellte Behauptung, selbst wenn sie vom Gegner bestritten ist, gegen sie verwertet werden (RGZ. Bd. 94 S. 348 und die dort angeführten weiteren Entscheidungen), so kann dies doch nur im Rahmen der erhobenen Klage geschehen. Die vom Kläger bestrittene Behauptung, die er sich nicht zu eigen gemacht hat, kann nie dazu dienen, der Klage einen zweiten Klagegrund unterzuschieben, den er selbst gar nicht geltend machen will. Es handelt sich hier aber in Wirklichkeit um einen ganz neuen Klagegrund. Während die Klage auf eine unerlaubte Handlung des Beklagten zum Nachteile des Klägers gestützt ist, erscheint der Anspruch jetzt in der Auffassung des Berufungsgerichts auf einen Vertragsabschluß zwischen den Parteien gegründet. Eine unzulässige Klagänderung würde in der Nachschiebung des neuen Klagegrundes durch den Kläger infolge der vorweggenommenen Einlassung (Warneyer 1915 Nr. 218, JW. 1913 S. 337 Nr. 25), die eine Einwilligung des Gegners bedeutet, nicht gefunden werden können, selbst für die Berufungsinstanz (§ 527 ZPO.) nicht; aber geltend gemacht muß sie werden. Dies ist im vorliegenden Falle nicht geschehen.

Das angefochtene Urteil war deshalb aufzuheben und, insoweit die Klage die Herausgabe der Gegenstände gegen Zahlung von 19500 ℳ verfolgt, mit dem Landgericht die Klage abzuweisen, die Berufung des Klägers gegen dessen Entscheidung mithin zurückzuweisen. Soweit auf Grund des § 826 BGB. vom Beklagten die Zahlung von

184,20 ℳ begehrt wird, war die Sache zur anderweiten Verhandlung und Entscheidung, ob der Tatbestand des § 826 BGB. gegeben ist, an das Berufungsgericht zurückzuverweisen. Soweit endlich das Berufungsgericht über die von dem Beklagten behauptete Einigung und deren Rechtswirkungen in seinem Urteil eine Entscheidung getroffen hat, bewendet es bei der Aufhebung des Urteils. Eine Abweisung des Klägers mit einem gar nicht von ihm erhobenen Anspruch ist prozeßrechtlich nicht möglich, und auch für eine Zurückverweisung der Sache an das Berufungsgericht ist hier kein Raum.

---

122. 1. Inwiefern beschränkt das preußische Allgemeine Landrecht die Baufreiheit auch zugunsten der Landesverteidigung? 2. Welche Folgen hat es, wenn ein Brückenbau nur unter Bedingungen genehmigt wird?

VII. Zivilsenat. Urt. v. 24. Januar 1922 i. S. Stadtgem. Glogau (Bekl.) w. Deutsches Reich (Kl.). VII 194/21.

I. Landgericht Glogau. — II. Oberlandesgericht Breslau.

Auf Grund der landespolizeilichen Genehmigung des Regierungspräsidenten in Liegnitz vom 18. Mai 1916 hat die Beklagte im Stadtbezirk an Stelle einer über die Oder führenden alten baufälligen Holzbrücke eine neue auf steinernen Pfeilern ruhende Brücke gebaut, die Hindenburgbrücke. In der Verfügung vom 18. Mai 1916 heißt es, daß die Forderungen des Kriegsministers in seinem Schreiben an den Minister der öffentlichen Arbeiten vom 23. September 1913 zu beachten sind; die nähere Feststellung und Prüfung der darin geforderten Anlagen für die Landesverteidigung liege der Heeresverwaltung ob. In dem Schreiben vom 23. September 1913 bezieht sich der Kriegsminister auf sein Schreiben vom 2. November 1912; die darin an den Neubauplan geknüpften Forderungen der Heeresverwaltung würden aufrecht erhalten, die Entwürfe zur Herstellung von Minenkammern würden von der Festungsinspektion in Posen aufgestellt werden. In dem Schreiben vom 2. November 1912 sind folgende Forderungen gestellt: 1. Anlage eines Blockhauses . . ., 2. Anbringung von Abschlußgittern an beiden Eingängen zur Brücke, 3. . . ., 4. Herstellung von Minenkammern in dem voraussichtlich auf dem Treideldamm stehenden Pfeiler, 5. . . ., 6. . . . Nähere Angaben über die Ausführung der Maßnahmen zu 1—5 werden vorbehalten. Der Entwurf der Festungsinspektion in Posen für die Anlage von Minen in der Brücke ist am 10. November 1913 aufgestellt und auf dem Dienstwege der Beklagten zur weiteren Veranlassung zugegangen. Unter Nr. 12 heißt es daselbst: „Die 3 Ladungskästen werden auf Kosten des Magistrats durch die Abteilung I des Ingenieur-Komitês beschafft und abgenommen. Sie gehen mit der Rechnung dem Magistrat zu. Nach erfolgter Abnahme der Minenanlage werden die Ladungskästen auf Veranlassung und Kosten des Magistrats dem Artillerie-Depot Glogau zugesandt, wo sie weiter aufbewahrt werden." Nr. 16 des Entwurfs ordnet an, daß der Magistrat zur dauernden Instandhaltung der Minenanlagen und Ladungskästen nach den Weisungen der Fortifikation Glogau verpflichtet sei.

Bei Erbauung der Brücke sind die Gittertore angebracht, die Minenkammern eingerichtet, die Ladungskästen in der angeordneten Weise beschafft und demnächst in Verwahrung genommen worden. Für die Ladungskästen hat der Kläger durch die Festungsbaukasse in Glogau 570 ℳ bezahlt. Mit der gegenwärtigen Klage fordert er von der Beklagten Erstattung der 570 ℳ nebst Prozeßzinsen und weiter die Feststellung, daß die Beklagte die Minenanlagen in der Hindenburgbrücke und die dazu gehörigen 3 Ladungskästen dauernd zu unterhalten habe. Die Beklagte beantragte Abweisung der Klage. Widerklagend fordert sie Erstattung von 3900 ℳ für Herstellung der Minenkammeranlage und von 11368 ℳ — die Summe ist erst im Laufe der zweiten Instanz genannt, bis dahin wurde Feststellung der Zahlungspflicht begehrt — für die Anbringung der Gittertore. Das Landgericht hat auf die Klage verurteilt und die Widerklage abgewiesen, das Oberlandesgericht hat die Berufung der Beklagten zurückgewiesen. Die Revision blieb erfolglos.

Gründe:

... In der Widerklage tritt der grundsätzliche Streit der Parteien klarer hervor als in der Klage. Es sei deshalb mit der Erörterung der Widerklage begonnen. Sie fordert Ersatz der Kosten für das Anbringen der Gittertore und den Einbau der Minenkammern und zieht als Stütze in erster Linie den Satz heran, daß die Kosten der Reichsverteidigung vom Reich, d. h. vom Kläger, getragen werden müssen. Die Richtigkeit des Satzes ist nicht zu bestreiten, wenn man ihm den Vorbehalt hinzufügt, daß die Kosten der Reichsverteidigung von dritten Personen zu tragen sind, wenn sie ihnen durch besonderen Rechtstitel auferlegt sind. Als solcher Titel kommt vorliegend die landespolizeiliche Genehmigung des Brückenbaus durch den Regierungspräsidenten in Frage. Sie war erforderlich nach dem § 52 ALR. II 15, welcher lautet: „Neue Brücken über öffentliche Ströme darf niemand, auch auf eigenem Grund und Boden, ohne besondere Erlaubnis des Staates anlegen".

Diese Vorschrift ist durch das preußische Wassergesetz vom 7. April 1913 (GS. S. 53) nicht aufgehoben (vgl. § 399 Abs. 2 Nr. 1b das.). In der Kommission des Abgeordnetenhauses, welche das Wassergesetz beriet, hat der Berichterstatter im Einvernehmen mit der Kommission und der Staatsregierung noch ausdrücklich festgestellt, daß die bestehenden Vorschriften über Brücken von dem Wassergesetz unberührt bleiben (KommBer. S. 520, 523). Die oben mitgeteilte Bestimmung bezieht sich nicht nur auf die Fälle, in denen ein neuer Übergang über einen öffentlichen Strom geschaffen werden soll, sondern auch auf die Fälle, in denen für einen bereits bestehenden Übergang ein neuer Brückenbau errichtet wird. Der Staat war daher in der Lage, den Brückenbau der Beklagten zu verbieten oder zu erlauben oder ihn nur unter bestimmten Bedingungen zu gestatten. Von dieser dritten Befugnis hat er Gebrauch gemacht; zu den von ihm gestellten Bedingungen gehört, wie nicht streitig ist, das Anbringen der Gittertore und der Einbau der Minenkammern. Gegenüber solchen Bedingungen hat der Unternehmer des Brückenbaus die Wahl, ob er ihnen nachkommen oder lieber von dem Bau der Brücke ganz absehen will. Entschließt er sich zu dem Bau, so muß er die Bedingungen erfüllen, und zwar auf eigene Kosten.

Der Staat hat sich die Genehmigung jeder neuen Brücke über einen öffentlichen Strom vorbehalten, weil jeder derartige Bau von weitreichendem Einfluß nicht nur auf die Verkehrsbeziehungen, sondern auch auf die Verteidigungsfähigkeit des Staates ist. Wenn er erkennt, daß eine neue Brücke die Landesverteidigung zu beeinträchtigen geeignet ist, und sich gleichwohl entschließt, den Bau zu genehmigen, dabei aber gewisse Vorsichtsmaßregeln befiehlt, so ist jedenfalls nicht abzusehen, warum er, der doch dem Unternehmen des Brückenbaus nur entgegenkommt, die Kosten der Vorsichtsmaßnahmen bezahlen soll. Solange also Preußen noch Inhaber der vollen Militärhoheit war, konnte eine solche Forderung mit Grund nicht gestellt werden. Wenn jetzt die Reichsverteidigung Sache des Reichs geworden ist, so hat das für die in Frage kommenden Verhältnisse sachlich nichts geändert. Was früher Preußen nicht zu bezahlen brauchte, braucht jetzt auch das Reich nicht zu bezahlen. Auch seit dem Übergang der Reichsverteidigung auf das Reich hat die von Preußen unter Bedingungen militärischen Inhalts erteilte Genehmigung eines Brückenbaus die Bedeutung, daß der Unternehmer des Baus die Bedingungen auf eigene Kosten zu erfüllen hat.

In zweiter Linie stützt die Beklagte ihre Widerklage auf den § 75 ALR. Einl.: „Dagegen ist der Staat denjenigen, welcher seine besonderen Rechte und Vorteile dem Wohle des gemeinen Wesens aufzuopfern genötigt wird, zu entschädigen gehalten."

Auch der Anwendung dieser Vorschrift stehen bereits die obigen Ausführungen entgegen. Bemerkt sei aber noch folgendes: Die Entschädigungspflicht aus § 75 tritt nur ein, wenn ein in seinem Eigentum nicht eingeschränkter Eigentümer einer Sache nach der in einem einzelnen Fall besonders getroffenen Anordnung einer Verwaltungsbehörde sich zum Wohle des Ganzen einer ihm nachteiligen Beschränkung seines Eigentums unterwerfen muß; sie tritt nicht ein, wenn das Eigentum ohnehin einer gesetzlichen Beschränkung unterliegt, die von der Verwaltungsbehörde im Einzelfall nur zur Durchführung gebracht wird (vgl. Gruchot Bd. 34 S. 880 flg., RGZ. Bd. 72 S. 85 flg.). Das Oberlandesgericht stellt insoweit als einen für das Gebiet des preußischen Staates geltenden Grundsatz auf, daß die Baufreiheit des Grundeigentümers mit den durch das Interesse der Landesverteidigung gebotenen Beschränkungen behaftet ist. Zum Nachweis dieses Grundsatzes zieht das Oberlandesgericht die vom Landgericht verwerteten Kabinetts-Ordres vom 28. August 1814, 11. April 1822 und 24. September 1867 mit Recht nicht heran. Sie sind in der Gesetzsammlung nicht abgedruckt, enthalten nur für den inneren Dienst bestimmte Anweisungen an die Behörden, in Verbindung miteinander zu bleiben, und setzen den vom Oberlandesgericht festgestellten Grundsatz wohl voraus, sprechen ihn aber nicht eigentlich aus. Verwertet hat das Oberlandesgericht dagegen den § 66 ALR. I 8: „Doch soll zum Schaden oder zur Unsicherheit des gemeinen Wesens, oder zur Verunstaltung der Städte und öffentlichen Plätze, kein Bau und keine Veränderung vorgenommen werden.“

Es entnimmt dieser Vorschrift den von ihm aufgestellten Grundsatz indessen nicht unmittelbar. Erst die rechtsähnliche Anwendung des § 66 ALR. I 8 und des preußischen Rayon-Regulativs vom 10. September 1828 (GS. S. 119), demgegenüber die Entschädigungsgrundsätze des Reichsrayongesetzes vom 21. Dezember 1871 (RGBl. S. 459) nur Ausnahmevorschriften darstellten, führt das Oberlandesgericht zu seinem Ergebnis. In § 66 ALR. I 8 ist aber der Grundsatz des Oberlandesgerichts unmittelbar ausgesprochen. Wenn das Oberlandesgericht meint, daß bei jener Bestimmung an ein Beschränken der Baufreiheit im Interesse der Landesverteidigung nicht gedacht sei, so ist das zunächst nicht entscheidend. Das Gesetz muß häufig Fälle regeln, an welche die bei der Gesetzgebung beteiligten Personen nicht gedacht haben. Die Meinung des Oberlandesgerichts ist aber auch nicht richtig. Der weitreichende Ausdruck „Unsicherheit des gemeinen Wesens“ ist offenbar gewählt worden, um das staatliche Interesse in allen überhaupt denkbaren Beziehungen sicherzustellen. Daß man auch die militärischen Rücksichten der Landesverteidigung mit darunter begriff, beweisen schon die erwähnten Kabinetts-Ordres von 1814 und 1822, für die eine andere gesetzliche Unterlage als der § 66 ALR. I 8 nicht gefunden werden kann. Es beweist das aber vor allem auch die Kabinetts-Ordre vom 20. Juni 1830 betr. die Erhaltung der Stadtmauern (GS. S. 113). Es heißt darin, daß den Stadtgemeinden die willkürliche Abtragung ihrer Stadtmauern, Tore, Türme, Wälle und anderer zum Verschluß sowohl als zur Verteidigung bestimmter Anlagen weder in polizeilicher noch in militärischer, noch in finanzieller Rücksicht gestattet werden kann, und daß der § 33 ALR. I 8 auf diesen Gegenstand allerdings zu beziehen ist. Die Vorschrift des §§ 33 ALR. I 8 lautet: „Soweit die Erhaltung einer Sache auf die Erhaltung und Beförderung des gemeinen Wohls erheblichen Einfluß hat, soweit ist der Staat deren Zerstörung oder Vernichtung zu untersagen berechtigt.“ Kommen militärische Gesichtspunkte für die Erhaltung und Beförderung des gemeinen Wohles in Betracht, so sind sie auch für die Sicherheit des gemeinen Wesens maßgebend. Der vom Oberlandesgericht aufgestellte Grundsatz ist also richtig und aus § 66 ALR. I 8 unmittelbar zu belegen. Er gilt auch noch unter der Herrschaft des Bürgerlichen Gesetzbuchs (vgl. Art. 111 EG. BGB. und Art. 89 pr. AG. BGB.).

Das Oberlandesgericht hat seinen Grundsatz der Beklagten gegenüber nicht deshalb angewendet, weil sie die bauende Grundeigentümerin gewesen sei, sondern weil er auch gelten müsse, wenn eine Stadtgemeinde im Gebiet einer bereits bestehenden Festung im Verkehrsinteresse eine Brücke errichte. Das ist unklar und in dieser Form auch nicht schlüssig. Tatsächlich werden die Verhältnisse wohl so sein, daß die beiden Uferpfeiler der Brücke, weil sie im Zuge einer städtischen Straße liegen, auf städtischem Boden stehen. Der dazwischen befindliche Oderstrom, in welchem auch einzelne Pfeiler stehen, gehört als Wasserlauf erster Ordnung dem preußischen Staat als privatrechtlichem Eigentümer (§ 2 Nr. 1, § 7 des Wassergesetzes vom 7. April 1913) falls nicht nach § 9 Abs. 1 a. a. O. ausnahmsweise ein anderer Eigentümer in Frage kommt. Feststellungen in dieser Richtung sind nicht getroffen. Es kommt darauf auch nicht an. Ob die Stadt auf eigenem Grund und Boden gebaut hat oder auf fremdem mit Genehmigung von dessen Eigentümer, immer stand sie unter der Eigentumsbeschränkung des § 66 ALR. I 8. Der fremde Eigentümer, auf dessen Grund und Boden die Beklagte mit dessen Genehmigung baute, konnte ihr durch seine Genehmigung nicht mehr Rechte übertragen, als er selbst besaß, und er selbst stand unter der Vorschrift des § 66 ALR. I 8. Das gilt auch für den Staat als privatrechtlichen Grundeigentümer. Die landespolizeiliche Genehmigung des den Staat als Inhaber von Hoheitsrechten vertretenden Regierungspräsidenten hat also nur eine gesetzlich bestehende Beschränkung des

Grundeigentums zur Durchführung gebracht, und schon deshalb versagt die Berufung der Beklagten auf § 75 ALR. Einl.

Mit vorstehenden Ausführungen erledigen sich die Angriffe der Revision, soweit sie in dem Berufungsurteil Verstöße gegen §§ 65 flg. ALR. I 8 und gegen § 75 ALR. Einl. findet. Sie rügt außerdem noch eine Verletzung des § 139 ZPO., weil das Oberlandesgericht die Anwendbarkeit der §§ 65 flg. ALR. I 8 ausgesprochen habe, ohne daß sich das klagende Reich darauf berufen oder der Berufungsrichter auf diesen rechtlichen Gesichtspunkt vorher aufmerksam gemacht hätte. Damit ist die Bedeutung des § 139 ZPO. verkannt. Die Fragepflicht des Gerichts betrifft nur die Feststellung des Sachverhältnisses; welche Rechtssätze anzuwenden sind, darüber entscheidet das Gericht selbständig und ohne daß eine vorgängige Erörterung darüber mit den Parteien erforderlich wäre.

Auf die übrigen Widerklagegründe ist die Revision nicht zurückgekommen. Die von Amts wegen vorgenommene Nachprüfung ergibt auch, daß sie sämtlich versagen. ... (Wird näher ausgeführt.)

Die Klage bezieht sich auf die Unterhaltung der Minenanlagen, d. h. der Minenkammern und der im Klagantrag noch besonders hervorgehobenen drei Ladungskästen, außerdem auf den Anschaffungspreis für die Ladungskästen. Die Beklagte weigert sich, die Minenanlagen auf eigene Kosten zu unterhalten und den genannten Anschaffungspreis zu erstatten. Nach beiden Richtungen ist die Klage indessen begründet. Es ist der Beklagten zuzugeben, daß die Ladungskästen in der landespolizeilichen Genehmigung des Regierungspräsidenten und in den Schriftstücken, auf welche dort verwiesen ist, nicht besonders erwähnt sind. Das war aber auch nicht erforderlich, denn die Ladungskästen sind Bestandteile der Minenkammern. Wer eine Minenkammer einzurichten hat, hat auch den in seinen Abmessungen genau dazu passenden Ladungskasten herzustellen. Die Kosten für die Ladungskästen fallen also der Beklagten zur Last. Daraus, daß die Kästen von der Militärbehörde beschafft worden sind, hat die Beklagte einen Einwand nicht hergeleitet, übrigens auch nicht herleiten können. Da die Kästen Teile der Minenkammern sind, so gehörte die Anordnung, daß sie durch das Ingenieur-Komité beschafft werden sollten, zu den in der landespolizeilichen Genehmigung den Militärbehörden vorbehaltenen Maßnahmen.

Ihr Eigentum, die Minenanlagen, d. h. die Minenkammern und die Ladungskästen, zu unterhalten, ist an sich die Beklagte verbunden. Ein besonderer Rechtsgrund, aus welchem die Unterhaltungspflicht dem Kläger obliegen sollte, oder aus welchem er wenigstens die Kosten der Unterhaltung zu tragen hätte, ist nicht ersichtlich. Da die Beklagte ihre Verpflichtungen in dieser Beziehung bestritten hatte, so war die Feststellungsklage zu 2 des Klagantrags gerechtfertigt (§ 256 ZPO.) ...

---

123. Ist der Rechtsweg für einen Schadensersatzanspruch wegen Amtspflichtverletzung zulässig, wenn der Schaden in dem öffentlichrechtlichen Rechtskreise des Verletzten entstanden ist?

III. Zivilsenat. Urt. v. 31. Januar 1922 i. S. G. (Kl.) w. Deutsches Reich (Bekl.). III 608/21.

I. Landgericht Kiel. — II. Oberlandesgericht daselbst.

Am 30. November 1912 wurde der Kläger aus der Marine, in der er Torpedooberbootsmannsmaat war, als dauernd dienstunfähig entlassen, und zwar auf Grund eines marineärztlichen Gutachtens, wonach er an chronischem Gelenkrheumatismus in beiden Fußgelenken und geringer dauernder Schwerhörigkeit auf beiden Ohren gelitten haben soll. Er behauptet, daß nur der angebliche Gelenkrheumatismus zu seiner Entlassung geführt habe; in Wahrheit habe er aber nie an solchem, sondern an Plattfüßen gelitten. Die Marineärzte hätten sein Leiden fahrlässigerweise verkannt, ihn falsch behandelt und durch das unrichtige Gutachten seine Entlassung verschuldet. Wegen dieses schuldhaften Verhaltens der Marineärzte beansprucht er von dem Beklagten Ersatz des ihm erwachsenen Schadens, bestehend in den Kosten der zivilärztlichen Behandlung und in dem Unterschiede zwischen den Bezügen, die er nach der Entlassung erhalten hat, und denjenigen, welche er sonst im Marinedienst erhalten haben würde.

Das Landgericht hat die Klage abgewiesen; es nimmt an, daß der Kläger tatsächlich an Gelenkrheumatismus gelitten habe. Das Berufungsgericht hat die Verhandlung auf die Frage der Zulässigkeit des Rechtswegs beschränkt und wegen dessen Unzulässigkeit die Berufung zurückgewiesen. Die Revision des Klägers hatte Erfolg.

Gründe:

Das Berufungsgericht hat den Rechtsweg für den auf § 839 BGB. und § 1 Abs. 3 RHaftG. vom 22. Mai 1910 gestützten Anspruch für unzulässig erklärt, weil das den Kläger schädigende Ereignis die Entlassungsverfügung der Marinestation der Ostsee sei und die Entscheidung darüber, ob eine Entlassung im Interesse des Reichs erforderlich sei, den militärischen Stellen vorbehalten bleiben müsse, eine Nachprüfung durch die ordentlichen Gerichte schlechthin ausgeschlossen sei. Daß nicht dem militärischen Befehlshaber, der die Entlassung verfügt habe, sondern den Marineärzten, deren Gutachten die Grundlage für die Entlassungsverfügung bilde, eine schuldhafte Amtspflichtverletzung vorgeworfen werde, begründe keinen Unterschied; das Entlassungsverfahren bilde mit der Entlassungsverfügung eine untrennbare Einheit, alle dabei in amtlicher Eigenschaft beteiligten Personen würden in Ausübung von Hoheitsrechten tätig.

Dem kann nicht beigepflichtet werden. Daß der Beamte, wegen dessen Amtspflichtverletzung das Reich in Anspruch genommen wird, in Ausübung von Hoheitsrechten, insbesonders auch von militärischen Hoheitsrechten gehandelt hat, steht, wie das Reichsgericht schon wiederholt ausgesprochen hat, der Zulässigkeit des Rechtswegs für den Schadensersatzanspruch gegen das Reich weder nach dem Reichshaftungsgesetz entgegen, das in seinem § 3 von der Zuständigkeit der ordentlichen Gerichte für die Entscheidung über die darin geregelten Ansprüche ausgeht, noch auch nach Art. 131 Abs. 1 Satz 3 der Reichsverfassung vom 11. August 1919, der nach der Rechtsprechung des erkennenden Senats (RGZ. Bd. 102 S. 169, 392) jetzt für die Frage der Zulässigkeit des Rechtswegs für solche Ansprüche, und zwar auch für früher begründete, maßgebend ist. Die Ansprüche setzen ja voraus, daß der schuldige Beamte in Ausübung der ihm anvertrauten öffentlichen Gewalt, also regelmäßig in Ausübung von Hoheitsrechten gehandelt hat.

Das Berufungsgericht hat sich nun allerdings auf den Ausspruch des erkennenden Senats in RGZ. Bd. 92 S. 306 berufen, daß ein Schaden, der nicht in dem privatrechtlichen, sondern in dem öffentlichrechtlichen Rechtskreis des Verletzten entstanden sei, nicht auf Grund des § 839 und des Reichs- oder des preußischen Staatshaftungsgesetzes gerichtlich verfolgt werden könne. Dieser Ausspruch kann aber in seiner allgemeinen Fassung nicht mehr als richtig anerkannt und jedenfalls im vorliegenden Falle nicht verwertet werden. In den Fällen, in denen unter Anführung dieses Satzes der Rechtsweg für unzulässig erklärt worden ist (Gruchot Bd. 61 S. 142, JW. 1921 S. 342), handelte es sich um Schadensersatzansprüche wegen schuldhafter Nichtverleihung oder schuldhaft verspäteter Verleihung einer Beamtenstelle, und für die Entscheidung war der Grundsatz des Beamtenrechts maßgebend, daß es einen Anspruch auf Verleihung einer Beamtenstelle nicht gibt, dem Beamten vielmehr nur Rechte aus einer tatsächlich erfolgten Anstellung zustehen und durch verspätete Anstellung oder Nichtanstellung nur öffentlichrechtliche Anwartschaften verletzt werden, ein Satz, der auch durch Art. 129 Abs. 1 der Reichsverfassung nicht geändert ist (JW. 1921 S. 530). Dagegen können durch eine ungerechtfertigte Entlassung wohlerworbene Rechte des Beamten verletzt und im Rechtsweg verfolgbare Schadensersatzansprüche begründet werden. Der erkennende Senat hat denn auch schon für einen auf das Reichshaftungsgesetz gegründeten Ersatzanspruch eines Offiziers wegen einer bei seiner Entlassung vorgekommenen Amtspflichtverletzung den Rechtsweg für zulässig erklärt (Warneyer 1919 Nr. 181). Dementsprechend ist auch hier der Rechtsweg nicht ausgeschlossen.

---

124. Genügt zur Begründung des Gerichtsstandes der Niederlassung nach § 21 ZPO. eine mittelbare Beziehung des Klaganspruchs zum Geschäftsbetriebe der Niederlassung?

III. Zivilsenat. Urt. v. 31. Januar 1922 i. S. von der H. (Kl.) w. P. u. Gen. (Bekl.). III 312/21.

I. Landgericht II Berlin. — II. Kammergericht daselbst.

Der Kläger hatte im August 1918 mit den Beklagten und einem gewissen J. S. einen Dienstvertrag abgeschlossen, wonach er gegen Bezahlung für eine erst zu gründende Krim-Tabak-Exportgesellschaft Gebr. P. & J. S. tätig werden sollte, und machte auf Grund dieses Vertrags mit der im Februar 1919 beim Landgericht II in Berlin erhobenen Klage Gehaltsansprüche gegen die Beklagten geltend, wobei er die Zuständigkeit des Berliner Gerichts gemäß § 21 ZPO. darauf stützte, daß die Beklagten zur Zeit der Klagerhebung eine Niederlassung zum Betriebe des Tabakunternehmens in Berlin gehabt hätten. Die Beklagten bestritten dies, erhoben die Einrede der Unzuständigkeit und verweigerten die Einlassung zur Hauptsache. Das Berufungsgericht gab der Einrede statt und wies die Klage ab. Die Revision des Klägers wurde zurückgewiesen.

Gründe:

Das Berufungsgericht unterstellt zunächst, daß die Gesellschaft, für die der Kläger tätig werden sollte, ihren Geschäftsbetrieb aufgenommen und außer in Erfurt und Jalta (Krim) auch in Berlin zur Zeit der Klagerhebung eine Niederlassung im Sinne des § 21 ZPO. unterhalten habe, erachtet aber gleichwohl diese Vorschrift für nicht anwendbar, weil der Kläger nicht für den Betrieb der Berliner Niederlassung angestellt worden sei und danach der erforderliche Zusammenhang zwischen dem Klaganspruch und dem Geschäftsbetrieb dieser Niederlassung fehle. Hilfsweise wird erwogen, es sei nicht anzunehmen, daß in Berlin zur Zeit der Klagerhebung eine Niederlassung der fraglichen Gesellschaft bestanden habe. Es braucht auf die letztere Erwägung und die dazu erhobenen Revisionsangriffe nicht eingegangen zu werden, da schon der erste Grund die angefochtene Entscheidung rechtfertigt. § 21 ZPO. bestimmt in seinem hier maßgebenden Abs. 1: „Hat jemand zum Betriebe einer Fabrik, einer Handlung oder eines anderen Gewerbes eine Niederlassung, von welcher aus unmittelbar Geschäfte geschlossen werden, so können gegen ihn alle Klagen, welche auf den Geschäftsbetrieb der Niederlassung Bezug haben, bei dem Gerichte des Ortes erhoben werden, wo die Niederlassung sich befindet." Die Niederlassung, die hier vorausgesetzt wird, stellt, wie man es vielfach ausgedrückt hat, gewissermaßen einen Teilwohnsitz dar, der gegen den Inhaber für einen abgegrenzten Teil seines vermögensrechtlichen Daseins, die geschäftliche Niederlassung, einen besonderen Gerichtsstand begründet. Demgemäß muß aber auch die Klage, für die der Gerichtsstand in Anspruch genommen wird, eine Beziehung, und zwar eine unmittelbare, zum Geschäftsbetrieb der Niederlassung haben. Dahin gehören auch Ansprüche aus Anstellungsverträgen, aber nur, wenn es sich um eine Anstellung für den Geschäftsbetrieb der Niederlassung handelt (RGZ. Bd. 42 S. 379). Im übrigen bleibt es bei dem allgemeinen Gerichtsstand des Wohnsitzes (§ 13 ZPO.). Eine bloß mittelbare Beziehung derart, daß eine für den Gesamtbetrieb des Inhabers angestellte Person auch einmal am Orte der betreffenden Niederlassung oder in deren Interesse tätig zu werden hat, genügt nicht. So liegt aber die Sache hier, und zwar auch dann, wenn, wie der Kläger behauptet, bei den Vertragsverhandlungen davon gesprochen worden war, er solle gegebenenfalls in den Berliner Geschäftsräumen arbeiten. Der schriftliche Vertrag enthält nichts über eine Tätigkeit des Klägers für die Berliner Niederlassung, und auch die Revision will nur daraus, daß er seine Dienste dem ganzen Unternehmen zu widmen hatte, folgern, die Dienste bezögen sich auch auf die Geschäfte, die Klaganspruche auch auf den Geschäftsbetrieb der Berliner Niederlassung. Damit wird aber eine unmittelbare Beziehung zum Geschäftsbetrieb dieser Niederlassung nicht dargetan. Die Einrede der Unzuständigkeit war daher begründet. Die Klage ist mit Recht abgewiesen worden.

Register.

Die Zahlen bedeuten die Seiten.

A. Sachregister.

A

Abdeckereiprivileg und VO. vom 22. Mai 1919 über Pferdefleisch und Ersatzwurst . . . 409

AbgeltungsVO. vom 4. Dezember 1919; Begriff der Vertragswirkungen, die sich über den 10. November 1918 hinaus erstrecken 18

Akkreditiv; Auslegung der Klausel „Kasse gegen A." . . . 376

Aktiengesellschaft, Anfechtung eines Generalversammlungsbeschlusses; muß dieser auf dem gerügten Verstoße beruhen? . . . 6

— kann ein Rücklagekonto, das gemäß Generalversammlungsbeschluß aus dem zufolge Herabsetzung des Grundkapitals frei gewordenen Kapitalbetrage gebildet ist, zur Ausschüttung von Dividende und zur Gewährung von Gewinntantieme verwendet werden? 367

Anfechtung einer Rechtshandlung des Schuldners gegen den Rechtsnachfolger des Ersterwerbers 113

Arbeiterversicherung; ist die im Verhältnis von Kranken- und Unfallversicherung geltende Vorschrift des § 1503 Abs. 1 RVO. über den Umfang des Ersatzes für Krankenpflege auch gegenüber dem Dritten maßgebend, den der Träger der Versicherung gemäß § 1542 auf Schadensersatz in Anspruch nimmt? . . . 216

Armenrecht; muß die arme Partei, die rechtzeitig ein A.gesuch eingereicht hat, für den Fall, daß ihr der Bescheid über das Gesuch verspätet zugeht, aus eigenen Mitteln einen Rechtsanwalt mit der fristgemäßen Einlegung des Rechtsmittels beauftragen? 209

— Erstattung der Auslagen des Rechtsanwalts aus der Staatskasse; Fälligkeit des Erstattungsanspruchs 340

— für den Festsetzungsantrag weder Gebühr noch Auslagenpauschsatz oder besondere Schreibgebühren 340

Aufrechnung des Schuldners mit Ansprüchen gegen den Nießbraucher der Forderung ausgeschlossen 28

Ausrüster eines Kauffahrteischiffs; zum Begriff 280

B

Baufreiheit; inwieweit wird sie durch das preuß. ALR. zugunsten der Landesverteidigung beschränkt? 423

Beamten-Unfallfürsorge; zum ursächlichen Zusammenhang zwischen Betriebsunfall und Dienstunfähigkeit 144

Bergbau; Entschädigungspflicht gegenüber öffentlichen Verkehrsanstalten 221

Berufung; Voraussetzungen der Wirksamkeit der Anschließung 124

— das nach Wegfall des zweitinstanzlichen Prozeßbevollmächtigten erlassene Versäumnisurteil ist an den erstinstanzlichen Anwalt zuzustellen . . . 334

Bildnis i. S. des § 22 KunstUG. 319

— muß ein Schauspieler, der bei einer Filmaufnahme gegen Entlohnung als Darsteller mitgewirkt hat, es sich gefallen lassen, daß Abbildungen von Filmbildern, auf denen die von ihm dargestellte Person erscheint, zu Reklamezwecken auf Postkarten verbreitet werden? . . . 319

C

Clausula rebus sic stantibus; wird das Rücktrittsrecht des Verkäufers durch Unterbleiben der rechtzeitigen Lieferung ausgeschlossen? 3

— setzt sie voraus, daß die Erfüllung des Vertrags den Ruin des Schuldners zur Folge haben würde? 177

— genügt u. U. auch eine durch die Geldentwertung erfolgte erhebliche Verschiebung des Wertverhältnisses zwischen Leistung und Gegenleistung, um den Einwand der veränderten Umstände zu rechtfertigen? . . . 328

— Verpflichtung des Schuldners, der sich wegen Fortfalls der Geschäftsgrundlage vom Vertrage lossagen will, zuvor dem Gläubiger Gelegenheit zu geben, den Vertrag mit entsprechender Erhöhung der Gegenleistung aufrechtzuerhalten 328

D

Darlehn erfordert Eigentumsübertragung an den hingegebenen vertretbaren Sachen . . 286

Dienstvertrag; Fürsorgepflicht nach § 618 BGB. gegenüber der Wäscherin 374

E

Ehe, Anfechtung wegen syphilitischer Erkrankung des andern Gatten; genügt die bloße Möglichkeit, daß eine längere Zeit zurückliegende Ansteckung zur Zeit der Eheschließung noch fortwirkte? 322

— bei Prüfung der Voraussetzungen der Anfechtung sind alle zur Zeit der Entscheidung zu Gebote stehenden Erkenntnisquellen zu benutzen 322

— Zerrüttung des ehelichen Verhältnisses i. S. des § 1568 BGB. 326

— Klage auf Herstellung der häuslichen Gemeinschaft; zur Beweislast hinsichtlich der Frage der Mißbräuchlichkeit des Verlangens 346

Eheliches Güterrecht; „Abwesenheit" und „mit dem Aufschub verbundene Gefahr" i. S. des § 1401 BGB. 126

Eigentumsfreiheitsklage; darf sie im Falle des § 909 BGB. gegen denjenigen gerichtet werden, der die Vertiefung vorgenommen hat, zur Zeit der Klagerhebung aber nicht mehr Eigentümer des Grundstücks war? . . . 174

Eisenbahn; Einräumung eines Schließfachs an einen Geschäftsmann, der häufig Güter empfängt; Verpflichtungen daraus . 146

— mitwirkendes Verschulden beim E.frachtgeschäft 146

— ist sie von der Haftung für den Verlust von Kostbarkeiten, bezüglich deren die vorgeschriebenen Versendungsförmlichkeiten nicht beobachtet wurden, auch dann befreit, wenn sie am Bestimmungsorte über das Frachtgut willkürlich verfügt hat? . . 184

Empfänger i. S. des § 435 HGB.; zum Begriff 30

Erbschaftsausschlagung; keine Anfechtung wegen irriger Annahme der Überschuldung . . . 21

Exterritorialität; kann gegen einen ausländischen Staat wegen privatrechtlicher Ansprüche aus einer von ihm betriebenen Schiffsreederei vor inländischen Gerichten geklagt werden? . . . 274

F

Familienfideikommiß, gemeinrechtliches; kann der Besitzer auf einen Teil seines Rechts zugunsten des nächsten Anwärters verzichten? 202

Fautfracht; kann sie der Verfrachter unter Rücktritt vom Chartervertrage fordern, wenn der Befrachter nur einen so geringen Teil der bedungenen Ladung liefert, daß die Frachtforderung nicht dinglich gesichert ist? 257

Form, gesetzliche; wann hängen zwei Rechtsgeschäfte so zusammen, daß das eine trotz Wahrung der F. nichtig ist, wenn nicht auch bei dem andern, an sich formfreien, die Form beobachtet wird? 295

— wird die in einem formnichtigen Grundstücksveräußerungsvertrag erteilte Vollmacht von der Nichtigkeit des Vertrags unbedingt ergriffen? 295

— des § 313 BGB.; maßgebend auch für Schuldmitübernehmer 154

Fragerecht des Gerichts; verpflichtet § 139 ZPO. zu Hinweisen auf die Veränderung des rechtlichen Gesichtspunkts? . . 286, 428

Friedensvertrag; wieweit kommt Art. 307 Abs. 1 den erst später in den Kriegszustand eingetretenen Staaten zugute? 1

G

Gastwirt, Inhaber einer Fremdenpension als G. i. S. des § 701 BGB. 9

— Rechtsbeziehungen zwischen Gast und G. nach Eintritt der Polizeistunde 263

Gerichtsstand des § 21 ZPO.; genügt eine mittelbare Beziehung des Klaganspruchs zum Geschäftsbetriebe der Niederlassung? 431

Gesamtstreitigkeit bei tarifmäßigen Lohnforderungen der Arbeitnehmer 23

Geschäftsbedingungen, allgemeine, eines Unternehmers; wirksame Veröffentlichung als Voraussetzung der Bindung . . 84

Geschäftsfähigkeit; ist in § 105 Abs. 2 BGB. vorausgesetzt, daß durch den Zustand vorübergehender Störung der Geistestätigkeit die freie Willensbestimmung ausgeschlossen wird? 399

Gesellschaft des bürgerlichen Rechts; ist der geschäftsführende Gesellschafter zur Buchführung verpflichtet? 71

— auf unbestimmte Zeit als Vorbereitung einer auf längere Dauer abzuschließenden G. . . 73

Gesellschaft m. b. H.; kann für einen Geschäftsanteil, den die G. selbst besitzt, das Stimmrecht ausgeübt werden? . . . 64

— zur Genehmigung der Veräußerung von Geschäftsanteilen 195

— zur Anwendung des § 50 GmbHG. 195

— ist bei Verhinderung des einen von zwei Gesamtgeschäftsführern der andere kraft Gesetzes allein zur Vertretung ermächtigt? 417

Goldklausel; zur Auslegung einer nach dem 31. Juli 1914 getroffenen Vereinbarung, daß alle Zahlungen „in deutscher Goldwährung" zu leisten seien 384

— zur Anwendung des § 245 BGB. 384

H

Handelsgebrauch, ungesetzlicher 146

Handelsmäkler; haftet er auch dann nach § 95 Abs. 3 HGB., wenn keine Schlußnote ausgestellt ist? 68

— hat er den Vorbehalt des Abs. 1 erledigt, wenn die von ihm bezeichnete Person zu anderen Bedingungen abschließen will, als die er abgemacht hat? . 68

Heuervertrag; freie Zurückbeförderung des Schiffsmanns . 397

Hinterlegung nach § 372 BGB.; zur Ungewißheit über die Person des Gläubigers 285

— was gehört zur Klagebegründung, wenn der Schuldner hinterlegt hat und der eine Gläubiger gegen den anderen auf Einwilligung in die Auszahlung des Geldes klagt? 412

Höchstpreise; wenn ihre Überschreitung die Schleichhandelsverordnung v. 7. März 1918 verletzt, ist das Geschäft nichtig . 108

Hofbeamte, preußische; ihr Verhältnis zum Dienstherrn, soweit sie nicht unter die VO. vom 10. März 1919 fallen, ist nach §§ 611 flg. BGB. zu beurteilen 61

— ist der prinzliche Dienstherr infolge der Staatsumwälzung zur Entlassung lebenslänglich angestellter H. berechtigt? . . 61

J

Irrtum über Überschuldung des Nachlasses 21

K

Kapp-Regierung; zur rechtlichen Bedeutung ihrer Regierungsmaßnahmen 187

Kauf von Saatgut; Gewährleistungspflicht des Verkäufers; Verschulden 77

— Inhalt der Versendungspflicht des Verkäufers beim Distanzkaufe 129

— inwiefern hat der Verkäufer einer in einer bestimmten Fabrik herzustellenden Sache dafür einzustehen, daß die Fabrik ihm liefert? 180

— schwimmender Ware mit der Bedingung „fair average of the season, Zertifikat maßgebend"; wie wenn das Zertifikat nicht in englischer Sprache abgefaßt ist? 212

— welche Verpflichtungen ergeben sich für den Käufer aus der Klausel „Kasse gegen Akkreditiv"? 376

— Angebot „freibleibend"; zur Frage, ob ein Vertrag zustande kommt 312

— Klausel „Preise freibleibend" als Vertragsbestandteil . 414

Kauffahrteischiffe der Vereinigten Staaten von Amerika; Exterritorialität. 274

— Begriff des Ausrüsters . 280

Kettenhandel, Erfordernisse des Begriffs 161

— liegt er immer vor, wenn eine Ware zwischen Großkaufleuten desselben Platzes gehandelt wird? 16, 161
— Bedeutung der Lieferung der Ware in ein anderes Verbrauchsgebiet 129

Klagänderung; Stellung des Berufungsgerichts bei Nachprüfung der Frage, ob die Verteidigung des Beklagten wesentlich erschwert wurde 111

Kriegsgesellschaften; öffentlichrechtliche Aufgaben und privatrechtliche Beurteilung . . . 56

Kriegsschaden i. S. des Gesetzes über die Kriegsleistungen vom 13. Juni 1873 . . . 136

L

Landwirtschaftliche Grundstücke; der preußische Landrat, der die gemäß der BRVO. v. 15. März 1918 nachgesuchte Verkaufsgenehmigung einmal verweigert hat, kann sie nicht nachträglich erteilen 104

Lieferschein, Bedeutung für die Übereignung der Ware . 151

M

Miete; ist der Vermieter den Mietern gegenüber zur Überwachung des Verkehrs im Hause verpflichtet und ein Vertreter des Hauswirts sein Erfüllungsgehilfe? . 140
— Pflicht des Vermieters zum Verschließen des M.grundstücks 372
— ist § 557 BGB. anwendbar, wenn der Vermieter zu erkennen gab, daß er die Rückgabe nicht wünsche? 289
— wird bei einem auf länger als ein Jahr geschlossenen M.vertrage, der wesentlicher Bestandteil eines Grundstücksveräußerungsvertrags ist, der Mangel der Schriftform durch Übereignung des Grundstücks geheilt? 381
— fällt unter § 566 auch ein Kündigungsverzicht des Vermieters auf länger als ein Jahr? 381
— gilt § 571 Abs. 1 auch für denjenigen, der ein vermietetes Grundstück durch Aneignung (§ 928) erwirbt? 166
— Optionsrecht des Mieters und § 571 349
— sind die Mieterschutzverordnungen auf Vermietung zum Zweck des Hotelbetriebs anwendbar? 271
— zur Einwirkung einer unter Überschreitung der gesetzlichen Zuständigkeit erlassenen, die Zustimmung zur Kündigung versagenden Entscheidung des Einigungsamts auf das vertragsmäßige Kündigungsrecht des Vermieters 271
— preuß. HöchstmietenVO. vom 9. Dezember 1919 rechtsgültig 306
— kann der Vermieter bei einem Streit darüber, ob die Voraus-

setzungen einer Mietzinsermäßigung i. S. dieser VO. vorliegen, ohne weiteres den Rechtsweg beschreiten? 306

— darf das Mieteinigungsamt auf erneuten Anruf eines Beteiligten seinen früheren Beschluß aufheben oder ändern? 314

— Pfändung des Mietzinses auf Grund dinglichen Titels als Beschlagnahme i. S. der §§ 1123, 1124 BGB. 137

— Rechtslage bei einer Mehrheit solcher Pfändungen . . 137

Militärpersonen; kein Anspruch gegen das Reich wegen Dienstbeschädigung aus dem RBHaftG. verb. mit § 839 BGB. . 59

N

Nacherbe; gehört das durch den Voranfall erworbene Recht des N., wenn dieser vor Eintritt des N.folgefalles stirbt, zu seinem Nachlasse? 354

— kann er seine Erben auch in Ansehung des ihnen beim Eintritt des N.folgefalles anfallenden Vermögens durch Anordnung einer verwaltenden Testamentsvollstreckung beschränken? . . 354

Nießbrauch an Forderungen; keine Aufrechnung des Schuldners mit Ansprüchen gegen den Nießbraucher 28

P

Patentrecht; wieweit kommt Art. 307 Abs. 1 FV. den erst später in den Kriegszustand eingetretenen Staaten zugute? . . . 1

Pfandgläubiger; Verwahrungspflicht 171

Polen; Verkündung des Staates durch die Proklamation v. 5. November 1916 231

— die polnischen sog. Kries-Noten. Bedeutung des Garantievermerks 231

— Valutagesetz vom 20. November 1919. 259

Preistreiberei; galt die in § 19 der VO. v. 8. Mai 1918 für Lieferungen nach dem Auslande bestimmte Ausnahme schon früher? 247

— Begriff der Verabredung i. S. des § 1 Nr. 6 dieser VO. 249

„Preise freibleibend" als Klausel des Lieferungskaufs . . 414

R

Rechtsweg; inwieweit sind die ihn begründenden Tatsachen zu beweisen? 18

— unzulässig für Anspruch auf Rückerstattung eines Betrags, der zur Erwirkung der Freigabe beschlagnahmter Papiergarne an die Spinnpapier-Ausgleichskasse gezahlt war 52

— Begriff der bürgerlichen Rechtsstreitigkeit 56

— unzulässig gegen die „endgültige Festsetzung" des Übernahmepreises durch die ZEG. 131

— und unerlaubte Handlung 131

— unzulässig für Anfechtung der Festsetzung des Besoldungsdienstalters eines Beamten . . 291

— unzulässig für den Streit eines Kriegssteuerpflichtigen mit dem Fiskus darüber, ob ein nicht geschuldeter, durch Hergabe von Kriegsanleihe entrichteter Kriegssteuerbetrag in bar oder in Kriegsanleihe zu erstatten ist . 303

— für einen Ersatzanspruch wegen Amtspflichtverletzung nicht deshalb unzulässig, weil der Schaden in dem öffentlichrechtlichen Rechtskreise des Verletzten entstanden ist 429

Reformatio in pejus und Eidesurteil 168

Reichsgetreideordnung v. 21. Juni 1917; Pflicht der selbstliefernden Kommunalverbände zur Überwachung ihrer Kommissionäre 38

Reichsrecht und Landesrecht; Recht des Richters zur Prüfung, ob ein Landesgesetz mit R. in Widerspruch steht 200

gericht für gewisse bürgerlichrechtliche Streitigkeiten. Behandlung der Einrede, daß die Sache dahin gehöre 102

Religionsgesellschaften; sind die Sätze 5 und 6 in § 22 Abs. 1 des braunschw. Ges. vom 20. Juni 1919 mit Art. 137 Abs. 8 RV. vereinbar? 91

Revision; wann ist die Feststellung einer Verkehrsauffassung revisibel? 140

Rügerecht nach § 295 ZPO.; Nichtausübung unschädlich, wenn Verzichtswille erweislich ausgeschlossen ist 334

S

Saargebiet; Einflußlosigkeit der von der Regierungskommission des S. erlassenen VO. v. 2. August 1921 auf Rechtsmittel, die vor dem Inkrafttreten der VO. bei deutschen Gerichten anhängig wurden 293

Sache i. S. des § 119 Abs. 2 BGB. 22

Schadensersatz wegen arglistiger Täuschung; Inhalt und Umfang des Anspruchs 154

— Anspruch des Verkäufers auf Sch. wegen Nichtrückgabe der Sache nach Aufhebung des Kaufvertrags; konkrete Berechnung 40

— Anspruch des Käufers wegen Nichtlieferung; maßgebender Zeitpunkt für die Berechnung, wenn er ohne Nachfrist von der Er-

geht 292

Scheck; muß die Erklärung des Bezogenen nach § 16 Nr. 1 ScheckG.

den Tag der Vorlegung immer ausdrücklich angeben? . . 44
— kann der Umtausch eines Verrechnungssch. in einen Barsch. eine grobe Fahrlässigkeit enthalten? 87
Schiffszusammenstoß, mitwirkendes Verschulden 214
Schleichhandel; Rechtsgeschäfte, die durch Höchstpreisüberschreitung gegen die VO. v. 7. März 1918 verstoßen, sind nichtig. . 108
Spediteur als Empfänger des Frachtguts; Verpflichtungen bei Nachnahmesendungen . . . 30
— verstößt es gegen die guten Sitten, wenn alle S.e eines bestimmten Bezirks ihre Haftpflicht auf einen geringfügigen Betrag beschränken? 82
— wirksame Veröffentlichung allgemeiner Geschäftsbedingungen als Voraussetzung der Bindung 84
Stempelsteuer, preuß. Landesstempel; ist Tarifst. 32c StempStG. v. 30. Juni 1909 hinsichtlich der Veräußerungsverträge über bewegliche Sachen durch § 44 RUmsatzStG. v. 24. Dezember 1919 beseitigt? . 206
— inwieweit werden die Vorschriften der Tarifst. 32 Abs. 1 durch das Reichsgrunderwerbssteuergesetz v. 12. September 1919 berührt? 253

T

Tarifvertrag; kann für den Beginn der allgemeinen Verbindlichkeit ein ihrer Erklärung vorausgehender Zeitpunkt bestimmt werden? 23
Tumultschaden; Befugnis eines Zwangsverwalters zur Geltendmachung von Ansprüchen aus dem preuß. TG. v. 11. März 1850 244

U

Übergabe beweglicher Sachen durch Aushändigung eines Schlüssels zu dem Aufbewahrungsraum, mag auch ein zweiter Schlüssel heimlich zurückbehalten werden 100
Unebenbürtige Ehe; zum Namensrecht der Kinder . . . 190
Unlauterer Wettbewerb; zur Verwechselungsgefahr in § 16 UWG. 388
Unterschlagung; zum Bewußtsein der Rechtswidrigkeit . . 286

V

Verein, geselliger; Haftung für Rückgewähr der von den Mitgliedern in der Garderobe des V.gebäudes abgelegten Sachen . . . 265
Verhandlungsgrundsatz; das Gericht darf aus den vorgebrachten Tatsachen Schlüsse ziehen, die keine der Parteien gezogen hat 95
— es darf nicht eine vom Bestrittene Tatsache als zweiten Klagegrund behandeln und daraufhin den Beklagten verurteilen 419

Verschulden beim Vertragsschluß, begangen von einem Vertreter 47

— Umfang der Haftung . 47

Versicherung gegen Einbruchsdiebstahl; zur Auslegung des § 13 Abs. 2 AllgBed. . . . 43

Vertrag zugunsten Dritter; fortgesetzter Vertragsschluß . . 268

Vertragsbruch, Verleitung zum; Sittenwidrigkeit; Inhalt des Schadensersatzanspruchs . 419

Vertragsschluß unter Abwesenden durch Stillschweigen des Antragenden auf die verspätete Annahme 11

— durch Stillschweigen, wenn der Antragende bemerkt hatte, er sehe schriftlicher Bestätigung entgegen? 95

Vertragsstrafe; Anspruch darauf nicht zu entkräften durch den Nachweis der Nichtentstehung eines Schadens 99

Vertreter, gesetzlicher; zur Wirksamkeit eines Vertragsschlusses, der durch einen Bevollmächtigten des V. namens des Vertretenen mit dem V. als Eigenperson vorgenommen wird 417

Verzug des Gläubigers; Verhältnis des § 300 Abs. 2 zu § 324 Abs. 2 BGB. 13

— maßgebender Zeitpunkt für die Erfüllungsbereitschaft des Schuldners 13

— des Schuldners kalendermäßige Bestimmung i. S. des § 284 Abs. 2 BGB. . . 33

Vorteilsausgleichung bei Schadensersatzansprüchen; Voraussetzungen 406

— kein Zwischenurteil über den Grund des Anspruchs, wenn unwiderlegt behauptet wird, daß der Schaden durch einen Vorteil voll ausgeglichen sei 406

W

Warenzeichen; ist das ausschließliche Recht des Inhabers zur Anbringung des W. mit der Inverkehrsetzung der gekennzeichneten Ware erschöpft? . . . 359

— wann ist der Wiederverkäufer einer in größeren Mengen bezogenen, auf den Packungen gekennzeichneten Ware berechtigt, die von ihm verwendeten kleineren Packungen mit dem W. zu versehen? 359

Wechsel; bezieht sich Art. 74 WO. nur auf abhanden gekommene W.? 87

Willenserklärung; Schweigen auf ein dem Adressaten zugegangenes, aber nicht zu seiner Kenntnis gekommenes Bestätigungsschreiben als Zustimmungserklärung 401

Wucher und sonstige Unsittlichkeit 35

Z

Zustellung des Versäumnisurteils, das gegen eine Partei nach Weg-

fall ihres zweitinstanzlichen Prozeßbevollmächtigten ergeht, an den Anwalt erster Instanz . 334
— wesentliche Mängel der Z. eines Versäumnisurteils durch Verzicht nicht heilbar 334
— durch Aufgabe zur Post bei Ladung nach § 244 Abs. 2 Satz 1 ZPO. ausgeschlossen . . 334

Zwangsverwalter; Befugnis, nach § 152 ZVG, Ansprüche geltend zu machen 244

Zwangsvollstreckung; sind gegenüber dem Anspruch aus § 717 Abs. 3 ZPO. auf Erstattung des urteilsgemäß Gezahlten materiellrechtliche Einwendungen zuzulassen? 352

Zwischenurteil aus § 304 ZPO., das über den durch Klagerweiterung geltend gemachten Mehranspruch ergeht, nachdem der ursprüngliche Klaganspruch dem Grunde nach rechtskräftig festgestellt war 219

B. Gesetzesregister.

1. Reichsgesetze.

a. Bürgerliches Gesetzbuch.

§ 12 . 191, 396, 397
§ 25 . . . 266
§ 26 . . . 266
§ 30 . . . 134
§ 31 . . . 134
§ 32 . . . 266
§ 90 . . . 22
§§ 90 flg. . . 253
§ 93 . 253, 255
§ 104 . . . 400
§ 105 . 399—401
§ 119 . 21—23, 36, 159, 405
§ 120 . . . 159
§ 121 . . . 405
§ 122 . . . 159
§ 123 . 36, 49, 159, 160, 405
§ 130 . . . 97
§ 133 . . . 238
§ 134 110, 250, 264
§ 138 35—38, 84, 111, 250, 251, 288
§ 139 300, 302, 383
§ 140 . . . 388
§ 142 . . . 159
§ 145 . . . 95
§ 147 . . . 95
§ 149 . . 13, 97
§ 150 . 13, 95, 97
§ 151 . . 97, 313
§ 154 . 75, 76, 252
§ 157 73, 182, 238, 242, 405
§ 164 . . 48, 303
§ 166 . . . 48
§ 167 . . . 301
§ 177 . . 98, 303
§ 178 . . . 303
§ 181 . 417—419
§ 182 . . . 98
§ 242 5, 73, 332, 333
§ 245 . 384—388
§ 249 . 49, 50, 77, 157—159, 245
§§ 249 flg. . . 42
§ 254 11, 49, 87-91, 154, 186, 189, 190, 215, 217, 264, 291, 374
§ 260 . . . 411
§ 269 . . . 261
§ 270 . . . 260
§ 275 . . . 4
§ 276 48, 83, 150
§ 278 48—50, 141, 150, 373
§ 279 . . . 388
§ 284 . 5, 33—35
§ 286 . . . 99
§ 295 . . . 15
§ 297 . . . 15
§ 300 . . . 15
§ 313 . 154—161, 296, 331, 383
§ 315 . . . 415
§ 317 . . . 415
§ 324 . . . 15

§ 326 80, 258, 259, 380
§ 328 30, 237, 269, 270, 384
§ 340 . . . 99
§ 341 . . . 99
§ 343 . . . 99
§ 372 . . 285, 286
§§ 372 flg. . . 285
§ 378 . . . 285
§§ 404 flg. . . 29
§ 433 . 286, 420
§ 440 . . . 286
§ 463 . . 49, 160
§ 545 . . . 374
§ 556 . . . 290
§ 557 . 289—291
§ 566 . 381—384
§ 569 . . . 274
§ 571 . 166—168 349—351, 383
§ 580 . . . 350
§ 587 . . . 5
§ 598 . . . 149
§ 607 . 260, 288
§§ 611 flg. . 61—64
§ 615 . . . 398
§ 618 . 374—376
§ 624 . . . 63
§ 626 . . 62, 63
§ 666 . . . 411
§ 667 . . . 411
§ 675 . . . 70
§ 681 . . . 411
§ 688 . . . 266
§ 691 . . . 173
§ 701 . . 9—11
§ 716 . . . 72
§ 723 . . . 76
§ 765 . . . 157
§ 787 . . . 413
§ 790 . . . 413
§ 793 . . . 235
§§ 793 flg. . 234, 236
§ 796 . . . 239
§ 807 . 235, 236
§ 817 . . . 152
§ 823 . 157, 189, 224, 318
§§ 823 flg. . . 159
§ 826 49, 131–135, 157, 159, 318, 362, 367, 418, 419—423
§ 830 . . . 161
§ 839 . . 59—61, 242, 429, 430
§ 840 . . . 161
§§ 879 flg. . . 140
§ 892 . . . 116
§ 909 . 174—177
§ 928 . 166—168
§ 929 . 100, 101, 153, 288
§§ 929 flg. . . 31
§ 931 . 152, 153
§ 932 . . . 288
§§ 932 flg. . . 286
§ 935 . 286, 288
§ 948 . . . 238
§ 951 . . . 288
§§ 985 flg. . . 286
§ 1004 . 174—177, 227
§ 1067 . . . 29
§ 1070 . . . 29
§ 1074 . . . 28
§ 1075 . . . 29
§ 1123 . 137—140
§ 1124 . 137—140
§ 1147 . . . 139
§ 1154 . . . 118
§ 1215 . . . 173
§ 1277 . . . 139
§ 1305 . . . 127
§ 1325 . . . 400
§ 1333 . 323—325
§ 1353 . 347, 348
§ 1395 . . . 128
§§ 1395–1398 . 127
§ 1401 . 126—128
§ 1568 . 169, 170, 323, 326—328
§ 1571 . . . 347
§ 1616 . 192—194
§ 1706 . . . 194
§ 1723 . . . 194
§ 1736 . . . 194
§ 1758 . . . 194
§ 1922 . . . 22
§ 1923 . . . 355
§§ 1954 flg. 21
§ 2018 . . . 21
§ 2027 . . . 21
§ 2108 . 354—359
§ 2111 . . . 357

§ 2139 . . . 355
§ 2222 . . . 356

b. Einführungsgesetz z. Bürgerlichen Gesetzbuche.

Art. 30 . . 261, 262
Art. 31 . . . 262
Art. 58 . . 192, 193
Art. 59 . 202—206
Art. 82 . . . 265
Art. 111 . . 427
Art. 123 . . 265
Art. 203 . 192, 193

c. Allg. Deutsches Handelsgesetzbuch (a. F.).

Art. 105 . . 72
Art. 282 . . 79
Art. 737 . . 215

d. Handelsgesetzbuch von 1897.

§ 18 . . . 396
§ 30 . . . 392
§ 37 . 392, 396
§§ 84 flg. . . 282
§ 85 . . . 98
§ 95 . . 69, 70
§ 128 . . . 351
§ 213 . . . 369
§ 215 . . . 371
§ 251 . . . 371
§ 256 . . . 7
§ 261 . . . 369
§ 271 . . . 6, 9
§ 288 . 370, 371
§ 289 . 371, 372
§ 342 . . . 414
§ 346 . . 75, 405
§ 347 . . . 79
§ 350 . . . 156
§ 365 . . . 89
§ 373 . 129, 131
§ 378 . . . 77
§ 390 . . . 84
§ 407 . . . 84
§ 417 . . . 84
§ 429 . . . 84
§ 435 . . 30—33
§ 456 . . . 147
§ 458 . . . 150
§ 467 . . . 185
§ 471 . . . 148
§ 496 . . . 284
§ 510 . 280—284
§ 570 . . . 259
§ 577 . . . 259
§ 578 . . . 258
§ 580 . 257—259
§ 585 . 257—259
§ 734 . . . 136
§ 735 137, 215, 216
§ 736 . . . 216
§ 774 . 214, 277

e. Einführungsgesetz zum Handelsgesetzbuche.

Art. 7 . . . 136

f. Gerichtsverfassungsgesetz.

§ 13 . . 52—59
§ 18 . . . 277
§ 19 . . . 277
§ 20 . . . 277

g. Zivilprozeßordnung von 1877.

§ 655 . . . 353

h. Zivilprozeßordnung.

§ 13 . . . 432
§ 21 . 431, 432
§ 24 . . . 277
§ 60 . . . 396
§ 68 . . 414
§ 81 . . . 336
§ 93 . 105, 108
§ 99 . . . 105
§ 121 . . . 342
§ 124 341, 342, 344
§ 125 . . . 342
§ 139 96, 231, 287—289, 372, 391, 428
§ 174 . 334—340
§ 175 . 334—340
§ 176 . 336, 339
§ 178 . . . 336
§ 210a . . . 336
§ 263 . . 103, 294
§ 264 . . . 112
§ 265 . 121, 167
§ 266 . . . 167
§ 275 . . . 19
§ 286 . 49, 96, 230, 285, 372, 386, 391

§ 295 334–340, 404
§ 304 . 219—221
§ 325 . . . 121
§§ 330 flg. . . 126
§ 335 . . . 126
§ 339 . . . 339
§ 341 . . . 339
§ 344 . . . 339
§ 447 . . . 13
§ 515 . 124—126
§ 521 . . . 126
§ 522 . . . 126
§ 527 . . . 422
§ 535 . . . 126
§ 536 . . . 169
§ 538 . . . 339
§ 539 . 111—113
§ 541 . . . 354
§ 542 . . . 126
§ 549 148, 194, 318
§ 562 . 143, 194
§ 565 . . 219, 339
§ 592 . . . 139
§ 614 . . . 169
§ 688 . . . 139
§ 708 . . . 353
§ 717 . 352—359
§ 720 . 352, 353
§ 771 . . . 281
§ 788 341, 342, 344
§ 794 . . . 139
§ 803 . . . 139

i. Wechselordnung i. d. Fassung der Bekanntm. v. 3. Juni 1908.

Art. 36 . . 88, 89
Art. 73 . . 88, 89
Art. 74 . . 87—91

k. Gesetz über die Zwangsversteigerung u. die Zwangsverwaltung.

§ 57 . 168, 274
§ 148 . 245, 246
§ 152 . 245, 246

l. Gewerbeordnung.

§ 152 . . . 252

m. Gerichtskostengesetz.

§ 4 341
§ 38 . . . 344

n. Gebühren-Ordnung f. Rechtsanwälte.

§ 23 . . . 344
§ 76 . 344—346
§ 84 . 211, 343
§ 85 . 342, 343

o. Gebührenordnung für Gerichtsvollzieher.

§ 21 . 341, 344

p. Strafgesetzbuch.

§ 47 . 161, 251
§ 49 . . . 161
§ 83 . . . 252
§ 246 . . . 289

q. Einzelne Gesetze und Verordnungen.

1871. 16. April. Ges., betr. die Verfassung des Deutschen Reichs (BGBl. S. 63).

Art. 11 232
Art. 63 232
Art. 64 232
Art. 73 236

1871. 7. Juni. Reichshaftpflichtgesetz (RGBl. S. 207).

§ 1 217
§ 3a 217, 218

1871. 21. Dezember. Ges., betr. die Beschränkungen des Grundeigentums in der Umgebung von Festungen (RGBl. S. 459) 426

1873. 13. Juni. Kriegsleistungsgesetz (RGBl. S. 129) 136, 137

§ 35 136

1874. 30. April. Ges., betr. die Ausgabe von Reichskassenscheinen (RGBl. S. 40).

§ 5 234

1879. 28. September. VO., betr. die Begründung der Revision in bürgerlichen Rechtsstreitigkeiten (RGBl. S. 299).

§ 1 194

1891. 7. April / 1911 6. Juni. Patentgesetz (RGBl. 1891 S. 79, 1911 S. 243).

§ 1 1
§ 2 1
§ 10 1
§ 28 1

1894. 12. Mai. Gesetz zum Schutze der Warenbezeichnungen (RGBl. S. 441).

§ 1 . . . . . 361, 363
§ 12 . . . 361—363, 366
§ 13 396
§ 14 . . . . 361, 367, 396
§ 15 396
§ 16 396
§ 20 396

1896. 27. Mai. Gesetz zur Bekämpfung des unlauteren Wettbewerbs (RGBl. S. 145).

§ 8 395

1898. 17. Mai. Ges., betr. die Anfechtung von Rechtshandlungen eines Schuldners außerhalb des Konkursverfahrens (RGBl. S. 709).

§ 1 121
§ 3 . . . . . . 113—124
§ 4 122
§ 5 119
§ 7 121
§ 9 119
§ 11 . . . . . . 113—124
§ 12 . . . . . . 113—124

1898. 20. Mai. Gesetz, betr. die Gesellschaften mit beschränkter Haftung (RGBl. S. 846).

§ 33 66
§ 50 . . . . . . 195—200

1902. 2. Juni. Seemannsordnung (RGBl. S. 175).

§ 69 . . . . . . 398, 399
§ 70 . . . . . . 398, 399
§ 71 398
§ 72 . . . . . . 398, 399
§ 73 399
§ 78 . . . . . . 398, 399
§ 79 398
§ 83 . . . . . . 398, 399

1906. 31. Mai. Gesetz über die Versorgung der Personen der Unterklassen des Reichsheeres, der Kaiserl. Marine und der Kaiserl. Schutztruppen (RGBl. S. 593).

§ 41 . . . . 60, 61
§ 42 60
§ 43 60

1907. 9. Januar. Ges., betr. das Urheberrecht an Werken der bildenden Künste u. der Photographie (RGBl. S. 7).

§ 22 . . . . . . 319—322

908. 11. März. Scheckgesetz (RGBl. S. 71)
§ 8 88
§ 11 . . . . . 45, 46
§ 16 . . . . . 44—47

908. 23. Dezember. Eisenbahnverkehrsordnung (RGBl. 1909 S. 93).
§ 5 150
§ 76 149
§ 79 149
§§ 79 flg. . , . . . 149
§ 84 147

909. 7. Juni. Gesetz gegen den unlauteren Wettbewerb (RGBl. S. 499).
§ 1 . . . . . . 362, 367
§ 16 . . . . . . 388—397

910. 22. Mai. Gesetz über die Haftung des Reichs für seine Beamten (RGBl. S. 798) 242.
§ 1 429
§ 3 430
§ 6 . . . . 59—61

910. 23. September. Übereinkommen zur einheitlichen Feststellung von Regeln über den Zusammenstoß von Schiffen (RGBl. 1913 S. 49).
Art. 11 276

910. 23. September. Übereinkommen zur einheitlichen Feststellung von Regeln über die Hilfeleistung und Bergung in Seenot (RGBl. 1913 S. 66).
Art 14 276

1911. 19. Juli Reichsversicherungsordnung (RGBl. S 509).
§ 1501 217
§ 1503 . . 216—219
§ 1542 . . . . 216—219

1913. 3. Juli. Besitzsteuergesetz (RGBl. S. 524)
§ 48 304

1914. 4. August. Gesetz über die Ermächtigung des Bundesrats zu wirtschaftlichen Maßnahmen ... im Falle kriegerischer Ereignisse (RGBl. S 327) 308.

1914. 4. August. (1914. 17. Dezember; 1916. 23. März; 1917. 22. März.) Gesetz, betr. Höchstpreise (RGBl. 1914 S. 339 u. 516; 1916 S. 183; 1917 S. 253) 108, 249, 252
§ 5 109

1914. 4. August. Darlehnskassengesetz (RGBl. S. 340) 234
§ 2 234
§ 19 235
§ 30 235

1914. 4. August. Ges., betr. die Reichskassenscheine und die Banknoten (RGBl. S. 347) 235, 386

1914. 7. August. Bekanntm. ü. d. gerichtliche Bewilligung von Zahlungsfristen (RGBl. S. 359) 272

1914. 15. Dezember. Bekanntm., betr. Einigungsämter (RGBl. S. 511) 272

1915. 22. März. Gesetz, betr. die Feststellung des Reichshaushaltsetats für das Rechnungsjahr 1915 (RGBl. S. 157).

§ 2 . . . . . 237, 238

1915. 23. Juli. Bekanntm. gegen übermäßige Preissteigerung (RGBl. S. 467) 247, 249, 252

§ 5 248

1916. 17. Januar. Bekanntm. üb. die Einfuhr von Salzheringen (RGBl. S. 45) . . . 132

1916. 22. Januar. Ausführungsbestimmungen zur Verordnung des Bundesrats über die Einfuhr von Salzheringen (RGBl. S 59) . . . 132, 133

§ 5 134
§ 7 . . . . . 132—134

1916. 4. April Bekanntm. über die Abänderung der Bekanntmachung über die Einfuhr von Salzheringen vom 17. Januar 1916 (RGBl. S. 234) 131—135

1916. 5. April. Ausführungsbestimmungen über die Einfuhr von Salzheringen (RGBl. S. 238) . . . 131—135

§ 1 133
§ 2 133
§ 4 133
§ 5 . . . . . 133, 134
§ 7 . . . . . . 133, 134

1916. 8. Juni. Bekanntm. über die Geltendmachung von Hypotheken, Grundschulden und Rentenschulden (RGBl. S. 454) 385

1916. 9. Juni. Gesetz, betr. die Feststellung des Reichshaushaltsetats für das Rechnungsjahr 1916 (RGBl. S. 471).

§ 2c 237, 238

1916. 21. Juni. Kriegssteuergesetz (RGBl. S. 561).

§ 1 304
§ 25 304
§ 32 . . . . . 303—306
§ 37 304
§ 40 306

1916. 22. Juni. Bekanntmachung über die Verwertung von Tierkörpern und Schlachtabfällen (RGBl. S. 631) . . 411

1916 26. Juni. Gesetz über einen Warenumsatzstempel (RGBl. S. 639).

Tarifnr. 19 207

1916. 3. Juli. Gesetz über die Feststellung von Kriegsschäden i. Reichsgebiete (RGBl. S. 675).

§ 1 136
§ 20 136

1916. 12. November. VO. über eines Vereinigten Landtages im Königreich Polen (VO.-Blatt f. d. Generalgouvernement Warschau 1916 Nr. 52 S 12) 233

916. 30. November. Ausführungsbestimmungen z. Kriegssteuergesetze (RZB. S. 461).

§ 42 306

1916. 9. Dezember. V.O. über die Errichtung einer polnischen Landesdarlehnskasse (VO.-Bl. für das Generalgouvernement Warschau 1916 Nr 57 S. 95).

§ 2 233
§ 3 234
§ 5 . . . . . 231—244
§ 16 . . . . . 231—244

1916. 9. Dezember. VO., betr. die Währung im Generalgouvernement Warschau (VO.-Blatt f. d. Generalgouvernement Warschau 1916 Nr. 57 S. 98) 233

1917. 2. Januar. Zollverordnung für das Generalgouvernement Warschau (VO.-Blatt für das Generalgouvernem. Warschau S. 147) 172

1917. 4. und 26. April (1915, 24. Juni). Bekanntm. üb. d. Sicherstellung von Kriegsbedarf (RGBl. S. 316 u. 376; 1915 S. 357).

§ 1 54
§ 2 54
§ 4 . . . . 54, 56

1917. 3. Mai. Bekanntm. über die bei Behörden oder in kriegswirtschaftlichen Organisationen beschäftigten Personen (RGBl. S. 393) 56

1917. 21. Juni. Reichsgetreideordnung für die Ernte 1917 (RGBl. S. 507).

§ 1 38
§ 4 38
§ 5 39
§ 7 39
§ 21 39
§ 26 39
§ 28 39
§ 32 . . . . 39, 40

1917. 26. Juli. Bekanntm. zum Schutze der Mieter (RGBl. S. 659) . . . 272, 309

1918. 7. März. VO. gegen den Schleichhandel (RGBl. S. 112) 108—111

§ 1 109

1918. 15. März. Bekanntm. ü. d. Verkehr mit landwirtschaftlichen Grundstücken (RGBl. S. 123). 105

§ 1 106
§ 5 . . . . . . 106, 107
§ 8 . . . . . . 106, 107

1918. 13. April. VO. über Maßnahmen zur Beschränkung des Fremdenverkehrs (RGBl. S. 186) 273

1918. 8. Mai. VO. gegen Preistreiberei (RGBl. S. 395) 110

§ 1 . . . . . 249—252
§ 19 . . . . . 247—249

1918. 14. Juni. VO. zur Abänderung der VO. über Pferdefleisch (RGBl. S. 655) 410

1918. 26. Juli. Umsatzsteuergesetz (RGBl. S. 779) . . 207

1918. 23. September. (1919. 22. Juni; 1920. 11. Mai). VO. zum Schutze der Mieter (RGBl. 1918 S. 1140; 1919 S. 1140; 1920 S. 951) 271—274
§ 2 . . . . . . 317, 318
§§ 2—5 307
§ 5a . . . . . 307—310
§ 6 . . . . . 272, 273
§ 7 . 273, 309, 315—318
§ 9 315
Nr. II Art. 4 309
Nr. III . . . . 308—310

1918. 23. September. (1920. 11. Mai.) Bekanntm. ü. Maßnahmen gegen Wohnungsmangel (RGBl. 1919 S. 1143; 1920 S. 949) . . . 308
§ 9 . . . . . . 273, 309

1918. 11. November. Der Waffenstillstandsvertrag . . 103

1918. 21. November. VO. über die Festsetzung neuer Preise für die Weiterarbeit in Kriegsmaterial (RGBl. S. 1323) 19
Nr. 6 55

1918. 23. Dezember VO. über Tarifverträge, Arbeiter- u. Angestelltenausschüsse u. Schlichtung von Arbeitsstreitigkeiten (RGBl. S. 1456).
§ 1 . . . . 24—26
§ 2 . . . . 24—26
§ 4 . . . . 26, 27

1919. 24. Januar. VO. über die Einfuhr von Lebens- u. Futtermitteln (RGBl. S. 131). 133

1919. 17. April. Gesetz über eine vereinfachte Form der Gesetzgebung für die Zwecke der Übergangswirtschaft (RGBl. S. 394) 308

1919. 22. Mai. VO. über Pferdefleisch und Ersatzwurst (RGBl. S. 467) . . . 409—412
§ 10 410

1919. 28. Juni. Der Friedensvertrag (RGBl. S. 687).
Art. 303 3
Art. 307 . . . . . . 1—3

1919. 23. Juli Anordnung, betr. den Zuzug von ortsfremden Personen und von Flüchtlingen (RGBl. S. 1353) . . 273

1919. 11. August. Verfassung des Deutschen Reichs (RGBl. S. 1383).
Art. 4 276
Art. 13 . . . . . . 98, 201
Art. 71 243
Art. 102 201
Art. 109 . . . 190—195

Art. 129 . . . . 292, 430
Art. 131 430
Art. 137 . . . . . 91—94
Art. 152 310
Art. 153 . 200—202, 244

1919. 31. August. Ausführungsgesetz zum Friedensvertrage (RGBl. S. 1530).
§ 1 103
§ 7 103

1919. 12. September. Grunderwerbsteuergesetz (RGBl. S. 1617) 253—256
§ 1 253
§ 4 . . . . . . 253, 254
§ 5 254
§ 11 . . . . . . 255, 256
§ 37 . . . 207, 254—256

1919. 4. Dezember. VO. ü. d. Abgeltung von Ansprüchen gegen das Reich (RGBl. S. 2146) 55
§ 1 20
§ 2 . . . . 18—21

1919. 13. Dezember. Reichsabgabenordnung (RGBl. S. 1993) 305
§§ 127 flg. 306
§ 154 . . . . 255, 256
§ 227 305
§§ 444 flg. 305
§ 460 255

1919. 18. Dezember. Gesetz über Teuerungszuschläge zu den Gebühren der Rechtsanwälte und Gerichtsvollzieher (RGBl. S. 2113).
Art. II . . . . . 340—346

1919. 24. Dezember. Umsatzsteuergesetz (RGBl. S. 2157).
§ 1 . . . . . . 208, 209
§ 8 208
§ 13 208
§ 44 . . . . . . 206—209

1919. 28. Dezember VO. zur Einführung der Reichsabgabenordnung (RGBl. S. 2101).
§ 1 305
§§ 7 flg. 305

1920. 30. März. Landessteuergesetz (RGBl. S. 402).
§ 2 . . . . . . 208, 209
§ 25 209

1920. 8. April. Gesetz zur Ausführung des Art. 13 Abs. 2 der Verfassung des Deutschen Reichs (RGBl. S. 510).
§ 1 93
§ 2 93

1920. 30. April. Besoldungsgesetz (RGBl. S. 805).
§ 11 292

1921. 28. Juli. Gesetz über den Ersatz der durch die Abtretung deutscher Reichsgebiete entstandenen Schäden (Verdrängungsschädengesetz (RGBl. S. 1021).
§ 18 . . . . . 231—244

1921. 2. August. VO., betr. Abänderung der Justizgesetze und anderer Gesetze (Amtsblatt der Reg.-Kommission des Saargebiets 1921 Nr. 11 S. 125) 293—295

2. Landesrecht.

Braunschweig.

1832. 12. Oktober. Die Neue Landschaftsordnung (Ges. u. VOBl. S. 191).

§ 213 . . . . . 91, 92

1871. 31. Mai. Ges., betr. die Errichtung einer Landessynode u. eines Synodalausschusses f. d. evangelisch-lutherische Kirche d. Landes (Ges.- u. VOBl. S. 145) 92

1919. 20. Juni. Ges. zur Änderung der Neuen Landschaftsordnung vom 12. Oktober 1832 (Ges.- u. VOBl. S. 199).

§ 21 92
§ 22 . . . . 91—94
§ 24 92
§ 26 92

Lippe.

1762. 22./24. Mai. Der Gräflich Lippische Hauptvergleich (Schulze, Hausgesetze d. Fürstentümer Bd. II S. 173) 200, 203, 204

1919. 24. Dezember. Gesetz über die Regelung der Rechtsverhältnisse des Domaniums und der Lehen (GS. S. 1065) 201

1920. 29. September. Gesetz, betr. die sog. Lippische Rente (GS. S. 225).

§ 1 201
§ 3 201

Preußen.

a. Allgemeines Landrecht.

Einleitung § 75 . 425—428

Teil I Titel 2 § 124 . . 420
„ I „ 2 § 133 . . 420
„ I „ 8 § 33 . . . 427
„ I „ 8 §§ 65 flg. . 427
„ I „ 8 § 66 . 426, 427
„ I „ 10 § 25 . . . 420
„ I „ 15 § 3 . . 420
„ I „ 19 §§ 4—6. . 420

Teil II Titel 1 § 326 . . 128
„ II „ 4 §§ 47 flg . 205
„ II „ 4 § 142 . . 205
„ II „ 15 § 52 . . 424

b. Einzelne Gesetze und Verordnungen.

1828. 10. September. Regulativ ü. das Verfahren bei baulichen Anlagen oder sonstigen Veränderungen der Erdoberfläche innerhalb der nächsten Umgebung der Festungen (GS. S. 119) 426

1830. 20. Juni. Kabinettsorder, betr. die Erhaltung der Stadtmauern (GS. S. 113) 427

1832. 20. Mai. Kabinettsorder, betr. das Verfahren bei Entlassung der Beamten des Hofstaates 61

1842. 11. Mai. Gesetz über die Zulässigkeit des Rechtsweges in Beziehung auf polizeiliche Verfügungen (GS. S. 192). 189

1850. 11. März. Gesetz, betr. die Verpflichtung der Gemeinden zum Ersatz des bei öffentlichen Aufläufen verursachten Schadens (GS. S. 199) 244—247

§ 1 245

§ 5 245

1865. 24. Juni. 1907. 18. Juni. Allgemeines Berggesetz für die preußischen Staaten (GS. 1865 S. 705; 1907 S. 119).

§ 148 . . . . 222—231

§ 149 225

§ 150 . 221—231

§ 153 . . . . 222—231

§ 154 . . . . 222—231

1883. 30. Juli Gesetz über die allgemeine Landesverwaltung (GS. S. 195).

§ 122 107

§ 129 107

1899. 20. September. Ausführungsgesetz zum Bürgerlichen Gesetzbuche (GS. S. 177).

Art. 89 427

1902. 2. Juni. Gesetz, betr. die Fürsorge für Beamte infolge von Betriebsunfällen (GS. S. 153) . . . 144—146

1909. 30. Juni. Stempelsteuergesetz (GS. S. 535).

Tariffst. 32 . . . 253—256

Tariffst. 32a . . 253—256

Tariffst. 32b 256

Tariffst. 32c. . . 206—209
253—256

Tariffst. 71 209

1909. 1. August. Gesetz über die Haftung des Staates für Amtspflichtverletzungen von Beamten bei Ausübung der öffentlichen Gewalt (GS. S. 691).

§ 6 60

1913. 7. April. Wassergesetz (GS. S. 53).

§ 2 427

§ 7 427
§ 9 427
§ 399 425

1914. 23. März. Gerichtsvollzieherordnung (JMBl. S. 289):
§ 59 344
§ 68 344

1919. 10. März. VO. über die Versorgung der Hofbeamten und ihrer Hinterbliebenen (GS. S. 45) . . . . . 61—64
§ 1 62

1919. 18. Juni. Ausführungsbestimmungen zur Bekanntm. der preuß Regierung, betr. Beschlagnahme des Vermögens des preußischen Königshauses vom 30. November 1918 (GS. S. 95).
Nr. 4 62

1919. 7. November. Beschluß der preuß. Staatsregierung, betr. die Zuständigkeit des Ministeriums für Volkswohlfahrt (GS. S. 173) 308

1919. 9. Dezember. Anordnung des Ministers für Volkswohlfahrt, betr. Einführung einer Höchstgrenze für Mietzinssteigerungen (GS. S. 187) 306, 312
§ 1 309
§ 2 309
§ 3 . . . . . . 310, 311
§ 6 . . . 307, 310, 311
§ 8 310
§ 9 310
§ 10 . . . . . . 310, 311

1920. 7. Mai. Gesetz, betr. das Diensteinkommen der unmittelbaren Staatsbeamten (Beamtendiensteinkommengesetz) (GS. S. 191).
§ 3 292

1920. 23. Juni. Gesetz ü. d. Aufhebung der Standesvorrechte des Adels und die Auflösung der Hausvermögen (GS. S. 367)
§ 1 193
§ 41 193

1920. 17. Dezember. Gesetz, betr. das Diensteinkommen der unmittelbaren Staatsbeamten (Beamtendiensteinkommengesetz) (GS 1921 S. 135).
§ 3 292

3. Ausländisches Recht.

England.

1905. Trade marks act. 365

Frankreich.

1824. 28. Juli. Loi relative aux alterations ou suppositions de noms sur les produits fabriques (Bulletin Des Lois No. 685) 364

1857. 23. Juni. Loi sur les marques de fabrique et de commerce (Bulletin Des Lois No. 514) 364

1890. 3. Mai. Loi portant modification à l'article 2 de la loi du 23. juin 1857 sur les marques de fabrique et de commerce (Bulletin Des Lois No. 1328) 364

Polen.

1919. 20. November. Valutagesetz . . . . 259—262

C. Zusammenstellung der Entscheidungen nach der Zeitfolge.

						Seite
1921.	Urt.	v.	23. März	IV 502/20	. . . . . .	322
„	„	„	2. Mai	IV 557/20	. . . . . .	326
„	„	„	30. „	IV 617/20	. . . . . .	334
„	Beschl.	„	6. Juni	IV 502/19	. . . . . .	340
„	Urt.	„	20. September	II 197/21	. . . . . .	18
„	„	„	24. „	V 504/20	. . . . . .	113
„	„	„	26. „	IV 3/21	. . . . . .	21
„	„	„	28. „	I 326/21	. . . . . .	1
„	„	„	30. „	II 573/20	. . . . . .	3
„	„	„	30. „	III 28/21	. . . . . .	23
„	„	„	4. Oktober	II 161/21	. . . . . .	6
„	„	„	4. „	VII 16/21	. . . . . .	28
„	„	„	7. „	VII 106/21	. . . . . .	9
„	„	„	7. „	II 560/20	. . . . . .	11
„	„	„	8. „	I 141/21	. . . . . .	30
„	„	„	10. „	IV 116/21	. . . . . .	124
„	„	„	11. „	VII 63/21	. . . . . .	33
„	„	„	14. „	II 173/21	. . . . . .	13
„	„	„	14. „	II 109/21	. . . . . .	16
„	„	„	14. „	III 150/21	. . . . . .	35
„	„	„	15. „	I 153/21	. . . . . .	38
„	„	„	18. „	III 91/21	. . . . . .	40

					Seite
1921.	Urt. v.	18. Oktober	VII 87/21	. . . .	43
"	" "	19. "	V 355/21	. . . .	44
"	" "	19. "	V 89/21	. . . .	47
"	" "	20. "	IV 207/21	. . . .	52
"	" "	21. "	III 291/21	. . . .	59
"	" "	21. "	III 73/21	. . . .	61
"	" "	21. "	II 113/21	. . . .	64
"	" "	24. "	VI 155/21	. . . .	68
"	" "	25. "	II 139/21	. . . .	71
"	" "	25. "	II 142/21	. . . .	73
"	" "	25. "	III 378/21	. . . .	77
"	" "	26. "	I 123/21	. . . .	82
"	" "	26. "	I 132/21	. . . .	84
"	" "	26. "	V 241/21	. . . .	87
"	Beschluß "	26. "	VII B 1/21	. . . .	91
"	Urt. "	27. "	VI 273/21	. . . .	95
"	" "	27. "	IV 228/21	. . . .	346
"	" "	28. "	III 107/21	. . . .	99
"	" "	28. "	VII 74/21	. . . .	100
"	" "	28. "	VII 584/20	. . . .	102
"	" "	29. "	V 227/21	. . . .	104
"	" "	29. "	I 101/21	. . . .	108
"	" "	1. November	II 243/21	. . . .	111
"	" "	1. "	VII 107/21	. . . .	126
"	" "	1. "	II 246/21	. . . .	129
"	" "	3. "	VI 153/21	. . . .	131
"	" "	3. "	I 231/21	. . . .	136
"	" "	4. "	VII 134/21	. . . .	137
"	" "	4. "	III 140/21	. . . .	140
"	" "	4. "	III 321/21	. . . .	144
"	" "	5. "	I 169/21	. . . .	146

						Seite
1921.	Urt. v.	7.	November	II	198/21	151
"	" "	9.	"	I	157/21	184
"	" "	10.	"	VI	195/21	154
"	" "	10.	"	VI	337/21	161
"	" "	11.	"	III	145/21	166
"	" "	11.	"	VII	199/21	168
"	" "	12.	"	I	150/21	171
"	" "	12.	"	V	151/21	174
"	" "	14.	"	VI	198/21	187
"	" "	17.	"	IV	572/20	190
"	" "	18.	"	II	226/21	195
"	" "	18.	"	VII	57/21	200
"	" "	18.	"	VII	56/21	202
"	" "	22.	"	VII	361/21	206
"	" "	24.	"	VI	316/21	209
"	" "	25.	"	II	342/21	212
"	" "	26.	"	I	155/21	214
"	" "	28.	"	VI	208/21	216
"	" "	28.	"	VI	282/21	231
"	" "	29.	"	II	247/21	177
"	" "	30.	"	I	168/21	219
"	" "	30.	"	V	69/21	221
"	" "	1.	Dezember	VI	364/21	244
"	" "	2.	"	II	238/21	247
"	" "	5.	"	VI	175/21	249
"	" "	6.	"	VII	157/21	253
"	" "	7.	"	I	181/21	257
"	" "	7.	"	V	242/21	259
"	" "	7.	"	V	141/21	295
"	" "	9.	"	II	287/21	180
"	" "	9.	"	VII	208/21	263

						Seite
1921.	Urt.	v.	9.	Dezember	VII 271/21	265
"	"	"	9.	"	II 290/21	268
"	"	"	9.	"	III 460/21	271
"	"	"	10.	"	I 177/21	274
"	"	"	10.	"	I 339/21	280
"	"	"	13.	"	III 242/21	285
"	"	"	13.	"	VII 267/21	303
"	"	"	15.	"	VI 301/21	286
"	"	"	16.	"	III 260/21	289
"	"	"	16.	"	III 265/21	291
"	"	"	16.	"	II 340/21	292
"	"	"	16.	"	VII 364/21	293
"	"	"	16.	"	IV 265/21	354
"	"	"	19.	"	III 272/21	306
"	"	"	20.	"	II 323/21	312
"	"	"	21.	"	III 575/21	314
"	"	"	21.	"	I 185/21	319
"	"	"	21.	"	III 289/21	349
"	"	"	21.	"	V 539/21	352
"	"	"	23.	"	II 224/21	359
"	"	"	23.	"	II 522/20	367
1922.	"	"	3.	Januar	III 386/21	372
"	"	"	6.	"	III 489/21	374
"	"	"	10.	"	II 299/21	376
"	"	"	10.	"	III 512/21	381
"	"	"	11.	"	V 152/21	384
"	"	"	17.	"	II 344/21	388
"	"	"	18.	"	I 148/21	397
"	"	"	19.	"	VI 585/21	399
"	"	"	20.	"	II 360/21	401
"	"	"	21.	"	I 199/21	406

1922.	Urt. v.	21. Januar	V 228/21	. . . .	409
"	" "	23. "	VI 481/21	. . . . . .	419
"	" "	24. "	VII 194/21	. . . .	423
"	" "	31. "	III 608/21	. . . .	429
"	" "	31. "	III 312/21	. . . .	431
"	" "	3. Februar	II 640/21	. . . .	328
"	" "	8. "	II 136/21	. . . .	412
"	" "	14. "	II 437/21	. . . .	414
"	" "	17. "	II 442/21	. . . .	417

Zusammenstellung

der

im 103. Bande

mitgeteilten Entscheidungen

nach

Oberlandesgerichtsbezirken.

(Die Zahlen bezeichnen die Nummern der Entscheidung.)

Berlin . . . . . 5. 8. 14. 17. 19. 20. 21. 22. 25. 45. 46. 54. 56. 59. 60. 64. 71. 72. 73. 74. 75. 80. 81. 85. 86. 87. 88. 93. 94. 95. 96. 97. 102. 105. 109. 114. 115. 116. 120. 124.
Braunschweig . 101.
Breslau . . . . 40. 50. 65. 92. 99. 122.
Celle . . . . 3. 62. 63.
Dresden . . . . 12. 29. 98. 118.
Düsseldorf . . . 32. 39. 47. 51. 68. 78. 79. 103. 111.
Frankfurt a.M. 18. 84.
Hamburg . . . . 2. 6. 7. 24. 30. 35. 41. 42. 44. 49. 57. 58. 66. 67. 69. 82. 83. 112. 113. 119.
Hamm . . . . . . 13. 23. 52. 70. 108.
Jena . . . . . . 16. 27.
Karlsruhe . . . 10. 11. 28. 37.
Kassel . . . . . . 48.
Kiel . . . . 9. 53. 76. 90. 123.
Köln . . . . 26. 33. 34. 38. 89. 91. 107.
Königsberg . . 15. 36. 121.
Marienwerder 77.
München . . . . 4. 61.
Naumburg a. S. 55. 104.
Oldenburg . . . 43.
Stettin . . . . . 110. 117.
Stuttgart . . . . 106.

Reichspatentamt . . . . 1.
Reichsgericht unmittelbar . . . . 31. 100.

Berichtigung.

Hundertundzweiter Band.

S. 91 Z. 20, 21 v. o. statt „Der Beklagte ... verspätet" lies „Der Beklagte wandte Mangelhaftigkeit der Ware ein, wogegen der Kläger erwiderte, die Mängelanzeige sei verspätet".

FSC
www.fsc.org
MIX
Papier | Fördert
gute Waldnutzung
FSC® C083411

Kolibri 360 GmbH
Ferdinand-Jühlke-Straße 7
99095 Erfurt, Deutschland
produktsicherheit@kolibri360.de